한권으로 합격하는
소방학개론

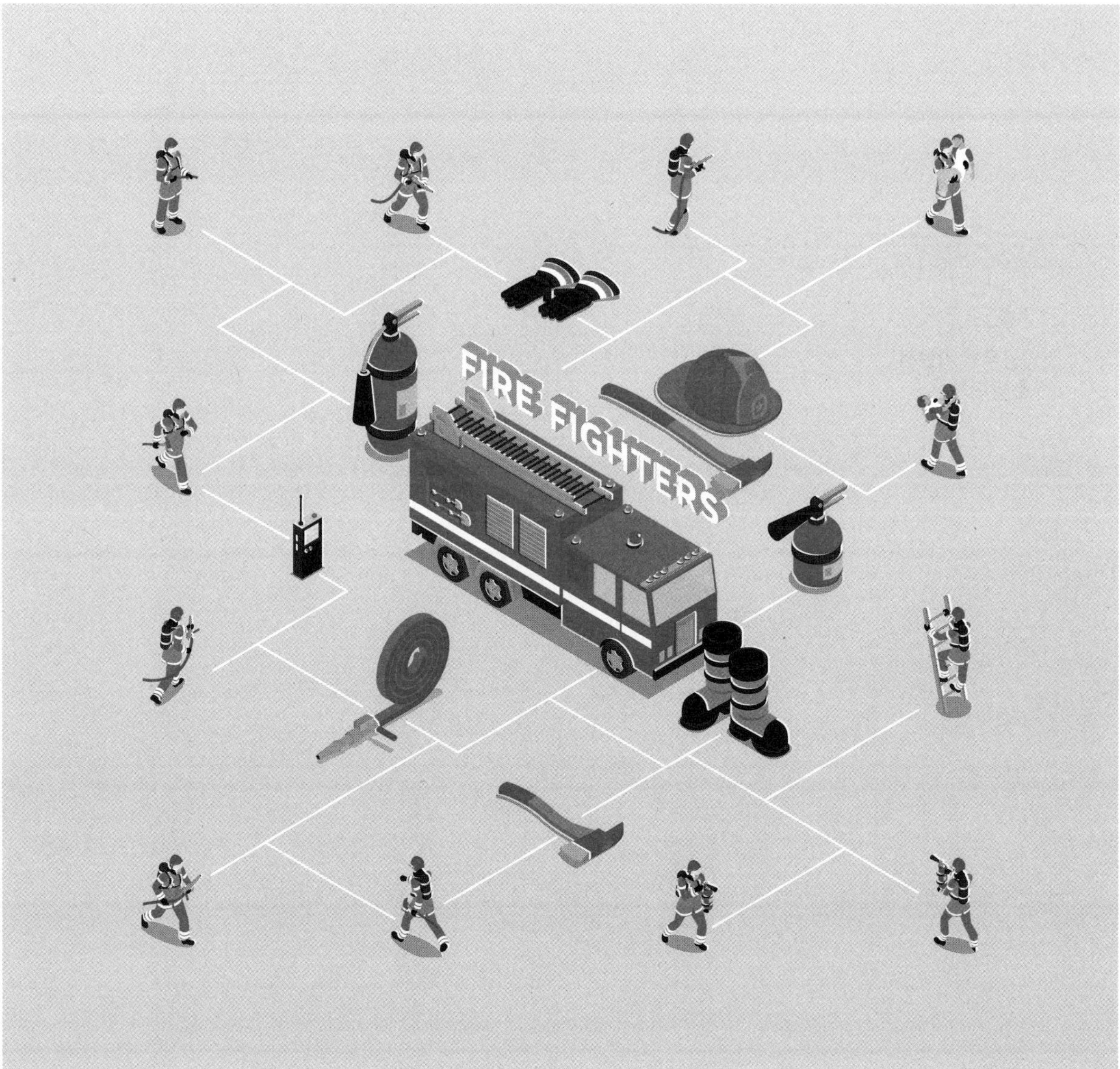

MR 미래가치

소방공무원 기본서
소방학개론

PREFACE
머리말

제가 지금 여러분 나이 때를 생각하면 나름 열심히는 살았으나, 명료한 목표를 정하기보다는 조금 더 나아지고 싶다는 생각만 했을 뿐입니다.

그러나 여러분들이 명료한 목표를 정하고, 이루고자 하는 꿈을 꾸고 도전하는 모습을 보니 너무 부럽고 대견합니다.

작년에 같이 공부하던 우수한 친구들이 훌륭한 성적으로 필기합격을 해서 행복했지만, 오류 있는 체력시험 결과로 고배를 마시고, 또 새로운 면접방식에 고배를 마시는 것을 보며 앞으로는 미리미리 필기 공부 때부터 최종합격의 방향성을 가지고 차근차근 준비를 시키고 조언해야겠다고 다짐했습니다.

공무원 시험에 도전하는 우리 친구들의 시간과 노력이 아깝지 않도록 이 한권의 책에 합격에 필요한 모든 것을 담았습니다.

이책의 구성과 특징

1. 이 책은 쉽지만은 않은 소방공무원 합격에 필요한 모든 것이 담겨 있습니다.
2. 이 책은 그대들의 노력과 열정을 헛되이 만들지 않게 할 겁니다.
3. 소방공무원 합격을 진심으로 기원하고 응원합니다.

대표 저자 이중희

INFORMATION
시험 안내

※ 정확한 시험 일정은 소방청 119고시에서 최종 공고를 확인하세요.

01 시험절차

STEP 01	STEP 02	STEP 03	STEP 04
필기시험	체력시험 (악력, 배근력, 앉아윗몸앞으로굽히기, 제자리멀리뛰기, 윗몸일으키기, 왕복오래달리기)	종합적성검사, 면접시험	서류전형

02 필기시험 과목

구분	시험시간	시험과목		검정 과목
공채	10 : 00∼11 : 15 (75분)	소방학개론(25문항), 소방관계법규(25문항), 행정법총론(25문항)		영어, 한국사
경채	10 : 00∼11 : 05 (65분)	일반	소방학개론(25문항), 소방관계법규(40문항)	
		구급	소방학개론(25문항), 응급처치학개론(40문항)	
		화학	소방학개론(25문항), 화학개론(40문항)	
		정보통신	소방학개론(25문항), 컴퓨터일반(40문항)	

1) 소방관계법규 출제범위 : 「소방기본법」, 「소방의 화재조사에 관한 법률」, 「소방시설공사업법」, 「화재의 예방 및 안전관리에 관한 법률」, 「소방시설 설치 및 관리에 관한 법률」, 「위험물안전관리법」과 각 법률의 하위법령(해당 법령의 부칙에서 경과규정을 두는 조항은 출제범위에서 제외)

2) 건축, 구조, 소방(자격), 소방관련학과, 소방정(기관사, 항해사), 심리상담, 안전관리(화재조사), 원자력, 자동차 운전, 자동차정비, 전기는 일반분야 시험과목 응시

3) 영어, 한국사는 영어능력검정시험과 한국사능력검정시험으로 대체
   ① 영어능력검정시험 종류 및 점수

구분	TOEFL		TOEIC	TEPS	G-TELP	FLEX	TOSEL
	PBT	IBT					
기준점수	470 이상	52 이상	550 이상	241 이상	43 이상 (level 2)	457 이상	510 이상

   ② 한국사능력검정시험 : 3급 이상

03 시험일정

(1) **필기시험** : 3월경
(2) **체력시험** : 4~5월경
(3) **종합적성검사, 면접시험, 서류전형** : 5~6월경

※ 시험단계별 세부내용 및 시험일정 변경사항 등은 소방청 119고시에서 확인

04 응시자격

(1) **응시결격** : 결격사유 해당한 사람 또는 응시자격이 정지된 사람은 시험에 응시할 수 없음
   ① 「국가공무원법」 제33조, 「공무원임용시험령」 제15조
   ② 「소방공무원임용령」 제51조(부정행위자에 대한 조치)
   ③ 「부패방지권익위법」 제82조(비위면직자 등의 취업제한)
   ④ 「병역법」 제76조(병역의무 불이행자에 대한 제재)
   ⑤ 「소방공무원임용령」 제15조(경력경쟁채용등의 요건 등)

> 「소방공무원임용령」 제15조 제4항 제1호의 따른 "공공기관 그 밖의 이에 준하는 기관"이란 다음의 기관을 말한다.
> – 국가 및 지방자치단체
> – 「공공기관의 운영에 관한 법률」 제4조에 의거 기획재정부장관이 지정한 기관(알리오 누리집에서 확인)
> – 「지방공기업법」에 따른 지방공사, 지방공단(클린아이 누리집에서 확인)
> – 「지방자치단체 출자·출연기관의 운영에 관한 법률」에 따른 출자·출연기관(클린아이 누리집에서 확인)

(2) **응시연령**

분야별	계급	연령
공채	소방사	18세 이상 40세 이하
경채	소방사	18세 이상 40세 이하
	소방교·소방장	20세 이상 40세 이하
	소방위·소방경	23세 이상 40세 이하

(3) **필수 자격**

공채분야 응시자와 경채분야 중 소방장 이하 응시자는 「도로교통법」 제80조에 따른 제1종 운전면허 중 대형면허 또는 보통면허 소지자일 것

※ 필기시험일까지 보유해야 하며 최종합격자 발표일까지 유효할 것
※ 운전면허증을 보유하지 않은 응시자는 필기시험 성적을 공개하지 않고 불합격으로 처리함

INFORMATION
시험 안내

05 소방학개론 출제경향 분석

분야		2019	2020	2021
연소이론	연소개요 등	• 산소농도 영향성 • 보일 법칙 • 인화점 개념	• 위험도 • 연소의 성상	• 최소산소농도(MOC) • 완전연소시 산소부피 • 연소속도 영향요인
	연기 및 화염	• 시안화수소	• 연기유동 요인	• 연기의 성상
	폭발개요 및 분류		• 폭발 종류 등	• 블래비 현상 특징 • 폭발 성상 등
화재이론	화재의 정의 및 분류		• 화재 종류 등	
	건물화재의 성상	• 화재강도 • 연료지배, 환기지배형 화재	• 화재하중 • 화재가혹도	• 백드래프트 • 실내화재 진행 특징
	위험물화재의 성상	• 위험물 종류별 성상 • 위험물 지정수량 • 제4류 중 제1석유류	• 주수소화 적응성 위험물 • 제4류 위험물 성상	• 위험물 종류별 소화법
	화재조사	• 종합상황실 보고[법]	• 화재조사 규정[개정]	• 종합상황실 보고[법]
소화이론	소화원리		• 부촉매(억제)소화	• 소방방법 종류
	소화약제	• CO_2 소화약제 • 제3종 분말약제 • 불활성기체 소화약제	• 첨가제(침투제) • 고발포 2종	• 물소화약제 특징
	소방시설	• 소방시설 종류 • 포약제 혼합방식 • SP설비 + 감지기연동	• 습식SP(리타딩챔버) • 소방시설의 종류	• 소화설비 특징 • 펌프프로포셔너 • 피난구조설비 정의
소방조직	소방조직	• 소방역사(조직변천)	• 소방의 역사 • 소방행정	• 소방의 역사 • 소방조직 원리
	소방기능			
재난관리	재난 및 재난관리의 개념	• 존스(Jones)의 재해 분류		• 재난관리단계
	우리나라의 재난관리 (재난 및 안전관리 기본법)	• 중앙위원회, 조정위원회 • 긴급구조	• 재난의 분류 • 재난관리단계 • 재난관련 기관	• 긴급구조 현장지휘 사항 • 재난사태선포
총 문항 수		20	20	20

2022	2023	2024	2025
• 연소범위상 인화점 • 최소산소농도(MOC) 계산 • 연소시 가스발생량(황) • 가연물 위험성 지표 • 노즐 연소의 현상	• 최소점화에너지(MIE) 영향요인 • 가연성액체 연소형상 등	• 연소의 종류 • 불완전연소 • 발화온도와 발화에너지 • 위험도 • 복사열량계산(점열원) • 혼합가스 하한계	• 연소하한계(존스식) • 위험도 • 자기연소 물질 • 열전도법칙 공식 • 메테인 완전연소
	• 연소생성물 특징		• 황화수소 특징
• 폭발 성상 등	• 폭발 현상 등 • 폭연, 폭굉 • 분진폭발 인자	• 블래비 특징 • 폭굉 전이과정	
	• 전기, 주방화재 설명	• 일반화재 개념	
• 화재가혹도	• 구획실 화재 성상(2) • 화재하중	• 실내화재 진행과정 • 백드래프트 • 구획실 화재 특징	• 화재지속시간 선정인자 • 화재하중 식 구성
• 위험물 종류별 소화법 • 위험물 성상 • 위험물 + 주수시 발생 가스	• 위험물 유별 특성 • 위험물 유별 소화법	• 지정수량, 위험등급 • 중질유 이상현상 • 위험물 소화방법 • 위험물 + 주수시 발생 가스	• 액체가연물 화재패턴 • 위험물 성질, 품명 • 6류 위험물 취급사항
• 화재조사 일반사항 • 화재건수 결정	• 화재조사 규정 등		• 건물 피해산정액 • 화재합동조사단
• 중질유 무상주수 소화 효과	• 소방방법 종류		
• 할로겐화합물 약제 조건 • 포(foam) 특징	• 분말소화약제 • 할로겐, 불활성 소화약제 • 표면하주입 약제(포)	• CO_2 소화약제 • 할로 소화약제(무효) • 포 소화약제	• 물소화약제 첨가제 • 위험물과 소화적응성 • 제3종 분말약제 소화효과
• 부압방식 구성요소 • CO_2 소화설비 특징	• 수격현상 • 차동식 분포형감지기 종류 • 소방시설 분류 • 포소화설비 특징	• 차동식 분포형감지기 개념 • 경보설비 특징	• 피난구조설비 • 포소화약제 혼합방식 • 공동현상 대책 • CO_2 소화설비 작동단계 • 화재알림설비
	• 소방역사(행정변천)	• 소방역사(조직변천) • 소방 역사	• 소방 역사(변천) • 민간조직 변천 • 소방행정조직 특성
	• 소방신호		
• 재난관리단계 • 재난 분산관리	• 재난 구분(분류)	• 재해발생 이론	
• 재난 위기관리매뉴얼	• 재난관리단계	• 재난관리 주관기관	• 지역통제단장 응급조치
20	25	25	25

PART 01 연소이론

제1장 소방화학 ·········· 12
제2장 연소 개요 등 ·········· 32
제3장 연기 및 화염 ·········· 65
제4장 폭발론 ·········· 85

PART 02 화재이론

제1장 화재의 정의 및 분류 ·········· 102
제2장 건축물 화재의 성상 ·········· 109
제3장 위험물 화재의 성상 ·········· 132
제4장 화재조사 ·········· 147

PART 03 소화이론

제1장 소화원리 ·········· 166
제2장 소화약제 ·········· 175
제3장 소방시설 ·········· 193

PART 04 소방조직론

제1장 소방조직 ·········· 270
제2장 소방기능 ·········· 297

PART 05 재난관리론

제1장 재난 및 재난관리 ·········· 320
제2장 우리나라의 재난관리(재난 및 안전관리 기본법) ·········· 329

부록

재난 및 안전관리 기본법 등 핵심이론 ·········· 446

PART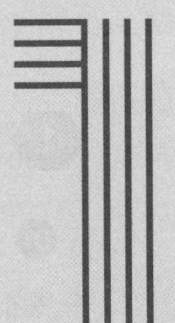

연소이론

제1장 **소방화학**
제2장 **연소 개요 등**
제3장 **연기 및 화염**
제4장 **폭발론**

CHAPTER 01 소방화학

1 소방화학의 기초이론

01 물질(material)의 분류

① '물질'이란 부피와 질량을 가진 존재를 말한다.
② 물질은 다음의 세 가지 상태로 존재하며 상호변화가 가능하다.

상태	고체	액체	기체
특징	모양과 부피가 있고, 분자 간의 인력이 강함	모양은 변하나, 부피가 일정함 (고체보다 인력이 작음)	모양과 부피가 일정하지 않음 (변화함)
모양	일정	일정하지 않음	일정하지 않음
부피(V)	일정	일정	일정하지 않음
분자배열	규칙적	불규칙	매우 불규칙
분자 간 거리	매우 가까움	비교적 가까움	매우 멂
분자 간 인력	매우 강함	약함	거의 없음
분자 운동	제자리 진동	비교적 활발	매우 활발
압축성	거의 무시	약간	무한
에너지 함량	가장 작음	중간	가장 큼

02 물질의 상태변화[1]

1) 물질의 변화
• 물리적 변화 : 물질이 상태 변화하는 과정에서 물질의 외형, 녹는점, 밀도, 점도, 증기밀도 등의 변화(상태와 부피의 변화이며, 성분의 변화는 아님)
• 화학적 변화 : 연소열, 인화점, 발화점, 연소범위 등의 변화(성분의 변화이며, 상태와 부피의 변화는 아님)

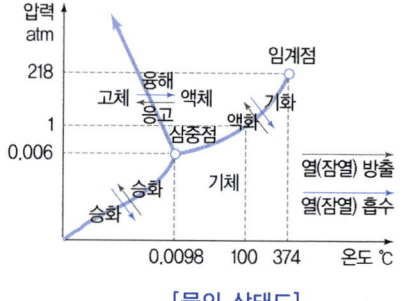

[물질의 상태변화]   [물의 상태도]

구분	내용
고체	• 융해 : 고체 → 액체 • 승화 : 고체 → 기체 (예 dryice, 나프탈렌, 아이오딘[2] 등)
액체	• 기화 : 액체 → 기체[3] • 응고 : 액체 → 고체
기체	• 액화 : 기체 → 액체 • 승화 : 기체 → 고체(예 CO_2 가스)

고체 → 액체 → 기체   ※ 상태 변화 시 밀도가 낮아지며 열을 흡수한다.

기체 → 액체 → 고체   ※ 상태 변화 시 밀도가 높아지며 열을 방출한다.

2) 아이오딘 : 요오드

3) 액체 → 기체 변화
• 물이 액체에서 기체로 변하면 체적이 약 1,700배 증가(팽창)한다.
• 증발은 비점(끓는점) 이상에서만 발생하는 것이 아니다. 상온에서도 시간이 지나면 물의 양이 줄어드는데, 물이 끓지 않아도 액면에서 발생하는 증발에 의해 그 양이 줄어드는 것이다.

2 원소, 원자와 분자

01 원소

(1) 원소의 정의
'원소'란 물질을 이루는 기본 성분으로, 화학적으로 더 이상 나누어지지 않는다.

(2) 주기율표
① 원소를 구분하기 쉽게 성질에 따라 배열한 표
② 족(Group) : 세로축, 화학적 유사성 갖음(1~8족)
③ 주기(Period) : 가로축, 전자껍질의 수, 일정 경향성(1~7주기) 가짐

심화 이론 | 주기율표 요약 : 주요 물질의 원소명, 표준 원자량

족 주기	1A	2A	3A	4A	5A	6A	7A	8A (0)
분류	알칼리 금속	알칼리 토금속	알루미늄족	탄소족	질소족	산소족	할로젠족	불활성 기체
1	H (수소, 1g)							He (헬륨, 4g)
2	Li (리튬, 7g)	Be (베릴륨, 9g)	B (붕소, 10g)	C (탄소, 12g)	N (질소, 14g)	O (산소, 16g)	F[4] (불소, 19g)	Ne (네온, 20g)
3	Na (나트륨, 23g)	Mg (마그네슘, 24g)	Al (알루미늄, 27g)	Si (규소, 28g)	P (인, 31g)	S (황, 32g)	Cl (염소, 35.5g)	Ar (아르곤, 40g)
4	K (칼륨, 39g)	Ca (칼슘, 40g)					Br (브로민, 80g)	Kr (크립톤)
5							I (아이오딘, 127g)	Xe (제논)

4) 불소 : 플루오린

개념 CHECK
1. 물질이 액체상태에서 기체상태로 변화하는 것을 기화라고 한다. ( )

심화 이론 | 주기율표 주요특징

구분	같은 주기. 원자번호↑:(→)	같은 족. 원자번호↑:(↓)
유효핵전하	증가	감소
이온화에너지	증가 : 유효 핵전하가 증가하여 원자핵과 전자 사이 인력증가 때문	감소 : 전자 껍질수 증가하여 원자핵과 전자 사이 인력감소 때문
전기음성도, 전자친화도, 비금속성	증가	감소
이온반지름, 원자반지름	작아짐	커짐

비고	이온화 에너지	• 기체상태에서 가전자 1개를 제거하는 필요한 에너지(kJ/mol) ☞ 작을수록 전자를 떼어내기 쉬워져 양이온 되기 쉬움 • 0족으로 갈수록, 원자번호와 전기음성도가 클수록, 비금속일수록 → 증가 • 최외각 전자와 원자핵 간의 거리가 가까울수록 → 크다
	전기음성도	• 공유결합에서 원자가 공유전자를 당기는 힘 ☞ 공유결합 : 비금속 원자들이 각각 전자를 내놓아 형성된 전자쌍을 공유하는 결합 • 전기음성도 클수록 → 원자번호 감소, 산화성 커짐
	이온화경향	• 원자, 분자가 이온이 되려는 경향(쉽게 이온화 → 이온화경향 큼 → 산화 용이)
	전자친화력 (도)	• 기체 상태의 비금속 원자가 전자 1개를 받아 음이온으로 되면서 방출되는 에너지 • 전자친화도가 클수록 그 원자는 쉽게 전자를 받아들여서 음이온 된다.
	원자반지름, 이온반지름	• 원자반지름 : 같은 종류 원자가 결합할 때 원자핵 간 거리의 1/2 • 같은 주기. 원자번호↑:작아짐 ☞ 유효 핵전하 증가 때문 • 같은 족. 원자번호↑:커짐 ☞ 전자 껍질수 증가 때문

(3) 물질별 특성

① 알칼리금속(1족)

　㉠ 1주기(수소)는 비금속 원소, 2주기부터 알칼리금속(금속)

　㉡ 이온화에너지, 전기음성도는 낮고, 원자반지름이 커서 반응성은 크다.
　　　☞ 전자 1개를 잃고 +1가 양이온이 되기 쉽고, 할로젠원소(7족)이온과 공격적 반응

　㉢ 전기 및 열전도성이 큼

　㉣ 물과 만나면 수소 발생, 산소(공기) 만나 산화되기 쉬우므로 석유류(석유나 벤젠) 등에 보관

② 알칼리토금속(2족)

　㉠ 전자 2개를 잃고 +2가 양이온이 되기 쉽다.

　㉡ 밀도, 녹는점, 끓는점 낮고, 반응성은 크다.
　　　☞ 산소와 반응(산화)하여 금속 광택은 잃음

　㉢ 물과 반응시 수산화물을 생성

③ 할로젠원소(7족)

　㉠ 전자 1개를 얻어 음이온이 되기 쉽고, 원자 번호가 작을수록 반응성(비금속성)이 크다.

개념 CHECK

2. 할로젠족(7족) 원소로는 F(불소), Cl(염소), Br(브로민), Ar(아르곤) 등이 있다. ( )

3. 할로젠 원소(7족)의 반응성은 F > Cl > Br > I 순으로 크다. ( )

2 × 3 ○

☞ 이유 : 원자의 크기가 커질수록 전자를 잡아끌기 어려워 이온화되기가 어려움

ⓒ 산화력 : $F_2 > Cl_2 > Br_2 > I_2$

ⓓ 반응성 : $F_2 > Cl_2 > Br_2 > I_2$

ⓔ 상태 : 아이오딘(고체), 브로민(액체), 염소(기체), 플루오린(기체)

④ 불활성 기체(8족, Inert Gas)

ⓐ 이온화 경향이 가장 작고, 반응성이 작아, 화합물을 만들지 않는다.[5]

ⓑ '비활성 기체'라고도 하며, 안정되어 있기에 쉽게 소실되지 않고, 불연성

☞ 가연물이 될 수 없음, 상온 기체상태

ⓒ 종류 : 헬륨(He), 네온(Ne), 아르곤(Ar), 크립톤(Kr), 제논(Xe), 라돈(Rn) 등

[5] 불활성 기체의 화학적 결합이 어려운 이유
최외각 전자가 모두 차 있어 전자를 주고받기 힘들기 때문이다.

요약 정리 | 반응성이 큰 이유!!

알칼리 금속	• 이온화에너지는 아래로 갈수록 줄고, 바깥쪽 전자가 제거되어 화학반응 참여가 쉬워져 반응성 증가 ☞ 반응성 : 물질자체 또는 다른 물질과 화학반응 통해 에너지를 방출하는 성질
할로젠 원소	• 할로젠 원소들은 알칼리 금속과는 반대로 주기가 작을수록(플루오린으로 갈수록) 반응성이 크다. ☞ 이유 : 원자의 크기가 커질수록 전자를 잡아끌기 어려워 이온화되기가 어렵기 때문

02 원자와 분자 ★

(1) 원자

① 개념 : 물질을 구성의 가장 작은 입자단위

ⓐ 형태 : 양(+)의 원자핵과 그 주위를 전자(음, -)가 둘러싸고 있는 형태이다.

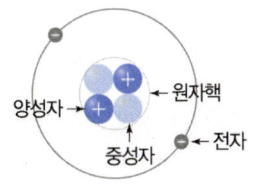 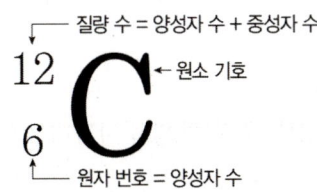

ⓑ 양전자와 음전하의 수가 동일해서 원자는 전기적으로 중성상태이다.

② 원자량(atomic weight) : 원자의 상대적 질량으로 기준[C(탄소) 12g]을 정하고, 다른 원자의 상대적 질량값을 말한다.

🔖 수소(H) : 1g, C(탄소) : 12g, N(질소) : 14g, O(산소) : 16g

☞ 수소 1g은 수소 원자 1몰에 해당하는 질량

③ 원자번호 : 양성자 수, 양자 수 등

④ 질량수 : 양성자 수(원자번호) + 중성자[6] 수

원자량
• H(수소) : 1g
• C(탄소) : 12g
• N(질소) : 14g
• O(산소) : 16g

[6] 중성자
• 원자를 구성하는 입자의 종류로서 전하를 띠지 않는다.
• 양성자 수만큼의 중성자는 양성자끼리 충돌을 방지하는 역할을 한다(H는 양성자가 하나이므로 중성자가 없음).

(2) 분자

① 분자 : 둘 이상 원자가 만나서 화학적 결합을 하고 물질의 특성을 가진 입자

② 분자량(molecular weight)[7] : 분자를 구성하는 모든 원자량의 합 ★

- H = 1g(H의 원자량)
- H_2 = 2×H = 2×1 = 2g
- H_2O = H×2+O = 1×2+16 = 18g
- $2H_2O$ = 2×(H×2+O) = 2×(1×2+16) = 36g

> **심화 이론 | 분자의 종류**
>
> - 단원자 분자(1개 원자로 구성) : He(수소), Ne(네온), Ar(아르곤) 등
> - 이원자 분자(2개 원자로 구성) : N_2(질소), HCl(염화수소), HF(불화수소), CO(일산화탄소), Cl_2(염소), O_2(산소) 등
> - 삼원자 분자(3개 원자로 구성) : H_2O(물), O_3(오존), CO_2 등
> - 고분자(다수 원자로 구성) : 녹말(천연고분자), 플라스틱(합성고분자) 등

7) 분자량의 예
- 이산화탄소의 분자량 : 44g

  CO_2 = C + O × 2
  = 12 + 16 × 2
  = 44g

- 메탄가스의 분자량 : 16g

  CH_4 = C + H × 4
  = 12 + 1 × 4
  = 16g

- 공기의 평균 분자량 : 28.9g

  N_2(28g × 78%)
  + O_2(32g × 21%)
  + Ar(40g × 1%)
  = 28.96g

(3) 아보가드로 법칙(Avogadro's law)

① 아보가드로수 : 1몰의 물질에 포함된 입자 수(6.022×10^{23})

☞ 탄소 1mol은 12g이고, 12g속 C 원자의 수는 6.022×10^{23}

② 아보가드로 법칙 : 모든 기체 1mol은 표준상태(0℃, 1기압)에서 약 22.4L의 부피와 6.022×10^{23}개의 입자를 가진다.

> **참고** 모든 기체는 같은 온도와 압력에서 모든 기체는 부피가 같으면 같은 수 분자를 가짐

> **심화 이론 | 아보가드로의 수**
>
> - 탄소 12g 속 존재하는 C 원자 : 6.022×10^{23}개(C 원자량 12g)
> - 산소 16g 속 존재하는 O 원자 : 6.022×10^{23}개(O 원자량 16g)
> - 황 32g 속 존재하는 S 원자 : 6.022×10^{23}개(S 원자량 32g)
> - H_2O 분자량 18g 속 아보가드로 수만큼 분자가 존재
>   > **참고** 18g 속에는 수소 원자가 아보가드로 수의 2배, 산소는 아보가드로 수만큼 원자가 존재
>   > H_2O 18g 분자 속 존재하는 H 원자 : $2 \times 6.022 \times 10^{23}$개

(4) 몰(mol)

① 물질(원자, 입자)의 양을 나타내는 단위. 즉, 입자수 6.022×10^{23}개의 집단(묶음)

② 화학반응에서 반응물과 생성물의 양을 비교하거나, 물질의 질량과 입자수를 연결하는 데 사용

③ 몰(mol)수 ★

$$몰수 = \frac{m, 질량[g]}{M, 분자량[g]} = \frac{부피[L]}{22.4[L]}$$

☞ 몰(mol)수비 = 부피비(비례)

몰(mol)수비 ≠ 질량비

개념 CHECK

4. $2H_2O$의 분자량은? (단, H의 원자량 1g, O의 원자량 16g)
( )

5. 이산화탄소(CO_2)가 88g이 있을 경우, 이것은 몇 몰(mol)인가? [단, 탄소(C)의 원자량 12g, 산소(O)의 원자량 16g] ( )

4 36g 5 2mol

예 48g의 CH_4(메탄) 가스는 몇 몰인가? (탄소 12g, 수소 1g)

$$몰수 = \frac{m, 질량[g]}{M, 분자량[g]} = \frac{48}{16} = 3\,mol$$

④ 예
  ㉠ 물(H_2O)의 분자량은 18이므로, 물 1몰의 질량은 18g
  ㉡ 0℃, 1기압 조건에서 기체 1몰은 22.4L의 부피

> **심화 이론 | 알칼계(메탄계, 파라핀계) 탄화수소[C_nH_{2n+2}] 일반적 성질**
> - 단일결합과 안정한 결합각으로 인해 **반응성이 작고 안정**된 화합물
> - 탄소수 **사슬길이 증가할수록 비중, 융점, 비점이 높아진다.**
> - 무극성 분자로 **물에 불용성**이며 액상은 밀도가 낮아서 **물위에 뜬다.**
> - 같은 분자량을 가진 다른 유기화합물보다 **비점이 낮다.** (분자 간의 인력이 약하여 분자들이 분리하여 액체가 기체로 되는데 작은 에너지 소요)
> - 일반적으로 탄소수가 4개 이하 기체, 5~16는 액체 17개 이상은 고체

3 주요 물리량 22 공채 / 22 간부

구분	내용
질량(mass)	• 물질이 가지고 있는 고유한 양[kg, g] • 물체의 관성의 크기를 나타내는 물리량 **심화**
밀도 (density) ★	• 어떤 물질의 질량을 부피(체적)으로 나눈 값[kg/m^3, g/L] $$\rho = \frac{질량}{부피} = \frac{m}{V}\,\frac{[kg]}{[m^3]}$$ 여기서, 물(1atm, 4℃)의 밀도 : 1,000[kg/m^3 = $N\cdot s^2/m^4$] **심화** • 크기 : 고체(밀도↑) > 기체(밀도↓)
비중 (S, specific gravity)[8]	• 어떤 물질의 질량과 같은 부피의 표준 물질의 질량과의 비율로 단위가 없는 무차원수 • 구분 | 액체비중	기체비중
4℃ 물의 밀도에 대한 대상물질의 밀도비 $S = \dfrac{물질 밀도(\rho)}{물 밀도(\rho_w)} = \dfrac{\gamma}{\gamma_w}$	0℃ 1기압의 공기를 1로 보았을 때 밀도의 비 $S = \dfrac{기체밀도}{공기밀도} = \dfrac{기체\ 분자량(g)}{공기\ 분자량(g)}$	
비체적 (v, specific volume)	• 단위질량당 유체의 체적으로 밀도의 역수 $$v = \frac{1}{\rho}\,\frac{[m^3]}{[kg]} = \frac{V(부피)}{m(질량)}$$
비중량 (γ, specific Weight)	• 단위 체적당 중량 $$\gamma = \frac{중량(W)}{부피(V)}\,\frac{[kg_f]}{[m^3]} = \frac{[N]}{[m^3]}$$

---

8) 증기비중
• 기체의 분자량을 공기의 분자량으로 나눈 값(대기 중 공기와의 무게비)
• 증기비중
$$= \frac{물질의\ 분자량}{공기의\ 분자량}$$
$$= \frac{물질분자량}{29g}$$

개념 CHECK

6. 할론 1301의 증기비중은 얼마인가? (공기의 분자량은 29, C의 원자량은 12, F의 원자량은 19, Br의 원자량은 80으로 하고 소수점 이하 셋째 자리에서 반올림한다.) 17하 ( )

7. 표준대기압의 크기 중 1atm은 10.332mAq(H_2O) = 1.0332kg_f/cm^2 = 0.1MPa으로 나타낼 수 있다. ( )

6 5.14 7 ○

힘 (force)	• 질량과 (중력)가속도의 곱 $[\text{kg}_f][\text{N}]$ $$F[\text{N}] = ma[\text{kg} \cdot \text{m/s}^2] = mg[\text{kg} \cdot 9.8\text{m/s}^2]$$ 여기서, m(질량), a(가속도), g(중력가속도)

압력
(pressure)
★
	• 단위면적(1m^2)당 수직으로 작용하는 힘
	$$P[\text{Pa}] = \frac{F[\text{N}]}{A[\text{m}^2]} = \rho gh \quad [\text{SI단위, 공학단위 } \text{kg/ms}^2]$$
	여기서, ρ(밀도), g(중력가속도), h(높이, 수두)
	• 소방설비 적용
	  – 소화전 방사압력 : 0.17~0.7MPa(옥내), 0.25~0.7MPa(옥외)
	  – 스프링클러 방사압력 : 0.1~1.2MPa
	  – 부속실 제연설비의 차압 : 40Pa
	  – 분말소화기(축압식 압력) : 0.7~0.98MPa
	• 표준대기압[9]의 크기 표현 심화
	$$1\text{atm} = 760\text{mmHg} = 10.332\text{mAq}(\text{H}_2\text{O}) = 1.0332\text{kg}_f/\text{cm}^2$$
	$$= 101{,}325\text{Pa}(\text{N/m}^2) = 0.1\text{MPa}^{[10]} = 14.7\text{psi}(\text{lb/in}^2)$$
	$$= 1.013\text{bar}$$
	압력의 특성(6가지 원리) 심화
	① 압력은 유체와 접촉하는 벽면에 대하여 항상 **수직으로 작용**
	② 정지유체 속에 있는 한 점에 미치는 압력의 세기는 **어느 방향이나 같다** (유체 정압력).
	③ 밀폐된 용기 속의 유체에 압력을 가하면 그 압력은 **유체 내 모든 부분에 그대로 전달**
	④ 개방된 용기(open vessel)의 액체 압력은 **액체의 깊이에 비례**
	⑤ 개방된 용기에 작용하는 유체의 압력은 **밀도에 비례**
	⑥ 용기의 높이와 밑바닥 단면이 같은 경우 용기의 크기나 모양에 상관없이 일정

일, 에너지	• 일(에너지)은 힘과 힘이 가해진 방향으로 움직인 거리의 곱 ☞ 일(W) = 힘(F) × 거리(l) $$1\text{J} = 1\text{Nm} = 1\text{kg} \cdot \text{m}^2/\text{s}^2$$ • 1J = 0.24cal, 1cal ≒ 4.2J, 1kcal ≒ 4.2kJ

점성
(viscosity)
	• 유체에 전단응력[11]이 작용할 때 변형에 저항하는 정도(유체의 끈끈한 정도)
	  – 기체 점성은 온도가 올라가면 점성도 증가
	  – 액체 점성은 온도가 올라가면 점성은 감소
	• 온도가 오르면 기체는 분자 상호 간 운동 활발해져 점성 증가, 액체는 분자 간 응집력이 작아져 점성 감소 심화

열량
(calories)
	• 열량 : 물질이 흡수하거나 방출하는 열에너지의 양[J, cal]
	• 1cal : 1g의 물체를 1°C만큼 상승시키는 데 필요한 열량(에너지)
	    열량 $Q = m \times c \times \Delta t$ 여기서 m : 질량, c : 비열, Δt : 온도차
	• 연소열, 발열량의 비교
	  – 연소열 : 물질 1몰 또는 1g이 완전히 연소될 때 방출되는 열의 양 [kJ/mol, kJ/g](즉, 물질이 표준 상태에서 산소와 함께 완전 연소될 때 열로 방출되는 에너지의 총량으로 발열량과 같은 의미)
	  – 발열량(Heat value) : 단위질량(부피)의 연료가 완전연소할 때 방출하는 **열량**[kcal/kg, kcal/L, kcal/m³]
	• 열용량(mc) : 열저장능력 = $\dfrac{\text{열량}(Q)}{\text{온도상승량}(\Delta T)}$ 심화

---

9) 대기압
공기가 누르는 압력

10) 0.1MPa
= 1kg_f/cm²
= 10m

11) 전단응력
단면에 작용하는 전단력(면을 따라 평행하게 작용하는 힘)의 크기를 그 단위 면적으로 나눈 값을 말한다.

개념 CHECK

8. 섭씨[°C]와 화씨[°F]의 단위 변화의 식은 (　　　)이다.

8 °F = $\dfrac{9}{5}$°C + 32

열과 온도 ★	• 열(heat) : 온도 차이로 인해 한 물체에서 다른 물체로 이동하는 에너지 • 온도 : 물체의 차고, 뜨거운 정도를 수치로 나타낸 것 • 온도의 종류		

온도	개념	관련식
섭씨[℃]	어는점(0℃)에서 끓는점(100℃)까지 100 등분한 온도	$℃ = \dfrac{5}{9}(℉ - 32)$
화씨[℉]	어는점(32℉)에서 끓는점(212℉)까지 180 등분한 온도	$℉ = \dfrac{9}{5}℃ + 32$
캘빈[K]	절대온도, 0K은 절대 영도(이상기체부피가 "0"이 되는 온도)	$K = ℃ + 273$
랭킨[R]	화씨온도와 같은 눈금을 가지는 절대온도	$R = ℉ + 460$

현열과 잠열 ★	현열(감열, Sensible Heat)	잠열(Latent Heat)
	물질의 상태변화 없이 **온도변화**에만 필요한 열량	물질의 온도변화 없이 **상태변화**에만 필요한 열량
	$Q = m \times c \times \Delta t$ 여기서, Q : 현열[kcal], m : 질량[kg] c : 비열[kcal/kg℃](얼음 : 0.5, 물 : 1, 수증기 : 0.48) Δt : 온도차[℃]	$Q = m \times \gamma$ 여기서, Q : 잠열[kcal], γ : 융해잠열, 증발잠열[kcal/kg] **예** 물의 잠열 - 융해(고체→액체) : 80kcal/kg - 증발(액체→기체) : 539kcal/kg

불꽃암기
열량[cal]
• 0℃물 1g → 100℃ 수증기 : 639
• 0℃얼음 1g → 100℃ 수증기 : 719

| 비열[12]
(c, Specific Heat)
[kcal/kg℃] | • 어떤 물질 1kg를 1℃만큼 상승시키는 데 필요한 열량[kcal]
$c = \dfrac{Q}{m \times \Delta t}$ [kcal/kg℃]
• 소방 활용 : 물은 비열(1.0)로 매우 커서 냉각소화 효과가 우수.
[비열↑ → 물입자가 많은 열(량)을 흡수 → 냉각효과↑]
• 비열의 종류 : 정적비열(부피 일정), 정압비열(압력 일정) **심화**
• 물질별 비열 | |

물질	비열(cal/g℃)	물질	비열(cal/g℃)
물	1	얼음, 윤활유	0.5
파라핀왁스	0.7	공기	0.24
알코올	0.58	유리, 목탄	0.2
나무, 얼음	0.51	철(Fe)	0.1

12) 비열
• 비열이 작은 물질은 온도를 1℃ 올릴 때 열량(에너지)이 적게 소비된다. 즉, 온도가 쉽게 오른다.
• 비열이 작은 물질 = 가연물(위험함) ↔ 소화약제

발열반응과 흡열반응	발열반응	흡열반응

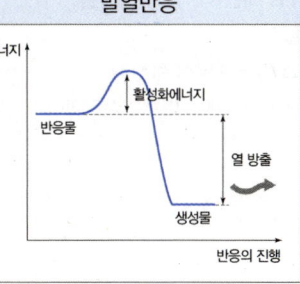

	• 화학반응할 때 열이 방출한다. • 열을 방출하여 반응물보다 생성물의 에너지가 낮다. • 연소조건 가능(가연물)	• 화학반응할 때 열을 흡수한다. • 열을 흡수하여 반응물보다 생성물의 에너지(온도)가 높다. • 연소조건 불가

개념 CHECK
9. 2g의 물을 0℃에서 100℃의 수증기로 만드는 데 필요한 열량은? (단, 물의 비열은 1cal/g℃, 기화잠열은 539cal/g℃) (   )

91,278cal

반응열	생성열	어떤 물질 1(mol) 원소의 결합으로 생성 때 따르는 열량(±) $H_2 + \frac{1}{2}O_2 \rightarrow H_2O + 68.3[kcal]$
	연소열	어떤 물질 1(mol)이 완전연소할 때 발생하는 열량 $C + O_2 \rightarrow CO_2 + 94.2[kcal]$
	분해열	어떤 물질 1(mol)을 원소로 분해할 때 발생하는 열량 $H_2O \rightarrow H_2 + \frac{1}{2}O_2 - 68.3[kcal]$
	용해열	어떤 물질 1(mol)이 용매에 용해할 때 발생하는 열량 $HCl + H_2O(물) \rightarrow HCl(액체) + 17.3[kcal]$

기타 용어		• 비점(끓는점, Boiling Point) : 액체가 기화하기(끓기) 시작하는 온도
		  – 액체 표면 증기압과 대기압이 같아지는 액체 온도
		  – 비점↓ → 기화 용이→ 화재위험↑
		  – 물 : 100℃
		• 증기압
		  – 증기가 고체 또는 액체와 동적 평형 상태(증발 분자수 = 액화 분자수)에 있을 때 증기의 압력(동적평형상태 증기압 = 포화증기압)
		  – 액체가 증발되는 정도
		  – 증기압이 큰 물질은 휘발성 물질

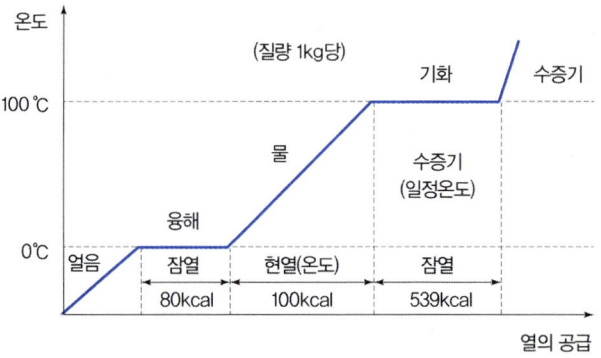

[온도와 열량 그래프]

> 예) 0℃의 얼음 1g이 100℃의 수증기로 되는 데 필요한 열량
> ☞ 질량은 공통이니 별도 빼서 풀기
> Q = 융해잠열(γm) + 물현열($mc\Delta T$) + 증발잠열(γm)
>   = 1[g] × (80[cal/g] + 1[cal/g℃]×(100−0)[℃] + 539[cal/g])

개념 CHECK

10. 어떤 물질 1(mol)이 완전연소할 때 발생하는 열량을 (　　)라고 한다.

연소이론 복습만이 살길이다!!!

▶ 다시보자 복습 문제 01

01. 알칼리 금속은 물과 만나면 수소 발생, 산소(공기) 만나 산화되기 쉬우므로 석유류(석유나 벤젠) 등에 보관해야 한다.

02. 알칼리 금속은 전자 2개를 잃고 +2가 양이온이 되기 쉽다.

03. 산화력은 $F_2 > Cl_2 > Br_2 > I_2$ 순서대로 이고, 반응성은 이와 반대된다.

04. $2H_2O$의 분자량은 36g이다.

05. 아보가드로 수는 1몰의 물질에 포함된 입자 수를 말하며 탄소의 경우 12g이 되고, 원자의 수는 $6.022×10^{23}$으로 나타낼 수 있다.

06. 몰수 $= \dfrac{질량[g]}{분자량[g]} = \dfrac{부피[L]}{22.4[L]}$의 관련식(공식)을 가진다.

07. 어떤 물질의 질량과 같은 부피의 표준 물질(기준)의 질량과의 비율로 단위가 없는 무차원수를 비중이라고 하고, 액체는 물이, 기체는 공기가 기준물질이 된다.

08. 화씨와 섭씨의 관계식은 $°F = \dfrac{9}{5}°C + 32$를 가진다.

09. 국민의 안전의식과 화재에 대한 경각심을 높이고 안전문화를 정착시키기 위하여 매년 11월 9일을 소방의 날로 정하여 기념행사를 한다.

10. 다음 중 물질의 상태변화 없이 온도변화에만 필요한 열량을 무엇이라 하는가?
    ① 잠열
    ② 현열
    ③ 비열
    ④ 연소열

11. 화재현장에서 15°C의 물이 100°C의 수증기로 모두 바뀌었다고 가정할 때, 소화약제로 사용된 물의 냉각효과에 관한 설명으로 옳지 않은 것은?
    ① 물 1kg당 흡수한 현열은 약 355.3kJ이다.
    ② 물 1kg당 흡수한 용융잠열은 약 80kcal이다.
    ③ 물 1kg당 흡수한 증발잠열은 약 2,253kJ이다.
    ④ 물 1kg당 흡수한 총열은 약 624kcal이다.

🔒 1○   2×(알칼리토금속)   3×(동일하다)   4○   5○   6○   7○   8○   9○   10②   11② 해당 없음

4 화학식 및 화학반응식

01 화학식 20, 21 공채 / 19 간부

(1) 정의

① 화학물을 구성하고 있는 원소의 종류와 성분비를 알면 원소 기호를 이용하여 간단한 조성을 표시한 것을 말한다.
② 화합물의 원소 종류, 화합물의 각 원소의 원자 수, 원소들의 함량을 알 수 있다.

(2) 화학식의 종류

구분	내용	물질의 예	
		아세틸렌	에틸알코올
실험식	물질을 가장 간단한 정수비로 표시한 식	CH	C_2H_6O
분자식	화합물의 **조성과 분자량**을 표시한 식	C_2H_2	C_2H_6O
시성식	분자의 특성을 알 수 있는 **원자단(작용기)** 으로 구성	$CH : CH$	C_2H_5OH
구조식	원자의 **결합상태**를 나타낸 식	$H-C\equiv C-H$	$H-\underset{\underset{H}{\mid}}{\overset{\overset{H}{\mid}}{C}}-\underset{\underset{H}{\mid}}{\overset{\overset{H}{\mid}}{C}}-O-H$

> **요약 정리 | 계산문제 준비**
>
> 1. 비례식
> (1) a : b = c : d
> (2) a : b = c : d → $\dfrac{a}{b} = \dfrac{c}{d}$ (외항, 내항)
> (3) ad = bc
> (4) 예 2일 때 5인 경우 10일 때는 얼마인가?
> $2 : 5 = 10 : x$ ☞ $5 \times 10 = 2 \times x$ ☞ $\dfrac{5 \times 10}{2} = x$ ☞ $x = 25$
>
> 2. 단위의 이해
> (1) 부피 : 가로세로높이가 각 10cm인 통에 물을 채우면
>   ① $1cm \times 10cm \times 10cm = 1,000cm^3 = 1L = 1,000mL = 1kg$(물은 비중 1)
>   ② $1m \times 1m \times 1m = 1m^3$에 물을 채우면 1ton(1,000kg)이고, 이건 1,000L를 말함 ($1m^3 = 1,000L$)
> (2) SI 접두어(단위 접두어)
>   ① M(메가) 10^6, k(킬로) 10^3
>   ② c(센티) 10^{-2}, m(밀리) 10^{-3}, μ(마이크로) 10^{-6}

02 화학반응식

(1) 정의
화학반응이 일어나면 반응물(반응하는 물질)과 반응물 사이에 원자의 재배열이 일어나고 생성물(새로운 결합이 형성된 물질)이 되는 일련의 과정을 화학식과 기호로 나타낸 식이다.

예 반응물 → 생성물

(2) 조건
① 반응식 왼쪽은 반응물, 오른쪽은 생성물을 표시하고 결합은 (+)부호로, 화살표는 반응의 진행방향을 나타낸다.
② 양변 각각의 원소의 원자수가 같도록 계수[13]를 결정한다.

> **참고** 질량보존의 법칙에 의해 화학반응 전후 총 질량변화는 없다.

13) 계수 = 몰(mol)수

(3) 연소반응식(완전연소반응식) 방법[예 프로판(C_3H_8)]

① 프로판 + 산소 → 이산화탄소 + 물
    반응물   생성물

② 화학반응식(가정) : $aC_3H_8 + bO_2 \rightarrow cCO_2 + dH_2O$

③ 미정계수법[14] : 질량보존의 법칙으로 양변의 각 원자수가 같게 계수 결정

> C(탄소) : $3a = c$
> H(수소) : $8a = 2d$
> O(산소) : $2b = 2c + d$

14) 미정계수법
항등식의 성질을 이용하여 식에서 미지의 계수를 구하는 방법이다.

㉠ 계수비 산출 위해 $a = 1$로 놓고 계산

> C(탄소) : $3a = c$ → $c = 3 \times a = 3 \times 1 = 3$
> H(수소) : $8a = 2d$ → $2d = 8 \times a = 8 \times 1$ → $d = 4$
> O(산소) : $2b = 2c + d$ → $2b = 2c + d = 2 \times 3 + 4 = 10$ → $b = 5$

☞ 계수는 반응에 참여하는 분자수의 비례관계, 즉 몰비, 분자수비, 부피비

㉡ 결과 : 프로판 완전연소반응식

> $C_3H_8 + 5O_2 \rightarrow 3CO_2 + 4H_2O$

④ 화학반응식의 정량적 의미(프로페인) ★

	C_3H_8	+	$5O_2$	→	$3CO_2$	+	$4H_2O$
몰 :	1mol		5mol		3mol		4mol
부피 :	22.4L		5*22.4L		3*22.4L		4*22.4L
질량 :	44g		160g		132g		72g

개념 CHECK

11. 화학식의 종류 중 "원자의 결합상태를 나타내는 식"을 의미하는 화학식을 구조식이라고 한다.
( )

15) 탄소화합물
- 탄화수소 : 탄소 + 수소
- 탄화수소 유도체 : 탄소 + 수소 + 작용기

㉠ 프로페인의 비례 관계

C_3H_8	+	$5O_2$	→	$3CO_2$	+	$4H_2O$
$1m^3$		$5m^3$	→	프로판이 $3m^3$이면 산소는 $15m^3$
1몰		5몰	→	프로판이 2mol이면 산소는 10mol
44g		160g	→	프로판이 88g(2배)이면 산소는 320g

⑤ 탄화수소류[15] 완전연소 반응식(**암기필수!!**)

$$C_xH_y + (x+\frac{y}{4})O_2 \rightarrow xCO_2 + \frac{y}{2}H_2O$$

$$C_xH_yO_z + (x+\frac{y}{4}-\frac{z}{2})O_2 \rightarrow xCO_2 + \frac{y}{2}H_2O$$

심화 공기중 : $C_xH_y + (x+\frac{y}{4})(O_2 + 3.76N_2)$
$\rightarrow x(CO_2) + \frac{y}{2}H_2O + (x+\frac{y}{4})(3.76N_2)$

예
- 메탄 : $CH_4 + 2O_2 \rightarrow CO_2 + 2H_2O$
- 메틸알코올(메탄올) : $CH_3OH \rightarrow C_1H_4O_1$

$C_1H_4O_1 + (1+\frac{4}{4}-\frac{1}{2})O_2 \rightarrow 1CO_2 + \frac{4}{2}H_2O$
$\Rightarrow C_1H_4O_1 + 1.5O_2 \rightarrow 1CO_2 + 2H_2O$

(4) 물질별 반응식

물질	반응식	비고
기체 : 연소 ★★	• 메테인 : $CH_4 + 2O_2 \rightarrow CO_2 + 2H_2O$ • 에테인 : $C_2H_6 + 3.5O_2 \rightarrow 2CO_2 + 3H_2O$ • 프로페인 : $C_3H_8 + 5O_2 \rightarrow 3CO_2 + 4H_2O$ • 부테인 : $C_4H_{10} + 6.5O_2 \rightarrow 4CO_2 + 5H_2O$	**기본식** **암기필수!!**
금속 등 : 연소 ★	• 마그네슘 : $2Mg + O_2 \rightarrow 2MgO$(산화마그네슘) • 황 : $S + O_2 \rightarrow SO_2$(이산화황) • 황 : $S + H_2 \rightarrow H_2S$(황화수소) + 발열 • 황 : $2S + C \rightarrow CS_2$(이황화탄소) + 발열 • 황린 : $P_4 + 5O_2 \rightarrow 2P_2O_5$(오산화린) • 포스핀 : $2PH_3 + 4O_2 \rightarrow P_2O_5 + 3H_2O$ • 이황화탄소 : $CS_2 + 3O_2 \rightarrow CO_2 + 2SO_2$(이산화황) • 메틸알코올 : $2CH_3OH + 3O_2 \rightarrow 2CO_2 + 4H_2O$ $CH_3OH + 1.5O_2 \rightarrow CO_2 + 2H_2O$ • 에틸알코올 : $C_2H_5OH + 3O_2 \rightarrow 2CO_2 + 3H_2O$ • 아세틸렌 : $2C_2H_2 + 5O_2 \rightarrow 4CO_2 + 2H_2O$ • 칼륨 : $4K + O_2 \rightarrow 2K_2O$ • 나트륨 : $4Na + O_2 \rightarrow 2Na_2O$	**심화** 연소생성물 주의! **암기요~**

개념 CHECK

12. 1기압, 20℃인 조건에서 메탄(CH_4) $2m^3$가 완전연소하는 데 필요한 산소 부피는 몇 m^3인가?
21 공채 ( )

12 $4m^3$

금속 등 : 연소 ★	• 탄소 : $C + O_2 \rightarrow CO_2$(완전연소) 　　　　$C + \frac{1}{2}O_2 \rightarrow CO$(불완전연소) • 휘발유 : $C_8H_{18} + 12.5O_2 \rightarrow 8CO_2 + 9H_2O$ 　($\mathbb{F}$ C_8H_{18} : 이소옥탄) • 경유 : $C_{12}H_{26} + 18.5O_2 \rightarrow 12CO_2 + 13H_2O$	**심화** 연소생성물 주의! **암기요~**
물과의 반응 (주수소화 금지) $\mathbb{F}$ 연소생성물 **암기!**	• 과산화나트륨 : $2Na_2O_2 + 2H_2O$ 　　　　$\rightarrow 4NaOH + O_2 + Q[kcal]$(발열반응) • 과산화칼륨 : $2K_2O_2 + 2H_2O$ 　　　　$\rightarrow 4KOH + O_2 + Q[kcal]$(발열반응) • 과산화마그네슘 : $2MgO_2 + 2H_2O$ 　　　　$\rightarrow 2Mg(OH)_2 + O_2 + Q[kcal]$(발열반응)	제1류 무기과산화물 $\mathbb{F}$ **산소 + 발열** **불꽃암기** **산발**
	• 오황화인 : $P_2S_5 + 8H_2O \rightarrow \mathbf{5H_2S} + 2H_3PO_4$(인산) • 알루미늄분 : $2Al + 6H_2O \rightarrow 2Al(OH)_3 + \mathbf{3H_2}$	제2류 위험물 $\mathbb{F}$ 황화수소와 수소
	• 칼륨 : $2K + 2H_2O \rightarrow 2KOH + \mathbf{H_2}$ • 나트륨 : $2Na + 2H_2O \rightarrow 2NaOH + \mathbf{H_2}$ • 칼슘 : $Ca + 2H_2O \rightarrow Ca(OH)_2 + \mathbf{H_2}$	제3류 위험물 $\mathbb{F}$ **수소 + 발열** **불꽃암기** **수발**
	• 트리메틸알루미늄 : 　$(CH_3)_3Al + 3H_2O \rightarrow Al(OH)_3 + \mathbf{3CH_4}$ • 트리에틸알루미늄 : 　$(C_2H_5)_3Al + 3H_2O \rightarrow Al(OH)_3 + \mathbf{3C_2H_6}$ • 메틸리튬 : $CH_3Li + H_2O \rightarrow LiOH + \mathbf{CH_4}$ • 에틸리튬 : $C_2H_5Li + H_2O \rightarrow LiOH + \mathbf{C_2H_6}$	제3류 알킬알루미늄, 알킬리튬 $\mathbb{F}$ 메테인, 에테인
	• 수소화칼륨 : $KH + H_2O \rightarrow KOH + H_2$(수소) • 인화칼슘 : 　$Ca_3P_2 + 6H_2O \rightarrow 3Ca(OH)_2 + 2PH_3$ (포스핀) • 탄화칼슘 : $CaC_2 + 2H_2O \rightarrow Ca(OH)_2 + C_2H_2$ 　(아세틸렌) • 탄화알루미늄 : 　$Al_4C_3 + 12H_2O \rightarrow 4Al(OH)_3 + 3CH_4$(메탄) • 이황화탄소 : $CS_2 + 2H_2O \rightarrow CO_2 + 2H_2S$	제3류 **불꽃암기** "**수인탄**" • 수소화○○는 물과 반응하여 수소 발생 • 탄화 + Li, Na, K, Mg, Ca $\rightarrow C_2H_2$ • 탄화 + Be, Al, Mn $\rightarrow$ 메탄 • CS_2 (150°C 물반응)
마그네슘(Mg) 약제 제한 (물, CO_2, CCl_4 등)	• 연소 : $2Mg + O_2 \rightarrow 2MgO + Q$: 폭발 • 물 : $Mg + 2H_2O \rightarrow Mg(OH)_2 + H_2$ • CO_2 : $2Mg + CO_2 \rightarrow 2MgO + C$ 　　　　$Mg + CO_2 \rightarrow MgO + CO$ • CCl_4 : $2Mg + CCl_4 \rightarrow 2MgCl_2 + 2CO_2$ • 3종 분말, 강화액약제 : 분해 시 물이 발생되므로 사용불가	마그네슘(Mg), 칼륨 (K), 나트륨(Na) 등 유사

(5) 화학반응식의 계산(비례식)

프로페인 완전연소 반응식	반응식의 의미
$C_3H_8 + 5O_2 \rightarrow 3CO_2 + 4H_2O$ 몰비: 1mol 5mol 3mol 4mol 부피비: $1m^3$ $5m^3$ $3m^3$ $4m^3$ 질량비: 44g 160g 132g 72g	• 프로판 1mol을 완전연소 시 산소는 5mol 소비한다. • 프로판 $1m^3$이 완전연소를 하면(가정) 산소는 $5m^3$ 소비한다. • 프로판 44g을 완전연소하면(1mol) 산소는 160g을 소비한다.

예

- 프로판이 3몰(mol) 완전연소하려면 산소는 얼마나 필요한가?

    $C_3H_8 + 5O_2 \rightarrow 3CO_2 + 4H_2O$
    1mol   5mol
    3mol   15mol

- 프로판이 $5m^3$ 완전연소하려면 산소는 몇 m^3이 필요한가?

    $C_3H_8 + 5O_2 \rightarrow 3CO_2 + 4H_2O$
    $1m^3$ $5m^3$
    $5m^3$ $25m^3$

- 프로판 132g을 완전연소하려면 산소는 몇 g이 필요한가?

    $C_3H_8 + 5O_2 \rightarrow 3CO_2 + 4H_2O$
    44g   160g
    132g   480g

☞ 다른 풀이 : 몰환산 → 몰비 → 분자량으로 질량
1) 132g을 몰(mol)로 환산 132/44 = 3mol
2) 프로판 3mol은 산소 15mol 소비
3) 산소질량은 산소몰수 × 분자량 = 15 × 32g = 480g

요약 정리 | 완전연소반응식 푸는 법!! 꼭 기억!!

- 질량[g, kg]으로 질량[g, kg]을 물으면 비례식!!
- 부피[L, m^3]로 부피[L, m^3]를 물으면 비례식!!
- 질량[g, kg]으로 부피[L, m^3] 물으면 mol 수식!!
- 질량[g, kg]으로 부피 묻는데 온도, 압력이 주어지면 이상기체 상태방정식!!
    ☞ 기체상수(R 0.082) 암기

03 화학결합

결합명	개념
이온결합	양이온(금속)과 음이온(비금속) 사이의 정전력에 의해 결합 예 NaCl(염화나트륨), CaO(산화칼슘)
공유결합	비금속끼리 결합, 원자들이 전자를 공유하여 결합 예 HCl(염화수소), HF(불화수소), O_2(산소), CO_2(이산화탄소), H_2O(물) 등
수소결합	전기음성도가 큰 F, N, O와 작은 수소원자(H) 결합 예 H_2O(물) 등
금속결합	금속들 사이 결합. 높은 전기 전도성과 열전도성의 원인 금속원자 → 전자 방출 → 양이온이 됨 → 자유전자 공유하여 결합

참고 결합력 : 이온 결합 > 공유 결합 > 금속 결합 > 수소 결합

불꽃암기
화학결합 : 이공수금

5 일반화학의 기본법칙 및 기체의 성질과 법칙

01 일반화학의 기본법칙

법칙	개념
질량보존	반응물질의 총질량의 합 = 생성물질의 총질량의 합
일정성분비	화합물을 구성하는 각 성분원소의 질량의 비는 일정
배수비례	원소 A, B가 반응하여 2가지 이상인 화합물이 생길 때 각 화합물에서 A의 일정량에 대한 B의 양은 간단한 정수비가 성립
기체반응	일정 온도와 압력에서 기체 사이의 화학 반응에서 반응하는 기체와 생성되는 기체의 부피 사이에 간단한 정수비가 성립

[수소(H_2)의 연소반응에 따른 법칙 예]

반응식	$2H_2$	+ O_2	→ $2H_2O$	관련 법칙
상태	기체	기체	수증기	
분자수	2분자	1분자	2분자	아보가드로 법칙
질량[g]	2×2	32	2×18	질량보존의 법칙
질량비	1	8	9	일정성분비의 법칙
몰수(계수)비	2	1	2	
부피비(분자)	2부피	1부피	2부피	기체반응의 법칙

02 기체의 성질과 법칙 ★

법칙	개념(비례 관계)	관련식
보일(Boyle) 법칙	일정온도. 기체의 부피는 압력에 반비례	$PV = K$(일정) $P_1 V_1 = P_2 V_2$ $V \propto \dfrac{1}{P}$
샤를(Charles) 법칙	일정압력. 기체의 부피는 온도에 비례	$\dfrac{V}{T} = K$(일정) $\dfrac{V_1}{T_1} = \dfrac{V_2}{T_2}$ $V \propto T$
보일-샤를 (Boyle-Charles's) 법칙	온도와 압력에서 기체부피는 압력에 반비례, 온도에 비례	$\dfrac{P_1 V_1}{T_1} = \dfrac{P_2 V_2}{T_2}$ $V \propto \dfrac{T}{P}$
이상기체 상태 방정식	• 일정한 온도와 압력에서 이상기체의 부피, 압력, 온도 등 성질에 관한 관계식 ☞ 적용 : 질량(kg)이 주어지고 온도, 압력이 따라 변화되는 부피(L)를 구할때 **주의!!** 1기압, 0℃ [STP]은 단순 비례식으로 풀자!	• $PV = nRT = \dfrac{W}{M}RT$ • 1기압, 0℃일 경우 $\dfrac{V}{22.4L} = \dfrac{W}{M} = n$ • 기체상수 R • 밀도 $\rho \left[\dfrac{\text{kg}}{\text{m}^3}\right] = \dfrac{W}{V} = \dfrac{PM}{RT}$
비고	• P : 압력(atm), V : 부피(m³), T : **절대온도[K]**, K : 상수 • P_1, V_1, T_1 반응 전 압력, 부피, 온도, P_2, V_2, T_2 반응 후 압력, 부피, 온도 • n : 몰수($= \dfrac{W}{M}$), W : 질량(중량)(g), M : 분자량(g) • 기체상수 $R = 0.082 \left[\dfrac{\text{atm} \cdot \text{L}}{\text{mol} \cdot \text{K}}\right] = 8.314 \left[\dfrac{\text{Pa} \cdot \text{m}^3}{\text{mol} \cdot \text{K}} = \dfrac{\text{J}}{\text{mol} \cdot \text{K}}\right]$ • STP(표준상태) : 표준온도 및 압력[온도 0℃, 압력 1기압(atm)] • NTP(정상상태) : 20℃, 1기압	

개념 CHECK

13. 일정온도에서 압력과 부피는 서로 반비례한다는 법칙은?
( )

13 보일의 법칙

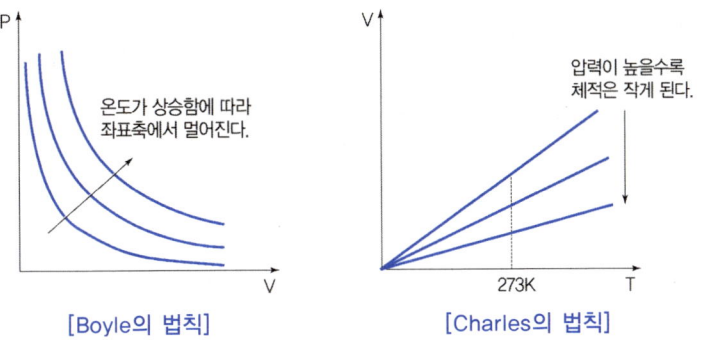

[Boyle의 법칙]   [Charles의 법칙]

참고 용기 속 기체는 외부 압력↑ → 기체부피↓ → 면적당 기체분자 충돌수↑ → 밀도↑ → 온도, 평균운동에너지 일정

[이상기체와 실제기체 비교]

구분	이상기체(Ideal Gas)	실제기체
분자 크기	질량 있음	종류 따라 다름
분자 간 인력	없음	있음
0°K	기체의 부피 0	0°K 되기 전에 고체로 됨
보일-샤를의 법칙	완전히 적용됨	He, H₂ 등은 근사적으로 적용됨

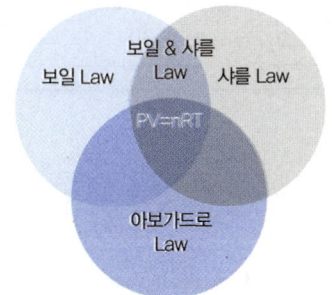

$$PV = nRT$$
P : 압력, V : 부피,
n : 몰수, R : 기체상수,
T : 절대온도

심화 | 이론 | 이상기체 운동론 가정(5가지)

1. 기체 분자는 질량은 존재하지만, **부**피는 존재하지 않는다.
2. 기체 분자는 **서**로 간에 힘을 주고받지 않는다.
3. 기체 분자가 일으키는 모든 충돌은 완전 **탄**성 충돌이다.
4. 기체는 어떤 온도나 압력에도 절대로 **액**화 또는 승화되지 않는다.
5. 기체 분자의 평균 분자 운동 에너지는 절대 **온**도에만 비례하며, 분자의 크기, 모양 및 종류에는 영향을 받지 않는다.

불꽃암기
이상기체 운동론 가정 :
부서탄액온

개념 CHECK

14. 0℃, 1atm인 밀폐된 곳에서 화재가 발생하여, 화재현장의 온도는 400℃이다. 화재 전에 비하여 화재 후의 압력은 몇 배로 변화되었는가? (소수점 둘째 자리에서 반올림한다.) 18 상 ( )

예 $\dfrac{P_1}{270+0} = \dfrac{P_2}{273+400}$

$P_2 = \dfrac{273+400}{273+0} P_1$

$= \dfrac{673}{273} P_1 = 2.46 P_1$

$\fallingdotseq 2.5 P_1$

14 2.5

심화 이론 | 기타의 법칙

그레이엄 확산법칙	• 기체의 분출속도(확산속도)는 기체의 분자량 또는 밀도의 **제곱근에 반비례** • $\dfrac{v_1}{v_2} = \dfrac{\sqrt{M_2}}{\sqrt{M_1}} = \dfrac{\sqrt{\rho_2}}{\sqrt{\rho_1}}$ 여기서, v : 기체의 확산속도, M : 기체의 분자량, ρ : 기체의 밀도 • 예 수소(2g)와 산소(32g)의 확산속도 비교? $\dfrac{v_1(수소)}{v_2(산소)} = \sqrt{\dfrac{32}{2}} = 4 \Rightarrow v_1 = 4v_2$ ☞ 수소의 확산속도가 산소의 확산속도보다 4배 빠르다.
달톤의 분압법칙	• 일정온도에서 혼합기체가 나타내는 전체 압력 = 성분 기체들의 부분 압력의 합 • $P_A = \dfrac{n_A RT}{V}$, $P_B = \dfrac{n_B RT}{V}$ 전체압력 $P_t = \dfrac{(n_A + n_B)RT}{V}$
Hess의 법칙	• 반응열은 반응의 시작과 끝 상태만으로 결정, 도중의 경로에는 관계하지 않는다는 법칙 • 반응식 별 $- C + 1/2O_2 \rightarrow CO + 26.4\text{kcal} \,(\Delta H_1 = -26.5\text{kcal})$ $- CO + 1/2O_2 \rightarrow CO_2 + 67.5\text{kcal} \,(\Delta H_2 = -67.6\text{kcal})$ $- C + O_2 \rightarrow CO_2 + 94.1\text{kcal} \,(\Delta H_3 = -94.1\text{kcal})$

연소이론 복습만이 살길이다!!!

▶ 다시보자 복습 문제 02   Check

01. $aC_3H_8 + bO_2 \rightarrow cCO_2 + dH_2O$ 의 반응식에서 a가 1인 경우 b, c, d의 합은 12이다.

02. 산소를 포함하는 탄화수소류의 반응식은 $C_xH_yO_z + (x + \frac{y}{4} - \frac{z}{2})O_2 \rightarrow xCO_2 + \frac{y}{2}H_2O$ 이다.

03. 칼륨과 나트륨의 경우 물로 소화할 경우 수소가스와 열이 발생한다.

04. 트리에틸알루미늄의 화재에 주수소화를 할 경우 에테인가스가 발생한다.

05. 탄화칼슘의 경우 물과 반응할 경우 메테인 가스가 방출된다.

06. 탄화알루미늄과 트리메틸알루미늄은 물과 반응할 때 동일한 가연성 가스가 발생한다.

07. 압력이 일정할 경우 부피는 온도에 비례한다.

08. 표준상태에서 5mol의 부테인 가스가 완전연소를 하게 되는 경우 요구되는 산소의 몰수는 32.5mol이다.

09. 0℃, 1atm에서 이산화탄소 1kg의 부피(L)는 약 509L이다.
   [풀이] 509L : 1000g/44g(분자량) = 22.72mol ☞ 부피는 22.72mol = V(L)/22.4L

10. 1기압, 100℃에서 1kg의 이황화탄소가 모두 증기가 된다면 부피는 약 몇 L가 되는가? (여기서 CS_2는 76g)
   ① 201
   ② 403
   ③ 603
   ④ 804
   [풀이] $PV = nRT = \frac{1000}{76} \times 0.082 \times (100 + 273) = 402.45$

11. 120℃, 1기압의 프로판(C_3H_8) 2m³를 완전연소시키는데 필요한 산소 부피는?
   ① 1m³
   ② 3m³
   ③ 5m³
   ④ 10m³
   [풀이] $C_3H_8 + 5O_2 \rightarrow 3CO_2 + 4H_2O$
        2m³   10m³

🔒 1 ○(5, 3, 4)   2 ○   3 ○   4 ○   5 ×(아세틸렌)   6 ○(메테인)   7 ○(보일-샤를)   8 ○   9 ○   10 ②   11 ④ 해당 없음

CHAPTER 02 연소 개요 등

1 연소 개요 20, 21 공채 / 19하 간부

학습 나침반

용어	개념
활성화 (점화, 발화) 에너지	• 충돌하는 연료와 산소분자가 화학적 상호작용을 하기 위해서 가져야만 하는 최소에너지(NFPA 53) • 화학반응이 일어나기 위해 필요한 최소한의 에너지 ☞ 물질은 활성화 에너지가 낮을수록 반응이 더 쉽게 일어나고, 반응속도가 빨라짐
산화반응	• 산소와 결합하는 반응 • 한 물질이 전자를 잃고 산화수가 증가하는 화학반응 **심화**
발열반응	• 화학반응과정에서 주위에 열을 방출하는 반응 • 발열반응 ↔ 흡열반응
열	계와 주위 사이의 온도 차이로 인하여 계가 외부로 방출 또는 흡수한 에너지
촉매[1]작용	• 정촉매 사용 → 활성화에너지 감소 → 활성화에너지보다 큰 에너지를 갖는 분자수 증가 → 반응속도 빨라짐 : 연소 쉬움 • 부촉매 사용 → 활성화에너지 증가 → 활성화에너지보다 큰 에너지를 갖는 분자수 감소 → 반응속도 느려짐 : 소화 쉬움

01 정의

'연소(延燒)'란 가연물(연료)이 급격한 산화반응을 하여 빛과 열을 발생하는 화학변화(발열반응)이다.

참고 철(steel)의 부식 : 열이 발생하는 산화현상 → 빛 ×이므로 연소 ×

02 연소 과정에서의 활성화에너지[2] 변화

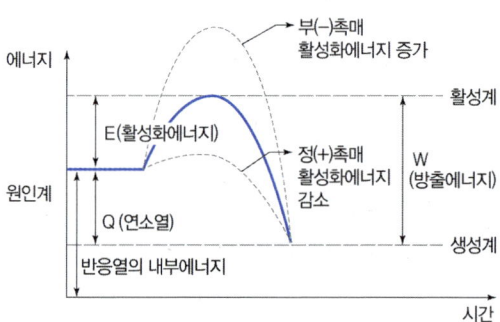

---

1) **촉매**
자신은 소모되지 않고 반응속도를 증가시키는 물질을 말한다.

2) **활성화(점화)에너지**
화학반응이 진행되기 위해 필요한 최소의 에너지를 말한다.
→ 활성화에너지가 작다.
　 = 가연물(위험)
→ 작은 에너지에도 쉽게 반응

개념 CHECK

1. 가연물이 급격한 산화반응을 하여 (　)과 (　)을 발생하는 화학변화(발열반응)를 연소라고 한다.

1 빛, 열

03 연소(불꽃)의 색상과 온도[3]

색상	암적색	적색	휘적색	황적색	백적색	휘백색
온도[℃]	700~750	850	950	1,100	1,300	1,500 이상

3) 연소물질의 온도
- 목재 : 1,200~1,300℃
- 촛불 : 1,400℃
- 아세틸렌불꽃 : 3,300~4,000℃

불꽃암기
연소의 색상 : 암적휘 황백휘

04 연소의 일반적 과정

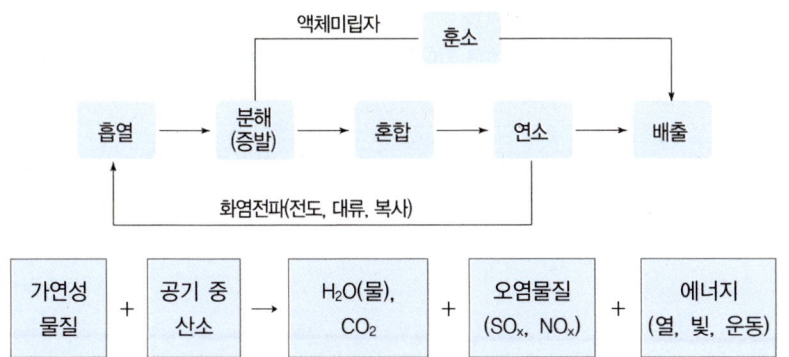

05 산화와 환원

(1) 산화와 환원의 개념 : 동시에 일어남(동시성)

구분	개념	반응식(예)
산화	• 산소와 결합하는 반응(산소 얻음) • 수소를 잃는 반응 • 전자를 잃는 반응 • 산화수[4]가 증가하는 반응	• $C + O_2 \rightarrow CO_2$ • $H_2S + Cl_2 \rightarrow S + 2HCl$ • $Na \rightarrow Na^+ + e^-$ • $Fe^{2+} \rightarrow Fe^{3+}$
환원	• 수소와 결합하는 반응 • 산소를 잃은 반응 • 전자를 얻는 반응 • 산화수가 감소하는 반응	• $H_2 + Cl_2 \rightarrow 2HCl$ • $CuO + H_2 \rightarrow Cu + H_2O$ • $Cl_2 + 2e^- \rightarrow 2Cl^-$ • $Mn^{7+} \rightarrow Mn^{2+}$

불꽃암기
산화 : 산수전수다

4) 산화수
- 산화·환원반응을 설명하기 위해 도입된 개념으로 물질 내 원자에 걸리는 상대적 전하량 수치를 말한다.
- 단체의 산화수는 0이다.
- 이온 산화수는 이온의 가수와 같다.
- 산소화합물 : -2 CO_2, H_2O
- 과산화물 : -1 H_2O_2, MgO_2

(2) 산화제와 환원제

① 산화제 : 자신은 환원되고, 다른 물질을 산화시키는 물질을 말한다.
② 환원제 : 자신은 산화되고, 다른 물질을 환원시키는 물질을 말한다.
③ 산화제와 환원제 조건

구분	조건	물질(예)
산화제	산소를 내기 쉬운 물질	H_2O_2
	수소와 결합이 쉬운 물질	O_2, Cl_2, Br_2
	전자를 얻기 쉬운 물질	
환원제	수소를 내기 쉬운 물질	H_2S
	산소와 결합이 쉬운 물질	SO_2, H_2O_2
	전자를 잃기 쉬운 물질	

개념 CHECK

2. 연소 시 불꽃의 색상이 적색일 때 온도는 620℃, 암적색일 때 700℃, 휘백색일 때는 1,300℃에 이른다. ( )

3. 자신은 산화되고 다른 물질을 환원시키는 물질을 환원제라고 한다. ( )

> **심화 이론 | 메탄의 연소(산화, 환원)반응**
>
> $$\underset{-4\ +1}{CH_4} + \underset{0}{2O_2} \longrightarrow \underset{+4\ -2}{CO_2} + \underset{+1\ -2}{2H_2O}$$
>
> 산화 : 산화수 증가
> 환원 : 산화수 감소
>
> - C의 산화수는 -4에서 +4로 증가(산화)한다.
>   (CH_4는 CO_2로 산화됨 → 환원제)
> - H의 산화수는 +1에서 +1로 변화 없다.
>   (CH_4와 H_2O에서 H의 산화수는 +1)
> - O의 산화수는 0에서 -2로 감소(환원)한다.
>   (O_2는 H_2O로 환원됨 → 산화제)
> → 산화된 물질은 CH_4이고, 환원된 물질은 O_2이다.

2 연소의 구성 ★★

> **학습 나침반**

구분	연소 3요소	연소 4요소
구성요소	**가**연물 + **산**소원 + **점**화원	연소 3요소 + 연쇄반응
의미	최소 연소상태	불꽃연소를 위해 연쇄반응 필요
연소명	표면연소, 작열연소	불꽃연소
화재명	심부화재, 훈소	표면화재
불꽃	없다.	있다.
에너지 크기	작다(저).	크다(고).

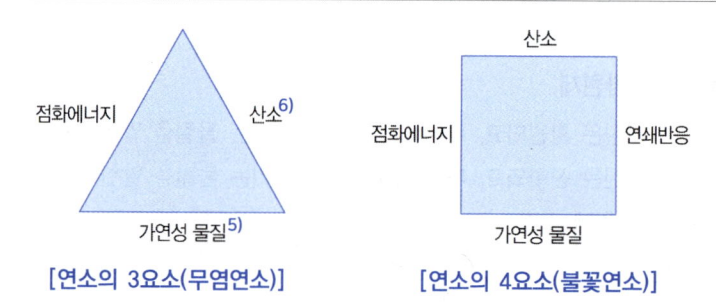

[연소의 3요소(무염연소)] [연소의 4요소(불꽃연소)]

불꽃암기
연소의 3요소 : 가산점

5) 가연물 : 환원제
6) 산소 공급원 : 산화제

01 가연물 ★★ 18하, 22 공채 / 19 간부

(1) 의미

'가연물(可燃物)'이란 불에 탈 수 있는 물질(물건)을 말함. 즉 산소와 반응시 발열반응을 하고 연소가 계속되는 물질

(2) 가연물 구비조건(영향인자) ★

요소	내용
활성화 에너지	• 활성화에너지가 작아야 쉽게 착화 ☞ 활성화에너지는 라디칼 생성을 포함한 화학반응이 일어나기 위해 필요한 최소한의 에너지이므로 작을수록 가연물 참고 나무 40mJ, 휘발유 0.8mJ, 메탄(CH_4) 0.28mJ
열전도율(K)[7]	• 열전도율이 낮은 물질일수록 쉽게 착화 ☞ 열전도율 낮은 물질 : 열받음 → 열받은 면 온도가 쉽게 올라감 → 인화점, 발화점 도달 → 연소 발생
산소와 친화력	• 산소와 친화력이 높을수록 쉽게 착화 ☞ 화학적 활성도가 커서 산소와 쉽게 반응(결합)을 한다. 참고 화학적 활성도 ≠ 활성화에너지 활성도가 클수록 활성화에너지는 작다(작게 필요하다).
비표면적[8]	• 비표면적이 크면 산소와의 접촉 면적이 넓어지므로 쉽게 연소한다. 참고 "비표면적 크다"의 의미 : 잘게 쪼개진 상태로 쉽게 반응한다. ☞ 비표면적 큰 상태 – 나무의 경우 : 통나무 < 대팻밥 → 대팻밥이 더 쉽게 연소 – 금속의 경우 : 괴상(덩어리) < 분말(철[불연재]과 철가루(철분)[가연재])
연소열, 발열량	• 연소열 또는 발열량이 클수록 쉽게 연소한다. ☞ 방출되는 열이 클수록 주변으로 더 큰 열에너지를 전파, 활성화시켜 연소 확산이 용이해진다.
발열반응	• 발열반응을 하는 물질이어야 한다. ☞ 발열반응하는 물질은 주변으로 열에너지를 전파하여 연소 및 반응이 용이해진다(발열반응 ↔ 흡열반응).
연쇄반응	• 연쇄반응을 하는 물질이어야 한다. ☞ 물질이 연소를 할 때 불안정한 과도기적 물질(라디칼)로 나누어지는데 라디칼이 연속적으로 생성되는 반응을 연쇄반응이라고 한다. 라디칼은 화염(불꽃)이 발생하는 연소를 주도한다. (연쇄반응을 하는 물질 → 불꽃연소를 하는 가연물)
건조도	• 건조도가 높을수록 쉽게 연소할 수 있다. ☞ 함수율이 높은 물질은 열에너지을 받으면 연소를 위한 열분해에 사용하기보다 수분을 증발시키는 데 우선 사용되므로 연소하기 어려워진다(마른 장작이 잘 탄다).

물질	수소 (H_2)	메탄 (CH_4)	프로판 (C_3H_8)	휘발유	무연탄	목재
연소열(kJ/g)	143	55.5	50.34	43	32.6	15

(3) 가연물이 될 수 없는 물질

① 완전산화물질(산소와 더 이상 반응하지 않는 물질) : H_2O, CO_2, SO_3 등
② 질소 또는 질소산화물(N_2, NO_x) : 산소와 반응은 하지만 흡열반응을 한다.

㉠ $N_2 + \dfrac{1}{2}O_2 \rightarrow N_2O - 19.5\text{kcal}$

㉡ $\dfrac{1}{2}N_2 + \dfrac{1}{2}O_2 \rightarrow NO - 21.6\text{kcal}$

㉢ $N_2 + O_2 \rightarrow 2NO - 43.2\text{kcal}$

③ **불활성 기체**(주기율표상 18족 또는 0족 원소)
　㉠ 최외각 전자가 모두 차 있어 전자를 주고받는 화학결합을 하기 어렵다.
　　[예외 : Xe(제논)은 산소, 할로젠 등과 반응]
　㉡ He(헬륨), Ne(네온), Ar(아르곤), Kr(크립톤), Xe(제논, 크세논), Rn(라돈) 등

요약 정리 | 가연물의 조건(핵심)

구분	가연물 구비조건 = 위험해지는 조건
커야(大)	• 산소결합 시 **발열량** • 연소열, 반응열 • 산소 친화력(결합력), 비표면적 • 화학적 활성도, 건조도, 연소범위
작아야(小)	• 최소점화(발화)에너지(MIE), 활성화에너지 • 열전도도(열전도율) 　주의!! 기체는 열전도도가 클수록 열의 확산이 빠르므로 연소 속도가 빠르게 진행 • 인화점, 발화점, 융점, 비점, 비열, 비중, 표면장력 • 한계산소지수(LOI), **최소산소농도(MOC)**, 증발잠열(기화잠열)
수반	연쇄반응, 발열반응이 있을 것
가연물 불가 (가연물이 될 수 없는 물질)	• 완전산화물질 : 더 이상 산소와 반응하지 않는 물질 • 질소 또는 질소산화물 : 산소와 반응은 하지만 흡열반응 • 불활성 기체(0족) : He, Ne, Ar, Xe 등

02 산소공급원 19, 22 공채

(1) 공기, 산소[9], 제1류 또는 제6류 위험물, 제5류 위험물 등

(2) **산소공급원의 종류**

구분	내용
공기 및 산소	공기의 구성[10] | 구분	질소(N_2)	산소(O_2)	아르곤(Ar)	CO_2
---	---	---	---	---
체적(V)%	78.03	20.99	0.95	0.03
중량(W)%	75.51	23.15	1.3	0.04	 ☞ 질소 중량 75.51% : [질소(28)×부피(0.78)] / 공기(29)
지연성(조연성) 가스	7족 할로젠원소(F_2, Cl_2, Br_2 등)
산화성 물질	• 제1류 위험물 : 산화성 고체 • 제6류 위험물 : 산화성 액체 • 산화성 물질은 그 자체는 반드시 가연성은 아니지만 일반적으로 산소를 유리[11]하여 다른 물질의 연소를 일으키기 쉽게 하거나 또는 연소를 조장하는 물질(UN 분류)
자기반응성 물질 (내부 연소성)	제5류 위험물(가연물 + 산소)

---

9) 산소(O_2) : 조연성 기체

10) 공기의 구성 및 질량
• (조건) 물질 분자량
　질소 28g
　산소 32g
　아르곤 40g
• 공기 분자량
　= N_2 × 0.78 + O_2 × 0.21 + Ar × 0.01
　= 28.96
　≒ 29g/mol

불꽃암기
산소공급원 종류 :
공산 조지 산자

11) 유리(遊離) : 따로 떨어짐 혹은 화합 결합이 끊어져 원자 등이 분리되는 것

개념 CHECK
6. 산소공급원의 역할을 하는 위험물로는 제1·5·6류 위험물이 있다. (　)

(3) 산소농도 증가에 따른 위험성 ★
① 연소속도, 화염온도, 화염길이 및 폭발한계[연소범위(상한계)]는 증가한다.
② 발화온도, 최소점화에너지(MIE)[12]는 작아진다.

03 점화에너지(점화원)(Ignition source) 22 간부

(1) 정의
가연성 물질이 가연성 혼합기를 형성했을 때 이를 발화 및 연소하기 위해 필요한 에너지를 점화에너지라고하며, 대부분 열에너지 형태를 가진다.
☞ 최소점화에너지(Minimum Ignition Energy, MIE) : 가연성 물질이 점화될 수 있는 최소한의 에너지양

(2) 점화원의 종류 ★

종류	분류	의미	대책
열적	복사열	• 화염의 복사열 • 태양광선의 열	• 복사열 차단 • 차광시설

	나화
	(화염)
		• 노출된 불씨 또는 불꽃에 의한 발화
		  − 난로, 난방, 담뱃불, 소각, 램프 등
		  − 보일러, 토치램프
			• 점화원 관리
			• 위험물과 점화원 이격

	고온 표면 (열면)	• 고온고체의 표면에 의한 발화 − 전열기, 가열로, 배기관, 연도 고온부, 용융금속, 슬러그, 가스절단의 불꽃	• 점화원 관리 • 위험물과 점화원 이격
화학적 (화학열)	자연발열	• 물질 자체 내의 열축적만으로 온도가 증가하여 물질의 발화점 이상에서 연소하는 현상 예 기름걸레발화 • 혼촉위험에 의한 반응열 축적	• 열축적 ×, 열발생 × • 혼촉 방지
	연소열, 산화열	물질이 완전 산화되는 과정에서 발생하는 열	발생 방지 및 축적 방지
	분해열	어떤 화합물이 분해할 때 발생하는 열 예 셀룰로이드	분해반응 방지
	용해열	어떤 물질이 액체에 용해될 때 발생되는 열 예 농황산(진한 황산)	용해 작업 주의
	중합열	단량체 분자들이 결합하여 고분자를 생성 시 발생열(예 시안화수소 등 중합)	관리 주의
기계적 (기계열)	마찰열	두 물체의 마찰에 의해 발생 예 그라인더에 발생되는 불꽃	수공구류 등은 고무, 나무 또는 가죽제품 사용
	단열 압축(열)	열 공급없이(단열) 기체를 압축시키면 발생되는 열 예 디젤엔진의 폭발, 박막 폭굉, 폭굉 충격파	• 이상 압력 상승 방지 안전장치 • 급격한 밸브 조작하지 않도록 주의
	마찰 스파크	금속물체와 다른 고체물체가 충돌하여 충돌된 금속입자가 순간적으로 높은 열이 생성되어 스파크가 일어나는 것	물체 사용 시 주의

기본서 소방학개론

12) 최소점화에너지(MIE)
가연성 가스 점화에 필요한 최소 에너지를 말한다.

불꽃암기
• 열적 : 고복나
• 화학적 : 자연분합
• 기계적 : 마단마
• 전기적 : 유저유정아

개념 CHECK
7. 고온표면과 단열압축은 점화원 종류 중 기계적 점화원에 속한다.   (   )

7 ×

전기적 (전기열)	저항열	도체 저항＋전기에너지 → 열에너지로 변할 때 나타나는 열 예 전구, 전기장판 등	저항 최소화, 방열을 크게
	유도열	도체 주위의 **자장 변화에 의해 전위차**(전압)가 발생된 전류의 흐름에 대한 저항열	유도전류 발생 방지
	유전열	절연물에 절연이 파괴되어 누설전류가 흘러 열이 발생 예 누설전류 등	절연 보완, 수시 점검
	정전기불꽃 (열)	대전된 정전기가 방전할 때 발생하는 열 예 마찰전기 등 ☞ 인화성 기체나 가연성 분진은 쉽게 점화	• 접지, 본딩, 상대습도 70%, 공기의 이온화 • 유속의 제한 • 제전기 등
	아크(arc)열	• 접촉불량으로 전류가 단절될 때 발생 예 전기불꽃, 전기스파크, 전호열 • 아크와 스파크 심화 - 아크 : 접점 개방시 발생. E 큼 - 스파크 : 접점 투입시 발생. E 작음	접점 관리 주의
	낙뢰	구름에 축적된 전하가 방전할 때 발생	피뢰설비, 접지 등

☞ 점화원이 될수 없는 것 : 흡착열, 기화열, 융해열 등

04 연쇄반응(Chain-Reaction)

(1) 정의

물질이 연소를 할 때 불안정한 과도기적 물질(활성 라디칼)로 나누어지는데 라디칼이 연속적으로 생성되는 반응을 연쇄반응이라고 한다. 즉, 하나의 반응이 일어나면 생성물과 반응물이 가지를 치듯 일어나게 하는 반응을 말한다.

(2) 라디칼(radical, free radical)

① 공유결합을 하는 분자가 강한 에너지를 받아 분해되어 홀전자(unpaired electron)를 가진 원자 또는 분자를 말함
② 반응성이 매우 크고, 매우 불안정하여 짧은 순간만 존재(H^*, OH^*)하고, 연쇄반응으로 만들어지는 라디칼은 화염이 발생하는 연소를 주도한다.

(3) 연쇄반응과 억제반응(부촉매소화)

연쇄반응	과정, 반응	반응 과정
연쇄반응, 라디칼, 불꽃(화염)	개시(점화)	$H_2 + e(활성화E) \rightarrow 2H^*$
	분기반응	$H^* + O_2 \rightarrow OH^* + O^*$
	전파반응	$OH^* + H_2 \rightarrow H_2O + H^*$
	분기반응	$O^* + H_2 \rightarrow OH^* + H^*$
억제소화	과정, 반응	반응 과정
연쇄반응 억제 → 부촉매소화 예 할론 1301	열분해	$CF_3Br + e \rightarrow CF_3^+ + Br^-$
	라디칼포착	$Br^- + H^+ \rightarrow HBr$
	억제반응	$HBr + OH^- \rightarrow H_2O + Br^-$
	재생반응	$Br^- + CH_3H \rightarrow HBr + CH_3$

소방학개론 — 연소이론 복습만이 살길이다!!!

▶ 다시보자 복습 문제 03

01. '연소(延燒)'란 가연물(연료)이 급격한 산화반응을 하여 빛과 열을 발생하는 화학변화(발열반응)이다.

02. 가연물의 구비조건에서 활성화에너지는 작을수록, 열전도율은 클수록 연소되기 쉽다.

03. 질소 또는 질소산화물은 산소와 반응하지 않아 가연물이 될 수 없다.

04. 연소속도, 화염온도, 화염길이 및 폭발한계[연소범위(상한계)]는 증가한다.

05. 압축열, 분해열, 중합열, 산화열은 모두 화학적 점화원에 해당한다.

06. 물질이 연소를 할 때 불안정한 과도기적 물질(활성 라디칼)로 나누어지는데 라디칼이 연속적으로 생성되는 반응을 연쇄반응이라고 한다.

07. 전기적 열원에는 저항열, 아크열, 유도열, 누전열, 정전기불꽃, 전기불꽃, 낙뢰, 스파크 등이 있다.

08. 산소농도가 증가하면 발화온도, 최소점화에너지가 작아진다.

09. 기체의 경우 열전도도가 클수록 연소속도가 빠르게 진행된다.

10. 다음 중 불꽃연소 또는 유염연소와 관계되는 연소 요소는 무엇인가?
① 가연성 물질
② 산소공급원
③ 최소점화에너지
④ 연쇄반응

11. 다음 중 가연물이 연소가 잘 되기 위한 조건으로 옳지 않은 것은?
① 최소점화에너지가 작아야 한다.
② 산소와 친화력이 높고, 비표면적은 커야 한다.
③ 발열량이 커야 한다.
④ 열전도율이 커야 하고, 열전파 및 열축적이 용이해야 한다.
[풀이] 열전도율이 작아야, 전파 용이

🔒 1○ 2×(K 작을수록) 3×(흡열반응) 4○ 5×(압축열 – 기계) 6○ 7○ 8○ 9○ 10④ 11④

CHAPTER 02 연소 개요 등

3 연소의 조건

학습 나침반

연소의 에너지 조건 (온도)	인화점	점화 가능한 최저온도
	연소점	자력 연소가 가능한 온도
	발화점	열축적에 의해 착화(발화)되는 최저온도
연소 범위		연소상한계, 연소하한계
연소관련식	화학양론농도	$C_{st}(vol\%) = \dfrac{\text{연료몰수}}{\text{연료몰수}+\text{이론공기몰수}} \times 100$
	르샤틀리에 법칙	$\dfrac{100}{L} = \dfrac{V_1}{L_1} + \dfrac{V_2}{L_2} \cdots \dfrac{V_n}{L_n}$
	위험도	위험도 $= \dfrac{\text{상한계}-\text{하한계}}{\text{하한계}} = \dfrac{\text{연소범위}}{\text{하한계}}$
	최소산소농도	$MOC = LFL \times O_2 \,[mol]$ (연료 1mol의 경우)
	최소점화에너지	$MIE = \dfrac{1}{2}C(V_1-V_2)^2 = \dfrac{1}{2}Q\Delta V\,[mJ]$

01 연소의 에너지 조건(온도) 19, 20, 22, 24 공채 / 19 간부

(1) 인화점(유도발화점, Flash Point)[13] ★★

① 가연성 혼합기에서 점화원(불꽃)을 접하면 발화(점화)되는 최저온도
  ☞ 물질이 인화점에 도달하면 연소하한계(농도)의 상태가됨. 즉 하한계를 만드는 온도
② 가연성 물질의 증기가 연소범위의 하한계에 이르러 점화되는 최저온도
③ 물질(물적)조건(농도)과 에너지조건(온도)이 만나는 최저온도
④ 소방의 활용
  ㉠ 인화성 액체 위험물(제4류)의 위험성 지표(분류) 기준
    ☞ 인화점은 낮을수록 위험성이 높은 물질
  ㉡ 냉각소화는 온도를 인화점 이하로 만드는 소화

참고 물질의 인화점과 발화점

가연물	인화점[℃]	착화점[℃]	가연물	인화점[℃]	착화점[℃]
메탄	−188	537	메틸알코올	11	464
프로판	−104	470	에틸알코올	13	423
다이에틸에터	−45	180	등유	30~60	220
아세트알데하이드	−38	185	경유	50~70	250
산화프로필렌	−36	465	중유	60~150	254~405
이황화탄소	−30	100	크레오소트유	74	336
가솔린(휘발유)	−43~−20	300	글리세린	160	393
아세톤	−18	538	식용유	338	415
벤젠	−11	562			

---

13) 인화점
- 압력↑ → 인화점↑
- 인화점 측정법
  − 개방식: 높은 인화점 물질
  − 밀폐식: 낮은 인화점 물질

불꽃암기
인화점 : 점하만 4인

(2) 연소점(Fire Point) ★

외부 점화원에 의해 발화된 후, 점화원을 제거해도 연소상태가 5초 이상 계속(지속)되는 온도로 보통 인화점보다 약 5~10℃ 정도 높다.

(3) 발화점(착화점, 자연·자동발화점, Auto Ignition Temperature Point)

① 외부의 점화원 없이 물질자체의 열축적에 의해 착화(발화)가 되는 최저온도
② 발화점의 영향인자
 ㉠ 가연성 혼합기의 농도가 양론농도(C_{st})일 때 발화점은 낮아짐
 ㉡ 가열속도, 압력, 가열시간 높을수록 발화점은 낮아짐
 ㉢ 점화원의 종류와 에너지 가열방법
 ㉣ 용기의 재질, 발화 공간의 형태와 크기
 ㉤ 촉매 유무 및 반응속도 → 정촉매, 반응속도 빠를수록 발화점은 낮아짐
③ 발화점이 낮아지는 조건(위험해지는 조건으로 이해!) ★

구분	발화점이 낮아지는 조건
클수록 (복잡)	• 탄소수가 많아서 탄소 체인의 길이가 길수록 ☞ 탄소체인이 길수록 분자의 표면적이 커져서 열에 의해 그 구조가 파괴되어 분해되기 쉽기 때문 • 분자구조가 복잡할수록 • 열량, 산소친화력, 산소농도, 화학반응에너지, 화학적 활성도가 클수록 • 압력, 발열량 등이 클수록
작을수록	열전도율(도), 점화에너지(활성화에너지), 증기압
농도	가연성의 혼합 농도가 양론농도일수록

④ **심화** 발화지연시간(Ignition delay time) : 발화온도(또는 이상)에서 실제 발화가 일어나기까지 시간지연을 말하며, 발화온도가 높을수록 발화지연시간은 짧아진다. ☞ 발화온도와 발화지연시간은 반비례

참고 물질의 발화점(착화점)

가연물	착화점[℃]	비고	가연물	착화점[℃]	비고
황린(P₄)	34	제3류	아세틸렌	300	
CS₂, 황화인	100	제2류	수소	약 500	
셀룰로이드	180	제5류	일산화탄소	609	
적린(P)	260	제2류	부탄	405	
TNT	300	제5류	프로판	470	
숯	360		에탄	472	
나무	약 450		메탄	537	

불꽃암기
발화점이 낮아지는 조건 :
복수길 농활친에 압발

개념 CHECK
8. 그림에서 'A'에 대한 설명으로 옳지 않은 것은? 22 기출

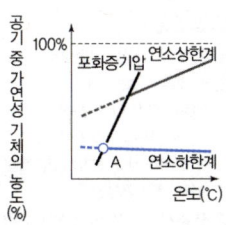

① 외부에너지에 의해 발화하기 시작하는 최저연소온도이다.
② 물질적 조건과 에너지 조건이 만나는 최저연소온도이다.
③ 화학양론비(stoichiometric ratio)에서의 최저연소온도이다.
④ 가연성 혼합기를 형성하는 최저연소온도이다.

8 ③

(4) 물질의 온도(점) 크기

① 인화점 < 연소점 < 발화점
② 식용유류 : 발연점 < 인화점 < 연소점 < 발화점 < 비점

> **심화 이론 | 발연점(smoke point)**
>
> - 발연점 : 한 줄기 연기가 지속적으로 피어오르는 온도로 기름이 타기 시작하는 온도이고, 조리 중인 식품에서 탄 맛이 나기 시작하며, 기름의 영양소가 파괴되는 온도이다.
> - 발연점이 낮아지는 경우
>   - 포화지방산 함량이 적을수록(불포화지방산의 함량이 많을수록)
>   - 가열시간 길수록
>   - 비정제일수록, 산화방지제를 투입하지 않을수록
>   - 남아있는 유기용매의 양이 많을수록

02 연소의 물적 조건(농도, 압력 등) 20 공채 / 19, 20, 22 간부

(1) 연소범위(연소한계, 폭발범위, 화염전파범위)

① 가연성 기체가 공기 중에 확산되어 가연성 혼합기를 만드는데, 이때 연소를 일으킬 수 있는 농도의 범위를 말한다. 즉, 화염을 전파할 수 있는 농도범위이다[Vol%].

② 연소하한계(LFL)와 연소상한계(UFL) 사이의 범위를 말하며 영향인자에 의해 축소, 확대된다.

　㉠ 연소상한계(UFL : Upper Flammability Limit) : 물질이 연소할 수 있는 최고농도(부피 퍼센트, Vol%)

　㉡ 연소하한계(LFL : Lower Flammability Limit) : 물질이 연소할 수 있는 최저농도(부피 퍼센트, Vol%), 물질의 인화점에서의 농도(%)
　　> 참고 물질의 인화점에서의 농도와 같다.

　㉢ 연소범위 : 연소상한계 − 연소하한계
　　> 참고 연소범위가 넓을수록, 연소하한계가 낮을수록 위험하다.
　　> 연소범위 밖에서도 연소 가능. 단, 불꽃연소 ×

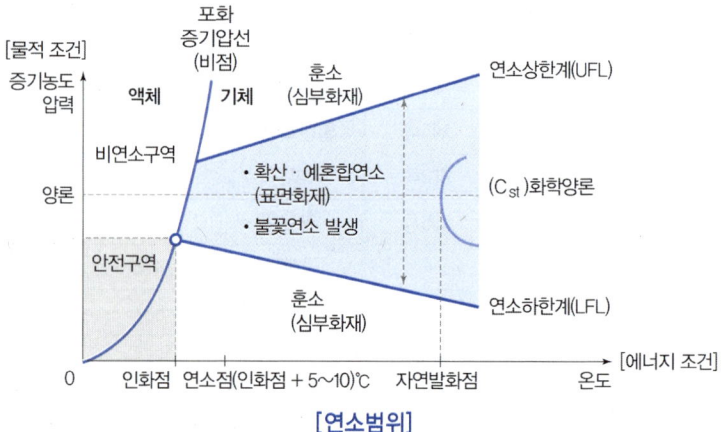

[연소범위]

개념 CHECK

9. 연소에 대한 설명으로 옳지 않은 것은? 20 공채
① 액체가연물의 인화점은 액면에서 증발된 증기의 농도가 연소하한계에 도달하여 점화되는 최저온도이다.
② 연소하한계가 낮고 연소범위가 넓을수록 가연성 가스의 연소위험성이 증가한다.
③ 액체가연물의 연소점은 점화된 이후 점화원을 제거하여도 자발적으로 연소가 지속되는 최저온도이다.
④ 파라핀계 탄화수소화합물의 경우 탄소수가 적을수록 발화점이 낮아진다.

9 ④

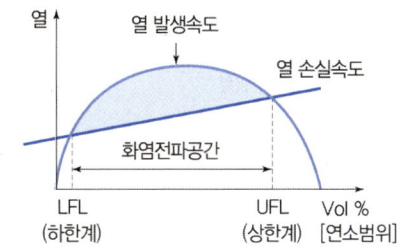

※ 연소범위에서는 열발생속도가 열손실 속도보다 크다.

[온도에 의한 연소범위]

(2) 물질별 연소범위[14], 위험도(H), 최소점화에너지 ★★★

구분	연소범위[%]	위험도	MIE[mJ][15]	암기법
아세틸렌(C_2H_2)	2.5~81	31.4	0.017	아세이오~팔일아
산화에틸렌(C_2H_4O)	3~80	25.7	0.05	산화는 삼팔선
수소(H_2)	4~75	17.6	0.011	수사시러~
일산화탄소(CO)	12.5~74	4.9		일산! 이리와찍자
아세트알데하이드	4~57	13.25	0.37	숙취사고칠
에테르(에터)	1.9~48	24.3	0.19	이(러)구 쌍판에
이황화탄소(CS_2)	1.2~44	35.7	0.009	이황이리된 죽자(44)
황화수소(H_2S)	4.3~45	9.5	0.068	황사 삼사고
에틸렌(C_2H_4)	2.7~36	12.3	0.07	에이칠 36계
메틸알코올	7.3~36	3.9	0.14	메일술상 36계
에틸알코올	4.3~19	3.4		술사삼 일부로
시안화수소(HCN)	6~40	5.67		시안화 육사요?
암모니아(NH_3)	15~28	0.86	680	암씹오이빨로
아세톤	2.6~12.8	3.92	1.15	아 이륙~ 이리팔리?
메탄(CH_4)	5~15	2	0.28	메오씹오
에탄(C_2H_6)	3~12.5	3.1	0.26	에타는삼(맘) 시비오
프로판(C_3H_8)	2.1~9.5	3.52	0.25	프로이는 구워요
부탄(C_4H_{10})	1.8~8.4	3.67	0.25	부탁 시팔팔자
가솔린(휘발유)	1.4~7.6	4.42	0.8	기름은 일사천리로

(3) 연소범위의 특성 ★

① 연소상한계는 클수록 연소하한계는 작을수록 위험하다.
② 온도가 상승하면 연소범위는 넓어져서 위험하다. 온도 100℃ 상승 시 연소범위 증가(상·하한계 8%)한다.
  • 이유 : 물질 온도 상승 → 분자운동 활발 → 분자 간 충돌가능성 상승

---

14) 연소범위 측정
25℃, 1기압

15) MIE : 최소점화에너지

개념 CHECK

10. 아세틸렌(C_2H_2)의 연소범위는 2.5%~81%이다. ( )

11. 가연성 가스 중 위험도가 가장 큰 물질은? (단, 연소범위는 메탄 5~15%, 에탄 3~12.4%, 프로판 2.1~9.5%, 부탄 1.8~8.4%이다) 20 공채
① 메탄   ② 에탄
③ 프로판 ④ 부탄

10 ○ 11 ④

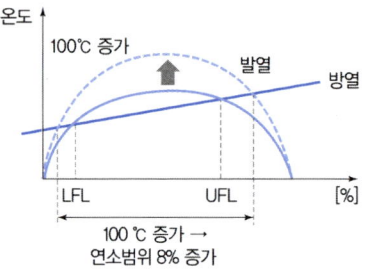

[온도 상승에 따른 연소범위의 증가]

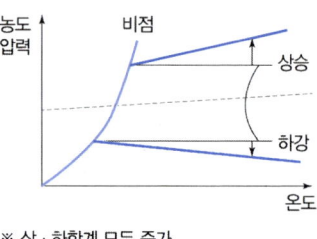

[연소 상·하한계]

> **심화 이론** | 온도에 따른 연소범위(상한계, 하한계) 계산식[Hustad 식]
>
> - $LFL_T = LFL_{25} \times [1 - 0.8 \times 10^{-3}(T-25)]$
> - $UFL_T = UFL_{25} \times [1 + 0.8 \times 10^{-3}(T-25)]$
>
> 여기서 LFL_{25}, UFL_{25} : 상온(25℃)의 하한계·상한계, T : 변화된 온도

③ 압력이 높아지면 연소상한계가 커져 위험하다(하한계는 증가 없음).
  ㉠ 압력이 높아지면 분자 간 거리가 짧아짐 → 분자 간 유효충돌 횟수 증가 → 기체의 연소위험성 증가(상한계 범위 증가)
  ㉡ 예외 : 압력이 높아지면 수소(H_2, 일시적), 일산화탄소(CO)는 연소범위가 좁아진다. → 위험이 감소한다.
④ 산소농도가 높아지면 연소상한계가 커져 위험하다(하한계는 증가 없음).
⑤ 불활성(비활성)기체를 투입하면 유효충돌횟수 감소로 인한 연소상한계가 크게 감소하여 연소범위가 좁아진다. → 위험이 감소한다.

요약 정리 | 연소범위 영향인자 ★

구분	연소범위 넓어지는 경우
영향인자	• 온도가 커지면 연소범위 넓어진다(상한계, 하한계 증가). • 압력이 커지면 연소범위 넓어진다(상한계). • 촉매, 산소농도가 커지면 연소범위 넓어진다(상한계). • 난류가 형성되면(분자 간 유효충돌횟수↑) 연소범위가 넓어진다. • 가연성 휘발성분 첨가 시 연소범위가 넓어진다. • 불활성 기체를 투입하면 연소범위 좁아진다(상한계).

03 연소의 에너지 조건 23 공채

(1) 최소점화에너지(MIE : Minimum Ignition Energy)

① 연소범위 내의 가연성 가스를 착화(점화, 발화)할 때 필요한 최소에너지를 말한다. 예 탄화수소의 MIE 약 0.25mJ

② 최소점화에너지 관련식 ☞ 전극의 충전에너지

$$MIE = \frac{1}{2}C(V_1 - V_2)^2 = \frac{1}{2}Q\Delta V \text{[mJ]}$$

여기서, E : 최소발화 에너지[mJ], C : 정전용량[μF]
V_1 : 기체절연파괴전압[V], V_2 : 방전종료 후 전압[V]

③ 최소점화에너지의 영향인자(MIE가 작아지는 조건) ★ 23공채
  ㉠ 온도가 상승하면 MIE는 작아진다(분자운동 활발).
  ㉡ 압력이 상승하면 MIE는 작아진다(분자 간 거리 축소).
  ㉢ 산소농도가 높아지면 MIE는 작아진다.
  ㉣ 가스농도가 높아지면 분자 간 충돌횟수가 증가하여 MIE는 작아진다.
  ㉤ 연소속도가 빠를수록 MIE는 작아진다.

요약 정리 | 최소점화에너지의 영향인자 ★

구분	최소점화에너지가 작아지는 경우
영향인자	• 클수록(상승할수록) 　- 온도, 압력, 산소농도, 가스농도 연소속도 • 유속이 빠를수록 MIE는 커진다(난류강도 커지기 때문). 주의!!

불꽃암기
최소점화에너지 영향인자 :
온압농농연

심화 이론 | 점화원 관련 용어

구분	내용
소염거리[16]	• 화염전파가 발생하지 않는 전극간의 거리 　- 전극간이 거리가 좁을수록 MIE는 감소 　- 소염거리보다 더 좁아지면 점화 불가(MIE 무한대) 　☞ 전극 간격 ↓ → 발생 불꽃크기 ↓ → 전극 자체방열로 소멸
화염일주한계 (MESG)[17]	• 용기 내부 가연성혼합기가 점화 → 폭발화염이 용기 외부로 확산되지 않는 최대안전틈새 　- MESG가 작으면 MIE도 작은 물질(위험도 ↑) 　- 내압방폭구조 틈새 설계에 활용
트레킹	• 전극 사이 절연물 표면에 경년변화나 먼지(수분함유) 등에 의해 미소불꽃 방전이 반복되면 절연이 파괴되어 **도전로(Track)**가 형성되는 현상
흑연화	• 목재와 같은 유기절연물이 전기적 불꽃 및 고열을 받을 경우 무정형 탄소에서 점차 흑연화되어 도전성을 갖는 현상

16) 소염거리 : 인화되지 않는 전극 간의 최대거리

17) 화염일주한계(MESG)
화염이 전파되지 않은 틈새간격

04 연소 관련 수식 20, 21 공채 / 19, 22 간부

(1) **위험도(H, Degree of Hazard)** ★★★ 25, 24 공채 / 25 경채

① 연소범위(상한계 − 하한계)를 연소하한계로 나눈 값을 말하며, 수치가 클수록 가연성 가스의 위험성이 높다(※ 물질별 위험도는 43p 참조).

② 위험도

불꽃암기: 위험도는 상하하

$$위험도(H) = \frac{상한계(UFL) - 하한계(LFL)}{하한계(LFL)} = \frac{연소범위}{하한계}$$

예) 부탄의 연소범위가 1.8~8.4%일 때 위험도는 얼마인가?

$$부탄의\ 위험도 = \frac{8.4 - 1.8}{1.8} = \frac{6.6}{1.8} = 3.666 ≒ 3.67$$

(2) **화학양론농도(C_{st})** : 완전연소 시 농도

불꽃암기: 양론은 연연공

참고 NTP(표준온도압력) 완전연소 연료 농도비율

$$C_{st}(vol\%) = \frac{연료몰(mol)수}{연료몰(mol)수 + 이론공기몰(mol)수} \times 100$$

여기서, 이론공기몰(mol)수 $= \dfrac{산소몰(mol)수}{0.21}$

공기mol × 0.21 = 산소mol → 공기 mol[%] $= \dfrac{O_2\ mol[\%]}{0.21}$

참고 공기몰(mol)수 : 공기의 21%가 산소이다.
C_{st}(vol%)의 공식도 있다.

예) 메탄의 완전연소반응식에서 양론농도(C_{st})를 구하시오.

메탄 $\underset{1mol}{1CH_4} + \underset{2mol}{2O_2} \rightarrow CO_2 + 2H_2O$

$$C_{st}(vol\%) = \frac{메탄연료몰(1)}{메탄연료몰(1) + \dfrac{산소몰(2)}{0.21}} \times 100$$

$$= \frac{1}{1 + 9.52} \times 100 = 9.5\%$$

(3) **르샤틀리에 법칙** ★ 24 공채

여러 성분 기체에 혼합되었을 때(혼합가스) 상한계와 하한계를 구하는 식

불꽃암기: 하 = 100/(부/하)

$$\frac{100}{L} = \frac{V_1}{L_1} + \frac{V_2}{L_2} + \cdots \frac{V_n}{L_n} \rightarrow$$

혼합가스의 연소하한계 $L[\%] = \dfrac{100}{\dfrac{V_1}{L_1} + \dfrac{V_2}{L_2} + \cdots \dfrac{V_n}{L_n}}$

혼합가스의 연소상한계 $U[\%] = \dfrac{100}{\dfrac{V_1}{U_1} + \dfrac{V_2}{U_2} + \cdots \dfrac{V_n}{U_n}}$

여기서, $V_1, V_2, ..., V_n$: 가연가스 체적의 비율
$L_1, L_2, ..., L_n$: 각 가연성 가스의 연소하한계
L, U : 혼합가스의 연소하한계[%] 또는 연소상한계[%]

예 메탄 30%(하한계 5%), 프로판 70%(하한계 2.1%)의 가스가 있을 때 이 혼합가스의 하한계는 얼마인가? (르샤틀리에 법칙 이용)

$$\frac{100}{L} = \frac{30}{5} + \frac{70}{2.1} \rightarrow \frac{100}{L} = 39.33$$

$$\rightarrow L(하한계) = \frac{100}{39.33} ≒ 2.54[\%]$$

(4) 최소산소농도(MOC : Minimum Oxygen Concentration) ★★

① 가연성 혼합기 내에서 화염전파를 위한 최소한의 산소농도(MOC)를 말한다 (= LOC). → 화염(불꽃)연소를 위해 필요한 최소한의 산소농도

> 참고 한계산소지수(LOI) : 재료(가연물)가 발화되어 열원을 제거해도 3분간 연소하기 위해 필요한 최소산소부피량[%]

② 최소산소농도 관계식 : 연소하한계와 물질의 완전연소반응식에서 산소몰수를 구한다(파라핀계 탄화수소 적용).

$$MOC = LFL \times \frac{O_2[mol]}{연료[mol]} = LFL \times O_2[mol](연료 mol이 1인 경우)$$

여기서, O_2 : 완전연소반응식에서 산소 mol수(O_2 몰수)

불꽃암기
MOC : MOC는 하산

예 프로판(C_3H_8)의 MOC농도를 구하시오.

1. 프로판 완전연소 반응식에서
$C_3H_8 + 5O_2 \rightarrow 3CO_2 + 4H_2O$
1mol   5mol
2. 프로판의 연소범위 : 2.1~9.5%
3. MOC = LFL × O_2[mol] = 2.1 × 5 = 10.5%

③ 기본 가스의 MOC

물질	연소반응식 → 산소몰수 파악	LFL (하한계)	MOC (최소산소농도)
메탄	$CH_4 + 2O_2 \rightarrow CO_2 + 2H_2O$	5	10%
에탄	$C_2H_6 + 3.5O_2 \rightarrow 2CO_2 + 3H_2O$	3	10.5%
프로판	$C_3H_8 + 5O_2 \rightarrow 3CO_2 + 4H_2O$	2.1	10.5%
부탄	$C_4H_{10} + 6.5O_2 \rightarrow 4CO_2 + 5H_2O$	1.8	11.7%

> 주의!! 완전연소반응식에서 연료는 항상 1mol이 되도록 구하자[소수점의 몰(mol)수는 자연계 법칙에는 어긋나지만 계산이 용이함].

불꽃암기
BW : 탄하열 일정

(5) Burgess-Wheele식 심화

① 탄화수소의 폭발하한계(LFL)와 연소열(△Hc)의 곱은 일정하다.
☞ 폭발하한계(LEL)와 연소열 사이의 관계를 설명
= LFL(연소하한계)[%] × △Hc(연소열)[kcal/mol] ≒ 1,050 or 1200(일정)

개념 CHECK
14. 최소산소농도(MOC)에 대한 설명으로 옳지 않은 것은?
19 공채
① 연소상한계에 의해 최소산소농도가 결정된다.
② 연소할 때 화염이 전파되는 데 필요한 임계산소농도를 말한다.
③ 완전연소반응식의 산소 몰수에 의해 최소산소농도가 결정된다.
④ 프로판(C_3H_8) 1몰(mol)이 완전 연소하는 데 필요한 최소산소농도는 10.5%이다.

14 ①

② 화염의 온도에 최저한계가 생기는 이유?(파라핀계 탄화수소 약 1200℃)
  ㉠ 연소하한계에서 발생하는 열량은 연료에 관계없이 동일
    → 관계되는 화염온도는 일정하고 동시에 최저가 되기 때문
  ㉡ 화염의 온도를 일정온도 이하로 낮추면 화염은 소멸

(6) 한계산소지수(LOI : Limited Oxygen Index)

① 착화된 가연성물질이 연소를 지속하기 위한 최소 산소농도로 고분자화합물(섬유류 등)의 가연성(난연성)을 평가하는 개념(일반 가연물 14~15vol%)
② LOI 값이 높을수록 물질은 불에 잘 타지 않는 난연성 물질이다.
  예) 방화복 68, 방염제(28 이상), 면(17) 등
  ☞ 난연성 평가지수로 활용

(7) 산소밸런스(OB : Oxygen Balance) 심화

① 화학물질 100g을 완전연소생성물을 만드는데 필요한 산소의 과부족량(g)
② 주로 폭발위력 평가. 0에 가까울수록 폭발위력이 크다.
  예) 나이트로 글리세린(0), 질산암모늄(0.2), 메탄(3.58)

심화 이론 | 산소관련 지수 비교 (예상)

구분	MOC(최소산소농도)	LOI(한계산소지수)	OB(산소밸런스)
대상	가연성 가스	섬유 등 고분자물질	폭발성 물질
목적	불활성화 농도 확인	불연 및 난연성 여부	폭발위력 판단
위험성	작을수록	작을수록	"0"일수록
개념	화염전파 가능한 임계산소농도	연소지속하는 산소농도	완전연소시 산소과부족량

심화 이론 | 가연물의 화재위험성 지표 ★

크거나 빠를수록 위험한 요소	발열량, 산화력(산소결합력), 비표면적, 활성도, 연소열, 연소속도, 주위 온도, 압력, 건조도 등
작거나 낮을수록 위험한 요소	비중, 비열, 비점, 융점, 증발(잠)열, 표면장력, 인화점, 발화점, 열전도율, 활성화에너지(점화에너지) 등
일정 에너지를 가했을 때 위험한 이유	• 비열이 작은 경우 : 온도가 쉽게 오름 • 증발잠열이 작은 경우 : 쉽게 증발 • 비점이 낮은 경우 : 쉽게 끓음 • 표면장력이 작은 경우 : 쉽게 (잘게) **나뉨**, 증발 • 비중이 작은 경우 : 물·공기보다 **가볍고, 낮은 밀도** • 융점이 낮은 경우 : 쉽게 녹음

심화 이론 | 공기비(m)와 당량비(ϕ)

공기비 (m)	• 일정 연료에 대해서 양론의 몇 배의 공기가 공급? 　－ 기체 공기비 1.1~1.3, 액체 1.2~1.4, 고체 1.4~2.0 • 공기비(m) = $\dfrac{실제공연비}{이론공연비}$ = $\dfrac{실제공기량}{이론공기량}$ = $\dfrac{1}{당량비(\phi)}$ 　－ 공연비(AFR) = $\dfrac{공기량}{연료량}$
당량비 (ϕ)	• 일정 공기량에 대해 양론의 몇 배의 연료가 공급? • 당량비(ϕ) = $\dfrac{실제연공비}{이론연공비}$ = $\dfrac{이론공기량}{실제공기량}$ 　－ 연공비(FAR) = $\dfrac{연료량}{공기량}$
구분	m < 1, ϕ > 1　　　　m = 1, ϕ = 1　　　　m > 1, ϕ < 1 • 과농 상태　　　　　　• 양론 농도　　　　　• 희박(부족) 상태 • 연료과잉　　　　　　• 완전연소　　　　　• 완전연소 • 불완전연소　　　　　　　　　　　　　　　• 연소온도 저하

요약 정리 | 연소 요소별 특징 등 ★★

구분	내용
인화점	• 가연성 혼합기에서 점화원(불꽃)을 접하여 발화될 수 있는 최저온도 • 가연성 물질의 증기가 연소범위의 하한계에 이르러 점화되는 최저온도(연소하한계를 만드는 온도) • 물질조건(물적 조건, 농도)과 에너지조건(온도)이 만나는 최저온도 • **인화성 액체 위험물의 위험성 지표기준**
발화점이 낮아지는 조건	• 탄소수가 많아서 탄소 체인의 길이가 길수록 • 분자구조가 복잡할 때 • 발열량, 산소친화력, 산소농도, 화학반응에너지가 클수록 • 가열속도, 압력 클수록 • 열전도율(도), 점화에너지(활성화에너지), 증기압이 작을수록 • 가연성 혼합기의 농도가 양론농도일수록
최소점화에너지 영향인자	• 온도가 상승하면 MIE는 작아진다. • 압력이 상승하면 MIE는 작아진다. • 산소농도가 높아지면 MIE는 작아진다. • 농도가 높아지면 분자 간 충돌횟수가 증가하여 MIE는 작아진다. • 연소속도가 빠를수록 MIE는 작아진다.
연소범위	• 연소상한계는 클수록 연소하한계는 작을수록 위험하다. • 온도가 상승하면 연소범위는 넓어져서 위험하다. • 압력이 높아지면 연소상한계가 커져 위험하다. • 산소농도가 높아지면 연소상한계가 커져 위험하다. • 불활성(비활성)기체를 투입하면 연소상한계가 크게 감소하여 연소범위가 좁아진다.
연소속도	• 가연물의 온도·압력·산소농도가 높아질수록 연소속도가 빨라진다. • 가연성이 높은 물질일수록 연소속도가 빨라진다. • 정촉매물질의 경우 연소속도가 빠르다(촉매의 존재 유무와 농도에 따른 차이). • 당량비(ϕ)가 1에 가까울수록 연소속도가 빨라진다(가연성 물질과 산화제의 당량비에 따른 차이).

심화 이론 | 연소효율과 열효율

- **연소효율**: 완전 연소할 때 발생하는 열량과 실제로 연소할 때 발생하는 열량의 비율

$$연소효율(\%) = \frac{실제\ 연소시\ 발열량}{완전연소시\ 발열량} \times 100$$

- **열효율**: 주어진 열에너지 중 유효하게 이용된 열량의 비율(열기관에서 공급된 연료의 발열량에 대해 유효한 일로 바뀐 에너지 비율)

$$열효율(\%) = \frac{공급열량 - 손실열량}{공급열량} \times 100 = \frac{유효열}{공급열} \times 100$$

요약 정리 | 연소관련식 정리

구분	관련식
위험도	• 하한계가 낮을수록, 연소범위(U-L)가 클수록 위험 $H = \dfrac{U-L}{L} = \dfrac{연소범위}{연소하한계}$
르샤틀리에 - 여러 기체	• 다성분기체(혼합가스)에 적용(가연성가스만 대상) • $\dfrac{100}{L} = \dfrac{V_1}{L_1} + \dfrac{V_2}{L_2} + \cdots \dfrac{V_n}{L_n} \rightarrow L[\%] = \dfrac{100}{\dfrac{V_1}{L_1} + \dfrac{V_2}{L_2} + \cdots \dfrac{V_n}{L_n}}$ 여기서, V: 각 가스 비율[%], L: 가스 연소하한계[%] 또는 상한계[%]
최소산소농도 (MOC)	• $MOC = LFL \times O_2[mol]$ (☞ 연료 1mol일 때) • 불활성화에 활용, MOC 이하로 하면 소화됨
화학양론농도, (Cst)	• $C_{st}(vol\%) = \dfrac{연료몰수}{연료몰수 + 공기몰수} \times 100$ ☞ 공기몰 = $\dfrac{산소몰}{0.21}$
Jones식 - 단일성분(기체) 25 공채 / 25 경채	• 단일기체에 적용 양론 농도를 완전연소반응식에서 산출하여 연소범위를 추정 $LFL = 0.55 Cst$, $UFL = 3.5 Cst$ → UFL는 정확하지 않음
Burgess - Whleer 법칙	• $LFL[vol\%] \times \Delta H(연소열)[kcal/mol] = 1,050$(일정) ☞ 연소열을 알면 연소하한계를 추정가능: 파라핀계 특성
한계산소지수 (LOI)	• $LOI = \dfrac{O_2[L/min]}{O_2[L/min] + N_2[L/min]} \times 100$
최소점화에너지 - 전극간에너지	• $MIE = \dfrac{1}{2}CV^2[mJ]$ ☞ 전압의 제곱에 비례, 정전용량에 비례 여기서, C: 정전용량(전하저장능력)[μF], V: 전압[V]

요약 정리 | 기본물질 특성

불꽃암기
기본물질 특성: 인연 증발

물질	연소반응식 → 산소몰수 파악	LFL	MOC	연소열 (발열량)	인화점	증기압	발화점
메테인	$CH_4 + 2O_2 \rightarrow CO_2 + 2H_2O$	5	10%	小	小	大	大
에테인	$C_2H_6 + 3.5O_2 \rightarrow 2CO_2 + 3H_2O$	3	10.5%	↑	↑	↑	↑
프로페인	$C_3H_8 + 5O_2 \rightarrow 3CO_2 + 4H_2O$	2.1	10.5%	↓	↓	↓	↓
부테인	$C_4H_{10} + 6.5O_2 \rightarrow 4CO_2 + 5H_2O$	1.8	11.7%	大	大	小	小

연소이론 복습만이 살길이다!!!

▶ **다시보자 복습 문제 04**

01. 가연성 혼합기에서 점화원(불꽃)을 접하면 발화(점화)되는 최저온도를 인화점이라고 한다.

02. 발열량, 산소친화력, 산소농도, 화학반응에너지, 화학적 활성도, 압력, 발열량이 클수록 발화점은 낮아지게 된다.

03. 연소상한계는 클수록 연소하한계는 작을수록 위험하고, 온도가 상승하면 연소의 상, 하 한계가 모두 커지게 된다.

04. 가스농도가 높아지면 분자 간 충돌횟수가 증가하여 MIE는 작아진다.

05. 위험도(H)는 연소범위를 연소의 상한계로 나눈 값을 말하며 이 값이 클수록 더 위험하다는 것을 나타낸다.

06. 가연성 혼합기 내에서 화염전파를 위한 최소한의 산소농도를 최소산소농도(MOC)라고 하며, 이 값이 작을수록 위험성이 높은 물질이다.

07. 압력이 높아지면 일산화탄소의 연소범위는 넓어진다.

08. 외부의 점화원 없이 물질 자체의 열축적에 의해 착화(발화)가 되는 최저온도를 발화점이라고 한다.

09. 이황화탄소와 아세틸렌 가스 중 위험도가 높은 가스는 이황화탄소이다.

10. 연소범위(폭발범위)에 관한 설명으로 옳지 <u>않은</u> 것은?
① 불활성 가스를 첨가할수록 연소범위는 좁아진다.
② 온도가 높아질수록 폭발범위는 넓어진다.
③ 혼합기를 이루는 공기의 산소농도가 높을수록 연소범위는 좁아진다.
④ 가연물의 양과 유동상태 및 방출속도 등에 따라 영향을 받는다.

11. 가연성 가스 3종이 다음과 같이 혼합되어 있을 때 르샤틀리에(Le Chatelier)식에 따라 부피비로 계산된 혼합가스의 연소하한계[vol%]는?

• 혼합가스 내 각 성분의 체적(V) : VA = 20vol%, VB = 40vol%, VC = 40vol%
• 각 성분의 연소하한계(L) : LA = 4vol%, LB = 20vol%, LC = 10vol%

① 약 4.3   ② 약 9.1
③ 약 11.0   ④ 약 12.8

[풀이] $\dfrac{100}{L} = \dfrac{20}{4} + \dfrac{40}{20} + \dfrac{40}{10} = 9.0909 ≒ 9.1$

🔒 1○ 2○ 3○ 4○ 5×(연소하한계) 6○ 7×(줄어든다) 8○ 9○ 10③(넓어진다) 11②

4 연소의 종류

학습 나침반

연소 상태에 따른 분류	정상연소, 비정상연소	
연소생성물에 따른 분류(탄화수소류)	완전연소, 불완전연소	
가연물의 상태에 따른 분류	고체연소	분해연소, 증발연소, 표면연소, 자기연소
	액체연소	증발연소, 분해연소, 분무연소
	기체연소	확산연소, 예혼합연소
불꽃 유무에 따른 분류	불꽃연소, 작열연소	
연소 시 이상현상	역화, 선화, 블로우 오프 등	

01 연소 상태별 분류

(1) 정상연소

① 가연성 기체가 연소할 때 화염의 위치나 그 모양이 변하지 않는 경우와 연소에서 열의 발생속도(발열속도)와 방산속도(방열속도)가 서로 균형을 이룰 때의 연소. 즉, 화재의 형태와 유사하다.

> **참고** 열 발생속도(발열속도) ≒ 방산속도(방열속도)

② 조건 : 연소에 충분한 환경조건(공기, 기상 상태 등)

> **심화 이론 | 발열·방열·발화**
>
> 1. 발열 : 연소 등 물리적·화학적 변화로 열이 발생하는 것
> 2. 방열
>   ① 열을 내보내거나 내뿜는 일 또는 그 열
>   • 발생한 열을 배출하는 것 예 컴퓨터 CPU 방열판
>   ② 열이나 열에 의한 피해를 방지함
> 3. 발화 : 발열이 크거나, 발열이 작아도 방열이 더 작으면 발생(발열 > 방열)

(2) 비정상연소

폭발의 경우와 같이 연소가 격렬하게 일어날 때와 **열의 발생속도가 방산속도(방열속도)를 능가하는 현상**을 말한다.

> **참고** 열 발생속도(발열속도) ≫ 방산속도(방열속도)

> **심화 이론 | 연소의 조건과 형태**
>
> | 연소명 | 조건 | 형태 |
> |---|---|---|
> | 정상연소 | 발열과 방열 균형 | 연소 |
> | 비정상연소 | 발열속도 ≫ 방열속도 | 폭발 |
> | 표면연소 | 열분해 증발 없음, 불꽃 없음 | 심부화재, 훈소 |
> | 불꽃연소 | 연료표면에서 화염 발생 | 표면화재 |

02 완전연소와 불완전연소 22 공채 / 20 간부

(1) 완전연소[18]
① 가연성 물질이 산소공급이 충분하여 미반응 없이 모두 연소하는 것을 말한다.
② 탄화수소류의 가연물은 완전연소 시 이산화탄소(CO_2), 수증기가 발생한다.

참고 메탄의 완전연소반응식 : $CH_4 + 2O_2 \rightarrow CO_2 + 2H_2O$

(2) 불완전연소[19] 24 공채
① 연소 시 연소생성물을 포함한 배기가스(가연성 성분)가 공급가스 사이에서 산화반응을 완료하지 못해 미연소물이 생기는 상태를 말한다.
② 탄화수소류의 **불완전연소** 생성물은 **일산화탄소(CO)**, **타르**, **그을음(soot)**, **수증기(H_2O)**이 발생한다.

참고 메탄의 불완전연소반응식 : $2CH_4 + 3O_2 \rightarrow 2CO + 4H_2O$

③ 불완전연소의 발생 원인 ★
  ㉠ 가스공급량 > 공기(산소)공급량 ← 산소량(공기량) 부족
  ㉡ 불꽃의 온도 저하되는 경우 또는 주위 기온이 낮을 때
  ㉢ 환기 부족 또는 연소기 주위에 다른 기물이 둘러싸인 경우
  ㉣ 연소의 배기가스(폐가스)분출 또는 기구 불량일 때
  ㉤ 어떤 물체가 화염에 접촉해서 화염온도가 내려갈 때

(3) 연소 시 발생되는 이상현상
① 황염(Yellow tip)
  ㉠ 불꽃 끝이 적황색으로 연소하는 현상은 말한다. 연소반응 중 탄화수소가 열분해하여 탄소입자(유리탄소)가 발생하고 이 탄소입자가 미연소 상태로 적열되어 적황색을 띤다.
  ㉡ 유리탄소[20]가 많아지면 불완전연소가 된다. 1차 공기가 부족하거나 저온의 물체에 접촉하는 경우 발생한다.
② 역화(Back fire, Flash Back)
  ㉠ 불꽃이 연소기(노즐) 내로 전파되어 연소하는 현상으로 가스의 분출속도(공급속도)보다 빠를 때 발생한다(연소속도 > 분출속도).
  ㉡ 역화의 원인 ★★
    ⓐ 연소속도 > 가스의 분출속도(공급속도)
    ⓑ 혼합기체(가스)의 양(압력) 또는 혼합공기량이 적을 경우
    ⓒ 가스 내에 이물질이 함유되어 가스량이 작을 경우
    ⓓ 가스압력이 낮거나 노즐(가스구멍) 또는 cock 등이 막혀 가스량이 정상일 때보다 적을 경우(분출속도 저하)
    ⓔ 버너가 고온, 과열되어 통과하는 가스의 온도가 상승하여 연소속도가 빨라지는 경우
    참고 고온의 가스는 쉽게 연소됨

---

[18] 완전연소
$C + O_2 \rightarrow CO_2 + 97.2[kcal/mol]$

[19] 불완전연소
$C + \frac{1}{2}O_2 \rightarrow CO + 29.2[kcal/mol]$

불꽃암기
불완은 일타그수

불꽃암기
불완원인 "가산온"

[20] 유리탄소
결합하지 않고 존재하는 탄소 (연소 시 흑연 등)

불꽃암기
역화의 원인 : 연고, 양이적압

개념 CHECK
15. 탄화수소류 가연물은 완전연소를 할 경우 이산화탄소(CO_2), 물(H_2O)이 발생하는 특징이 있다. ( )

ⓕ 버너가 오래(부식)되어 분출구멍(염공)이 커질 경우(분출속도 저하)

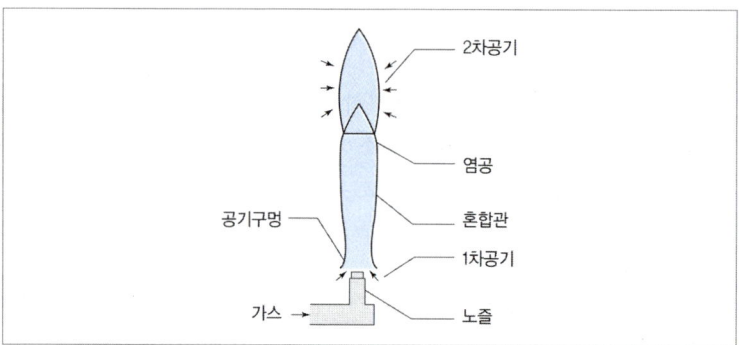

③ 선화(Lifting, 부상화염)
  ㉠ 버너에서 연소기의 분출속도가 연소속도보다 빠를 경우 불꽃이 노즐(버너) 상부에 떠서(Lift) 공간에서 연소하는 이상현상을 말한다.
  ㉡ 선화의 원인
    ⓐ 연소속도 < 가스의 분출속도(공급속도)
    ⓑ 가스압(량)과 1차 공기량이 너무 많아 혼합가스량이 많아지는 경우
    ⓒ 연소기의 부식으로 인하여 염공이 막혀 버너 내부의 압력이 증가하여 분출속도가 빨라지는 경우
    ⓓ 연소실내 급배기 불량으로 2차 공기가 감소할 경우(연소속도 저하)

④ 블로우 오프(Blow off)
  ㉠ 가스의 분출속도가 크거나 공기의 유동이 너무 강하여 불꽃이 노즐에서 정착하지 않고 떨어지게 되어 꺼져버리는 현상을 말한다. 즉, 선화에서 분출속도가 더 증가하여 화염이 꺼지는 현상이다.
  ㉡ 선화의 원인 : 연소속도 ≪ 가스의 분출속도(공급속도)

심화 이론 | 완전연소와 불완전연소의 비교

비교	완전연소	불완전연소
산소공급	• 충분 • 미반응 없이 모두 연소	• 불충분 • 미연소물이 생기는 상태
연소온도	높다.	낮다.
연소생성물	CO_2, H_2O	CO, 타르, H_2O(미량)
특징	파란색, 어둡고 투명 (불완전연소 : 붉은색 – 그을음 때문)	• 가스공급량 > 공기(산소)공급량 ← 산소량 부족 • 불꽃의 온도 저하되는 경우 또는 주위 기온이 낮을 때 • 환기 부족 또는 연소기 주위에 다른 기물이 둘러싸인 경우 • 연소의 배기가스(폐가스)분출 또는 기구 불량일 때 • 어떤 물체가 화염에 접촉해서 화염온도가 내려갈 때

개념 CHECK

16. 다음 중 연소 시 발생되는 역화(Back Fire)의 원인으로 틀린 것은? 18상
  ① 연소속도보다 가스의 분출속도가 클 경우
  ② 혼합기체의 양이 너무 작을 경우
  ③ 가스의 온도가 상승하여 연소속도가 빨라지는 경우
  ④ 버너가 오래되어 노즐의 부식 등으로 분출구멍이 커진 경우

16 ①

> **심화** **이론** | 연소 시 발생하는 이상현상 [21]

이상현상	역화 (Back fire, Flash Back)	선화 (Lifting, 부상화염)	블로우 오프 (Blow off)
원인	• 연소속도 > 분출속도 • 분출속도 감소 − 노즐(콕) 막힘 − 가스압력 감소 − 가스량 감소(이물질) • 버너 고온, 염공 커짐	• 연소속도 < 분출속도 • 분출속도 증가 − 염공 막힘 − 가스압력 증가 − 1차 공기량 증가 • 급배기 불량	• 연소속도 ≪ 분출속도 • 리프팅이 과대할 때 • 외부공기 유동이 너무 강할 때
증상	불꽃이 노즐 속에서 연소	불꽃이 노즐 위에 떠서 연소	불꽃이 날려 꺼지는 현상

[21] 정상연소
연소속도 = 분출속도

03 가연물의 상태에 따른 분류 24 공채 / 18, 19, 20 간부

(1) 고체의 연소 [22] ★★

> **고체연료의 특성** **심화**
> • 부하변동 시 연소조절이 어렵다(연소장치에 연료 공급하는 것이 불편).
> • 연소 시 소음이 적고, 역화의 위험성이 적다.
> • 연료 자체의 발열량이 낮고, 열효율도 낮다.
> • 연소 시 과잉공기량이 커져 연소가스량이 많아지고, 배기손실이 커진다.
> • SO_x와 NO_x 등 연소생성물에 의해 연소장치의 부식현상이 나타날 수 있다.

① 분해연소
  ㉠ 가연성 고체가 열분해하면 가연성 증기가 발생하여 연소하는 현상을 말하며, 고체의 가장 일반적인 연소형태이다.
  ㉡ 예 : 석탄, 종이, 목재, 고무, 섬유, 플라스틱 등 일반가연물
② 증발연소
  ㉠ 가연성 고체가 외부열로 융해, 증발(기화)하여 가연성 증기가 발생, 연소하는 현상을 말한다.
   참고 액체와 비교 : 가열 증발
  ㉡ 예 : **아**이오딘(I), **황**, **나**프탈렌, **양**초(파라핀) 등
③ 표면연소(작열연소, 무염연소)
  ㉠ 가연성 고체가 외부열로 분해, 증발하지 않고 고체 표면(계면)에서 산소와 직접 반응하여 적열되고, 화염 없이 연소하는 현상을 말한다.
  ㉡ 가연성 가스, 라디칼(Radical), 연쇄반응, 불꽃 모두 발생하지 않는다.
    ☞ 소화 : 부촉매(억제) 소화 불가능
  ㉢ 예 : **숯**, **목**탄, **금**속분, **코**크스 등

[22] 고체의 연소
가연물은 주로 기체 상태에서만 연소하지만, 숯의 경우 예외이다.

불꽃암기
증발연소 : 황나양아

불꽃암기
표면연소 : 수(숯)목금토(코)

④ 자기연소(Self combustion)
  ㉠ 가연성 고체 분자 내에 산소를 함유하고 있어서 열분해 시 가연성 증기와 산소가 동시에 발생하는 연소 현상을 말한다.
  ㉡ 연소 시 외부 산소(공기) 공급이 필요없고, 보통 폭발적으로 연소한다.
    ☞ 소화 : 질식소화 불가능
  ㉢ 예 : 자기반응성 물질(제5류 위험물)

요약 정리 | 고체연소의 정리

연소형태	고체 가연물
분해연소	석탄, 종이, 목재, 고무, 섬유, 플라스틱 등
증발연소	황, 나프탈렌, 아이오딘, 양초(파라핀) 등 불꽃암기 "황나양아"
표면연소	숯, 목탄, 금속분, 코크스 등 불꽃암기 "수목금토"
자기연소	제5류 위험물[셀룰로이드, TNT, 나이트로글리세린, 피크르산(TNP) 등]
이해도	연소↑증발↑ 연소↑분해↑ 연소←고체←열 (표면)

(2) 액체의 연소 [23]

액체연료의 특성
- 발열량이 크고, 연소효율과 열효율이 높다.
- 연소온도가 높아 국부과열을 일으킬 수 있고 화재 및 역화의 위험성이 크다.
- 석탄에 비해 매연 발생량은 적으나 중질유의 경우 황분을 함유하므로 SO_x를 발생시킨다.
- 연소장치인 버너에 따라 소음이 발생될 수 있다.

① 증발연소
  ㉠ 가연성 액체가 외부열로 증발(기화)하여 가연성 증기가 연소하는 현상으로 가장 일반적인 형태이다.
    참고 고체와 비교 : 가열 분해, 증발
  ㉡ 인화점이 연소하한계를 생성하는 온도여서 낮을수록 위험하다.
  ㉢ 예 : 경질유(제4류 위험물 중 특수인화물, 제1석유류, 알코올류, 제2석유류)
    참고 액면연소 : 액체연료의 표면에서 연소, 유증기가 공기와 혼합하여 유면 상부에 확산 연소하는 것

② 분해연소
  ㉠ 가연성 액체 중 분자량이 커 비점과 점도가 높은 물질은 외부열로 증발하지 않고 분해라는 화학반응으로 증기가 생성되고 연소하는 현상을 말한다.

---

23) 액체의 연소
연소↑증발↑ 연소↑분해↑
액체←열

개념 CHECK

17. 양초와 같은 연소형태를 갖는 것으로 옳은 것은? 17 공채
① 고무 ② 왁스
③ 셀룰로이드 ④ 목탄

18. 숯, 목탄, 금속분, 코크스, 목재의 연소 중 연소형태가 다른 하나는? ( )

19. 다음 중 의미가 다른 연소(화재)는 무엇인가?
① 작열연소 ② 심부화재
③ 표면연소 ④ 표면화재

17 ② 18 목재(분해연소) 19 ④

ⓒ 즉, 열에너지를 받은 분자는 원래 분자보다 작은 분자로 나누어지면서 증기가 되고 연소하게 된다.
ⓒ 예 : 중질유(제4류 위험물 중 제3석유류, 제4석유류, 동식물유류)

③ 분무연소(액적연소)
㉠ 점도가 높고 휘발성이 낮은 액체(중질유 등)의 연소가 잘되도록 가열 등으로 점도를 낮추고 분무형태로 공기와 혼합하여 연소시키는 방법을 말한다(표면적↑).
ⓒ 분무연소는 인화점 이하에서도 연소가 가능
ⓒ 예 : 벙커C유, 보일러, 디젤엔진 등

④ 등심연소(심지연소, Wick Combustion)
㉠ 연료를 심지로 빨아올린 뒤(모세관현상) 심지에 화염(열)으로 연료를 증발시켜 연소하는 형태이다.
ⓒ 예 : 양초(고체), 알코올램프 등

⑤ 액면연소(Liquid Surface Combustion) : 액체연료의 표면에서 연소하는 것으로 화염의 복사열 및 대류로 연료가 가열되어 발생된 증기가 공기와 혼합하여 유면 상부에서 확산 연소하는 것을 말한다.

⑥ 액체연소 현상 특징 23 공채

구분	연소 특징

가연성 액체연소 등	• 온도의 크기 : 인화점 < 연소점 < 발화점
	• 발화점과 인화점의 차이가 클수록 재발화가 어렵고, 냉각소화가 유효
	  ☞ 인화점과 발화점 차이가 적은 K급(주방) 화재의 경우 재발화 우려가 높다.
	• 인화점과 연소점의 차이
	  - 외부 점화원을 제거했을 경우 화염이 지속되면 연소점
	  - 외부 점화원을 제거하면 화염 전파 X : 인화점
	• 연소반응이 지속되려면 : 열생성률(발열) > 열손실률(방열)
	  - 열생성률(발열) < 열손실률(방열) → 소화

(3) 기체의 연소

기체연료의 특성 심화

• 연소가 균일하며 적은 **공기비**로 완전연소가 가능하다.
• 연소효율이 높고 고온의 온도를 얻기 쉽고 부하변동범위가 넓고 연소조절이 가능하다.
• 기체연료의 발열량은 탄소(carbon) 수가 많을수록 높아지지만, 연료의 증가에 따른 과잉공기의 증가로 연소성이 나빠질 수 있다.
• 기체연료의 비중이 클수록 연소성이 나쁘다.
• 회분이나 매연이 거의 발생되지 않으며 황함량이 낮다.
• 누출되기 쉽고 폭발 위험성이 크다.
• 기체연료의 폭발범위는 가스의 종류에 따라 다르며 상한값과 하한값이 중앙 조성비에서 연소속도가 최대로 된다.

① 확산연소
  ㉠ 분출된 가연성 기체가 공기 중에 확산되면서 연소범위 영역에서 화염을 발생시키면서 연소하는 현상을 말한다.
  ㉡ 가연성 기체의 가장 일반적인 연소형태이고 화염의 안정범위가 넓고 역화 위험이 없다.
  ㉢ 예 : 가연성 가스 누출사고 등으로 발생되는 연소, 양초, 석유난로, 가스 레인지 등

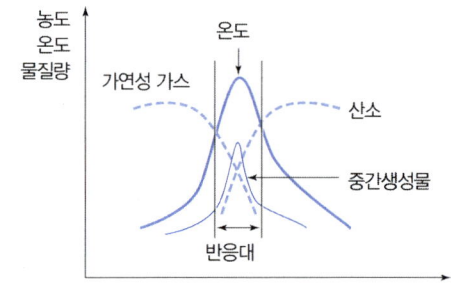

② 예혼합연소
  ㉠ 가연성 기체와 공기(산소)가 미리 연소범위 내의 농도로 혼합한 상태에서 노즐을 통해 기상 중으로 연소하는 현상을 말한다.
  ㉡ 예 : 분젠버너의 연소, 용접토치의 연소, 산소용접기 등

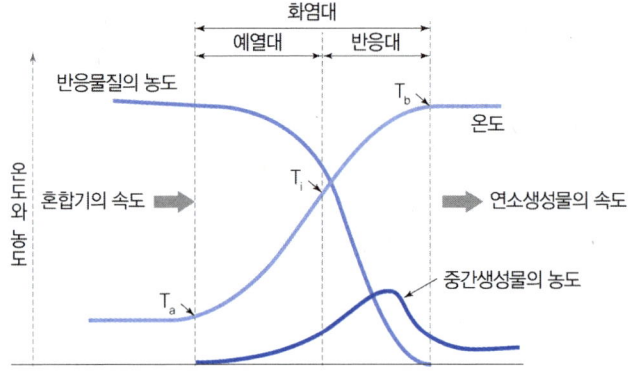

※ 미리 혼합된 가연성 가스는 화염대 중 예열대에서 온도가 상승하는데, 이에 반응대에 이르러 급격히 연소한다.

③ 확산연소와 예혼합연소의 비교

비교	확산연소	예혼합연소
불꽃색상	적색, 황색	백색, 청색
화염온도[℃]	저온(600~1,100)	고온(1,300~1,500)
연소속도	느리다.	빠르다.
화염면 전파	자력전파 ×[24]	자력전파 ○

24) 화염면 자력전파×
확산연소는 연소에서 발생한 열이 주변을 가열하고, 열을 받은 부분에서 스스로 불이 나는 과정이며, 즉 화염이 확대된다는 의미이다.

개념 CHECK

20. 기체의 연소 중 확산연소와 예혼합연소가 있는데 연소속도가 느리고, 상대적 저온이고, 화염의 자력전파가 불가능한 연소는 (   )이다.

20 확산연소

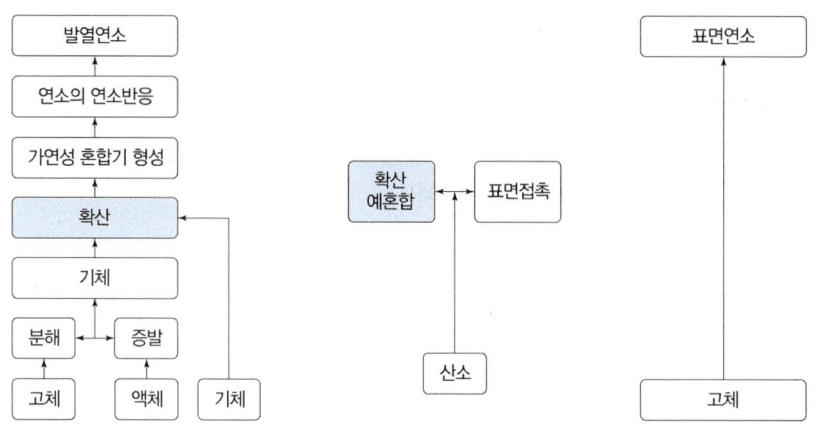

> **요약 정리** | 가연물별 연소의 종류

연소명	상태	의미
예혼합 연소	기체	• 점화 이전에 가연성 혼합기 형성하여 연소 : 청색, 백색 화염 • 연소속도 매우 빠름 – 폭발 등 우려 예) 가연성 가스 배관, 용기 누설
확산 연소	기체	확산과정으로 연소범위 농도의 영역에서 연소(연료와 산소 농도 → 반응대로 이동 → 연소(Fick's Law) : 황색, 적색 화염 예) 성냥불, 제트화염, 누출액체화재, 산불, 자연계 화재
증발	액체	가연성 액체가 자체의 열, 외부에너지로 증발 → 가연성 혼합기 형성 → 점화원 → 연소 예) 석유, 휘발유 등 휘발성이 큰 액체
분해	액체	액체 중 분자량이 커 비점·점도가 높은 물질 → 열분해 → 가연성 증기 발생 → 가연성 혼합기 → 점화원 → 연소 예) 글리세린, 중유 등
분무 (액적)	액체	점도가 높고 비휘발성 액체를 가열 등으로 점도를 낮추어 분무기(버너)를 사용하여 안개상으로 분출하여 액체표면적을 넓게 하여 연소
증발	고체	• 고체가 열에 의해 열분해 하지 않음 → 가연성 증기발생 → 점화원 → 연소 예) 황, 나프탈렌, 아이오딘, 파라핀(양초), 열가소성수지 등
분해	고체	고체에 열이 가해져 열분해 → 가연성 가스 발생+점화원 → 연소 예) 목재, 석탄, 종이, 플라스틱 등
표면 (작열)	고체	열분해에 의해 증기가 될 수 없는 가연성 고체가 그 표면에서 산소와 반응하여 연소(가연성 혼합기 형성 불가)~연쇄반응×(무염연소) 예) 숯, 목탄, 금속분(마그네슘), 코크스 등
자기 (내부)	고체	분자 내 산소 함유 → 열분해 시 가연성 증기와 산소를 동시 발생하여 스스로 연소 예) 자기반응성 물질(제5류 위험물 – 나이트로글리세린, 질산에스터류 등)

25) 연소·화재명 구분 주의
- 불꽃연소 = 유염연소 = 표면화재
- 작열연소(표면연소)
  = 무염연소 = 심부화재 = 훈소

불꽃암기
불꽃연소와 작열연소 :
연불화소발에적

04 불꽃연소와 작열연소[25)]

(1) 불꽃연소
가연물 자체에서 발생된 증기가 공기와 혼합하여 연소하는 것을 말하며, 불꽃을 내며 연소하여 연소속도가 매우 빠르다.

(2) 작열연소
가연물이 표면에서 산화반응하여 열과 빛을 내며 연소하는 것을 말한다. 휘발분이 없고, 열분해 반응도 없어 불꽃(화염)이 없다.

(3) 불꽃연소와 작열연소의 비교 ★

비교	불꽃(화염)연소	작열연소(표면연소, 훈소)
연소요소	4요소	3요소
불꽃여부	○	×
화재구분	표면화재	심부화재
연소속도	빠르다.	느리다.
발열량	크다.	작다.
에너지	고	저
적응성화재	B, C 급	A 급
연쇄반응	○	×
소화	부촉매소화	제거, 질식, 냉각
화학반응	기상반응	표면반응
연소 방향	표면으로 연소 확대	심부로의 연소 확대
산소소비율	높음	낮음
대류열전달	높음	낮음
CO, CO_2	CO_2 높음	CO 높음
연기입자 크기 (연소조건 따라 다름)	약 1~5μm	약 1μm
화재 구별	• 심부화재 : 목재 또는 섬유류와 같은 고체가연물의 화재형태로 가연물 내부에서 연소하는 화재 • 표면화재 : 가연성물질의 표면에서 연소하는 화재	

개념 CHECK

21. 불꽃연소와 작열연소의 공통점은 연소의 3요소를 가지는 것이고, 차이점은 불꽃연소는 (　　)을(를) 하며, 작열연소는 (　　)을(를) 하지 않는다.

21 연쇄반응

05 훈소(smoldering) 와 표면연소 ★ 20 공채 / 19, 21 간부

(1) 훈소

① 다공질[26] 연료의 표면에서 발생하는 반응의 전파속도가 매우 느리고 저온인 무염연소를 말한다.
  ☞ 다공성 연료 : 목재, 종이, 면직물 등 표면적이 넓고 구멍이 많은 물질
② 표면연소와 외부형태는 유사하나 훈소는 외부조건만 만족하면 화염연소로 전환되는 특징이 있다.
③ 훈소의 특징
  ㉠ 표면 연소를 하며 느린 반응속도를 가짐
  ㉡ 발연량이 많고, 연기입자가 크고, 독성물질 배출량이 많음
  ㉢ 온도가 낮아 연기가 단층화되고, 소방시설 적응성을 고려해야됨

> 26) 다공질
> 여러 모양과 크기의 구멍이 많이 나 있는 물질을 말한다.

> 불꽃암기
> 훈소의 특징 : 느발입 독단적

(2) 표면연소
가연성 물질의 표면에서 산소와 직접 반응하여 일어나는 연소 형태

(3) 표면연소와 훈소의 차이점

구분	표면연소	훈소
외관 형태	작열연소(화염 없음)	작열연소(화염 없음)
연소 형태	심부연소	심부연소
화학반응	표면반응	표면반응
불꽃연소 전이	발생×	조건에 따라 발생
가연성 증기	발생×	발생○
발생원인	물질 특성	온도가 낮거나, 산소부족
연기발생	발생×	많이 발생
가연물	불꽃암기 "수목금코"	나무, 식물성 섬유, 종이 등
비고	훈소 → 화염(불꽃)연소 전환 조건 : 산소농도 또는 온도 증가	

06 자연발화

(1) 자연발화
외부 점화에너지 없이 내부 반응열의 축적으로 발화하는 현상을 말한다.
☞ 물질 반응열(발열) > 물질 냉각(방열) → 열축적 → 발화점 도달 → 발화

(2) 반응열(발생열원)과 물질 종류 ★

반응열	내용
산화열	자연산화 시 발생한 열이 축적 발화하는 물질 예 건성유, 반건성유, 원면, 석회분, 석탄 등
분해열	자연분해 시 발생한 열이 축적 발화하는 물질 예 셀룰로오스, 질화면, 유기과산화물, 나이트로글리세린 등 제5류위험물 등
흡착열	물질이 주위의 기체를 흡착 시 생기는 열이 축적 발화하는 물질 예 활성탄, 유연탄 등
중합열	중합반응 시 발생한 열에 의해 발화하는 물질 예 시안화수소, 산화에틸렌 등
미생물열 (발효열)	미생물(발효열)의 활동으로 발열·축적하여 발화하는 물질 예 퇴비, 먼지 등

(3) 자연발화 영향인자 ★★

> 참고 열이 축적하여 발화점에 도달하면 발생. 대책은 반대로 이해!

① 열의 발생(발열 관점)
  ㉠ **온**도는 높을수록 자연발화가 쉽게 발생
  ㉡ 발**열**량이 클수록 자연발화가 쉽게 발생
  ㉢ **수**분(습도)이 있을수록 자연발화가 쉽게 발생
    ☞ 수분이 촉매작용을 하여 반응속도 가속화
  ㉣ **표**면적이 클수록 자연발화가 쉽게 발생

② 열의 방열(방열[27]) 관점) ☞ 냉각, 열손실
  ㉠ 열**전**도율이 작을수록 자연발화가 쉽게 발생
  ㉡ **공**기유통(통풍)이 없을수록 자연발화가 쉽게 발생
  ㉢ 퇴적(쌓거나, 덩어리진 형태) 및 수납될수록 자연발화가 쉽게 발생 → 얇은 물질로 **축**적

심화 이론 | 인화와 자연발화의 차이점

구분	인화	자연발화
착화원	있음	없음
연소조건	물질조건 ☞ 외부점화원 있으니	물질조건(농도) + 에너지조건 ☞ 점화원 없으니 둘다 필요
발생구간	개방계	밀폐계
열면과 배치	열원 → 가연성 혼합기 → 방열 방열조건이 크다.	열원 → 가연성 혼합기 ← 열원 방열조건이 미흡하다.

이중희 소방공무원

> 불꽃암기
> 반응열 물질 : 산불(분)흡중발

> 불꽃암기
> 자연발화 영향인자 :
> 자발은 온열수표 > 전공축

27) 방열 = 열의 배출

> 개념 CHECK

22. 자연발화가 되기 쉬운 가연물의 조건으로 옳은 것은?
18 응용
① 퇴적이 용이하지 않다.
② 공기유통이 많다.
③ 열전도율이 낮다.
④ 주위 온도가 낮다.

23. 인화는 외부점화원으로 점화가 되는 것을 말하고, 자연발화는 외부점화원 없이 장시간 열의 축적으로 발화점까지 도달 및 발화되는 것을 말한다. ( )

22 ③ 23 ○

요약 정리 | 자연발화 열원과 영향인자 정리

구분	내용
반응열	• 산화열 : 자연산화 시 발생한 열 　예 건성유, 반건성유, 원면, 석회분, 석탄 등 • 분해열 : 자연분해 시 발생한 열 　예 셀룰로오스, 질화면, 유기과산화물, **나이트로**글리세린 등 • 흡착열 : 물질이 주위의 기체를 흡착 시 생기는 열 　예 활성탄, 유연탄 등 • 중합열 : 중합반응 시 발생한 열　예 시안화수소, 산화에틸렌 등 • 미생물 : 미생물(발효열)의 활동으로 발열　예 퇴비, 먼지 등
영향인자 (쉽게 발생)	**열 발생** (발열) • 주위온도는 높을수록 • 발열량이 클수록 • **수분(습도)이 있을수록** → 수분 촉매작용 • 표면적이 클수록 **열 방열** (방열, 냉각) • 열전도율이 작을수록 • 공기유통이 없을수록 • **퇴적 및 수납 될수록** → 얇은 물질로 축적
기타 (쉽게 발생) ☞ 연소조건 과 유사	• 열축적 용이할수록 • 산소친화력, 산소농도 클수록 • 압력, 가스농도 클수록 • 유속이 빠를수록 ☞ 분자간 충돌횟수 증가 발열증가 • 부피, 접촉면적 클수록 • 탄화수소의 분자량이 클수록
I(요오드)가 (아이오딘가) 심화	• 유지 100g에 흡수되는 요오드(I)의 g수. 즉 유지를 구성하는 지방산의 불포화 정도를 측정하는 지표 • 요오드↑=불포화지방산 함량(지방의 불포화도)↑=분자내 이중결합↑ 　=산소와의 반응성↑=쉽게 산화, 산패↑=자연발화성↑ • 130 이상 건성유(해바라기유, 정어리유, 아마인유, 들기름)

참고 자연발화 방지대책은 자연발화 영향인자(조건)의 반대임

소방학개론 — 연소이론 복습만이 살길이다!!!

▶ **다시보자 복습 문제 05**　　　　　　　　　　　　　　　　　　　　　　　　　Check

01. 가스의 공급량이 산소보다 많거나, 불꽃의 온도 저하되는 경우 또는 주위 기온이 낮을 때 불완전연소를 하게 된다.

02. 불꽃이 연소기(노즐) 내로 전파되어 연소하는 현상으로 가스의 분출속도(공급속도)보다 빠를 때 발생하는 것을 선화라고 한다.

03. 가연성 고체가 외부열로 분해, 증발하지 않고 고체 표면(계면)에서 산소와 직접 반응하여 적열되고, 화염 없이 연소하는 현상을 자기연소라고 한다.

04. 고체가 자기 반응에 의한 자기연소를 할 경우 질식소화가 효과적이다.

05. 가연성 액체 중 분자량이 커 비점과 점도가 높은 물질은 외부열로 증발하지 않고 분해라는 화학반응으로 증기가 생성되고 연소하는 현상을 말한다. 주로 경질유의 연소를 말한다.

06. 심부화재란 목재 또는 섬유류와 같은 고체가연물의 화재형태로 가연물 내부에서 연소하는 화재를 말한다.

07. 다공질연료의 표면에서 발생하는 반응의 전파속도가 매우 느리고 저온인 무염연소를 훈소라고 한다.

08. 외부 점화에너지 없이 내부 반응열의 축적으로 발화하는 현상를 자연발화라고 하는데 온도, 발열량, 표면적이 넓을수록 쉽게 발생하고, 열전도율, 공기의 유통이 클수록 쉽게 발생하지 않는다.

09. 유지 100g에 흡수되는 요오드(I)의 g수를 요오드가 하며 이 수치가 100 이상되는 경우 자연발화가 발생되기 쉽다.

10. 연소에 관한 설명으로 옳지 <u>않은</u> 것은?
　① 작열연소 – 화염이 없는 표면연소를 말한다.
　② 증발연소 – 황이나 나프탈렌이 열분해되면서 일어나는 연소이다.
　③ 증발연소 – 액체에서만 발생하는 연소형태로서 액면에서 비등하는 기체에서 발생한다.
　④ 자기연소 – 제5류 위험물과 같이 물질 자체 내의 산소를 소모하는 연소로서 연소속도가 빠르다.

11. 다음 중 연소 시 발생되는 역화(Back Fire)의 원인으로 틀린 것은?
　① 연소속도보다 가스의 분출속도가 작을 경우
　② 혼합기체의 양이 너무 많을 경우
　③ 가스의 온도가 상승하여 연소속도가 빨라지는 경우
　④ 버너의 노즐이 부식등의 원인으로 분출구멍이 커진 경우

🔒 1 ○　2 ×(역화)　3 ×(표면연소)　4 ×(냉각소화 등)　5 ×(중질유)　6 ○　7 ○　8 ○　9 ○　10 ③(고체에서도)　11 ②(작을 경우)

03 연기 및 화염

1 연소생성물의 종류

① 연소과정을 통해 발생되는 물질을 연소생성물이라 하며, 열, 화염, 연기, 가스 등이 있다.
② 인체는 화재로 열적(열, 화염), 비열적 손상(연기, 가스)의 피해를 입지만, 실질적 피해는 비열적 손상이 많다.

2 연기(Smoke)

학습 나침반

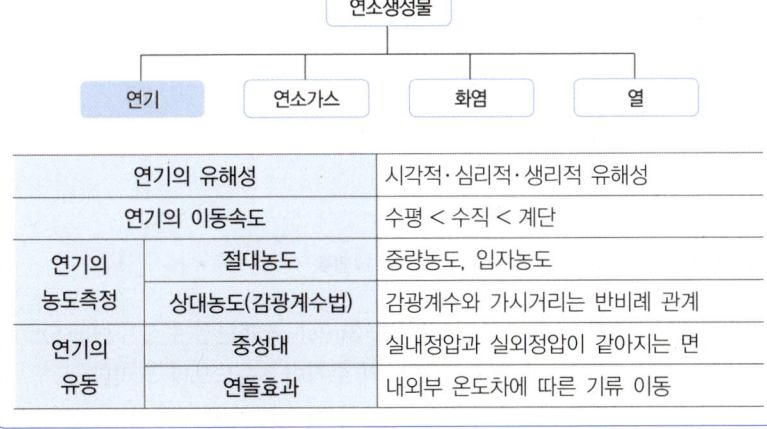

연기의 유해성		시각적·심리적·생리적 유해성
연기의 이동속도		수평 < 수직 < 계단
연기의 농도측정	절대농도	중량농도, 입자농도
	상대농도(감광계수법)	감광계수와 가시거리는 반비례 관계
연기의 유동	중성대	실내정압과 실외정압이 같아지는 면
	연돌효과	내외부 온도차에 따른 기류 이동

01 정의

① '연기'란 물질이 연소할 때 생성되어 대기 중으로 부유[1]하는 고체 및 액체 미립자와 가스를 말하고, 보통 0.01~10㎛의 크기의 가시적 입자이다.
② 주요 발생원인 : 불완전연소, 열분해, 가연성가스의 연소 등

1) 부유(浮遊)
공중이나 물 위에 떠다니는 것

02 연기의 유해성(위험성)

(1) 시각적 유해성

① 빛을 감쇠시켜 가시도(가시거리)를 약화하고, 피난 및 소화활동에 장애를 유발한다.
② 연기의 색상 ★
  ㉠ 화재 **초**기 및 감쇠기에는 **백**색연기, 초기 이후(성장기)에는 흑색연기가 발생한다.
  ㉡ **수**소(H_2)가 많으면 백색연기, 탄소(C)가 많으면 흑색연기가 발생한다.
  ㉢ **일**반화재는 백색연기, 유류화재는 흑색연기가 많이 발생한다.
③ 연기의 발생량 : 화재초기, 저온 및 무염연소인 훈소에서 발연량이 많다.
  주의!! 온도가 증가할수록 연소가 활발해져서 발연량은 감소

(2) 심리적 유해성

① 패닉현상[2] 발생하게 하고 판단능력을 저하시켜 본능에 치우친 행동을 하게 한다.
② 인간의 본능
  ㉠ **추**종 : 리더를 무조건 따름
  ㉡ **귀**소 : 원래 가거나, 늘 사용하는 길을 이용함
  ㉢ **퇴**피 : 위험 장소를 벗어나려는 성향(매슬로우 욕구)
  ㉣ **좌**회 : 오른손잡이는 왼쪽으로 도는 것이 자연스러움
  ㉤ **지**광 : 정전, 연기유동, 암흑 시 밝은 곳으로 피난

(3) 생리적 유해성

① 산소결핍, 호흡 곤란
② 유독가스 다량함유로 중독사고를 유발한다.
③ 고온의 유동으로 화상의 우려가 있다.

03 연기의 이동속도 ★ 20 공채 / 19 간부

① **수**평 방향(0.5~1m/s) → **수직** 방향(2~3m/s) → **계**단실 수직이동(3~5m/s)
② 인간의 보행속도는 약 1m/s로 연기의 수직이동속도보다 느리다.
③ 연기는 계단실 내부에서 수직이동을 할 때 연돌효과[3]로 인해 급격히 빨라진다.

04 연기의 농도(양의 측정)

(1) 절대농도

① 중량농도[mg/m^3] : 단위체적(부피)당 연기입자중량
② 입자농도[개/cm^3] : 단위체적(부피)당 연기입자의 개수

불꽃암기
연기 유해성 : 연기 시심생

불꽃암기
연기 색상 : 백초수일

2) 패닉현상
심리적 불안감으로 인해 정상적인 사고나 행동이 어려운 현상

불꽃암기
인간의 본능 : 추귀퇴좌지

3) 연돌효과(굴뚝효과)
• 연기가 수직 공간을 급격히 이동하는 현상
• 원인 : 건물의 높이 등

불꽃암기
연기 이동속도 : 수직계 : 135

개념 CHECK

1. 화재 초기에 백색연기, 수소(H_2)가 많으면 (   )색 연기가, 일반화재에서는 (   )색 연기가 많이 발생한다. 순서대로 적으시오.

2. 인간의 본능 중 "정전, 연기유동으로 암흑이 될 경우 밝은 곳으로 피난"하고자 하는 본능을 퇴피본능이라고 한다. (   )

1 백, 백 2 ✗

(2) 상대농도 : 감광계수법

① 연기 속을 투과하는 빛의 양을 측정하는 방법

$$감광계수\ C_s[\text{m}^{-1}] = \frac{1}{L}\log_{10}\left(\frac{I_0}{I}\right)$$

여기서, L : 투과거리(가시거리)[m], I : 연기 있을 때 빛의 세기[lx]
I_0 : 연기 없을 때 빛의 세기[lx]

☞ 감광계수와 가시거리는 반비례

② 감광계수와 가시거리 관계 ★★

감광계수[m⁻¹]	가시거리[m]	의미	화재성장
0.1	20~30	• 연기감지기 동작 • 건물 미숙지자 피난한계	화재 초기
0.3	5	건물 숙지자 피난한계	플래시오버 전
0.5	3	어두침침한 것을 느낄 정도	
1.0	1~2	거의 보이지 않음	플래시오버
5.0~10	0.2~0.4	최성기	최성기
30	-	출화실에서 연기 분출	-

요약 정리 | 연기의 농도와 가시거리 관계

구분	내용			
절대농도	• 중량농도[mg/m³] : 단위체적당 연기입자중량 • 입자농도[개/cm³] : 단위체적당 연기입자의 개수			
상대농도 : 감광계수법	• 연기 속을 투과하는 빛의 양을 측정하는 방법 $감광계수\ C_s[\text{m}^{-1}] = \frac{1}{L}\log_{10}\left(\frac{I_0}{I}\right)$ 여기서, L : 투과거리(가시거리)[m], I : 연기가 있을 때, 빛의 세기[lx] I_0 : 연기가 없을 때, 빛의 세기[lx] ☞ 감광계수와 가시거리는 반비례			
감광계수와 가시거리 관계	감광계수[m⁻¹]	가시거리[m]	의미	화재성장
	0.1	20~30	• 연기감지기 동작 • 건물 미숙지자 피난한계	화재 초기
	0.3	5	건물 숙지자 피난한계	플래시오버 전
	0.5	3	어두침침한 것을 느낄 정도	
	1.0	1~2	거의 보이지 않음	플래시오버
	5.0~10	0.2~0.4	최성기	최성기
	30	-	출화실에서 연기 분출	

불꽃암기

감광계수와 가시거리 :
"135135, 353 이사 어거기"

개념 CHECK

3. 연기에 의한 감광계수가 0.3, 가시거리가 5m일 때의 상황을 옳게 설명한 것은? 15 공채
① 연기감지기가 작동할 정도
② 건물 내부에 익숙한 사람이 피난 시 지장을 받을 수 있는 정도
③ 최성기 때의 농도
④ 앞이 거의 보이지 않을 정도

3 ②

05 중성대(Neutral Zone) ★

(1) 정의
① 실내와 외부의 압력이 같아지는 지점을 중성대(면)라 한다. (압력차가 0이 되는 수평면)
② 건물의 구획실(개구부 있는)에서 화재가 발생하면 온도상승에 따라 연기밀도는 감소, 부력은 증가하여 천장부분의 압력은 증가하고 바닥은 압력이 감소하게 된다.
③ 실내외 압력의 크기(대각선)는 아래 그림과 같고, 수직선과 만나는 부분이 중성대, 중성대에서 상하로 멀어질수록 실내외 압력차는 커지게 된다.

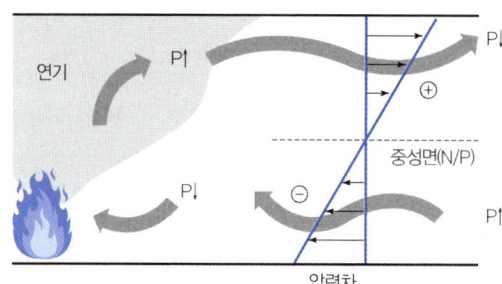

- 실내정압 > 실외정압
  – 연기가 밖으로 나감
- 실내정압 = 실외정압
  – 유동 없음
- 실내정압 < 실외정압
  – 외부공기가 안으로 들어옴

주의!! 불연속선 : 기온, 기압, 풍향, 풍속 등 대기의 특성이 급격하게 변하는 면인 불연속면과 지표면이 만나는 선

(2) 중성대의 위치(높이) 산정 심화

[가정] 건축물(높이 H) 중성대 기준으로 상하 개구부(크기 동일) 하나씩 있음

상하 2개 개구부 심화	위치
$H_n = \dfrac{1}{1+\left(\dfrac{T_{내}}{T_{외}}\right)\left(\dfrac{A_{하}}{A_{상}}\right)^2}H$ 여기서, T : 온도, A : 개구부면적	• 상하부 개구부 면적, 내외부 온도가 같다면 $\dfrac{1}{2}H$

① 개구부[4]가 커지는 쪽으로 이동
② 화재가 커질수록(건물 내외부 온도차가 클수록) 아래쪽으로 이동

(3) 소방의 활용
① 연기의 배출을 위해서는 중성대 상부에 개구부를 설치해야 효과적
  ☞ 플래시오버 예방
  (배연창 기준 심화 : 각 구획마다 1개소 이상 설치, 배연창의 상변은 천장 또는 반자로부터 0.9m 이내, 반자 높이가 3m 이상인 경우 배연창 하변이 바닥으로부터 2.1m 이상 위치하도록 설치)
② 소화활동 중 지붕 등 상층부 개구부 파괴(상층부 개구부 크게) → 중성대 상층부 범위 축소 → 중성대 하부면적 증가 → 소화활동 공간 및 시야 확보

06 연기의 유동 20, 21 공채 / 19, 20 간부

(1) 연돌효과(굴뚝효과, Stack effect) ★★

① 건물내 수직공간의 내외부 온도차에 따른 압력차로 수직공간에서 상부 또는 하부로 기류이동이 생기는 현상을 말한다.

☞ [위험성] 화재발생시 연기와 화염을 급격히 위층으로 이동시켜 연기확산 및 화재진압을 어렵게 함 : 고층건축물 1층 화재시 가장 위험

② 굴뚝효과(연돌효과)의 영향인자(아래식) ★★★

연돌 발생 원인	연돌 방지 대책
건물의 높이↑	건물의 높이↓, 저층
건물 내외부의 온도차↑	온도차↓, 화재예방, SP설치
건물의 기밀성↓(누설↑)	• 외부 기밀성↑ - 외기유입 최소화 • 내부 구획 기밀성↑ - 내부유동 최소화

불꽃암기
연돌 발생 원인 : 온높기

③ 연돌효과 관련식 (심화)

압력차 $\Delta P = 3,460 h \left(\dfrac{1}{T_o} - \dfrac{1}{T_i} \right)$ [Pa]

참고 높이 "h" 지점의 실내외 압력차로 이 수치가 클수록 연기 유동이 빨라진다.

여기서, ΔP : 굴뚝효과에 의한 압력차[Pa]
h : 층고 또는 중성대부터의 높이[m]
T_o : 외부공기의 절대온도[K] T_i : 내부공기의 절대온도[K]

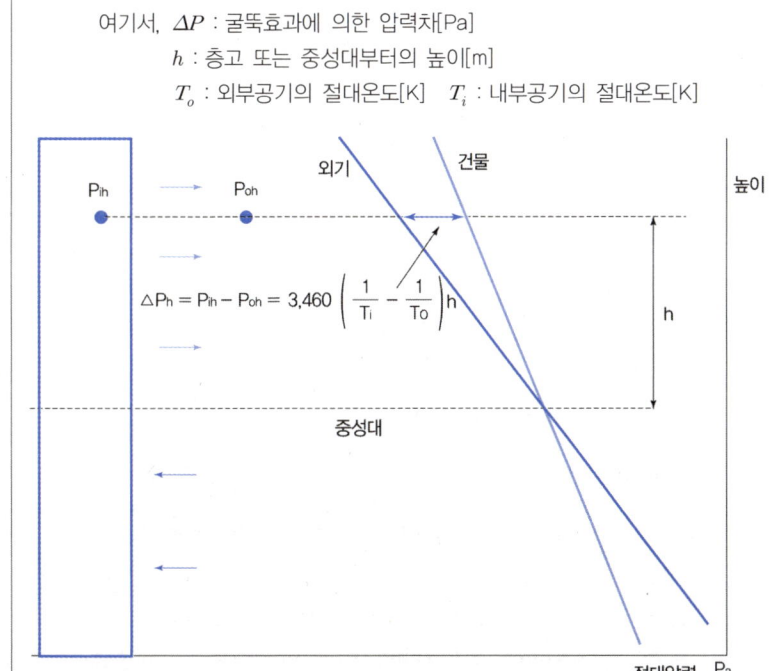

5) 역연돌효과
상부에서 외부 공기가 유입되고 빌딩 하부에서 빌딩 외부로 공기가 유출되는 현상

개념 CHECK

4. 다음 중 연돌효과(Stack effect)가 발생할 수 있는 요인이 아닌 것은? 14 공채
① 건물의 높이
② 건물 외벽의 기밀성
③ 건물의 바닥면적
④ 건축물의 실내외 온도차

4 ③

④ 정상연돌효과(연기방향↑)와 역연돌효과(↓)[5]
㉠ 실내온도 > 실외온도 : 정상연돌효과, 겨울철, 화재시
㉡ 실내온도 < 실외온도 : 역연돌효과, 여름철
☞ 여름철에도 화재발생 시 정상연돌 발생

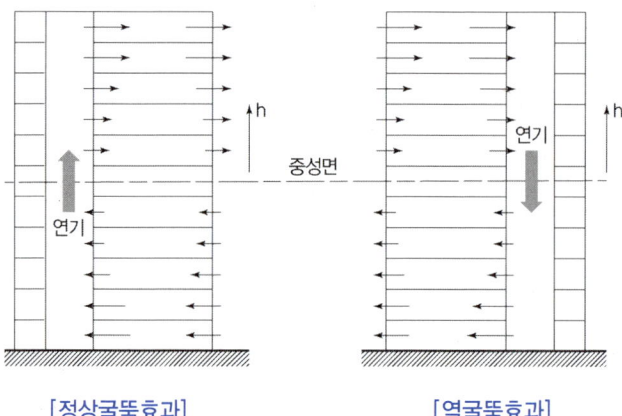

[정상굴뚝효과]   [역굴뚝효과]

(2) 기타 연기유동의 원인

① 기타 원인

공조설비(HVAC)	공조설비는 화재실의 연기를 인접구역으로 확산
부력	화재로 인해 온도는 상승하고 밀도는 감소하여 부력이 발생
가스 열팽창 (Expansion)	화재 시 발생하는 열(에너지)에 의하여 주변의 공기가 팽창하고 이로 인하여 개구부 상부에서 외부로 고온의 연기가 확산(화재 초기 유동원인). [샤를의 법칙]
바람(Wind)	유입되는 바람에 의해서 연기가 유동
피스톤효과 (Piston)	엘리베이터(E/V)의 이동에 의해 가압(양압, +) 또는 감압(부압, −) 발생으로 연기 이동이 발생하는 현상

② 건축물 규모별 구별
   ㉠ 저층건물 : 열, 대류이동, 화재압력 등
   ㉡ 고층건물 : 압력차
      ⓐ 부력, 온도로 인한 가스팽창
      ⓑ 바람의 영향, 굴뚝효과
      ⓒ 공조설비, 피스톤 효과 등

(3) 연기의 제어

구획	방화구획, 제연 경계벽, 방연 칸막이, 수직벽 등 활용
가압	해당구역(제연구역 등)에 급기가압(전실 제연)
축연	대공간, 높은 천장에 스모크해치 등으로 일정시간 가둠
배연	실외 배출, 일정 깊이의 연기층 필요. 배연구 위치 중요
강하방지	하부급기, 상부배기 − 거실제연(청결층 유지)
희석	피난, 소화활동 지장 없게 연기 농도 제어

불꽃암기
연기유동의 원인 :
공부가스바람피스

불꽃암기
연기 제어 : 구가축 배강희

요약 정리 | 연기의 유동

구분	내용
중성대	• 실내정압과 실외정압이 같아지는 면 ≠ 불연속선 → 중성대에서 멀어질수록 실내외 압력차이 커짐 • 실내정압 > 실외정압 – 연기가 밖으로 나감 • 실내정압 = 실외정압 – 유동 없음 • 실내정압 < 실외정압 – 외부공기가 안으로 들어옴 • 특징 – 중성대의 위치이동은 개구부가 큰 쪽으로, 화재가 커질수록(온도차가 클수록) 아래쪽에 형성됨 – 연기 배출을 위해서는 중성대 상부에 개구부 설치해야 효과적 (배연창 등의 위치) – 소화활동 시 소방대는 중성대 하부에서 진입하도록 함
연돌(굴뚝)효과 Stack Effect)	• 건물 내부 수직공간에서의 연기 유동 현상 • 건물 내외부의 온도차에 따른 압력차가 발생하여 연기가 수직공간의 상부 또는 하부로 급속히 이동하는 현상 • 건물의 높이, 건물 내외부 온도차, 건물 기밀성(누설) • 정상연돌효과 : 실내온도 > 실외온도 • 역연돌효과 : 실내온도 < 실외온도
부력	화재로 인해 온도는 상승하고 밀도는 감소하여, 부력이 발생함에 따라 연기가 유동·확산하는 현상
열팽창 (Expansion)	화재 시 발생하는 열(에너지)에 의하여 주변의 공기가 팽창하고, 이로 인하여 개구부 상부에서 외부로 고온의 연기가 확산하는 현상 (화재 초기 유동원인)
바람(Wind)	유입되는 바람에 의해서 연기가 유동·확산하는 현상
피스톤 효과 (Piston)	엘리베이터(E/V)가 수직 이동함에 따라 양압(+) 또는 부압(−) 발생으로 연기 이동이 발생하는 현상
공조설비 (HVAC)	공조설비는 화재실의 연기를 인접구역으로 확산시키는 주요한 원인이 됨

3 연소가스 23 공채

6) 허용농도(화학물질정보시스템)
- HCN : 10ppm(OSHA)
- SO_2 : 2ppm(노동부)
- HCl : 1ppm(노동부)

불꽃암기
연소가스 허용농도 :
5이산,
5일산,
25암,
십시황,
5이염,
3불질,
포아1

☞ 물질별 허용농도는 측정기관별로 미세한 차이가 있다.

(1) 이산화탄소(CO_2)

① 허용농도 5,000ppm
② 탄화수소 등이 완전연소할 때 배출되는 가스
③ 공기보다 무겁고, 무색, 무취, 무미 가스
④ 가스 자체는 독성이 없으나, 다량이 존재할 경우 산소농도 저하, 호흡속도를 증가시켜 유해가스 흡입률을 높인다.
  ☞ 이산화탄소 농도가 20%가 될 경우 사망

(2) 일산화탄소(CO) ★★ 21 간부

① 허용농도(TLV) 50ppm
② 탄화수소 등이 불완전연소할 때 배출되는 유독성 가스
③ 공기보다 가볍고, 무색, 무취, 무미의 가스
④ 독성은 상대적으로 작지만 모든 화재에서 발생한다.

⑤ 인체 내에서 헤모글로빈(Hb)과 결합하여 산소의 운반기능을 저해하여 질식, 사망에 이르게 한다(산소 결합력의 약 210배).

참고
- 정상 : $Hb + O_2 \rightarrow O_2Hb$(옥시 헤모글로빈)
- 질식 : $Hb + CO \rightarrow COHb$(카르복시 헤모글로빈)

⑥ CO 농도별 반응 ★

농도[%]	최대허용농도 [ppm]	생리적 반응	
		사망	사상
0.04	400		1~2시간 노출 시 두통
0.08	800	2~3시간 내 사망	45분 내 두통, 현기증, 메스꺼움
0.16	1,600	1시간 내 사망	20분 내 두통, 현기증, 메스꺼움
0.32	3,200	30분 내 사망	10분 내 두통, 현기증, 메스꺼움
0.64	6,400	15분 내 사망	1~2분 내 두통, 현기증, 메스꺼움
1.28	12,800	1~2분 내 사망	

> **불꽃암기**
> CO 농도별 반응 :
> 64는 15분 내 사망

심화 이론 | O_2 농도별 반응 ★★

농도[%]	생리적 반응(신성한 공기 시 소생 가능)
21%	정상
18%	산소결핍, 안전한계농도
16%	맥박, 호흡수 증가, 두통, 소화(15%)
12%	판단력둔화, 현기증, 체온상승, 자상 못 느낌, 기억상실
6~10%	의식 불명, 중추신경 장애, Zyanose[7](피부점막 검게)
6% 이하	순간 실신, 사망(5분 내)

7) 치아노제(Zyanose)
세포로의 산소공급이 부족하여 피부색이 청자 빛 또는 암적색이 된 상태

요약 정리 | 이산화탄소와 일산화탄소 비교

구분	이산화탄소	일산화탄소
"C" 연소	완전연소시 - 가장 많이 발생	불완전연소시 - 산소 부족
연소성	불연성	가연성
특성	무색, 무취, 저독	무색, 무취, 유독
피해	질식	인체내 Hb 결합으로 산소결핍

(3) 암모니아(NH_3) ★ 18하 공채 / 20 간부

① 허용농도 25ppm
② 질소함유물인 수지류(페놀수지, 멜라민수지), 나무 등이 연소할 때 발생
③ 눈, 코, 인후 및 폐에 매우 자극성이 큰 유독성 가스로서, 역한 냄새가 난다.
④ 비료, 냉동시설에서 냉매로 사용되기 때문에 이런 시설의 화재발생 시 누출되면 큰 위험을 초래할 수 있다.[8]

8) 암모니아 누출로 인한 인명사건
이천시 냉동창고 화재(우레탄폼 용접 작업 중 발화되어 40명이 사망한 사건, 2008)

> **개념 CHECK**
> 5. 질소 함유물인 수지류, 나무 등이 탈 때 악취가 나는 무색기체로 발생 시 눈, 코 폐에 자극이 큰 가스이며, 냉동공장 등의 냉동시설에서 냉매로 사용되는 물질은? 10 공채
> ① 일산화탄소 ② 이산화탄소
> ③ 시안화수소 ④ 암모니아
>
> 5 ④

(4) 시안화수소(HCN, 청산가스)[9] ★★ 19 공채 / 20, 21, 22 간부

① 허용농도 10ppm
② 질소함유물인 수지류, 우레탄폼, 직물류(섬유), 목재, 종이 등이 불완전연소할 때 배출되는 맹독성 가스이다(발생량 적음).
③ 일산화탄소와 달리 헤모글로빈과 결합하지 않고 질식을 유발한다.

(5) 황화수소(H_2S) ★ 25 경채 / 25 공채 / 20 간부

① 허용농도 10ppm
② 고무, 동물털, 가죽 및 고기 등 황이 함유된 물질이 불완전연소할 때 발생하는 무색의 자극성 기체이다.
③ 달걀 썩은 냄새가 나서 쉽게 감지할 수 있으나 200ppm에서 후각이 마비된다.

(6) 이산화황(SO_2), 아황산가스

① 허용농도 5ppm
② 고무, 동물털, 가죽 및 고기 등 황이 함유된 물질이 완전연소할 때 발생하는 무색의 기체이다(화재 시 발생량이 적음).
③ 자극성이 있어 눈 및 호흡기의 점막을 상하게 하고 단시간 노출되어도 위험할 수 있고, 금속의 부식성이 큼
④ 황을 저장 또는 취급하는 산업시설의 화재에서는 특별한 주의가 필요하다.

(7) 염화수소(HCl) ★ 20, 21 간부

① 허용농도 5ppm
② 전선 및 배관재료 등 염소가 함유된 PVC(염화비닐수지)이 연소할 때 발생되는데, 거의 모든 건물화재에서 발생한다.
③ 금속에 부식성이 강하여 철근콘크리트를 부식시키기도 한다.

(8) 이산화질소(NO_2, 질소산화물) ★

① 허용농도 3ppm
② 석탄, 유기질소화합물의 연소 시 질소가 산화하여 발생한다.
③ 200~700ppm 정도의 농도에 잠시 노출도 치명적이다.

(9) 포스겐($COCl_2$) 20 간부

① 허용농도 0.1ppm
② PVC(폴리염화비닐)와 같이 염소가 함유된 수지류가 탈 때 미량으로 발생하며 염소중독을 야기한다.
  ☞ 할론 104(CCl_4)가 수증기(수분), 탄산가스, 산화철, 발연황산등과 반응 시 발생
③ 과거 화학전(1915년), 유태인 학살(1940년~)에 사용
④ 제법 : 일산화탄소와 염소를 다공성 활성탄에 통과시키면 생성
  참고 현재 유기화학에서 플라스틱연료 또는 비료원료 중 요소합성에 사용

---

9) HCN(시안화수소)
헤모글로빈과 결합하지 않지만 세포에 의한 산소의 이용을 막는다.

개념 CHECK

6. 질소성분을 가지고 있는 합성수지, 동물의 털, 인조견 등의 섬유가 불완전연소할 때 발생하는 맹독성 가스로서 헤모글로빈과 결합하지 않고, 세포에 의한 산소의 이동을 막아 질식으로 사망에 이르게 하는 맹독성 연소생성물은? 15 공채 (   )

7. PVC(염화비닐수지)와 같이 염소가 함유된 수지류가 탈 때 주로 생성되는 가스로, 허용농도 5ppm의 연소생성물은 염화수소(HCl)이다. (   )

6 시안화수소(HCN) 7 ○

(10) **아크로레인(CH₂CHCHO)**[10] 21 간부

① 허용농도 0.1ppm
② 섬유질(훈소), 석유제품, 유지 등이 연소될 때 발생되는 맹독성 가스이다.
③ 자극적이고 불쾌한 냄새가 나고 무색을 띤다.

[10) 아크로레인(acrolein)
= 아크롤레인]

심화 이론 | 원인물질별 연소생성물

원인 물질	반응 후 생성물
탄소(C) 포함한 가연물	CO, CO_2
셀룰로이드, 폴리우레탄	NO_x
질소(N)를 포함한 모, 비단 등	HCN, NO_2
석유, 유지류	아크로레인
나무, 황 포함물질	SO_2
PVC, 방염수지	HF, HCl, HBr, 포스겐
나일론	암모니아
스티로폼	벤젠
인(P) 포함 물질	P_2O_5
수소(H) 포함 물질	수증기

요약 정리 | 연소가스 정리

종류	특성	TLV-TWA [ppm]
이산화탄소 (CO_2)	• 화재 시 다량 발생하여 산소농도 저하 • 화재 시 RMV(호흡속도[lpm])를 증가 → 유해가스 흡입률을 높인다.	5,000
일산화탄소 (CO)	• **불완전연소**로 탄소성분이 CO로 배출(훈소에서 다량 배출) • CO는 Hb와의 결합력이 O_2보다 210배 높고, COHb는 잘 분해되지 않음	50
암모니아 (NH_3)	• 질소화합물 연소 시 발생 • 0.25~0.65% 농도에 30분 노출 시 사망 • 역한 냄새가 나는 자극성이 큰 유독성 가스	25
황화수소 (H_2S) ★★	• 석유정제물, 펄프, 가죽, 고기 등 유황 함유물질의 불완전연소로 발생 • 흡입 시 세포호흡이 중지되어 질식될 우려가 있다 • 자극성이 커서 눈물이 많이 나게 하며, 썩은 달걀 냄새	10

	H_2S	생리적 반응
황화수소 (H_2S) ★★	0.002%	폐자극, 견딜 수 있음 (냄새에 익숙해짐)
	0.01~0.03%	노출 2~15분 내 취각신경 마비, 질식 위험
	0.07% 이상	노출 즉시 호흡정지, 질식사망

가스	특성	허용농도
시안화수소 (HCN)	• 강력한 독극물 중 하나, 0.3% 이상 농도에 즉사 (청산가스) • 질소함유 물질(울, 실크, 나일론 등)의 불완전연소 시에 발생(대부분 화재에서는 미량) • CO에 비해 빠르게 작용 • 독성 : 세포의 산소 사용을 방해(세포 호흡 중지)	10
염화수소 (HCl) ★	• 1,500ppm 농도시 수분 만에 치명적(LC_{50} : 3,124 ppm) • 염소가 함유된 유기물(PVC 등)에서 발생 • 열분해 시 염화수소 이탈로 발생 • 눈, 기관지 등을 자극하여 행동 장애를 유발 • 금속에 대한 부식성으로 철골에도 손상을 유발	5
아황산가스 (SO_2, 이산화황) ★	• 황함유 물질(동물 털, 고무 등) 완전연소 시에 발생 • 흡입 시 점막액과 황산을 형성하여 염증을 유발 • 금속의 부식	5
이산화질소 (NO_2) ★	• 200~270ppm 잠시 노출 시 치명적 • 질산셀룰로오스 연소 시 발생 • 위험도가 높고, 수분을 만나면 철을 부식	3
포스겐 ($COCl_2$)	• 2차 세계대전 때 나치의 유태인 학살에 이용된 가스 • PVC 연소 시에 발생 • CCl_4가 소화약제로 사용될 때에도 고열 금속과 접촉되면 발생	0.1
아크로레인 (CH_2CHCHO)	• 석유제품, 유지류(기름성분) 등이 연소 시 발생 • 자극성이 크고 맹독성	0.1

소방학 개론 — 연소이론 복습만이 살길이다!!!

▶ **다시보자 복습 문제 06**   Check

01. 화재 초기 및 감쇠기에는 흑색연기, 초기 이후(성장기)에는 백색연기가 발생하고, 수소(H_2)가 많으면 흑색연기, 탄소(C)가 많으면 백색연기가 발생한다.

02. 위험 장소를 벗어나려는 성향을 가진 인간의 본능을 퇴피본능이라고 한다.

03. 감광계수와 가시거리는 반비례의 관계를 가진다.

04. 감광계수가 0.1[m^{-1}]이며 가시거리는 5m이고, 연기감지기 동작농도, 미숙지자의 피난한계농도로 볼 수 있다.

05. 구획실에서 화재가 커지면 중성대는 낮아지게 되고, 건축물에서 상부의 개구부를 더 크게하면 중성대는 건축물의 하부로 내려가게 된다.

06. 건물내 수직공간의 내외부 온도차에 따른 압력차로 수직공간에서 상부 또는 하부로 기류이동이 생기는 현상을 연돌효과라고 하는데 건축물의 높이와 내외부의 온도차에 밀접한 연관성을 가진다.

07. 가스 자체는 독성이 없으나, 다량이 존재할 경우 산소농도 저하, 호흡속도를 증가시켜 유해가스 흡입률을 높이는 연소생성물에는 이산화탄소가 있다.

08. 비료, 냉동시설에서 냉매로 사용되기 때문에 이런 시설의 화재발생 시 누출되면 큰 위험을 초래할 수 있고, 질소 함유물인 수지류(페놀수지, 멜라민수지), 나무 등이 연소할 때 발생하는 암모니아는 허용농도가 20PPM이다.

09. 전선 및 배관재료 등 염소가 함유된 PVC(염화비닐수지)이 연소할 때 발생되는데, 거의 모든 건물화재에서 발생하는 염화수소의 허용농도는 이산화질소의 허용농도보다 크다.

10. 화재 시 연소생성물에 관한 설명으로 옳지 <u>않은</u> 것은?
① 황화수소는 썩은 달걀과 비슷한 냄새가 난다.
② 연기로 인한 빛의 감소를 나타내는 감광계수는 가시거리와 비례한다.
③ 일산화탄소는 산소와 헤모글로빈의 결합을 방해하여 질식에 이르게 할 수 있다.
④ TLV(Threshold Limit Value)로 측정한 독성가스의 허용농도는 암모니아 > 시안화수소 > 불화수소 > 포스겐 순으로 작아진다.
[풀이] 허용농도는 암모니아(25ppm), 시안화수소(10ppm), 불화수소(3ppm), 포스겐(0.1ppm) 순으로 높다.

11. 청산가스라고도 하며, 인체에 대량 흡입되면 헤모글로빈과 결합하지 않고도 질식을 유발하며, 목재나 종이류, 질소 함유물로 제조되는 수지류의 불완전연소시에 발생하는 가스는?
① 암모니아
② 이산화황
③ 일산화탄소
④ 시안화수소

🔒 1 ×(흑 ↔ 백)   2 ○   3 ○   4 ×(20~30m)   5 ×(올라가게)   6 ○   7 ○   8 ×(25ppm)   9 ○(5와 3)   10 ②(반비례)   11 ④

4 화염

학습 나침반

```
            연소생성물 ── 연소과정을 통해 발생되는 물질
      ┌──────┬──────┬──────┬──────┐
     연기   연소가스   화염    열
```

구분	내용
연소속도	온도와 비례
화염속도	화염속도 = 미연소가스 이동속도 + 연소속도
화재플럼	구역벽의 방해플럼, 수평화염, 천장제트흐름 등

01 연소속도와 화염속도 21 공채

(1) 연소속도

① 화염이 미연소가스쪽으로 이동하는 속도(= 미연소가스가 화염에 직각으로 들어오는 속도. 화염진행속도)

② 분류 : 화염전파속도(기체), 액면강하속도(액체), 질량감소속도(고체)

> 참고 연소속도 : 연소 시 화염이 미연소혼합가스에 대하여 수직으로 이동하는 속도

③ 영향인자 ★

   ㉠ **조**성비 : 일반적으로 C_{st}(양론농도)에서 연소속도는 최대

> 참고 최고온도와 최고 연소속도는 양론농도보다 약간 높은 농도에서 발생

   ㉡ 화염**온**도 : 온도가 높을수록 연소속도는 빨라진다.(비례)

   ㉢ **난**류영향 : 표면적 또는 에너지가 커질 경우 비례

   ㉣ **억**제제(난연제 등) : 투입할수록 느려진다.(반비례)

      ☞ 억제제 투입 → O_2 농도↓ → 연소속도, 발생열량, 온도↓

   ㉤ **압**력 : 압력 높을수록 입자간격 좁아져 연소속도가 빨라진다.

   ㉥ 가연성 : 연소속도는 빨라진다.

   ㉦ 산소농도 : 산소농도가 증가, 산화제가 있을수록 연소속도는 빨라진다.

   ㉧ 물질 화학적 특성 : 기화열, 비열, 비점, 밀도 등 낮을수록

(2) 화염속도(화염전파속도)

① 화염면이 전파되는 속도, 즉 주변에 화염이 확대될 때 이동속도

② 화재성장의 3요소는 발화[11], 화염확산[12], 연소속도[13]이고, 화염이 발생된 이후 가연물 특성에 따라 일정속도로 화염은 전파되어 간다.

③ 이 경우 화염에서 파동으로 전파되는 연소파가 발생하고, 이 파면은 화염면이고, 이 면의 진행속도를 화염전파(확산)속도라고 한다.

불꽃암기
연소속도 영향인자 : 조온난 억압

[11] 발화(점화)
화재 성장의 시작

[12] 화염확산
화재 경계의 확장(이동)

[13] 연소속도
화재 경계 내에서 연료소모 정도

④ 화염속도와 연소속도 관계 ★★

화염속도 = 연소속도 + 미연소가스의 전방이동속도

→ 미연소가스에 따라 변하는 값

심화 이론 | 연소속도와 열방출율(열방출속도)

구분	연료지배형	환기지배형
연소속도	$\dot{m}'' = \dfrac{\dot{q}''(열유속)}{L_v(기화열)}$ 여기서, $\dot{m}''$: 연소속도[g/s·m²] $\dot{q}''$: 순열류[kW/m²](공급 − 손실) L_v : 기화열[kJ/g]	$R = 0.52 A\sqrt{H}$ [g/s] 여기서, $A\sqrt{H}$: 환기인자
열방출율	$Q = \dot{m}'' A \Delta H_c$ [kW = kJ/s] 여기서, ΔH_c : 유효한 연소열[kJ/g] A : 기화면적(m²)	$HRR = 1{,}500 A\sqrt{H}$

02 화재플럼(Fire Plume)

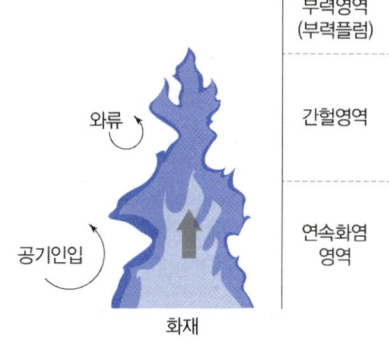

(1) 의미

① 주변보다 가벼워진 고온기체는 차가운 주변기체와 밀도차이에 의해 수직으로 상승하는 고온연소가스 유동을 말한다.
② 구성 : 화염연속영역, 간헐화염영역(화염발생소멸), 부력영역
③ 화재 확대 순 등으로 구획경계와 상호작용에 따라 구역벽의 방해플럼, 천장 제트흐름, 수평화염으로 분류할 수 있다.
④ 화재플럼의 특징
  ㉠ 열원에서 멀어질수록 주변으로 넓게 퍼져가는 모습이다.
  ㉡ 내부에 형성되는 기류는 중앙의 부력이 가장 강하다.
  ㉢ 플럼 측면의 층류(하부)에는 공기의 유입이, 난류(상부)에 의한 부분적인 와류를 생성한다.

(2) 천장제트흐름(Ceiling Jet Flow) ★

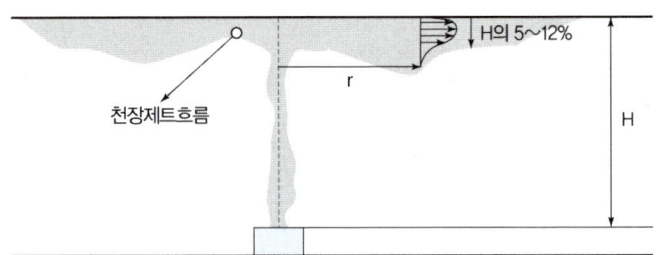

① 화재플럼이 천장에 충돌하면 고온가스들은 수평(축대칭)의 천장면을 따라 굴절되어 수평으로 흐르게 된다. 이를 천장제트흐름(Ceiling Jet Flow)이라 한다.
② 화재 초기에 고온의 연소생성물이 부력에 의해 천장면 아래에 얇은 층을 형성하는 비교적 빠른 속도의 가스흐름이다(0.3~1m/s).
③ 흐름 두께는 H(구획실 높이)의 약 5~12% 정도

> 참고 층고 3m의 경우 약 30cm의 천장제트흐름 폭을 가진다. 이는 스프링클러 헤드 설치기준에 적용된다.

④ 소방적용 : 스프링클러 헤드, 감지기를 이 범위 내 설치 및 설치제외 사항 확인

5 열

학습 나침반

연소생성물 — 연소과정을 통해 발생되는 물질
├ 연기
├ 연소가스
├ 화염
└ 열

구분	발생 시기	내용
전도	연소 초기	고체 및 정지유체의 접촉 통한 운동에너지의 전달
대류	화재 성장기	고체 표면과 유동유체의 열 이동
복사	화재 초기 이후	매질을 통하지 않고 복사에너지 형태로 이동 및 전달

01 열과 온도

(1) 의미

① 열(heat) : 온도가 올라감에 따라 물체에 축적되는 에너지의 한 형태이다.
② 온도 : 물체가 가지고 있는 열의 차고, 뜨거운 정도를 수치로 나타낸 것을 말한다.

개념 CHECK

8. 화재플럼이란 주변보다 가벼워진 고온기체는 차가운 주변기체와 밀도차이에 의해 수직으로 상승하는 고온연소가스 유동을 말한다. ( )

9. 화재플럼이 천장에 충돌하면 고온가스들은 수평(축대칭)의 천장면을 따라 굴절되어 수평으로 흐르게 된다. 이를 천장제트흐름(Ceiling Jet Flow)이라 한다. ( )

8 ○ 9 ○

(2) 열의 유해성(화상)

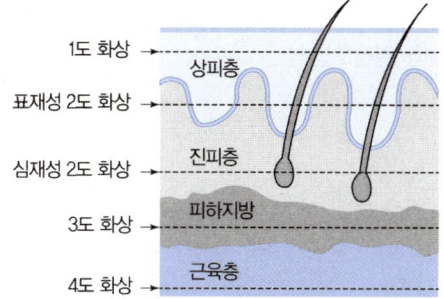

① 1도 화상(홍반성) : 피부가 빨갛게 되고, 경미한 통증
② 2도 화상(수포성) : 수포(물집)가 생기고, 진피층의 손상과 통증을 동반한다 (손상깊이에 따라 표재성과 심재성으로 구분).
③ 3도 화상(괴사성) : 피하지방층의 손상, 신경손상도 있어 통증을 느낄 수가 없음, 피부괴사 우려됨
④ 4도 화상(흑색성) : 근육층 손상, 신경 또는 뼈조직까지 손상되는 상태

불꽃암기
화상의 유해성 : 홍수괴흑

요약 정리 | 화상의 구분 정리

분류	화상 명칭	증상
1도 화상	홍반성 화상	붉게 변함, 통증, 변화가 피부층에 한정
2도 화상 (표재, 심부)	수포성 화상	하부 아래 물집(하루) 발생
3도 화상	괴사성 화상	피부괴사, 피하지방
4도 화상	흑색성 화상	피하지방 깊이 근육, 뼈 손상

심화 습도와 노출한계 : 동일 노출온도(49℃)에서 상대습도(%)가 높아질수록 한계시간은 감소한다.

02 열 전달 18하 공채 / 18, 19, 22 간부

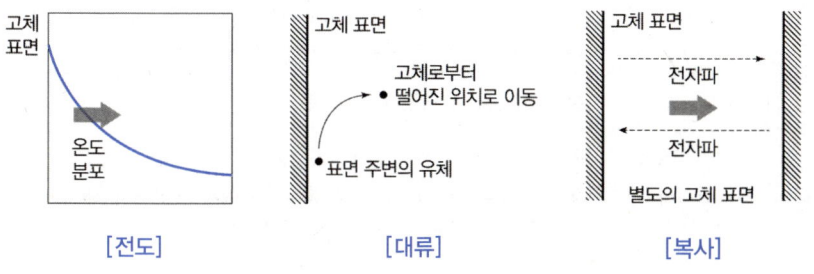

[전도]   [대류]   [복사]

14) 열 전달의 예시
• 전도 : 불판 옆의 쇠젓가락이 뜨거워지는 현상
• 대류 : 달구어진 불판으로 주변이 따뜻해지고, 고기의 향이 퍼져 나가는 현상
• 복사 : 원적외선(복사열)으로 고기를 굽는 경우

개념 CHECK
10. 화상의 분류 중 피하지방층의 손상 및 피부 괴사 가능성이 높은 단계의 화상을 2도 화상이라고 한다. ( )

(1) 전도(Conduction) ★

① 개념 : 고체 및 정지유체의 접촉을 통한 운동에너지의 전달(고체 내 분자 진동)

② 관련식 : Fourier의 열전도법칙

$$\dot{q} = \frac{Ak(T_1 - T_2)}{l}, \quad \dot{q}'' = \frac{\dot{q}}{A}$$

여기서, $\dot{q}''$: 전도에 의한 열류[W/m²], k : 물질 열전도도(율)[W/mK],
L : 물체의 두께[m], A : 표면적[m²],
$\Delta T = T_1 - T_2$: 온도차(고온 - 저온)

③ 소방의 적용
㉠ 화재 초기의 열전달
㉡ 가연물 판정, 단열재, 내화구조, 방화구획, 화염방지기 등

(2) 대류(Convection) ★

① 개념 : 고체표면과 유동 유체의 열이동을 말하며, 유체의 온도에 따른 밀도차에 의해 고온의 분자들이 중력에 의해 위치가 이동하여 전열하는 현상

② 관련식

$$\dot{q}'' = h(T_1 - T_2)[W/m^2], \quad \dot{q} = Ah(T_1 - T_2)[W]$$

여기서, h : 대류 열전달계수[W/m²℃], T_1 : 고온[℃], T_2 : 떨어진 저온[℃]

③ 소방의 적용
㉠ 화재 성장기 적용
㉡ 화재플럼, 연기 및 열 유동, 스프링클러 헤드(RTI), 감지기 작동시간

(3) 복사(Radiation) ★ 24 공채

① 개념 : 열이 공간을 전자파(복사에너지)의 형태로 이동, 전달되는 것(중간 매체 없음)

② 관련식

㉠ $\dot{q} = A\Phi\varepsilon\sigma T^4$ [kW]

여기서, $\dot{q}''$: 열유속, σ : 상수 5.67×10^{-11} kW/m²K⁴(스테판-볼츠만 상수)
Φ : 형태계수(F_{12}), ε : 방사율(복사능), T : 물체의 온도[K]

㉡ $\dot{q}'' = \dfrac{X_r \dot{Q}}{4\pi R^2}$ 점열원(point source)[Modak식]

☞ 목표물에 대한 복사열류 → 원거리 확산가능성

여기서, $\dot{Q}$: 화재의 발열량(HRR)[kW], R : 화염중심에서 표면까지 거리,
X_r : 전체 방출에너지 중 복사에너지(분율)(0.15~0.6)

③ 소방의 적용
㉠ 주로 성장기 적용
㉡ 플래시오버 원인, 원격발화원인, 인동거리, 안전거리기준 등

개념 CHECK

11. 체육관과 같이 천장이 높은 화재 시 천장의 높이가 높아 연기 감지기가 작동이 안 되기 때문에 화재 감지가 어려운데, 이와 같이 화재 초기에 연기가 천장까지 순조롭게 상승하지 못하는 현상과 관계가 깊은 것은? 14 공채
① 열전도　② 열대류
③ 열복사　④ 열비화

11 ②

요약 정리 | 전도, 대류, 복사의 비교

열전달	원리	식[KW/m²]	관련 법칙	발생시기 등
전도 25 기출	물질 내 분자의 진동 (접촉으로 열에너지이동)	• $\dot{q} = A\dfrac{k(T_1 - T_2)}{l}$ • 열전도율 k(물질고유성질)	Fourier의 열전도법칙	• 연소 초기 • 단열재, 방화구획
	전열면적(A)과 온도차($T_1 - T_2$)에 비례하고, 두께차(l)에 반비례			
대류	온도차로 유체 이동 (연소확대 원인)	• $\dot{q} = Ah(T_1 - T_2)$ • 열전달계수 h(유체의 상황)	Newton의 냉각법칙	• 성장기 초기 • 감지기, 화재플럼 • SP 헤드 작동
복사 24 기출	전자파 형태로 이동(열이동 가장 크게 작용)	• $\dot{q} = A\varepsilon\Phi\sigma T^4$ • 방사율 ε(물체표면 특성) • 형태계수 Φ	Stefan Boltzman 의 법칙	• 초기 이후, 최성기 • 플래시오버, 원격발화 • 진공에도 전달됨

심화 이론 | 점화(발화) 시간 ☞ 작을수록 위험

얇은 물체의 발화(점화)	두꺼운 물체의 발화(점화)
$t_{ig} = \rho c l \times \dfrac{T_{ig} - T_0}{\dot{q}''}$	$t_{ig} = C(k\rho c)\left[\dfrac{(T_{ig} - T_0)}{\dot{q}''}\right]^2$

여기서, 얇은 물체 : 두께(L) < 1~2mm
T_0 : 초기온도, T_{ig} : 점화온도, ρ : 밀도, c : 비열, l : 물체 두께,
k : 열전도율[kW/mK], $C : \dfrac{\pi}{4}$

발화시간은 밀도, 비열, 두께, 온도차에 비례, 열유속에 반비례	발화시간은 밀도, 비열, 열전도율, 온도차제곱에 비례, 열유속 제곱에 반비례

소방학개론 — 연소이론 복습만이 살길이다!!!

▶ 다시보자 복습 문제 07   Check

01.	화염이 미연소 가스쪽으로 이동하는 속도(= 미연소가스가 화염에 직각으로 들어오는 속도)를 화염속도라고 한다.
02.	주변보다 가벼워진 고온기체는 차가운 주변기체와 밀도 차이에 의해 수직으로 상승하는 고온연소가스 유동을 화재플럼이라고 하는데 내부에 형성되는 기류는 중앙의 부력이 가장 강하다.
03.	화재플럼이 천장에 충돌하면 고온가스들은 수평(축대칭)의 천장면을 따라 굴절되어 수평으로 흐르게 되는 천장 제트흐름이 있는데 보통 층고(높이)의 20%정도의 폭으로 이동한다.
04.	3도 화상(괴사성)이란 피하지방층의 손상, 신경손상도 있어 통증을 느낄 수가 없고, 피부괴사의 우려가 있는 상태를 말한다.
05.	고체 및 정지유체의 접촉을 통한 운동에너지의 전달(고체 내 분자진동)되는 열전달을 전도(Conduction)라고 한다.
06.	고체표면과 유동 유체의 열이동을 말하며, 유체의 온도에 따른 밀도차에 의해 고온의 분자들이 중력에 의해 위치가 이동하여 전열하는 현상인 대류는 감지기 및 스프링클러헤드의 동작에 직접적으로 관계되는 열의 전달이다.
07.	열이 공간을 전자파(복사에너지)의 형태로 이동, 전달되는 것을 복사라고 하는데 진공에서도 열의 전달이 가능하다.
08.	플래시오버 원인, 원격발화원인, 인동거리, 안전거리기준 등에 관련된 열전달은 대류를 말한다.
09.	Newton의 냉각법칙은 대류의 원리를 나타낸다.
10.	연소속도에 영향을 미치는 요인으로 틀린 것은? ① 가연성 물질의 종류 ② 촉매의 존재 유무와 농도 ③ 공기 중 일반적인 산소부피 ④ 가연성 물질과 환원제의 당량비
11.	푸리에(Fourier)의 열전도법칙에 따라 물질을 통해 전달되는 열량에 대한 설명으로 옳지 않은 것은? ① 물질의 두께에 비례한다. ② 물질의 전열면적에 비례한다. ③ 물질 양면의 온도차에 비례한다. ④ 물질의 열전도율에 비례한다.

🔒 1 ×(연소속도) 2 ○ 3 ×(5~12%) 4 ○ 5 ○ 6 ○ 7 ○ 8 ×(복사) 9 ○ 10 ④(산화제, 산소) 11 ①(반비례)

04 폭발론

1 폭발의 종류 20, 23 공채

01 폭발

(1) 정의
① 급격한 압력의 발생 결과로 고압의 가스가 폭음을 수반하여 급속하게 팽창하는 현상을 말한다.
② 일정 압력하에서 가스의 방출과 생성으로 잠재적(화학적 또는 기계적) 에너지가 갑작스럽게 운동에너지로 변화되는 것을 말한다(미방화협회).

(2) 폭발의 조건[1]
① 가연성 가스, 증기 등이 공기 또는 산소와 혼합되어 연소범위 내(기상, 예혼합상태)에 있어야 한다.
② 발화 온도 이상 또는 최소점화에너지(MIE) 이상의 에너지가 필요하다.
③ 개방공간 또는 밀폐공간(폭발효율이 더 높음)에서 가연성 혼합기를 형성해야 한다.

(3) 폭발의 영향인자(쉽게 폭발) ★
① 주위 온도 : 높을수록 위험
② 주위 압력 : 고압 시 위험함(일산화탄소는 고압 시 폭발범위가 좁아짐)
③ 폭발성 물질의 조성 : 방출된 양, 증발률이 클수록 위험
④ 폭발성 물질의 물리적 성질 : 분해가 쉬운 물질일수록 위험
⑤ 착화원 성질 : 지속시간, 형태, 에너지 크기가 클수록 위험
⑥ 주위 기하학적 조건 : 밀폐계일수록 위험

02 화학적 폭발과 물리적 폭발의 구분

(1) 화학적 폭발
① 폭발 자체가 산화, 중합, 분해 등 화학반응에 의해 발생하는 폭발을 말한다.

기본서 **소방학개론**

[1] 폭발의 조건
연소의 조건과 같다.

개념 CHECK
1. 폭발의 조건은 아래와 같다.
 • 가연성 가스, 증기 등이 공기 또는 산소와 혼합되어 연소범위 내(기상, 예혼합상태)에 있어야 한다.
 • 발화 온도 이상 또는 최소점화에너지(MIE) 이상의 에너지가 필요하다. ( )

② 즉, 공기 중에 확산된 가연성 가스, 유증기, 분진 등이 연소폭발하는 것과 같이 물질의 분자구조가 화학적으로 변화하는 형태의 폭발을 말한다.

(2) 물리적 폭발 22 공채

① 폭발에서 화학적 변화가 발생하지 않는 폭발을 말한다(기계적 폭발).
② 수증기폭발처럼 물이 기화되어 압력이 증가하여 폭발하는 것, 폭발 이후에도 물질(물)은 화학적 변화가 없고, 반응열이 없이 상변화 및 기체 팽창과정에서 주위 에너지를 흡수하기 때문에 냉폭발이라고도 한다.

(3) 물리적 폭발과 화학적 폭발의 비교 ★ 20 공채

> **불꽃암기**
> 물리적 폭발 종류 : **수증중 고전감**

물리적 폭발	특성	• 물리적 변화[분자구조 그대로(원인계 = 생성계)] • 고압용기 파열, 탱크감압 파손, 액체의 폭발적 증발 등으로 파열이 발생 • 화염, 연소를 동반하지 않음
	종류	• **수증**기폭발 : 고온의 용융 금속 등을 물속에 투입 → 급격하게 수증기로 기화, 기화에 의한 폭발 ⓔ 제철소 등 • 과열액체 **증**기폭발 : 밀폐용기 내 과열 → 액체 증기압 상승 → 용기가 파손시 발생 ⓔ 보일러 폭발 • 액화가스 **증**기폭발 : 상온에서 비점이 상온 이하인 액화가스의 용기 파손시 발생 ⓔ LNG(저온액화가스) – 급속상변화(RPT) • **고**체상의 전이에 의한 폭발[2) – 무정형 안티몬(회색)을 동일한 고상의 결정형 안티몬으로 상전이 • **전**선(도선)폭발, **감**압폭발
	대책	• 화재에 의한 가(입)열 방지, 상변화 방지(온도↓) • 용기 내압강도의 유지 – 두께 유지 • 외력에 의한 파괴 방지(수손 등)
화학적 폭발	특성	• 화학적 변화[분자구조 변함(원인계 ≠ 생성계)] • 화학반응에 의한 짧은 시간에 급격한 압력상승 및 방출시 폭발 • 폭발적인 연소, 중축합, 분해, 반응폭주 등의 형태를 지님

	종류	• **산**화폭발 : 산화반응에 의해 발생(가연성 가스, 증기, 분진 등이 공기와 반응하여 폭발)
		  ⓔ 가연성 가스 누출, 인화성 액체 탱크 내부로의 공기유입, 분진운 형성 등
		• **분**해폭발 : 자기분해성 물질이 산소와 관계없이 분해, 발열, 착화, 압력상승 → 폭발
		  ⓔ 하이드라진(제4류), 산화에틸렌, 아세틸렌, 5류 위험물(디아조화합물), 아산화질소
		• **중**합폭발 : 중합반응물질이 폭발적으로 중합 → 발열, 압력상승 → 폭발
		  ⓔ 시안화수소(HCN), 산화에틸렌, 염화비닐, 초산비닐 등
		• **분**진폭발 : 석탄, 알루미늄분진, 금속분, 전분, 밀가루 등
		• **분**무폭발 : 가연성 액체가 무상상태(혼합기 형성) + 착화원(MIE) → 폭발 (인화점 이하)
		• **가**스폭발, **박**막폭발, **고**체폭발 등

	대책	• 내화구조, 물분무소화설비, 비상차단장치, 감압장치, 비상훈련 • 방유제, 내부위험물 출하설비 • 방호 "봉쇄, 차단, 불꽃방지기, 폭발억제, 폭발배출, 안전거리"

> **2) 고체상의 전이에 의한 폭발**
> 고체인 무정형 안티몬이 동일한 고상의 안티몬으로 전이할 때 발열함으로써 주위의 공기가 팽창하여 폭발하는 경우

> **불꽃암기**
> 화학적 폭발 종류 :
> **산분중 무가막**

> **개념 CHECK**
> 2. 화학적 폭발에는 수증기폭발, 과열액체 증기폭발, 액화가스 증기폭발 등이 있다. ( )

2 기상폭발과 응상폭발(물질 상태별 분류)

학습 나침반

- 기상폭발 (화학적 폭발)
  - 가스폭발
  - 분무폭발
  - 분진폭발
  - 분해폭발
  - 증기운폭발(VCE)
- 응상폭발 (물리적 폭발)
  - 수증기폭발
  - 증기폭발 등 — 과열액체 증기폭발, 액화가스 증기폭발, 전선폭발, 고체상의 전이에 의한 폭발, 감압폭발
- 폭발재해 — 착화파괴형, 누설착화형, 자연발화형, 반응폭주형, 평형파탄형

01 기상폭발(화학적 폭발) ★ 18하, 21, 22 공채 / 19, 20, 21, 22 간부

기상폭발은 가스폭발, 분무폭발, 분진폭발, 분해폭발 등으로 구분된다.

(1) 가스폭발

① 가연성 가스가 농도조건을 만족하는 혼합기를 형성하고 발화원(점화원)이 존재할 때 폭발한다.
② 가연성 가스 : 수소, CO, 메탄, 프로판 등
③ 발화원 : 최소점화에너지(MIE) 이상의 에너지

> 참고 가스화재와 구별!! : 플래시화재(Flash Fire), 풀화재(Pool Fire), 제트화재(Jet Fire)

(2) 분무폭발 ★

① 고압의 유압설비에서 파손 또는 누기되어 가연성 액체가 공기 중에 무상(미세한 액적상태)으로 부유 존재할 때 착화에너지가 주어지면 발생하는 폭발을 말한다.
② 폭발 조건 : 가연성 혼합기 + 점화원
  - 분무폭발 조건 : 가연성 액체 온도가 인화점 이하에 존재 + 무상 분출
    > 주의!! 보통 가연성 액체 온도가 인화점 이상으로 존재시 화재, 폭발발생

(3) 분진폭발 ★

① 부유상태(약 $100\mu m$ 이하)의 가연성 분진입자에 착화원이 가해져 주위 공기와 혼합기를 형성, 발화되어 폭발하는 현상으로 가스폭발에 비해 발생 에너지가 매우 크다.

> 참고 폭발 가능성의 입자 크기 $700\mu m$ 이하, $100\mu m$ 이하(매우 위험), $500\mu m$ 이하의 경우 분진폭발의 위험성이 있다.

개념 CHECK

3. 다음 중 기상폭발에 속하지 않는 것은? 15공채
① 분해폭발
② 분진폭발
③ 가스폭발
④ 증기폭발

3 ④

이중희 소방공무원

> **불꽃암기**
> 분진폭발조건 : 미교밀 점폭

② 분진폭발 조건(5가지)
  ㉠ 가연성 고체의 **미**분상태 + 공기와 **교**반 운동, 확산 + **밀**폐공간
  ㉡ **점**화원 : 10mJ 이상의 착화에너지
  ㉢ **폭**발범위 : 하한값 25(45)mg/L~상한값 80mg/L

(4) 분해폭발 ★

① 분해폭발은 산소가 없는 상태에서도 화학적 분해반응에 의한 분해열의 발생으로 열팽창, 압력상승, 폭발하는 현상을 말한다.
② 아세틸렌(C_2H_2)은 1.4atm 이상에서는 산소가 없는 상태에서도 폭발이 가능(과정은 연소폭발과 유사).

$$\text{분해반응} : C_2H_2 \rightarrow \underset{\substack{\text{고체탄소}\\(\text{그을음})}}{2C(s)} + \underset{\text{수소}}{H_2} + \underset{\text{분해열}}{54\text{kcal/mol}}$$

③ 분해폭발의 활성화(점화)에너지는 화염, 스파크, 가열 등의 열원이 대부분이지만 단열압축으로도 발생한다.
④ 아세틸렌의 연소범위는 2.5~81%지만 폭발위험성을 고려한 범위는 2.5~100%가 된다.
⑤ 물질 종류 : 비닐아세틸렌, 에틸렌, 산화에틸렌, 하이드라진, 오존, 아산화질소(미소가스) 등

(5) 증기운폭발(VCE : Vapor Cloud Explosion) ★

① 개방된 대기에 다량의 가연성 가스가 서서히 지속적으로 누출되면서 대기 중에 구름(운)형태로 모여 점화 시 순간적으로 모든 가스가 동시에 폭발하는 현상으로, 누설착화형 폭발이다(급격한 화학적인 변화에 의한 폭발).
② 이러한 폭발이 개방공간에서 발생할 때는 자유공간(개방공간) 증기운 폭발(UVCE, Unconfined Vapor Cloud Explosion)이라고도 한다.
③ 물질 종류 : LPG, LNG, 액화부탄 등

02 응상폭발(물리적 폭발) 20, 22 공채 / 19, 20, 22 간부

응상은 고상과 액상을 말하며, 응상폭발은 수증기폭발, 증기폭발, 전선폭발, 고체상의 전이에 의한 폭발 등이 있다. 하지만 화염의 발생은 없다.

(1) 수증기폭발

① 고온의 용융금속이나 슬러그[3]가 물속에 들어갈 때 고온물질의 열이 저온 물에 짧은 시간에 전달되면 물은 순간적인 짧은 시간에 상변화가 일어나서 급격한 비등(액상 → 기상)에 의한 폭발이 되는 것을 말한다.
② 수증기폭발은 응상폭발의 대표적인 폭발로 화염을 동반하지 않는다.

---

3) 슬러그
원자로에 사용되는 분열성 물질의 작은 덩어리로, 슬러지를 1,300℃ 고온으로 처리하여 만든 덩어리

> **개념 CHECK**
> 4. ( )폭발은 고온의 용융금속이나 슬러그가 물속에 들어갈 때 고온물질의 열이 저온 물에 짧은 시간에 전달되면 물은 순간적인 짧은 시간에 상변화가 일어나서 급격한 비등(액상 → 기상)에 의한 폭발이 되는 것을 말한다.

4 수증기

(2) 증기폭발 ★

① **과열액체 증기폭발** : 고압의 포화수를 사용하는 보일러에서 용기파손, 균열 등이 발생하는 경우 용기내압이 급속히 하락되고 내부액체가 급속히 기화(비등)하면서 용기가 파괴, 폭발하는 현상을 말한다.

② **액화가스 증기폭발** : 저온액화가스(LNG, 메탄), 가압액화가스(LPG, 프로판)가 상온, 상압의 물 위에 유출되는 경우 조건에 따라 급격한 기화를 동반한 비등현상이 나타나고 급격한 상변화에 의한 폭발하는 현상을 말한다.

(3) 전선폭발

알루미늄 전선에 허용전류 이상의 대전류가 흐를 경우 순식간에 전선이 가열되고 용융, 기화가 급속하게 진행되어 폭발하는 현상을 말한다.

참고 알루미늄(AL) 끓는점 : 약 2,500℃

(4) 고체상의 전이에 의한 폭발

① 무정형 안티몬(회색)을 동일한 고상의 결정형 안티몬으로 상전이할 때 생기는 상전이 발열 폭발을 말한다.
② 제법 : 안티몬(휘안석) + 쇠부스러기 + 가열

(5) 감압폭발

높은 감압상태에서 용기의 일부가 파손되면 외기가 급속히 유출되고 용기가 파괴되면서 비산 폭발하는 현상이다.

요약 정리 | 기상폭발(화학적)과 응상폭발(물리적) 비교

구분	기상폭발(화학적 폭발)	응상폭발(물리적 폭발)
개념	• 기체 상태의 물질이 폭발을 일으키는 것	• 고상 + 액상의 형태 물질이 폭발을 일으키는 것
종류	• 가스폭발 • 분무폭발 : 가연성 액체가 미세한 액적이 무상상태(혼합기 형성) + 착화원(MIE) → 폭발(인화점 이하에도) • 박막폭굉 : 배관 내벽에 윤활유 등이 박막상태로 존재 → 인화점 이하, 높은 에너지의 충격파로 무화 + 착화원 = 폭발, 폭굉(분무폭발의 일종) • 분해폭발 : 분해폭발성 가스(에틸렌, 산화에틸렌 등), 온도와 압력의 영향 → 분해 → 열과 압력으로 폭발(배관 내면 폭굉) - 특징 : 반응 용이, 지연성 가스없어도 폭발 • 분진폭발 : 가연성 고체 미분 + 공기 중 부유(교반) + 착화원 → 폭발, 2차, 3차진행 • 혼합가스폭발(산화폭발), 증기운폭발 등	• 수증기 폭발 • 액화가스 증기폭발 : 저온액화가스(LPG 등)이 상온의 물 위에 유출시 급격한 기화에 동반하는 비등현상(액상 → 기상으로 급격한 상변화)(RPT) • 전선폭발 • 고상간 전이에 의한 폭발 : 고체인 무정형 안티몬 → 고상의 결정형 안티몬으로 전이시 발열 → 주위 공기팽창 폭발 • 불안정 물질 폭발 : 유기과산화물 등 → 미소충격, 가열 → 발열, 분해 → 다량의 고온가스 발생 → 폭발 • 혼합, 혼촉에 의한 폭발 : 혼합시 폭발 위험 있는 위험물 간의 접촉 → 발열, 발화 → 폭발

심화 이론 | 폭발의 비교

구분	물리적 폭발	화학적 폭발	전기적 폭발
폭발원인	단순압력상승(가압, 온도상승, 상변화 등)	화학반응에 의한 압력상승(연소반응)	전기적 발열 (줄열, 아크)
물리반응	발생	발생	발생
화학반응	발생하지 않음	발생	발생
열의 발생	발생하지 않음	높은 열 발생	매우 높은 열 발생
폭발 후 화재가능성	거의 없음	자주 발생	자주 발생
화재 후 폭발가능성	자주 발생	거의 없음	자주 발생
폭발 물질	가연물, 비가연물	가연물	전기재료, 절연재료
폭발 형태	집중 폭발	집중, 확산 폭발	집중 폭발
부분적 파괴	발생	• 집중 폭발시 발생 • 확산 폭발시 미발생	발생

3 폭연과 폭굉 23, 24 공채

01 폭연과 폭굉

(1) 폭연(Deflagration)

화염면에서 전파속도가 열분자 확산 또는 난류확산에 의존하는 폭발현상으로, 음속보다 전파속도가 느리다.

(2) 폭굉(Detonation) 20 공채

화염면에서 스스로 가속되며 반응성 라디컬이 충격파에 의해 급격히 증가하는 폭발현상으로, 음속보다 전파속도가 빠르다.

(3) 폭연과 폭굉의 비교 ★ 21 공채 / 18 간부

구분	폭연	폭굉
계	밀폐계	밀폐계
연소형태	예혼합연소	예혼합연소
발화과정	가열에 의한 발화	충격파, 압축에 의한 발화
화염전파속도	0.1~10[m/sec] (연소속도 < 음속)	1,000~3,500[m/sec] (연소속도 > 음속)
전파 필요에너지	연소열(전도, 대류, 복사)	충격파
충격파	없다.	있다.

개념 CHECK

5. 폭굉 및 폭연에 관한 설명 중 옳지 않은 것은?
① 폭연과 폭굉은 생성에너지를 기준으로 나눈다.
② 폭연은 화염의 전파속도가 폭굉보다 느리다.
③ 폭굉의 속도는 약 1,000~3,500m/s 이하이다.
④ 폭연은 충격파가 아닌 열에 의해 이동한다.

5 ①

압력 증가	초기압의 10배 미만	초기압의 20배 이상
온도(T), 압력(P), 밀도(ρ) 변화	(그래프: $T_1 \to T_2$, $P_1 \to P_2$, $\rho_1 \to \rho_2$ 감소) • 반응 후 온도, 압력 증가, 밀도감소	(그래프: $T_1 \to T_2$, $P_1 \to P_2$, $\rho_1 \to \rho_2$ 증가) • 반응 후 온도, 압력, 밀도 증가
화염면	• 완만한 에너지(압력) 변화 • 화염면(파면)에서 온도, 압력, 밀도의 변화가 연속적	• 급격한 에너지(압력) 변화 • 화염면(파면)에서 온도, 압력, 밀도의 변화가 불연속적
DDT 전이과정 (폭굉 전이)	• 밀폐 배관, 덕트 내 미연혼합가스 착화 → 미연소 혼합기 팽창, 전방으로 화염전파 → 화염 전방에 압축파 발생 → 약한 압축파가 중첩($PV/T = k$)되어 강한 압축파인 충격파 발생 → 충격파의 단열압축 → 폭굉파 발생 착화 → 화염전파(연소파) →[전방] 압축파 →[파형중첩] 충격파 →[단열압축, AIT 이상] 폭굉파	
비고	• 폭연은 폭굉으로 전이가 가능(조건) • 공통점 : 화학적 에너지에 의한 폭발 형태 • 랭킨-유고니어 곡선 : 가로(밀도변화), 세로(압력변화)에 연소파, 폭연, 폭굉의 발생사항은 표시한 곡선	

폭굉 유도거리	• 배관 관로 등에서 최초 연소에서 격렬하게 폭굉으로 발전될 때까지의 거리
	• 폭굉 유도거리가 짧아질 수 있는 조건
	  – 혼합기체의 **반**응성 : 반응성, 연소속도가 클수록
	    (정상연소속도가 큰 혼합가스)
	  – 배관 내부 **표**면이 거칠거나 장애물의 양이 많을수록
	  – 배관의 **직**경(관경)이 작을수록
	  – 초기 **압**력 및 **온**도가 높을수록
	  – **점**화원의 크기가 클수록	

불꽃암기
폭굉 전이과정 : 착화압충폭

불꽃암기
폭굉 유도거리 : 반표직 온압점

03 폭굉 유도거리(DID : Detonation Induced Distance)

(1) 정의

배관 관로 등에서 최초 연소에서 격렬하게 폭굉으로 발전될 때까지의 거리를 말하며, 거리가 짧을수록 폭굉 발생이 용이함을 나타내는 조건이다.

(2) 폭굉 유도거리가 짧아질 수 있는 조건[SFPE handbook 3-413] ★

① 혼합기체의 반응성 : 반응성, 연소속도(burning velocity)가 클수록
  → 정상연소속도가 큰 혼합가스
② 배관 내부 표면 : 거칠거나 장애물의 양이 많을수록
③ 배관의 지름(관경) : 배관의 지름(관경)이 작을수록
④ 초기압력 및 온도 : 초기 압력 및 온도가 높을수록
⑤ 점화원의 에너지 : 점화원의 크기가 클수록

주의!! 기출문제에는 점화원에너지로 기출됨

참고 폭굉 전이 방지대책 : 화염방지기, 파열판 설치, 불활성화, 긴급차단장치

개념 CHECK
6. 연소속도가 클수록, 배관의 직경이 작을수록, 압력이 클수록 폭굉의 유도거리는 짧아져서 더욱 위험하게 된다. ( )

4 가스·분진폭발

01 가스화재와 가스폭발

(1) 가스화재

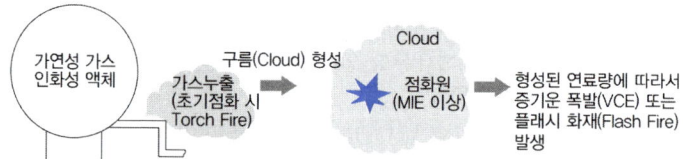

① **제트 화재(Jet Fire)** : 고압의 LPG 누출 시 주위의 점화원에 의하여 점화되어 불기둥을 이루는 것을 말하며, 누출압력으로 인하여 화재의 직경은 작으나 길이는 풀 화재(Pool Fire)보다 길다.

② **플래시 화재(Flash Fire)** : 누출된 LPG는 누출 즉시 기화(Flash 증발)되어 주변 공기와 혼합된 증기운(증기구름)을 형성한다. 이후 점화원에 의해 화재가 발생된 현상을 Flash Fire라 한다.

③ **풀 화재(Pool Fire)** : 용기나 저장조 내에 액면에서 발생한 화염으로부터 열이 액면에 전달되어 액온이 상승됨과 동시에 증기를 발생하고, 이것이 공기와 혼합하여 확산연소를 하는 과정의 반복되는 화재를 말한다.

(2) 가스폭발

① 가연성 가스와 지연성 가스(공기 또는 산소)를 일정비율로 가연성 혼합기를 만들고 어떤 점화원이 주어지면 가스폭발에 이른다.
　㉠ 가연성 기체 : 수소, 메탄, 아세틸렌, 일산화탄소, 황화수소, 도시가스(LNG), LPG 등
　㉡ 가연성 액체 증기 : 제4류 위험물 등
② 가스폭발은 기상폭발이고, 화학적 폭발로 볼 수 있다.

(3) 가스화재와 가스폭발의 비교

구분	가스화재	가스폭발
에너지 방출속도	보통	급속
가스성상	기상 + 액상, 고상 표면	기상
점화시기	지연 점화	즉시 점화
누출형태	비가열	가열
증기량(1ton)	미만	이상
충격파	X	O
착화	누설 + 착화	밀폐 + 착화
재해형태	Jet, Flash, Pool 화재	분해, 비등액체, 혼합가스, 가연성 가스 폭발
연소형태	확산연소	예혼합연소

02 분진폭발 23 공채

(1) 개념
① 부유상태의 가연성 분진입자에 착화원이 가해져 주위 공기와 혼합기를 형성, 발화되어 폭발하는 현상으로 가스폭발에 비해 발생 에너지가 매우 크다.
② 분진은 직경 420μm 이하인 미세한 분말상의 물질로 적절한 비율로 공기와 혼합되면 점화원에 의하여 폭발할 위험성이 있는 물질[KOSHA].

(2) 분진폭발의 조건
① 가연성 분진으로 분진이 화염을 전파할 수 있는 크기의 분포일 것
② 미분상태(주로 100μm 이하, 부유상태)로 폭발범위 이내일 것
③ O_2(지연성가스)가 존재하고 충분한 교반 혼합되어 있을 것
④ 분진폭발의 영향인자(쉽게 발생 사유) ★

작을수록 쉽게 폭발	클수록(있을수록) 쉽게 폭발
• **입경** 및 입자의 분포 　- 구상 < 침상 < 편평상 순 　- 분진밀도, 직경 작을수록 • **수분** 및 수분 함유량 　☞ 분진이 금수성인 경우 예외 • **불활성** 물질 • **발화온도**, 최소점화에너지	• 부유성, 발열량, 용기 밀폐도 • 초기온도 및 압력 • 밀폐용기 • 산소농도

참고 부유상태의 분진의 경우 열의 손실이 많아 퇴적상태보다 발화온도가 높다.

(3) 분진폭발 발생과정(메커니즘)
① 입자표면에 마찰 등으로 열에너지로 표면온도 상승
② 열분해, 건류작용으로 가연성 기체 발생
③ 공기혼합(가연성 혼합기 형성) 후 점화원에 의해 발화
④ 주변 열전파로 주위 분진 열분해 전파
⑤ 압력이 상승하고 폭발
⑥ 폭발 이후 주변 열 전파로 2·3차 폭발이 발생

(4) 분진폭발의 특징 ★
① 가스폭발보다 최소발화에너지가 커야 하고 폭발압력은 가스폭발보다 작지만, 연소시간이 길고, 발생되는 에너지, 파괴력이 크다(발생에너지 가스의 수배, 온도 2~3,000℃).
② 불완전연소로 폭발 후 CO가 다량으로 존재하므로, 가스 중독의 위험이 있다.

③ 분진폭발과 가스폭발의 비교 ★★

비교항목	분진폭발	가스폭발
• 발화(점화) 에너지, CO 발생량 • 발생(방출) 에너지, 파괴력	大	小
• 최초폭발, 연소속도, 폭발압력	小	大
• 2·3차 폭발	O	X

④ 분진폭발을 일으키지 않는 물질 : 생석회(CaO), 석회석, 탄산칼슘($CaCO_3$), 시멘트, 산화알루미늄, 유리, 돌 등

5 BLEVE 등 폭발 관련 내용 ★★★

01 UVCE(Unconfined Vapor Cloud Explosion) : 자유공간 증기운폭발 22 공채 / 22 간부

개방된 대기에 다량의 가연성 가스가 서서히 지속적으로 누출되면서 대기 중에 구름(운)형태로 모여 점화 시 순간적으로 모든 가스가 동시에 폭발하는 현상으로, 누설착화형 폭발이다(급격한 화학적인 변화에 의한 폭발).

02 BLEVE(Boiling Liquid Expanding Vapor Explosion) : 비등⁴⁾ 액체 팽창 증기폭발 ★★ 20, 21 24 공채 / 20 간부

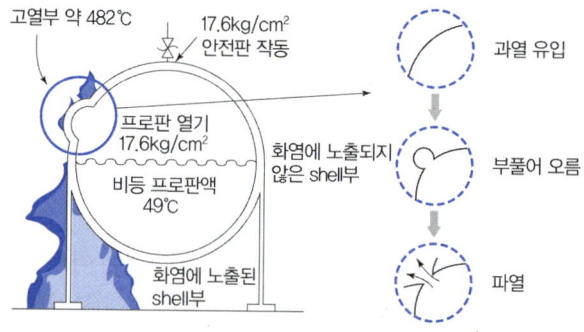

가연성 액화가스 저장탱크에 화재로 인해 가열이 되면 탱크 내부 기상부(탱크 상부)에 강판이 강도가 약해져 파열되면서 내부의 가열된 가스가 급격히 기화⁵⁾되어 증기 팽창, 폭발하는 현상이다(상의 변화에 의한 폭발).

03 UVCE와 BLEVE 비교

	UVCE : 누설착화형	BLEVE : 평형파탄형
계	개방계(화학적)	밀폐계(물리적)
주요위험	폭발압(과압)	복사열
폭발효율	1~10%	20~50%
조건	• 방출물질이 가연성, 농도 조건 • 충분한 증기운 형성 • 폭발(연소) 범위 내 • 난류성 존재 → 화염전파속도↑	• 가연물 **비**점 이상 가열 • **밀**폐계 내 존재 • **기**계적 강도 이상 압력상승 • **대**기 중 방출 • 온도상승으로 탱크 파열
메커니즘	누출 → 증기운 형성 → 점화 → 폭발	화재 → 탱크벽가열 → **액**온상승 → **연**성파괴(균열) → **액**격현상(충격) → **취**성파괴
대책 (수동적)	• **재**고량↓ • 누출 **방**지 • 폭발방지장치 및 기구설치 • 누출지역 보완 및 교육	• **방**액제 경사지게(1.5도) • 용기 **내**압강도 유지 - 두께↑ • **외**력에 의한 파괴 방지 • **입**열 억제 - 단열, 지하시공
대책 (능동적)	• **가**스누설 검지기, 경보장치 설치 • 화재시 적재량 **자**동배출(인더록 설계) • 누설검지시 초기에 자동 차단하는 밸브 설치 • 점화원 대책 : 점화원 제거, MIE 이하	• **폭**발방지장치 - 열전도 높은 물질로 기상부 열을 액상부로 전달 • **고**정식 살수설비(물분무, 수막) 설치 • 안전밸브 등 • 탱크 내 압력감압 - 폭발억제장치

> **불꽃암기**
> • BLEVE의 조건 : **비밀기대**
> • BLEVE의 메커니즘 : **액연액취**
> • BLEVE 대책(수동적) : **방내외입**
> • BLEVE 대책(능동적) : **폭고**
> • UVCE 대책(수동적) : **재방**
> • UVCE 대책(능동적) : **가자**

04 Fire Ball(화구) 20 간부

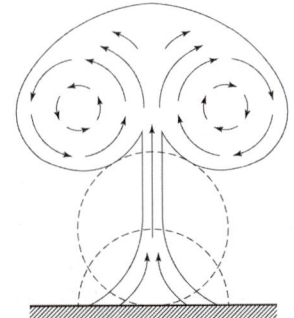

① UVCE, BLEVE 등에 의한 인화성 증기가 확산하여 공기와의 혼합이 폭발범위 내에 도달하였을 때 커다란 공(Ball)의 형태로 폭발하는 것을 말한다.
② 화염이 급속히 확대되어 공기를 끌어올려 마치 공이 지면에서 솟아올라 버섯형 화염으로 되어가는 것처럼 보이게 된다.
③ Fire Ball(화구)의 위험성은 복사열이다. 방출열량은 T(절대온도)의 4승에 비례하여 전파된다.

6 전기방폭구조 등 22 간부

학습 나침반

기본원리	물적 조건 × 에너지 조건 = 0	
종류	본질안전방폭구조	가연성 가스가 점화되지 않도록 한 구조
	내압방폭구조	용기 내부에서 가연성 가스폭발 발생시 폭발압력에 견디도록 한 구조
	압력방폭구조	용기 내부 보호가스를 통해 가연성 가스가 용기 내부로 유입되지 않는 구조
	유입방폭구조	절연유 주입을 통해 가연성 가스에 인화되지 않도록 한 구조
	안전증방폭구조	온도 상승 등에 대한 안전도 증가 구조

01 전기방폭구조

(1) 전기방폭의 기본원리

물적 조건 × 에너지 조건 = 0(방폭) → 화재 및 폭발방지

물적 조건 : 가연성 혼합기	에너지 조건 : 점화원 → 전기방폭구조 적용
• 위험물 사용 억제 • 개방상태에서 사용 금지 • 폭발성 가스 누설 및 방류, 체류 방지	• 점화원 격리 : 압력·내압·유입방폭구조 • 전기기기 안전도 증가 : 안전증방폭구조 • 점화능력의 본질적 억제 : 본질안전 방폭구조

(2) 위험장소의 구분 심화

종별	개념	방폭구조
0종	• 평상시 폭발분위기 생성 • 지속적, 장기간(1,000시간/년) • 용기, 장치, 배관 등의 내부	본질안전방폭구조[6]
1종	• 정상상태에서 폭발분위기 우려 • 10~1,000시간/년 • 벤트, 멘홀, 피트 등 주위	• 내압·유입·압력·안전증·본질안전 방폭구조 • 제외 : 비점화방폭구조
2종	• 이상상태에서 폭발분위기 우려 • 일시적, 단기간(10시간/년) • 패킹 등 주위	모든 방폭구조

---

6) 본질안전방폭구조
본질안전방폭구조 유일하게 0종 장소에 사용가능하다.

개념 CHECK

10. 위험장소의 분류는 0종, 1종, 2종인 3가지로 분류된다. 이 중 0종에 사용이 가능한 방폭구조는 무엇인가? ( )

10 본질안전방폭구조

(3) 전기방폭구조의 종류

① 본질안전방폭구조(Ex ia, ib, intrinsic safety type) : 정상시 및 사고(단선, 단락, 지락 등)시에 발생하는 전기불꽃·아아크 또는 고온부로 인하여 가연성 가스가 점화되지 않는 것이 점화시험, 그 밖의 방법에 의해 확인된 구조
주의!! 본질안전방폭구조 중 ia만 0종 적용 가능

② 내압방폭구조(Ex d, flameproof type) : 용기 내부에서 가연성 가스의 폭발이 발생할 경우 그 용기가 폭발압력에 견디고, 접합면, 개구부 등의 간격을 통해 외부의 가연성 가스에 인화되지 않도록 한 구조

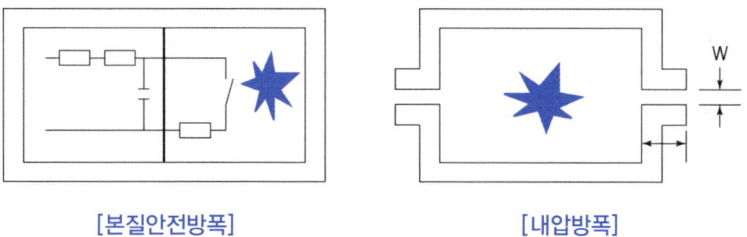

[본질안전방폭]　　　　[내압방폭]

③ 압력방폭구조(Ex p, pressureized type) : 용기 내부에 보호가스(신선한 공기 또는 불활성 가스)를 압입하여 내부압력을 유지(50Pa 이상)함으로써 가연성 가스가 용기 내부로 유입(침입)되지 않도록 한 구조

④ 유입방폭구조(Ex o, oil immersed type) : 용기 내부에 절연유를 주입하여 불꽃·아아크 또는 고온발생부분이 기름 속에 잠기게 함으로써 기름면 위에 존재하는 가연성 가스에 인화되지 않도록 한 구조

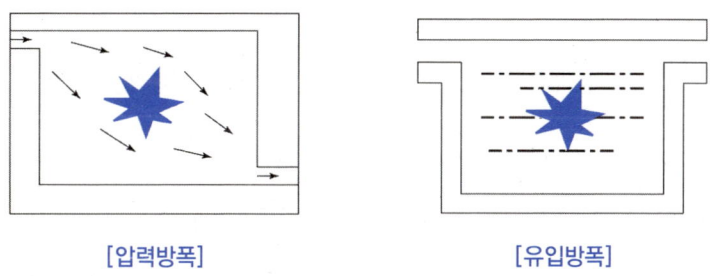

[압력방폭]　　　　[유입방폭]

⑤ 안전증방폭구조(Ex e, increased safety type) : 정상운전 중에 가연성 가스의 점화원이 될 전기불꽃·아아크 또는 고온부분 등의 발생을 방지하기 위해 기계적·전기적 구조상 또는 온도상승에 대해 특히 안전도를 증가시킨 구조

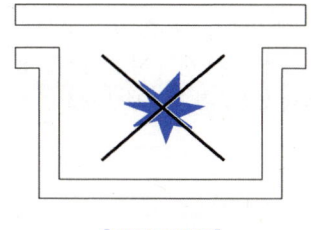

[안전증방폭]

02 폭발등급

① 폭발성 가스의 폭발등급 측정에 사용되는 표준용기는 내용적이 8L, 반구상의 플렌지 접합면의 안길이 25mm인 구상용기 틈새를 통과시켜 화염일주한계를 측정하는 장치이다.
② 안전간격이 작을수록 위험도가 높은 가스이다.
③ 화염일주 한계(안전간격) : 폭발성 분위기 내에서 방치된 표준용기의 접합면 틈새를 통하여 폭발화염이 내부에서 외부로 전파되는 것을 저지할 수 있는 틈새의 최대간격치
④ 폭발등급별 안전간격[KS]

폭발등급	안전간격(틈새의 폭)	가스 종류
1등급	0.6mm 초과	메탄, 에탄, 일산화탄소, 암모니아, 아세톤, LPG
2등급	0.4mm 초과 0.6mm 이하	에틸렌, 석탄가스
3등급	0.4mm 이하	아세틸렌, 이황화탄소, 수소

> **참고** 안전간격(IEC)
> - ⅡA : 0.9mm 초과
> - ⅡB : 0.5~0.9mm 이하
> - ⅡC : 0.5mm 미만

요약 정리 | 전기방폭구조의 종류

방폭구조	내용
본질안전	정상시 및 사고(단선, 단락, 지락 등)시에 발생하는 전기불꽃·아크 또는 고온부로 인하여 가연성 가스가 점화되지 않는 것이 점화시험
내압	용기 내부에서 가연성 가스의 폭발이 발생할 경우 그 용기가 폭발압력에 견디고, 접합면, 개구부 등을 통해 외부의 가연성 가스에 인화되지 않도록 한 구조
압력	용기 내부에 보호가스(신선한 공기 또는 불활성 가스)를 압입하여 내부 압력을 유지(50Pa 이상)함으로써 가연성 가스가 용기 내부로 유입(침입)되지 않도록 한 구조
유입	용기 내부에 절연유를 주입하여 불꽃·아크 또는 고온발생 부분이 기름 속에 잠기게 함으로써 기름면 위에 존재하는 가연성 가스에 인화되지 않도록 한 구조
안전증	정상운전 중에 가연성 가스의 점화원이 될 전기불꽃·아크 또는 고온 부분 등의 발생을 방지하기 위해 기계적·전기적 구조상 또는 온도상승에 대해 특히 안전도를 증가시킨 구조

불꽃암기
방폭구조 : 본내압 유전

개념 CHECK
11. 폭발성 가스의 폭발 등급은 화염이 용기의 틈새를 통과시켜 화염일주 한계를 측정하는 것을 말한다. 폭발 3등급의 경우 폭발 2등급보다 안전간격이 좁고, 위험도는 감소한다. ( )

연소이론 복습만이 살길이다!!!

▶ **다시보자 복습 문제 08**   Check

01. 물리적 폭발이란 수증기폭발처럼 물이 기화되어 압력이 증가하여 폭발하는 것, 폭발 이후에도 물질(물)은 화학적 변화가 없고, 반응열이 없이 상변화 및 기체 팽창과정에서 주위 에너지를 흡수하기 때문에 냉폭발이라고도 한다.

02. 폭발의 원인에 따른 폭발의 분류 중 가스폭발, 분무폭발, 분진폭발은 응상폭발에 속한다.

03. 수증기폭발, 증기운폭발, 전선폭발, 고체상의 전이에 의한 폭발은 응상폭발에 해당한다.

04. 분진폭발보다 가스폭발은 불완전연소가 심하므로 CO 발생량이 많다.

05. 화염의 전파속도에 따라서 분류하는 폭굉에서 반응후에 온도는 상승하고, 밀도는 감소하게 된다.

06. 대기 중에 다량의 가스나 액체가 유출되어 그것으로부터 발생하는 증기와 공기가 혼합되어 있다가 점화원에 의해서 착화하여 폭발하는 현상을 UVCE라고 한다.

07. 폭굉의 전이과정은 밀폐 배관, 덕트 내 미연혼합가스 착화 → 미연소 혼합기 팽창, 전방으로 화염전파 → 화염 전방에 압축파 발생 → 약한 압축파가 중첩($PV/T = k$)되어 강한 압축파인 충격파 발생 → 충격파의 단열압축 → 폭굉파 발생으로 이어진다.

08. 폭굉유도거리가 짧을수록 폭굉이 조기에 발생하는데 배관 내부 표면이 거칠거나 장애물의 양이 많을수록, 배관의 직경(관경)이 작을수록 유도거리는 짧아진다.

09. 용기 내부에서 가연성 가스의 폭발이 발생할 경우 그 용기가 폭발압력에 견디고, 접합면, 개구부 등의 간격을 통해 외부의 가연성 가스에 인화되지 않도록 한 구조를 내압방폭구조(Ex d, flameproof type)라고 한다.

10. 폭발에 대한 설명으로 옳지 않은 것은?
① 폭연은 폭굉보다 폭발압력이 낮다.
② 분해폭발은 산소에 관계없이 단독으로 발열 분해반응을 하는 물질에서 발생한다.
③ 화학적 폭발은 물질의 상태(기체, 액체, 고체)가 변하거나 온도, 압력 등 조건의 변화에 따라 발생한다.
④ 분무폭발은 가연성 액체의 무적(mist)이 일정 농도 이상으로 조연성 가스 중에 분산되어 있을 때 착화하여 발생한다.

11. 다음 중 (   )안에 알맞은 말을 순서대로 나열한 것은?
ㄱ. (   )방폭구조 : 점화원이 될 수 있는 전기설비의 용기 안에 보호기체를 봉입시켜 가연성 가스의 침입을 방지하는 구조
ㄴ. (   )방폭구조 : 전기불꽃을 발생할 수 있는 부분 등을 절연유 속에 잠기게 하여 외부에 존재하는 가연성 가스에 점화될 우려가 없도록 하는 구조
ㄷ. (   )방폭구조 : 전기설비가 정상상태 및 이상상태(단락, 단선, 지락 등)에서 발생하는 전기불꽃, 아크 등에 의해 가연성 가스에 점화할 염려가 없게 한 방폭구조로서 점화시험으로 성능이 확인된 구조

① 내압, 안전증, 유입   ② 압력, 안전증, 본질안전
③ 압력, 유입, 본질안전   ④ 내압, 본질안전, 안전증

🔒 1 ○ 2 ×(기상폭발) 3 ×(증기운) 4 ×(반대) 5 ×(증가) 6 ○ 7 ○ 8 ○ 9 ○ 10 ③(물리적) 11 ③

소방공무원 기본서
소방학개론

PART 2

화재이론

제1장 **화재의 정의 및 분류**
제2장 **건축물 화재의 성상**
제3장 **위험물 화재의 성상**
제4장 **화재조사**

01 화재의 정의 및 분류

1 화재의 정의

01 화재

(1) 「화재조사법」상 정의
"화재"란 사람의 의도에 반하거나 고의 또는 과실에 의하여 발생하는 연소 현상으로서 소화할 필요가 있는 현상 또는 사람의 의도에 반하여 발생하거나 확대된 화학적 폭발현상을 말한다.

(2) 미국방화협회의 정의
화재란 파괴적이고 통제되지 않는 가연성 고체, 액체, 기체의 연소를 말하며 폭발을 포함한다.

> 참고 예외 : 번개 또는 전기의 일시적 방출, 폭발물질 폭발, 교통수단의 사고, 과열상태 등

02 화재의 3요소와 특성

(1) 화재의 3요소
① 사람의 의도에 반하거나 고의 또는 과실에 의해 발생할 것
② 소화할 필요가 있는 연소현상일 것
③ 소화시설 또는 이와 동등의 효과가 있는 물건을 사용할 필요가 있을 것

(2) 화재의 특성
① 우발성 : 화재는 예측하기 어렵게 발생한다.
② 불안전성 : 화재는 여러 가지 복합적 요인이 서로 간섭하면 발생한다.
③ 비정형성 : 화재는 일정한 형태나 틀을 띠지 않게 발생한다.

개념 CHECK

1. 화재란 사람의 (　　)에 반하거나 (　　)에 의해 발생하는 연소현상으로서 소화할 필요가 있는 현상 또는 사람의 의도에 반하여 발생하거나 확대된 (　　)을 말한다.

1 의도, 고의 또는 과실, 화학적 폭발현상

2 화재의 분류

학습 나침반

구분	내용
가연물별 분류	일반화재, 유류화재, 전기화재, 금속화재, 가스화재, 주방화재(식용유화재)
화재 대상별 분류	건물화재, 차량화재, 위험물화재, 선박·항공기화재, 임야(산림)화재, 기타화재
화재 원인별 분류	실화, 방화, 자연발화, 재발화, 천재 등
소실 정도별 분류	전소, 반소, 부분소

01 가연물별 화재의 분류 ★★ 18하, 20, 23, 24 공채 / 18, 19, 21 간부

구분	화재	색상	소방법	KS	가스법
A급	일반화재	백색	○	○	-
B급	유류화재	황색	○	○	-
C급	전기화재	청색	○	○	-
D급	금속화재	무색	-	○	-
E급	가스화재	황색	-	-	○
K급	주방화재	-	○	-	-

일반(보통)화재용 　유류화재용　 전기화재용

[소화기의 적응 화재별 표시]

(1) 일반화재(A급 화재) ★

① 나무, 섬유, 종이, 고무, 플라스틱류와 같은 일반 가연물이 타고 나서 재가 남는 화재를 말한다. 발생빈도가 가장 많다.
② 보통 잔재의 작열에 의해 발생하는 연소에서 보통 유기 성질의 고체물질을 포함한 화재[KS기준]
③ 표시색상은 백색이다. 연소 시 연기의 색은 백색이다.
④ 소화방법 : 주로 물에 의한 냉각소화 또는 포약제, 분말소화약제를 사용한다.

(2) 유류화재(B급 화재)

① 인화성 액체, 가연성 액체, 석유 그리스, 타르, 오일, 유성도료, 솔벤트, 래커, 알코올 및 인화성 가스와 같은 유류가 타고 나서 재가 남지 않는 화재를 말한다.

불꽃암기
화재 : 일류전 금주
색상 : 백황청무무

개념 CHECK
2. 다음 중 가연물의 종류에 따른 화재의 분류로 옳은 것은?
16 공채
① 일반화재 - 황색 - A급 화재
② 유류화재 - 백색 - D급 화재
③ 전기화재 - 청색 - C급 화재
④ 금속화재 - 무색 - B급 화재

2 ③

② 액체 또는 액화할 수 있는 고체를 포함한 화재 및 가연성 가스 화재[KS 기준]
③ 표시색상은 **황색**이다. 연소 시 연기의 색은 **흑색**이다.
④ 국내 기준은 가스에 의한 화재를 포함한다.
⑤ 소화방법 : 공기를 차단시켜 질식소화하는 방법으로 포소화약제를 이용하거나, 수용성 액체는 내알코올포를 사용하고, 할로젠화합물·이산화탄소·분말소화약제 등을 사용한다.

(3) 전기화재(C급 화재)
① 전류가 흐르고 있는 전기기기, 배선과 관련된 화재를 말한다.
② 통전 중인 전기 설비를 포함한 화재[KS 기준]
③ 표시색상은 **청색**이다.
④ 소화방법 : 전기 절연성을 가진 약제로 소화해야 하므로, 이산화탄소·할로젠화합물·분말소화약제를 사용한다.

(4) 금속화재(D급 화재) ★
① 마그네슘 합금 등 가연성 금속에서 일어나는 화재를 말한다.
② 철분, 마그네슘, 칼륨, 나트륨, 지르코늄 등 금속물질에 의한 화재로 금속가루의 경우 폭발을 동반하기도 한다. 금속을 포함한 화재[KS기준]
③ 표시색상은 **무색**이다.
④ 발생빈도는 낮은 편이나 화재 시 주수[1]하게 되면 높은 온도와 가연성 가스를 동반하여 소화가 매우 어렵다.
⑤ 소화방법 : 팽창질석, 팽창진주암, 마른 모래 등을 사용한다.

(5) 가스화재(E급 화재)
① LPG, LNG 등 가연성 가스의 화재를 말하고, 보통 건물화재를 비롯해 도시가스 배관이나 저장소에서 가스가 누출되어 타는 것을 말한다.
② 국제적으로 E급으로 표시하나 국내에는 B급으로 표시한다.
③ 소화방법 : B급 화재에 준하는 방법, 즉 질식을 위한 포소화약제를 사용한다.

(6) 주방화재(K급 화재)
① 주방에서 **동식물유**를 취급하는 조리기구에서 일어나는 화재를 말한다.
② 표시색상은 없다.
③ 소화방법 : 보통의 소화방법으로는 분말소화약제(1종)를 사용한다.
④ 식용유로 인한 화재 시 유면상의 화염을 제거했다 하더라도 식용유의 온도가 발화점(288~385℃) 이하로 내려가지 않으면 곧바로 재발화할 수 있다. 일반 유류화재는 화염 제거 시 재발화하지 않는다.

---

[1] 주수(소화)
물을 뿌려 불을 끄는 것을 말한다.

개념 CHECK

3. 주방화재(K급)는 동식물유 취급하는 조리기구에서 발생하는 화재를 말하는데 색상에 대하여 별도의 표시는 없다. ( )

4. 철분, 마그네슘, 칼륨, 나트륨, 지르코늄 등 금속물질에 의한 화재로 금속가루의 경우 폭발을 동반하기도 한다. 금속을 포함한 화재를 금속화재라고 하는데 소화방법은 팽창질석, 팽창진주암, 마른 모래, 이산화탄소소화약제 등을 사용한다. ( )

3 ○ 4 ×

요약 정리 | 가연물별 화재의 구분

구분	화재	색상	가연물	소화
A급	일반화재	백색	• 나무, 섬유, 종이, 고무, 플라스틱류 등 • 일반 가연물이 타고 나서 재가 남는 화재	냉각 (주수)
B급	유류화재	황색	• 제4류 위험물, 유류 등 • 유류가 타고 나서 재가 남지 않는 화재	질식
C급	전기화재	청색	전류가 흐르고 있는 전기기기, 배선과 관련된 화재	질식
D급	금속화재	무색	• 칼륨, 나트륨, 마그네슘 등 • 반응성이 큰 가연성 금속에서 발생하는 화재	질식 건조사
E급	가스화재	황색	LNG, LPG 등 가스화재	질식
K급	주방화재	–	주방에서 동식물유를 취급하는 조리기구에서 일어나는 화재	질식

심화 이론 | 유류화재의 비교

일반석유류 화재 : B급	식용유[2] 화재 : K급
인화점과 발화점 차이 : 넓음(약 300℃)	인화점과 발화점 차이 : 좁음(약 100℃)
피복·질식 소화 시 재발화 낮음	피복·질식 소화 시 재발화 높음
포, 분말, 가스계 등 소화약제	비누화 효과(R : $C_{15}H_{31}$) $(RCOO)_3C_3H_5 + 3NaOH \rightarrow 3(RCOO)Na + C_3H_5(OH)_3$ 에스테르 +알칼리(금속염) → 산의 알칼리염 + 글리세린

[2] 식용유
• 발연점 : 230~240℃
• 인화점 : 300℃
• 연소점 : 340~360℃
• 발화점 : 400℃ 내외

02 화재 대상별 분류

(1) 건축·구조물화재

① 건축물, 구조물 및 그 수용물이 소손[3]된 화재를 말한다.
② 구조물은 토지 위나 아래에 인공적으로 고정시켜 만든 시설물을 말하고, 수용물은 구획을 중심선으로 둘러싸인 부분에 수용된 물건 또는 그것과 일체화된 물건을 말한다.

(2) 자동차·철도차량화재

① 자동차, 철도차량 및 피견인 차량 또는 그 적재물이 소손된 화재이다.
② 육상에서 운송을 목적으로 운행하는 도로 및 궤도상의 모든 차량과 철도차량으로서 선로를 운행할 목적으로 제작된 동력차, 객차, 화물차 등도 포함한다.

(3) 위험물·가스제조소등 화재

① 위험물제조소 등과 가스의 제조·저장·취급시설 등이 소손된 화재를 말한다.
② 탱크의 누설, 배관 이탈 등에 기인할 수 있고, 저장용량이 대규모인 경우가 많아 화재발생 시 대형화재가 될 경우가 많다.

[3] 소손(燒損)
불에 타서 없어지는 것을 말한다.

(4) 선박·항공기화재

① 선박·항공기 또는 그 적재물이 소손된 화재를 말한다.
② 선박은 수상 또는 수중에서 항해용으로 사용하는 배를 말하고, 항공기는 사람의 탑승, 화물 운송 등에 사용하는 비행기를 말한다.
③ 선박이나 항공기 자체가 연소되지 않았더라도 그 안의 적재물이 화재로 연소된다면 선박이나, 항공기 화재로 분류한다.

(5) 임야(산림)화재

① 산림, 야산, 들판의 수목, 잡초, 경작물 등이 소손된 화재를 말한다.
② 보통 산불 또는 산림화재라고 하며, 경작하는 농산물 등도 포함한다.
③ 소화약제 : 공중용 소화약제(증점제 첨가), Wetting agent(침투제), 맞불, 방화선 설정 등

(6) 기타화재

기타 거리의 가로등 등 구조물, 적재 쓰레기 등의 화재가 있다.

심화 이론 | 산림화재의 특징

구분	특징	소화약제
비화	강풍, 복사 등에 의해 불꽃이 날아가 연소하는 것	
수관화	• 나무의 가지부분(꼭대기)이 타는 것(연소속도는 1~4km/h) • 습도 50% 이하일 때 쉽게 발생 • Crown fire	증점제 등
수간화	• 나무 줄기가 타는 것 • Stem fire	증점제 등
지표화	• 산림 지면에 떨어져 있는 낙엽, 관목이 타는 것 • 발생빈도 가장 높고, 연소속도는 4~7km/h • 습도가 낮고 바람이 많이 불면 수관화로 확대 • Surface fire	침투제 등
지중화	• 지중에 있는 이탄층, 갈탄층의 유기물이 타는 것 • 연소속도는 느리지만 진화가 어렵고, 적설 하에서도 연소지속 • Ground, 훈소	침투제 등

불꽃암기
산림화재 : 비관 간 표정(중)

개념 CHECK
5. 산림화재에서 나무의 가지부분이 타는 것으로 Crown fire로 불리는 화재는? (   )
6. 불티가 날아서 먼 거리의 가연물을 발화하는 경우 이 화재의 원인은? (   )

5 수관화 6 비화

03 화재 원인별 분류

화재	개념
실화	• 취급부주의, 소홀함의 결과로 발생하는 것 • 과실 여부에 따라 중실화와 경실화로 구분
방화	• 대상물에 불을 놓아 인적·물적 피해를 발생시키고자 하는 **고의적인 생각과 행위로 발생된 화재** • 반사회적 공공위험죄로 처벌
자연발화	• **외부 점화원 없이 물질 스스로 화학반응을 일으켜 발열, 열축적으로 연소 및 화재가 발생하는 것** • 열원 : 산화열, 분해열, 흡착열 등
재발화 (Burn back)	• 화재진압 후 다시 화재가 개시된 경우 • 완전 소화가 이루어진 경우라도 퇴적물 내부에 있던 열로 발화되는 경우가 있으면 이후 불꽃연소로 발전우려
천재	• 낙뢰, 지진, 해일 등 자연적 재해로 화재가 발생한 경우
원인미상	• 상기 원인 이외에서 발생된 화재

04 소실별 분류(화재조사 및 보고규정) ★★ 22 공채

건축, 구조물 화재의 소실정도는 3종류로 구분된다.

소실명	소실정도
전소	• 건물의 **70% 이상**(**입**체면적에 대한 비율)이 소실 • 그 미만이라도 **잔**존부분을 보수하여도 **재**사용이 **불**가능한 것
반소	건물의 30% 이상 70% 미만이 소실된 것
부분소	전소, 반소화재에 해당되지 아니하는 것

참고 즉소화재는 부분소의 범주에 포함 및 삭제됨

불꽃암기
소실정도(전소) : 전7입 잔재불

개념 CHECK

7. 화재조사 규정에서 소실별 분류 중 전소란 건물의 (   )% 이상[(   )에 대한 비율]이 소실된 경우를 말한다.

7 70%, 입체면적

소방학 개론 — 화재이론 복습만이 살길이다!!!

▶ 다시보자 복습 문제 01   Check

01. B급 화재는 유류화재라고 하며, 흑색연기, 화재 후 재가 많은 것이 특징이다.

02. 마른모래, 팽창질석과 팽창진주암은 전기화재와 금속화재에 적응성이 있다.

03. A급 화재는 나무, 섬유, 종이, 고무, 플라스틱류와 같은 일반 가연물이 타고 나서 재가 남는 화재를 말한다. 발생빈도가 가장 많다.

04. 금속화재(D급 화재)는 마그네슘 합금 등 가연성 금속에서 일어나는 화재를 말하고, 표시색상은 황색이다.

05. 산림화재는 비화, 수관화, 수간화, 지표화, 지중화로 분류되고, 침투제의 활용이 필요한 화재는 지표화와 지중화가 있다.

06. 방화란 대상물에 불을 놓아 인적·물적 피해를 발생시키고자 하는 고의적인 생각과 행위로 발생된 화재를 말한다.

07. 화재진압 후 다시 화재가 개시된 경우로 완전 소화가 이루어진 경우라도 퇴적물 내부에 있던 열로 발화되는 경우가 있으면 이후 불꽃연소로 발전 우려되는 현상을 재발화라고 한다.

08. 건물의 30% 이상 70% 미만이 소실된 것을 부분소라고 한다.

09. 소화약제로 마른모래 팽창질석 또는 팽창진주암, 탄산수소염류 등의 분말소화설비를 사용하였을 때, 적응성이 가장 좋은 화재로 옳은 것은?
    ① 일반화재(Ordinary combustible fire)
    ② 주방화재(Cooking appliance fire)
    ③ 금속화재(Combustible metal fire)
    ④ 전기화재(Electronic Fire)

10. 화재의 종류별 특성에 관한 설명으로 옳지 않은 것은?
    ① 금속화재는 나트륨, 칼륨 등 금속가연물에 의한 화재로 물에 의한 냉각소화가 효과적이다.
    ② 유류화재는 인화성 액체에 의한 화재로 폼을 이용한 질식소화가 효과적이다.
    ③ 전기화재는 통전 중인 전기기기에서 발생하는 화재로 이산화탄소에 의한 질식소화가 효과적이다.
    ④ 일반화재는 종이, 목재에 의한 화재로 물에 의한 냉각소화가 효과적이다.

11. 다음 중 화재에 대한 설명으로 옳지 않은 것은?
    ① 낮은 산소분압에서 화재가 발생하였을 때 초기에 화염 없이 일어나는 연소를 훈소연소라 한다.
    ② 목조건축물 화재는 유류나 가스화재와는 달리 일반적으로 무염착화 이후 발염착화로 이어진다.
    ③ B급 화재는 유류화재로 면화류, 합성수지 등의 가연물에 의한 화재를 말한다.
    ④ 반소란 건물의 30% 이상이 소실된 화재를 말한다.

🔒 1 ×(재가 없음) 2 ×(전기 ×) 3 ○ 4 ×(무색) 5 ○ 6 ○ 7 ○ 8 ×(반소) 9 ③ 10 ①(수소+발열) 11 ③(A급, 일반)

02 건축물 화재의 성상

1 구획실 화재

학습 나침반

- 구획실 화재의 과정
  발화기 → 성장기 → 플래시 오버 → 최성기 → 감쇠기

- 구획실 화재의 현상
  - 플래시 오버
  - 백드래프트
  - 롤 오버
  - 플래임 오버

01 구획실[1]의 화재 진행단계 ★ 21, 23 공채

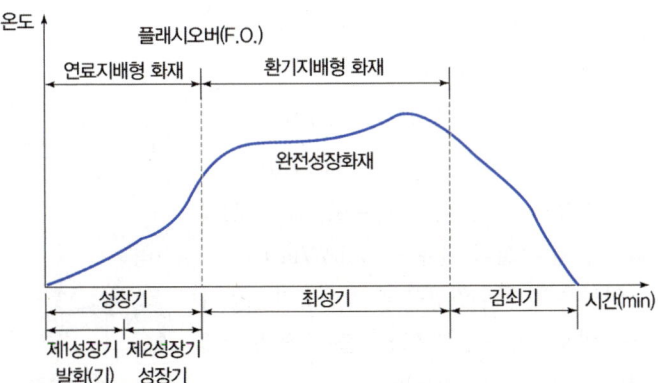

(1) **구획실 화재 과정**

화재 초기(발화) → 성장기 → 플래시오버 → 최성기 → 감쇠기

기본서 소방학개론

[1] 구획실
천장과 벽 등으로 막혀있는 실내공간을 말한다.

불꽃암기
구획실 화재 과정:
초(발)성플 최감

개념 CHECK
1. 구획실 화재의 성장과정은 발화 → 성장기 → 최성기 → 플래시오버 → 감쇠기 순으로 진행된다.
( )

1 ×

(2) **구획실 화재 단계별 특성** 24 공채

① 발화기(초기)
  ㉠ 연소의 4요소들이 서로 결합하여 연소가 시작될 때의 시기
  ㉡ 발화시점에서 화재는 규모가 작고 일반적으로 처음 발화된 가연물에 한정된다. 간단히 소화가 가능한 단계이다.
  ㉢ 화재초기에는 다량의 백색연기가 발생한다.

② 성장기(Growth) ★
  ㉠ 플래시오버 이전까지 화재가 성장하는 단계로 화재가 급격히 성장하는 단계이다.
  ㉡ 화재감시, 초기진화, 피난 완료가 이루어져야 하는 단계이다.
  ㉢ 창 등에서 검은색 연기가 분출하고 연기 농도가 진하다.
  ㉣ 천장제트흐름에 의해 감지기 또는 스프링클러헤드가 작동한다(열전달은 전도 및 대류).

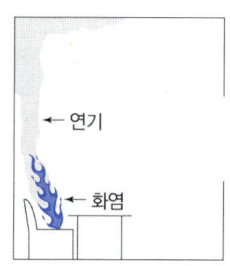
[성장기]

③ 플래시오버(Flash Over)
  ㉠ 구획 내 가연성 가스의 축적과 복사열 방사로 전 표면이 (자연)발화가 일어나는 현상. 즉, 단시간 내에 급격히 열방출속도가 증가하여 전면연소로 이어지는 단계이다.
  ㉡ 연료지배형 화재에서 환기지배형화재로 전환되는 과정(국부적 화재에서 전실화재로 전이)이다.
  ㉢ 피난의 한계지점으로 최대한 플래시오버가 발생되지 않도록 하는 대책이 필요하다.

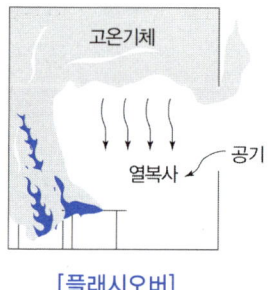
[플래시오버]

④ 최성기(Full developed)
  ㉠ 환기지배형 화재로 열방출속도가 비교적 변화가 적고, 연소속도 또한 거의 일정하다.
  ㉡ 열방출속도가 환기인자(개구율, $A\sqrt{H}$)의 함수가 된다(실내 열유속 150kW/m²).
  ㉢ 가연물은 최대의 열량을 발산하고 가연성 가스는 많지만 산소는 부족하여 불완전연소 상태이다.
  ㉣ 실의 온도는 800~1,000℃에 이르며, 도괴(무너짐) 방지를 위해 최고온도와 지속시간 예측이 중요하다.

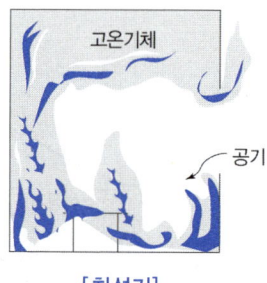
[최성기]

개념 CHECK

2. 구획실 화재의 성장과정 중 환기지배형 화재로 열방출속도가 비교적 변화가 적고, 연소속도 또한 거의 일정한 시기는? ( )

2 최성기(Full developed)

⑤ 감쇠기(Decay, 쇠퇴기) ★
   ㉠ 가연물이 소진되어 열방출률이 감소한다.
   ㉡ 구조물의 도괴가 있고(내화시간 검토), 연료지배형 화재의 특성을 띤다.
   ㉢ 연기의 색이 흑색에서 백색이 된다.

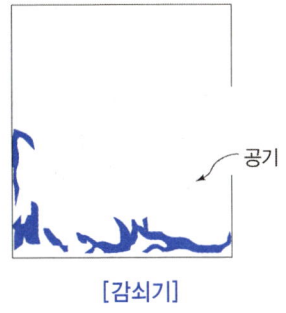

[감쇠기]

심화 이론 | 건축물 화재의 성장

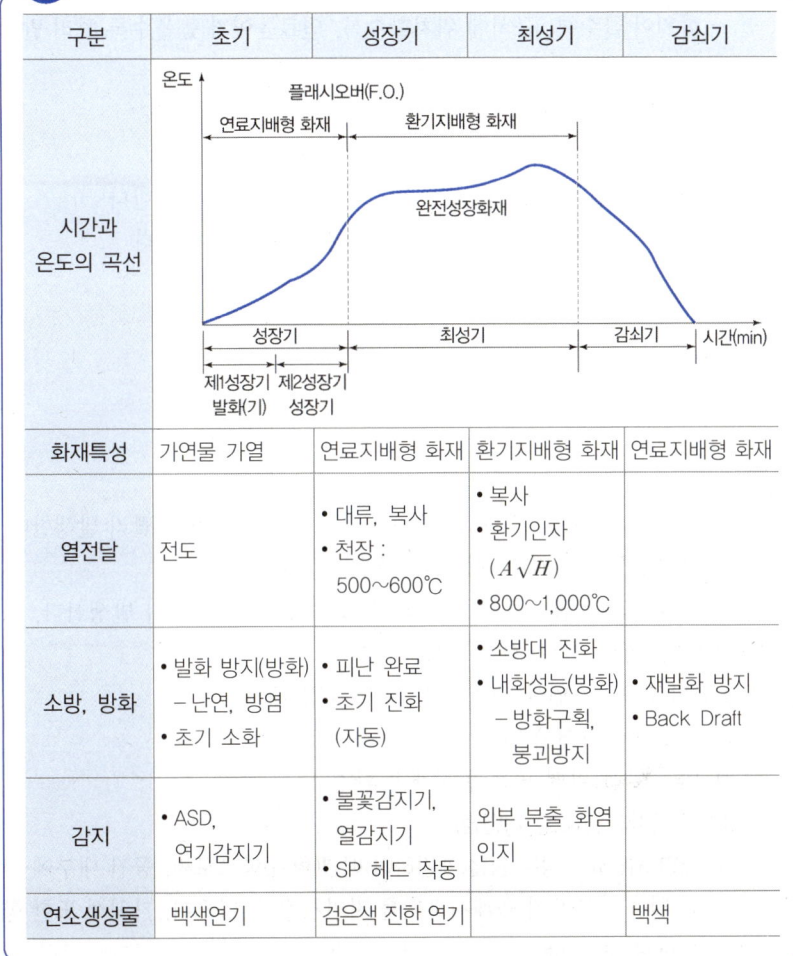

구분	초기	성장기	최성기	감쇠기
화재특성	가연물 가열	연료지배형 화재	환기지배형 화재	연료지배형 화재
열전달	전도	• 대류, 복사 • 천장 : 500~600℃	• 복사 • 환기인자 $(A\sqrt{H})$ • 800~1,000℃	
소방, 방화	• 발화 방지(방화) - 난연, 방염 • 초기 소화	• 피난 완료 • 초기 진화 (자동)	• 소방대 진화 • 내화성능(방화) - 방화구획, 붕괴방지	• 재발화 방지 • Back Draft
감지	• ASD, 연기감지기	• 불꽃감지기, 열감지기 • SP 헤드 작동	외부 분출 화염 인지	
연소생성물	백색연기	검은색 진한 연기		백색

02 구획실 화재의 현상 21 공채 / 18, 21 간부

(1) 플래시오버(Flash Over) 23 공채

① 개념
   ㉠ 구획실에서 국부화재가 서서히 진행하여 열이 축적되었다가 일시에 화염이 실내 전체에 확대되는 현상으로 폭발적인 착화현상이라고도 한다.

ⓛ 천장의 뜨거운 열기류가 바닥을 복사열로 가열하여 바닥 등 표면이 발화점에 도달하여 실 전체(전실)가 발화되는 현상이다.
② 플래시오버(Flash Over) 특징
　ⓐ 화재의 **성**장기 끝에 발생
　ⓑ **연**료지배형 화재에서 환기지배형 화재로의 전이과정
　ⓒ 재실자의 **거주**한계점(시기)
　ⓓ 연소파만 발생(**충**격파는 발생하지 않는다.)
　ⓔ 개구부의 농연 또는 화염이 **분**출되어 인접건물로의 연소위험이 증가
③ 플래시오버(Flash Over) 영향인자(발생시기) ★
　ⓐ 점**화**원의 크기(규모) 및 위치, 연료높이
　　→ 화원이 클수록, 구석에 위치할수록, 연료높이가 높을수록 빨리 발생한다. 또한 발열량이 클수록 발생이 용이하다.
　ⓑ 내장**재**료(내부마감재료) : 가연성일수록 빨리 발생한다.
　　→ 내장재료의 두께가 얇은 물질일수록 빨리 발생한다.
　ⓒ 개**구**부(개구율) : 밀폐보다는 개구율이 클수록 빨리 발생한다.
　　→ 밀폐 또는 완전개방 시 플래시오버는 느리게 발생한다.

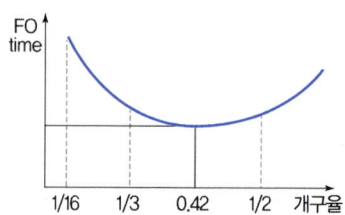

　ⓓ 연소**실**의 크기, 높이 : 크기가 작을수록, 높이가 낮을수록 빨리 발생한다.
　　→ 방화구획하면 FO는 더 빨리 발생(소규모)
　ⓔ 열전**도**율 작을수록, 실내산소분압 및 화재하중 클수록 빨리 발생한다.
④ 플래시오버(Flash Over) 대책(방지법)
　ⓐ 점화원 대책 : 가연물 축소 또는 소량 분산 배치
　ⓑ 내장재료 : 불연재의 마감
　ⓒ 개구부 : 완전 밀폐 또는 완전개방 환경
　ⓓ 소방관 진압전술(FO 지연법) ★
　　ⓐ **배**연 지연법 : 창문 등을 개방하여 배연(환기)함으로써, 공간 내부에 쌓인 열을 방출시켜 플래시오버를 지연시킬 수 있으며, 가시성 또한 향상시킬 수 있다.
　　ⓑ **공**기차단 지연법 : 배연(환기)과 반대로 개구부(창문)를 닫아 산소를 감소시킴으로써 연소 속도를 줄여 지연시킬 수 있다. 이 방법은 관창호스 연결이 지연되거나 모든 사람이 대피했다는 것이 확인된 경우 적합한 방법이다.
　　ⓒ **냉**각 지연법 : 분말소화기 등 이동식 소화기를 분사하여 화재를 완전하게 소화는 불가능하나, 일시적으로 온도를 낮출 수 있으며, 플래시오버를 지연시키고 관창호스를 연결할 시간을 벌 수 있다.

요약 정리 | 플래시오버(Flash Over) 정리

구분	내용	
개념	건물화재에서 실내화재가 서서히 진행하여 열이 축적되었다가 일시에 화염이 실내 전체에 확대되는 현상	
특징	• 화재의 성장기 끝에 발생 • 연소파만 발생(충격파 발생 ×) • 재실자의 거주한계점(시기)	• 연료지배형 화재에서 환기지배형 화재로의 전이과정 • 개구부로 농연, 화염 분출 → 인접건물 위험 증가
	발생조건	영향인자

FO	• 열유속 : 20kW/m²
	• 실내온도(천장) : 500~600℃
	• 연소속도 : 40g/m²·sec
	• CO_2/CO : 150
	• O_2 : 10%
		• 화원 크기(규모) 및 위치
		  - 화원 클수록, 구석일수록
		• 내장재료 : 가연성일수록
		• 개구부(개구율) 적정할수록
		• 연소실 크기, 높이
		  - 작고, 낮을수록 빨리 발생
		• 열전도율 : 작을수록 빨리 발생

관련식
심화
	• FO 발생할 열방출률 크기 $\dot{Q}_{FO}$
	  - Thomas식 : $7.8A_0 + 378A\sqrt{H}$
	  - McCaffrey식 : $610(hA_0 A\sqrt{H})^{\frac{1}{2}}$
	여기서, A_0 : 구획실 표면적, $A\sqrt{H}$: 환기계수, h : 대류열계수	

(2) 백드래프트(Back Draft) ★★ 24공채

① 개념
  ㉠ 구획실 화재에서 화재가 진행될 때 산소공급이 부족한 상태에서는 서서히 훈소의 형태로 진행되어 가연성 가스(일산화탄소)와 열이 집적된 상태가 될 때, 일시적으로 다량의 공기(산소)가 공급될 때 순간적으로 **폭발적 발화**가 되는 현상을 말한다.
  ㉡ 성장기 또는 감쇠기에서 발생한다(가열된 가스가 제한된 공간에 갖힐 때 발생).
  ㉢ 일명 '소방관 살인현상'(미국)이라고 불린다. 이유는 화재현장에서 소방대가 소화활동을 위해 화재실의 문을 여는 순간 신선한 공기의 유입으로 구조붕괴, 인명손실이 발생되기 때문이다.

② 백드래프트(Back Draft) 징후
  ㉠ 문 손잡이가 뜨겁고, 닫힌 문 주위에서 나오는 무겁고 검은 연기는 가장 쉽게 확인할 수 있는 전조현상 중 하나이다(짙은 녹황색 연기).
  ㉡ 공기흐름의 이상조짐으로 개구부(출입문, 창문) **틈새로 빨려 들어오는 공기**의 영향으로 연기가 건물 내로 되돌아오거나 맴도는 현상이 관찰된다.
  ㉢ 창문에 농연 응축물(검은색 액체, 타르 등)이 흘러내리거나 얼룩이 진 자국이 관찰된다.

ⓔ 화재압력에 의한 내부·외부 압력차로 외부공기가 빨려 들어오면서 발생되는 휘파람 소리 또는 진동이 발생되는 현상 등이 백드래프트의 징후로 볼 수 있다.

③ 백드래프트(Back Draft) 대책

㉠ **폭**발력의 억제 : 문을 최소개방하여 다량의 공기유입을 방지한다.
㉡ **격**리 : 실을 밀폐로 두어 온도가 자연적으로 저하될 때까지 기다린다.
㉢ **소**화 : 최대한 방수하여 실내의 온도를 저하시킨 이후에 소화한다.
㉣ **환**기 : 환기구를 개방하여 급작스런 Back-draft 발생을 억제 또는 화재실의 창문을 파괴하여 옥외로 화염이 분출되도록 한다(배풍설비 출입구에 설치).
㉤ 소방관 전술(백드래프트 지연법)

ⓐ **배**연(지붕환기)법 : 연소 중인 건물 지붕 채광창을 개방하여 환기시키는 것은 백드래프트의 위험으로부터 소방관을 보호할 수 있는 가장 효과적인 방법 중 하나이다. 상황이 허락된다면 지붕에 개구부를 만들어 환기한다. 비록 백드래프트에 의한 폭발이 일어나더라도 대부분의 폭발력이 위로 분산될 것이다.

ⓑ **급**냉법(담금질법) : 화재가 발생된 밀폐 공간의 출입구에 완벽한 보호장비를 갖춘 집중 방수팀을 배치하고 출입구를 개방하는 즉시 바로 방수함으로써 폭발 직전의 기류를 급냉시키는 방법이다. 이와 같은 집중 방수의 부가적인 효과는 일산화탄소 증기운의 농도를 폭발하한계 이하로 떨어뜨리는 것이다. 이 방법은 배연법만큼 효과적이지 않지만, 이것이 유일한 방안인 경우가 많다.

ⓒ **측**면 공격법 : 화재가 발생된 밀폐 공간의 개구부(출입구 또는 창문) 인근에서 이용 가능한 벽 뒤에 숨어 있다가 출입구가 개방되자마자 개구부 입구를 측면 공격하고 화재공간에 집중 방수함으로써 백드래프트현상을 방지하는 방법이다.

> **심화 이론** | 플래시오버와 백드래프트의 비교

구분	Flash over(플래시오버)	Back draft(백드래프트)
연소	자유연소 또는 완전연소	훈소 또는 불완전연소
영향인자	• 화원크기 • 개구부 크기(개구율) • 내장재료, 산소분압 등	• 밀폐도 • 구획실 내부내화도 • 연소속도 및 가연물의 발열량
산소량	충분	부족
시기	성장기	성장기, 감쇠기
공급 요인	열(복사열)	산소(외부유입 공기)

불꽃암기
백드래프트 대책 : 폭격소환

불꽃암기
백드래프트 지연법 : 배급측

개념 CHECK
4. 백드래프트의 대책에서 소방관이 쓰는 전술 중 성격이 다른 하나는?
① 배연 지연법
② 배연(지붕환기)법
③ 급냉법(담금질법)
④ 측면 공격법

4 ①

구분		
그림	(플래시오버 그래프: 농도/압력 vs 온도, 인화점, 자연발화점, Flash Over)	(백드래프트 그래프: 농도/압력 vs 온도, 인화점, 자연발화점, Back Draft)
발생파	연소파(폭발 아닌 화재)	충격파
폭발	폭발 아님	폭발 현상
피해	• (화재) 농연, 화염분출 • 인접건물 연소확대 우려	• (폭발) 농연 분출 • 벽체 도괴 형성
방지대책 ★★	• **개**구부의 제한 • **천**장, 벽 불연화 • **화**원억제 • **가**연물 양 제한	• **폭**발력 억제 • **격**리 • **소**화 • **환**기

> **불꽃암기**
> 플래시오버와 백드래프트 방지대책
> • 플래시오버 : 개천화가
> • 백드래프트 : 폭격소환

(3) 기타 현상

① **롤오버(roll over)** ★
  ㉠ 연소과정에서 발생된 가연성 가스가 공기 중 산소와 혼합되어 천장부분에 집적된 상태에서 발화온도에 도달하여 발화함으로써 화염의 선단부분(끝부분)이 매우 빠르게 확대되어 가는 현상을 말한다.
  ㉡ 복도 천장에서 연기와 산발적인 화염이 굽이쳐 흘러가는 현상으로 소방현장의 용어이다.
  ㉢ 플래시오버가 발생하기 직전에 작은 불들이 연기 속에서 산재해 있는 상태를 말한다.

② **플래임오버(Flame Over)**
  ㉠ 최초 가연물로부터 발생한 미연소 연료(가스)들이 천장부 열기층에 충분한 농도(연소하한계를 초과하는 농도)로 축적되어 연소되는 상황이며 이는 최초 가연물로부터 떨어져 있는 가연물이 착화되기 전에도 발생할 수 있다(미국방화협회).
  ㉡ 플래임오버(Flameover) 화재 시 소방대원 뒤쪽에서 연소확대가 발생하여 고립상황 우려됨

> **요약 정리 | 플래시오버와 롤오버(플래임오버) 비교**

구분	Flash over	Roll over(Flame Over)
복사열	열의 복사(주원인)가 강함	상대적으로 약함
확대범위	일순간 전체 공간으로 확대	화염 끝부분이 주변공간으로 확대
확산 매개체	공간 내 모든 가연물(상층, 하층) 동시발화	상층부의 초고온 증기(가연성 가스)의 발화
대책	"개천화가"	문 폐쇄

> **개념 CHECK**
> 5. 연소과정에서 발생된 가연성 가스가 공기 중 산소와 혼합되어 천장부분에 집적된 상태에서 발화온도에 도달하여 발화함으로써 화재의 선단부분이 매우 빠르게 확대되어 가는 현상을 무엇이라 하는가? ( )
>
> 5 롤오버(roll over)

2. 연료지배형 화재와 환기지배형 화재 19, 20, 24 공채

(1) 연료지배형 화재
연료지배형 화재란 공기가 충분한 상태에서 가연물의 양(연료)에 따라 제어가 되는 화재를 말한다.

(2) 환기지배형 화재
환기지배형 화재 개념란 가연물 양이 충분한 상태에서 산소의 유입량에 의해 제어되는 화재를 말한다.

① 환기계수(환기인자) ★ : 화재실에 유출입되는 공기량을 환기량(환기계수)이라 한다.

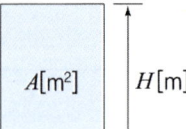

$A\sqrt{H}$: 환기계수
여기서, A : 개구부 면적, H : 개구부 높이
☞ 환기량은 개구부 면적(A)과 개구부 높이(H)의 제곱근에 비례

(2) 연료지배형 화재와 환기지배형 화재의 비교

구분	연료지배형 화재	환기지배형 화재
시기	• 초기(성장기) • 플래시오버 이전에 발생	• 성장기 이후(최성기) • 플래시오버 이후에 발생
발생 장소 ★	• 개방 공간, 큰 개방형 창문 건물 • 목조건물	• **지하실(층)**, 무창층, 소규모 창문 건물, 밀폐공간, 극장 • 내화구조 건물
지배요소	환기(공기)량 충분, 연료량이 부족 ☞ 연료량에 따라 지배됨	연료량 많고, 환기량 부족 ☞ 환기량에 따라 지배됨
연소속도	연소속도 빠르고, 연소시간은 짧음	연소속도 느리고, 연소시간은 긺
영향	연료표면적	환기량
온도	낮다(650~800℃)	높다(1,100~1,200℃)
위험성	FO발생, 개구부로 상층연소 확대	공기유입시 백드래프트 발생
주요사항	피난	방화, 내화설계 등
화재저항	방화구조 : 한정, 불연·난연	내화구조 : 강도, 성능 일정시간 유지
환기요소와 관계	연소속도 R, 불안정영역, 환기지배영역, 연료지배영역, $A\sqrt{H}$	
진행과정	연료지배형 화재 → 대류 → 복사 → 환기지배형 화재	
비고	• 환기지배형 화재(최성기)에서 환기계수가 클수록 – 연소속도가 빨라진다($A\sqrt{H}$에 비례). – 화재실 온도가 상승 – 화재지속시간은 짧아짐	

개념 CHECK

6. 연료지배형 화재와 환기지배형 화재 중 환기계수($A\sqrt{H}$)에 영향을 받는 화재는? (   )

6 환기지배형 화재

3 목조건축물과 내화건축물의 화재성상

학습 나침반

구분	목조건축물 화재	내화건축물 화재
화재의 성상	고온 단기형	(목조건축물에 비해) 저온 장기형
연소속도	빠름	느림
최성기의 최고온도	1,100~1,300℃	900~1,100℃

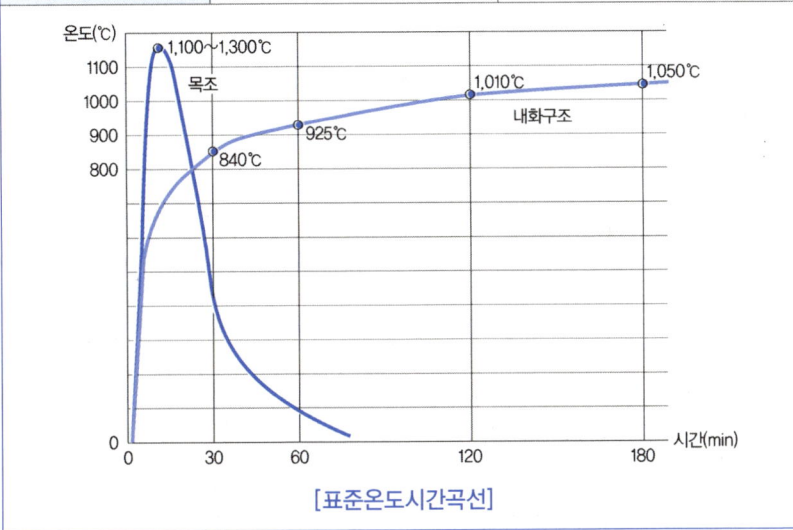

[표준온도시간곡선]

01 목조건축물의 화재 20 공채 / 18 간부

(1) 목조건축물의 화재특성

① 고온단기형 화재
② 최성기 최고온도는 1100~1,300℃
③ 연소속도가 매우 빨라 전소까지 약 40분 소요

(2) 목조건축물의 화재 진행단계 ★

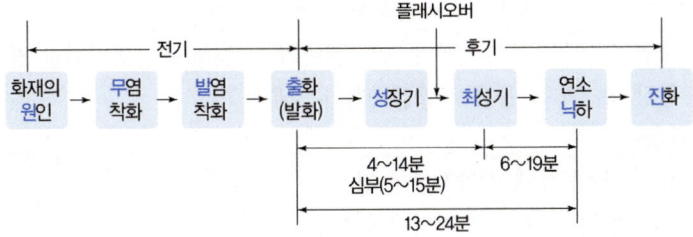

불꽃암기

목조·내화화재 특성:
- 목조고단
- 내화저장

불꽃암기

목조건축물 화재 진행단계:
원무발출, 성최낙진

개념 CHECK

7. 목조건축물의 화재 진행단계는 화재의 원인 → 무염착화 → 발염착화 → 출화 → ( ) → ( ) → ( ) → 진화 순이다.

7 성장기, 최성기, 연소낙하

> **심화 이론 | 목재 건축물의 화재 진행과정**
>
> 1. 화재의 원인 → 무염착화
>   이 단계는 화재의 원인과 종류, 발생 장소에 따라 차이가 있으며 자연발화의 경우에는 오랜 시간을 요한다. 여기서, 무염착화란 가연 물질이 연소할 경우 재로 덮인 숯불 모양으로 불꽃 없이 착화하는 현상으로 바람 및 공기가 주어질 때 언제든지 불꽃 발생이 가능한 단계를 말한다.
> 2. 무염착화 → 발염착화
>   화재 발생 장소, 가연물의 종류, 바람의 상태와 연소 속도, 연소 시간, 연소 방향 등이 화재 진행을 좌우한다. 여기서, 발염착화란 무염 상태의 가연 물질에 바람 및 공기 등을 불어 넣어 충분한 산소의 공급으로 불꽃이 발하여 착화(발화)하는 현상이다.
> 3. 발염착화 → 발화
>   이 단계는 착화가 발생한 위치와 가옥의 구조에 따라 달라진다. 여기서, 발화란 가옥의 실내 가연물의 일부가 발화한 상태가 아니라 천장에까지 불이 번져 가옥 전체에 불기가 도는 시기를 말한다.
> 4. 발화 → 최성기
>   이 단계에서는 화재의 진행은 빨라지게 된다. 연기의 색은 백색에서 흑색으로 변하며, 개구부가 파괴되어 공기가 공급되면서 급격한 연소가 이루어져 연기가 개구부로 분출하게 된다. 이 시기를 플래시오버라 하는데 이때의 실내 온도는 약 800~900℃ 정도가 된다. 그러므로 목재 건축물 화재 시에는 발화에서 최성기로 넘어가는 단계에서 보통 플래시오버 현상이 발생된다. 이후 최성기로 넘어가면 천장 및 대들보가 내려앉고 화염 및 검은 연기, 강한 불꽃을 유동시키는 복사열이 발생하는데 이때 실내 온도는 약 1,300℃ 정도가 된다.
> 5. 최성기 → 연소낙하
>   최성기를 넘어서면 가연물이 연소에 의해 소진되고 화세가 급격히 약해지면서 지붕이나 벽이 무너지고 기둥 등이 허물어져 내리는 시기이다.
> 6. 연소낙하 → 진화

(3) 목조건축물의 화재원인

① 접염 : 불꽃(화염)이 직접접촉
② 비화 : 불티가 날아서 먼 거리의 가연물을 발화(연소)
③ 복사열 : 매질을 통하지 않고 전자파의 형태로 열이 전달되어 먼 거리를 발화

(4) 옥내출화와 옥외출화

① 옥내출화
  ㉠ 가옥구조 시 천장면에 발염착화한 경우
  ㉡ 불연천장이나 불연벽체의 경우 실내의 그 뒷면에 발염착화한 경우
  ㉢ 천장 속, 벽 속 등에서 발염착화한 경우
② 옥외출화
  ㉠ 창, 출입구 등에 발염착화한 경우
  ㉡ 가옥의 벽 및 지붕에 발염착화한 경우
  ㉢ 가옥의 추녀 밑에서 발염착화한 경우

02 내화건축물의 화재

(1) 내화건축물의 화재특성
① 저온 장기형 화재
② 최성기의 최고온도는 900~1,100℃
③ 내화건축물의 화재는 2~3시간 지속되므로 건축물의 내화성능이 중요하다.

(2) 내화건축물의 화재 진행단계

점화 → 성장기 → 최성기 → 감쇠기(종기)

(3) 목조건축물과 내화건축물의 비교

구분	목조건축물	내화건축물
화재성상	고온, 단기형	저온, 장기형
화재시간	30~40분	2~3시간
화재성장	화재원인 → 무염착화 → 발염착화 → 출화(발화) → 최성기 → 연소낙하	점화 → 성장기 → 최성기 → 감쇠기
연소속도	빠르다.	느리다.
플래시오버	빨리 발생	느리게 발생
최성기 온도	1,100~1,300℃	900~1,100℃

불꽃암기
목조고단, 내화저장

개념 CHECK
8. 내화건축물의 화재특성은 목조건축물에 비해 최고온도는 ( ), 화재지속시간은 ( ) 지속된다.

8 낮고, 길게

화재이론 복습만이 살길이다!!!

소방학 개론

▶ 다시보자 복습 문제 02   Check

01.	구획실 화재는 화재 초기(발화) → 성장기 → 플래시오버 → 최성기 → 감쇠 기순으로 진행된다.
02.	최성기(Full developed)에는 환기지배형 화재로 열방출속도가 비교적 변화가 적고, 연소속도 또한 거의 일정하다.
03.	플래시오버란 구획실에서 국부화재가 서서히 진행하여 열이 축적되었다가 일시에 화염이 실내 전체에 확대되는 현상으로 폭발적인 착화현상을 말하며, 환기지배형에서 연료지배형으로 전이되는 과정을 말한다.
04.	배연지연법, 공기차단지연법, 냉각지연법은 플래시오버를 방지하기 위한 방법을 말하는 것이다.
05.	백드래프트(Back Draft)란 구획실 화재에서 화재가 진행될 때 산소공급이 부족한 상태에서는 서서히 훈소의 형태로 진행되어 가연성 가스(일산화탄소)와 열이 집적된 상태가 될 때, 일시적으로 다량의 공기(산소)가 공급될 때 순간적으로 폭발적 발화가 되는 현상을 말한다.
06.	링파이어란 연소과정에서 발생된 가연성 가스가 공기 중 산소와 혼합되어 천장부분에 집적된 상태에서 발화온도에 도달하여 발화함으로써 화염의 선단부분(끝부분)이 매우 빠르게 확대되어 가는 현상을 말한다.
07.	환기지배형 화재에서는 환기계수가 클수록 연소속도는 빨라지고, 화재지속시간도 길어진다.
08.	목조건축물의 화재진행과정은 '화재원인 → 무염착화 → 발염착화 → 출화(발화) → 최성기 → 연소낙하' 순으로 진행된다.
09.	목조건축물의 화재원인에는 접염, 비화, 복사열 등이 있다.
10.	연료지배형 화재와 환기지배형 화재에 대한 설명으로 옳지 <u>않은</u> 것은? ① 환기지배형 화재는 연료지배형 화재보다 화재실의 온도가 높다. ② 일반적으로 플래시오버 이전에는 연료지배형 화재가, 이후에는 환기지배형 화재가 발생한다. ③ 환기지배형 화재는 내화구조 및 콘크리트 지하층에서 발생하기 쉽고 연료지배형 화재는 주로 큰 창문이나 개방된 공간에서 발생하기가 쉽다. ④ 환기지배형 화재와 연료지배형 화재 중 환기량에 의해 발생되는 화재는 연료지배형 화재이다.
11.	백드래프트(back draft)의 발생 징후로 옳지 <u>않은</u> 것은? ① 유리창 안쪽에 타르와 유사한 기름 성분의 물질이 흘러내려 얼룩진 경우 ② 창문을 통해 보았을 때 건물 내에서 연소가 활발하게 진행되지 않고, 연기가 소용돌이치는 경우 ③ 화염은 보이지 않지만 창문과 문손잡이가 뜨거운 경우 ④ 균열된 틈이나 작은 구멍을 통하여 건물 밖으로 연기가 분출되는 현상이 발생된 경우

🔒 1○ 2○ 3×(환기↔연료) 4○ 5○ 6×(롤오버) 7×(짧아짐) 8○ 9○ 10④(환기지배) 11④

4 화재의 용어

학습 나침반

구분	관련인자	
화재가혹도	• 최고온도 • 화재강도	• 지속시간 • 화재하중
화재강도	• 연소열 • 공기의 공급량	• 비표면적(단위질량당 표면적) • 화재실의 단열성
화재하중	• 가연물 질량 • 목재의 단위중량당 발열량	• 가연물의 단위발열량 • 화재실의 바닥면적

01 화재가혹도(심도) ★★ 20, 22 공채 / 20 간부

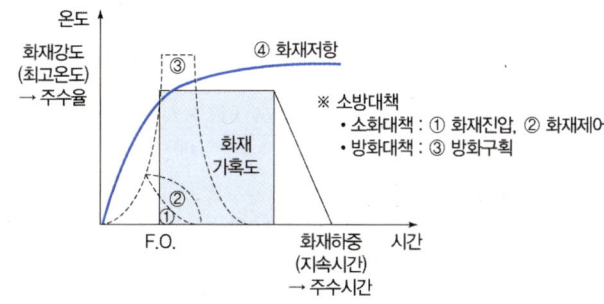

(1) 화재가혹도 정의 및 특징

① 화재 시 소방대상물의 피해(규모)는 화재가혹도를 말하고, 최고온도와 지속시간으로 표현한다.

② 화재가혹도가 클수록 인명, 재산적 피해가 커지므로 가혹도를 정확히 예측 가능하고, 적합한 소화시스템의 선정이 필요하다.

(2) 화재가혹도 인자

```
화재가혹도 = 최고온도(질적)[℃] × 지속시간(양적)[min]
         = 화재강도[kW] × 화재하중[kg/m²]
         = 열방출률[kW] × 바닥면적당 가연물의 양[kg/m²]
주수량[L/m²] = 주수밀도(주수율)[Lpm/m²] × 주수시간[min]
```

불꽃암기
화재가혹도 인자 : 고속, 질량, 밀시, 강하

02 화재강도(Fire Intensity) ★★ 19 공채 / 20 간부

(1) 화재강도 정의 및 특징

① 화재실의 단위시간당 열축적률(축적되는 열의 값)을 말한다.

② 화재의 온도가 높을수록 열축적량이 크고, 화재강도가 크게 나타난다.

참고 연소량, 연소속도 : 화재강도

개념 CHECK
9. 화재가혹도
= 최고온도 × (㉠)
= 화재강도 × (㉡)
주수량 = (㉢) × 주수시간

9 ㉠ 지속시간(계속시간),
㉡ 화재하중, ㉢ 주수밀도(주수율)

(2) 화재강도 주요인자

① **연소열**(ΔH_C) : 연소열이 클수록 화재강도가 커진다.
② **비**표면적(단위 질량당 표면적) : 비표면적이 클수록 화재강도 커진다.
③ 공기(산소)의 **공**급량 : 공급량이 클수록 화재강도가 커진다.
④ 화재실의 **단**열성 : 단열성능이 클수록 화재강도가 커진다.

03 화재하중(Fire Load) ★★ 20, 23, 25 공채 / 25 경채 / 18, 20, 21 간부

(1) 화재하중 정의 및 특징

① 구획실 가연물의 발열량을 목재로 환산하여 등가 목재 중량으로 환산한 것을 말한다.
② 가연물량이 많을수록(화재하중이 클수록) 화재의 지속시간은 길어진다.

> 참고 연소열량 : 화재하중

(2) 화재하중 관련식

$$\text{화재하중 } q = \frac{\Sigma(G_i \times H_i)}{A \times H_0} = \frac{G_1 \times H_1 + G_2 \times H_2 + \cdots}{A \times 4{,}500} \ [\text{kg/m}^2]$$

여기서, $G_i, G_1, G_2 \cdots G_i$: **가**연물 질량[kg]

$H_i, H_1, H_2 \cdots$: 가연물의 단위**발**열량[kcal/kg]

H_0 : 목재 단위중량당 발열량(**4,500**kcal/kg)   • 1kcal = 4.2kJ

A : 화재실의 바닥면적[m²]

☞ 가로 × 세로 × 높이가 주어지면 가로 × 세로 = 면적(바닥면적)

☞ 가연물 총량(목재)[kg] = 화재하중[kg/m²] × 바닥면적[m²]

(3) 화재하중 감소대책

① 내장재, 수용물품 등의 불연화, 난연화
② 가연물 등을 불연성 철제함 등에 보관 및 최소 필요량 보관
③ 같은 제품, 내장재라도 하중이 낮은 것을 사용

심화 이론 | 화재가혹도와 환기계수의 관계 ☞ 최성기와 환기계수 관계

구분	온도 인자	계속 시간 인자 25 공채 / 25 경채
관련식	온도 $T = \dfrac{A\sqrt{H}}{A_T}$ A_T : 실내 **전**표면적[m²] (개구부 면적 제외) $A\sqrt{H}$: **환기**인자	계속 시간 $t = \dfrac{A_F}{A\sqrt{H}}$ A_F : 실의 **바닥**면적[m²] $A\sqrt{H}$: **환기**인자
영향인자	• 최고온도는 – 환기계수(인자)에 비례 – 실내 전표면적에 반비례 ☞ 환기가 잘되면 최고온도 높아지고, 실이 크면 온도는 낮아진다.	• 계속(지속) 시간은 – 바닥면적에 비례 – 환기계수(인자)에 반비례 ☞ 환기가 잘되면 화재지속시간이 짧아지고, 바닥면적이 크면 지속시간이 길어진다.

불꽃암기
화재강도 주요인자 : 연비공단

불꽃암기
화재하중 : 가발~아~4500(원)

불꽃암기
화재가혹도와 환기계수 : "환기전, 바닥환기, 온도는 계속된다"

개념 CHECK
10. 화재강도의 주요 인자에는 ( ), ( ), 공기의 공급량, ( )이 있다.

10 연소열, 비표면적, (화재실의) 단열성

비고 (심화)	• 화재계속 시간인자 $$T[\min] = \frac{W(\text{화재하중})[\text{kg}]}{R(\text{연소속도})[\text{kg/min}]} = \frac{\omega A_F}{5.5A\sqrt{H}} = a \cdot \frac{A_F}{A\sqrt{H}}$$ 여기서, ω : 실내 화재하중[kg/m²], A_F : 실의 바닥면적 ☞ 화재하중 공식에서 화재하중은 바닥면적과 반비례하지만 화재계속 시간은 바닥면적에 비례한다. 즉, 화재하중은 면적당 가연물량을 구하는 개념이고, 화재계속시간은 바닥면적이 큰 만큼 가연물이 많아져서 계속시간이 길어진다는 의미

요약 정리 | 화재하중과 화재강도 정리

구분	화재하중	화재강도
시간/온도	지속시간	최고온도, 열축적 발생
규모/심도	화재규모	화재심도
영향인자	가연물량	가연물(연소열, 비표면적), O_2(공기), 단열성
소화수 관련성	화재하중↑ → 연소지속성↑ → 주수시간[min]↑	화재강도↑ → 축적열량↑ → 주수율[Lpm/m²]↑
	화재 심도↑ → 주수량[L/m²]↑	
화재저항	요구되는 내화시간 길어짐	내화구조의 두께가 두꺼워짐

5 건축 방화 계획

학습 나침반

건축물의 방화계획 (고려사항)	• 부지선정 및 배치계획 • 평면계획 • 입면계획	• 구조계획 • 단면계획 • 내장·재료계획, 설비계획		
건축물의 구조	주요구조부	지붕틀, 내력벽, 보, 기둥, 바닥, 주계단으로 구성		
	내화구조	화재 후 재사용 가능		
	방화구조	화재 후 재사용 불가능		
	방화문	60분 + 방화문, 60분 방화문, 30분 방화문		
	방화벽	홀로 설 수 있는 내화 구조		
	층의 구분	무창층, 피난층, 지하층		
	계단	직통계단, 피난계단, 특별피난계단		
방화구획 (면적별 구획)	기준	내부마감·설비	자동소화설비 ×	자동소화설비 O
	11층 이상	불연재 외	200m²마다	600m²마다
		불연재	500m²마다	1,500m²마다
	10층 이하	바닥면적 1,000m²마다 (자동소화설비 : 3,000m²마다)		

01 대응방법에 따른 분류

(1) 공간적 대응
재해에 대응하여 안전한 공간으로 조기에 이탈하고자 하는 대응이다.
① **대**항성 : 건축물의 내화성능, 방화성능, 방화구획성능, 초기 소화의 대응성 등 화재에 대응하는 성능
② **회**피성 : 난연화, 불연화, 내장재의 제한, 불조심 등 화재의 발화, 확대 등을 저감시키는 예방적 조치
③ **도**피성 : 화재 시 피난할 수 있는 안전한 공간과 시스템 형상

(2) 설비적 대응
설비를 통해 공간적 대응을 보조하는 대응이다.
① **대**항성 : 제연설비, 방화문, 방화셔터, 자동화재탐지설비, 자동소화설비 등의 설비
② **회**피성 : 스프링클러설비, 수막설비 등을 설치
③ **도**피성 : 유도등, 비상조명등, 피난기구 등을 설치

불꽃암기
대응방법 분류 : 대회도

02 건축물의 방화계획(고려사항)

부지선정 및 배치·구조계획	• 소방대 진입, 소방활동, 인접건물 연소확대 등 • 내화성능, 내화구조
평면계획	방화구획의 설정, 화재확대 방지(방화문 등), 양방향 피난 및 진입 검토
단면계획	상층부 연소확대 검토 및 구획, 내화채움구조 등
입면계획	개구부, 인접건물 연소, 발코니, 진입로 확보 등
재료계획	마감재(내·외장재)의 내화성능 등
기타	구조계획, 설비계획 등

불꽃암기
건축물의 방화계획 : 부평단입재

03 건축물의 구조 18, 21 간부

(1) 주요 구조부
① 건축물의 주된 구조가 되는 부위를 주요 구조부라고 하고, 화재 시 구조적 안전을 위해 내화구조 및 불연재료가 요구된다.
② 대상 : **바**닥, **지**붕틀, **보**, **내**력벽, **주**계단, **기**둥
③ 제외 : 사이 기둥, 최하층 바닥, 작은 보, 차양, 옥외 계단, 그 밖에 이와 유사한 것으로 건축물의 구조상 중요하지 아니한 부분

불꽃암기
건축물의 주요 구조부 :
바지 보내 주기

개념 CHECK
11. 건축물의 방화계획 중 난연화, 불연화, 내장재의 제한, 불조심 등 화재의 발화, 확대 등을 저감시키는 예방적 조치를 말하는 공간적 대응은? (　　)

11 회피성

주요 구조부		주요 구조부가 아닌 것
지붕틀		사이 기둥
내력벽		최하층 바닥
보		작은 보
기둥		차양
바닥		옥외계단
주계단		기초

(2) **내화구조**

① 화재에 견딜 수 있는 성능을 가진 구조로서 국토교통부령 기준에 적합한 구조이다.
② 화재 시 일정시간 동안 내력(형태나 강도 등) 저하가 없는 구조로 화재 후에도 재사용 가능하다.

> **심화 이론 | 내화구조[건축물피난방화 규칙 제3조]** ☞ conc : 콘크리트

구분	철근conc조 또는 철골철근conc조 : 철철	철골조	무근conc조·conc블록조·벽돌조, 석조	철재로 보강된 conc블록조·벽돌조, 석조 : C벽석	기타
벽	10cm 이상	4cm 이상 철망모르타르 양면바름 5cm 이상 conc블록·벽돌 또는 석재 덮음	19cm 이상 벽돌조	철재 덮은 conc블록 등 5cm 이상	고온·고압 증기 양생 경량기포 conc패널 또는 경량기포 conc블록조 10cm 이상
외벽 중 비내력벽	7cm 이상	3cm 이상 철망모르타르 양면 4cm 이상 conc블록·벽돌 또는 석재 덮음	7cm 이상	철재에 덮은 conc블록 등의 4cm 이상	
기둥 (작은 지름 25cm 이상)	"철철"	5cm 이상 conc 6cm(경량골재 5cm) 이상 철망모르타르 7cm 이상 conc블록·벽돌 또는 석재			

개념 CHECK

12. 건축물의 구조 중 주요 구조부에 속하지 않는 것은?
① 바닥
② 지붕틀, 보
③ 내력벽
④ 사이 기둥

12 ④

부위					
바닥	10cm 이상			철재에 덮은 conc블록 등의 5cm 이상	철재 양면을 5cm 이상의 철망모르타르 또는 conc 덮음
보(지붕틀 포함)	"철철"	5cm 이상 conc 6cm(경량골재 5cm) 이상 철망모르타르			철골조의 지붕틀 (바닥부터 아랫부분까지 높이 4m이상)로 바로 아래에 반자가 없거나 불연재료 반자
지붕	"철철"			"C벽석"	철재 보강 유리블록 또는 망입유리 (두꺼운 판유리 철망 넣은 것)
계단	"철철"	철골조		"C벽석"	

(3) 방화구조

① 화염의 확산을 막을 수 있는 성능을 가진 구조로 국토교통부령 기준에 적합한 구조를 말한다.

② 화재가 진화된 후 재사용이 불가능하다.

> **심화 이론 | 방화구조 기준**
>
> 1. 철망모르타르로서 그 바름 두께가 2cm 이상인 것
> 2. 석고판 위에 시멘트모르타르 또는 회반죽을 바른 것으로서 그 두께의 합계가 2.5cm 이상인 것
> 3. 시멘트모르타르 위에 타일을 붙인 것으로서 그 두께의 합계가 2.5cm 이상인 것
> 4. 심벽에 흙으로 맞벽치기한 것
> 5. 「산업표준화법」에 따른 한국산업표준에 따라 시험한 결과 방화 2급 이상에 해당하는 것

(4) 방화구획

① 건축물에서 화재가 발생했을 경우 화재가 건축물 전체로 확산되지 않도록 내화구조의 바닥·벽 및 방화문 또는 방화셔터 등으로 만들어지는 구획(연면적 1,000m² 이상 건축물)이다.

개념 CHECK

13. 연면적 1,000m² 이상 건축물에서 화재가 발생했을 경우 화재가 건축물 전체로 확산되지 않도록 내화구조의 바닥·벽 및 방화문 또는 방화셔터 등으로 만들어지는 구획을 무엇이라고 하는가? ( )

13 방화구획

② 구획의 종류

종류	기준			
면적별 구획	11층 이상	내부마감 \ 설비	자동소화설비 ×	자동소화설비 ○
		불연재 외	200m²마다	600m²마다
		불연재	500m²마다	1,500m²마다
	10층 이하	바닥면적 1,000m² 이내마다(자동소화설비 : 3,000m² 이하)		
층별 구획	• 매층마다 구획 • 제외 : 지하 1층에서 지상으로 직접 연결하는 경사로 부위			
수직 관통부	건축물 내를 수직으로 관통하는 부분은 다른 부분과 구획 예 계단실, 승강로 등			
구획 방법	• 내화구조의 바닥, 벽 • 자동방화셔터 • 60 + 또는 60분 방화문 • 배관, 풍도 등 : 방화댐퍼, 인정받은 내화충전재 등			

(5) 방화문

① 화재의 확대, 연소를 방지하기 위해 방화구획의 개구부에 설치하는 문
② 성능 : 차**염**성, 차**연**성, 차**열**성 + 유지시간
③ 종류
　㉠ 60분 + 방화문 : 연기 및 불꽃 차단 시간 60분 이상, 열 차단 시간 30분 이상
　　참고 아파트 대피공간에만 적용
　㉡ 60분 방화문 : 연기 및 불꽃 차단 시간 60분 이상
　㉢ 30분 방화문 : 연기 및 불꽃 차단 시간 30분 이상 60분 미만
④ 방화구획 : 화재로 인한 연기·불꽃을 감지하여 자동으로 닫히는 구조(다만, 연기 또는 불꽃을 감지하여 자동적으로 닫히는 구조로 할 수 없는 경우 온도를 감지하여 자동적으로 닫히는 구조 가능)

(6) 방화벽

① 개념 : 화재의 연소를 방지하기 위하여 설치하는 벽으로 방화상 유효한 구획
② 연면적 1,000m² 이상인 건축물은 방화벽으로 구획하되, 각 구획된 바닥면적의 합계는 1,000m² 미만
③ 방화벽의 기준
　㉠ 내화구조로서 홀로 설 수 있는 구조
　㉡ 방화벽의 양쪽 끝과 위쪽 끝을 건축물의 외벽면 및 지붕면으로부터 0.5m 이상 튀어 나오게 할 것
　㉢ 방화벽에 설치하는 출입문의 너비 및 높이는 각각 2.5m 이하로 하고, 해당 출입문에는 60 + 방화문 또는 60분 방화문을 설치할 것

> 불꽃암기
> 방화문 성능 : 염연열

불꽃암기
무창층 기준 : 512(까지) 내창도

(7) 층의 구분

① **무창층** : 지상층 중 아래 기준을 모두 갖춘 개구부(건축물에서 채광·환기·통풍 또는 출입 등을 위하여 만든 창·출입구 그밖에 이와 비슷한 것)의 면적 합계가 그 층의 바닥면적의 1/30 이하 되는 층 ★

구분	기준(모두 만족)
크기	지름 50cm 이상의 원이 통과할 수 있을 것
높이	해당 층 바닥면에서 개구부 밑 높이가 바닥에서 1.2m 이내
위치	도로 또는 차량이 진입할 수 있는 빈터를 향할 것
구조	내부 또는 외부에서 쉽게 부수거나 열 수 있을 것
금지	화재 시 건축물로부터 쉽게 피난할 수 있도록 창살, 장애물이 설치되지 않을 것

② **피난층**
　㉠ 건축법 : 직접 지상으로 통하는 출입구가 있는 층, 피난안전구역
　㉡ 소방시설법 : 곧바로 지상으로 갈 수 있는 출입구가 있는 층
③ **지하층**[2] : 건축물의 바닥이 지표면 아래 있는 층으로서, 그 바닥에서 지표면까지의 평균높이가 해당 층높이의 1/2 이상인 것을 말한다.

2) 지하층

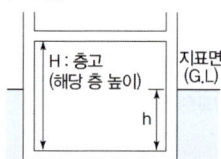

(8) 계단의 종류

직통계단	건축물의 피난층 외의 층에서 피난층이나 지상층까지 계단과 계단참만으로 연결된 계단
피난계단	직통계단의 구조에 계단실을 구획하는 등의 피난상의 안전도를 향상시킨 계단(대상 : 5층 이상, 지하 2층 이하 등)
특별피난계단	피난계단의 안전성 향상을 위해 계단전실(부속실)을 만들고 제연설비를 보강한 계단

> **심화 이론 | 마감재료**
>
> • 불연재료 : 불에 타지 아니하는 성질 + 국토교통부령 기준
> 　- 불연성시험, 가스유해성 시험
> • 준불연재료 : 불연재료에 준하는 성질 + 국토교통부령 기준
> 　- 열방출률시험, 가스유해성 시험
> • 난연재료 : 불에 잘 타지 아니하는 성능 + 국토교통부령 기준
> 　- 열방출률시험, 가스유해성 시험

개념 CHECK
14. 무창층은 지상층 중 조건을 모두 갖춘 개구부(건축물에서 채광·환기·통풍 또는 출입 등을 위하여 만든 창·출입구 그 밖에 이와 비슷한 것)의 면적 합계가 그 층의 (　　) 되는 층이다.

14 바닥면적의 1/30 이하

| 심화 이론 | 소방관진입창 |

건축물 11층 이하의 층에는 기준에 따라 소방관이 진입할 수 있는 창을 설치, 외부에서 주야간에 식별할 수 있는 표시. 다만 대피공간 등 설치한 아파트, 비상용승강기 설치한 아파트 제외

층수	• 2층 이상 11층 이하인 층에 각각 1개소 이상 설치(소방관이 진입할 수 있는 창의 가운데에서 벽면 끝까지의 **수평거리가 40m 이상인 경우 40m 이내**마다 소방관이 진입할 수 있는 창을 추가로 설치
위치	• 소방차 진입로 또는 소방차 진입이 가능한 **공터에 면할 것**
창문	• 가운데에 지름 **20cm 이상 역삼각형**. 빛 반사 등으로 **붉은색**으로 표시 • 한쪽 모서리에 타격지점을 지름 3cm 이상의 원형으로 표시 • 유리 크기는 폭 90cm 이상, 높이 1.0m 이상, 실내 바닥면에서 **창 아랫부분까지 높이 80cm**[난간이 설치된 노대등에 불가피하게 설치하는 경우 120cm] 이내
유리	• 가) 플로트판유리로서 그 두께가 **6mm 이하**인 것 • 나) 강화유리 또는 배강도유리로서 그 두께가 **5mm 이하**인 것 • 다) 가) 또는 나)에 해당하는 유리로 구성된 **이중 유리** • 라) 가) 또는 나)에 해당하는 유리로 구성된 **삼중 유리**. 이 경우 각각의 유리에 비산방지필름을 부착하는 경우 그 필름 두께를 50μm 이하

6 건축물의 피난계획

> 학습 나침반

피난계획의 일반원칙	• 피난경로는 간단·명료 • 피난설비는 고정식 • 피난수단은 원시적 방법 • 피난로는 2개 방향 이상 • 피난구는 항시 개방 • 수평·수직동선 구분 • 풀 프루프(Fool Proof)·페일 세이프(Fail Safe) 원칙 고려	
피난 안전구획의 설정 및 피난로의 형태	피난 안전구획	1차 안전구획(복도), 2차 안전구획(부속실), 3차 안전구획(계단)
	피난로의 형태	X형, Y형, H형, CO형

(1) 인간의 본능(피난 시 행동 특성)

① **추종**본능 : 리더를 무조건 따름
② **귀소**본능 : 원래 가던 길, 늘 사용하는 길
③ **퇴피**본능 : 위험 장소를 벗어나려는 성향
④ **좌회**본능 : 오른손잡이는 왼쪽으로 도는 것이 자연스러움
⑤ **지광**본능 : 정전, 연기유동, 암흑 시 밝은 곳으로 피난

> 불꽃암기
> 피난 시 인간의 본능 :
> 추귀퇴좌지

불꽃암기
피난 일반원칙 : 경수로 대구설

3) Fool Proof 적용
- 설비의 위치표시등(적색), 피난기구의 녹색
- 소화설비 사용방법에 그림을 넣기
- 출입문에 Panic Bar

4) Fail Safe 적용
- 부분화 : 방화구획, 방화벽, 방유제 등
- 다중화 : 옥상수조, 예비펌프, 양방향(2방향) 피난

불꽃암기
피난 안전구획 : 복부계

(2) 피난계획의 일반원칙
① 피난 **경**로 : 간단, 명료할 것(Fool Proof), 굴곡부·갈림길·길이 등 최소화 (예 고시원 기준)
② 피난 **수**단 : 원시적 방법(장치 ×, 보행이 기본)
③ 피난**로** : 피난방향 표시, 2방향 피난
④ 피난 **대**책 : Fool Proof, Fail Safe 고려
　㉠ Fool Proof[3] : 바보라도 실수하지 않도록 보호한다. 즉, 재해 시 인간은 Panic 상태로 바보처럼 행동할 수 있어서 추상적 문자보다는 간단한 그림, 색채 등을 이용해 실수를 줄인다는 것
　㉡ Fail Safe[4] : 실수해도 재해로 연결되지 않도록 한다. 즉, 재해 시 인간은 Panic 상태로 실수할 수 있어서 실수해도 피해를 최소화하는 부분화, 다른 대체 수단을 이용하는 다중화로 실수가 큰 재해로 이어지지 않도록 함
⑤ 피난**구** : 항시 개방, 자물쇠 사용불가
⑥ 피난 **설**비 : 고정설비, 최후 소수인원 이용의 보조수단, 피난유도와 배연설비

(3) 피난 안전구획의 설정　19 간부
① 1차 안전구획 : **복**도
② 2차 안전구획 : **부**속실, 발코니, 노대 등
③ 3차 안전구획 : **계**단(실)

(4) 피난로의 형태(코어의 배치, 계단의 위치)
① H형, CO형 : 중앙 Core에 피난자가 몰려 패닉현상이 발생한다.
② X형, Y형 : 가장 안전도가 높은 피난경로
③ Z형 : 중앙 복도형에서 양방향 피난이 되는 경로

개념 CHECK

15. 피난계획의 일반 원칙 중 대체수단의 필요성과 혼란을 최소화하기 위해 색, 그림 등을 적용하는 피난 대책은 무엇인가? (　　)

15 Fool Proof

소방학 개론 — 화재이론 복습만이 살길이다!!!

▶ **다시보자 복습 문제 03** Check

01. 화재 시 소방대상물의 피해(규모)는 화재가혹도를 말하고, 최고온도와 지속시간으로 표현한다.

02. 화재실의 단위시간당 열축적률(축적되는 열의 값)을 말하고, 연소열, 비표면적, 화재실의 단열성에 영향을 받는 요소를 화재하중이라고 한다.

03. 화재하중이란 구획실 가연물의 발열량을 목재로 환산하여 등가 목재 중량으로 환산한 것을 말한다.

04. 최성기에서는 환기가 잘되면 화재지속시간이 짧아지고, 바닥면적이 크면 지속시간이 길어진다.

05. 건축물의 주된 구조가 되는 부위를 주요 구조부라고 하고, 화재 시 구조적 안전을 위해 내화구조 및 불연재료가 요구된다.

06. 내화구조란 화재에 견딜 수 있는 성능을 가진 구조로서 국토교통부령 기준에 적합한 구조로, 화재 시 일정시간 동안 내력(형태나 강도 등) 저하가 없는 구조로 화재 후에도 재사용 가능하다.

07. 화재강도가 커지면 축적열량이 높아지므로, 주수량을 크게 하는 대책을 마련해야 한다.

08. 재해에 대응하여 안전한 공간으로 조기에 이탈하고자 하는 대응을 말하며 종류로는 대항성, 회피성, 도피성 등이 있다.

09. 60분 + 방화문이란 연기 및 불꽃 차단 시간 60분 이상, 열 차단 시간 60분 이상의 성능을 가진 방화문을 말한다.

10. 화재가혹도(fire severity)에 대한 설명으로 옳지 않은 것은? (A는 개구부의 면적, H는 개구부의 높이이다.)
① 화재가혹도의 크기는 화재강도에 영향을 받지만 화재하중에 관해서는 크게 영향을 받지 않는다.
② 화재실의 최고온도와 화재지속시간은 화재가혹도를 판단하는 중요한 인자이다.
③ 최성기에서 화재실의 환기요소($A\sqrt{H}$)는 화재하중에 영향을 준다.
④ 화재강도는 화재실이나 화재구획의 단열성에 영향을 받는다.

11. 내화구조물의 화재가혹도 판단을 위한 주요 요소 중 화재지속시간을 산정하기 위한 인자로 옳지 않은 것은? (단, 환기지배형 화재로 가정한다.)
① 화재실의 바닥면적
② 화재실의 최고온도
③ 화재실의 개구부 높이
④ 화재실의 개구부 면적

🔒 1○ 2×(화재강도) 3○ 4○ 5○ 6○ 7×(주수율) 8○ 9× 10①(둘 다 영향) 11②(화재강도사항)

03 위험물 화재의 성상

1 위험물 개요 25, 24 공채 / 25 경채

학습 나침반 ★★★

유별	성질	품명		지정수량	소화방법
제1류	산화성 고체	아염소산염류, 염소산염류, 과염소산염류, 무기과산화물		50kg	주수소화 (질식소화)
		브로민산염류(취소), **질산염류**, 아이오딘산염류		300kg	
		과망가니즈산염류, 다이크로뮴산염류		1,000kg	
제2류	가연성 고체	황화인, 적린, 황		100kg	주수소화 (질식소화)
		철분, 금속분, 마그네슘		500kg	
		인화성 고체(고형알코올)		1,000kg	
제3류	금수성 물질, 자연 발화성 물질	칼륨, 나트륨, 알킬알루미늄, **알킬리튬**		10kg	질식소화
		황린		20kg	
		알칼리금속 및 알칼리토금속, 유기금속화합물		50kg	
		금속의 수소화물, **금속의 인화물**, 칼슘 또는 알루미늄의 **탄화물**		300kg	
제4류	인화성 액체	특수인화물		50L	질식소화
		제1석유류 (아세톤, 휘발유 등)	비수용성 액체	200L	
			수용성 액체	400L	
		알코올류(탄소원자의 수가 1~3개)		400L	
		제2석유류 (등유, 경유등)	비수용성 액체	1,000L	
			수용성 액체	2,000L	
		제3석유류 (중유, 크레오소트유 등)	비수용성 액체	2,000L	
			수용성 액체	4,000L	
		제4석유류(기어유, 실린더유 등)		6,000L	
		동식물유류		10,000L	
제5류	자기 반응성 물질	유기과산화물, 질산에스터류, **나이트로화합물**, 나이트로소화합물, 아조화합물, 다이아조화합물, 하이드라진유도체, 하이드록실아민, 하이드록실아민염류		1종 : 10kg 2종 : 100kg	주수소화
제6류	산화성 액체	과염소산, 과산화수소, 질산		300kg	질식소화

01 위험물 용어의 정의 및 적용 제외 23, 25 공채 / 25 경채 / 20 간부

(1) 위험물 용어의 정의
① 위험물 : 인화성 또는 발화성 등의 성질을 가지는 것으로서 대통령령이 정하는 물품
② 지정수량 : 위험물의 종류별로 위험성을 고려하여 대통령령이 정하는 수량으로서 제조소등의 설치허가 등에 있어서 최저의 기준이 되는 수량

(2) 위험물안전관리법의 적용 제외
이 법은 항공기·선박(선박법 규정에 따른 선박)·철도 및 궤도에 의한 위험물의 저장·취급 및 운반에 있어서는 이를 적용하지 아니한다.

> **심화 이론 | 지정수량의 계산**
>
> 둘 이상의 위험물을 같은 장소에서 저장 또는 취급하는 경우에 있어서 해당 장소에서 저장 또는 취급하는 각 위험물의 수량을 그 위험물의 지정수량으로 각각 나누어 얻은 수의 합계가 1 이상인 경우 해당 위험물은 지정수량 이상의 위험물로 본다.
>
> $$1 \geq \frac{\text{A품목 수량}}{\text{A품목 지정수량}} = \frac{\text{B품목 수량}}{\text{B품목 지정수량}} + \cdots$$

불꽃암기
위험물 용어
- 위험물 : 인발대
- 지정수량 : 저지

02 제1류 위험물 : 산화성 고체 18하, 19 공채 / 19, 21, 22 간부

(1) 품명 및 지정수량

품명	지정수량
아염소산염류, 염소산염류, 과염소산염류, 무기과산화물	50kg
브로민산염류(취소), 질산염류, 아이오딘산염류	300kg
과망가니즈산염류, 다이크로뮴산염류	1,000kg
행정안전부령 : 과아이오딘산염류, 과아이오딘산, 크로뮴, 납 또는 아이오딘의 산화물, 아질산염류, 차아염소산염류, 염소화아이소사이아누르산, 퍼옥소이황산염류, 퍼옥소붕산염류	50kg, 300kg, 1,000kg

① 산화성 고체 : 고체[액체(1기압 및 섭씨 20℃에서 액상인 것 또는 섭씨 20℃ 초과 섭씨 40℃ 이하에서 액상인 것) 또는 기체(1기압 및 섭씨 20℃에서 기상인 것) 외의 것]로서 산화력의 잠재적인 위험성 또는 충격에 대한 민감성을 판단하기 위하여 소방청장이 정하여 고시하는 시험에서 고시로 정하는 성질과 상태를 나타내는 것이다.

② 액상 : 수직으로 된 시험관(안지름 30mm, 높이 120mm의 원통형 유리관)에 시료를 55mm까지 채운 다음 당해 시험관을 수평으로 하였을 때 시료액면의 선단이 30mm를 이동하는 데 걸리는 시간이 90초 이내에 있는 것

불꽃암기
물(무)과염아, 브질아, 다과

개념 CHECK
1. 「위험물안전관리법」상 위험물의 정의는 ( ) 또는 ( ) 등의 성질을 가지는 것으로서 ( )이 정하는 물품을 말한다.

1 인화성, 발화성, 대통령령

(2) 일반성질 ★★ 24 공채

① 산소를 가지고 있는 무기화합물로, 대부분 무색 또는 백색의 분말(결정)
② 불연성 물질이지만 가연물의 연소를 돕는 지연성(조연성) 물질
③ 비중은 1보다 크고, 수용성 위험물이 많다.
④ 가열, 충격, 마찰에 분해되어 산소(O_2) 발생하고, 가연물과 혼합시 연소 및 폭발이 일어남
⑤ 무기과산화물류 중 알칼리금속과 알칼리토금속의 과산화물은 물 접촉 금지(물과 반응하여 산소를 방출하고 발열)
　㉠ 과산화칼륨 : $2K_2O_2 + 2H_2O \rightarrow KOH + O_2\uparrow + 발열$
　㉡ 과산화마그네슘 : $2MgO_2 + 2H_2O \rightarrow 2Mg(OH)_2 + O_2\uparrow + 발열$

(3) 저장 및 취급

① 가열, 충격, 마찰 등을 피하고, 직사광선 및 화기 차단
② 환원제인 제2류 위험물(가연성 고체)과의 접촉을 피한다.
③ 조해성[1] 물질은 방습, 용기 밀봉하여 보관한다.
④ 무기과산화물은 공기나 물의 접촉을 피한다.
⑤ 통풍, 환기가 잘되는 냉암소에 저장
⑥ 위험물 수납용기[운반기준]
　㉠ 알칼리금속의 과산화물 또는 이를 함유한 것 : "화기·충격주의", "물기엄금" 및 "가연물접촉주의"
　㉡ 그 밖의 것 : "화기·충격주의" 및 "가연물접촉주의"

(4) 소화방법

① 냉각소화(산화제 분해 온도를 낮추기 위하여 다량의 물을 주수)
② 알칼리금속과산화물 : 질식소화(마른모래, 팽창질석, 팽창진주암, 탄산수소염류분말약제)
③ 질산염류의 화재 시 유독가스가 발생하므로 소화 작업에 특별한 주의 요구

03 제2류 위험물 : 가연성 고체 18하, 19, 21 공채

(1) 품명 및 지정수량

품명	지정수량
황화인, 적린, 황	100kg
철분, 금속분, 마그네슘	500kg
인화성 고체(고형알코올)	1,000kg

① 가연성 고체 : 고체로서 화염에 의한 발화의 위험성 또는 인화의 위험성을 판단하기 위하여 고시로 정하는 시험에서 고시로 정하는 성질과 상태를 나타내는 것
② 황 : 순도가 60wt% 이상인 것. 순도측정의 불순물은 활석 등 불연성 물질과 수분에 한한다.

---

1) 조해성
공기 중에 노출된 고체가 수분을 흡수하여 녹는 현상

개념 CHECK

2. 제1류 위험물 중에서 무기과산화물은 물과 반응하여 (　)를 방출하고, (　)하기 때문에 주수소화를 금지하고 있다.

2 산소, 발열

③ 철분 : 철의 분말로서 53μm의 표준체를 통과하는 것이 50wt% 미만인 것은 제외
④ 금속분 : **알**칼리금속·알칼**리**토류금속·**철** 및 **마**그네슘 외의 금속의 분말(**구**리분·**니**켈분 및 150μm의 체를 통과하는 것이 50wt% 미만인 것은 **제**외)
⑤ 마그네슘 및 마그네슘을 함유한 것 중 다음에 해당하는 것 제외
　㉠ 2mm의 체를 통과하지 아니하는 덩어리 상태의 것
　㉡ 지름 2mm 이상의 막대 모양의 것
⑥ **인**화성 고체 : **고**형알코올 그 밖에 1기압에서 인화점이 섭씨 40℃ 미만인 고체

(2) 일반성질 ★
① 산소를 함유하지 않은 강력한 환원성 물질(환원제)이다.
② 비교적 낮은 온도에서 착화하기 쉬운 가연성, 속연성[2] 물질이고, 연소속도가 빠르고, 연소열이 크다.
③ 산화제(1류, 6류)와 혼합한 것은 가열, 충격, 마찰에 폭발위험이 있다.
④ 비중이 1보다 크고, 물에 녹지 않는다(비수용성).
⑤ 자체가 유독성이 있거나, 연소 시 유독가스가 발생한다.
⑥ 황가루, 철분, 금속분은 밀폐공간 내 부유하면 분진폭발의 위험이 있다.
⑦ 철분, 마그네슘, 금속분은 물과 산과 접촉하면 수소(H_2)와 열이 발생한다.
　㉠ 철분 : $2Fe + 6H_2O \rightarrow 2Fe(OH)_3 + 3H_2 \uparrow$
　㉡ 마그네슘 : $Mg + 2H_2O \rightarrow Mg(OH)_2 + H_2 \uparrow$ [3]

(3) 저장 및 취급
① 화기, 불티, 불꽃, 고온체와의 접촉을 피한다(점화원 주의).
② 산화제(1류, 6류 등)와 혼합 또는 접촉을 피한다.
③ 철분, 마그네슘, 금속분은 물, 습기, 산과의 접촉을 피한다.
④ 통풍이 잘되는 냉암소에 밀폐하여 보관, 저장한다.
⑤ 위험물 수납용기[운반기준]
　㉠ 철분, 금속분, 마그네슘 또는 이를 함유한 것 : "화기주의", "물기엄금"
　㉡ 인화성 고체 : "화기엄금"
　㉢ 그 밖의 것 : "화기주의"

(4) 소화방법
① 철분, 마그네슘, 금속분은 마른 모래, 건조 분말로 질식소화한다.
② 황화인은 마른 모래, 건조 분말, CO_2로 질식소화한다(주수소화시 황화수소 발생).
　참고 오황화인 $P_2S_5 + 8H_2O \rightarrow 2H_3PO_4 + 5H_2S$(황화수소)
③ 적린, 황, 인화성 고체는 주수에 의한 냉각소화를 한다.

불꽃암기
금속분 : 알리철마, 구니15 제외

불꽃암기
인화성 고체 : 인고사

2) 속연성
불에 빨리 타는 성질

3) 마그네슘에 CO_2 방사 시
$2Mg + CO_2 \rightarrow 2MgO + C$
(∴ 소화불가)

개념 CHECK
3. 가연성 고체의 위험물에서 철분은 철의 분말로서 (　)μm의 표준체를 통과하는 것이 (　) wt% 미만인 것은 제외한다.
4. 철분, 금속분, 마그네슘은 자연발화성 물질이다. (　)

3 53, 50 4 ×

불꽃암기
칼나알리황, 알유, 수인탄

04 제3류 위험물 : 자연발화성 물질 및 금수성 물질
21, 22, 23 공채 / 19, 20, 21, 22 간부

(1) 품명 및 지정수량

품명	지정수량
칼륨, 나트륨, 알킬알루미늄, 알킬리튬	10kg
황린	20kg
알칼리금속 및 알칼리토금속, 유기금속화합물	50kg
금속의 수소화물, 금속의 인화물, 칼슘 또는 알루미늄의 탄화물	300kg
행정안전부령 : 염소화규소화합물	300kg

자연발화성 물질 및 금수성 물질은 고체 또는 액체로서 공기 중에서 발화의 위험성이 있거나 물과 접촉하여 발화하거나 가연성 가스를 발생하는 위험성이 있는 것을 말한다.

참고 불꽃 색상 : 리튬은 붉은색, 나트륨은 노란색, 칼륨은 보라색 불꽃

(2) 일반성질 ★
① 대부분 무기화합물이며, 고체 또는 액체이다.
② 황린(자연발화성만 가짐), 알칼리금속(K, Na 외, 금수성만 가짐) 물질도 있지만, 자연발화성 및 금수성의 성질을 동시에 갖는 물질이 많다.
③ 칼륨, 나트륨, 알킬알루미늄과 알킬리튬은 물보다 가볍고 나머지는 물보다 무겁다.
④ 황린을 제외한 금수성 물질은 물과 반응하여 가연성 가스를 발생하고 발열한다.
⑤ 자연발화성 물질은 물 또는 공기와 접촉하면 폭발적으로 연소하여 가연성 가스를 발생한다.
⑥ 가열하거나 강산성 물질 등과 접촉하면 위험성이 증가한다.

(3) 저장 및 취급
① 용기 밀봉하고 파손 및 부식을 방지하며, 특히 수분접촉을 피한다.
② 보호액에 저장할 경우 위험물이 노출되지 않도록 주의한다.
　㉠ 황린은 물속(pH 9)에 저장한다.
　　참고 이황화탄소(CS_2)도 물속 저장
　㉡ 칼륨(K), 나트륨(Na)과 알칼리금속은 석유류에 저장(물 접촉금지)한다.
③ 자연발화성 물질은 불티, 불꽃, 고온체의 접촉을 방지한다.
④ 위험물 수납용기[운반기준]
　㉠ 자연발화성 물질 : "화기엄금", "공기접촉엄금"
　㉡ 금수성 물질 : "물기엄금"

개념 CHECK
5. 염소화규소화합물은 제3류 위험물 중 하나로 지정수량은 (　)kg이다.

5 300

(4) 소화방법

① 황린을 제외하면 금수성 물질이므로 마른 모래, 팽창질석, 팽창진주암 등으로 피복하여 질식소화한다.
② 황린은 주수소화한다.
③ 칼륨, 나트륨이 CO_2, CCl_4(사염화탄소), 물로 소화가 불가능한 이유
  ㉠ CO_2 소화 시 : $4Na + 3CO_2 \rightarrow 2Na_2CO_3 + C$(연소, 폭발)
  ㉡ CCl_4 소화 시 : $4Na + CCl_4 \rightarrow 4NaCl + C$(연소, 폭발)

(5) 제3류 위험물 물과의 반응식(연소 반응식 참조) ★★

위험물	물과 반응
나트륨(Na)	$2Na + 2H_2O \rightarrow 2NaOH + H_2$(수소)↑
트리메틸알루미늄	$(CH_3)_3Al + 3H_2O \rightarrow Al(OH)_3 + 3CH_4$(메탄)↑
트리에틸알루미늄	$(C_2H_5)_3Al + 3H_2O \rightarrow Al(OH)_3 + 3C_2H_6$(에탄)↑
메틸리튬, 에틸리튬	메틸리튬 → 메탄, 에틸리튬 → 에탄
수소화칼륨(KH)	$KH + H_2O \rightarrow KOH + H_2$(수소)↑
인화칼슘(Ca_3P_2)	$Ca_3P_2 + 6H_2O \rightarrow 3Ca(OH)_2 + 2PH_3$(포스핀)↑
탄화칼슘(CaC_2)	$CaC_2 + 2H_2O \rightarrow Ca(OH)_2 + C_2H_2$(아세틸렌)↑
탄화알루미늄(Al_4C_3)	$Al_4C_3 + 12H_2O \rightarrow 4Al(OH)_3 + 3CH_4$(메탄)↑

> **불꽃암기**
> 칼나수, 메메에에 수소화수, 인화칼포, 탄화칼아, 탄화알메

05 제4류 위험물 : 인화성 액체 19, 20, 21 22 공채 / 18, 19, 20, 21, 22 간부

(1) 품명 및 지정수량

품명		지정수량
특수인화물 : 이황화탄소, 디에틸에테르[4] 등		50L
제**1**석유류 : 아세톤, 휘발유 등	비수용성 액체	200L
	수용성 액체	400L
알코올류(탄소원자의 수가 1~3개)		400L
제**2**석유류 : 등유, 경유 등	비수용성 액체	1,000L
	수용성 액체	2,000L
제**3**석유류 : 중유, 크레오소트유 등	비수용성 액체	2,000L
	수용성 액체	4,000L
제**4**석유류 : 기어유, 실린더유 등		6,000L
동식물유류		10,000L

① **인화성 액체** : 액체(제3석유류, 제4석유류 및 동식물유류의 경우 1기압과 섭씨 20℃에서 액체인 것)로서 인화의 위험성이 있는 것을 말한다.
  ☞ 국내분류 : 인화점과 발화점으로 분류

[4] 디에틸에테르 → 다이에틸에터

> **불꽃암기**
> 특1알234동
> 524-126십
> 1~3석수

> **개념 CHECK**
> 6. 제3류 위험물은 금수성 물질로 물과 접촉하는 경우 발화하거나 가연성 가스를 발생한다. 하지만 (   )은 자연발화성만 가져서, 물속(pH 9)에 저장하여도 문제가 되지 않는다.

6 황린(P)

② 특수인화물 : 이황화탄소, 디에틸에테르 그 밖에 1기압에서 발화점이 섭씨 100℃ 이하인 것 또는 인화점이 섭씨 영하 20℃ 이하이고 비점이 섭씨 40℃ 이하인 것을 말한다.
③ 제1석유류 : 아세톤, 휘발유 그 밖에 1기압에서 인화점이 섭씨 21℃ 미만인 것을 말한다. ★
④ 알코올류 : 1분자를 구성하는 탄소원자의 수가 1개부터 3개까지인 포화1가 알코올(변성알코올을 포함)을 말한다.
⑤ 제2석유류 : 등유, 경유 그 밖에 1기압에서 인화점이 섭씨 21℃ 이상 70℃ 미만인 것을 말한다. 다만, 도료류 그 밖의 물품에 있어서 가연성 액체량이 40wt% 이하이면서 인화점이 섭씨 40℃ 이상인 동시에 연소점이 섭씨 60℃ 이상인 것은 제외한다.
⑥ 제3석유류 : 중유, 크레오소트유 그 밖에 1기압에서 인화점이 섭씨 70℃ 이상 섭씨 200℃ 미만인 것을 말한다. 다만, 도료류 그 밖의 물품은 가연성 액체량이 40wt% 이하인 것은 제외한다.
⑦ 제4석유류 : 기어유, 실린더유 그 밖에 1기압에서 인화점이 섭씨 200℃ 이상 섭씨 250℃ 미만의 것을 말한다. 다만, 도료류 그 밖의 물품은 가연성 액체량이 40wt% 이하인 것은 제외한다.
⑧ 동식물유류 : 동물의 지육[5] 등 또는 식물의 종자나 과육으로부터 추출한 것으로서 1기압에서 인화점이 섭씨 250℃ 미만인 것을 말한다.

5) 지육
머리, 내장, 다리를 잘라 내고 아직 부위별로 나누지 않은 고기

심화 이론 | 인화점 측정의 종류

측정기기	측정결과	인화점	적용유종
태크밀폐식	0℃ 미만	측정 결과	원유, 가솔린, 등유, 항공기터빈유
	0℃ 이상~ 80℃ 이하	동점도 측정 10mm^2/s 미만 : 당해 측정결과를 인화점	
신속평형법	〃	동점도 측정 10mm^2/s 이상 : 신속평형법으로 재측정	원유, 등유, 경유, 중유
클리브랜드	80℃ 초과	클리브랜드개방컵으로 재측정	아스팔트, 유동파라핀, 절연유, 윤활유

(2) 일반성질 ★★
① 인화 위험이 매우 높다. 즉, 연소하한계와 발화점(인화점)이 매우 낮다.
② 보통 액체 비중이 1보다 작고(물보다 가볍고), 물에 녹기 힘들다(비수용성).
   참고 주수소화 시 불 붙은 유면이 확대된다.
③ 증기 비중은 1보다 커서(공기보다 무거워) 낮은 곳에 체류하여 연소 폭발의 위험이 있다.
④ 전기 부도체(절연체)이므로 정전기(점화원) 발생 우려가 높다.
⑤ 대량 연소 시 대류열과 복사열로 인해 화재가 확대되고, 흑색연기가 발생한다.

개념 CHECK
7. 제4류 위험물은 (　)가지 종류로 되어 있고, (　) 순으로 분류되어 있다.

7 7가지, 인화점

(3) 저장 및 취급
① 화기, 불티, 불꽃 등에 인화 위험이 크므로 화기관리를 철저히 한다.
② 직사광선을 피하고 통풍이 잘되는 냉암소에 보관한다.
③ 정전기 발생을 유의하고, 접지 등 안전조치를 한다.
④ 저장용기는 밀전, 밀봉하고 액체나 증기의 누설을 방지한다.
⑤ 위험물 수납용기[운반기준] : "화기엄금"

(4) 소화방법 ★
① 포, 분말, 이산화탄소, 할로젠화합물 등으로 질식소화한다.
　☞ SP소화설비 경우 살수면적당 살수밀도 이상인 경우 적응성 있음(위험물관리법)
　주의!! 주수(냉각)소화는 화재면이 확대될 위험이 있어 불가
② 수용성 위험물은 (내)알코올형 포소화약제를 사용한다.
　예 수용성 위험물 : 아세톤, 알코올 등
③ 중질유(비수용성) 화재 시 유화소화(물분무)를 한다.
④ 기타 제거소화를 한다.

06 제5류 위험물 : 자기반응성 물질
18하, 19, 20 공채 / 18, 19, 21, 22 간부

(1) 품명 및 지정수량

품명	지정수량
유기과산화물, **질**산에스터류	제1종 : 10kg 제2종 : 100kg
나이트로화합물, **나**이트로소화합물, **아**조화합물, **다**이아조화합물, **하**이드라진 유도체, **하**이드록실아민, **하**이드록실아민염류	
행정안전부령 : 금속의 아지화합물, 질산구아니딘	

자기반응성 물질이란 고체 또는 액체로서 폭발의 위험성 또는 가열분해의 격렬함을 판단하기 위하여 고시로 정하는 시험에서 고시로 정하는 성질과 상태를 나타내는 것을 말하며, 위험성 유무와 등급에 따라 제1종 또는 제2종으로 분류

심화 이론 | 자기반응성 판정기준

열분석시험 \ 압력용기시험	등급 Ⅰ	등급 Ⅱ	등급 Ⅲ
위험성 있음	제1종	제2종	제2종
위험성 없음	제1종	제2종	비위험물

불꽃암기
유질,
나나아다하하하

개념 CHECK
8. 수용성 위험물에 사용하는 포소화약제는 (내)알코올형 포소화약제를 사용한다. ( )
9. 유기과산화물의 지정수량은 ( )kg이다.

8 ○　9 10

(2) 일반성질
① 가연성이고 산소함유물질이어서 자기연소(내부연소)를 일으키기 쉬우며, 연소속도가 빠르고 폭발적이다.
② 가열·충격·마찰·이물질과 접촉 시 폭발하는 것이 많다.
③ 대부분 유기화합물이며 "유기과산화물"을 제외하고는 질소를 함유한 유기질소 화합물이다.
④ 연소할 때 다량의 가스가 발생한다.
⑤ 강산화제 등과 혼합하면 발화를 촉진시키고 위험성이 증가한다.
⑥ 장기간 저장 시 분해열의 축적으로 자연발화 위험이 커진다.

(3) 저장 및 취급
① 화원, 가열, 충격, 마찰 등의 관리통제가 필요하다.
② 직사광선을 차단하고, 용기의 파손 및 균열에 주의한다.
③ 강산화제, 강산류 등의 접촉을 피한다.
④ 소분(소량으로 나눔)하여 저장한다.
⑤ 위험물 수납용기[운반기준] : "화기엄금" 및 "충격주의"

(4) 소화방법 ★
① 산소함유 물질이어서 질식소화는 효과가 없다.
② 초기에 많은 양의 물로 냉각소화를 한다.
③ 화재 시 폭발위험이 있어 항상 안전거리를 유지하고, 접근 시 엄폐물을 이용하고, 가급적 무인방수포 등을 이용하여 진압한다.
④ 밀폐된 공간에서는 유독가스가 발생하므로, 공기호흡기 등을 착용한다.

07 제6류 위험물 : 산화성 액체 25 공채 / 25 경채 / 18, 21 간부

(1) 품명 및 지정수량

품명	지정수량
과염소산, 과산화수소, 질산	300kg
행정안전부령 : 할로젠간화합물(BrF_3, ClF_5 등)	300kg

① 산화성 액체 : 액체로서 산화력의 잠재적인 위험성을 판단하기 위하여 고시로 정하는 시험에서 고시로 정하는 성질과 상태를 나타내는 것을 말한다.
② 과산화수소 : 농도가 36wt% 이상인 것에 한하며, 산화성이 있는 것으로 본다.
③ 질산은 그 비중이 1.49 이상인 것에 한하며, 산화성이 있는 것으로 본다.

(2) 일반성질
① 모두 불연성 물질이나 대부분 산소를 함유하고 있어 가연성 물질의 연소를 돕는 지연성 물질이다.

② 모두가 무기화합물이며 물보다 무겁다(비중>1).
③ 과산화수소를 제외하고 강산성 물질이며 물에 녹기 쉽다.
④ 강산성 염류나 물과 접촉 시 발열(과산화수소 제외)하고, 가연성 물질(유기물)을 혼촉 발화한다.
⑤ 증기는 유독하며(과산화수소 제외) 피부와 접촉 시 점막을 부식시킨다.

(3) 저장 및 취급
① 직사광선 차단, 강환원제, 산화제, 유기물질, 가연성 물질과 접촉을 피한다.
② 흡습성이 강하기 때문에 내산성 용기에 보관해야 하며, 용기의 밀봉, 파손과 위험물이 새어나오지 않도록 주의한다.
③ 위험물 수납용기[운반기준] : "가연물접촉주의"

(4) 소화방법
① 과염소산과 질산은 마른 모래, 팽창질석, 팽창진주암으로 질식소화한다.
   참고 주수소화 시 물과 반응하여 발열한다.
② 과산화수소는 다량의 물로 희석소화를 한다.
③ 진압 시 공기호흡기 등 보호장구를 반드시 착용한다.
④ 유출사고 시에는 건조사 및 중화제를 사용한다.
⑤ 소량 화재 시에는 다량의 물로 희석하는 소화방법을 사용할 수 있다.
⑥ 불연성 물질로 분해 시 산소가 발생하며 대부분 산성이다.

참고 유별을 달리하는 위험물의 혼재기준[운반에 관한 기준]

구분	제1류	제2류	제3류	제4류	제5류	제6류
제1류						○
제2류				○	○	
제3류				○		
제4류		○	○		○	
제5류		○		○		
제6류	○					

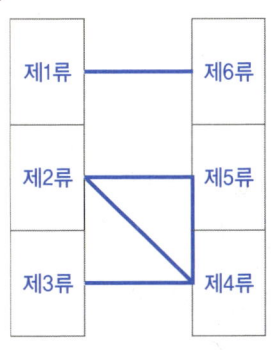

위험물 혼재기준:
1-6, 2-5, 3-4, V(2-4, 4-5)
"하나둘셋 V"

> **심화 이론 | 저장, 취급 중요 기준**
> ① 제1류 위험물 : 가연물 접촉·혼합이나 분해 촉진 물품의 접근 또는 과열·충격·마찰 금지, 알칼리금속의 과산화물 및 이를 함유한 것은 물과 접촉 피해야 함
> ② 제2류 위험물 : 산화제와 접촉·혼합이나 불티·불꽃·고온체 접근, 과열을 피하는 한편, 철분·금속분·마그네슘 및 이를 함유한 것은 물, 산 접촉을 피하고 인화성 고체는 함부로 증기 발생 금지
> ③ 제3류 위험물 중 자연발화성 물질 : 불티·불꽃·고온체와 접근·과열 또는 공기 접촉 피하고, 금수성 물질에 있어서는 물 접촉 금지
> ④ 제4류 위험물 : 불티·불꽃·고온체 접근, 과열을 피하고, 함부로 증기 발생 금지
> ⑤ 제5류 위험물 : 불티·불꽃·고온체 접근, 과열·충격·마찰 금지
> ⑥ 제6류 위험물 : 가연물 접촉·혼합이나 분해 촉진 물품의 접근 또는 과열 금지

2 위험물 화재의 특수 현상과 대처법 ★

학습 나침반

구분	현상	발생 원인	대처방법
보일오버	끓어 넘치는 현상	**열류층** 형성 + 탱크바닥 **물** 접촉	• 탱크 내부 수분 제거 • 입열 방지
슬롭오버	쏟아져 넘치는 현상	열류층 형성 + **표**면에 **물**·포말 접촉	탱크 측면 소화수 주입
프로스오버	거품이 생겨 넘치는 현상	탱크 속 **물** + 점성의 **고온** 기름에 덮힐 때	• 탱크 하부 수분 제거 • 배수밸브 설치
오일오버	유류 분출로 탱크가 파열되는 현상	탱크 내 위험물 **50%** 이하 + 증기압 상승(가열)	점화원 관리
윤화현상	탱크 가장자리에 화염이 지속되는 현상	탱크 **벽면** 고열	불화단백포 소화약제 사용

01 Boil Over(보일오버) 현상 : 끓어 넘침   24 공채 / 20 간부

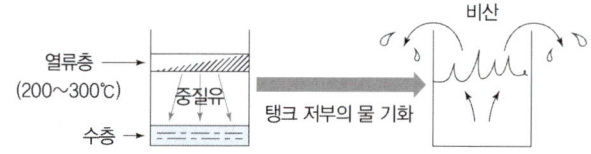

(1) 정의

중질유 탱크 화재가 장시간 진행되어 200~300℃의 **열류층**(Heat Layer)이 형성되고 이 **열류층**(열파)이 탱크 바닥에 고여 있는 물에 접촉 시 물이 수증기로 급격하게 비등되어, 불붙은 기름 등을 탱크 밖으로 분출시키는 현상이다(소방대에 가장 큰 피해).

(2) 발생과정

① 중질유 화재 발생 → 열류층(Heat Layer) 형성(약 300℃)
② 화재 진행 → 열류층의 열이 탱크 바닥의 물 가열
③ 물 → 수증기(약 1,700배 팽창) → 탱크 밖으로 분출

(3) 대처방법 : 탱크 내부 수분제거 및 입열 방지

① 탱크 하부에 배수밸브 설치 및 정기적 배수확인
② 기계적 교반으로 내부를 에멀젼 상태 유지
③ 위험물 탱크 화재 발생 방지

02 Slop Over(슬롭오버) 현상 : 쏟아져 넘침 18, 20 간부

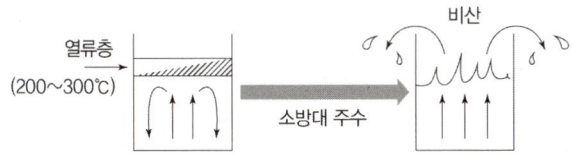

(1) 정의
열류층(Heat Layer)이 형성된 중질유 화재에서 고온층 표면에 소화수인 물, 포말이 주입되면 수분의 급격한 증발에 의해 유면에 거품이 일거나 불붙은 기름 등이 탱크 벽을 넘어서 나오게 되는 현상이다.
- 예 튀김 중인 식용유에 물(야채)이 들어가면 물이 비등하고 식용유가 튀어나오게 되는 현상

(2) 발생과정
① 열류층(Heat Layer) 형성한 중질유[열류층 아래 : 열(↓), 물질(↑)]
② 소방대의 고온층 표면 주수 → 열흐름(↑), 물질이동(↑)으로 교란
③ 열류층을 탱크 밖으로 비산시키며 연소

(3) 대처방법
중질유 탱크 화재 시 탱크 측면에 소화수 주입(유류 표면에 직접소화 금지)

03 Froth Over(프로스오버) 현상 : 거품이 생겨 넘침 18 간부

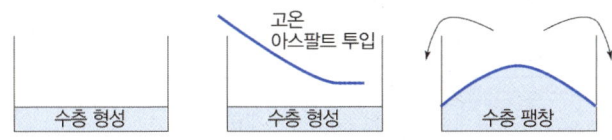

(1) 정의
① 탱크 속의 물이 점성을 가진 뜨거운 기름에 덮여 끓을 때 물의 비등으로 기름이 넘쳐 흐르는 현상을 말한다. 화재 이외의 경우로 물이 고점도 유류 아래에서 비등할 때 탱크 밖으로 물과 기름이 거품과 같은 상태로 넘치는 현상이다.
② 발생횟수는 많으나 직접적으로 화재를 일으키지 않으며, 오일오버 및 보일오버에 비해 위험도가 낮다.

(2) 대처방법
탱크 또는 용기 하부에 수분제거, 배수밸브 설치 등

개념 CHECK

13. 튀김 중인 식용유에 야채를 넣을 때 기름이 튀는 현상과 유사한 중질유의 화재 현상은?
( )

13 Slop Over(슬롭오버) 현상

04 Oil Over(오일오버) 현상 20 간부

(1) 정의
① 탱크 내부 유류가 50%(1/2) 이하의 상태에서 화재 등으로 가열 시 탱크 내 증기압이 상승하면서 유류를 외부로 분출하면서 탱크가 파열되는 현상이다.
② 보일오버, 슬롭오버, 프로스오버 보다 더 위험하다.

> 참고 보일오버는 중질유에서 발생하는 이상현상으로 화재이고, 오일오버는 경질유에서 발생하는 폭발이다.

(2) 대처방법
① 점화원 관리 등 화재발생 방지
② 탱크의 지중화 등으로 입열 억제 대책

05 Ring fire(윤화) 현상 20 간부

(1) 정의
① 유류탱크 화재에서 탱크 벽면의 고열로 유류가 가열되면 포소화약제를 방사해도 탱크 중앙부 쪽은 소화가 되나 **탱크 가장자리 부분은 포소화약제의 거품이 소멸되어 화염이 지속되는 현상**이다.
② 즉, 탱크의 가장자리(테두리)는 화염이 지속하게 되어 탱크의 용융파괴 및 유류가 유출하게 되어 화재 및 피해는 더욱 커지게 된다.

(2) 대처방법
① 내열성이 우수한 불화단백포의 소화약제를 설치한다.
② 화재 시 탱크 표면에 주수하고, 탱크내부에는 포약제를 방사한다.

요약 정리 | 유류탱크에서 발생하는 현상

명칭	개념
보일오버 (Boil over)	중질유 탱크 화재 시 탱크 유면에서부터 고온층(200~300℃, 열류층)이 확대되어 열파가 탱크 하부에 있는 에멀젼 상태의 물을 가열, 비등(기화)시켜 발생된 수증기가 체적팽창(1,700배)에 의해 상층의 유류를 탱크 밖으로 분출시키는 현상
슬롭오버 (Slop over)	중질유 탱크의 액 표면온도가 물의 비점 이상으로 올라간 상태에서 포나 소화용수를 방사했을 때 증발된 수증기와 함께 유류가 급격한 부피팽창(1,700배)으로 탱크 외부로 분출하는 현상
프로스오버 (Froth over)	점성을 가진 뜨거운 중질유(아스팔트 등)가 탱크 속의 물을 덮어 물의 비등으로 기름이 넘쳐 흐르는 현상(화재를 수반하지 않음)
오일오버 (Oil over)	탱크 내 유류가 1/2 이하(50% 이하)로 채워진 상태에서 화재로 인한 내부 압력상승으로 인한 폭발화재 현상
풀파이어 (Pool Fire)	개방된 용기에 탄화수소계 위험물이 저장된 상태에서 증발되는 연료에 착화되어 난류확산화염을 발생하는 화재(액면 위 석유화재)
링파이어 (Ring fire)	유류화재 시 방사된 포소화약제를 통해 유류 중앙부분은 소화가 되지만 가장자리는 가열된 탱크에 의해 포가 깨져 링 모양으로 화염이 올라오는 현상(윤화 현상)

개념 CHECK

14. 탱크 내부 유류가 50%(1/2) 이하의 상태에서 화재 등으로 가열 시 탱크 내 증기압이 상승하면서 유류를 외부로 분출하면서 탱크가 파열되는 현상은? ( )

14 Oil Over(오일오버) 현상

심화 이론 | 층간 연소확대 관련 용어

구분	내용
Leap frog 효과	커튼월 시스템의 **외장재가 파손**되어 하층부의 내부 화염이 외부로 노출되어 상층부의 외장재를 파손시켜 다시 내부로 재전파되는 현상
Pork Through 현상	초고층 건축물의 커튼월 시스템 시공 시 화염 및 연기전파를 막기 위해 커튼월 프레임과 건물 층간 벽면 사이에 설치된 **내화충전재(Fire-stop)**의 이탈에 의한 화염 전파현상 : 층간내장재 파손
Coanda Effect	창으로부터 분출되는 화염은 부력에 의해 상승하지만 주변으로부터 빨려드는 기류에 의해 **벽으로 밀착하여 위쪽으로** 전파되는 현상
유소(類燒)	인접건물에 비화 또는 복사열로 인한 화재 확대현상
폭렬현상 (spalling)	고강도 콘크리트가 화재 등으로 **급격한 온도(약 400°C의 고온)**상승에서 내부 수분이 **팽창** 한계점에 도달하면서 폭발하거나, 부재 표면의 콘크리트가 탈락, 박리되는 현상

[인화성 액체의 화재패턴]

종류	발생 및 개념
포어 패턴 (pour pattern) : 퍼붓기	• 인화성 액체 가연물이 바닥에 쏟아졌을 때 액체가연물이 쏟아진 부분과 쏟아지지 않은 부분의 탄화경계흔적 • 형태는 화재가 진행되면서 액체가연물이 있는 곳은 다른 곳보다 연소가 강하기 때문에 탄화정도의 강, 약에 의해서 구분
스플래쉬 패턴 (splash pattern)	• 액체가연물이 바닥에 쏟아졌을 때 추락충격에 의해서 작은 방울로 튀어 연소흔적의 경계를 넘어 부착되고 이것이 연소된 국부적인 연소흔적
고스트 마크 (ghost mark)	• 화재성장으로 액체가연물과 접착제의 화합물 타일의 틈새에서 연소하게 되어 바닥재의 틈새모양으로 변색되고 박리되어 나타나는 흔적
틈새연소 패턴 (sean burn pattern)	• 벽과 바닥의 틈새 및 모서리에 가연성 흐르거나 고이는 경우 이 액체의 연소결과 발생하는 연소패턴
도넛 패턴 (doughnut pattern)	• 중심부는 액체가연물의 증발과정에서 발생하는 기화열의 냉각효과에 의해서 덜 연소되는 부분, 주변부는 복사열 및 흡수된 액체가 연소하며 표면을 탄화시켜서 중심부를 감싸고 있는 도넛모양으로 형성되는 패턴
레인보우 이펙트 (rainbow effect)	• 물위로 뜨는 기름띠 광택을 내는 무지개처럼 보이는 형태 • 촉진제 사용이 의심할 수 있는 근거
트레일러 패턴 (Trailer pattern) : 지나간 자국 형태	• 의도적으로 한 장소에서 다른 장소로 연소를 확대시키기 위해 뿌려진 가연물의 흔적으로 반드시 액체가연물의 흔적 • 시너나 휘발유 등의 액체가연물을 이용한 트레일러의 패턴은 포어 패턴이라도 함
pool-shaped burn pattern	• 석유류 액체가연물뿐만 아니라 열가소성 플라스틱에 의해서도 발생할 수 있는 불규칙한 바닥재의 연소흔적 • 부분적인 가열이나 소락물에 의해서도 발생가능

소방학개론 화재이론 복습만이 살길이다!!!

▶ **다시보자 복습 문제 04** Check

01. 금속분은 알칼리금속·알칼리토류금속·철 및 마그네슘 외의 금속의 분말(구리분·니켈분 및 150μm의 체를 통과하는 것이 50wt% 미만인 것은 포함)을 말한다.

02. 제3류 위험물은 황린(자연발화성만 가짐), 알칼리금속(K, Na 외, 금수성만 가짐) 물질도 있지만, 자연발화성 및 금수성의 성질을 동시에 갖는 물질이 많다.

03. 인화칼슘은 주수소화를 하는 경우 포스핀 가스가 발생하게 된다.

04. 특수인화물이란 이황화탄소, 디에틸에테르 그 밖에 1기압에서 발화점이 섭씨 100℃ 이하인 것 또는 인화점이 섭씨 영하 20℃ 이하이고 비점이 섭씨 40℃ 이하인 것을 말한다.

05. 제4류 위험물은 증기 비중은 1보다 커서(공기보다 무거워) 낮은 곳에 체류하여 연소 폭발의 위험이 있고, 전기 도체이므로 정전기(점화원) 발생 우려가 높다.

06. 자기반응성 물질이란 고체 또는 액체로서 폭발의 위험성 또는 가열분해의 격렬함을 판단하기 위하여 고시로 정하는 시험에서 고시로 정하는 성질과 상태를 나타내는 것을 말하며, 위험성 유무와 등급에 따라 제1종 또는 제2종으로 분류한다.

07. 위험물 운반기준에서 제2류와 제4류는 혼재가 가능하다.

08. 위험물 저장, 취급 기준의 중요기준에서 제5류 위험물은 불티·불꽃·고온체 접근, 과열을 피하고, 함부로 증기 발생을 금지해야 한다.

09. 유류의 열파에 의해 탱크 바닥에 있던 에멀전 또는 물이 수증기로 변하면서 갑작스런 부피 팽창에 의해 유류가 탱크 외부로 분출되는 현상을 보일오버라고 한다.

10. 위험물의 종류에 따른 일반적 성상을 나타낸 것으로 옳지 않은 것은?
    ① 산화성 고체는 환원성 물질이며 황린과 철분을 포함한다.
    ② 인화성 액체는 전기 부도체이며 휘발유와 등유를 포함한다.
    ③ 산화성 고체는 불연성 물질이며 질산염류와 무기과산화물을 포함한다.
    ④ 자기반응성 물질은 연소 또는 폭발을 일으킬 수 있는 물질이며 유기과산화물, 질산에스터류를 포함한다.

11. 위험물화재의 특수현상 중 슬롭오버(Slop Over) 현상으로 옳은 것은?
    ① 점성이 큰 유류에 화재가 발생했을 때 소화용수의 유입에 의한 갑작스러운 부피 팽창으로 탱크 내의 유류가 끓어 넘치는 현상
    ② 저장탱크 속의 물이 점성을 가진 뜨거운 기름의 표면 아래에서 끓을 때 화재를 수반하지 않고 기름이 넘쳐 흐르는 현상
    ③ 가연성 가스가 연소하면서 바람을 타고 흘러가는 현상
    ④ 과열상태의 탱크 내부에서 액화가스가 분출하여 기화되어 착화되었을 때 폭발하는 현상
    [풀이] ② Froth Over, ③ 주염, ④ Bleve

🔒 1 ×(제외) 2 ○ 3 ○ 4 ○ 5 ×(부도체) 6 ○ 7 ○ 8 ×(제4류) 9 ○ 10 ①(가연성 고체 / 황린×) 11 ①

CHAPTER 04 화재조사

1 화재조사의 개요(목적, 방법, 절차 등)

01 화재조사의 정의와 목적

(1) 화재조사의 정의

① 화재원인을 규명하고 화재로 인한 피해를 산정하기 위하여 자료의 수집, 관계자 등에 질문, 현장확인, 감식, 감정 및 실험 등을 행하는 일련의 과정을 말한다(화재원인과 발화부를 결정).

② 소방이란 통계에 의해 화재가 일어나는 확률을 낮추는 것인데, 이 통계의 기초가 될 수 있는 것이 화재조사이며, 이를 바탕으로 하여 추후 화재가 일어날 확률을 줄이는 것을 말한다.

(2) 화재조사의 목적

① 화재에 의한 피해를 알리고 유사화재 방지와 피해 경감에 사용한다.
② 출화원인을 규명하고 예방행정 자료로 사용한다.
③ 화재확대 및 연소원인을 규명하여 예방 및 진압대책상의 자료로 활용한다.
④ 사상자의 발생원인과 방화관리상황 등을 규명하여 인명구조 및 안전대책의 자료로 사용한다.
⑤ 화재의 발생상황, 원인 손해상황 등을 통계화하여 널리 소방정보를 수집하고 행정시책의 자료로 사용한다.

> 참고 단순 책임소재 규명 또는 범죄수사 목적 ✕

개념 CHECK

1. 화재조사의 목적은 화재 발생의 원인을 규명하고 발생시킨 자를 강력하게 처벌하는 것에 목적이 있다. ( )

1 ✕

이중희 소방공무원

불꽃암기
화재조사 특징 : 현신과, 보안강, 프리

02 화재조사 특징 22 공채

현장성	필요한 정보는 현장에 있다.
신속성	초기에 현장보존, 증거물확보, 진술 등 정확한 정보가 필요하다.
정밀과학성	과학적이고, 합리적인 방법이 요구된다.
보존성	증거물은 상태 그대로 보존이 필요하다(관리의 중요성).
안전성	조사자의 안전성이 확보되어야 한다.
강제성	법률적 행위로 강제성을 지닌다.
프리즘식	조사자와 관계인들의 다양한 조사가 필요하다. 참고 경제성 ×, 일체성 ×

03 과학적 접근방법

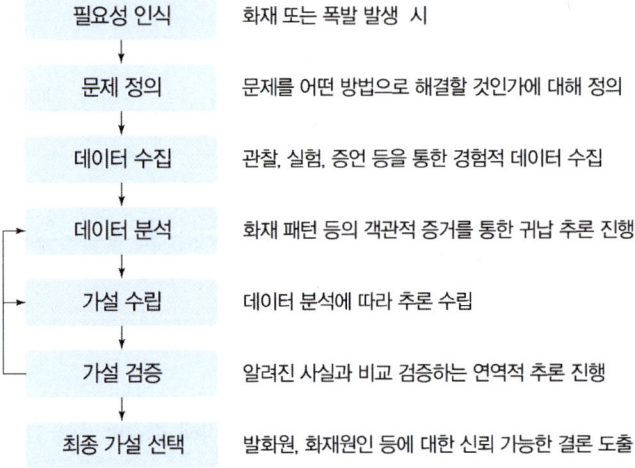

04 화재조사절차

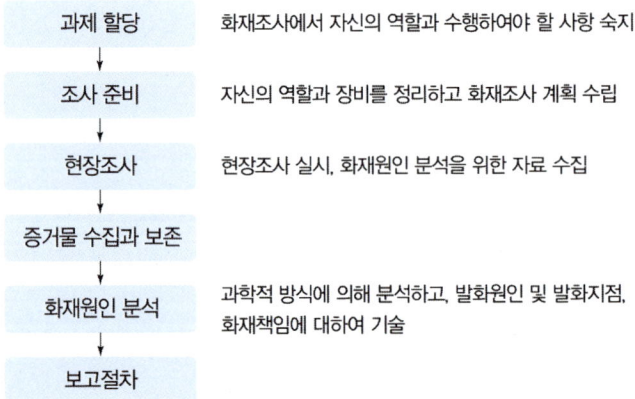

개념 CHECK
2. 화재조사절차는 과제할당 → 조사준비 → 현장조사 → 증거물 수집과 보존 → ( ) → 보고절차 순이다.

2 화재원인 분석

2 화재조사 및 보고규정 [2023.3.8. 시행]

제1조(목적)

이 규정은 「소방의 화재조사에 관한 법률」 및 같은 법 시행령, 시행규칙에 따라 화재조사의 집행과 보고 및 사무처리에 필요한 사항을 정하는 것을 목적으로 한다.

제2조(정의) 18, 19 간부

용어	내용
조사	• **감식** : 화재원인의 판정을 위하여 **전문적인 지식, 기술 및 경험을 활용**하여 주로 **시각에 의한 종합적인 판단**으로 구체적인 사실관계를 명확하게 규명하는 것 • **감정** : 화재와 관계되는 물건의 형상, 구조, 재질, 성분, 성질 등 이와 관련된 모든 현상에 대하여 **과학적 방법에 의한 필요한 실험**을 행하고 그 결과를 근거로 **화재원인을 밝히는 자료**를 얻는 것
발화원	• **발화** : 열원에 의하여 가연물질에 **지속적으로 불이 붙는 현상** • **발화열원** : 발화의 **최초원인**이 된 불꽃 또는 열 • **발화지점** : 열원과 가연물이 상호작용하여 **화재 시작된 지점** • **발화장소** : 화재가 **발생한 장소** • **최초착화물** : 발화열원에 의해 **불 붙은 최초 가연물** • **발화요인** : 발화열원에 의하여 발화로 이어진 연소현상에 영향을 준 **인적·물적·자연적인 요인** • **발화관련 기기** : 발화에 관련된 **불꽃 또는 열** 발생시킨 기기 또는 장치나 제품 • **동력원** : 발화관련 기기나 제품을 작동 또는 연소시킬 때 사용되어진 **연료 또는 에너지** • **연소확대물** : 연소가 **확대**되는데 있어 **결정적 영향**을 미친 가연물
손실보상	• **재구입비** : 화재 당시의 피해물과 같거나 비슷한 것을 재건축(설계 감리비 포함) 또는 재취득 필요 금액 • **내용연수** : 고정자산을 **경제적으로 사용**할 수 있는 연수(내구연한) • **손해율** : 피해물의 종류, 손상 상태 및 정도에 따라 피해액을 적정화시키는 일정한 비율 • **잔가율** : 화재 당시에 피해물의 **재구입비**에 대한 **현재가의 비율** ☞ 화재 당시 잔존하는 경제적 가치 　－ 현재가(시가) = 재구입비 × 잔가율 　－ 잔가율 = (재구입비 − 감가수정액) / 재구입비 　－ 잔가율 = 100% − 감가수정률 　－ 잔가율 = $1 - (1- 최종잔가율) \times \dfrac{경과년수}{내용연수}$ • **최종잔가율** : 피해물의 **경제적 내용연수**가 다한 경우 잔존하는 가치의 재구입비에 대한 비율(**건물, 부대설비, 구축물, 가재도구는 20%, 그외 자산 10%**) 　예 차량 : 중고부품 내지 고철로 경제적 가치 잔존됨

소방 활동등	• 접수 : 119종합상황실(상황실)에서 유·무선 전화 또는 다매체 통해 화재 등 신고 받는 것 • 출동 : 화재 접수하고 상황실로부터 출동지령 받아 소방대가 차고 등에서 출발하는 것 • 도착 : 출동지령을 받고 출동한 소방대가 현장에 도착하는 것 • 선착대 : 화재현장에 **가장 먼저** 도착한 소방대 • 초진 : 소방대의 소화활동으로 화재확대의 위험이 현저하게 줄어들거나 없어진 상태 • 잔불정리 : 화재 진압 후 **잔불 점검, 처리**(열 의한 수증기나 화염 없이 **연기만 발생, 연소현상 포함**) • 완진 : 소방대에 의한 소화활동의 필요성이 사라진 것 • 철수 : 진화가 끝난 후, 소방대가 화재현장에서 복귀하는 것 • 재발화감시 : 화재 진화 후 화재가 재발되지 않도록 **감시조를** 편성하여 일정 시간 동안 감시하는 것

제3조(화재조사의 개시 및 원칙) 20, 22 공채

① 「소방의 화재조사에 관한 법률」(이하 "법"이라 한다) 제5조 제1항에 따라 화재조사관(이하 "조사관"이라 한다)은 화재발생 사실을 인지하는 즉시 화재조사(이하 "조사"라 한다)를 시작해야 한다.

> **소방의 화재조사에 관한 법률 제5조(화재조사의 실시)**
> ① 소방청장, 소방본부장 또는 소방서장(이하 "소방관서장"이라 한다)은 화재발생 사실을 알게 된 때에는 지체 없이 화재조사를 하여야 한다. 이 경우 수사기관의 범죄수사에 지장을 주어서는 아니 된다.

② 소방관서장은 「소방의 화재조사에 관한 법률 시행령」(이하 "영"이라 한다) 제4조 제1항에 따라 조사관을 근무 교대조별로 2인 이상 배치하고, 「소방의 화재조사에 관한 법률 시행규칙」(이하 "규칙"이라 한다) 제3조에 따른 장비·시설을 기준 이상으로 확보하여 조사업무를 수행하도록 하여야 한다.

> **소방의 화재조사에 관한 법률 시행령 제4조(화재조사전담부서의 구성·운영)**
> ① 소방관서장은 법 제6조 제1항에 따른 화재조사전담부서(이하 "전담부서"라 한다)에 화재조사관을 2명 이상 배치해야 한다
>
> **소방의 화재조사에 관한 법률 시행규칙 제3조(전담부서의 장비·시설)**
> 「소방의 화재조사에 관한 법률 시행령」(이하 "영"이라 한다) 제4조 제2항에서 "화재조사를 위한 감식·감정 장비 등 행정안전부령으로 정하는 장비와 시설"이란 별표의 장비와 시설을 말한다.

③ 조사는 물적 증거를 바탕으로 과학적인 방법을 통해 합리적인 사실의 규명을 원칙으로 한다.

제4조(화재조사관의 책무)

① 조사관은 조사에 필요한 전문적 지식과 기술의 습득에 노력하여 조사업무를 능률적이고 효율적으로 수행해야 한다.
② 조사관은 그 직무를 이용하여 관계인등의 민사분쟁에 개입해서는 아니 된다.

제5조(화재출동대원 협조)
① 화재현장에 출동하는 소방대원은 조사에 도움이 되는 사항을 확인하고, 화재현장에서도 소방활동 중에 파악한 정보를 조사관에게 알려주어야 한다.
② 화재현장의 선착대 선임자는 철수 후 지체 없이 국가화재정보시스템에 별지 제2호서식 화재현장출동보고서를 작성·입력해야 한다.

제6조(관계인등 협조)
① 화재현장과 기타 관계있는 장소에 출입할 때에는 관계인등의 입회 하에 실시하는 것을 원칙으로 한다.
② 조사관은 조사에 필요한 자료 등을 관계인등에게 요구할 수 있으며, 관계인등이 반환을 요구할 때는 조사의 목적을 달성한 후 관계인등에게 반환해야 한다.

제7조(관계인등 진술)
① 법 제9조 제1항에 따라 관계인등에게 질문을 할 때에는 시기, 장소 등을 고려하여 진술하는 사람으로부터 임의진술을 얻도록 해야 하며 진술의 자유 또는 신체의 자유를 침해하여 임의성을 의심할 만한 방법을 취해서는 아니 된다.

> **소방의 화재조사에 관한 법률 제9조(출입·조사 등)**
> ① 소방관서장은 화재조사를 위하여 필요한 경우에 관계인에게 보고 또는 자료 제출을 명하거나 화재조사관으로 하여금 해당 장소에 출입하여 화재조사를 하게 하거나 관계인등에게 질문하게 할 수 있다.

② 관계인등에게 질문을 할 때에는 희망하는 진술내용을 얻기 위하여 상대방에게 암시하는 등의 방법으로 유도해서는 아니 된다.
③ 획득한 진술이 소문 등에 의한 사항인 경우 그 사실을 직접 경험한 관계인등의 진술을 얻도록 해야 한다.
④ 관계인등에 대한 질문 사항은 별지 제10호서식 질문기록서에 작성하여 그 증거를 확보한다.

제8조(감식 및 감정)
① 소방관서장은 조사 시 전문지식과 기술이 필요하다고 인정되는 경우 국립소방연구원 또는 화재감정기관 등에 감정을 의뢰할 수 있다.
② 소방관서장은 과학적이고 합리적인 화재원인 규명을 위하여 화재현장에서 수거한 물품에 대하여 감정을 실시하고 화재원인 입증을 위한 재현실험 등을 할 수 있다.

제9조(화재 유형) 18 간부

① 법 제2조 제1항 제1호의 화재는 다음 각 호와 같이 그 유형을 구분한다.

> **소방의 화재조사에 관한 법률 제2조(정의)**
> ① 이 법에서 사용하는 용어의 뜻은 다음과 같다.
> 1. "화재"란 사람의 의도에 반하거나 고의 또는 과실에 의하여 발생하는 연소 현상으로서 소화할 필요가 있는 현상 또는 사람의 의도에 반하여 발생하거나 확대된 화학적 폭발현상을 말한다.

1. 건축·구조물화재 : 건축물, 구조물 또는 그 수용물이 소손된 것
2. 자동차·철도차량화재 : 자동차, 철도차량 및 피견인 차량 또는 그 적재물이 소손된 것
3. 위험물·가스제조소등 화재 : 위험물제조소등, 가스제조·저장·취급시설 등이 소손된 것
4. 선박·항공기화재 : 선박, 항공기 또는 그 적재물이 소손된 것
5. 임야화재 : 산림, 야산, 들판의 수목, 잡초, 경작물 등이 소손된 것
6. 기타화재 : 위의 각 호에 해당되지 않는 화재

② 제1항의 화재가 복합되어 발생한 경우에는 화재의 구분을 화재피해금액이 큰 것으로 한다. 다만, 화재피해금액으로 구분하는 것이 사회관념상 적당하지 않을 경우에는 발화장소로 화재를 구분한다.

제10조(화재건수 결정) ★ 22 공채 / 18, 20 간부

1건의 화재란 1개의 발화지점에서 확대된 것으로 발화부터 진화까지를 말한다. 다만, 다음 경우는 각 호에 따른다.

1. 동일범이 아닌 각기 다른 사람에 의한 방화, 불장난은 동일 대상물에서 발화했더라도 각각 별건의 화재로 한다.
2. 동일 소방대상물의 발화점이 2개소 이상 있는 다음의 화재는 1건의 화재로 한다.
   가. 누전점이 동일한 누전에 의한 화재
   나. 지진, 낙뢰 등 자연현상에 의한 다발화재
3. 발화지점이 한 곳인 화재현장이 둘 이상의 관할구역에 걸친 화재는 발화지점이 속한 소방서에서 1건의 화재로 산정한다. 다만, 발화지점 확인이 어려운 경우에는 화재피해금액이 큰 관할구역 소방서의 화재 건수로 산정한다.

제11조(발화일시 결정) 18 간부

발화일시의 결정은 관계인등의 화재발견 상황통보(인지)시간 및 화재발생 건물의 구조, 재질 상태와 화기취급 등의 상황을 종합적으로 검토하여 결정한다. 다만, 자체진화 등 사후인지 화재로 그 결정이 곤란한 경우에는 발화시간을 추정할 수 있다.

제12조(화재의 분류)

화재원인 및 장소 등 화재의 분류는 소방청장이 정하는 **국가화재분류체계에 의한 분류표**에 의하여 분류한다.

제13조(사상자) 20 공채 / 18 간부

사상자는 화재현장에서 사망한 사람과 부상당한 사람을 말한다. 다만, 화재현장에서 부상을 당한 후 72시간 이내에 사망한 경우에는 당해 화재로 인한 사망으로 본다.

제14조(부상자 분류)

부상의 정도는 의사의 진단을 기초로 하여 다음 각 호와 같이 분류한다.
1. 중상 : 3주 이상의 입원치료를 필요로 하는 부상을 말한다.
2. 경상 : 중상 이외의 부상(입원치료를 필요로 하지 않는 것도 포함한다)을 말한다. 다만, 병원 치료를 필요로 하지 않고 단순하게 연기를 흡입한 사람은 제외한다.

제15조(건물 동수 산정)

건물 동수의 산정은 별표 1에 따른다.

[별표 1] 건물의 동수 산정 ★
1. 주요구조부가 하나로 연결되어 있는 것은 1동으로 한다. 다만 건널 복도 등으로 2 이상의 동에 연결되어 있는 것은 그 부분을 절반으로 분리하여 각 동으로 본다.
2. 건물의 외벽을 이용하여 실을 만들어 헛간, 목욕탕, 작업실, 사무실 및 기타 건물 용도로 사용하고 있는 것은 주건물과 같은 동으로 본다(그림 1).

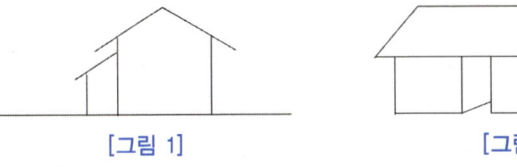

[그림 1]   [그림 2]

3. 구조에 관계없이 지붕 및 실이 하나로 연결되어 있는 것은 **같은 동**으로 본다(그림 2).
4. **목조 또는 내화조 건물의 경우 격벽으로 방화구획**이 되어 있는 경우도 **같은 동으로** 한다(그림 3).

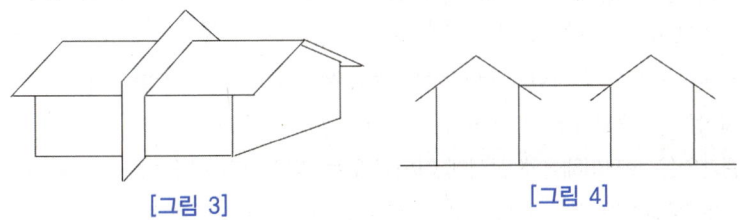

[그림 3]   [그림 4]

5. 독립된 건물과 건물 사이에 차광막, 비막이 등의 덮개를 설치하고 그 밑을 통로 등으로 **사용**하는 경우는 **다른 동**으로 한다.
   예) 작업장과 작업장 사이에 조명유리 등으로 비막이를 설치하여 지붕과 지붕이 연결되어 있는 경우(그림 4)

개념 CHECK

4. 사상자는 화재현장에서 부상을 당한 후 (　　)시간이 내에 사망한 경우에는 당해 화재로 인한 사망으로 본다.

5. 건물동수의 산정에서 목조 또는 내화조 건물의 경우 격벽으로 방화구획이 되어 있는 경우도 같은 동으로 한다. (　　)

4 72 5 ○

6. 내화조 건물의 옥상에 목조 또는 방화구조 건물이 별도 설치되어 있는 경우는 다른 동으로 한다. 다만, 이들 건물의 기능상 하나인 경우(옥내 계단이 있는 경우)는 같은 동으로 한다. [주의!] 1호와 구별
7. 내화조 건물의 외벽을 이용하여 목조 또는 방화구조건물이 별도 설치되어 있고 건물 내부와 구획되어 있는 경우 다른 동으로 한다. 다만, 주된 건물에 부착된 건물이 옥내로 출입구가 연결되어 있는 경우와 기계설비 등이 쌍방에 연결되어 있는 경우 등 건물 기능상 하나인 경우는 같은 동으로 한다.

제16조(소실정도) ★★ 20 공채 / 18, 20 간부

① 건축·구조물의 소실정도는 다음의 각 호에 따른다.
　1. **전소** : 건물의 70% 이상(**입**체면적에 대한 비율을 말한다. 이하 같다)이 소실되었거나 또는 그 미만이라도 **잔**존부분을 보수하여도 **재**사용이 **불**가능한 것
　2. **반소** : 건물의 30% 이상 70% 미만이 소실된 것
　3. **부분소** : 제1호, 제2호에 해당하지 아니하는 것
② 자동차·철도차량, 선박·항공기 등의 소실정도는 제1항의 규정을 준용한다.

제17조(소실면적 산정) 23 공채 / 20 간부

① 건물의 소실면적 산정은 **소실 바닥**면적으로 산정한다. ★
② 수손 및 기타 파손의 경우에도 제1항의 규정을 준용한다.

제18조(화재피해금액 산정)

① 화재피해금액은 화재 당시의 피해물과 동일한 구조, 용도, 질, 규모를 재건축 또는 재구입하는데 소요되는 가액에서 경과연수 등에 따른 감가공제를 하고 현재가액을 산정하는 실질적·구체적 방식에 따른다. 다만, 회계장부상 현재가액이 입증된 경우에는 그에 따른다.
② 제1항의 규정에도 불구하고 정확한 피해물품을 확인하기 곤란한 경우에는 소방청장이 정하는 「화재피해금액 산정매뉴얼」(이하 "매뉴얼"이라 한다)의 간이평가방식으로 산정할 수 있다.
③ 건물 등 자산에 대한 최종잔가율은 건물·부대설비·구축물·가재도구는 20%로 하며, 그 이외의 자산은 10%로 정한다.
④ 건물 등 자산에 대한 내용연수는 매뉴얼에서 정한 바에 따른다.
⑤ 대상별 화재피해금액 산정기준은 **별표 2**에 따른다.
⑥ 관계인은 화재피해금액 산정에 이의가 있는 경우 별지 제12호서식 또는 별지 제12호의2서식에 따라 관할 소방관서장에게 재산피해신고를 할 수 있다.
⑦ 제6항에 따른 신고서를 접수한 관할 소방관서장은 화재피해금액을 재산정해야 한다.

불꽃암기
소실정도 : 전반부
전소 : 전7입 잔재불

불꽃암기
소실면적 산정 : 소실 바닥

개념 CHECK
6. 화재의 소실정도에서 반소는 건물의 (　)% 이상 (　)% 미만이 소실된 경우를 말한다.
7. 소실면적의 산정에서 건물의 소실면적 산정은 소실 (　)으로 산정한다.

6 30%, 70%　7 바닥면적

제19조(세대수 산정)

세대수는 거주와 생계를 함께 하고 있는 사람들의 집단 또는 하나의 가구를 구성하여 살고 있는 독신자로서 자신의 주거에 사용되는 건물에 대하여 재산권을 행사할 수 있는 사람을 1세대로 산정한다.

요약 정리 | 화재조사 보고규정 요약

구분	내용	
화재 유형 [소손된것] ☞ 발화지점 분류 유사 18 기출	• 건축·구조물화재 : 건축물, 구조물 또는 그 수용물 • 자동차·철도차량화재 : 자동차, 철도차량 및 피견인 차량 또는 그 적재물 • 위험물·가스제조소등 화재 : 위험물제조소등, 가스제조·저장·취급시설 등 • 선박·항공기화재 : 선박, 항공기 또는 그 적재물 • 임야화재 : 산림, 야산, 들판의 수목, 잡초, 경작물 등 • 기타화재 : 위의 각 호에 해당되지 않는 화재	
화재 구분	• 화재가 복합되어 발생한 경우 화재의 구분을 **화재피해금액 큰 것** • 화재피해금액 구분이 사회관념상 적당하지 않을 경우 **발화장소로 구분**	
화재 건수 22 기출	• 1건 : 1개의 발화지점에서 확대된 것으로 발화부터 진화 • 발화지점 확인이 어려운 경우 화재피해금액이 큰 관할구역 소방서 화재 건수	
	별건	동일범이 아닌 각기 다른 사람에 의한 방화, 불장난은 동일 대상물에서 발화했더라도 각각 **별건**

	1건	• 동일 소방대상물의 발화점이 2개소 이상 있는 다음 화재
		  - 누전점 동일한 누전에 의한 화재
		  - 지진, 낙뢰 등 자연현상에 의한 다발화재
		  - 발화지점이 한 곳인 화재현장이 둘 이상의 관할구역에 걸친 화재(발화지점 소방서 1건)

발화 일시 23 기출	• 발화 일시의 결정은 관계인등의 화재발견 상황통보(인지)시간 및 화재발생 건물의 구조, 재질 상태와 화기취급 등의 상황을 종합적으로 검토하여 결정 • 다만, 자체진화 등 사후인지 화재로 결정 곤란한 경우 발화시간 추정 가능	
화재 분류	• 화재원인 및 장소 등 화재의 분류는 소방청장이 정하는 **국가화재분류체계**에 의한 **분류표**로 분류	
사상자	• 사상자 : 화재현장에서 사망한 사람과 부상당한 사람 • 화재현장에서 부상 후 **72시간 이내에 사망**한 경우 당해 화재로 인한 사망	
부상자	• 중상 : 3주 이상의 입원치료 필요 • 경상 : 중상 이외의 부상(입원치료 필요 않는 것 포함) - 병원 치료를 필요로 하지 않고 단순 연기 흡입한 사람 제외	

불꽃암기
소실정도 : 전반부
소실면적 : 소실 바닥

소실정도 23 기출	• 건축·구조물, 자동차·철도차량, 선박·항공기 등의 소실정도 • **전소** : 건물의 70% 이상(입체면적 비율)이 소실 또는 미만이라도 잔존부분 보수해도 재사용 불가능 • **반소** : 건물의 30% 이상 70% 미만 소실 • **부분소** : 그외
소실면적 24 기출	• 건물, 수손 및 기타 파손의 소실면적 산정은 **소실 바닥**면적으로 산정
화재피해 금액 산정	• 화재피해금액은 화재 당시 피해물과 동일한 구조, 용도, 질, 규모를 재건축 또는 재구입에 소요되는 가액에서 경과연수 등에 따른 감가공제를 하고 현재가액을 산정하는 실질적·구체적 방식. 다만, 회계장부상 현재가액이 입증된 경우 그에 따른다. • 정확한 피해물품을 확인하기 곤란한 경우 소방청장이 정하는 「화재피해금액 산정매뉴얼」("매뉴얼")의 간이평가방식으로 산정가능 • 건물 등 자산에 대한 최종잔가율은 건물·부대설비·구축물·가재도구는 20%, 그외 자산 10% 23 기출 • 건물 등 자산에 대한 내용연수는 매뉴얼에서 정한 바 • 대상별 화재피해금액 산정기준은 별표 2 • 관계인은 화재피해금액 산정에 이의가 있는 경우 관할 소방관서장에게 재산피해신고를 할 수 있음 • 신고서를 접수한 관할 소방관서장은 화재피해금액을 재산정

제20조(화재합동조사단 운영 및 종료) ★
18하, 19, 20, 21, 22, 25 공채 / 25 경채 / 19 유사, 22 간부 - 화재원인조사, 화재피해조사

① 소방관서장은 영 제7조 제1항에 해당하는 화재가 발생한 경우 다음 각 호에 따라 화재합동조사단을 구성하여 운영하는 것을 원칙으로 한다.

> **소방의 화재조사에 관한 법률 시행령 제7조(화재합동조사단의 구성·운영)**
> ① 법 제7조 제1항에서 "사상자가 많거나 사회적 이목을 끄는 화재 등 대통령령으로 정하는 대형화재"란 다음 각 호의 화재를 말한다.
>   1. 사망자가 5명 이상 발생한 화재
>   2. 화재로 인한 사회적·경제적 영향이 광범위하다고 소방관서장이 인정하는 화재

1. 소방청장 : 사상자가 30명 이상이거나 2개 시·도 이상에 걸쳐 발생한 화재 (임야화재는 제외한다. 이하 같다.)
2. 소방본부장 : 사상자가 20명 이상이거나 2개 시·군·구 이상에 발생한 화재
3. 소방서장 : 사망자가 5명 이상이거나 사상자가 10명 이상 또는 재산피해액이 100억원 이상 발생한 화재

② 제1항에도 불구하고 소방관서장은 영 제7조 제1항 제2호 및 「소방기본법 시행규칙」 제3조 제2항 제1호에 해당하는 화재에 대하여 화재합동조사단을 구성하여 운영할 수 있다.

소방의 화재조사에 관한 법률 시행령 제7조(화재합동조사단의 구성·운영)
① 법 제7조 제1항에서 "사상자가 많거나 사회적 이목을 끄는 화재 등 대통령령으로 정하는 대형화재"란 다음 각 호의 화재를 말한다.
　2. 화재로 인한 사회적·경제적 영향이 광범위하다고 소방관서장이 인정하는 화재

요약 정리 | 화재합동조사단 운영대상

대상	• 소방청장 : 사상자 30명 이상 or 2개 시·도 이상(임야화재 제외) • 소방본부장 : 사상자 20명 이상 or 2개 시·군·구 이상(임야화재 제외) • 소방서장 : 사상자 10명 이상 or 사망자 5명 이상 or 재산피해액 100억원 이상(임야화재 제외)
권한	• 소방관서장은 자격자 중 단장 1명과 단원 4명 이상을 화재합동조사단원으로 임명, 위촉가능 • 화재합동조사단원은 화재현장 지휘자 및 조사관, 출동 소방대원과 협력하여 조사와 관련된 정보 수집가능 • 소방관서장은 조사단의 조사가 완료되었거나, 계속 유지할 필요가 없는 경우 업무 종료하고 해산가능

불꽃암기
화재합동조사단 대상 :
• 청32시,
• 본22시,
• 서15백

소방기본법 시행규칙 제3조(종합상황실의 실장의 업무 등)
② 종합상황실의 실장은 다음 각 호의 어느 하나에 해당하는 상황이 발생하는 때에는 그 사실을 지체 없이 **별지 제1호서식**에 따라 서면·팩스 또는 컴퓨터통신 등으로 소방서의 종합상황실의 경우는 소방본부의 종합상황실에, 소방본부의 종합상황실의 경우는 소방청의 종합상황실에 각각 보고해야 한다.
　1. 다음 각목의 1에 해당하는 화재
　　가. 사망자가 5인 이상 발생하거나 사상자가 10인 이상 발생한 화재
　　나. 이재민이 100인 이상 발생한 화재
　　다. 재산피해액이 50억원 이상 발생한 화재
　　라. 관공서·학교·정부미도정공장·문화재·지하철 또는 지하구의 화재
　　마. 관광호텔, 층수(「건축법 시행령」 제119조 제1항 제9호의 규정에 의하여 산정한 층수를 말한다. 이하 이 목에서 같다)가 11층 이상인 건축물, 지하상가, 시장, 백화점, 「위험물안전관리법」 제2조 제2항의 규정에 의한 지정수량의 3천배 이상의 위험물의 제조소·저장소·취급소, 층수가 5층 이상이거나 객실이 30실 이상인 숙박시설, 층수가 5층 이상이거나 병상이 30개 이상인 종합병원·정신병원·한방병원·요양소, 연면적 1만5천제곱미터 이상인 공장 또는 「화재의 예방 및 안전관리에 관한 법률」 제18조 제1항 각 목에 따른 화재예방강화지구에서 발생한 화재
　　바. 철도차량, 항구에 매어둔 총 톤수가 1천톤 이상인 선박, 항공기, 발전소 또는 변전소에서 발생한 화재
　　사. 가스 및 화약류의 폭발에 의한 화재
　　아. 「다중이용업소의 안전관리에 관한 특별법」 제2조에 따른 다중이용업소의 화재

③ 소방관서장은 영 제7조 제2항과 영 제7조 제4항에 해당하는 자 중에서 단장 1명과 단원 4명 이상을 화재합동조사단원으로 임명하거나 위촉할 수 있다.

> **소방의 화재조사에 관한 법률 시행령 제7조(화재합동조사단의 구성·운영)**
> ② 법 제7조 제1항에 따른 화재합동조사단(이하 "화재합동조사단"이라 한다)의 단원은 다음 각 호의 어느 하나에 해당하는 사람 중에서 소방관서장이 임명하거나 위촉한다.
> 1. 화재조사관
> 2. 화재조사 업무에 관한 경력이 3년 이상인 소방공무원
> 3. 「고등교육법」 제2조에 따른 학교 또는 이에 준하는 교육기관에서 화재조사, 소방 또는 안전관리 등 관련 분야 조교수 이상의 직에 3년 이상 재직한 사람
> 4. 「국가기술자격법」에 따른 국가기술자격의 직무분야 중 안전관리 분야에서 산업기사 이상의 자격을 취득한 사람
> 5. 그 밖에 건축·안전 분야 또는 화재조사에 관한 학식과 경험이 풍부한 사람
> ④ 소방관서장은 화재합동조사단 운영을 위하여 관계 행정기관 또는 기관·단체의 장에게 소속 공무원 또는 소속 임직원의 파견을 요청할 수 있다.

④ 화재합동조사단원은 화재현장 지휘자 및 조사관, 출동 소방대원과 협력하여 조사와 관련된 정보를 수집할 수 있다.
⑤ 소방관서장은 화재합동조사단의 조사가 완료되었거나, 계속 유지할 필요가 없는 경우 업무를 종료하고 해산시킬 수 있다.

제21조(조사서류의 서식)

"생략"

제22조(조사 보고)

① 조사관이 조사를 시작한 때에는 소방관서장에게 지체 없이 별지 제1호서식 화재·구조·구급상황보고서를 작성·보고해야 한다.
② 조사의 최종 결과보고는 다음 각 호에 따른다.
  1. 「소방기본법 시행규칙」 제3조 제2항 제1호에 해당하는 화재 : 별지 제1호서식 내지 제11호서식까지 작성하여 화재 발생일로부터 30일 이내에 보고해야 한다.
  2. 제1호에 해당하지 않는 화재 : 별지 제1호서식 내지 제11호서식까지 작성하여 화재 발생일로부터 15일 이내에 보고해야 한다.
③ 제2항에도 불구하고 다음 각 호의 정당한 사유가 있는 경우에는 소방관서장에게 사전 보고를 한 후 필요한 기간만큼 조사 보고일을 연장할 수 있다.
  1. 법 제5조 제1항 단서에 따른 수사기관의 범죄수사가 진행 중인 경우

> **소방의 화재조사에 관한 법률 제5조(화재조사의 실시)**
> ① 소방청장, 소방본부장 또는 소방서장(이하 "소방관서장"이라 한다)은 화재발생 사실을 알게 된 때에는 지체 없이 화재조사를 하여야 한다. 이 경우 수사기관의 범죄수사에 지장을 주어서는 아니 된다.

  2. 화재감정기관 등에 감정을 의뢰한 경우
  3. 추가 화재현장조사 등이 필요한 경우
④ 제3항에 따라 조사 보고일을 연장한 경우 그 사유가 해소된 날부터 10일 이내에 소방관서장에게 조사결과를 보고해야 한다.

⑤ 치외법권지역 등 조사권을 행사할 수 없는 경우는 조사 가능한 내용만 조사하여 제21조 각 호의 조사 서식 중 해당 서류를 작성·보고한다.
⑥ 소방본부장 및 소방서장은 제2항에 따른 조사결과 서류를 영 제14조에 따라 국가화재정보시스템에 입력·관리해야 하며 영구보존방법에 따라 보존해야 한다.

> **소방의 화재조사에 관한 법률 시행령 제14조(국가화재정보시스템의 운영)**
> ① 소방청장은 법 제19조 제1항에 따른 국가화재정보시스템(이하 "국가화재정보시스템"이라 한다)을 활용하여 다음 각 호의 화재정보를 수집·관리해야 한다.

제23조(화재증명원의 발급)

① 소방관서장은 화재증명원을 발급받으려는 자가 규칙 제9조 제1항에 따라 발급신청을 하면 규칙 별지 제3호서식에 따라 화재증명원을 발급해야 한다. 이 경우 「민원 처리에 관한 법률」 제12조의2 제3항에 따른 통합전자민원창구로 신청하면 전자민원문서로 발급해야 한다.
② 소방관서장은 화재피해자로부터 소방대가 출동하지 아니한 화재장소의 화재증명원 발급신청이 있는 경우 조사관으로 하여금 사후 조사를 실시하게 할 수 있다. 이 경우 민원인이 제출한 별지 제13호서식의 사후조사 의뢰서의 내용에 따라 발화장소 및 발화지점의 현장이 보존되어 있는 경우에만 조사를 하며, 별지 제2호서식의 화재현장출동보고서 작성은 생략할 수 있다.
③ 화재증명원 발급 시 인명피해 및 재산피해 내역을 기재한다. 다만, 조사가 진행 중인 경우에는 "조사 중"으로 기재한다.
④ 재산피해내역 중 피해금액은 기재하지 아니하며 피해물건만 종류별로 구분하여 기재한다. 다만, 민원인의 요구가 있는 경우에는 피해금액을 기재하여 발급할 수 있다.
⑤ 화재증명원 발급신청을 받은 소방관서장은 발화장소 관할 지역과 관계없이 발화장소 관할 소방서로부터 화재사실을 확인받아 화재증명원을 발급할 수 있다.

제24조(화재통계관리)

소방청장은 화재통계를 소방정책에 반영하고 유사한 화재를 예방하기 위해 매년 통계연감을 작성하여 국가화재정보시스템 등에 공표해야 한다.

제25조(조사관의 교육훈련)

① 규칙 제5조 제4항에 따라 조사에 관한 교육훈련에 필요한 과목은 별표 3으로 한다.

> **소방의 화재조사에 관한 법률 시행규칙 제5조(화재조사에 관한 교육훈련)**
> ④ 제1항부터 제3항까지에서 규정한 사항 외에 화재조사에 관한 교육훈련에 필요한 사항은 소방청장이 정한다.

② 제1항의 교육과목별 시간과 방법은 소방본부장, 소방서장 또는 「소방공무원 교육훈련규정」 제13조에 따라 교육과정을 운영하는 교육훈련기관의 장이 정한다. 다만, 규칙 제5조 제2항에 따른 의무 보수교육 시간은 4시간 이상으로 한다.

> **소방의 화재조사에 관한 법률 시행규칙 제5조(화재조사에 관한 교육훈련)**
> ② 전담부서에 배치된 화재조사관은 영 제6조 제1항 제3호의 의무 보수교육을 2년마다 받아야 한다. 다만, 전담부서에 배치된 후 처음 받는 의무 보수교육은 배치 후 1년 이내에 받아야 한다.

③ 소방관서장은 조사관에 대하여 연구과제 부여, 학술대회 개최, 조사 관련 전문기관에 위탁훈련·교육을 실시하는 등 조사능력 향상에 노력하여야 한다.

제26조(유효기간)

이 훈령은 「훈령·예규 등의 발령 및 관리에 관한 규정」에 따라 이 훈령을 발령한 후의 법령이나 현실 여건의 변화 등을 검토하여야 하는 2025년 12월 31일까지 효력을 가진다.

[별표 2] 화재피해금액 산정기준(제18조 관련)

산정대상	산정기준
건물 25 경채 / 25 공채	• 「신축단가(m^2당) × 소실면적 × [1 − (0.8 × 경과연수/내용연수)] × 손해율」 • 신축단가는 한국감정원이 최근 발표한 '건물신축단가표'에 의함
부대설비	• 「건물신축단가 × 소실면적 × 설비종류별 재설비 비율 × [1 − (0.8 × 경과연수/내용연수)] × 손해율」 • 다만, 부대설비 피해금액을 실질적·구체적 방식에 의할 경우 「단위(면적·개소 등)당 표준단가 × 피해단위 × [1 − (0.8 × 경과연수/내용연수)] × 손해율」 • 건물표준단가 및 부대설비 단위당 표준단가는 한국감정원이 최근 발표한 '건물신축단가표'에 의함
구축물	• 「소실단위의 회계장부상 구축물가액 × 손해율」 또는 • 「소실단위의 원시건축비 × 물가상승률 × [1 − (0.8 × 경과연수/내용연수)] × 손해율」의 공식 • 다만, 회계장부상 구축물가액 또는 원시건축비의 가액이 확인되지 않는 경우 「단위(m, m^2, m^3)당 표준단가 × 소실단위 × [1 − (0.8 × 경과연수/내용연수)] × 손해율」의 공식 • 구축물의 단위당 표준단가는 매뉴얼이 정하는 바에 의함
영업시설	「m^2당 표준단가 × 소실면적 × [1 − (0.9 × 경과연수/내용연수)] × 손해율」의 공식에 의하되, 업종별 m^2당 표준단가는 매뉴얼이 정하는 바에 의한다.
잔존물제거	「화재피해금액 × 10%」의 공식에 의한다. 철골조 건물, 기계장치, 공구 및 기구, 차량 및 운반구, 예술품 및 귀중품, 동물 및 식물의 피해금액은 잔존물제거비 산정에 있어 화재피해금액에 산입하지 않는다. → 삭제

기계장치 및 선박·항공기	「감정평가서 또는 회계장부상 현재가액 × 손해율」의 공식에 의한다. 다만 감정평가서 또는 회계장부상 현재가액이 확인되지 않아 실질적·구체적 방법에 의해 피해금액을 산정 하는 경우에는 「재구입비 × [1 − (0.9 × 경과연수/내용연수)] × 손해율」의 공식에 의하되, 실질적·구체적 방법에 의한 재구입비는 조사자가 확인·조사한 가격에 의한다.
공구 및 기구	「회계장부상 현재가액 × 손해율」의 공식에 의한다. 다만 회계장부상 현재가액이 확인되지 않아 실질적·구체적 방법에 의해 피해금액을 산정하는 경우에는 「재구입비 × [1 − (0.9 × 경과연수/내용연수)] × 손해율」의 공식에 의하되, 실질적·구체적 방법에 의한 재구입비는 물가 정보지의 가격에 의한다.
집기비품	「회계장부상 현재가액 × 손해율」의 공식에 의한다. 다만 회계장부상 현재가액이 확인되지 않는 경우에는 「m^2당 표준단가 × 소실면적 × [1 − (0.9 × 경과연수/내용연수)] × 손해율」의 공식에 의하거나 실질적·구체적 방법에 의해 피해금액을 산정하는 경우에는 「재구입비 × [1 − (0.9 × 경과연수/내용연수)] × 손해율」의 공식에 의하되, 집기비품의 m^2당 표준단가는 매뉴얼이 정하는 바에 의하며, 실질적·구체적 방법에 의한 재구입비는 물가정보지의 가격에 의한다.
가재도구	「(주택종류별·상태별 기준액 × 가중치) + (주택면적별 기준액 × 가중치) + (거주인원별 기준액 × 가중치) + (주택가격(m^2당)별 기준액 × 가중치)」의 공식에 의한다. 다만 실질적·구체적 방법에 의해 피해금액을 가재도구 개별품목별로 산정하는 경우에는 「재구입비 × [1 − (0.8 × 경과연수/내용연수)] × 손해율」의 공식에 의하되, 가재도구의 항목별 기준액 및 가중치는 매뉴얼이 정하는 바에 의하며, 실질적·구체적 방법에 의한 재구입비는 물가정보지의 가격에 의한다.
차량, 동물, 식물	전부손해의 경우 시중매매가격으로 하며, 전부손해가 아닌 경우 수리비 및 치료비로 한다.
재고자산	「회계장부상 현재가액 × 손해율」의 공식에 의한다. 다만 회계장부상 현재가액이 확인되지 않는 경우에는 「연간 매출액 ÷ 재고자산회전율 × 손해율」의 공식에 의하되, 재고자산회전율은 한국은행이 최근 발표한 '기업경영분석' 내용에 의한다.
회화(그림), 골동품, 미술공예품, 귀금속 및 보석류	전부손해의 경우 감정가격으로 하며, 전부손해가 아닌 경우 원상복구에 소요되는 비용으로 한다.
임야의 입목	소실 전의 입목가격에서 소실한 입목의 잔존가격을 뺀 가격으로 한다. 다만, 피해산정이 곤란 할 경우 소실면적 등 피해 규모만 산정할 수 있다.
기타	피해 당시의 현재가를 재구입비로 하여 피해금액을 산정한다.

[적용요령]
1. 피해물의 경과연수가 불분명한 경우에 그 자산의 구조, 재질 또는 관계인등의 진술 기타 관계자료 등을 토대로 객관인 판단을 하여 경과연수를 정한다.
2. 공구 및 기구·집기비품·가재도구를 일괄하여 재구입비를 산정하는 경우 개별 품목의 경과연수에 의한 잔가율이 50%를 초과하더라도 50%로 수정할 수 있으며, 중고구입기계장치 및 집기비품으로서 그 제작연도를 알 수 없는 경우에는 그 상태에 따라 신품가액의 30% 내지 50%를 잔가율로 정할 수 있다.
3. 화재피해금액 산정매뉴얼은 본 규정에 저촉되지 아니하는 범위에서 적용하여 화재피해금액을 산정한다.

화재이론 복습만이 살길이다!!!

▶ 다시보자 복습 문제 05　　　　　　　　　　　　　　　　　　　　　　　　　　　　Check

01. 감식이란 화재와 관계되는 물건의 형상, 구조, 재질, 성분, 성질 등 이와 관련된 모든 현상에 대하여 과학적 방법에 의한 필요한 실험을 행하고 그 결과를 근거로 화재원인을 밝히는 자료를 얻는 것을 말한다.

02. 화재조사관(이하 "조사관"이라 한다)은 화재발생 사실을 인지하는 즉시 화재조사(이하 "조사"라 한다)를 시작해야 한다.

03. 소방관서장은 조사관을 근무 교대조별로 3인 이상 배치하고, 장비·시설을 기준 이상으로 확보하여 조사업무를 수행하도록 하여야 한다.

04. 발화지점이 한 곳인 화재현장이 둘 이상의 관할구역에 걸친 화재는 발화지점이 속한 소방서에서 1건의 화재로 산정한다. 다만, 발화지점 확인이 어려운 경우에는 화재피해금액이 큰 관할구역 소방서의 화재 건수로 산정한다.

05. 사상자는 화재현장에서 사망한 사람과 부상당한 사람을 말한다. 다만, 화재현장에서 부상을 당한 후 48시간 이내에 사망한 경우에는 당해 화재로 인한 사망으로 본다.

06. 목조 또는 내화조 건물의 경우 격벽으로 방화구획이 되어 있는 경우도 같은 동으로 한다.

07. 전소란 건물의 70% 이상(입체면적에 대한 비율을 말한다. 이하 같다)이 소실되었거나 또는 그 미만이라도 잔존부분을 보수하여도 재사용이 불가능한 것을 말한다.

08. 건물 등 자산에 대한 최종잔가율은 건물·부대설비·구축물·가재도구는 10%로 하며, 그 이외의 자산은 20%로 정한다.

09. 소방서장은 사망자가 5명 이상이거나 사상자가 10명 이상 또는 재산피해액이 50억원 이상 발생한 화재가 발생하는 경우 화재합동조사단을 구성 운영한다.

10. 화재피해조사 산정기준 중 화재건수 결정 기준에 대한 설명으로서 화재 건수가 <u>다른</u> 하나는?
① 동일범이 아닌 각기 다른 두 사람에 의한 방화, 불장난은 동일 대상물에서 발화한 화재
② 동일 소방대상물의 발화점이 2개소 이상이 있는 화재 중 누전점이 동일한 화재
③ 동일 소방대상물의 발화점이 2개소 이상이 있는 화재 중 지진, 낙뢰 등 자연환경에 의해 발생한 여러 화재
④ 동일범에 의한 방화 또는 불장난으로 2개소 이상에서 발생한 화재

11. 화재조사 및 보고 규정에 관한 설명으로 옳지 <u>않은</u> 것은?
① 동일범이 아닌 각기 다른 사람에 의한 방화, 불장난도 동일대상물에서 발생한 경우에는 1건의 화재로 한다.
② 건축·구조물 화재에서 전소는 건물의 입체면적 70% 이상이 소실되었거나, 또는 그 미만이라도 잔존부분을 보수하여도 재사용이 불가능한 것을 말한다.
③ 1건의 화재란 1개의 발화점으로부터 확대된 것으로 발화부터 진화까지를 말하며, 동일 소방대상물의 발화점이 2개소 이상 있는 경우라도 지진, 낙뢰 등 자연현상에 의한 다발화재는 1건의 화재로 본다.
④ 사상자는 화재현장에서 사망 또는 부상당한 사람을 말하며, 화재현장에서 부상을 당한 후 72시간 이내에 사망한 경우에도 당해 화재로 인한 사망으로 본다.

🔒 1 ×(감정)　2 ○　3 ×(2인)　4 ○　5 ×(72)　6 ○　7 ○　8 ×(바뀜)　9 ×(100억)　10 ①(별건)　11 ①(각 별건)

소방공무원 기본서
소방학개론

소방공무원 기본서
소방학개론

PART 3

소화이론

제1장 소화원리
제2장 소화약제
제3장 소방시설

01 소화원리

1 소화의 정의 및 소화방법

01 소화의 정의

'소화(fire extinguishing)'란 가연성 물질이 공기 중에 점화원에 의하여 산소(공기) 등과 접촉하여 발생되는 연소현상을 중단시키는 것을 말한다.

02 소화의 방법

일반적인 방법에는 화재를 발화(인화)온도 이하로 낮추거나, 가연물의 제거, 산소공급의 차단, 연쇄반응의 억제(차단) 등이 있다(연소 4요소 중 일부 또는 전부를 제거하는 과정).

03 소화방법의 분류 ★

| 구분 | 연소 4요소 ||||
| | 연소 3요소 ||| |
	가연물	산소	열에너지 (점화원)	연쇄반응
소화원리	제거소화	질식소화	냉각소화	억제소화 (부촉매작용)
작용	물리적	물리적	물리적	화학적

2 소화의 원리 23 공채

학습 나침반

연소의 3요소(가연물, 산소, 점화원) 중 전부 또는 일부만 제거해도 연소는 발생하지 않는다. 소화의 방법에는 **제거소화, 질식소화, 냉각소화, 억제(부촉매)소화** 등이 있다.

개념 CHECK

1. 소화란 가연성 물질이 공기 중에 점화원에 의하여 산소(공기) 등과 접촉하여 발생되는 연소현상을 중단시키는 것을 말한다. ( )

1. ○

01 제거소화 21 공채 / 20 간부

(1) 정의
① 연소의 3요소 중 **가연물을 연소구역에서 제거**하여 소화하는 방법을 말한다.
② 물리적인 소화방법 중 하나로, 제거소화를 위한 소화약제는 별도로 존재하지 않는다(단, 봉상주수를 이용한 타격소화는 예외).

(2) 제거소화의 종류 ★
① 격리에 의한 제거
  ㉠ 가스화재 시 가스 공급 밸브를 잠가서(폐쇄) 소화
  ㉡ 산불(산림)화재 시 산림화재의 진행방향에 있는 나무를 벌목하여 소화
  ㉢ 합선, 누전, 단락 등으로 전기가 흐르고 있는 중에 발생한 화재는 전원공급을 차단하여 소화(차단기 내림)
② 소멸에 의한 제거 : 유전지역 화재 시 폭발물(질소폭탄 등)을 폭발시켜 이때 발생한 압력(바람)으로 산소공급을 제거하여 소화
  [참고] 산소가 폭발에 의해 소비됨으로써 질식으로 표현될 수 있음
③ 희석에 의한 제거
  ㉠ 희석에 의한 제거소화는 수용성 액체 가연물질의 화재 시에 물을 사용하여 수용성 액체 가연물질의 농도를 연소농도 이하로 낮추어 소화
  [참고] 질식소화 내 희석소화와 구별!
  ㉡ 수용성 액체 가연물질로는 알코올(R-OH), 알데히드(R-CHO), 에테르(R-O-R'), 에스테르(R-COO-R'), 케톤(R-CO-R')류 등이 있음
④ 그 외 제거
  ㉠ 파라핀(양초 등)이 녹아 심지 표면에서 증발, 연소하는 중에 가연성 증기를 날려 보내서 소화(입김 등)
  ㉡ 고체가연물의 경우 미연소부분을 연소하기 전에 제거

- 에테르 : 에터
- 에스테르 : 에스터

02 질식소화 ★★ 18하, 21, 22 공채 / 21 간부

(1) 정의
① 공기 중에 존재하는 21%의 산소농도를 **15% 미만**으로 낮추어 산소공급을 차단하여 소화하는 방법으로 말한다.
② B급 화재인 유류화재에 적합하며, 밀폐공간에서 효과는 증대된다.

(2) 질식 소화약제
① 수계 : 물(수증기), 물분무, 미분무, 폼(Foam), 무상 산·알칼리 소화약제
② 가스계 : 할론, 할로젠화합물 및 불활성기체, 이산화탄소, 분말 소화약제

(3) 질식소화의 종류(산소농도 낮추는 다양한 방법)

① 가연물 또는 화염의 주변 공기를 차단
　㉠ 유류화재에 공기나 CO_2, N_2 가스 등을 포함함 불연성 거품(폼, Foam)으로 연소물질을 덮어 소화
　㉡ 작은 규모 화재에서 담요, 방화포, 모래(흙) 투척 등으로 연소물질을 덮어 산소를 차단하여 소화

② 불활성기체를 활용하여 희석(MOC 이하)
　㉠ 불활성기체를 가연물 주위에 방출하거나 또는 사용된 소화약제가 화염에 의해 분해됨으로써 생성된 불활성기체에 의해 산소농도가 희석됨으로써 소화
　㉡ 가스를 방사하는 질식소화 : CO_2, N_2 등 가스를 방사하는 질식소화
　　참고 수용성 액체 가연물의 희석소화와 구별

③ 팽창질석 등을 이용한 질식소화 : 팽창질석과 팽창진주암은 화재 시에 수분이 탈수되면서 체적이 팽창된다. 이를 질식소화에 활용한다.

④ 구획 밀폐를 이용한 질식소화 : 방화구획된 기밀도가 높은 곳, 선실 등을 완전 밀폐하여 질식소화하는 방법이다.

(4) 질식소화와 관련된 개념

① 최소산소농도(MOC) : 자력으로 화염전파를 위한 최소한의 산소농도
② 불활성화(Inerting, Purging) : 불활성 가스를 용기에 주입 및 유지하는 상태

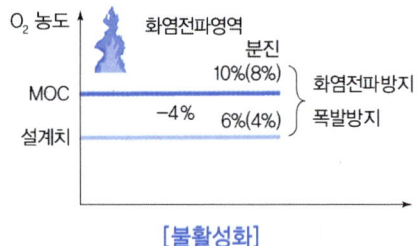

[불활성화]

③ CO_2 농도는 28.6%(불꽃소화농도)일 때 산소 농도는 15%(연소한계농도)

03 냉각소화 21 공채

(1) 정의

연소물질에서 열(에너지)을 빼앗아 반응의 온도를 낮추거나, 발화점 또는 인화점 이하로 낮추어 점화원의 생성을 차단하는 소화를 말한다.

(2) 가연물질의 온도를 낮추는 이유

① 점화원 이하의 에너지 상태로 유지하기 위함 또는 연소에 필요한 에너지 공급을 차단하기 위함이다.
② 가연성 분해생성물의 생성을 억제하기 위함이다[온도가 낮아진 물질은 연쇄반응을 일으키는 활성화물(라디칼)의 활동도 억제].
③ 연소반응의 속도를 늦추기 위함이다.

개념 CHECK

2. 질식소화는 공기 중에 존재하는 21%의 산소농도를 (　　)% 미만으로 낮추어 산소공급을 차단하여 소화하는 방법을 말한다.

3. 냉각소화란 연소물질에서 열(에너지)을 빼앗아 반응의 온도를 낮추거나, 발화점(인화점) 이하로 낮추어 점화원의 생성을 차단하는 소화를 말한다. (　　)

2. 15 3. ○

(3) 냉각 소화약제 ★★

① 비열과 증발잠열이 큰 물질 : 물[1]
② 이산화탄소, 분말, 강화액, 할론, 포소화약제 등

04 부촉매(anti-catalysis)[2] 소화(억제효과) 20 공채

(1) 정의 ★

① 연소현상에서 일어나는 연쇄반응을 차단하여 소화하는 방법을 말한다 (연소의 4요소 제거, 화학적 소화). → 불꽃·화염을 억제 소화
② 즉, 가연물의 분자가 활성화되는 것을 느리게 억제하는 할로젠화합물과 같은 약제를 사용하는 방법으로, 연소의 연속적 관계(반응)를 차단하는 억제효과와 희석 및 냉각효과를 가진다.

> 참고 활성화되어서 생성된 수소라디칼(H*), 수산라디칼(OH*)은 연쇄반응을 지배하고 반응을 지속되게 한다.
> 주의!! 불꽃(연쇄반응)이 없는 표면연소는 부촉매 소화가 불가능

(2) 부촉매 소화약제

① 할론약제(할론 1301, 1211, 2402), 할로젠화합물 약제

연쇄반응 억제(할론 1301)	과정, 반응
$CF_3Br + e \rightarrow CF_3^+ + Br^-$	열분해
$Br^- + H^+ \rightarrow HBr$	라디칼포착
$HBr + OH^- \rightarrow H_2O + Br^-$	억제반응
$Br^- + CH_3H \rightarrow HBr + CH_3$	재생반응, 알킬기

② 분말 소화약제, 강화액 소화약제 등

> 심화 이론 | 강화액 약제 부촉매 반응식
> - $K_2CO_3 \rightarrow 2K^+ + CO_3^{-2}$
> - K^+이 라디칼(H^*, OH^*)과 반응하여 연쇄반응을 억제
> - $K_2CO_3 + H_2O \rightarrow K_2O + H_2O \uparrow + CO_2 - Q[kcal]$

05 희석소화[3]

(1) 정의

연소를 일으키는 가연성 혼합기(농도)에서 연소하한값 이하로 낮추어 희석하는 소화방법이다.

(2) 희석소화 방법

수용성 액체가연물(인화성 액체)인 알코올, 에테르, 아세톤 등의 화재에서 대량의 물을 방사하여 농도를 낮게 하는 방법 등이 있다.

> 참고 알코올은 50~60%(50°~)일 경우 불이 붙고, 40% 이하에서는 붙지 않음

---

1) 물의 비열과 잠열
- 증발잠열 : 539kcal/kg
- 융해잠열 : 80kcal/kg
- 비열 : 1kcal/kg℃

2) 부촉매
촉매작용을 반대한다.
↔ (정)촉매

3) 수용성 액체가연물 + 물
→ 증기 발생↓ → 혼합기 형성↓

개념 CHECK

4. 중질유의 유류화재에서 연소 중인 유류표면에 유화층을 형성하여 유류가스의 증발을 막고, 산소와 접촉을 차단하는 소화방법을 희석소화라고 한다. ( )

4 ×

06 유화소화(Emulsion Effect) 21 공채 / 19 간부

(1) 정의 ★

중질유의 유류화재에서 연소 중인 유류표면에 유화층을 형성하여 유류가스의 증발을 막고, 산소와 접촉을 차단하는 소화방법이다.

> **심화 이론 | 유화(emulsifying)**
>
> 2개 이상의 액체가 서로 혼합되어 한 액체가 아주 작은 방울형태로 다른 액체에 골고루 분산되어 있는 액체 혼합물의 형태를 의미한다.
>
>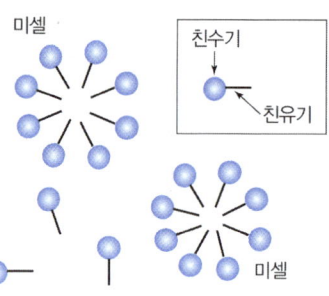

(2) 유화소화의 종류

① 중질유(제4류 위험물 중 3석유류)와 같이 비중이 큰 액체의 화재 시 유화작용을 하는 계면활성제(유화제)를 함유한 약제(포소화약제)를 **무상분무**하여 화재표면에 유화층을 형성한다.
② 물을 높은 압력으로 작은 입자가 되게 **방사(무상방사)**하면 유류표면에서 유화층을 형성한다(물분무소화설비 활용). ★
③ 강화액을 무상방사하는 경우 동일 효과가 있다.

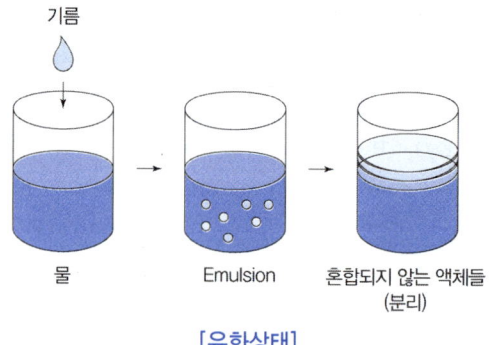

[유화상태]

07 피복효과

(1) 정의

① 연소하는 가연물을 공기보다 무거운 불연성 가스로 둘러싸서 산소공급을 차단하여 소화하는 방법으로, 질식소화에 해당한다.

② 불연성 가스이고 공기보다 무거운(비중 1.52, 1.52배) 이산화탄소를 방사하면 가연물 표면을 덮어 산소를 차단하여 소화효과가 나타난다.

(2) 질식소화와 차이점

① 질식소화는 공간의 산소농도를 15%로 낮추어 연소상태가 지속되지 못하도록 하는 소화이고, 피복소화는 가연물 표면을 불연성 기체로 덮어서 산소를 차단하는 소화이다.
② 소화약제가 가연물을 충분히 덮지 못할 경우 재발화(소화 실패)가 발생한다.

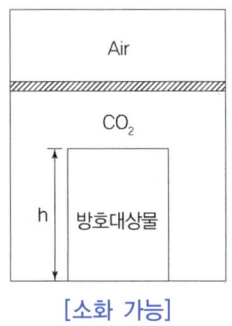

[소화 가능]

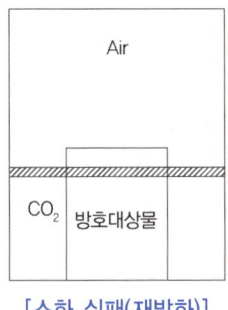

[소화 실패(재발화)]

08 탈수·탄화소화(제3종 분말약제의 A급 화재 적응성)

(1) 탈수·탄화소화

가연물(목재, 종이, 섬유 등)을 구성하고 있는 섬유소(셀룰로오스, cellulose)를 탈수·탄화시켜 활성라디칼의 생성을 방지하여 난연성의 탄소와 물로 분해시켜 연소반응을 중단 및 소화하는 방법을 말한다.

$$190℃ \quad NH_4H_2PO_4 \rightarrow NH_3 + H_3PO_4 \text{(올소인산)}$$

(2) 올소인산 소화 반응식

$$\underset{\text{섬유소를 열분해}}{\text{셀룰로오스 } C_6H_{10}O_5} + \underset{\text{올소인산}}{10H_3PO_4} \rightarrow 10H_3PO_4 \cdot \underset{\text{탈수}}{\frac{1}{2}H_2O} + \underset{\text{탄화}}{6C}$$

$$\downarrow$$
$$탈수 + 탄화(C)$$

불꽃암기
3종 분말:
올 — 수
메 — 방

09 방진[4] 소화(제3종 분말약제의 A급 화재 적응성)

(1) 방진소화

① 분사된 소화약제가 열분해되어 가연물 표면에 비가연성 유리피막(고형질)을 형성하여 산소가 침투하는 것을 차단하는 소화방법으로 주변에 점화원이 존재하여도 재연소(재발화)가 없는 장점이 있다.

> 참고 가연물 내부로 산소의 유입을 차단시켜 소화하는 질식소화의 한 형태지만 피막에 의해 점화원이 있어도 재착화되지 않는 독특한 소화작용

4) 방진
먼지나 티끌의 유입방지

> **불꽃암기**
> 제3종 분말약제 분해반응식 :
> - $NH_4H_2PO_4 \rightarrow NH_3 + H_3PO_4$
>   (올소인산)
> - $NH_4H_2PO_4 \rightarrow NH_3 + H_2O + HPO_3$(메타인산)
>
> 5) 메타인산
> 액체상태의 점성을 가지며 가연물 표면에 유리(glass)질의 피막을 형성하여 공기 차단

② 불꽃이 없이 숯불형태로 표면연소를 하는 경우 부촉매작용보다는 **방**진효과가 더 효과적
③ 생성된 고형질은 점액질로 증발과정에서 추가로 냉각효과가 가능하다.

(2) 메타인산의 생성

대표적인 소화약제로는 제3종 분말 소화약제($NH_4H_2PO_4$, 제1인산암모늄)이 있다.

$$360℃ \ NH_4H_2PO_4 \rightarrow NH_3 + H_2O + HPO_3(\text{메타인산}^{5)}) - Q(76.95kcal)$$

요약 정리 | 소화원리

구분	내용
제거소화	• 개념 : 가연물을 연소범위 밖으로 • 종류 : 가연성 물질 **격리**, 가연물 **소멸**, 수용성 가연물은 농도 **희석** 　- 격리 : 가스밸브 차단, 산불화재시 벌목, 유류탱크 기름제거, 목재방염 　- 소멸 : 유전화재시 질소폭탄(질식소화 의미 포함) 　- 희석 : 수용성 액체+물 → 연소농도 이하로 ☞ 질식과 구별
질식소화	• 개념 : 혼합기체의 농도를 연소범위 밖으로 → 산소농도 15% 이하 낮 　- 공기차단 : 마른 모래, 팽창질석, 담요 등 밀폐성 물체, 포약제 　- 불활성기체 : CO_2 투입시 산소농도 희석 　- 희석 : 수용성 용제 화재시 물 → 가연성 가스 생성 억제 • 약제 : 수계 소화약제(물소화약제, 폼소화약제 등), 가스계 소화약제(할론 소화약제, 이산화탄소 소화약제 등) • 관련 : MOC(최소산소농도), 불활성화, LOI(한계산소지수)
냉각소화	• 개념 : 열을 빼앗거나 발화점(인화점) 이하로 낮추어 소화 • 종류 : 물, 이산화탄소, 분말, 강화액, 할론, 포소화약제 등
부촉매 소화 (억제소화)	• 효과 : 연쇄반응을 차단하여 소화(불꽃·화염 억제) • 약제 : 할론, 할로젠화합물, 분말, 강화액 소화약제 등 • 목적 : **점화원 이하로 에너지상태 유지, 분해생성물 양 억제, 연소반응 속도 지연**
희석소화	• 가연성 혼합기에서 연소하한값 이하로 낮추어 소화 • 수용성 액체가연물에 물을 방사하여 농도를 낮게
유화소화	• 효과 : 무상방사를 통해 유류표면 유화층을 형성하여 소화 • 종류 : 수계(포, 물, 강화액)의 무상방사
피복소화	• **비중 큰(공기보다 무거운)** 불연성 가스를 덮어서 산소를 차단. 질식소화 • 주로, **이산화탄소** 가스 방사 → 표면화재와 심부화재에 적합
탈수· 탄화소화	• 수분을 제거하여 연쇄반응을 일으키는 활성화물을 억제하여 소화 　(섬유소를 난연성의 탄소화물로 분해) • 종류 : 제3종 분말 소화약제(제1인산암모늄)
방진소화	• 가연물 표면에 비가연성 유리피막을 형성하여 소화(재연소되지 않음) • 종류 : 제3종 분말 소화약제(제1인산암모늄)
비누화	• 기름이나 지방질 기름의 화재 시에 이들과 결합하여 에스테르가 알칼리의 작용으로 가수 분해되어 알코올과 **산의 알칼리염**이 되는 반응 - 1종 분말 ☞ 질식+재발화방지

심화 이론 | 물리적·화학적 소화

구분		내용

물리적	연소에너지 한계	• 연소 시에 발생하는 열에너지를 흡수하는 매체를 화염에 투입 소화하는 것으로서 냉각소화
		  – 물질의 열용량을 이용 : 암분살포(탄광 탄진폭발 방지)
		  – 상(相)변화 잠열을 이용 : 분무주수 소화

	농도 한계	• 혼합기의 조성변화에 의한 소화
		• 농도를 연소범위 밖으로 소화
		  – 질식소화법 : 용기를 기계적으로 밀폐하여 외기 차단, 표면을 거품 또는 불연성의 액체로 덮어서 연소에 필요한 공기의 공급을 단절
		  – 인화점 이하로 냉각하면 가연성이 없어지는 것을 이용
		  – 알코올 화재에서 물을 가하여 알코올 농도를 40% 이하 소화
		  – 비수용성 액체(석유류 등) 화재에서 액면에 물방울을 세게 불어넣어서 표면에 에멀전(emulsion)을 형성시켜 증기압을 저하
		• 불활성물질을 첨가하여 연소범위를 좁혀서
		  – 이산화탄소, 수증기, 질소 등의 불활성물질을 가연성혼합기에 첨가

	화염 불안정	• 화염을 불면 꺼지는 현상을 이용하는 방법 – 화염에 강한 기류, 유정(油井)화재를 폭약폭발
화학적		• 연소반응에서 핵심적인 역할을 하는 활성화 라디칼(radical)의 생성을 억제하는 연쇄반응의 중단에 의한 소화법(분말소화약제나 하론류)

상호작용		• 실제 소화에 있어서의 작용은 이들 소화법이 상호 보완적으로 작용
		  – 주수에 의한 소화의 경우 물의 증발잠열을 이용한 연소에너지 한계에 의한 소화 이외에 증발에 의하여 발생된 수증기로 인한 가연성 혼합기의 조성변화에 의한 소화가 부수적으로 작용되는 것
		  – 분말소화약제는 화학적 소화작용 외에 화염 중에 분사된 분말이 열복사를 차단하여 화염의 전파를 저지하는 물리적 효과

소화이론 복습만이 살길이다!!!

▶ 다시보자 복습 문제 01

01. 일반적인 방법에는 화재를 발화(인화)온도 이하로 낮추거나, 가연물의 제거, 산소 공급의 차단, 연쇄반응의 억제(차단) 등이 있고, 이 중에 화학적 소화는 연쇄반응 차단을 의미한다.

02. 파라핀(양초 등)이 녹아 심지 표면에서 증발, 연소하는 중에 가연성 증기를 날려 보내서 소화(입김 등)하는 것은 제거소화로 볼 수 있다.

03. 냉각소화란 연소물질에서 열(에너지)을 빼앗아 반응의 온도를 낮추거나, 발화점 또는 인화점 이하로 낮추어 점화원의 생성을 차단하는 소화를 말한다.

04. 불꽃이 없는 연소. 즉 표면연소는 부촉매 소화가 사실상 불가능하다.

05. 유화소화를 할 때 물입자는 크게, 가압하여 기름 표면에 세게 충격을 가할수록 효과가 높아진다.

06. 연물(목재, 종이, 섬유 등)을 구성하고 있는 섬유소(셀룰로오스, cellulose)를 탈수·탄화시켜 활성라디칼의 생성을 방지하여 난연성의 탄소와 물로 분해시켜 연소반응을 중단 및 소화하는 방법은 제3종 분말 소화약제의 메타인산의 역할이다.

07. 할론, 할로겐화합물, 분말(K^+, NH_4^+, Na^+), 강화액(K^+) 소화약제의 공통소화 개념은 물리적 소화이다.

08. 피복소화란 비중 큰(공기보다 무거운) 불연성 가스를 덮어서 산소를 차단, 질식소화방법을 말한다.

09. 유화효과는 물보다 비중이 작은 중유 등 수용성의 유류 화재시 포소화약제를 방사하거나 무상주수로 유류표면을 두드려서 증기발생을 억제함으로써 연소성을 상실시키는 소화효과이다.

10. 다음 중 소화작용의 분류가 <u>다른</u> 하나는?
① 연소에너지 한계에 의한 소화
② 가연성 물질의 농도를 연소범위 밖으로 하여 소화
③ 화염의 불안정화에 의한 소화
④ 화염의 온도는 낮추어 라디칼의 생성을 억제하는 연쇄반응의 중단에 의한 소화

11. 제3종 분말소화약제의 열분해 결과로 생성되는 물질의 소화효과로 옳지 <u>않은</u> 것은?
① H_2O : 냉각작용
② HPO_3 : 방진작용
③ NH_3 : 부촉매작용
④ H_3PO_4 : 탈수탄화작용

🔒 1 ○ 2 ○ 3 ○ 4 ○ 5 ×(입자 작게) 6 ×(올소인산) 7 ×(억제, 부촉매) 8 ○ 9 ×(비중이 큰) 10 ④(억제) 11 ③(NH_4^+)

02 소화약제

1 소화약제의 개요

01 소화약제의 정의 및 특성

(1) 정의
① "소화약제"란 소화설비에 사용되는 소화성능이 있는 고체, 액체 및 기체의 물질이다(형식승인 기준).
② 연소현상으로 인해 인명 및 재산피해를 수반하는 화재를 제어, 소화하기 위하여 물리적 또는 화학적으로 만든 물질이다.

(2) 소화약제의 특성 ★
① **소**화성능 있어야 한다(연소의 4요소 중 한 가지 이상을 제거).
② 인체에 **독**성이 적거나 없어야 한다.
③ **환**경오염성이 적거나 없어야 한다.
④ 저장 **안**정성이 있어야 한다.
⑤ **경**제성이 있어야 한다(가격 저렴).
⑥ **물**리적 성질을 고려하여야 한다.

> **심화 이론 | 소화약제의 공통 성질(형식승인 기준)**
> - 소화약제는 현저한 독성이나 부식성이 없어야 하며 열과 접촉할 때 현저한 독성이나 부식성의 가스를 발생하지 아니하여야 한다.
> - 수용액의 소화약제 및 액체상태의 소화약제는 결정의 석출, 용액의 분리, 부유물 또는 침전물의 발생 등 그 밖의 이상이 생기지 아니하여야 하며 과불화옥탄술폰산(그 염류와 과불화옥탄술포닐플로라이드를 포함한다) 및 과불화옥탄산(그 염류를 포함한다)을 함유하지 않아야 한다.
> - 소화약제의 중량은 별표 1의 중(용)량 허용범위 이내이어야 한다.

불꽃암기
소화약제 특성: 소독환 물안경

02 소화약제별 적응성(소화기구 기준) ★★

소화약제 구분 대상화재	가스			분말		액체				기타			
	이산화탄소 소화약제	할론 소화약제	할로젠화합물 및 불활성기체 소화약제	인산염류 소화약제	중탄산염류 소화약제	산·알칼리 소화약제	강화액 소화약제	포소화약제	물·침윤 소화약제	고체에어로졸 화합물	마른모래	팽창질석·팽창진주암	그 밖의 것
일반 (A급)	–	○	○	○	–	○	○	○	○	○	○	○	–
유류 (B급)	○	○	○	○	○	○	○	○	○	○	○	○	–
전기 (C급)	○	○	○	○	○	*	*	*	*	○	–	–	–
금속 (D급)	–	–	–	–	*	–	–	–	–	–	○	○	*
주방 (K급)	–	–	–	–	*	–	*	*	*	–	–	–	*

* 형식승인 기준에 따라 화재 종류별 적응성에 적합한 것으로 인정되는 경우에 한함

요약 정리 | 화재의 분류와 특징

화재		화재	특징	소화
A	일반	나무, 섬유, 종이, 고무, 플라스틱류, 일반가연물	백색연기, 화재 후 재가 남음	냉각(주수)
B	유류	인화성 액체, 가연성 액체, 석유 그리스, 타르, 오일, 유성도료, 솔벤트, 래커, 알코올 및 인화성 가스	흑색연기, 화재 후 재가 남지 않음	질식
C	전기	전류가 흐르고(통전) 있는 전기기기, 배선	전기시설물 누전, 단락 등	질식
D	금속	마그네슘 합금 등 가연성 금속	고온, 금수성	건조사 피복
K	주방	주방에서 동식물유를 취급하는 조리기구	식용유, 동식물지방	질식

2 소화약제의 종류

학습 나침반

구분	수계 소화약제			가스계 소화약제		
	물 (스프링클러 등)	물분무, 미분무	포	이산화탄소, 불활성기체	할론, 할로젠화합물	분말
주소화 효과	냉각	냉각, 질식	질식	질식	부촉매	부촉매
소화속도	느림	빠름	느림	빠름	빠름	빠름
재발화 위험	小	小	小	O	O	O (지속성 ×)
적응화재	A	A, B, C	A, B	A, B, C (A : 전역 방출방식)	A, B, C	B, C (A : 3종, K : 1종)
사용 후 오염	大	大	大	×	小	小

01 수계 소화약제 20, 21, 22 공채 / 18, 22 간부

(1) 물소화약제

① 물소화약제의 특성과 단점

물소화 약제 특성	㉠ 냉각효과 높음 : 비열, 증발잠열↑ 　☞ 수소결합 때문(분자간), 공유(분자) ㉡ 방사형태 : 봉상, 적상, 무상 등 다양한 방사 ㉢ 안정성 : 안정적 → 첨가제 적용 용이 　☞ 침투제, 증점제 등 ㉣ 비압축성 : 관리, 이송, 가압 등 용이 　☞ 압축성이 낮아서 가압이 용이함 ㉤ 경제적 : 쉽게 구입 및 저렴 ㉥ 질식 효과 : 수증기가 되면 약 1,700배 팽창 　☞ 가연성 기체에 희석소화(효과) 있음 ㉧ 액체상태 온도범위가 넓음(0~100℃) ㉨ 인체에 무해하며, 접근성이 좋다. ㉩ 냉각, 질식, 유화 등의 다양한 소화효과 　☞ 부촉매 효과는 불가능!! ㉪ 타격효과, 복사열 차단 및 가스층 열균형 파괴, 와류 형성, 반동력 발생 등
소화수 한계 (단점)	㉠ 동결우려(0℃ 이하) 　☞ 얼음이 되면 체적 약 9%↑, 압력 25MPa 상승 ㉡ 마찰손실 크고, **수손 피해** 　☞ 마찰저항 개선제 사용 ㉢ **심부화재(A급) 한계** : 침투불가 　－ 표면장력↑(72dyne/cm) ㉣ **유류화재(B급) 제한** : 비중이 커서 유면확대시킴 　☞ 중(질)유에는 유화소화로, 일반유류는 포소화약제 사용 ㉤ **전기화재(C급) 제한** : 감전우려 　☞ 무상방사할 경우 가능 ㉥ **금속화재(D급) 제한** : 가연성 기체 + 열 발생

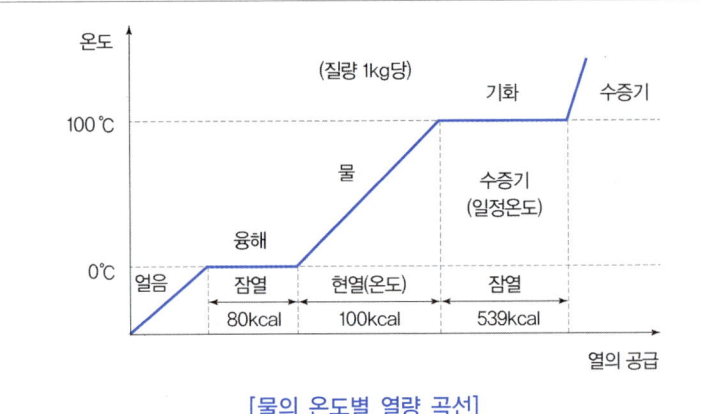

[물의 온도별 열량 곡선]

※ 흡수열량 Q = 현열량 + 잠열량 = $mc\Delta T + m\gamma$

심화 이론 | 물의 특징 ★

구분	특성
비열	1kcal/kg℃ → 표준 기압하에서 순수 1kg을 14.5℃로부터 15.5℃까지 1℃ 상승시키는 데 필요한 열량을 1kcal라 하여 열량 단위, 비열의 표준
잠열	• 융해(응고)잠열 : 80kcal/kg • 기화열(증발잠열) : 539kcal/kg → 액체 중 기화열이 가장 크다. 증발 시 많은 열량 흡수로 냉각소화
비중	1
비중량	9,800N/m³
밀도	1,000kg/m³, 최대 밀도는 4℃에서 1atm(기압)
체적변화	• 100℃ 물 → 100℃ 증기 : 약 1,680배 체적 증가 → 질식효과 • 불의 온도(650℃) → 증기가 4,200배 이상 팽창
압축 여부	비압축성 유체 → 가압송수 및 방사 용이
표면장력	20℃에서 72.75dyne/cm
점도	1atm, 20℃에서 1cP(50℃에서 0.55cP)
비등점	1기압에서 100℃

심화 이론 | 주수소화 시 위험성

• 무기과산화물 : 산소 + 발열 발생
• 칼륨(K), 나트륨(Na), 마그네슘(Mg), 알루미늄(Al), 금속분 : 수소(H_2) + 발열 발생
• 가연성 액체의 유류화재 : 연소면의 확대

② 물소화약제의 주수방법[1] ★

주수	봉상	적상(입자상)	무상(분무)
형태	물줄기	작은 물방울 (2mm 이하)	안개, 스프레이 (1mm 이하)
설비	소화전, 연결송수관	스프링클러, 연결살수	물분무, 미분무
적용	A급 화재	A급 화재	A, B, C급 화재
효과	냉각	냉각, 질식	냉각(최대), 질식, 유화
단점	B, C급 불가	B, C급 불가	바람 등으로 효과 감소

> **1) 냉각효과 순서**
> 봉상 < 적상 < 무상
> → 같은 물의 양이면 증발이 용이할수록 냉각효과가 크다.

③ 첨가제

　㉠ 부동제(Antifreeze Agent) : 동결방지제 25 경채 / 25 공채
　　ⓐ 부동액을 첨가하여 응고점(빙점)을 낮춘다[물(1) : 부동액(1)].
　　ⓑ 종류 : 무기질(염화칼슘, $CaCl_2$), 유기질(에틸렌글리콜, 글리세린 등)

　㉡ 강화액(Loaded Stream) ★
　　ⓐ −20℃~40℃ 사용가능, 탄산칼륨(K_2CO_3)의 부촉매 효과 가능
　　　☞ 물의 단점 : 동결, 동파, 부촉매(억제)효과 없음, 침투력 부족
　　ⓑ 침투성능 향상

　㉢ 침투제(Wetting Agent), 침윤제
　　ⓐ 물의 표면장력을 작게 하여 물의 응집력을 약화하고 표면적을 넓게 하여 침투성이 높아진다.
　　ⓑ 보통 계면활성제를 1~2% 정도를 물에 혼합하여 표면장력이 33dyne/cm 이하(승인기준)가 되게 사용하며, 심부화재, 원면화재, 산림화재 중 지중화, 지표화에 효과적이다.

　㉣ 유화제(Emulsifier Agent)
　　ⓐ 서로 혼합하지 않는 2종 액체(물과 기름)를 안정된 에멀젼 상태로 만들기 위해 필요한 물질을 유화제라 한다.
　　ⓑ 보통 비이온계의 계면활성제가 사용되며 물과 기름의 경계면에 흡착층을 만들기 쉬운 표면 활성화 물질이다.
　　ⓒ 유화효과는 냉각효과와 산소 차단의 질식효과를 말한다.

　㉤ 증점제(Viscosity Agent)
　　ⓐ **증점제** : 물의 점도를 증가시켜 고체가연물에 방사 시 부착시간을 증가시키는 것으로 산림화재(수간화, 수관화) 등에 한정된 양의 물로 넓은 면적을 사용할 때 효과적이다.
　　ⓑ **단점** : 점성이 높아져 침투성이 저하되고, 마찰손실이 증가한다.
　　　참고　감점제 : 점도(성)를 감소시키는 제제

> **개념 CHECK**
> 1. 물의 표면장력을 작게 하여 물의 응집력을 약화하고 표면적을 넓게 하여 침투성이 높아지게 하기 위한 첨가제는 (　　) 이다.
>
> 1 침투제 또는 침윤제

> **심화 이론 | 물소화약제 첨가제의 구비조건**
>
> - 소화수를 부패시키지 않을 것
> - 소화설비를 부식시키지 않을 것
> - 소방대상물에 영향이 없을 것
> - 소화성능을 향상시킬 것
> - 물과의 혼합이 용이할 것
> - 독성이 없을 것

요약 정리 | 첨가제의 효과

첨가제	효과
부동액	동결(동파) 방지
강화액	동파 방지 + 부촉매효과(칼륨) 추가
침투제	표면장력을 감소시켜 침투성능 향상
유화제	물과 기름의 에멀전 형성으로 유류 소화 - 가연성 증기 억제, 냉각효과
증점제	점성을 증가시켜 물의 분산을 최소화 및 부착력 증가

(2) 산·알칼리 소화약제

① 산성의 용액과 알칼리성의 수용액을 반응시켜 거품을 발생시켜 질식소화와 냉각소화를 하는 약제이다.

② 화학포 소화약제와 원리는 비슷하나, 규모가 작고 반응이 빠른 점에서 다르다.

③ 반응식 : 중탄산나트륨과 황산을 수납 → 화재 시 파병 → 약제방사

$$2NaHCO_3 + H_2SO_4 \rightarrow Na_2SO_4 + 2H_2O + 2CO_2$$

④ 약제 부식성, 사용 불편함, 소화효율 저하로 현재 생산·사용 안 한다.

(3) 포소화약제 23, 24 공채

① 정의 : 포소화약제는 물의 소화능력 향상을 위해 거품을 방사할 수 있는 약제를 첨가하여 질식효과, 냉각효과, 유화효과를 얻을 수 있도록 만든 소화약제이다.

> 참고 승인기준 : 주원료에 포 안정제, 그 밖의 약제를 첨가한 액상의 것으로 물(바닷물을 포함)과 일정한 농도로 혼합하여 공기 또는 불활성기체를 기계적으로 혼입시킴으로써 거품을 발생시켜 소화에 사용하는 소화약제

② 포소화약제 구비조건

㉠ 내열성 : 화염 및 화열에 대한 내력으로 내열성이 커야 화재 시 포가 파괴되지 않음

㉡ 내유성 : 포의 유류에 오염되지 않는 능력

㉢ 유동성 : 포가 연소면에서 확산되는 능력 → 환원시간 측정으로 확인

㉣ **점착성** : 포의 유면에 대한 흡착능력 → 질식효과를 좌우
㉤ **발포성능** : 일정한 발포배율(팽창비)이 필요함
㉥ 부패, 변질이 되지 않고, 경년기간이 길어야 함

참고 포소화약제는 화학포와 기계포로 분류된다.

요약 정리 | 포소화약제의 비교 ★

분류	단백포(P)	합성계면 활성제포	불화단백포 (FP)	수성막포 (AFFP)
주성분	동식물 단백질 가수분해물질 + 제1철염	계면활성제 + 안정제	단백포 + 불소계면활성제	불소계면활성제 + 안정제
소화성능	• 양친매성 • 점착성 우수 • 재연소 방지	• 양친매성 • 점착성 우수 • 고팽창포 사용	• 단친매성 • 내유성, 유동성 우수 • SSI 방식 사용	• 단친매성 • 내유성, 유동성 우수 • 소화성능 가장 우수
내유성	×	고(×)	○	○
내열, 내화성	○	×	○	×(Ring Fire)
유동성	×	고(×)	○	○
점착성	○	고(○)	×	×
부패	○	×	×	×
고발포	×	○	×	×
대상	탱크, Pool Fire	비행기 격납고	탱크, Pool Fire	탱크, Pool Fire, 항공기 유출화재

• 고(×) : 합성계면활성제포를 고팽창으로 사용하는 경우 내유성, 유동성이 좋지 않다는 의미

※ 포의 성질
• 소화성능은 포의 성질인 단친매성과 양친매성 성질에 의해 내유성, 내열성, 유동성, 점착성, 안전성 등으로 구분할 수 있다.
  - 양친매성 : 물과 친함, 기름과 친함(친수, 친유) - 기름과 섞임(표면하 방식 부적응)
  - 단친매성 : 물과 친함, 기름과 안 친함(친수, 소유) - 내유성 좋음(기름에 견디는 능력, 따라서 표면하 방식 적응성 있음)
• 단친매성은 불소를 함유하고 있는 물질(불화단백포, 수성막포)로서 물하고만 친하므로 유동성이 좋고 내유성이 좋다. 표면하 주입방식(SSI ; Subsurface → Injection Method)에 적응성이 있다.
• 양친매성은 물과 기름 모두 친하므로 점착력이 좋아 환원시간(Drainage Time)이 길고 입체적 화재에 효과적(합성계면활성제포)이다. → 기름과 오염으로 인해 표면하 주입방식(SSI)에는 적응성이 없다.
• 표면장력을 낮추면 환원시간(Drainage Time)이 짧아져 내열성에 약해지는 특성이 있다 (수성막포).

③ 기계포 소화약제의 분류 및 특징

구분	특징
단백포	단백질을 가수분해한 것을 주원료로 하는 포소화약제
	• 점착성, 안정성, 내열성이 뛰어나 윤화현상[2] 발생 안함 • 가격 저렴, 인체 무해 • 내유성이 낮고, 포주입시 오염 우려 • 유동성이 낮아서, 소화속도가 느리다. • 변질, 부패로 보관기간이 짧다.
합성계면 활성제포	합성계면활성제를 주원료로 하는 포소화약제(수성막포는 제외)
	• 유동성이 좋아 소화속도가 빠르다. • 저팽창, 고팽창까지 팽창범위가 넓어 고체, 기체 사용 가능 • 전역방출 방식에 사용, A급 화재 적응성이 높다. • 3, 6%는 저발포용으로 1, 1.5, 2%는 고발포용으로 사용 • 환경오염(세제 공해) • 내열성, 내유성이 부족하여 윤화현상이 발생할 우려가 있어 유류 저장탱크 화재에는 부적합
수성막포 (불소계 계면 활성제포) ★★	합성계면활성제를 주원료로 하는 포소화약제 중 기름표면에서 수성막을 형성하는 포소화약제
	• 포수용액이 유류표면에 얇은 수성막[3]을 형성하여 가연성 증기 억제 및 재착화를 방지한다. • 유동성이 높아 소화속도가 우수하다. • 내유성이 있어 표면하 주입[4]이 가능하다. • Light Water, AFFF로 불린다(3M 개발). • 분말 소화약제와 병용가능(Twin Agent) • 내열성이 약해 고온에 포가 파괴되어 Ring Fire가 발생한다. → Water spray와 병행설치 • 환경 영향성이 커서 사용에 주의가 요구된다. • 수성막은 단분자 상태의 얇은 막이라 유류의 증기압을 견디지 못하는 단점이 있다(휘발성이 높은 유류화재에 재착화 위험). • 유류층이 얇은 유출유화재나 항공기화재 소화에 적합하다. • 반영구적이고, 고가
불화 단백포	• 단백포에 불소(F)를 첨가하여 내화성, 내유동성을 증가시킨다. — 단백포 유동성과 내유성 수성막포의 내열성 보완 • 유류에 오염이 되지 않아 액면하 주입방식으로 사용가능하다. • 가격이 고가이다.
내알코올포	단백질 가수분해물이나 합성계면활성제 중에 지방산금속염이나 타계통의 합성계면활성제 또는 고분자 겔 생성물 등을 첨가한 포소화약제로서 위험물 중 알코올류, 에테르류, 에스테르류, 케톤류, 알데히드류, 아민류, 니트릴류 및 유기산 등(이하 "알코올류" 등) 수용성용제의 소화에 사용하는 약제
	• 수용성의 가연성 액체 화재에 기존 포를 방사하면 포의 수분(94% 이상)이 액체쪽으로 이동하여 포는 탈수 및 소멸된다(소포현상). • 이를 막기 위해 점성이 크고, 내알코올성 물질을 첨가하여 수용성 액체와 치환현상을 막아주도록 설계된 포소화약제 • 최근 고분자겔 생성형이나 불소단백형 알코올포를 사용 • 메틸알코올, 에틸알코올, 아세톤, 글리세린 등 화재에 효과적

---

2) 윤화현상(Ring Fire)
탱크 화재 시 포소화약제를 사용하면 중앙은 소화되지만, 가장자리는 탱크 및 유류가 고온으로 되어 있어 거품이 신속하게 소멸됨으로써 소화되지 않아 화재가 지속되는 현상이다.

3) 수성막
물과 기름 사이 배양배열의 단분자막을 형성한다.

4) 표면하 주입방식
탱크 하부에서 약제를 주입하여 표면 골고루 약제가 퍼지게 하는 방식이다.

④ 팽창비(expansion)와 25% 환원시간(Drainage time)
　㉠ 팽창비 관련식

$$팽창비 = \frac{발포된\ 포의\ 체적}{발포\ 전\ 포수용액(포원액+물)의\ 체적}$$

　㉡ 팽창비(발포배율)에 따른 분류 ★

종류	기준 등	포소화약제	포방출구 종류
저발포	6배~20배 이하 (수성막포 5배~20배 이하)	모든 포약제	포헤드
중발포	–	–	–
고발포	• 80배~250배 미만(제1종) • 250배~500배 미만(제2종) • 500배~1,000배 미만(제3종) • 형식승인 기준 : 500배 이상	합성계면활성제포	• 고발포용 • 고정포방출구

　㉢ 환원시간(25%)
　　ⓐ 방출된 포가 깨져서 원래의 포수용액으로 환원되는 데 걸리는 시간
　　ⓑ 고팽창포는 3분(180초) 이상, 저팽창포는 1분(60초) 이상 유지
　㉣ 발포배율과 소화성능 : 발포배율이 커지면 포 직경이 커지고, 포 막두께가 얇아지고, 환원시간은 짧아진다. 포가 쉽게 파괴되어서 소화성능이 부족해진다.

> **동일 포 약제의 경우[21년 관리사 기준, 기존 이론]**
> 발포배율이 커지면 포 직경이 커지고, 포 막두께가 얇아지고, 환원시간은 짧아진다. 포가 쉽게 파괴되어서 소화성능 부족해진다.
> ☞ 최근에는 반대 이론임
> **[반대 이론]** 발포배율(팽창비)이 크면 포가 균일·미세하고, 환원시간이 길어져서 내유성, 내열성이 커지지만 유동성은 떨어져서 소화시간은 길어진다. 하지만 완전한 질식소화에 효과적이 된다.

02 가스계 소화약제 18하, 19, 22 공채 / 18, 19, 21, 22 간부

(1) 이산화탄소 소화약제(CO_2) 24 공채

① 정의 : 이산화탄소는 불활성(불연성)기체로 가연성 물질을 둘러싸고 있는 공기의 산소농도를 21%에서 15%로 낮추어 소화하는 약제(설계농도 34%)로, 주된 소화효과는 질식효과, 희석효과이고 부수적인 효과는 냉각작용, 피복소화 등이 있다. ★

② 이산화탄소(CO_2)의 소화농도

$$CO_2[\%] = \frac{21-O_2}{21} \times 100 = \frac{CO_2[m^3]}{구획실[m^3] + CO_2[m^3]} \times 100$$

여기서, 21 : 대기 중 산소농도[%], O_2 : 산소농도[%]

참고 농도(CO_2) : 소화농도 28.57% / 설계농도 34%(안전율 1.2)

개념 CHECK

2. 불소계 계면활성제를 주성분으로 하고, Light Water로 불리며 유동성이 높아 소화속도가 우수한 포소화약제를 불화단백포라고 한다. ( )

3. 포소화약제를 팽창비로 분류하면 20 이하의 저발포와 80~500 미만의 고발포로 구분할 수 있다. ( )

2× 3×

심화 이론 | 소화농도

㉠ **소화농도** : 규정된 실험 조건의 화재를 소화하는데 필요한 소화약제의 농도
㉡ **설계농도** : 방호대상물 또는 방호구역의 소화약제 저장량을 산출하기 위한 농도로서 **소화농도에 안전율을 고려하여 설정한 농도**(예 CO_2 소화농도 28.6% × 안전율 1.2 = 설계농도 34%)
㉢ 할로겐화합물의 화재별 안전계수

설계농도	소화농도	안전계수
A급	A급	1.2
B급	B급	1.3
C급	A급	1.35

5) 한계산소농도(LOC)
불활성 가스를 첨가하여 분진-공기 혼합물의 산소농도를 떨어뜨리면 어떠한 분진농도에서도 폭발이 일어나지 않는 한계. 이때의 산소농도

③ 가연물의 한계산소농도(MOC = LOC)[Vol%] 심화 ☞ 기준 농도

물질명	한계산소 농도5)	CO_2 설계농도	물질명	한계산소 농도	CO_2 설계농도
수소(H_2)	7.98	75	에틸렌(C_2H_4)	12.39	49
일산화탄소(CO)	9.87	64	에테르	11.34	46
아세틸렌(C_2H_2)	9.45	66	메탄(CH_4)	15.96	34
에탄올(C_2H_5OH)	13.44	43	에탄(C_2H_6)	14.07	40
메탄올(CH_3OH)	12.6	40	프로판(C_3H_8)	14.70	36
가솔린, 등유	15.12	34	부탄(C_4H_{10})	15.12	34

④ 이산화탄소 소화약제 특징

㉠ 상온, 대기압에서 무색, 무취의 전기적 비전도성의 기체이다.
㉡ 상온에서는 기체지만 가압해서 쉽게 액화할 수 있고(용기 내 액체로 저장), 약제 방출 시 배관 내 액상으로 이송 후 헤드에서 기화되면서 소화 작용을 한다.
㉢ 이산화탄소 물리적 성질

분자식, 분자량	CO_2, 44g	임계점	31℃, 72.8atm
비중	1.529	삼중점	-56.6℃
비점	-78.5℃	증발잠열	56.13kcal/kg
밀도	1.976kg/m³	정압비열	0.197kcal/kg℃

⑤ 이산화탄소 소화약제 장점 및 단점 ★

장점	• 무색, 무취, 무거운(공기 1.5배), 비전도성 • 31℃(임계온도), 삼중점(5.1atm, -57℃) • 승화점 1atm -79℃, 증발잠열 56.13cal/g • 증거보존 가능(잔존물 없음), 피연소물 피해없음 • 경제적, 장기저장, 액화가 용이한 불연성 가스 • 장기간 저장시 변질/부패가 없음 • A급(심부)화재 : 고농도 + 장시간일 때 재발화 없음 • 자체증기압↑ : 6MPa(21℃), 2.1Mpa(-18℃)

단점	• 저온으로 동상우려(-79℃), 소음발생 • Dry ice 생성시 시야를 가림(-79℃) ☞ 운무현상 발생 • 인체 질식 우려(허용농도 5,000ppm) ☞ 20% 중추신경마비, 사망 • 충전/저장시 고압 필요(고압설비) • 소화시간이 타 약제에 비해 길다(60초 방사). • GWP가 높다(지구온난화지수 기준). • 액상 체적의 약 500배 팽창

⑥ 이산화탄소 소화약제 사용제한 장소

적응 (가능)	• 인화성 액체를 사용하는 엔진실(B급 화재) • 일반가연물, 고체 가연물 등 장소(A급 화재) • 변압기, 스위치, 회로차단기, 회전기기, 발전기 등 전기설비 설치장소(C급 화재)
비적응 (제한)	• 나이트로셀룰로오스, 셀룰로이드제품 등 자기연소성 물질 저장, 취급하는 장소 → 제5류 위험물 • 나트륨, 칼륨, 칼슘 등 활성금속물질을 저장, 취급하는 장소 → 제3류 위험물 • 방재실, 제어실 등 사람이 상주하는 장소 → 인명 피해 우려 • 전시장 등의 관람을 위하여 다수인이 출입, 통행하는 통로 및 전시실 등 → 인명 피해 우려

> **심화 이론 | 가스계 소화약제 환경영향성**
>
> • 오존층 파괴지수
>
> $$ODP = \frac{어떤 물질 1kg이 파괴하는 오존량}{CFC-11 물질 1kg이 파괴하는 오존량}$$
>
> - CFC-11(CFCl$_3$: 3염화1불화탄소)이 오존층의 오존파괴능력이 1일 때, 할로겐화합물질이 오존층을 파괴하는 능력을 비교한 지수
> - Halon 1301 : 10, 2402 : 6, 1211 : 3, 104 : 1.1
>
> • 지구온난화지수 $GWP = \frac{어떤 물질 1kg에 의한 온난화 정도}{CO_2 \ 1kg에 의한 온난화 정도}$
>
> - CO_2 물질 1kg이 지구온난화에 영향을 주는 정도를 1로 기준하였을 때 어떠한 물질 1kg이 지구온난화에 영향을 주는 정도
>
> • ALT(Atmospheric Life Time, 대기권 잔존년수) : 대기권에서 분해되지 않고 존재하는 기간

(2) 할론 소화약제 24 공채

① 개념 : 지방족 탄화수소인 메탄, 에탄 등의 수소 일부 또는 전부가 7족 원소(F, Cl, Br, I 등)로 치환된 화합물을 말하며, Halon 소화약제라고 한다.

② 할론 소화약제의 장점

  ㉠ 주된 소화효과는 부촉매(억제)효과이고, 냉각·질식효과가 있다.
  ㉡ 전기 부도체로 전기화재에 적응성이 높다.
  ㉢ 저장이 용이하며, 변질·분해되지 않아 수명이 반영구적이다.
  ㉣ 상온에서 기체상으로 존재하나 압축하면 쉽게 액화된다.
  ㉤ 소화 후 잔류물을 남기지 않으며, 피연소물에 물리적·화학적 변화를 초래하지 않는다.

ⓗ 1301은 증기압이 높고 인체에 미치는 독성이 낮기 때문 소화설비로, 할론 1211과 할론 2402는 증기압이 상대적으로 낮아 휴대형 소형소화기에 주로 이용된다.

③ 할론소화약제의 단점
  ㉠ 오존층 파괴[7]물질로 분류, 열분해 생성물은 인체에 유해하다(HF, HBr).
    ☞ 2030년 생산금지
  ㉡ 소화약제의 가격이 비싸다.
  ㉢ 상온에서 기체상태로 존재하므로 취급에 주의가 필요하다(단, 할론 2402의 경우 상온에서 액체).

④ Halon 명명법

구분	첫째자리	둘째 자리	셋째 자리	넷째 자리	분자식
	탄소(C)	불소(F)	염소(Cl)	브로민(Br)	
할론 1301	1개	3개	0개	1개	CF_3Br
할론 2402	2개	4개	0개	2개	$C_2F_4Br_2$
할론 1211	1개	2개	1개	1개	CF_2ClBr

⑤ Halon 특징 비교 ★

구분	분자식	소화효과	ODP	독성
할론 1301 (CF_3Br)	• 상온 대기압하 기체 – 액화 저장(질소축압) • 무색, 무취이며, 비전도성 • 공기보다 5배 무거움(비중 5.14) • 불꽃연소에 특히 강한 소화력 • B, C급 화재에 적합	대	대	소
할론 1211 (CF_2ClBr)	• 상온에서 기체 – 액화 저장 • 공기보다 5배 무거움(비중 5.7) • 방출 시에는 액체로 분사되며, 비점은 -4℃	중	소	중
할론 2402 ($C_2F_4Br_2$)	• 상온에서 액체 – 액체 저장(질소가압) • 에탄(C_2H_6)에서 치환 • 독성 강함	소	중	대
사용제한	• 셀룰로오스 질산염 등과 같은 자기반응성 물질 또는 이들의 혼합물 • Na, K, Mg, Ti(티타늄), Zr(지르코늄), U(우라늄), Pu(플루토늄) 같은 반응성이 큰 금속 • 금속의 수소화합물(LiH, NaH, CaH_2, $LiAH_4$ 등) • 유기과산화물, 하이드라진(N_2H_4)과 같이 스스로 발열 분해하는 화학제품			

(3) **할로젠화합물 및 불활성기체 소화약제** 23 공채

① 약제의 정의[기술기준]
  ㉠ 할로젠화합물 및 불활성기체 소화약제 : 할로젠화합물(할론 1301, 할론 2402, 할론 1211 제외) 및 불활성기체로서 전기적으로 비전도성이며 휘발성이 있거나 증발 후 잔여물을 남기지 않는 소화약제

개념 CHECK

4. 할론 소화약제 중 소화효과는 할론 1301 > 할론 1211 > 할론 2402 순으로 뛰어나다. ( )

4 O

ⓛ 할로젠화합물 : 불소, 염소, 브롬(브로민) 또는 요오드(아이오딘) 중 하나 이상의 원소를 포함하고 있는 유기화합물을 기본성분으로 하는 소화약제
ⓒ 불활성기체 : 헬륨, 네온, 아르곤 또는 질소가스 중 하나 이상의 원소를 기본성분으로 하는 소화약제

요약 정리 | 할로젠화합물, 불활성기체 비교

구분	할로젠화합물 계열	불활성기체 계열
개념	F, Cl, Br, I 중 하나 이상의 원소를 포함하고 있는 유기화합물을 기본성분으로 하는 소화약제	헬륨, 네온, 아르곤 또는 질소가스 중 하나 이상의 원소를 기본성분으로 하는 소화약제
소화효과	억제소화	질식소화
방사형태	저농도 단시간	고농도 장시간

② 할로젠화합물 및 불활성기체 소화약제의 특성 ★

구분	조건

소화성능	• 기존 할론 약제와 동등 이상
	• 불활성화농도 : 소화농도×1.3 이상
	• 설계소화농도
	  − A급 화재 : A급 소화농도×1.2
	  − B급 화재 : B급 소화농도×1.3
	  − C급 화재 : A급 소화농도×1.35
	• 소화 후 잔여물 없음, 확산속도 빠르고, 침투성 우수, 다양한 건축물에 고른 침투
	• 비전도성, 저장안정성이 높아 장기간 저장, 폭발 방지 효과

독성	• 사람이 상주하는 장소에 전역방출방식 할로젠화합물 및 불활성기체 소화약제 설계농도는 NOAEL보다 낮아야 함 • LD_{50}, ALC, NOAEL, LOAEL 등
환경영향성	ODP, GWP, ALT(대기권 잔존 수명) 낮을 것
물성	• 적정 증기압 : 5~150psi로 분사 추진제 없이 적정 방사 • 전기 절연성 : 전기화재(C급) 사용 • 냉각특성 : 증발잠열, 비열↑ → 높은 냉각효과 • 열분해 조성, 양 : 열분해 생성물(HF 등) 적을 것
안정성	• 저장 시 분해가 되지 않을 것 • 금속 용기를 부식시키지 않을 것 • 합성수지나 고무재료와 함께 사용 가능할 것
경제성	적정 가격일 것

불꽃암기
할로젠화합물, 불활성기체 특성 : 소독환 물안경

③ 할로젠화합물 열분해 생성물의 독성 심화
  ㉠ 소화성능을 위해서는 최소설계농도를 우선적으로 적용한다. 최대설계농도를 설정하는 데 중요한 고려인자는 인간에 대한 위험성이고, 주요 위험성은 불활성계열은 산소결핍, 할로젠계열은 심장발작이다.

개념 CHECK
5. 전역방출방식 할로젠화합물 및 불활성기체 소화약제 설계농도는 NOAEL보다 낮아야 한다. ( )

ⓛ 최대설계농도는 이런 인간에 대한 안전성 강화 측면에서 최대허용설계농도란 표현으로 화재안전(기술)기준에 적용되었으며, 할로젠 가스계 소화약제는 NOAEL이, 불활성계열은 No Effect Level(NEL)이 기준이 된다.

구분	정의
할로젠 화합물	• NOAEL : 농도를 상승시켰을 때 아무런 나쁜 영향을 감지할 수 없는 농도. 또는 인간의 심장에 영향을 주지 않는 최대허용농도(미국) • LOAEL : 농도를 감소시킬 때 어떠한 나쁜 영향도 감지할 수 있는 최소농도. 또는 인간의 심장에 독성을 미치는 최저농도(미국)
불활성 기체	• NEL : 인체에 생리학적 영향을 주지 않는 최대농도(43%) • LEL : 인체에 생리학적 영향을 주는 최소농도(52%)

④ 할로젠화합물 및 불활성기체의 종류

종류	그룹	물질명	화학식	상품명	최대허용 설계농도
할로젠 화합물	PFC	FC3-1-10	C_4F_{10}	CEA-410	40%
	HFC	HFC-23	CF_3H	FE-13	30%
	HFC	HFC-125	CF_3CHF_2	FE-25	11.5%
	HFC	HFC-227ea	CF_3CHFCF_3	FM-200	10.5%
	HFC	HFC-236fa	$CF_3CH_2CF_3$	FE-36	12.5%
	HCFC	HCFC-124	CF_3CHClF	FE-241	1.0%
	HCFC	HCFC Blend A	• HCFC-22(82%) • HCFC-124(9.5%) • HCFC-123(4.75%) • $C_{10}H_{16}$(3.75%)	NAFS-Ⅲ	10%
	FIC	FIC-13I1	CF_3I	Tiodide	0.3%
	Fluoro Ketone	FK5-1-12	$CF_3CF_2C(O)CF(CF_3)_2$	Novec1230	10%
불활성 기체 ★		IG-01	Ar	Argon	43%
		IG-55	N_2(50%), Ar(50%)	Argonite	43%
		IG-541	N_2(52%), Ar(40%), CO_2(8%)	Inergen	43%
		IG-100	N_2(100%)	Nitrogen	43%

불꽃암기

IG-541 : IG(이너젠) 541은 찔라이(N_2, Ar, CO_2)

요약 정리 | 가스계 소화약제 비교

구분	이산화탄소	할론	할로겐화합물 및 불활성기체 소화약제	
			할로겐화합물	불활성기체
소화효과	질식	부촉매	부촉매	질식
방사량	大	小	小	大
설계농도	34~78%	5~10%	6~16%	38%, 43%
상대적 소화농도	보통	우수	우수	보통
약제 방사시간	1분(표면화재), 7분(심부화재)	10초	10초	1분 (표면화재)
방사형태	고농도 장시간	저농도 단시간	저농도 단시간	고농도 장시간
약제유출관점 (이론 계산식)	자유유출(식)	무유출(식)	무유출(식)	자유유출(식)
약제저장상태	액상	액상	액상	기상
과압배출구	필요	불필요	필요	필요

심화 이론 | 설계농도 유지시간(ST : Soaking Time)

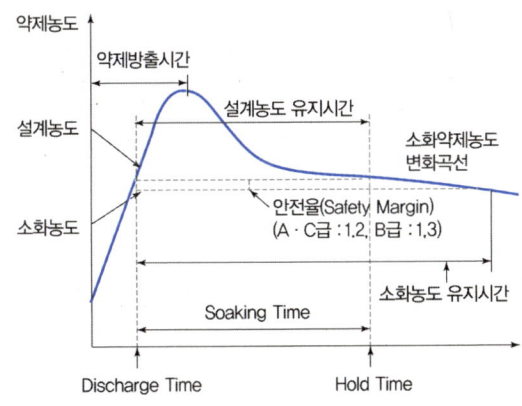

- 정의 : 약제방출 뒤 설계농도 도달 후 완전소화 및 재발화 방지에 필요한 시간을 말한다.
- NFPA : 설계농도에서 최종시점을 설계농도의 85%를 유지하는 시점(소화농도)까지 시간을 말한다.

코드별	소화약제별		Soaking Time
국내기준	이산화탄소, 할론, 할로겐화합물 및 불활성기체		관련 규정 없음
NFPA (미국)	이산화탄소	표면화재	1분
		심부화재	20분
	할론, 할로겐화합물 및 불활성기체		10분

참고
- 가스약제는 재발화 우려가 큼(신뢰도↓)
- 농도유지시간만 만족하면 재발화 ×

개념 CHECK

6. 이산화탄소는 소화를 위해 약제를 방출할 경우 고농도(34% 이상) 장시간(1분) 방사하는 형태를 가지고 있다. ( )

(4) 분말 소화약제 ★ 23 공채

① 분말 소화약제
   ㉠ 분말 소화약제는 방습가공을 한 미세분말(중탄산나트륨 및 중탄산칼륨 또는 인산염류·황산염류 그 밖의 방염성을 가진 인산염류 등)이 신속하게 열분해되어 이산화탄소, 물, 메타인산 등이 생성되어 소화작업을 하는 약제를 말한다.
   ㉡ 소화효과 : **부촉매효과**, 질식효과, 냉각효과 및 복사열 차단효과를 가지며, 비전도성으로 전기화재, 가연성 액체의 표면화재에도 효과적이다.

② 분말 소화약제의 조건
   ㉠ 분말은 입자가 미세할수록 화염과 반응이 빠르고, 비표면적이 커서 소화효과가 커지게 되지만 **입자 크기 20~25μm일 때 소화효과는 최대가 됨**
      → 미세도 시험
      주의!! 입자크기가 작을수록 소화효과 최대(×)
   ㉡ 안식각[6]이 작을수록 유동성이 커서 방사효율 및 소화성능을 높일 수 있다.
      → 입자 표면에 실리콘 오일처리(발수제)
   ㉢ 장기간 보관에도 고형화가 없어야 하고, 내습성이 있어야 한다.
      → 침강시험
   ㉣ 겉보기 비중[7]이 0.82g/mL 이상
      → 용기의 저장용이성(입자가 불균일할수록 부피는 작아진다.)

③ 분말 소화약제의 종류 및 특징 ★

분말 종류	주성분	적응 화재	색상	특징
1종	탄산수소나트륨 ($NaHCO_3$) (= 중탄산나트륨)	• B·C급 • K급	백색	• 성능비(60), 비중(2.18), 충전비(0.8) • 소형 소화기용 • 소화 : 부촉매(Na^+), 비누화 반응 • 저렴 및 소화강도 ↓
2종	탄산수소칼륨 ($KHCO_3$) (= 중탄산칼륨)	B·C급	담회색, 보라색	• 성능비(100), 비중(2.14), 충전비(1.0) • 대형 소화기용 • 국내 제품 없음
3종 25 공채/ 25 경채	제1인산암모늄 ($NH_4H_2PO_4$)	• A급 • B·C급	담홍색, 황색	• 성능비(100), 비중(1.82), 충전비(1.0) • 소화 : 부촉매(NH_4^+), 탈수·탄화(올소인산, H_3PO_4), 방진작용(메타인산, HPO_3) • CDC 약제
4종	탄산수소칼륨 + 요소 $KHCO_3$ + $(NH_2)_2CO$	B·C급	회색	• 성능비(150), 충전비(1.25) • 소화 : 부촉매(NH_4^+) • 국내 미생산, 고가

---

6) 안식각
분말의 외형상 경사도를 말한다.

7) 겉보기 비중
= 시료무게/침강한 부피
= 분말이 실제 차지하는 부피

개념 CHECK

7. 제3종 분말 소화약제인 제1인산암모늄은 A, B, C급 화재에 적응성이 있고, 약제의 색상은 담자색을 띤다. ( )

7 ×

㉠ 제1종 분말 소화약제 : 비누화 반응

제1종 분말 소화약제($NaHCO_3$)를 지방이나 식용유화재(K급)에 적용하면 Na^+ 이온과 기름의 지방산이 결합하여 비누거품을 형성
→ 외부와 분리로 질식 및 재발화 억제효과

㉡ 제3종 분말 소화약제

ⓐ 탈수·탄화작용 : 올소인산(H_3PO_4)은 목재, 종이 내의 섬유소(셀룰로오스)를 탈수·탄화시켜 난연성의 탄소와 물로 분해하여 연소를 차단

ⓑ 방진작용 : 메타인산(HPO_3)은 숯불형태의 연소하는 것을 방지하기 위하여 숯불에 융착하여 유리상의 피막(비가연성 반고형질)을 덮어 소화(재발화 방지 효과)

㉢ CDC(Compatible Dry Chemical) : 포(수성막포) + 분말(3종)

ⓐ 포약제 : 느린 소화시간, 재발화 위험성 작다.

ⓑ 분말약제 : 빠른 소화시간, 재발화 위험성 있다.

ⓒ CDC는 포약제와 분말약제를 혼합(1 : 1)하여 사용한다(Twin Agent System).

④ 분말 소화약제의 열분해 반응식 **심화**

제1종 분말	270℃ : $2NaHCO_3 \rightarrow Na_2CO_3 + H_2O + CO_2$ $-Q(30.3kcal)$ 850℃ : $2NaHCO_3 \rightarrow Na_2O + H_2O + 2CO_2$ $-Q(104.4kcal)$
제2종 분말	190℃ : $2KHCO_3 \rightarrow K_2CO_3 + H_2O + CO_2$ $-Q(30kcal)$ 590℃ : $2KHCO_3 \rightarrow K_2O + H_2O + 2CO_2$ $-Q(127kcal)$
제3종 분말	190℃ : $NH_4H_2PO_4 \rightarrow NH_3 + H_3PO_4$(올소인산) : 탈수·탄화작용 216℃ : $2H_3PO_4 \rightarrow H_2O + H_4P_2O_7$(피로인산) 360℃ : $NH_4H_2PO_4 \rightarrow NH_3 + H_2O + HPO_3$(메타인산) $-Q(77kcal)$: 방진작용
제4종 분말	$2KHCO_3 + (NH_2)_2CO \rightarrow K_2CO_3 + 2NH_3 + 2CO_2$

⑤ 분말 소화약제 장점

㉠ 소화속도가 매우 빠르고(속소성), 대상화재 폭이 넓다(표면화재 및 심부화재, 유류화재, 전기화재 등)

☞ 다목적(ABC급 화재) 소화가 가능 : 제3종 분말약제

㉡ 소화성능 향상을 위해 포소화약제(수성막포)와 병행사용이 가능하다.

㉢ 소화약제의 수명이 반영구적이다(분말소화기는 10년 제한). ★

⑥ 분말 소화약제 단점

㉠ 자기연소(반응)성 물질(제5류)과 가연성 금속(제3류)에는 성능이 저하된다.

㉡ 방호대상물의 구조가 입체적일 때 유동성의 한계로 성능이 떨어진다.
→ 지속성이 없다.

㉢ 가압원이 있어야 먼 거리 유동이 가능하다(질소 가압원).

㉣ 소화 이후 피연소물에 피해가 있다.

개념 CHECK

8. 분말 소화약제의 단점(지속성 미흡)과 포소화약제의 단점(속소성 미흡)을 보완한 CDC 약제를 사용하기도 한다. ( )

8 ○

소방학 개론 — 소화이론 복습만이 살길이다!!!

▶ 다시보자 복습 문제 02   Check

01. 물소화약제는 수용성 가연물질인 알코올, 에테르, 에스테르 등으로 인한 화재에는 적응성이 있다.

02. 물소화약제 첨가제 중 주요 기능이 물의 표면장력을 30dyne/cm도 만들어 심부화재에 대한 적응성을 높여 주는 것을 침투제라고 한다.

03. 포소화약제는 물의 소화능력 향상을 위해 거품을 방사할 수 있는 약제를 첨가하여 질식효과, 냉각효과, 유화효과를 얻을 수 있도록 만든 소화약제이다.

04. 팽창비 = $\dfrac{\text{발포된 포의 체적}}{\text{발포 전 포수용액의 체적}}$ 의 공식을 가진다.

05. 고발포 소화약제 중 제2종은 발포배율이 200배 이상 500배 미만을 말한다.

06. $CO_2[\%] = \dfrac{CO_2[m^3]}{\text{구획실}[m^3] + CO_2[m^3]} \times 100$ 의 농도 공식을 가진다.

07. 이산화탄소 소화약제의 특징은 비전도성으로 전기화재적응성이 있고, 증발잠열이 커서 냉각효과도 있다. 자체 증기압이 낮아 별도의 가압원이 필요하다.

08. 환경오염성 판단 기준 중
    $GWP = \dfrac{\text{어떤 물질 1kg이 파괴하는 오존량}}{\text{CFC-11 물질 1kg이 파괴하는 오존량}}$ 가 있다.

09. 분말소화약제 중 식용유화재에 진압을 위해 비누화현상을 가진 소화약제는 제1종 분말이 있다.

10. 포 소화약제에 관한 설명으로 옳지 <u>않은</u> 것은?
    ① 불화단백포 소화약제는 불소계 계면활성제를 첨가하여 단백포 소화약제의 단점인 유동성을 보완하였다.
    ② 알콜형포 소화약제는 케톤류, 알데히드류, 아민류 등 수용성용제의 소화에 사용할 수 있다.
    ③ 단백포 소화약제는 단백질을 가수분해한 것을 주원료로 하며 내유성이 뛰어나 소화속도가 빠르다.
    ④ 합성계면활성제포 소화약제는 유동성과 저장성이 우수하며 저팽창포부터 고팽창포까지 사용할 수 있다.

11. 중질유화재 시 무상주수를 함으로써 기대할 수 있는 소화효과로 올바르게 묶인 것은?
    ① 피복소화, 부촉매소화, 냉각소화
    ② 질식소화, 유화소화, 냉각소화
    ③ 피복소화, 억제소화, 질식소화
    ④ 제거소화, 타격소화, 억제소화

🔒 1○ 2○ 3○ 4○ 5×(250~) 6○ 7×(증기압 높음) 8×(ODP) 9○ 10③(양친매로 내유성 낮음) 11②

CHAPTER 03 소방시설

이중희 소방학개론

1 소방시설의 종류 ★★ 19, 20 공채 / 18, 21, 22 간부

학습 나침반

소화설비	경보설비	피난구조설비	소화활동설비	소화용수설비
• **소**화기구 • **자**동소화장치 • 옥**내**소화전설비 • 옥**외**소화전설비 • **스**프링클러설비등 • **물**분무등소화설비	• **단**독경보형감지기 • 비상**경**보설비 • **시**각경보기 • **자**동화재탐지설비 • 통합**감**시시설 • 비상**방**송설비 • 자동화재**속**보설비 • **누**전경보기 • **가**스누설경보기 • **화**재알림설비	• **피**난기구 • **인**명구조기구 • **비**상조명등 및 휴대용 비상조명등 • **유**도등	• 연결**송**수관설비 • 연결**살**수설비 • 연소**방**지설비 • **무**선통신보조설비 • **비**상콘센트설비 • **제**연설비	• 상수도소화용수설비 • 소화수조·저수조 그 밖의 소화용수설비

기본서 소방학개론

불꽃암기
소방시설
• 소화설비 : 소자내외스물
• 경보설비 : 경자 감시! 시방 누가 단속화(냐)?
• 피난구조설비 : 피인비유
• 소화활동설비 : 송살방무제비

'소방시설'이란 소화설비, 경보설비, 피난구조설비, 소화용수설비, 그 밖에 소화활동설비로서 대통령령으로 정하는 것을 말한다.

설비	내용

소화설비	물 또는 그 밖의 소화약제를 사용하여 소화하는 기계·기구 또는 설비
	
	• 소화기구
	  – 소화기
	  – 간이소화용구 : 에어로졸식 소화용구, 투척용 소화용구, 소공간용 소화용구 및 소화약제 외의 것을 이용한 간이소화용구
	  – 자동확산소화기
	• 자동소화장치(6가지)
	  – **주**거용 주방, **상**업용 주방, **캐**비닛형, **가**스, **분**말, **고**체에어로졸
	• 옥내소화전설비(호스릴옥내소화전설비 포함)
	• 옥외소화전설비
	• 스프링클러설비 등(3가지)
	  – 스프링클러설비
	  – 간이스프링클러설비(캐비닛형 간이스프링클러설비 포함)
	  – 화재조기진압용 스프링클러설비
	• 물분무등소화설비(9가지)
	  – **물**분무, **미**분무, **포**, **할**론, **할**로겐화합물 및 불활성기체 소화약제, **이**산화탄소, **분**말, **강**화액, **고**체에어로졸 소화설비

불꽃암기
• 자동소화장치(6가지) :
  상가 분주 캐고
• 물분무등소화설비(9가지) :
  물미포 할할이 분강고

개념 CHECK
1. 소화설비에는 소화기구, 자동소화장치, 옥내소화전설비, 스프링클러설비 등이 있다. ( )

이중희 소방공무원

경보설비	화재발생 사실을 통보하는 기계·기구 또는 설비	
	• **단**독경보형 감지기, 비상**경**보설비(비상벨, 자동식 사이렌), **시**각경보기, **자**동화재탐지설비, **화**재알림설비 • 비상방**송**설비, 자동화재**속**보설비, 통합**감**시시설 • **누**전경보기, **가**스누설경보기 → 누전차단기 ×, 가스누설차단기 ×	
피난구조 설비	화재가 발생할 경우 피난하기 위하여 사용하는 기구 또는 설비	
	• 피난기구 : **피**난사다리, **구**조대, **완**강기, 화재안전기준으로 정하는 것 • 인명구조기구 : 방**열**복, 방**화**복(안전헬멧, 보호장갑, 안전화 포함), **공**기호흡기, **인**공소생기 • 유도등 : 피난유도**선**, 피난**구**유도등, **통**로유도등, **객**석유도등, 유도표**지** • 비상조명등 및 휴대용비상조명등	
소화활동 설비 ★	화재를 진압하거나 인명구조활동을 위하여 사용하는 설비	
	• 연결**송**수관설비, 연결**살**수설비, 연소**방**지설비 • **무**선통신보조설비, **제**연설비, **비**상콘센트설비	
소화용수 설비	화재를 진압하는 데 필요한 물을 공급하거나 저장하는 설비	
	• 상수도소화용수설비, 소화수조·저수조, 그 밖의 소화용수설비	

불꽃암기
• 경보설비 : 경자 감시! 시방 누가 단속화(냐)?
• 피난기구 : 피구완
• 인명구조기구 : 열화공인
• 유도등 : 선구통 객지
• 소화활동설비 : 송살방무제비

개념 CHECK
2. 누전차단기는 경보설비이다. ( )
3. 화재를 진압하거나 인명구조활동을 위하여 사용하는 설비를 소화활동설비라고 한다. ( )

2 × 3 ○

2 소화설비

학습 나침반

정의	물 또는 그 밖의 소화약제를 사용하여 소화하는 기계·기구 또는 설비		
종류	소화기구	• 소화기 • 간이소화용구(에어로졸식 소화용구, 투척용 소화용구, 소공간용 소화용구 및 소화약제 외의 것을 이용한 간이소화용구) • 자동확산소화기	
	자동소화장치	• 주거용 주방 • 상업용 주방 • 캐비닛형	• 가스 • 분말 • 고체에어로졸
	옥내소화전설비	호스릴옥내소화전설비 포함	
	옥외소화전설비		
	스프링클러설비 등	• 스프링클러설비 • 간이스프링클러설비(캐비닛형 간이스프링클러설비 포함) • 화재조기진압용 스프링클러설비	
	물분무 등 소화설비	• 물분무 • 할로젠화합물 및 불활성기체 소화약제 • 미분무 • 포소화약제 • 할론 소화약제 • 고체에어로졸	• CO_2 소화약제 • 분말 소화약제 • 강화액

01 소화기구 및 자동소화장치 21 공채

(1) 소화기

① 소화약제를 압력에 따라 방사하는 기구로서 사람이 수동으로 조작하여 소화하는 다음의 것을 말한다.

㉠ 소형 및 대형 소화기

종류	내용
소형 소화기	능력단위가 1단위 이상이고 대형 소화기의 능력단위 미만인 것
대형 소화기	화재 시 사람이 운반할 수 있도록 운반대와 바퀴가 설치되어 있고 능력단위가 A급 10단위 이상, B급 20단위 이상인 것

㉡ 대형 소화기 종류

종류	포(기계포)	강화액	물	분말	할로겐	CO_2
약제량(이상)	20L	60L	80L	20kg	30kg	50kg

불꽃암기
대형 소화기 : 포강물 분할이
268, 235(235는 글자수)

> **심화 이론 | 소화기 설치대상**
>
> 1) 연면적 33m² 이상인 것. 다만, 노유자 시설의 경우 투척용 소화용구 등을 산정된 소화기 수량의 2분의 1 이상으로 설치가능
> 2) 가스시설, 발전시설 중 전기저장시설 및 **국가유산**, 터널, 지하구

② 가압방식(방출방식)에 의한 분류

㉠ 축압식 : 용기 내에 소화약제와 축압용 가스(CO_2 또는 N_2)를 혼합 저장하고 소화 시 방출하는 방식. 압력계가 부착되고 0.7~0.98MPa로 녹색이 정상

㉡ 가압식 : 용기 내에 가압용기를 설치하였다가 사용 시 가압용기 압력으로 약제를 방출하는 방식

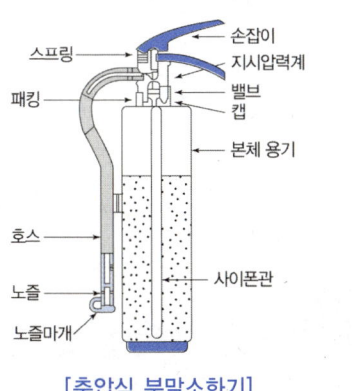

[축압식 분말소화기]

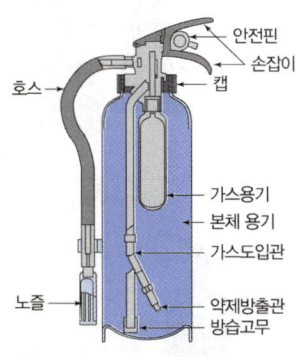

[가압식 분말소화기]

개념 CHECK

4. 대형 소화기의 소화약제 충전량에서 분말소화기는 약제량이 60kg으로 되어 있다. (   )

4 ×

③ 소화약제에 의한 분류

구분(소화기)		주성분	소화효과			소화적응성		
			냉각	질식	억제	A급	B급	C급
수계	물	H_2O + 침윤제	○	○		○		
	산·알칼리 ★	• A제 : $NaHCO_3$ • B제 : H_2SO_4	○	○		○	무상	무상
	강화액	K_2CO_3	○	○	○	○	무상	무상
	포 / 화학포	• A제 : $NaHCO_3$ • B제 : $Al_2(SO_4)_3$	○	○		○		
	포 / 기계포	• AFFF(수성막포) • FFFP(불화단백포)	○	○		○	○	
가스계	이산화탄소	CO_2	○	○			○	○
	Halon 1211	CF_2ClBr			○	○	○	○
	Halon 1301	CF_3Br			○		○	○
분말계	A·B·C급	$NH_4H_2PO_4$ (제1인산암모늄)	○	○	○	●	○	○
	B·C급	• $NaHCO_3$ • $KHCO_3$	○	○	○		○	○

㉠ 가스 : 이산화탄소, 할론, 할로젠화합물 및 불활성기체 소화약제소화기
㉡ 액체 : 물, 강화액, 산·알칼리, 포말소화기
㉢ 고체 : 분말소화기

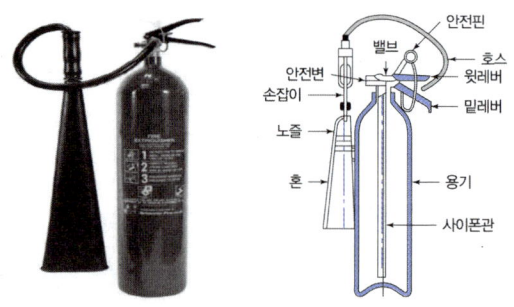

[이산화탄소 소화기]

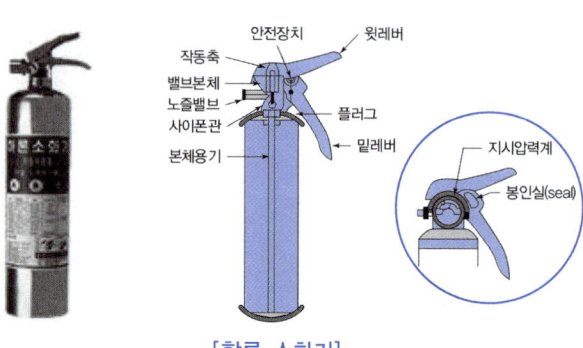

[할론 소화기]

참고 소화기의 사용온도

종류	사용 온도
분말, 강화액	−20~40℃ 이하
물, 포, 산·알칼리	0~40℃ 이하
할로젠화합물 등	

④ 소화기 설치기준[화재안전기준]
　㉠ 각 층마다, 보행거리 대형 30m(소형 : 20m) 이내로 배치. 다만, 가연성 물질이 없는 작업장의 경우 작업장의 실정에 맞게 보행거리를 완화 배치
　㉡ 각 층이 2 이상의 거실로 구획된 경우 : 각 층 + 바닥면적 33m² 이상으로 구획된 각 거실(아파트의 경우 각 세대)
　㉢ 소화기구(자동확산소화기 제외)는 거주자 등이 손쉽게 사용할 수 있는 장소에 바닥으로부터 높이 1.5m 이하의 곳에 비치하고, 소화기에 있어서는 "소화기", 투척용 소화용구에 있어서는 "투척용 소화용구", 마른 모래에 있어서는 "소화용모래", 팽창질석 및 팽창진주암에 있어서는 "소화질석"이라고 표시한 표지를 보기 쉬운 곳에 부착
　㉣ 다만, 소화기 및 투척용소화용구의 표지는 축광식 표지로 설치하고, 주차장의 경우 표지를 바닥으로부터 1.5m 이상의 높이에 설치할 것
　㉤ 이산화탄소 또는 할로젠화합물을 방사하는 소화기구(자동확산소화기 제외)는 지하층이나 무창층 또는 밀폐된 거실로 바닥면적 20m² 미만의 장소 설치금지(다만, 배기용 유효개구부 설치 시 예외)

　참고 소화기 설치 : 층마다, 거리마다, 큰 실마다 설치

㉥ 소화기구 능력단위 기준

특정소방대상물	소화기구의 능력단위
위락시설	해당 용도의 바닥면적 30m²마다 능력단위 1단위 이상
공연장·집회장·관람장·문화재·장례식장 및 의료시설	해당 용도의 바닥면적 50m²마다 능력단위 1단위 이상
근린생활시설·판매시설·운수시설·숙박시설·노유자시설·전시장·공동주택·업무시설·방송통신시설·공장·창고시설·항공기 및 자동차 관련 시설 및 관광휴게시설	해당 용도의 바닥면적 100m²마다 능력단위 1단위 이상
그 밖의 것	해당 용도의 바닥면적 200m²마다 능력단위 1단위 이상

비고 : **바닥면적(기준면적)의 2배 적용** : 건축물 주요구조부가 내화구조 + 벽 및 반자의 실내에 면하는 부분이 **불연재료·준불연재료** 또는 **난연재료** 특정소방대상물

개념 CHECK

5. 소화기의 설치(배치)기준에서는 각 층마다, 보행거리 대형 30m(소형 : 20m) 이내로 배치하게 되어 있다. (　)

(2) 간이소화용구

① 종류 : 투척용, 에어로졸식, 소공간용 소화용구 및 소화약제 이외의 것
② 기타의 경우

간이소화용구		능력단위
마른 모래	50L(1포) + 삽	0.5단위
팽창질석, 팽창진주암	80L(1포) + 삽	0.5단위

(3) 자동확산소화기[1]

1) 자동확산소화기
2) 소화약제 : 제1인산암모늄

① 화재를 감지하여 **자동으로 소화약제**[2]를 방출 확산시켜 **국소적으로 소화**하는 소화기
② 종류(대상)

일반화재용	보일러실, 건조실, 세탁소, 대량화기취급소 등
주방화재용	음식점, 다중이용업소, 호텔, 기숙사, 의료시설, 업무시설, 공장 등의 주방
전기설비용	변전실, 송전실, 변압기실, 배전반실, 제어반, 분전반 등

(4) 자동소화장치

① 소화약제를 자동으로 방사하는 고정된 소화장치로서 형식승인이나 성능인증을 받은 유효설치 범위(설계방호체적, 최대설치높이, 방호면적 등) 이내에 설치하여 소화하는 것을 말한다.
② 자동소화장치의 종류

자동소화장치	설치대상, 약제형태	기능(정의)
주거용	주거용 주방	열발생 조리기구의 사용으로 인한 화재 발생 시 열원(전기 또는 가스)을 자동으로 차단하며 소화약제를 방출
상업용	상업용 주방	
캐비닛	캐비닛 형태	열, 연기 또는 불꽃 등을 감지하여 **소화약제**를 방사하여 소화
가스, 분말	가스계, 분말약제	
고체에어로졸	에어로졸	

> **심화 이론 | 자동소화장치 설치대상**
>
> 후드 및 덕트가 설치되어 있는 주방이 있는 특정소방대상물 중
> 1) 주거용 주방자동소화장치 : 아파트등 및 오피스텔의 모든 층
> 2) 상업용 주방자동소화장치
>   가) 판매시설 중 대규모점포에 입점해 있는 일반음식점
>   나) 집단급식소
> 3) 캐비닛형 자동소화장치, 가스자동소화장치, 분말자동소화장치 또는 고체에어로졸 자동소화장치를 설치해야 하는 것 : 화재안전기준에서 정하는 장소

개념 CHECK

6. 열, 연기 또는 불꽃 등을 감지하여 가스계 소화약제를 방사하여 소화하는 소화장치는 캐비닛형 자동소화장치를 말한다. ( )

6 ×(가스계)

③ 주거용 주방자동소화장치[3] 설치기준[화재안전기술기준]

㉠ 소화약제 방출구는 환기구(주방에서 발생하는 열기류 등을 밖으로 배출하는 장치)의 청소부분과 분리되어 있어야 하며, 형식승인 받은 유효설치 높이 및 방호면적에 따라 설치할 것
㉡ 감지부는 형식승인 받은 유효한 높이 및 위치에 설치할 것
㉢ 차단장치(전기 또는 가스)는 상시 확인 및 점검이 가능하도록 설치할 것
㉣ 가스용 주방자동소화장치를 사용하는 경우 탐지부는 수신부와 분리하여 설치하되, 공기보다 가벼운 가스를 사용하는 경우에는 천장 면으로부터 30cm 이하의 위치에 설치하고, 공기보다 무거운 가스를 사용하는 장소에는 바닥 면으로부터 30cm 이하의 위치에 설치할 것
㉤ 수신부는 주위의 열기류 또는 습기 등과 주위온도에 영향을 받지 않고 사용자가 상시 볼 수 있는 장소에 설치할 것

3) 주거용 주방자동소화장치

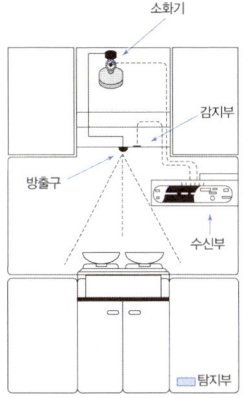

02 옥내소화전설비 20, 21, 22 공채 / 20, 21 간부

(1) 옥내소화전

① 건축물에 화재가 발생하는 경우 초기에 관계자 또는 자체소방대원이 호스 및 노즐(관창)로 나오는 물을 이용하여 신속하게 화재를 소화하는 고정식·수동식 소화설비를 말한다.

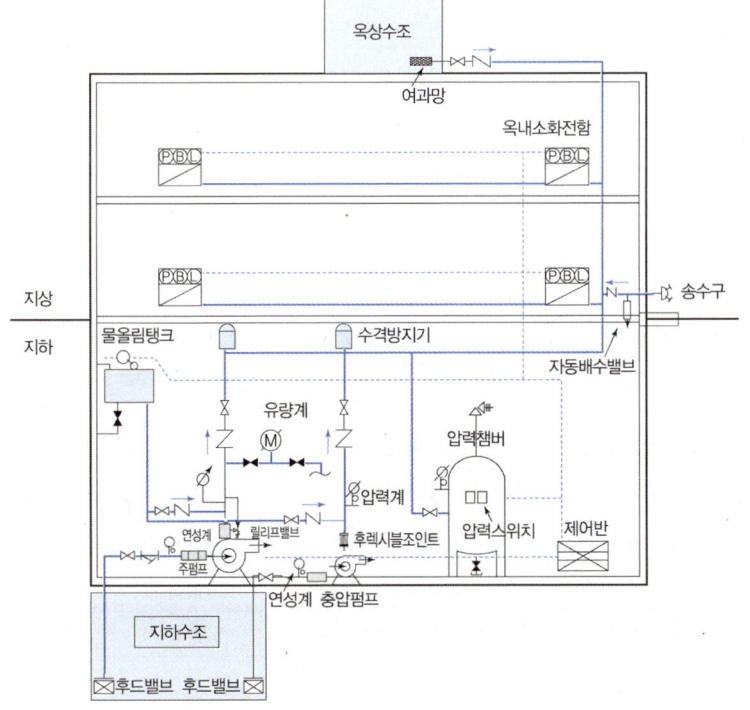

[옥내소화전 구성]

② 구성 : 수원, 가압송수장치, 배관, 송수구, 방수구, 제어반, 호스 및 노즐, 앵글밸브 등으로 구성되어 있다.

개념 CHECK

7. 스프링클러설비란 건축물에 화재가 발생하는 경우 초기에 관계자 또는 자체소방대원이 호스 및 노즐(관창)로 나오는 물을 이용하여 신속하게 화재를 소화하는 고정식·수동식 소화설비를 말한다. (　　)

심화 이론 | 옥내소화전 설치대상(특정소방대상물)

1. 건축물의 연면적(터널 제외)		3,000m² 이상 모든 층
– 지하층·무창층(축사 제외) 또는 층수가 4층 이상 중 바닥면적		600m² 이상 모든 층
2. 근린생활, 판매, 운수, 의료, 노유자, 업무, 숙박, 위락, 공장, 창고, 항공기 및 자동차 관련, 국방·군사, 방송통신, 발전, 장례 또는 복합건축물		1,500m² 이상 모든 층
– 위 2. 중 지하층·무창층 또는 층수가 4층 이상 중 바닥면적		300m² 이상 모든 층
3. 건축물의 옥상에 설치된 차고, 주차장으로서 차고 또는 주차용도로 사용되는 부분의 면적		200m² 이상
4. 공장 또는 창고시설로서 특수가연물의 저장·취급량		지정수량의 750배 이상
5. 터널	길이	1,000m 이상
	예상교통량, 경사로 등 터널의 특성을 고려하여 행정안전부령으로 정하는 터널	전부

제외 : 가스시설, 지하구 및 무인변전소(방재실 등에서 스프링클러설비 또는 물분무등소화설비를 원격으로 조정할 수 있는 무인변전소로 한정)

(2) 옥내소화전설비 성능

① **방수량과 방수압** : 특정소방대상물의 어느 층에 있어서도 해당 층의 옥내소화전[2개 이상인 경우 2개, 고층건축물(30층 이상)의 경우 최대 5개]을 동시에 방수할 경우 다음의 성능이 나와야 한다(호스릴옥내소화전 동일).

㉠ 방수량 : 130L/min 이상

㉡ 방수압 : 0.17MPa 이상 0.7MPa 이하

㉢ 펌프 토출량 : 130L/min × 기준개수

> **참고** 압력 단위 : "MPa"은 압력의 단위로 0.17MPa은 약 17m의 물기둥이 누르는 압력이다. 기존에 사용하던 압력의 옥내소화전 단위인 "kg/cm²"로 환산하면 1MPa은 약 10kg/cm²이므로 0.17MPa은 약 1.7kg/cm²에 해당된다.

② **옥내소화전 수원량(저수량)** : 건축물 층수별 ★

층수	기준량	기준개수(N)	수원량
~29F	2.6m³(130Lpm × 20min)	1~2개(최대)	2.6m³ × N
30F~49F(고층)	5.2m³(130Lpm × 40min)	1~5개(최대)	5.2m³ × N
50F~(초고층)	7.8m³(130Lpm × 60min)	1~5개(최대)	7.8m³ × N

㉠ 층수 : 지상층의 층수

㉡ 기준 개수 : 전층에서 가장 많이 설치된 한 개층의 개수(최대개수까지)

예 지하 3층, 지상 35층 업무시설 빌딩에 매 층마다 7개의 소화전이 있을 때 보유해야 하는 수원량은?

개념 CHECK

8. 옥내소화전설비의 성능 대상물 어느 층에 있어서도 해당 층의 옥내소화전[2개 이상인 경우 2개, 고층 건축물(30층 이상)의 경우 최대 5개]을 동시에 방수할 경우 소화전 노즐에서 방수량은 ( )L/min 이상, 방수압력은 ( )MPa 이상 0.7MPa 이하의 성능이 나와야 한다.

8 130, 0.17

[풀이] 지상층 35층은 기준량 5.2, 전층 층당 최대 소화전 7개 중 5개 적용
☞ 수원량 = 5.2m³ × 5 = 26m³

(3) 수원(수조) 및 가압송수장치

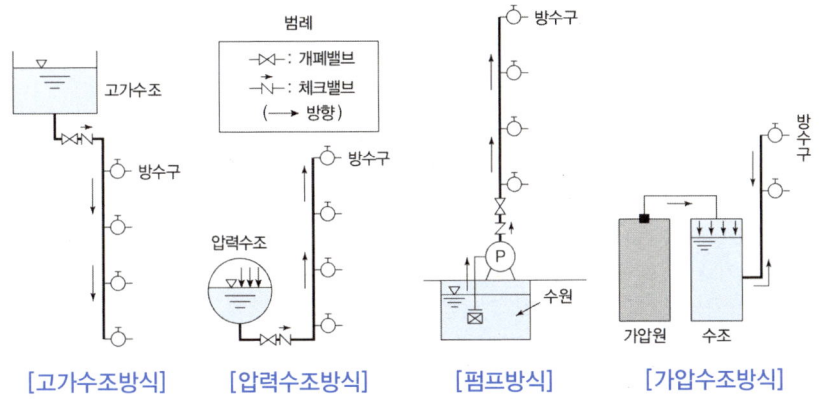

[고가수조방식]   [압력수조방식]   [펌프방식]   [가압수조방식]

① **고가수조** : 구조물 또는 지형지물 등에 설치하여 자연낙차의 압력으로 급수하는 수조를 말한다.
② **압력수조** : 소화용수와 공기를 채우고 일정 압력 이상으로 가압하여 그 압력으로 급수하는 수조를 말한다.
③ **가압수조** : 가압원인 압축공기 또는 불연성 고압기체에 따라 소방용수를 가압시키는 수조를 말한다.
④ **펌프방식** : 전동기의 회전력을 펌프에 가하여 가압수를 공급하는 방식을 말한다.

  ㉠ 토출량과 양정

구분	내용
토출량(Q)	Q[L/min] = N × 130[L/min] 여기서, N : 기준개수
양정(H)	H[m] = 실양정(h_1)[m] + 배관의 마찰손실수두(h_2)[m] + 소방호스의 마찰손실수두(h_3)[m] + 17[m] (방수압력 0.17MPa을 수두로 환산한 값)

  ㉡ 기동방식

구분	내용
수동기동	동결의 우려가 있는 장소(학교, 공장, 창고시설)에는 평상시 배관 내에 물을 채워 놓을 수 없으므로, 옥내소화전함 내에 펌프를 기동할 수 있는 기동스위치 및 정지스위치를 부착하여 스위치를 누르면 펌프가 작동하여 평상시 물이 차 있지 않던 배관을 통해 방수구까지 물을 끌어올리는 방식
자동기동	소화를 위해 소화전의 방수구를 개방하면 배관 내에 압력이 낮아지고 배관과 연결된 기동용 수압개폐장치(압력챔버)의 압력스위치가 접촉하게 되고 이로 인해 펌프가 자동으로 기동하여 물을 계속 공급하는 방식

  ㉢ **충압펌프** : 충압펌프는 배관 및 부속품의 연결부위 등에서 정상적인 누수가 발생하였을 경우 기동하여 배관 내 압력을 채우는 역할, 즉 정상적인 누설량을 보충한다(60Lpm).

4) 유효수량
- 수원을 수조로 설치하는 경우 소방설비의 전용수조로 한다.
- 소방용 설비 외의 다른 설비와 수조를 겸용하는 경우 : 소화펌프의 후드밸브 또는 흡수배관의 흡수구(고가수조의 경우 급수구)를 다른 설비의 후드밸브 또는 흡수구(급수구)보다 낮은 위치에 설치하여야 한다.
- 소화설비와 다른 설비 사이의 수량을 유효수량이고 한다.

불꽃암기
옥상수조 설치 제외 대상:
고지가수 10내 학교

⑤ 2차 수원(옥상수조) : 유효수량[4]의 3분의 1 이상을 옥상(옥내소화전설비가 설치된 건축물의 주된 옥상을 말함)에 설치하여야 한다.
  ☞ 펌프가 고장 났을 때를 대비한 보완조치(Fail Safe 대책)

심화 이론 | 옥상수조 설치 제외 대상
- **고**가수조를 가압송수장치로 설치한 옥내소화전설비
- **지**하층만 있는 건축물
- **가**압수조를 가압송수장치로 설치한 옥내소화전설비
- **수**원이 건축물의 최상층에 설치된 방수구보다 높은 위치에 설치된 경우
- 건축물의 높이가 지표면으로부터 **10**미터 이하인 경우
- 주펌프와 동등 이상의 성능이 있는 별도의 펌프로서 **내**연기관의 기동과 연동하여 작동되거나 비상전원을 연결하여 설치한 경우
- **학교**·공장·창고시설로 on-off 기동방식에 해당하는 경우

심화 이론 | 펌프의 이상현상(문제점) 23 공채

현상구분		내용
공동현상 (Cavitation) ★★ 25 공채 / 25 경채	개념	펌프의 흡입측 배관 내에서 발생하는 것을 액체의 압력이 증기압 이하로 감소하여 액체 내에 증기 기포가 발생하는 현상 ☞ 물의 압력이 증기압보다 낮아지면 기포 발생(끓음)
	문제점	• 발생 기포가 고압부분에서 파괴되어 소음, 충격, 진동 발생 • 임펠러(날개)가 손상 • 펌프 양정(압력)과 효율 저하 • 공회전으로 살수밀도 저하되어 소화실패
	원인	• 펌프의 흡입측 수두(NPSHre)가 클 때 ☞ 흡입측 수두 : 펌프와 수조(수원)까지 높이(부압방식일 때 커짐) • 펌프의 위치가 수조(수원)의 높이보다 높을 때 • 펌프의 마찰손실이 클 때 • 펌프의 흡입배관의 길이가 길때 • 펌프의 흡입관경이 작을 때 • 펌프 임펠러(날개) 속도가 고속, 유속 빠를 때 • 펌프의 유체가 고온일 때
	대책 (↔ 원인)	• 펌프의 위치를 수조보다 낮게 한다. → 가장 효과적 방법 • 펌프의 마찰손실을 적게 한다. • 펌프의 흡입배관의 길이가 길때 • 펌프의 흡입관경을 크게 한다. • 펌프 임펠러를 적정속도(저속), 유속 느리게로 운전 • 펌프 흡입압력을 유체의 증기압보다 높게 운전

개념 CHECK
9. 공동현상의 대책에는 마찰손실의 축소, 흡입관경의 축소, 펌프의 위치를 수조보다 낮게 한다 등이 있다. ( )

수격현상 (Water Hammer) ★	개념	배관 내 흐르는 유체가 정전 또는 밸브의 폐쇄 등이 발생할 경우 유체의 운동에너지가 압력에너지로 전환되어 순간적으로 압력이 상승하여 충격파가 발생되고 관로 벽면, 부속류에 소음 및 진동이 발생하는 현상
	문제점	• 수압상승 → 충격파 발생 → 소음, 진동, 충격 발생 • 배관 및 밸브 진동 → 설비의 열화 및 기능 저하 • SP 헤드 살수밀도 저하 → 소화실패
	원인	• 펌프 운전 중에 정전 등의 원인으로 급정지 • 밸브의 급폐쇄
	대책	• 관내 유속을 낮게 하고, 관경을 크게 한다. • Water Hammering 등 수격방지기 설치 : 수격압 흡수 • 공기밸브를 설치 → 부압 발생 부분에 공기공급 • 관로에 서지탱크(Surge Tank), 자동수압조절밸브를 설치 • 플라이휠(Fly Wheel) 설치 : 관성효과 이용 • 밸브 폐쇄시간 5초 이내로 금지(미국 기준)
맥동현상 (서징, Surging)	개념	펌프나 송풍기(fan)의 운전 중에 일정 주기로 압력과 유량이 변화하고 정상운전이 불가능한 현상 ☞ 기동과 정지를 반복하는 현상
	문제점	• 소화 성능 저하, 헤드의 살수밀도의 저하 → 소화실패 • 시스템의 안정성 저하 : 흡입 및 토출배관에 주기적 진동과 소음 → 반복 → 설비 파손 • 맥동현상 발생 후 조치 전까지 상태 지속
	원인 (모두 만족)	• 펌프(또는 휀)의 양정, 유량 곡선이 우상향 특성곡선으로 상승부를 운전하는 경우 • 펌프의 토출관로가 길고, 배관 중간에 수조나 공기조가 존재 • 배관 도중에 기체상태가 있는 부분 2차측 밸브로 토출량을 조절하는 경우
	대책	• 우하향 곡선의 휀과 펌프를 선정할 것 • 여분의 유량을 대기 중으로 방출할 것 • By-Pass 배관을 설치하여 2차과압을 1차측으로 회기 • 배관 중 수조 및 공기고임부분을 제거할 것

(4) 펌프 주위 구성(물의 흐름 중심) : 수계소화설비 공통

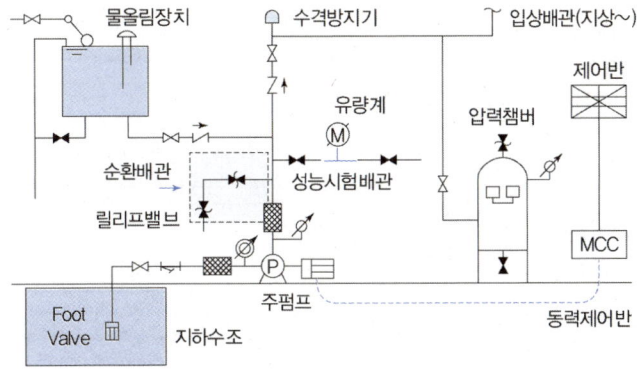

[옥내소화전 펌프 계통도]

개념 CHECK

10. 부압식 수조(수조가 펌프보다 아래에 있는 경우)에 설치하는 Foot valve(풋밸브)는 체크밸브의 기능과 여과기능(이물질 방지)을 한다. ( )

10 ○

5) 체크밸브 기능
- 유체 흐름을 한쪽 방향으로만 가능하도록 하는 기능
- 스모렌스키 체크밸브와 스윙 체크밸브

6) 버터플라이밸브
마찰손실이 커서 펌프 흡입측에는 제한함

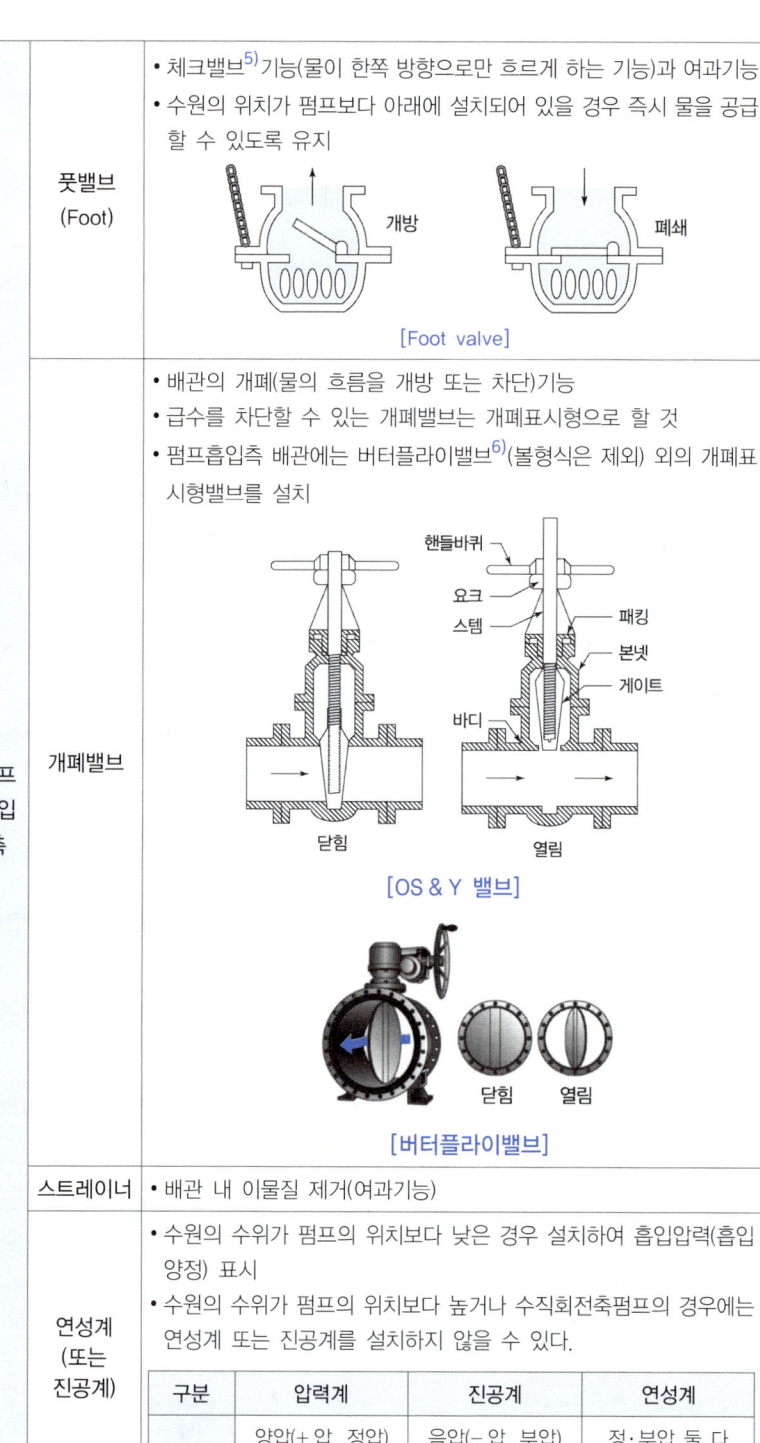

펌프 흡입측	풋밸브 (Foot)	• 체크밸브[5] 기능(물이 한쪽 방향으로만 흐르게 하는 기능)과 여과기능 • 수원의 위치가 펌프보다 아래에 설치되어 있을 경우 즉시 물을 공급할 수 있도록 유지 [Foot valve]
	개폐밸브	• 배관의 개폐(물의 흐름을 개방 또는 차단)기능 • 급수를 차단할 수 있는 개폐밸브는 개폐표시형으로 할 것 • 펌프흡입측 배관에는 버터플라이밸브[6](볼형식은 제외) 외의 개폐표시형밸브를 설치 [OS & Y 밸브] [버터플라이밸브]
	스트레이너	• 배관 내 이물질 제거(여과기능)
	연성계 (또는 진공계)	• 수원의 수위가 펌프의 위치보다 낮은 경우 설치하여 흡입압력(흡입양정) 표시 • 수원의 수위가 펌프의 위치보다 높거나 수직회전축펌프의 경우에는 연성계 또는 진공계를 설치하지 않을 수 있다.
			구분	압력계	진공계	연성계
---	---	---	---
측정압	양압(+압, 정압) 측정	음압(-압, 부압) 측정	정·부압 둘 다 측정	
	플렉시블 조인트	• 펌프 기동시 진동 및 충격 흡수

펌프 토출 측	펌프	• 소방용 – 원심펌프 사용
	플렉시블 조인트	• 펌프 기동시 진동 및 충격 흡수
	압력계	• 펌프의 토출측 압력 표시 • 펌프와 토출측 게이트 밸브 사이에 설치

	펌프보호 장치	• 릴리프밸브 및 순환배관
		  – 순환배관 설치 : 가압송수장치에는 체절운전[7] 시 수온의 상승을 방지하기 위한 순환배관을 설치할 것. 다만, 충압펌프의 경우 제외
		  – 릴리프밸브 설치 : 가압송수장치의 체절운전 시 수온의 상승을 방지하기 위하여 체크밸브와 펌프 사이에서 분기한 구경 20mm 이상의 배관에 체절압력 미만에서 개방되는 릴리프밸브를 설치할 것

	성능 시험배관	[펌프성능시험배관]
	물올림장치	• 펌프의 위치가 수원의 위치보다 높을 경우에만 설치하여 펌프에 물 보충(공급) • 기준 : 100L 이상 용량, 15mm 이상 배관으로 계속 물공급
	체크밸브	• 물의 역류방지 기능(물이 한쪽방향으로만 흐르게 하는 기능 • 펌프 토출측 배관 내 압력을 유지하며, 또한 기동시 펌프의 기동부하를 줄이기 위해서 설치
	개폐밸브	• 배관의 개폐기능 • Tamper 스위치 : 밸브 개폐 상태를 감시제어반에서 확인할 수 있도록 설치
	수격방지기	• 배관 내 압력변동 또는 수격흡수 기능
	기동용수압 개폐장치	• 소화설비 배관 내 압력변동을 검지하여 펌프를 자동기동 또는 정지하여 주는 장치 • 종류 : 압력챔버(100L 이상), 기계식 압력스위치, 전자식 압력스위치 • 기능 : 펌프의 자동기동 및 정지, 압력변화 완충작용, 설비보호

7) 체절운전
- 펌프토출측 배관이 모두 막힌 상태(물 방출 없는 상태)에서 펌프가 운전
- 압력을 낼 수 있는 최상한점 및 압력이 더 올라갈 수 없는 상태에서 펌프가 공회전을 하는 것

개념 CHECK

11. 소화배관에서 릴리프밸브의 기능은 펌프 내부 온도상승 방지, 과압으로부터 배관 등을 보호하는 것이 있다. ( )

12. 물올림장치는 ( )L 이상을 설치한다.

11 ○ 12 100

펌프 토출 측	송수구	• 소방대원이 본격 화재진압을 할 경우 외부 송수구에서 물을 주입하여 소화하는 입구 • 기준 : 65mm, 지면으로부터 높이가 0.5m~1m 이하 설치

요약 정리 | 펌프주위배관 관련 사항

부압방식 필수장비	• 물올림장치, 풋밸브, 연성계 또는 진공계 • 기능 : 물올림장치(펌프 물 채움), 풋밸브(여과 + 체크기능), 연성계(정압, 부압 측정) 23 기출
펌프와 체크밸브 사이	• 설치 : 플렉시블조인트(완충역할), 압력계, 물올림장치(부압식 경우), 릴리프밸브, 성능시험배관 ☞ 물올림장치 감수원인 : 급수밸브 차단, 자동급수장치 고장, 물올림장치 배수밸브 개방, 풋밸브 고장
충압펌프 설치(역할)	• 배관 이음 등에 정상적인 누수가 발생했을 때 기동하여 **배관 내 압력을 채우는 역할**(60Lpm) — **출압력** : 자연압보다 0.2MPa 크거나 주펌프 정격토출압력과 같게 할 것 — **토출량** : 정상적인 누설량이상, 소화전이 자동적으로 작동할 수 있도록 충분한 토출량을 유지
펌프 명판 표시사항	• 구경, 토출량, 전양정, 소요동력 등 ☞ 성능시험에 활용
기동용 수압개폐장치	• 펌프의 자동기동 및 정지, 압력변화의 완충작용, 압력변동에 따른 설비 보호 ☞ 압력챔버 내 1/3의 공기가 완충역할을 함 • 압력챔버 용적 100L 이상, 상부에 안전밸브(과압방지), 하부에 배수밸브
소방용 개폐밸브	• 급수배관에 설치되어 급수를 차단할 수 있는 **개폐밸브**(옥내소화전 방수구 제외)는 개폐표시형 • 개폐표시형 종류 : OS & Y밸브(게이트밸브), 버터플라이밸브 • 펌프의 흡입측배관에는 버터플라이밸브 외의 개폐표시형밸브를 설치 ☞ 손실↑ → 공동현상 생김

체절운전	• 펌프토출측 배관이 모두 막힌 상태, 즉 물이 전혀 방출되지 않고 펌프가 계속 작동되어서 압력을 낼 수 있는 최상한점으로 압력이 더 올라갈 수 없는 상태에서 펌프가 공회전하는 것 ☞ **수온 상승 발생**

릴리프밸브 세팅방법	• 조절볼트를 조이면(시계방향으로 돌림 : 스프링의 힘 세짐)
	  → 릴리프밸브 작동압력이 높아짐
	• 조절볼트를 풀면(반시계방향으로 돌림 : 스프링의 힘 작아짐)
	  → 릴리프밸브 작동압력이 낮아짐.

펌프성능 곡선	• 유량(Flowrate)에 따른 양정(Head), 효율(Efficiency), 동력(Power)를 나타내는 곡선 • 소방용펌프(원심펌프)는 유량이 증가할수록 −양정은 감소하고, 동력은 증가하고, 효율은 운전점에서 가장 높다. • 배관저항곡선은 유량 증가에 따라 증가하는 마찰손실을 나타내는 곡선
펌프성능시험 배관 등	• 성능시험배관은 펌프의 토출측에 설치된 개폐밸브 이전에서 **분기**하여 직선 설치, 유량측정장치를 기준으로 **전단** 직관부에는 개폐밸브를 후단 직관부에는 유량조절밸브를 설치할 것 • 유량측정장치는 펌프의 정격토출량의 175% 이상까지 측정할 수 있는 성능이 있을 것 〈펌프의 성능〉 예상 • 체절운전 시 정격토출압력의 140%를 초과하지 않고, • 정격토출량의 150%로 운전 시 정격토출압력의 65% 이상 • 펌프의 성능을 시험할 수 있는 성능시험배관을 설치할 것. 다만, **충압펌프 제외**

성능시험 시 주의사항 참고	• 성능시험 시 **유량계에 작은 기포**가 통과하면 측정이 어려움
	
	    | 기포 원인 | • 흡입배관의 이음부로 공기가 유입될 때
	                   • 풋밸브와 수면 사이가 너무 가까울 때
	                   • 펌프에 공동현상이 발생할 때
	
	• 개폐밸브의 급격한 개폐금지(☞ 수격현상이 발생함)
	• 배수처리 관계에 유의
	• 펌프·모터의 회전축 근처에 있지 말 것
	• 제어반과 현장측과의 의사전달을 확실히 할 것(거리가 멀 경우 의사전달 불가)

펌프 고장 및 대책	• 펌프 성능시험 시 **릴리프밸브 미개방** : 릴리프밸브 세팅압력 불량 또는 릴리프밸브 기구불량 • **배관 내 압력이 수시 감압(충압펌프 잦은 기동)** : 체크밸브 밀림 또는 배관 누수 • 소화전 개방시 방수안됨 : 펌프고장, 제어반 수동상태, 압력설정 미흡

8) 소화전함 구성

9) 앵글밸브(방수구)

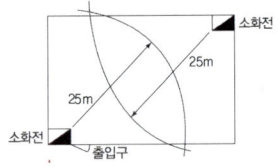

(5) 소화전함 구성[8]

① 소화전함은 두께 1.5mm 이상의 강판 또는 두께 4mm 이상의 합성수지로서, 4mm 이상의 내열성 및 난연성이 있는 것으로 한다.

② 문의 면적은 $0.5m^2$ 이상이어야 하며, 짧은 변의 길이는 500mm 이상이어야 한다.

③ 앵글밸브(방수구)[9]

　㉠ 대상물의 층마다, 대상물의 각 부분에서 방수구까지 25m 이하가 되도록 설치한다.

　㉡ 바닥으로부터의 높이가 1.5m 이하가 되도록 할 것

　㉢ 호스는 구경 40mm(호스릴옥내소화전설비 경우 25mm) 이상으로 한다.

　㉣ 호스릴옥내소화전설비의 경우 노즐에 쉽게 개폐할 수 있는 장치를 부착할 것

> **심화 이론 | 방수구 설치 제외 기준 ★**
>
> 불연재료로 된 특정소방대상물 +
> • 냉장창고 중 온도가 영하인 냉장실 또는 냉동창고의 냉동실
> • 고온의 노가 설치된 장소 또는 물과 격렬하게 반응하는 물품의 저장 또는 취급 장소
> • 발전소·변전소 등으로서 전기시설이 설치된 장소
> • 식물원, 수족관, 목욕실, 수영장(관람석 부분 제외) 또는 그 밖의 이와 비슷한 장소
> • 야외음악당, 야외극장 또는 그 밖의 이와 비슷한 장소

④ 표시등 : 소화전함의 상부에 설치하되, 부착면과 15도 이상의 각도로도 발산되고 10m 떨어진 위치에서 식별(0lx인 장소)되는 적색등으로 설치한다.

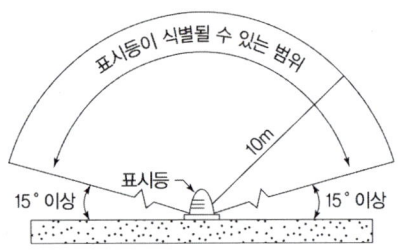

(6) 옥내소화전 방수압력 측정 심화

① 방수구에 호스를 결속한 상태로 노즐의 선단에 방수압력측정계(피토게이지)를 근접[직경(D)/2]시켜서 측정하여 방수압력측정계(피토게이지)의 압력계상의 눈금을 확인한다.

② 방수압력이 0.17MPa 이상이면 적정하다.

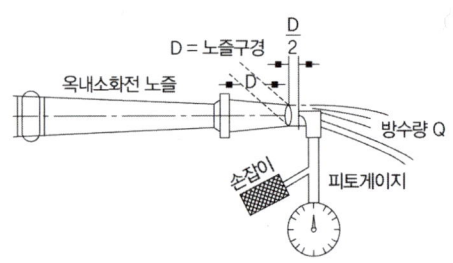

개념 CHECK

13. 옥내소화전의 방수구는 대상물의 각 부분에서 방수구까지 25m 이하가 되도록 설치하고, 바닥으로부터의 높이가 1.5m 이하가 되도록 한다. (　)

14. 옥내소화전의 호스구경(지름)은 40mm 이상(호스릴소화전은 20mm 이상)으로 한다. (　)

13 ○　14 ×

③ 주의사항
  ㉠ 직사형 관창만 사용
  ㉡ 초기 방수 시 이물질이나 공기 등 완전 배출 후 측정
  ㉢ 방수압력측정계(피토게이지)는 봉상주수 상태에서 직각으로 측정

03 옥외소화전설비

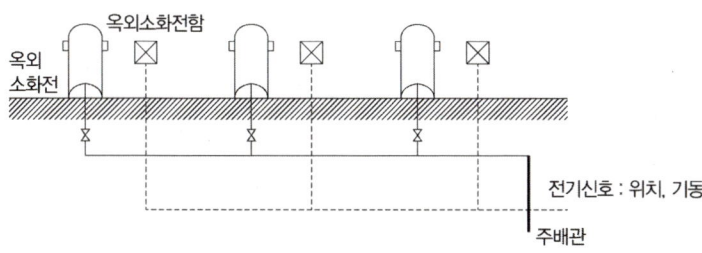

(1) 옥외소화전설비의 정의

건축물의 1, 2층 바닥면적 합이 9천m^2 이상 소방대상물 등 외부에서 소화 및 인접건축에 대한 연소확대를 방지하기 위하여 설치하는 소화설비이다. 주로 옥내소화전설비와 겸용으로 설치한다.

(2) 옥외소화전설비의 성능

① 방수량 : 350L/min 이상
② 방수압력 : 2개의 소화전(1개 설치 시 1개)을 동시에 사용할 경우 각 노즐 방수압력 0.25MPa 이상 0.7MPa 이하
③ 종류 : 지상식과 지하식

(3) 수원의 용량

> 수원량 = 350Lpm × 20분 × 소화전설치개수(최대 2개) = 7m^3 × 소화전설치개수(최대 2개)

(4) 옥외소화전 설치기준

소방대상물의 각 부분으로부터 호스접결구까지 수평거리가 40m 이하가 되도록 설치하며, 호스의 구경은 65mm의 것으로 한다.

(5) 옥외소화전함의 설치기준

옥외소화전 개수	옥외소화전함 개수	예
10개 이하	소화전마다 1개 이상(5m 이내)	소화전 5개 → 함 5개
11~30개 이하	11개 이상, 분산 설치	소화전 15개 → 함 11개
31개 이상	소화전 3개마다 1개 이상	소화전 33개 → 함 11개

개념 CHECK

15. 옥외소화전은 소방대상물의 각 부분으로부터 호스접결구까지 수평거리가 40m 이하가 되도록 설치하며, 호스의 구경은 65mm의 것으로 한다. (   )

(6) 옥내소화전과 옥외소화전의 비교

구분	옥내소화전	옥외소화전
사용	초기소화용, 수동식	초기소화용, 수동식
방수압	0.17~0.7MPa 이상	0.25~0.7MPa 이상
방수량	130L/min 이상	350L/min 이상
수원량	• 29F 이하 : $2.6m^3 \times N$(최대 2개) • 30F 이상 : $5.2m^3 \times N$(최대 5개) • 50F 이상 : $7.8m^3 \times N$(최대 5개)	$7m^3 \times N$(최대 2개) → 최대 $14m^3$
수평거리	25m 이하	40m 이하
구경 (앵글, 호스)	40mm (호스릴 25mm)	65mm
노즐구경	13mm	19mm
비상전원	20, 40, 60분	20분

심화 이론 | 옥내소화전설비와 호스릴소화전설비 비교

구분	옥내소화전	호스릴소화전
방수압력, 방수량	0.17MPa 이상, 130Lpm 이상	0.17MPa 이상, 130Lpm 이상
관창, 호스	13mm, 40mm 이상,	13mm, 25mm 이상,
주배관, 가지배관	50mm 이상, 40mm 이상	32mm 이상, 25mm 이상
수평거리, 수원량(최소)	25m 이하, 설치수(최대 2개)$\times 2.6m^3$	25m 이하, 설치수(최대 2개)$\times 2.6m^3$
특징	• 고중량으로 노유자 사용 곤란 • 호스 접힘으로 방수 불가, 압력 손실이 증가 • 호스 전 길이를 펼쳐야 방수가능 • 소화 시 1인 조작이 곤란 • 접힌 상태로 보관되어 호스 내부 점착현상 발생	• 노유자 사용가능(반동력 작음) • 환형 유지로 사용 편리 • 환형 유지로 짧은거리 방수가능 • 1인 조작이 가능 • 항상 환형 상태를 유지하고 있어 점착 방지효과가 있음

심화 이론 | 옥내소화전과 연결송수관 설비 비교

구분	옥내소화전	연결송수관
개념	관계자 초기소화용	소방대 화재진압용
수원	설치	높이 31m 이상 또는 10층 이상 경우 대상
가압송수장치	설치	지면에서 최상층 방수구 높이 70m 이상 대상
호스 및 노즐	상시 접결	기구함 내 보관
위치	사용이 편리한 장소	계단에서 5m 이내

소화이론 복습만이 살길이다!!!

▶ 다시보자 복습 문제 03

01. "소형소화기"란 능력단위가 2단위 이상이고 대형소화기의 능력단위 미만인 소화기를 말한다

02. 옥내소화전 가압송수장치에는 고가수조방식, 압력수조방식, 펌프방식, 옥상수조방식이 있다.

03. 펌프의 흡입측 배관 내에서 발생하는 것을 액체의 압력이 증기압 이하로 감소하여 액체 내에 증기 기포가 발생하는 현상을 수격현상이라고 한다.

04. 배관 내 흐르는 유체가 정전 또는 밸브의 폐쇄 등이 발생할 경우 유체의 운동에너지가 압력에너지로 전환되어 순간적으로 압력이 상승하여 충격파가 발생되고 관로 벽면, 부속류에 소음 및 진동이 발생하는 현상을 서징현상이라고 한다.

05. 압력 측정장치 중 수원의 수위가 펌프의 위치보다 낮은 경우 설치하여 흡입압력(흡입양정) 표시하기 위해 연성계와 압력계를 설치해야 한다.

06. 가압송수장치의 체절운전 시 수온의 상승을 방지하기 위하여 체크밸브와 펌프 사이에서 분기한 구경 20mm 이상의 배관에 체절압력 미만에서 개방되는 순환배관을 설치할 것

07. 펌프의 자동기동 및 정지, 압력변화의 완충작용, 압력변동에 따른 설비 보호하는 장치를 기동용수압개폐장치라고 한다.

08. 펌프토출측 배관이 모두 막힌 상태, 즉 물이 전혀 방출되지 않고 펌프가 계속 작동되어서 압력을 낼 수 있는 최상한 점으로 압력이 더 올라갈 수 없는 상태에서 펌프가 공회전하는 것을 체절운전이라고 한다.

09. 옥내소화전 방수구의 최소방수압력은 0.17MPa 이상이고, 옥외소화전은 0.35MPa 이상이다.

10. 소방펌프 내부 유속의 급속한 변화 또는 와류의 발생 등에 의해 액체의 압력이 증기압 이하로 낮아져 기포가 생성되고, 이로 인해 펌프의 성능이 저하되고 진동과 소음이 발생하는 현상의 방지대책으로 옳지 않은 것은?
① 흡입관의 마찰 손실을 최대한 적게 한다.
② 펌프의 임펠러의 회전 속도를 낮게 한다.
③ 펌프의 흡입관의 관경 크기를 크게 한다.
④ 펌프의 설치 위치를 수원보다 높게 한다.

11. 자동기동방식의 펌프가 수원의 수위보다 높은 곳에 설치된 옥내소화전설비의 구성요소를 있는 대로 모두 고른 것은?

| ㄱ. 기동용수압개폐장치 | ㄴ. 릴리프밸브 | ㄷ. 동력제어반 |
| ㄹ. 솔레노이드밸브 | ㅁ. 물올림장치 | ㅂ. 방출표시등 |

① ㄱ, ㄴ, ㅁ, ㅂ
② ㄷ, ㄹ, ㅁ
③ ㄱ, ㄴ, ㄷ, ㄹ
④ ㄱ, ㄴ, ㄷ, ㅁ

🔒 1 ×(1단위)　2 ×(옥상 ×, 가압수조)　3 ×(공동현상)　4 ×(수격현상)　5 ×(압력 ×, 진공계)　6 ×(릴리프밸브)　7 ○　8 ○　9 ×(0.25)　10 ④(낮게)　11 ④

04 스프링클러설비 18하, 19, 20, 21 공채 / 19, 21, 22 간부

(1) 개요

① 물을 사용하는 자동식소화설비로 방호구역 내 화재가 발생한 경우 대상물의 천장, 벽 등에 설치된 헤드가 자동으로 감열, 경보 및 방사하여 화재를 제어 및 진압을 할 수 있는 설비를 말한다.

② 초기소화에 매우 효과적이며, 정상작동 시 구획실에 냉각 및 질식, 희석 등의 소화효과로 인명 및 재산피해를 최소화할 수 있는 자동식소화설비이다.

③ 구성 : 헤드, 수원, 가압송수장치, 배관, 음향장치 및 기동장치, 송수구, 유수검지장치 등으로 구성된다.

요약 정리 | 스프링클러설비 설치대상(특정소방대상물)

1. 문화 및 집회시설(동·식물원 제외), 종교시설(주요구조부가 목조인 것은 제외), 운동시설(물놀이형 시설 및 바닥이 불연재료이고 관람석이 없는 운동시설 제외)	수용인원		100인 이상 모든 층
	영화상영관 바닥면적	지하층 또는 무창층	500㎡ 이상 모든 층
		그 밖의 층	1,000㎡ 이상 모든 층
	무대부 면적	지하층·무창층 또는 4층 이상 층	300㎡ 이상 모든 층
		위의 층 이외	500㎡ 이상 모든 층
2. 판매시설, 운수시설 및 창고시설(물류터미널에 한함)	바닥면적의 합계		5,000㎡ 이상 모든 층
	수용인원		500인 이상 모든 층
3. 층수가 6층 이상			모든 층
4. 조산원 및 산후조리원, 의료시설 중 정신의료기관, 종합병원, 병원, 치과병원, 한방병원 및 요양병원 또는 노유자시설, 숙박시설, 숙박이 가능한 수련시설의 바닥면적의 합계			600㎡ 이상 모든 층
5. 창고시설(물류터미널 제외)로서 바닥면적의 합계			5,000㎡ 이상 모든 층
6. 기숙사(교육연구시설, 수련시설 내에 있는 학생 수용을 위한 것) 또는 복합건축물로서 연면적			5,000㎡ 이상 모든 층
7. 특정소방대상물로 지하층·무창층(축사 제외) 또는 층수가 4층 이상인 층으로 바닥면적			1,000㎡ 이상인 해당층
8. 랙식 창고로서 천장 또는 반자의 높이가 10m를 초과하고, 그 층의 바닥면적 또는 랙이 설치된 부분의 합계			1,500㎡ 이상 모든 층
9. 공장 또는 창고시설	특수가연물을 저장·취급하는 시설		지정수량 1,000배 이상
	중·저준위방사성폐기물의 저장시설 중 소화수를 수집·처리하는 설비가 있는 저장시설		전부

		바닥면적의 합계	2,500㎡ 이상 모든 층
10. 지붕 또는 외벽이 불연재료, 내화구조가 아닌 공장 또는 창고시설	창고시설(물류터미널에 한정) 중 2.에 해당하지 않는 것	수용인원	250명 이상 모든 층
	창고시설(물류터미널은 제외) 중 5.에 해당하지 않는 것으로 바닥면적 합계		2,500㎡ 이상 모든 층
	공장 또는 창고시설 중 7.에 해당하지 않는 것으로서 지하층·무창층 또는 층수가 4층 이상인 것 중 바닥면적		500㎡ 이상 모든 층
	랙식 창고시설 중 8.에 해당하지 않는 것으로서 바닥면적 합계		750㎡ 이상 모든 층
	공장 또는 창고시설 중 9.에 해당하지 않는 것으로서 특수가연물을 저장·취급하는 시설		지정수량 500배 이상
11. 교정 및 군사시설	유치장 등 이하 생략		전부
12. 지하상가 연면적			1,000㎡ 이상
13. 전기저장시설			전부
14. 1.부터 13.까지의 특정소방대상물에 부속된 보일러실 또는 연결통로 등			전부

※ [제외] 가스시설, 지하구

(2) 스프링클러설비의 헤드

① 헤드의 구조

㉠ 프레임(Frame) : 헤드 나사부분과 디플렉터의 연결 이음쇠

㉡ 디플렉터(Deflector) : 헤드에서 유출되는 물을 세분하는 작용

㉢ 감열체 : 일정한 온도에 도달 시 파괴 또는 용해되어 헤드가 작동되도록 하는 부분[유리벌브(글라스벌브)와 퓨즈블링크]

[헤드의 구조]

② 헤드의 종류

구분		내용
감열체 유무	개방형	감열체 없이 방수구가 항상 열려져 있는 헤드
	폐쇄형	정상상태에서 방수구를 막고 있는 감열체가 일정온도에서 자동적으로 파괴·용융 또는 이탈됨으로써 방수구가 개방되는 헤드
동작 유무	표준형	표준형 기준의 기류온도 및 기류속도에 반응하는 것
	조기 반응형 ★	• 표준형 스프링클러헤드보다 기류온도 및 기류속도에 조기에 반응하는 것 • 설치대상 　– 공동주택·노유자시설의 거실 　– 오피스텔·숙박시설의 침실, 병원의 입원실 • **습식유수검지장치** 또는 **부압식스프링클러설비** 설치

개념 CHECK

16. 스프링클러 헤드는 프레임, 디플렉터, 감열체로 구성되어 있다. ( )

부착 방식별	상향형	• 배관 위쪽에 디플렉터를 상향으로 설치하며 위로 방수된 물이 디플렉터에 부딪혀 아래로 살수 • 상향식 헤드 적용(습식, 부압식 이외), 다음은 예외 – 드라이펜던트 SP 헤드, 개방형 SP헤드, 동파 우려 없는 곳
	하향형	배관 아래쪽에 디플렉터를 하향으로 설치하여 아래로 방수된 물이 디플렉터에 부딪혀 아래로 살수
	측벽형	가압된 물이 분사될 때 축심을 중심으로 한 반원상에 균일하게 분산시키는 헤드
기타	화재조기 진압용	특정 높은 장소의 화재위험에 대하여 조기에 진화할 수 있도록 설계된 스프링클러헤드
	건식 SP헤드	물과 오리피스가 배관에 의해 분리되어 동파를 방지할 수 있는 스프링클러헤드(드라이 펜던트)

> **심화 이론 | 헤드의 감지**

1) 표시온도 : T_a(최고주위온도) = $0.9\,T_m$(헤드 표시온도) $- 27.3$

설치장소의 최고주위온도	표시온도	작동시간	대상
39℃ 미만	79℃	1분 15초 이내	실내 등
39℃ 이상 64℃ 미만	79℃ 이상 121℃ 미만	1분 45초 이내	주방, 보일러실
64℃ 이상 106℃ 미만	121℃ 이상 162℃ 미만	3분 이내	
106℃ 이상	162℃ 이상	5분 이내	

주) 높이 4m 이상 공장 및 창고(랙식창고)는 최고주위온도에 관계없이 121℃ 이상으로 가능

2) 온도등급별 색상

퓨즈블링크형		유리벌브형(글라스벌브형)	
표시온도(℃)	프레임 식별	표시온도(℃)	액체의 식별
77℃ 미만	표시 안 함	57℃	오렌지
78~120℃	흰색	68℃	**빨강**
121~162℃	**파랑**	79℃	노랑
163~203℃	**빨강**	93℃	**초록**
204~259℃	**초록**	141℃	파랑
260~319℃	오렌지	182℃	연한 자주
320℃ 이상	검정	227℃ 이상	검정

3) RTI(Response Time Index, 반응시간지수) : 열흡수능력 ★
   ① 헤드 작동에 필요한 열에 대한 감열부의 감도 반응지수(열기류감도 시험기 측정)
   ② RTI↓ → 감열체 온도상승률↑ → 조기작동
   ③ 계산식 : $RTI = \tau\sqrt{u} = \dfrac{mc}{hA}\sqrt{u}$

   여기서 τ : 시간지수[s], u : 상승기류속도[m/s], h : 대류열 전달계수[kW/m²℃]
   m : 열감지부 질량[kg], c : 감열체 비열[kJ/kg℃], A : 감열체 표면적[m²]

③ 헤드의 성능 : 기준개수의 모든 헤드에서
　㉠ 방수량 : 80L/min 이상
　㉡ 방수압력 : 0.1MPa 이상 1.2MPa 이하

④ 헤드의 수평거리[10]

대상	수평거리
무대부, 특수가연물 저장, 취급(장소 및 랙식 창고)	1.7m 이하
비내화구조	2.1m 이하
내화구조	2.3m 이하
랙식 창고	2.5m 이하
공동주택(아파트)	2.6m 이하

⑤ 헤드 설치기준
  ㉠ 살수가 방해되지 아니하도록 헤드로부터 반경 60cm 이상의 공간을 보유(벽과 스프링클러헤드 간의 공간은 10cm 이상)할 것
  ㉡ 헤드와 그 부착면(상향식 헤드의 경우 그 헤드의 직상부의 천장·반자)과의 거리는 30cm 이하로 할 것

(3) 스프링클러의 수원량(폐쇄형 헤드의 경우) : 층수에 따른 수원량 ★

층수	기준량	기준개수(N)	수원량
~29F	1.6m³(80×20min)	10개, 20개, 30개 (기준 참조)	1.6m³×N
30F~49F(고층)	3.2m³(80×40min)		3.2m³×N
50F~(초고층)	4.8m³(80×60min)		4.8m³×N

① 층수 : 지상층의 층수
② 기준 개수 : 건축물의 용도, 규모에 준함

(4) **스프링클러의 배관**[11] : 배관은 가지배관, 교차배관, 주배관 등이 있다.
① 가지배관 : 스프링클러헤드가 설치되어 있는 배관
  ㉠ 토너먼트방식이 아닐 것 → 손실 증가의 문제
  ㉡ 한쪽 가지배관에 설치되는 헤드의 수는 8개 이하
② 교차배관 : 직접 가지배관에 급수하는 배관
  ㉠ 가지배관과 수평 또는 밑에 설치하고, 최소구경은 40mm 이상으로 할 것
  ㉡ 교차배관 끝에 청소구(개폐밸브, 호스접결이 가능한 나사식 또는 고정배수 배관식)를 설치하고 나사보호용의 캡으로 마감할 것

(5) **유수검지장치 등**
유수검지장치란 유수현상을 자동적으로 검지하여 신호 또는 경보를 발하는 장치를 말하고, 일제개방밸브란 일제살수식 SP설비에 설치되는 유수검지장치를 말함

---

10) 수평거리
• 헤드 하나가 포용하는 원의 면적
• 헤드 하나의 반경

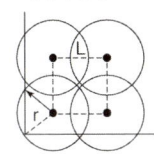

→ r : 수평 거리

11) 배관의 구경
• 교차배관 : 40mm 이상
• 수직배관 : 50mm 이상

개념 CHECK
17. 내화구조에서 스프링클러헤드의 수평거리는 2.3m 이하이다. ( )
18. 스프링클러의 배관에서 가지배관은 토너먼트방식을 적용해야 한다. ( )

17 ○ 18 ×

① 습식 스프링클러설비(습식밸브, 알람밸브, 알람체크밸브) ★
  ㉠ 개념 : 가압송수장치에서 폐쇄형 스프링클러헤드까지 배관 내(1, 2차측)에 항상 물이 가압되어 있다가 화재로 인한 열로 폐쇄형 스프링클러헤드가 개방되면 배관 내에 유수가 발생하여 습식 유수검지장치가 작동하게 되는 스프링클러설비를 말한다(2차측 배관이 가압수로 유지).
  ㉡ 습식 스프링클러설비 계통도

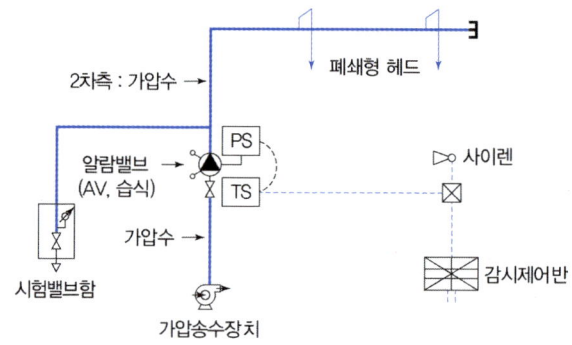

  ㉢ 습식밸브 작동순서

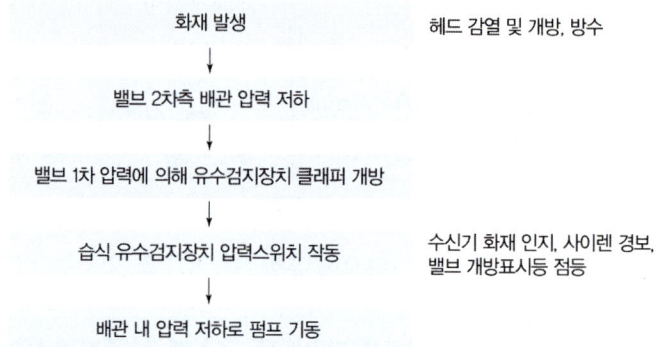

  ㉣ 리타딩챔버 ★
    • 누수로 인한 자동경보밸브의 오동작을 방지하기 위한 안전장치로서 누수 등의 이유로 2차 압력이 저하되어 발생되는 펌프의 기동 및 경보를 방지하는 역할을 한다(신형 밸브는 지연회로가 설치).
    참고 역할 : 오보(오작동) 방지, 안전밸브 역할, 배관 등 보호

② 준비작동식 스프링클러설비(준비작동식밸브, 프리액션밸브)
  ㉠ 개념 : 가압송수장치에서 준비작동식 유수검지장치 1차측까지 배관 내에 항상 물이 가압되어 있고 2차측에서 폐쇄형 스프링클러헤드까지 대기압 또는 저압으로 있다가 화재발생 시 감지기의 작동으로 준비작동식 유수검지장치가 작동하여 폐쇄형 스프링클러헤드까지 소화용수가 송수되어 폐쇄형 스프링클러헤드가 열에 따라 개방되는 방식의 스프링클러설비를 말한다.

개념 CHECK

19. 습식 스프링클러에서 누수로 인한 자동경보밸브의 오동작을 방지하기 위한 안전장치로서 누수 등의 이유로 2차 압력이 저하되어 발생되는 펌프의 기동 및 경보를 방지하는 역할을 한다. 이 역할을 하는 장치는 무엇인가?
( )
20. 준비작동식 스프링클러는 감지기의 작동으로 동작되는 밸브이다. ( )

19 리타딩 챔버 20 ○

ⓛ 준비작동식 스프링클러설비 계통도

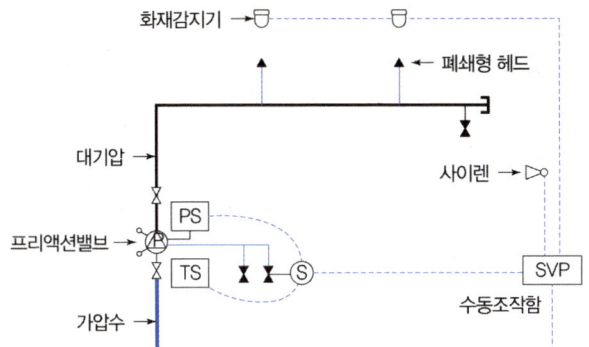

ⓒ 준비작동식밸브 작동순서

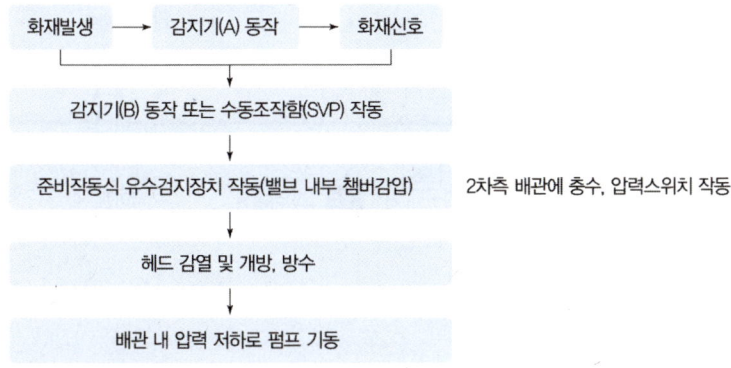

ⓔ 준비작동식밸브의 구성
   ⓐ 감지기 : 단일 감지기 설치 시 감지기 오작동으로 설비동작 등 피해를 예방하기 위하여 두 개의 별도 선로를 교차하게 시공하여 인접된 두 감지기가 동작 시 정상화재로 인지되도록 구성한 것을 말한다.

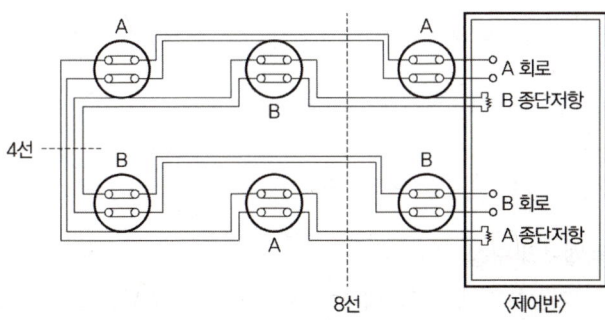

   ⓑ 수동조작함(SVP) : 밸브의 전원, 개폐밸브의 작동, 압력스위치의 작동을 알 수 있는 조작함으로 감지기 불량 등으로 밸브가 작동하지 않을 경우 수동으로 밸브를 작동시킬 수 있다(전화단자로 송수신 역할).

ⓜ 준비작동식밸브 기동방식(5가지) ★
   ⓐ 해당 방호구역의 감지기(AB감지기) 2개 회로 작동
   ⓑ 수동조작함(SVP)의 수동조작스위치 작동

ⓒ 밸브 자체에 부착된 수동기동밸브 개방
ⓓ 수신기에서 준비작동식밸브 수동기동스위치 작동
ⓔ 수신기에서 감지기(AB감지기) 2개 회로 작동(동작시험)

③ 건식 스프링클러설비(건식밸브, 드라이밸브)
  ㉠ 건식유수검지장치 2차측에 압축공기 또는 질소 등의 기체로 충전된 배관에 폐쇄형 스프링클러헤드가 부착된 스프링클러설비로서, 폐쇄형 스프링클러헤드가 개방되어 배관 내의 압축공기 등이 방출되면 건식유수검지장치 1차측의 수압에 의하여 건식유수검지장치가 작동하게 되는 스프링클러설비를 말한다.
  ㉡ 건식 스프링클러설비 계통도

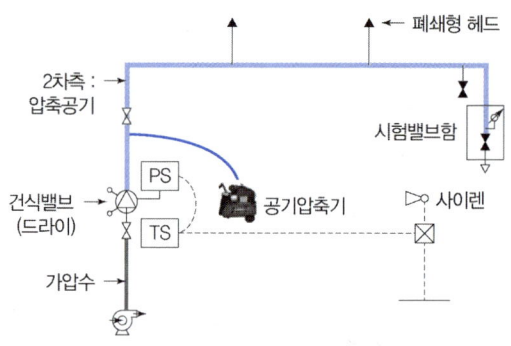

  ㉢ 건식밸브 작동순서

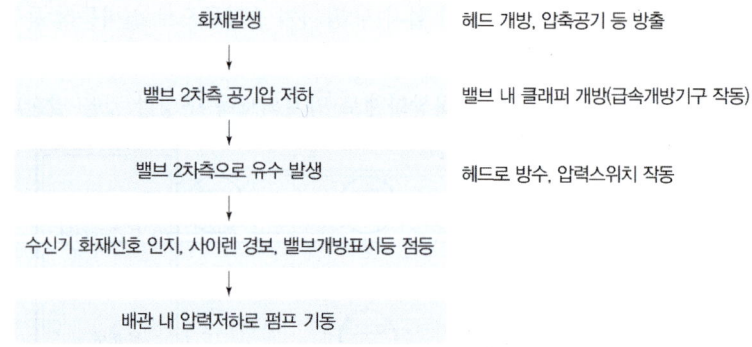

  ㉣ 건식밸브의 구성
    ⓐ 공기압축기(에어컴프레셔) : 평소 1차측 수압(높고, ↑)과 2차측 공기압(낮음, ↓)이 파스칼 원리에 의해 평행을 이루는 데 필요한 2차측에 공기압을 자동공급해 주는 장치
    ⓑ 급속개방장치 : 2차측 공기압을 조기에 배출하는 장치
      • 엑셀레이터(Accelerator) : 헤드 동작 후 2차측 압력이 감소되기 전 건식밸브 중감챔버로 2차측 고압공기를 불어넣어 강제로 클래퍼가 열리도록 지원하는 장치

개념 CHECK

21. 건식밸브에서 헤드 동작 후 2차측 압력이 감소되기 전 건식밸브 중감챔버로 2차측 고압공기를 불어넣어 강제로 클래퍼가 열리도록 지원하는 장치를 엑셀레이터라고 한다. (   )

22. 건식밸브의 특징은 동작 감지기가 없고, 밸브의 2차측이 압축공기로 충전되어 있는 설비를 말한다. (   )

21 ○ 22 ○

- 익조스터(Exhaust) : 밸브 2차측 공기가 급속히 방출될 수 있도록 지원하는 장치 주의!! 현재 적용되지 않고, 기준도 삭제됨

④ 일제살수식 스프링클러설비
  ㉠ 가압송수장치에서 일제개방밸브 1차측까지 배관 내에 항상 물이 가압되어 있고 2차측에서 개방형 스프링클러헤드까지 대기압으로 있다가 화재발생 시 자동감지장치 또는 수동식 기동장치의 작동으로 일제개방밸브가 개방되면 스프링클러헤드까지 소화용수가 송수되는 방식의 스프링클러설비를 말한다.
  ㉡ 일제살수식 스프링클러설비 계통도

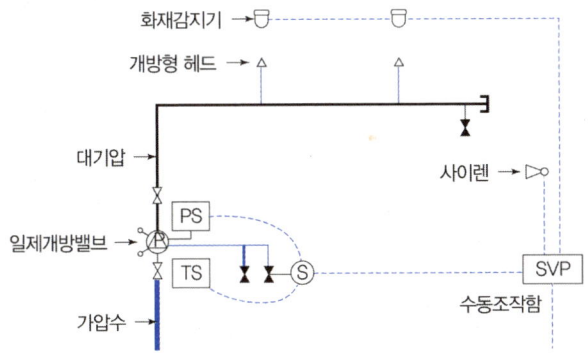

  ㉢ 일제살수식밸브 작동순서

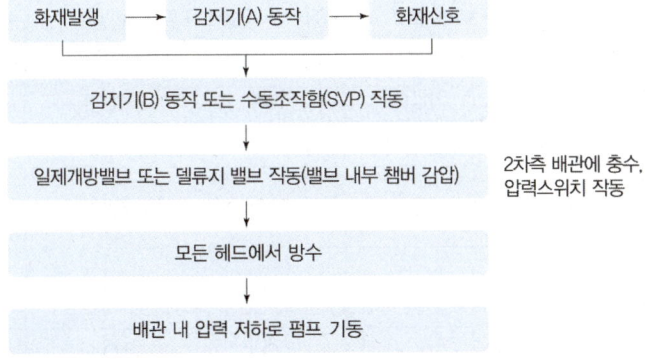

⑤ 부압식 스프링클러설비
  ㉠ 가압송수장치에서 준비작동식 유수검지장치의 1차측까지는 항상 정압의 물이 가압되고, 2차측 폐쇄형 스프링클러헤드까지는 소화수가 부압으로 되어 있다가 화재 시 감지기의 작동에 의해 정압으로 변하여 유수가 발생하면 작동하는 스프링클러설비를 말한다.
  ㉡ 부압식 밸브 작동순서(오동작의 경우) : 헤드 오작동(파손 등) → 부압(진공) 흡입 → 부압(진공) 펌프 작동 → 진공펌프 연속작동

ⓒ 부압식 밸브의 구성
  ⓐ **진공펌프** : 배관 내의 압력을 진공압으로 유지시키는 역할을 한다.
  ⓑ **부압식 제어반(Vacuum Controller)** : 평상시 배관 내의 진공압력의 데이터를 진공 압력스위치로부터 수신하여 진공압력을 유지할 수 있도록 진공펌프를 기동시키고 제어한다.

심화 이론 | 스프링클러설비의 시험장치기준

구분	설치기준
습식, 건식 및 부압식	• 습식 및 부압식 스프링클러설비는 유수검지장치 2차측 배관에 설치 • 건식 스프링클러설비 : 유수검지장치에서 가장 먼 거리에 위치한 가지배관의 끝에 설치. 유수검지장치 2차측 설비 내용적이 2,840L를 초과하는 경우 시험장치 개폐밸브를 완전 개방 후 1분 이내 물 방사 • 시험장치 배관의 구경은 25mm 이상, 끝에 개폐밸브 및 개방형 헤드 또는 헤드와 동등한 방수성능을 가진 오리피스를 설치. 이 경우 개방형 헤드는 반사판 및 프레임을 제거한 오리피스만 설치 가능 • 시험배관의 끝에는 물받이통 및 배수관을 설치하여 시험 중 방사된 물이 바닥에 흘러내리지 아니하도록 할 것. 다만, 목욕실·화장실 또는 그 밖의 곳 배수처리가 쉬운 장소 예외

요약 정리 | 스프링클러설비 밸브의 비교 ★★★

구분	습식	건식	준비작동식	일제살수식	부압식
밸브 명칭	• 자동경보밸브 • 알람체크밸브	• 드라이밸브 • 건식밸브	• 준비작동식밸브 • 프리액션밸브	• 일제개방밸브 • 데류지밸브	준비작동식 밸브
1차측	가압수	가압수	가압수	가압수	가압수
2차측	가압수	압축공기	대기압	대기압	부압수
적용 헤드	폐쇄형	폐쇄형	폐쇄형	개방형	폐쇄형
감지기 (교차)	×	×	○	○	○ (단일)
SVP	×	×	○	○	
시험 장치	○	○	×	×	○
비고	리타딩 챔버 (오동작방지)	• 에어컴프레셔 (공기압축기) • 급속개방장치 (QOD)	• AB 감지기 • 솔레노이드밸브 • 수동기동장치 (svp)	• AB 감지기 • 솔레노이드밸브 • 수동기동장치 (svp)	단일감지기
특징	• 구조단순 • 소화신속 • 동결우려 • 수손피해	• 동결방지 • 살수지연 • 화재촉진	• 동결방지 • 수손방지 • 감지기시공 • 구조복잡	• 신속대처 • 층고 높은 곳 적용 • 대량살수 수손 피해 • 감지기시공	• 동결우려 • 수손피해 • 구조복잡

⑥ 스프링클러헤드 설치제외 대상 심화
  ㉠ 계단실(특별피난계단의 부속실 포함), 경사로, 승강기의 승강로, 비상용승강기의 승강장, 파이프덕트 및 덕트피트(파이프, 덕트를 통과시키기 위한 구획된 구멍에 한함), 욕조나 샤워시설이 있는 화장실, 직접 외기에 개방되어 있는 복도, 기타 이와 유사한 장소
  ㉡ 통신기기실 등, 발전기실 등, 수술실 등 이와 유사한 장소
  ㉢ 천장과 반자 양쪽이 불연재료로 되어 있는 경우
    ⓐ 천장과 반자 사이의 거리가 2m 미만인 부분
    ⓑ 천장과 반자 사이의 벽이 불연재료이고, 천장과 반자 사이의 거리가 2m 이상으로서 그 사이에 가연물이 존재하지 아니하는 부분
  ㉣ 천장·반자 중 한쪽이 불연재료로 되어있고 천장과 반자 사이의 거리가 1m 미만인 부분
  ㉤ 천장 및 반자가 불연재료 외의 것이고 천장과 반자 사이의 거리가 0.5m 미만인 부분

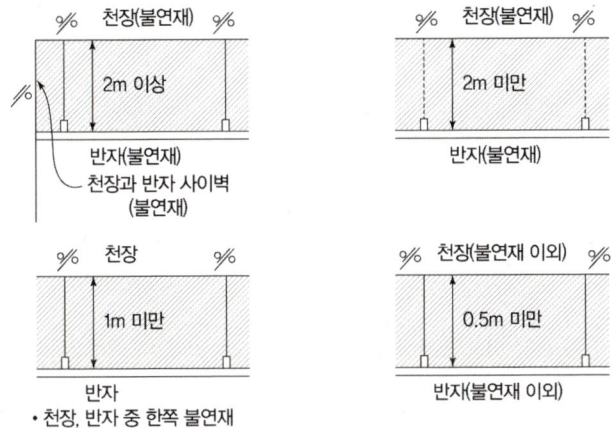

[천장·반자 거리에 따른 헤드 추가]

  ㉥ 펌프실·물탱크실 엘리베이터 권상기실 등의 장소
  ㉦ 현관 또는 로비 등으로서 바닥으로부터 높이가 20m 이상인 장소
  ㉧ 영하의 냉장실, 냉동실 또는 고온의 노가 설치된 장소, 물과 격렬하게 반응하는 물품의 저장 또는 취급소
  ㉨ 공동주택의 대피공간

심화 이론 | 유수검지장치, 일제개방밸브 등의 설치기준

구분	내용
폐쇄형 스프링클러설비 : 방호구역, 유수검지장치	• 하나의 방호구역의 바닥면적은 3,000m²를 초과하지 아니할 것 (격자형 배관방식 제외) • 하나의 방호구역에 1개 이상의 유수검지장치를 아래의 장소에 설치할 것 – 화재발생 시 접근이 쉬운 장소 – 점검하기 편리한 장소

폐쇄형
스프링클러설비 :
방호구역,
유수검지장치
	- 하나의 방호구역은 2개층에 미치지 않을 것(1개층에 설치되는 헤드의 수가 10개 이하, 복층형 구조의 공동주택에는 3개층 이내)
	• 유수검지장치실
	  - 실내에 설치 또는 보호용 철망 등으로 구획하여 0.8m 이상 1.5m 이하에 설치
	  - 출입문 : 가로 0.5m 이상, 세로 1m 이상
	  - 표지 : 출입문 상단에 "유수검지장치실"이라고 표시한 표지

개방형
스프링클러설비 :
방수구역,
일제개방밸브
	• 하나의 방수구역은 2개층에 미치지 아니할 것
	• 방수구역마다 일제개방밸브를 설치할 것
	• 하나의 방수구역의 헤드 개수 : 50개 이하
	• 2개 이상의 방수구역으로 나눌 때 : 하나의 방수구역 담당 헤드 25개 이상
	• 일제개방밸브실
	  - "일제개방밸브실"이라고 표시한 표지 부착
	  - 유수검지장치실의 설치장소 및 높이 준용

요약 정리 | 소방기기류의 설치 높이

구분	해당 기기류
0.5m~1m 이하	• 연결송수관설비 송수구, 방수구, 옥내소화전설비 송수구 • 연결살수설비 송수구 • 소화용수설비 채수구
0.8m~1.5m 이하	• 제어밸브, 일제개방밸브 • 유수검지장치 • 각종 스위치(소방전기)
1.5m 이하	• 옥내소화전설비 방수구 • 호스릴함 • 소화기

심화 이론 | SP의 살수밀도 부족 현상

구분	내용
Skipping (스키핑)	• 여러 원인에 의해 화재로부터 멀리 떨어진 스프링클러 헤드가 화재에 인접한 헤드보다 먼저 작동되는 현상
로지먼트	• 폐쇄형 헤드가 작동할 경우 헤드의 분해되는 부품이 걸려서 살수밀도가 낮아지는 현상
Cold Soldering (콜 솔더링)	• 헤드 감열체가 직접 냉각되어 미경계지역이 발생하는 현상
Pipe Shadow	• 상향식 헤드에서 방사된 물방울이 하부 배관으로 가려져 살수 패턴에 장애를 받는 현상

05 간이스프링클러설비 및 화재조기진압용 스프링클러설비

(1) 간이스프링클러설비

① **캐비닛형 간이스프링클러설비** : 가압송수장치, 수조(분리형 가능), 유수검지장치 등을 집적화하여 캐비닛 형태로 구성시킨 간이 형태의 스프링클러설비
② **상수도직결형 간이스프링클러설비** : 수조를 사용하지 않고 상수도에 직접 연결하여 항상 기준 압력 및 방수량 이상을 확보할 수 있는 설비
③ 일반 스프링클러에 사용되는 표준형헤드와 차이점
  ㉠ RTI(반응시간지수)[12] : 50 이하로, 감도가 빠르다(표준형 80 초과).
  ㉡ 방수량 : 0.1MPa에서 47.5~52.5Lpm으로 방수량은 작다(표준형 80).
  ㉢ 방사패턴 비교

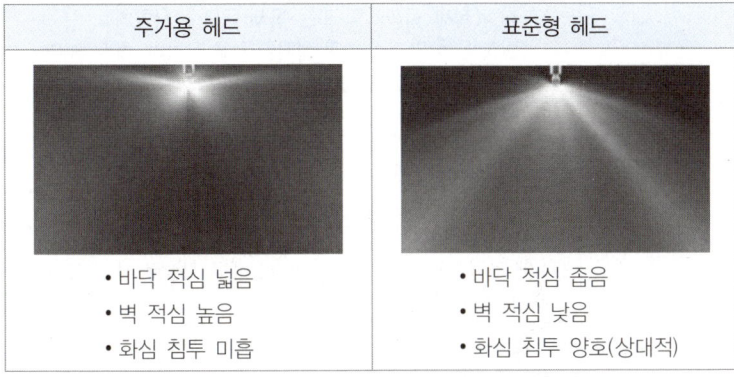

주거용 헤드	표준형 헤드
• 바닥 적심 넓음 • 벽 적심 높음 • 화심 침투 미흡	• 바닥 적심 좁음 • 벽 적심 낮음 • 화심 침투 양호(상대적)

> **심화 이론** | 배관 및 밸브 등의 순서
>
> 1) **수도직결형** : 수도계량기 – 급수차단장치 – 개폐표시형 밸브 – 체크밸브 – 압력계 – 유수검지장치 – 2개의 시험밸브
> 2) **펌프방식** : 수원 – 연성계 또는 진공계 – 펌프 또는 압력수조 – 압력계 – 체크밸브 – 성능시험배관 – 개폐표시형 밸브 – 유수검지장치 – 시험밸브
> 3) **가압수조방식** : 수원 – 가압수조 – 압력계 – 체크밸브 – 성능시험배관 – 개폐표시형 밸브 – 유수검지장치 – 2개의 시험밸브
> 4) **캐비닛형** : 수원 – 연성계 또는 진공계 – 펌프 또는 압력수조 – 압력계 – 체크밸브 – 개폐표시형 밸브 – 2개의 시험밸브

12) RTI(Response Time Index) 열에 대한 반응속도를 나타내며, 수치가 작을수록 같은 온도에서 빨리 작동된다.

개념 CHECK

24. 캐비닛형 간이스프링클러설비란 가압송수장치, 수조(분리형 가능), 유수검지장치 등을 집적화하여 캐비닛 형태로 구성시킨 간이 형태의 스프링클러설비를 말한다. ( )

24 ○

심화 이론 | 간이스프링클러 설치대상(특정소방대상물)

1. 공동주택 중 연립주택 및 다세대주택 ☞ 주택전용 간이스프링클러[정의 신설]		전부
2. 근린생활 시설 중	1) 근린생활시설로 사용하는 바닥면적의 합계	1,000m² 이상 모든 층
	2) 의원, 치과의원 및 한의원으로서 입원실 또는 인공신장실이 있는 시설	전부
	3) 조산원 및 산후조리원	600m² 미만
3. 의료시설 중	1) 종합병원, 병원, 치과병원, 한방병원 및 요양병원(의료재활시설 제외)으로 사용되는 바닥면적의 합계	600m² 미만
	2) 정신의료기관 또는 의료재활시설로 사용되는 바닥면적의 합계	300m² 이상 600m² 미만
	3) 정신의료기관 또는 의료재활시설로 사용하는 바닥면적 – 창살(철재·플라스틱 또는 목재 등으로 사람의 탈출 등을 막기 위하여 설치한 것을 말하며, 화재 시 자동으로 열리는 구조로 되어 있는 창살은 제외)이 설치된 시설	300m² 미만
4. 교육연구시설 내에 합숙소로 연면적		100m² 이상 모든 층
5. 노유자 시설	1) 노유자 생활시설	전부
	2) 1)에 해당하지 않는 노유자시설로 해당 시설로 사용하는 바닥면적의 합계	300m² 이상 600m² 미만
	3) 1)에 해당하지 않는 노유자시설로 해당 시설로 사용하는 바닥면적의 합계 – 창살(철재·플라스틱 또는 목재 등으로 사람의 탈출 등을 막기 위하여 설치한 것을 말하며, 화재 시 자동으로 열리는 구조로 되어 있는 창살은 제외)이 설치된 시설	300m² 미만
6. 숙박시설로 사용되는 바닥면적 합계		300m² 이상 600m² 미만
7. 건물을 임차하여 「출입국관리법」 제52조 제2항에 따른 보호시설로 사용하는 부분		전부
8. 복합건축물 중 근린생활시설·판매시설·업무시설·숙박시설 또는 위락시설의 용도와 주택의 용도로 함께 사용되는 것의 연면적		1,000m² 이상 모든 층

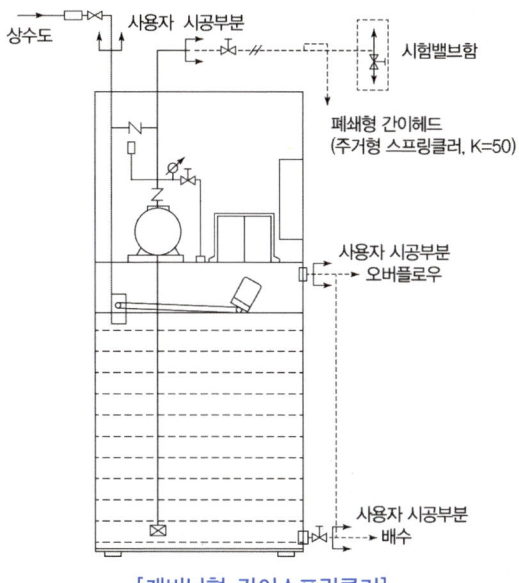

[캐비닛형 간이스프링클러]

(2) 화재조기진압형 스프링클러(ESFR)

① 급격한 화재성장속도와 높은 화재하중을 가진 랙식(Rack) 창고 등의 화재를 조기감지와 많은 양의 물로 방사하여 진압을 하기 위한 스프링클러설비를 말한다.

② 헤드의 특성(표준형과 차이점)
  ㉠ 화재감지특성
    ⓐ 조기반응 : RTI(반응시간지수) 50 이하
    ⓑ RTI $28\sqrt{m \cdot s}$, 작동온도 74℃ 이하
  ㉡ 조기진압(방사특성) : K값 200~360(표준형 80)

③ ESFR 헤드 설치제외 장소
  ㉠ 제4류 위험물
  ㉡ 타이어, 두루마리 종이 및 섬유류, 섬유제품 등 연소 시 화염의 속도가 빠르고 방사된 물이 하부까지에 도달하지 못하는 것

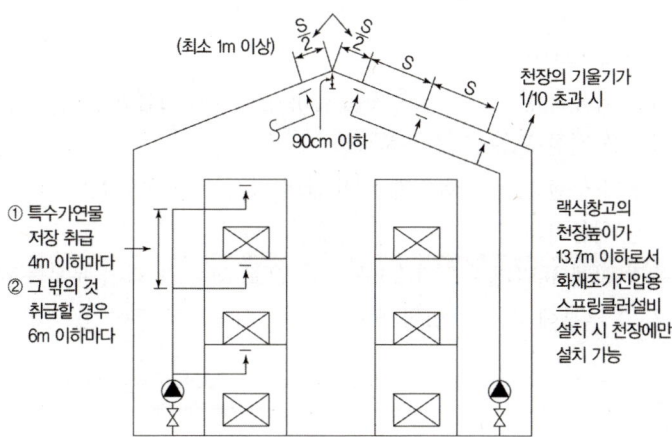

개념 CHECK

25. 화재조기진압형 스프링클러(ESFR)의 헤드는 제4류 위험물이 설치된 장소에 설치하지 않는다. ( )

25 ○

06 물분무소화설비 및 미분무소화설비

(Ⅰ) 물분무소화설비

① 개요
  ㉠ 스프링클러소화설비와 물을 사용하여 소화하는 점에서는 유사하나 스프링클러설비의 방수압보다 고압으로 방사하여 물의 입자를 미세하게 만들어 무상주수(안개 형상)로 분무시켜 물방울의 표면적을 넓게 해 유류화재(B급), 전기화재(C급) 등의 화재에도 적응성이 있도록 만든 소화설비이다.
  ㉡ 물분무헤드 : 화재 시 직선류 또는 나선류의 물을 충돌·확산시켜 미립상태로 분무함으로써 소화하는 헤드를 말한다.

② 물분무소화설비의 소화작용 ★
  ㉠ 냉각작용 : 무상으로 방사된 물입자가 빠르게 수증기가 되면서 증발잠열을 흡수하여 스프링클러설비보다 뛰어난 냉각작용을 한다.
  ㉡ 질식작용 : 물이 기화하면서 부피가 팽창하여(약 1,700배) 연소면을 피복하고 산소 공급을 차단해 질식작용을 한다.
  ㉢ 유화작용(에멀전효과) : 중유 등 기름 표면에 방사하여 불연성의 유화층을 형성하여 산소차단 또는 냉각작용을 한다.
  ㉣ 희석작용 : 알코올 등의 수용성 액체에 방수할 경우 열기류를 냉각하면서 수용성 액체에 희석하여 연소한계 이하 농도의 수용액으로 만들어 소화한다.

③ 물분무소화설비 설치대상
  ㉠ 특수가연물
  ㉡ 차고, 주차장, 항공기 격납고 등
  ㉢ 절연유 봉입 변압기
  ㉣ 케이블트레이, 케이블덕트 등
  ㉤ 켄베이어 벨트 등
  ㉥ 전기실, 변전실, 터널, 문화재 등

④ 물분무헤드 설치제외
  ㉠ 물에 심하게 반응하는 물질 또는 물과 반응하여 위험한 물질을 생성하는 물질을 저장 또는 취급하는 장소
  ㉡ 고온의 물질 및 증류범위가 넓어 끓어 넘치는 위험이 있는 물질을 저장 또는 취급하는 장소
  ㉢ 운전 시에 표면의 온도가 260℃ 이상으로 되는 등 직접 분무를 하는 경우 그 부분에 손상을 입힐 우려가 있는 기계장치 등이 있는 장소

> **개념 CHECK**
> 26. 물분무소화설비의 소화작용에는 냉각, 질식, 유화, 희석, 부촉매 작용이 있다. ( )

| 심화 이론 | 물분무등소화설비 설치대상(특정소방대상물) |

1. 항공기 및 자동차 관련 시설 중 항공기 격납고	전부
2. 차고, 주차용 건축물 또는 철골 조립식 주차시설의 연면적	800m² 이상
3. 건축물 내부에 설치된 차고·주차장로 사용되는 면적 합계(50세대 미만 연립주택 및 다세대주택 제외)	200m² 이상
4. 기계장치에 의한 주차시설	20대 이상
5. 전기실·발전실·변전실(가연성의 절연유를 사용하지 아니하는 변압기·전류차단기 등의 전기기기와 가연성피복을 사용하지 아니한 전선 및 케이블만을 사용한 전기실·발전실·변전실은 제외)·축전지실·통신기기실·전산실, 그 밖에 이와 비슷한 것으로서 바닥면적(동일한 방화구획 내에 2 이상의 실이 설치되어 있는 경우 이를 1개의 실로 보고 산정). 다만, 내화구조로 된 공정제어실 내에 설치된 주조정실로서 양압시설이 설치되고 전기기기에 220V 이하인 저전압이 사용되며 종업원이 24시간 상주하는 곳은 제외	300m² 이상
6. 소화수를 수집·처리하는 설비가 설치되어 있지 아니한 중·저준위 방사성폐기물의 저장시설. 다만, 이 경우에는 **이산화탄소 소화설비·할론소화설비 또는 할로젠화합물 및 불활성기체소화설비** 설치	전부
7. 예상교통량, 경사도 등 터널의 특성을 고려하여 행정안전부령으로 정하는 터널. 다만 이 경우에는 **물분무소화설비** 설치	
8. 지정문화유산 또는 천연기념물등으로 소방청장이 국가유산청장과 협의하여 정하는 것	

☞ 제외 : 가스시설, 무정전전원공급장치(UPS)의 시설, 지하구

(2) 미분무소화설비

① 개요

㉠ 미분무소화설비 : 가압된 물이 헤드 통과 후 미세한 입자로 분무됨으로써 소화성능을 가지는 설비를 말하며, 소화력을 증가시키기 위해 강화액 등을 첨가할 수 있다.

㉡ 미분무 : 물만을 사용하여 소화하는 방식으로 최소설계압력에서 헤드로부터 방출되는 물입자 중 99%의 누적체적분포가 400μm 이하로 분무되고 A, B, C급 화재에 적응성을 갖는 것을 말한다.

$$Dv\ 0.99 = 400\mu m$$
여기서, D : Droplet(액적), v : 체적(Volume),
f : 분율(fraction)(0.99), Nμm : 물입자 크기

② 미분무소화설비 소화효과

㉠ 소화(Fire extinguishment) : 불에 타고 있는 가연물이 없도록 화재를 완전히 진압하는 것

㉡ 화재진압(Fire suppression) : 화재의 발열률(Heat Release Rate)을 급격히 감소시키고 화재의 재성장을 방지하는 것

ⓒ 화재제어(Fire control) : 주위의 가연물을 미리 젖게 하여 화재의 성장 제한, 천장 가스온도를 제어하여 구조적 충격을 방지하는 것
ⓐ 연소확대방지(Exposure protection) : 가연물이 들어있는 탱크의 표면을 냉각시켜 화재 및 폭발 위험에 대비하기 위한 것

③ 미분무소화설비의 분류 심화

구분		내용
사용 압력별	고압 미분무	최저압력이 3.5MPa 초과
	중압 미분무	사용압력이 1.2MPa 초과하고 3.5MPa 이하
	저압 미분무	최고사용압력이 1.2MPa 이하
방출 방식별	전역방출방식	고정식 미분무소화설비에 배관 및 헤드를 고정 설치하여 구획된 방호구역 전체에 소화수를 방출
	국소방출방식	고정식 미분무소화설비에 배관 및 헤드를 설치하여 직접 화점에 소화수를 방출하는 설비로서 화재발생 부분에 집중적으로 소화수를 방출하도록 설치
	호스릴방식	미분무건을 소화수 저장용기 등에 연결하여 사람이 직접 화점에 소화수를 방출

④ 미분무소화설비 성능확인용 설계도서 작성 시 고려사항 심화
  ㉠ 점화원의 형태
  ㉡ 초기 점화되는 연료 유형
  ㉢ 화재 위치
  ㉣ 문과 창문의 초기상태(열림, 닫힘) 및 시간에 따른 변화상태
  ㉤ 공기조화설비, 자연형(문, 창문) 및 기계형 여부
  ㉥ 시공 유형과 내장재 유형

07 포소화설비 18하, 19, 21, 23 공채 / 21 간부

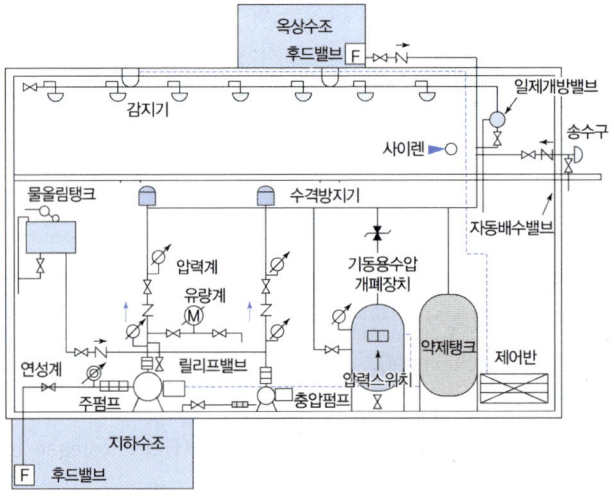

개념 CHECK

27. 미분무소화설비는 압력의 따른 분류에서 고압, 중압, 저압으로 분류한다. (   )

(1) 개요

① 포소화설비는 가연성 액체 등의 화재는 물을 이용하여 소화 시 효과가 적거나 화재가 확대될 위험성이 높다. 대안으로 물과 포소화약제를 일정한 비율로 혼합하여 수용액을 만들고 공기와 외력에 의해 발포 시 발생되는 미세한 거품으로 연소물질의 표면을 덮어 질식효과와 수분의 냉각효과로 유류화재와 대규모 화재, 옥외에도 효과적으로 소화가 가능한 설비를 말한다.

② 포수용액(물 97% + 포원액 3%) → 외력 + 공기 → 거품방출 → 화재면을 덮음 → 질식, 냉각효과 → 화재진압

③ 포소화설비의 장·단점

장점	• 인화성 액체 화재 시 절대적인 소화위력 • 옥내 이외에 옥외에서도 충분한 소화효과
단점	• 소화 후 약제의 잔존물로 인한 2차 피해가 발생 • 동절기에는 포의 유동성으로 인하여 옥외의 경우 사용상 제한 • 단백포 약제의 경우 변질 및 부패 등으로 정기적으로 재충약이 필요

(2) 포소화설비의 분류(방출방식)

구분	내용
포워터 스프링클러설비	• 포워터스프링클러헤드를 사용하는 포소화설비 • 설치가능장소 : 특수가연물 저장·취급하는 공장·창고, 차고 또는 주차장, 항공기격납고 등
포헤드설비	• 포헤드를 사용하는 포소화설비 • 설치가능장소 : "포워터스프링클러설비" 설치장소와 동일
고정포방출설비	• 고정포방출구를 사용하는 설비 • 위험물 옥외 저장탱크 상부 또는 하부에 폼 챔버를 설치하여 포를 방사하는 설비 • 폼 챔버의 형태에 따라 5가지로 분류 • 설치가능장소 : 유류저장탱크, 포헤드설치 장소 등
호스릴포소화설비	호스릴포방수구·호스릴 및 이동식 포노즐을 사용하는 설비
포소화전설비	포소화전방수구·호스 및 이동식 포노즐을 사용하는 설비

(3) 폼 챔버의 분류(고정포방출구 분류) ★

방출구	특징
Ⅰ형 표면주입 (상부주입)	• 방출된 포가 통계단(홈통)을 따라 흘러들어가 유면을 덮음 • 적용 : CRT(콘루프 탱크) [고정지붕구조]
Ⅱ형 표면주입 (상부주입)	• 방출된 포가 반사판(디플렉터)에 의해 탱크 벽면을 따라 흘러들어가 유면을 덮음 • 포 이동거리 제한 : 30m • 적용 : CRT, FRT(상부포) [부상덮개 고정지붕]

개념 CHECK

28. 포소화설비는 가연성 액체 등의 화재에서 물과 포소화약제를 이용하여 질식 및 냉각소화를 하는 설비는 말한다. (   )

29. 포방출구로 분류를 할 때 방출된 포가 통계단을 따라 흘러들어가 유면을 덮는 형태의 방출구를 Ⅰ형(표면주입)이라고 한다. (   )

28. ○ 29. ○

Ⅲ형 표면하주입 (하부주입)	• 탱크 저부에서 포를 방사하여 유면으로 떠오르는 방식 • 대형탱크 적용(직경 60m 이상) • 고배압 발포기 설치 • 불화단백포, 수성막포 사용 • 적용 : CRT(SSI)	
Ⅳ형 반표면하주입 (하부주입)	• SSI의 단점을 보완 : 포사용제한 • 대형탱크 적용(직경 60m 이상) • 모든 약제 사용가능 • 호스 Container를 설치하여 호스를 이용한 주입 • 적용 : CRT(SSSI)	
특형 표면주입 (상부주입)	• FRT 내벽과 굽도리판 사이의 환상 부분에 포 방출 • 환상부분 화재발생 우려 • 눈, 비로 덮개 뒤집힐 우려 • 적용 : FRT(상부포)[부상지붕구조]	

(4) 포혼합방식의 분류 ★★★ 25 공채 / 25 경채

혼합장치	내용	
라인 프로포셔너방식 (관로혼합)	펌프와 발포기의 중간에 설치된 벤츄리관의 **벤츄리작용**에 따라 포소화약제를 흡입·혼합하는 방식	
펌프 프로포셔너방식 (펌프혼합)	• 펌프의 토출관과 흡입관 사이의 배관 도중에 설치한 흡입기에 펌프에서 토출된 물의 일부를 보내고, 농도 조정밸브에서 조정된 포소화약제의 필요량을 포소화약제탱크에서 펌프 흡입측으로 보내어 이를 혼합하는 방식 • 주로 화학소방차에 사용	
프레져 프로포셔너방식 (차압혼합)[13]	• 펌프와 발포기의 중간에 설치된 벤츄리관의 **벤츄리작용**과 펌프 가압수의 포소화약제 저장탱크에 대한 압력에 따라 포소화약제를 흡입·혼합하는 방식 • 국내 가장 많이 사용. 압입식과 압송식[격막(다이어프램) 있음 – 재사용 가능]	
프레져사이드 프로포셔너방식 (압입혼합)	• 펌프의 토출관에 압입기를 설치하여 **포소화약제 압입용 펌프**로 포소화약제를 압입시켜 혼합하는 방식 • 비행기 격납고, 대규모 유류저장	

---

13) 프레져 프로포셔너방식
• 압송식 : 다이어프램
 (고무격막) ○
 – 소화수와 포약제가 섞이지 않아 재사용 가능
• 압입식 : 다이어프램 ×
 – 소화수와 포약제가 섞여 재사용 불가능

개념 CHECK

30. 라인 프로포셔너 혼합방식은 펌프와 발포기의 중간에 설치된 벤츄리관의 벤츄리작용에 따라 포소화약제를 흡입·혼합하는 방식이다. ( )

31. 펌프의 토출관에 압입기를 설치하여 포소화약제 압입용 펌프로 포소화약제를 압입시켜 혼합하는 방식을 펌프 프로포셔너방식이라고 한다. ( )

30 ○ 31 ×

구분	
압축공기포 믹싱챔버방식	• 압축공기포 믹싱챔버방식 : 물, 포 소화약제 및 공기를 믹싱챔버로 강제주입시켜 챔버 내에서 포수용액을 생성한 후 포를 방사 • 압축공기포 소화설비 : 압축공기 또는 압축질소를 일정 비율로 포수용액에 강제 주입 혼합하는 방식	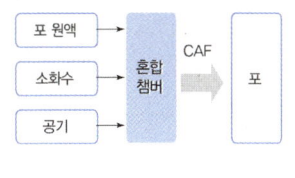

> **심화 이론** | 포소화설비 혼합장치의 비교

구분	특성

라인 프로포셔너 (관로혼합)	• 펌프와 발포기 중간에 벤츄리관 설치
	• 벤츄리작용만으로 포소화약제 혼합하는 방식
	• 소규모, 이동식 간이설비에 이용
	• 장점
	  – 시설 간단, 가격이 저렴하다.
	• 단점
	  – 혼합기를 통한 압력손실이 크다.
	  – 흡입높이의 제한성을 가진다(1.8m 이하).
	  – 혼합가능한 유량범위가 작다.

프레져 프로포셔너 (차압혼합)	• 펌프와 발포기 중간에 벤츄리관의 벤츄리작용 + 펌프 가압수의 포소화약제 저장 탱크 가압에 의해 혼합
	• **국내 가장 많이 사용**
	• 장점
	  – 혼합기 압력손실이 상대적으로 작다.
	  – 혼합 가능 높이가 높다.
	  – 혼합 가능한 유량범위(50~200%)로 1혼합기로 다수대상물 취급가능
	• 단점
	  – 혼합비 도달시간 지연(소형 2, 3분, 대형 15분)
	  – 혼합식(압입식)의 경우 사용 후 잔량 사용이 불가능하다(격막 필요).
	  – 물과 비중이 비슷한 약제 혼합이 어렵다(수성막포).

펌프 프로포셔너 (펌프혼합)	• 펌프 토출측과 흡입관 사이 By Pass 배관의 흡입기에서 펌프 토출측 물을 일부 보내고 농도조절밸브에서 필요약제량을 펌프 흡입측으로 보내 혼합
	• 주로 화학소방차에 이용
	• 장점
	  – 혼합 속도가 빠르다.
	  – 원액 손실이 적다.
	  – 보수 용이하다.
	• 단점
	  – 펌프 1, 2차 오염이 된다.
	  – 전용설비(전용펌프)가 필요하다.
	  – 펌프흡입측 압력손실이 클 경우 혼합비 차이 및 원액탱크 쪽으로 역류가 발생할 수 있다.
	  – 약제 양이 감소되면 부식우려가 크다.

프레져 사이드 프로포셔너 (압입혼합)	• 펌프 토출측에 포소화약제 압입 펌프설치 → 약제를 압입시켜 혼합하는 방식(NFPA Water motor 프로포셔너 방식) • 비행기 격납고, 대규모 유류저장 • 장점 – 장기간 보존이 가능하다. – 혼합기 압력 손실이 적다. – 정확한 비율 혼합이 가능하다. – 높은 신뢰성을 가진다. • 단점 – 시설복잡 및 대규모화가 될 수 있다. – 비용이 증가한다. – 원액펌프보다 급수펌프 토출측 압력이 높으면 원액 혼합되지 않는다.

08 이산화탄소 소화설비 21, 22 공채

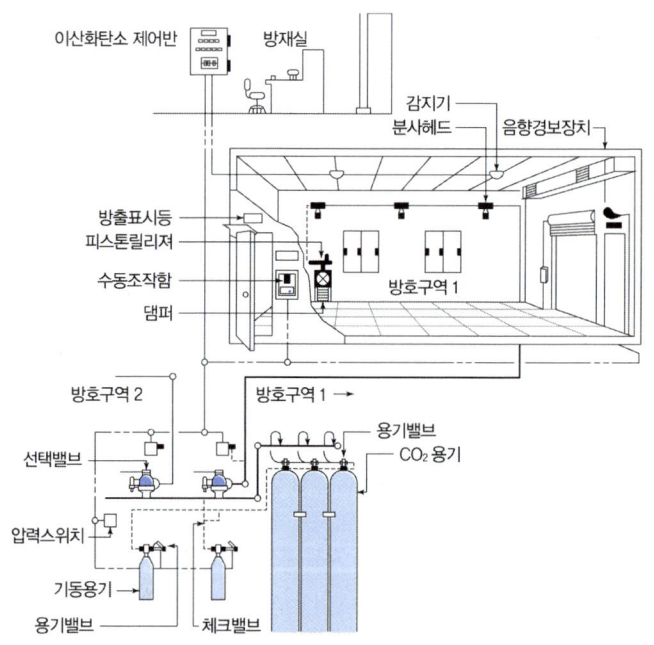

(1) 개요

① 이산화탄소(CO_2)를 고압가스용기에 저장하였다가 방호구획에 화재가 발생할 경우 감지기(자동) 또는 수동으로 조작하여 배관을 통해 소화약제가 방출되는 설비를 말한다.

② 이산화탄소 약제의 방출로 인해 질식작용 및 냉각작용, 피복작용으로 화재가 진압이 된다.

③ 약제의 저장방식에 따라 고압식과 저압식으로 분류된다.

개념 CHECK

32. 이산화탄소 약제를 방출함에 따라 질식작용 및 냉각작용, 피복, 부촉매작용으로 화재가 진압이 된다. ( )

32. ×

(2) 이산화탄소 소화설비의 장·단점

구분	내용
장점	• 전역방출방식(설비)의 경우 A급 심부화재에 적응성이 있다. 　주의!! 소화약제는 A급 적응성 없음 [소화기] • 피연소물에 피해가 없어, 증거보존이 가능(잔존물 없음) • 비전도성, 절연성으로 전기화재에 적응성 • 장기간 저장에도 변질, 부패가 없으며, 동결우려 없다. • 자체 증기압이 높아 다른 가압원 없이 방사가 가능 • 할로젠화합물보다 저렴
단점	• 방출시 저온(-79℃)으로 동상우려, 고압으로 소음이 크다. • 방출 뒤 Dry ice 생성 시 시야를 가려 피난 장애가 유발 　☞ 운무현상 발생 • 인체 질식이 우려된다(허용농도 5,000ppm). 　주의!! 20%에 사망 → 안전조치 필요 • 충전 및 저장 시 고압설비가 필요 • 소화시간이 타 약제(할론계열 10초)에 비해 길다(방출시간 1분). • GWP(지구온난화지수)가 높다(GWP : 1).

(3) 이산화탄소 소화설비의 약제방출방식에 따른 분류 ★

구분	내용
전역방출 방식	• 소화약제 공급장치에 배관 및 분사헤드 등을 설치하여 밀폐 방호구역 전체에 소화약제를 방출하는 방식 • 하나의 방호구역을 방호대상물로 하여 타 부분과 구획하고, 분사헤드를 이용하여 방호구역 전체 공간에 CO_2를 방사하는 방식(방호구역의 구획 필요)
국소방출 방식	• 소화약제 공급장치에 배관 및 분사헤드 등을 설치하여 직접 화점에 소화약제를 방출하는 방식 • 방호 대상물을 일정한 공간으로 구획할 수 없는 국소부에 CO_2를 방사하는 방식(화재발생 부분만 집중적으로 약제 방출)
호스릴 방식	• 소화수 또는 소화약제 저장용기 등에 연결된 호스릴을 이용하여 사람이 직접 화점에 소화수 또는 소화약제를 방출하는 방식 • 화재 시 호스를 이용하여 사람이 조작하는 간이설비로서, 사용자가 화재 시 직접 사용하는 수동식 설비(이동식 소화설비)

개념 CHECK

33. 이산화탄소 소화설비의 약제방출방식에 의한 분류로 전역방출방식, 국소방출방식, 호스릴 방식으로 분류한다. (　)

(4) 이산화탄소 소화설비 작동순서 ★★ 25 공채 / 25 경채

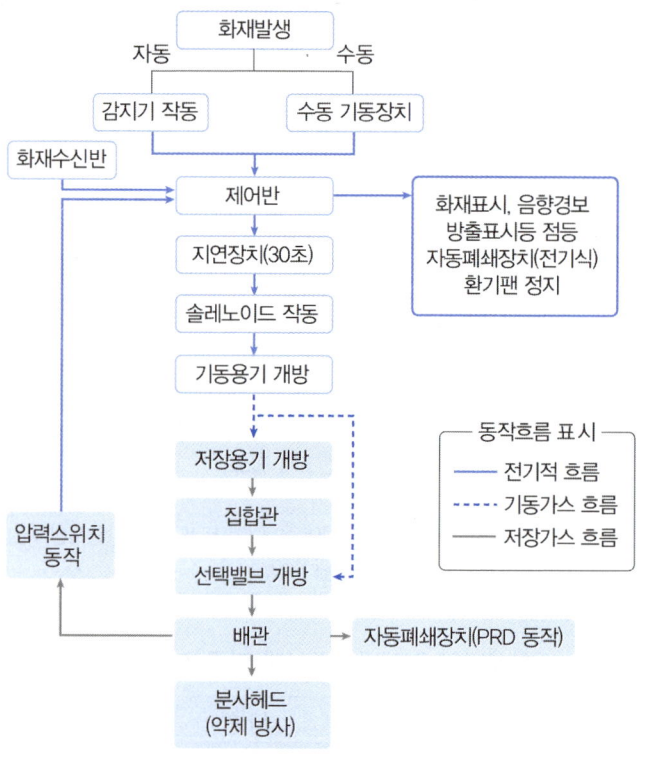

① 방호구역 내 화재발생
② 화재 감지기 작동 또는 수동기동장치 동작
③ 제어반에서 화재신호 인지 → 화재표시, 음향경보, 전기식 자동폐쇄장치 동작, 환기팬 정지, 지연장치(약 30초)
④ 기동용기 상부의 솔레노이드 밸브 작동(동작) → 기동용기 개방 → 해당 방호구역의 선택밸브 개방, 저장용기 개방
⑤ 저장용기의 개방에 따른 약제방출 → 집합관 → 해당 선택밸브 → 배관 → 기계식 자동폐쇄장치(PRD) 작동, 압력스위치 동작 → 방호구역 밖 방출표시등 점등, 분사헤드로 약제방출

(5) 이산화탄소 소화설비의 구성

구분	내용
선택밸브	• 2 이상의 방호구역 또는 방호대상물이 있어 소화수 또는 소화약제를 해당하는 방호구역 또는 방호대상물에 선택적으로 방출되도록 제어하는 밸브 • 두 방호구역이 있을 경우 큰 구역에 해당되는 약제만 보관 　☞ 화재는 동시에 두 군데에서 일어나지 않는 이론(Single Risk)
자동폐쇄 장치(PRD)	• 방호대상공간에서 소화약제가 누출되는 것을 막기 위해 방호대상공간의 벽이나 덕트의 개구부에는 약제방출 시 자동적으로 폐쇄되는 댐퍼

개념 CHECK

34. 방출표시등은 소화약제 방출로 압력스위치가 작동되고 이후 방호구역 안으로 거주자 등이 진입하는 것을 방지할 목적으로 방출구역 출입구 안쪽에 설치한다.
( )

34. ✕

방출표시등	• 소화약제 방출로 압력스위치가 작동되고 이후 **방호구역 안으로 거주자 등이 진입하는 것을 방지**할 목적으로 방출구역 출입구 바깥쪽에 설치하는 경고등
기동용기	• 비활성기체 체적 5L 이상, 6.1MPa(21℃) 이상으로 충전 • CO_2 체적은 1L 이상, 0.6kg 이상, 충전비는 1.5 이상
솔레노이드 밸브 [전자밸브]	• 원형으로 감은 코일을 활용한 밸브로 평상시 폐쇄, 동작시 개방되는 기능 – 대상 : **준비작동식밸브 클래퍼 개방용, 가스계설비 기동용기 개방용**
압력스위치	• **선택밸브 2차측에 설치**하여, 소화약제 방출 시의 압력을 이용하여 접점신호를 형성하여 제어반에 입력시켜 **방출표시등 점등**시키는 역할
수동조작함	• 화재 시 수동조작에 의해 소화약제를 방출하는 기능의 **기동스위치**와 오동작 시 방출을 지연시킬 수 있는 **방출지연스위치, 보호장치, 전원표시등** 내장 참고 준비작동식용[SVP] : 전원표시등, 밸브개방표시등, 밸브주의표시등, 기동스위치, 전화잭

(6) 이산화탄소 소화설비의 안전시설 등 심화

① 과압배출구 : 방호구역에는 소화약제 방출 시 과(부)압으로 인한 구조물 등의 손상을 방지(이산화탄소, 할로겐화합물~)
② 시각경보기 : 방호구역 내와 부근에 가스 방출 시 영향을 미칠 수 있는 장소
③ 위험경고표지 : 방호구역의 출입구 부근 잘 보이는 장소
④ 공기호흡기 : 이산화탄소소화설비 설치해야 하는 특정소방대상물(호스릴 제외) [시설법]
⑤ 부취발생기 : 저장용기실 내의 소화배관에 설치 또는 방호구역 내에 부취발생기를 설치

소화이론 복습만이 살길이다!!!

▶ 다시보자 복습 문제 04

01. 가압송수장치에서 폐쇄형 스프링클러헤드까지 배관 내(1, 2차측)에 항상 물이 가압되어 있다가 화재로 인한 열로 폐쇄형 스프링클러헤드가 개방되면 배관 내에 유수가 발생하여 습식 유수검지장치가 작동하게 되는 스프링클러설비를 습식밸브라고 한다.

02. 리타딩챔버란 누수로 인한 자동경보밸브의 오동작을 방지하기 위한 안전장치로서 누수 등의 이유로 2차 압력이 저하되어 발생되는 펌프의 기동 및 경보를 방지하는 역할을 한다.

03. 건식유수검지장치 2차측에 압축공기 또는 질소 등의 기체로 충전된 배관에 폐쇄형 스프링클러헤드가 부착된 스프링클러설비로서, 폐쇄형 스프링클러헤드가 개방되어 배관 내의 압축공기 등이 방출되면 건식유수검지장치 1차측의 수압에 의하여 건식유수검지장치가 작동하게 되는 스프링클러설비를 말한다.

04. 스프링클러 밸브 중 시험장치를 설치하는 것은 습식, 건식, 부압식이 있다.

05. 유류탱크의 직경이 60m를 초과하여 상부주입이 효과적이지 못할 경우 하부주입으로 포소화약제를 주입해야 한다. 이 방식의 단점은 포가 오염되어 소화성능이 저하될 수 있어 특정 포만 설치하는데 합성계면활성제포와 불화단백포가 그 예이다.

06. 펌프와 발포기의 중간에 설치된 벤츄리관의 벤츄리작용과 펌프 가압수의 포소화약제 저장탱크에 대한 압력에 따라 포소화약제를 흡입·혼합하는 방식을 프레져 프로포셔너방식(차압혼합)라고 한다.

07. 압축공기포 믹싱챔버방식이란 물, 포 소화약제 및 공기를 믹싱챔버로 강제주입시켜 챔버 내에서 포수용액을 생성한 후 포를 방사하는 방식을 말한다.

08. 방출유도등이란 소화약제 방출로 압력스위치가 작동되고 이후 방호구역 안으로 거주자 등이 진입하는 것을 방지할 목적으로 방출구역 출입구 바깥쪽에 설치하는 경고등을 말한다.

09. 이산화탄소 소화설비의 안전시설에는 과압배출구, 시각경보기, 위험경고표지, 인공소생기, 부취발생기 등이 있다.

10. 포소화설비에 관한 설명으로 옳은 것은?
    ① 팽창비란 최종 발생한 포 수용액 체적을 원래 포 체적으로 나눈 값을 말한다.
    ② 압력계란 대기압 이상의 압력과 대기압 이하의 압력을 측정할 수 있는 계측기를 말한다.
    ③ 호스릴방출방식이란 소화약제 공급장치에 배관 및 분사헤드 등을 설치하여 직접 화점에 소화약제를 방출하는 방식을 말한다.
    ④ 프레져 프로포셔너방식이란 펌프의 토출관에 압입기를 설치하여 포 소화약제 압입용펌프로 포 소화약제를 압입시켜 혼합하는 방식을 말한다.

11. 〈보기〉의 이산화탄소 소화설비의 작동 단계를 순서대로 바르게 나열한 것은?

    ㄱ. 기동용기 솔레노이드 동작   ㄴ. 분사헤드 가스 방출
    ㄷ. 선택밸브 개방   ㄹ. 저장용기밸브 개방

    ① ㄱ → ㄷ → ㄹ → ㄴ   ② ㄱ → ㄹ → ㄷ → ㄴ
    ③ ㄷ → ㄱ → ㄴ → ㄹ   ④ ㄷ → ㄹ → ㄱ → ㄴ

🔒 1 ○ 2 ○ 3 ○ 4 ○ 5 ×(수성막포) 6 ○ 7 ○ 8 ×(방출표시등) 9 ×(공기호흡기) 10 ①(포/포수) 11 ④

3 경보설비

학습 나침반

정의	화재발생 사실을 통보하는 기계·기구 또는 설비
종류	• 단독경보형 감지기, 비상경보설비(비상벨, 자동식 사이렌) • 자동화재탐지설비, 시각경보기, 화재알림설비 • 비상방송설비, 자동화재속보설비, 통합감시시설 • 누전경보기, 가스누설경보기 **주의!!** 누전차단기×, 가스누설차단기×

01 단독경보형 감지기

(1) 정의

화재발생 상황을 단독으로 감지하여 자체에 내장된 음향장치로 경보하는 감지기를 말한다.

(2) 구조 및 특징

① 구조 : 경보기, 건전지 연결부, 시험버튼, 작동표시등, 연기감지기
② 특징
  ㉠ 수신기 없이 실내 연결된 감지기로 구성(최대 12개)
  ㉡ 하나의 감지기가 감지 시 연결된 모든 감지기 동시 경보, 내장된 부저로 경보
  ㉢ 구조 단순, 저가

(3) 기능

① 자체 전원공급 및 자동복귀형 스위치로 수동작동시험할 수 있는 기능이 있을 것
② 전원 미달 경보음 : 72시간 이상 경보, 1m 거리에서 70dB 이상
③ 화재 시 감지기 자체에서 경보

(4) 단독경보형 감지기 설치대상

설치대상	연립주택 및 다세대주택(연동형 설치)	
	수련시설(숙박시설 있는 것)로서 수용인원 100명 미만	전부
	유치원 연면적	400m² 미만
	• 교육연구시설 내에 있는 합숙소 및 기숙사 • 수련시설 내에 있는 합숙소 및 기숙사	연 2,000m² 미만
설치장소	각 실 150m²마다 1개, 최상층의 계단실 천장	

02 비상경보설비(비상벨설비, 자동식 사이렌설비)

(1) 정의
① 소규모 대상물에 화재 발생 시 관계인이 이를 확인하고 수동으로 발신기를 눌러 화재 신호(경보)가 전달되는 설비를 말한다.
② 화재위험작업 공간 등에서 수동조작에 의해서 화재경보상황을 알려줄 수 있는 설비이다(비상벨, 사이렌, 휴대용확성기 등).

(2) 종류(음향장치)
① 비상벨설비 : 화재발생 상황을 경종으로 경보하는 설비
② 자동식 사이렌설비 : 화재발생 상황을 사이렌으로 경보하는 설비

(3) 비상경보설비의 구성[14] : 수신기, 발신기, 표시등, 음향장치, 배선 등
☞ 유사한 설비 : 임시소방시설 중 비상경보장치

14) 비상경보설비의 구성

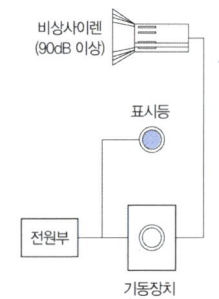

심화 이론 | 비상경보설비 설치대상(특정소방대상물)

• 연면적	400m² 이상 모든 층
• 지하층·무창층 바닥면적	150m²(공연장 100m²) 이상 모든 층)
• 터널 길이	500m 이상
• 50명 이상 근로자 + 옥내 작업장	전부
[제외] 지하구, 가스시설, 불연재료 공장 및 창고시설, 사람이 거주하지 않거나 벽이 없는 축사 등 동물 및 식물 관련 시설	

03 시각경보기(장치)

(1) 정의
화재 발생의 위험을 음향(청각신호)으로 전달 시 청각 장애인에게 화재발생을 통보하지 못하는 단점을 보완하여 시각적으로 점멸, 경보를 할 수 있는 장치이다(자동화재탐지설비에서 발하는 화재신호를 시각경보기로 전달하여 청각장애인에게 점멸형태의 시각경보를 하는 것).

(2) 시각경보기 설치대상(자동화재탐지설비 대상 중)

설치 대상	• 근린생활시설, 문화 및 집회시설, 종교시설, 판매시설, 운수시설, 의료시설, 노유자시설 • 운동시설, 업무시설, 숙박시설, 위락시설, 창고시설 중 물류터미널, 발전시설 및 장례시설 • 도서관, 방송국, 지하상가

개념 CHECK
35. 비상경보설비에는 비상벨설비와 자동식 사이렌설비가 있다. ( )

(3) 시각경보기 설치기준

설비	구분	설치기준
자동화재탐지설비	위치	• 복도, 통로, 청각 장애인용 객실 및 공용으로 사용하는 거실(로비, 회의실, 강의실, 식당, 휴게실, 오락실, 대기실, 체력단련실, 접객실, 안내실, 전시실, 기타 이와 유사한 장소) – 유효한 경보를 발할 수 있는 위치 • 공연장, 집회장, 관람장 또는 이와 유사한 장소에 설치 – 무대부 부분 등
	높이	2m 이상 시 2.5m 이하, 2m 이하인 경우에는 천장에서 15cm 이내
	전원	• 전용 축전지 설비 또는 전기저장장치 • 시각경보기 전원공급용으로 형식승인 받은 자동화재탐지설비용 수신기
CO_2	배치	• 소화약제 방출 시 방호구역 내와 부근에 가스방출 시 영향을 미칠 수 있는 장소 • 소화약제가 방출되었음을 알도록 할 것

04 자동화재탐지설비 18하 공채 / 19, 20, 21 간부

(1) 정의 ★

화재초기에 발생하는 연소생성물(열, 연기, 불꽃 등)을 감지기에 의해 감지하여 자동으로 경보를 발하고, 관계인이 화재를 조기에 발견, 초기소화, 조기피난이 가능하게 하기 위한 설비를 말한다(발신기의 수동조작 기능 포함).

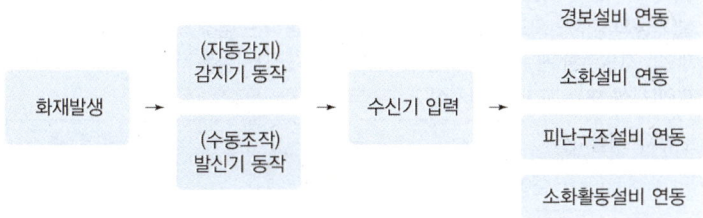

(2) 자동화재탐지설비 구조 및 원리

감지기, 발신기, 수신기, 음향장치, 표시등, 중계기, 전원, 배선, 시각경보장치 등

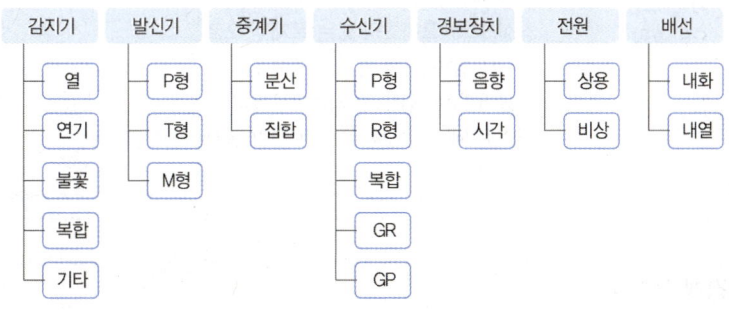

개념 CHECK

36. 시각경보장치의 설치높이는 2m 이상 시 2.5m 이하, 2m 이하인 경우에는 천장에서 15cm 이내에 설치한다. ( )

36 ○

심화 이론 | 자동화재탐지설비 설치대상

대상	기준
• 아파트등·기숙사 및 숙박시설 • 층수가 6층 이상	모든 층
• 전통시장, 지하구 • 아래 1.에 해당하지 않는 조산원 및 산후조리원 • 아래 2.에 해당하지 않는 공장 및 창고시설로서 500배 이상의 특수가연물을 저장·취급하는 것 • 아래 2.에 해당하지 않는 전기저장시설	전부
• 아래 4.에 해당하지 않는 노유자시설 및 숙박시설이 있는 수련시설	연면적 400m² 이상, 수용인원 100인 이상 모든 층
• 터널	길이가 1천m 이상
1. 근린생활시설(목욕장 제외), 의료시설(정신의료기관, 요양병원 제외), 위락시설, 장례시설 및 복합건축물	연면적 600m² 이상 모든 층
2. 목욕장, 문화 및 집회시설, 종교시설, 판매시설, 운수시설, 운동시설, 업무시설, 공장, 창고시설, 위험물 저장 및 처리시설, 항공기 및 자동차 관련 시설, 교정 및 국방·군사시설, 방송통신시설, **발전시설**, 관광 휴게시설, **지하상가**	연면적 1,000m² 이상 모든 층
3. 교육연구시설(교육연구시설 내에 있는 기숙사 및 합숙소 포함), 수련시설(수련시설 내에 있는 기숙사 및 합숙소 포함, 숙박시설이 있는 수련시설 제외), 동물 및 식물관련 시설(기둥과 지붕만으로 구성되어 외부와 기류 통하는 장소 제외), 자원순환 관련시설, 교정 및 군사(국방·군사시설은 제외)시설 또는 묘지 관련시설	연면적 2,000m² 이상 모든 층
4. 노유자 생활시설	모든 층
5. 정신의료기관 또는 요양병원 1) 요양병원(의료재활시설 제외)	전부
2) 정신의료기관 또는 의료재활시설로 사용되는 바닥면적의 합계	300m² 이상
3) 정신의료기관 또는 의료재활시설로 사용되는 바닥면적의 합계 - 창살(철재·플라스틱 또는 목재 등으로 사람의 탈출 등을 막기 위하여 설치한 것을 말하며, 화재 시 자동으로 열리는 구조로 되어 있는 창살은 제외)이 설치된 시설	300m² 미만

(3) 경계구역 ★

① 정의 : 소방대상물 중 화재신호를 발신하고 그 신호를 수신 및 유효하게 제어할 수 있는 구역을 말한다.

> 참고   보통 자동화재탐지설비 1회선이 유효하게 화재의 발생을 탐지할 수 있는 범위를 말함

② 경계구역의 설정

구분	원칙
수평적	• 건물마다 • 층마다(단, 500m² 이하의 범위내 2개층을 하나의 경계구역 가능) • 한변 길이 50m 이하로, 면적은 600m² 이하 • 주출입구에서 내부 전체가 보일 경우 한변 길이 50m 이하로, 면적은 1,000m² 이하

수직적	• 별도 구역
	  − 계단·경사로(에스컬레이터 경사 포함)·엘리베이터 승강로(권상기실)·린넨슈트[15]·파이프피트 및 덕트
	  − 지하 2층 이상 계단·경사로(지하1층일 경우 제외)
	• 계단, 경사로(Ramp) : 높이 45m 이하

설비적	• 스프링클러설비·물분무 등 소화설비, 제연설비 화재감지장치로서 화재감지기 설치 시 당해 소화설비의 방사구역(3,000m²) 또는 제연구역(1,000m²)과 동일하게 설정

15) 린넨슈트
세탁물을 지하의 세탁실 등으로 보내는 수직 통로

(4) 감지기 23, 24 공채

① 정의 : 화재 시 발생하는 열, 연기, 불꽃 또는 연소생성물을 자동적으로 감지하여 수신기에 발신하는 장치

② 기능
  ㉠ 감지기능 : 화재 시 발생하는 열·연기·불꽃의 물리·화학적 변화 중에서 하나 또는 2개를 감지
  ㉡ 판단기능 : 화재로 인한 물리·화학적 변화량(감도)이 일정량 이상 일정 시간 이상 지속 → 화재로 판단
  ㉢ 발신기능 : 수신기에 보내는 신호방식에는 접점신호방식(감시전류 → 화재 시 순간적 전류↑)과 통신신호방식(화재신호 + 감지기 주소)

③ 분류 : 열, 연기, 불꽃 등 감지로 분류 ★

[감지기의 종류 및 분류]

개념 CHECK

37. 자동화재탐지설비의 경계구역 기준에서 하나의 경계구역의 면적은 600m² 이하로 하고, 한변의 길이는 50m 이하로 한다. ( )

38. 화재 시 발생하는 열, 연기, 불꽃 또는 연소생성물을 자동적으로 감지하여 수신기에 발신하는 장치를 감지기라고 한다. ( )

37 ○ 38 ○

16) 차동식 스포트형

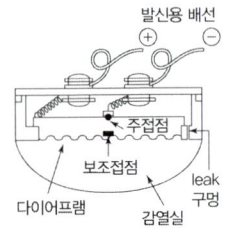

[차동식 공기식 구조]

17) 정온식 감지선형

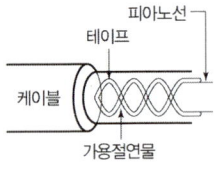

18) 정온식 스포트형

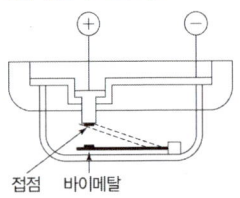

[정온식 : 바이메탈 방식]

개념 CHECK

39. 차동식 감지기와 정온식 감지기의 기능을 겸한 것으로서 어느 한 기능이 작동되면 작동신호를 발하는 것을 보상식 감지기라고 한다. (   )

40. 감지기의 형식별 특성 중 축적형이란 일정농도 이상의 연기가 일정시간(공칭축적시간) 연속하는 것을 전기적으로 검출함으로써 작동하는 감지기(다만, 단순히 작동시간만을 지연시키는 것은 제외)를 말한다. (   )

39 ○ 40 ○

---

④ 감지기 분류

구분	정의
열	㉠ **차동식 스포트형**[16] : 주위 **온도가 일정 상승률 이상**이 되는 경우에 작동하는 것으로서 **일국소에서의 열 효과**에 의하여 작동되는 것 　참고 일정 상승률 : 15℃/분 ㉡ **차동식 분포형** : 주위 온도가 **일정 상승률 이상**이 되는 경우에 작동하는 것으로서 **넓은 범위** 내에서의 열효과의 누적에 의하여 작동되는 것 ㉢ **정온식 감지선형**[17] : 일국소의 주위 온도가 **일정한 온도** 이상이 되는 경우에 작동하는 것으로서 **외관이 전선으로** 되어 있는 것 ㉣ **정온식 스포트형**[18] : 일국소의 주위 온도가 **일정한 온도** 이상이 되는 경우에 작동하는 것으로서 **외관이 전선으로 되어 있지 아니한** 것 ㉤ **보상식 스포트형** : 차동식 감지기와 정온식 감지기의 성능을 겸한 것으로서 이 두 가지 성능 중 어느 한 기능이 작동되면 작동신호를 발하는 것
연기	㉠ **이온화식 스포트형** : 일국소의 연기에 의하여 **이온전류가** 변화하여 작동하는 것 ㉡ **광전식 스포트형** : 일국소의 연기에 의하여 광전소자에 접하는 **광량의 변화**로 작동하는 것 ㉢ **광전식 분리형** : 발광부(송광부)와 수광부로 구성된 구조로 발광부와 수광부 사이의 공간에 일정한 농도의 연기를 포함하게 되는 경우에 작동하는 것 ㉣ **공기흡입형** : 감지기 내부에 장착된 공기흡입장치로 감지하고자 하는 위치의 공기를 흡입하고 흡입된 공기에 일정한 농도의 연기가 포함된 경우 작동하는 것
기타	㉠ **다신호식** : 1개의 감지기 내에 서로 다른 종별 또는 감도 등의 기능을 갖춘 것으로서 일정시간 간격을 두고 각각 다른 2개 이상의 화재신호를 발하는 감지기를 말한다. ㉡ **방폭형** : 폭발성가스가 용기 내부에서 폭발하였을 때 용기가 그 압력에 견디거나 또는 외부의 폭발성가스에 인화될 우려가 없도록 만들어진 형태의 감지기 ㉢ **방수형** : 구조가 방수구조로 되어 있는 감지기 ㉣ **재용형** : 다시 사용할 수 있는 성능을 가진 감지기 ㉤ **축적형** : 일정농도 이상의 연기가 일정시간(공칭축적시간) 연속하는 것을 전기적으로 검출함으로써 작동하는 감지기(다만, 단순히 작동시간만을 지연시키는 것은 제외). ㉥ **아날로그식** : 주위의 온도 또는 연기의 양의 변화에 따라 각각 다른 전류치 또는 전압치 등의 출력을 발하는 방식의 감지기 ㉦ **연동식** : 단독경보형 감지기가 작동할 때 화재를 경보하며 유·무선으로 주위의 다른 감지기에 신호를 발신하고 신호를 수신한 감지기도 화재를 경보하며 다른 감지기에 신호를 발신하는 방식의 것 ㉧ **무선식** : 전파에 의해 신호를 송·수신하는 방식의 것 ㉨ **열복합형 감지기** : 두 가지 성능의 감지기능이 함께 작동될 때 화재신호를 발신하거나 또는 두 개의 화재신호를 각각 발신하는 감지기

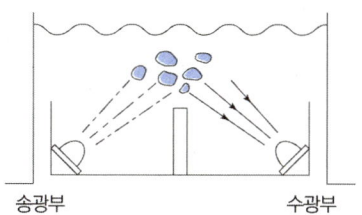

[연기가 있을 경우]

심화 이론 | 이온화식 스포트형과 광전식 스포트형 비교

비교	이온화식	광전식
사용 장소	• B급 화재 등 불꽃화재 • 알코올 저장소, 가연성 액체	• A급 화재 등 훈소화재 • 지하상가, 난로 등 연기 체류장소
가격	저가	저가
구조	방사선원, 이온챔버, 검출부	광원, 광수신부, 검출부, 적외선 LED
조기경보	작은 연기 입자, 유리(0.01~0.3)μm	큰 연기 입자, 유리(0.3~1)μm
작동원리	연기에 의한 이온전류의 변화	수광부의 광량의 증가

불꽃암기
이온화식·광전식 스포트형 :
사가구조작

심화 이론 | 복합형과 다신호식 감지기 비교

구분	복합형	다신호식
원리	감지원리가 다른 감지소자 조합	종별, 감도, 축적 여부 등이 다른 감지소자 조합
종류	• 열복합형(차동식 + 정온식) • 연기복합형(이온화식 + 광전식) • 열·연기복합형 • 불꽃복합형, 열·연기·불꽃복합형	• 정온식 70℃, 110℃ • 광전식 축적형, 비축적형 • 이온화식 1종, 2종
개념도	열 AND 연기 / 열 OR 연기	1단 신호 OR 2단 신호 70℃ 110℃
동작원리	AND 회로 → 단신호 / OR 회로 → 다신호	OR 회로 • 1단 신호 : 주경종 경보 • 2단 신호 : 지구경종 경보
목적	비화재보 방지 / 실보 방지	비화재보 방지
적응장소	오동작 예상장소 / 심부화재	오동작 예상장소

⑤ 감지기 설치기준 심화
  ㉠ 감지기(차동식 분포형의 것을 제외)는 실내로의 공기유입구로부터 1.5m 이상 떨어진 위치에 설치할 것
  ㉡ 감지기는 천장 또는 반자의 옥내에 면하는 부분에 설치할 것
  ㉢ 보상식 스포트형 감지기는 정온점이 감지기 주위의 평상시 최고온도보다 20℃ 이상 높은 것으로 설치할 것
  ㉣ 정온식 감지기는 주방·보일러실 등으로서 다량의 화기를 취급하는 장소에 설치하되, 공칭작동온도가 최고주위온도보다 20℃ 이상 높은 것으로 설치할 것
  ㉤ 스포트형 감지기는 45° 이상 경사되지 아니하도록 부착할 것

> **심화 이론 | 연기감지기 설치대상**
>
> - **계단** 및 경사로, 에스컬레이터 경사로
> - **복도**(30m 미만 제외)
> - **엘리베이터** 승강로(권상기실 있는 경우 권상기실), 린넨슈트, 파이프덕트 기타 이와 유사한 장소
> - **천장** 또는 반자의 높이가 15m 이상 20m 미만인 장소
>
> | 취침,
숙박,
입원 | • **공동주택**·오피스텔·숙박시설·노유자시설·수련시설
• **교육연구시설** 중 합숙소
• **의료시설**, 입원실이 있는 의원·조산원
• **고시원**, 교정 및 군사시설 |

⑥ 비화재보[19] 발생장소
  ㉠ 지하층·무창층 등으로서 환기가 잘되지 아니하거나 실내면적이 40m² 미만인 장소
  ㉡ 감지기의 부착면과 실내바닥과의 거리가 2.3m 이하인 곳으로서 일시적으로 발생한 열·연기 또는 먼지 등으로 인하여 화재신호를 발신할 우려가 있는 장소
  ㉢ 대책 : 신뢰성 높은 감지기(8종 감지기) 설치
    축적방식 감지기, 광전식 분리형 감지기, 분포형 감지기, 불꽃감지기, 다신호방식 감지기, 아날로그방식 감지기, 정온식 감지선형 감지기, 복합형 감지기

(5) 발신기
① 정의
  ㉠ 화재발생 신호를 수신기에 수동으로 발신하는 장치를 말한다.
  ㉡ 감지기가 화재를 자동으로 감지하지 못하거나 화재를 먼저 발견한 사람이 누름버튼을 조작하여 수신기에 신호를 보내는 장치이다.

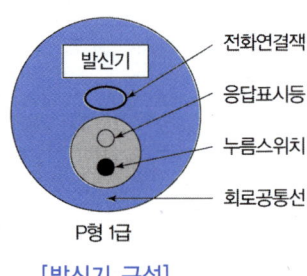

[발신기 구성]

19) 비화재보 = 오동작

② 발신기의 종류 및 설치기준

종류		설치기준
설치장소	옥외형과 옥내형	• 소방대상물의 **층**마다 설치 • **조**작이 쉬운 장소에 설치 • 스위치 : 바닥 **0.8**m 이상 1.5m 이하 • **위**치표시등 　- 함의 상부에 설치 　- 불빛은 부착면 15° 이상 범위 안에서 부착지 　　점에서 10m 이내 어느 곳에서도 쉽게 식별 　　할 수 있는 적색등 • 대상물의 각 부분으로부터 하나의 발신기까지 　의 **수**평거리가 25m 이하
방폭구조	방폭형 및 비방폭형	
방수성	방수형 및 비방수형	
기타	무선식	

> **불꽃암기**
> 발신기 설치기준 : 층조0.8위수

③ 발신기함(속보셋) : 발신기, 표시등, 경종, 단자대, 배선 등으로 구성

(6) 수신기

① 정의
　㉠ 감지기나 발신기에서 발하는 화재신호를 직접 수신하거나 중계기를 통하여 수신하여 화재의 발생을 표시 및 경보하여 주는 장치를 말한다.
　㉡ 소화펌프, 부수신기, 비상경보장치, 방화셔터, 제연설비 등과 같이 화재와 관련된 설비의 소화, 감시 및 경보기능과도 연동하여 사용한다.

② 수신기의 종류
　㉠ P형 수신기 : 감지기 또는 발신기로부터 발하여지는 신호를 직접 공통신호로 수신하여 화재의 발생을 당해 소방대상물의 관계자에게 경보하여 주는 것
　㉡ R형 수신기 : 감지기 또는 발신기로부터 발하여지는 신호를 직접 또는 중계기를 통하여 고유신호로서 수신하여 화재의 발생을 당해 소방대상물의 관계자에게 경보하여 주는 것

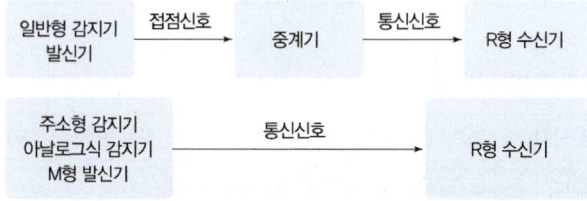

[R형 수신기]

　㉢ GP형 수신기, GR형 수신기 : P형 또는 R형 수신기 + 가스누설경보기 수신부 기능
　㉣ P형과 R형 수신기 비교 ★ 24 공채

구분	P형 수신기	R형 수신기
화재신호	• 직접 수신	• 직접 수신 및 중계기 통함
신호 및 배선	• 공통신호, 접점신호 • 실선배선	• 고유신호, 통신신호 • 통신배선

> **개념 CHECK**
> 42. 수신기 중 P형 수신기는 감지기 또는 발신기로부터 발하여지는 신호를 직접 공통신호로 수신하여 화재의 발생을 당해 소방대상물의 관계자에게 경보하여 주는 것을 말한다. (　)

중계기	×	○
대상물	소규모(100회로)	대규모(제한 없음)
특징	• 선로 전압강하 발생 • 증설 시 간선 수 증가 • 기록장치	• P형 단점 보완 • 선로 수 작게 하여 경제적 • 전압강하 적음 • 이설, 증설 용이 • 기록장치 등

③ 수신기의 설치기준 심화
  ㉠ 음향기구는 그 음향 및 음색이 다른 기기의 소음 등과 명확히 구별되도록 할 것
  ㉡ 하나의 경계구역은 하나의 표시등 또는 하나의 문자로 표시되도록 할 것
  ㉢ 화재, 가스 전기 등에 대한 종합방재반을 설치한 경우에는 당해 조작반에 수신기의 작동과 연동하여 감지기, 중계기 또는 발신기가 작동하는 경계구역을 표시할 수 있는 것으로 할 것
  ㉣ 감지기, 중계기, 발신기가 작동하는 경계구역을 표시할 수 있는 것으로 할 것
  ㉤ 하나의 소방대상물에 2 이상의 수신기를 설치하는 경우 수신기를 상호 간 연동시켜 화재발생 상황을 수신기마다 확인할 수 있도록 할 것
  ㉥ 수위실 등 상시 사람이 근무하는 장소나 관계인 접근이 쉽고 관리가 용이한 장소에 설치할 것
  ㉦ 경계구역 일람도를 비치할 것
  ㉧ 조작스위치는 바닥으로부터 높이가 0.8m~1.5m 이하일 것

(7) 중계기
① 감지기·발신기 또는 전기적 접점 등의 작동에 따른 신호를 받아 이를 수신기의 제어반에 전송하는 장치를 말한다.
② 중계기는 '접점신호 ↔ 통신신호'로 변환시켜 주는 신호변환장치의 역할을 한다.
③ 중계기 단자별 기능 심화

통신단자	중계기와 수신기 간 통신선로를 결선하는 단자(15~20V)
전원단자	중계기의 전원선로를 결선하는 단자(24V)
입력단자	• 감지기 및 발신기 등 입력단자를 결선하는 단자 • 감지기, 발신기 동작신호, 펌프 동작확인, P/S 동작, 저수위신호, SP 밸브개방
출력단자	• 경종 및 사이렌 등 출력신호를 결선하는 단자 • 경보장치 기동, 펌프 동작, SP 밸브 개방 등
어드레스 S/W	중계기의 고유 주소를 등록하는 스위치

(8) 음향장치

① 주음향장치는 수신기의 내부 또는 그 직근에 설치할 것
② 규모별 경보방식 ★

대상 발화층	10층(공동주택 15층) 이하	11층(공동주택의 경우 16층) 이상
2층 이상	전층	발화층 + 직상 4개층
1층	전층	발화층 + 직상 4개층 + 지하층
지하층	전층	발화층 + 직상층 + 기타 지하층

③ 지구음향장치
  ㉠ 특정소방대상물의 층마다 설치
  ㉡ 하나의 음향장치까지의 수평거리가 25m 이하가 되도록 하고, 해당 층의 각 부분에 유효하게 경보를 발할 수 있도록 설치할 것

05 비상방송설비 20 간부

(1) 정의
비상방송설비란 화재를 감지한 후 관계인에게 소리와 음성으로 통보해주는 설비를 말한다.

(2) 용어 정의
① 확성기 : 소리를 크게 하여 멀리까지 전달될 수 있도록 하는 장치로써 일명 스피커
② 음량조절기 : 가변저항을 이용하여 전류를 변화시켜 음량을 크게 하거나 작게 조절할 수 있는 장치
③ 증폭기 : 전압전류의 진폭을 늘려 감도를 좋게 하고 미약한 음성전류를 커다란 음성전류로 변화시켜 소리를 크게 하는 장치
④ 조작부 : 기기를 제어할 수 있도록 조작스위치, 지시계, 표시등 등을 집결시킨 부분

(3) 음향장치의 설치기준 심화

① 엘리베이터 내부에는 별도의 음향장치를 설치할 수 있다.
② 확성기의 음성입력은 3W(실내에 설치하는 것에 있어서는 1W) 이상일 것
  ☞ 공동주택 2W 이상, 창고시설 3W 이상(전층 경보)
③ 확성기는 각 층마다 설치, 각 부분으로부터 하나의 확성기까지의 수평거리가 25m 이하, 해당 층의 각 부분에 유효하게 경보를 발할 수 있도록 설치
④ 음량조정기를 설치하는 경우 음량조정기의 배선은 3선식으로 할 것
⑤ 조작부의 조작스위치는 바닥부터 0.8m 이상 1.5m 이하 높이
⑥ 조작부는 기동장치의 작동과 연동하여 해당 기동장치가 작동한 층 또는 구역을 표시할 수 있는 것으로 할 것

개념 CHECK
43. 각 층에 설치하는 지구음향장치(경종)는 하나의 음향장치까지의 수평거리가 25m 이하가 되도록 하고, 해당 층의 각 부분에 유효하게 경보를 발할 수 있도록 설치해야 한다. ( )

⑦ 증폭기 및 조작부는 수위실 등 상시 사람이 근무하는 장소로서 점검이 편리하고 방화상 유효한 곳에 설치할 것
⑧ 층수가 11층(공동주택의 경우에는 16층) 이상의 특정소방대상물 경보기준
  ☞ 음향장치 경보기준 준용
⑨ 다른 방송설비와 공용하는 것에 있어서는 화재 시 비상경보 외의 방송을 차단할 수 있는 구조로 할 것
⑩ 다른 전기회로에 따라 유도장애가 생기지 않도록 할 것
⑪ 하나의 특정소방대상물에 2 이상의 조작부가 설치되어 있는 때에는 각각의 조작부가 있는 장소 상호 간에 동시 통화가 가능한 설비를 설치하고, 어느 조작부에서도 해당 특정소방대상물의 전 구역에 방송을 할 수 있도록 할 것
⑫ 기동장치에 따른 화재신호를 수신한 후 필요한 음량으로 화재발생상황 및 피난에 유효한 방송이 자동으로 개시될 때까지의 소요시간은 10초 이내로 할 것
⑬ 음향장치의 구조 및 성능
  ㉠ 정격전압의 80% 전압에서 음향을 발할 수 있는 것을 할 것
  ㉡ 자동화재탐지설비의 작동과 연동하여 작동할 수 있는 것으로 할 것

06 자동화재속보설비 22 간부

(1) 개요

① 수동작동 및 자동화재탐지설비 수신기의 화재신호와 연동으로 작동하여 관계인에게 화재발생을 경보함과 동시에 소방관서에 자동적으로 통신망을 통한 당해 화재발생 및 당해 소방대상물의 위치 등을 음성으로 통보하여 주는 것을 말한다.
② 자동화재탐지설비와 연동으로 작동하여 자동적으로 화재발생 상황을 소방관서에 전달되는 것으로 할 것. 이 경우 부가적으로 특정소방대상물의 관계인에게 화재발생상황이 전달되도록 할 수 있다.

(2) 속보기 기능 심화

① 자동화재탐지설비에서 화재신호(작동신호)를 수신하거나 수동으로 동작시키는 경우 20초 이내에 소방관서에 자동적으로 신호를 발하여 통보하되, 3회 이상 속보할 수 있어야 한다.
② 속보기는 연동 또는 수동작동에 의한 다이얼링 후 소방관서와 전화접속이 이루어지지 않는 경우에는 최초 다이얼링을 포함하여 10회 이상 반복적으로 접속을 위한 다이얼링이 이루어져야 한다. 이 경우 매회 다이얼링 완료 후 호출은 30초 이상 지속되어야 한다.

개념 CHECK

44. 자동화재속보설비란 수동작동 및 자동화재탐지설비 수신기의 화재신호와 연동으로 작동하여 관계인에게 화재발생을 경보함과 동시에 소방관서에 자동적으로 통신망을 통한 당해 화재발생 및 당해 소방대상물의 위치 등을 음성으로 통보하여 주는 것을 말한다. ( )

44 ○

07 통합감시시설

(1) 정의
지하구 화재를 조기에 감지, 진압하기 위하여 지하구 수신기와 119상황실의 정보통신장치 간에 구축한 정보통신망 등을 말한다.

(2) 통합감시시설 설치기준 〈심화〉
① 소방관서와 지하구의 통제실 간에 화재 등 소방활동과 관련된 정보를 상시 교환할 수 있는 정보통신망을 구축할 것
② 정보통신망(무선통신망을 포함)은 광케이블 또는 이와 유사한 성능을 가진 선로일 것
③ 수신기는 지하구의 통제실에 설치하되 화재신호, 경보, 발화지점 등 수신기에 표시되는 정보가 [별표 1]에 적합한 방식으로 119상황실이 있는 관할 소방관서의 정보통신장치에 표시되도록 할 것

08 가스누설경보기

(1) 종류
① 가연성 가스 경보기 : 보일러 등 가스연소기에서 액화석유가스(LPG)[20], 액화천연가스(LNG)[21] 등의 가연성 가스가 새는 것을 탐지하여 관계자나 이용자에게 경보하여 주는 것
② 일산화탄소 경보기 : 일산화탄소가 새는 것을 탐지하여 관계자나 이용자에게 경보하여 주는 것
③ [가연성 가스 및 일산화탄소 경보기 제외] 탐지소자 외의 방법에 의하여 가스가 새는 것을 탐지하는 것, 점검용으로 만들어진 휴대용 탐지기 또는 연동기기에 의하여 경보를 발하는 것

(2) 탐지부(단독형 경보기 포함)의 설치기준 〈심화〉
① 가연성 가스[액화석유가스(LPG), 액화천연가스(LNG) 등]
  ㉠ 가연성 가스(LPG, LNG 등) 탐지부는 가스연소기의 중심으로부터 직선거리 8m(공기보다 무거운 가스를 사용하는 경우 4m) 이내 1개 이상 설치
  ㉡ 탐지부는 천장으로부터 탐지부 하단까지의 거리가 0.3m 이하 설치. 다만, 공기보다 무거운 가스를 사용하는 경우 바닥면으로부터 탐지부 상단까지의 거리는 0.3m 이하
② 일산화탄소 : 천장으로부터 탐지부 하단까지의 거리가 0.3m 이하 설치

---

20) LPG(Liquefied Petroleum Gas, 액화석유가스) 성분 C_3H_8(프로판), C_3H_6(프로필렌), C_4H_{10}(부탄), C_4H_8(부틸렌) 등

21) LNG(Liquefied Natural Gas, 액화천연가스) 주성분 : 메탄(CH_4)

09 누전경보기

내화구조가 아닌 건축물로서 벽, 바닥 또는 천장의 전부나 일부를 불연재료 또는 준불연재료가 아닌 재료에 철망을 넣어 만든 건물의 전기설비로부터 누설전류를 탐지하여 경보를 발하며 변류기와 수신부로 구성된 것을 말한다.

> **참고** 누전차단기(경보설비 아니고 전기설비) : 누전에 의한 감전, 전기화재 및 전기기계기구의 손상을 방지하는 보호 장치로 내장되어 있는 영상변류기(ZCT)로 누전전류를 검출하고 선로를 차단하는 역할을 한다.

10 화재알림설비

① **화재알림형 감지기** : 화재 시 발생하는 열, 연기, 불꽃을 자동적으로 감지하는 기능 중 두 가지 이상의 성능을 가진 **열·연기 또는 열·연기·불꽃 복합형 감지기**로서 화재알림형 수신기에 주위의 온도 또는 연기의 양의 변화에 따라 각각 다른 전류 또는 전압 등(이하 "화재정보값")의 출력을 발하고, 불꽃을 감지하는 경우 화재신호를 발신하며, 자체 내장된 음향장치에 의하여 경보하는 것
② **화재 알림형 중계기** : 화재알림형 감지기, 발신기 또는 전기적인 접점 등의 작동에 따른 화재정보값 또는 화재신호 등을 받아 이를 화재알림형 수신기에 전송하는 장치
③ **화재 알림형 수신기** : 화재알림형 감지기나 발신기에서 발하는 화재정보값 또는 화재신호 등을 직접 수신하거나 **화재알림형 중계기를 통해 수신**하여 화재의 발생을 표시 및 경보하고, 화재정보값 등을 자동으로 저장하여, 자체 내장된 속보기능에 의해 화재신호를 통신망을 통하여 소방관서에는 음성 등의 방법으로 통보하고, 관계인에게는 문자로 전달할 수 있는 장치
④ **화재 알림형 비상 경보장치** : 발신기, 표시등, 지구음향장치(경종 또는 사이렌 등)를 내장한 것으로 화재발생 상황을 경보하는 장치
⑤ **원격감시 서버** : 원격지에서 각각의 화재알림설비로부터 수신한 화재정보값 및 화재신호, 상태신호 등을 원격으로 감시하기 위한 서버

4 피난구조설비

> **학습 나침반**

정의	화재가 발생할 경우 피난하기 위하여 사용하는 기구 또는 설비
종류 25 공채 / 25 경채	• **피난기구** : 피난사다리, 구조대, 완강기, 화재안전기준으로 정하는 것 • **인명구조기구** : 방열복, 방화복(안전헬멧, 보호장갑, 안전화 포함), 공기호흡기, 인공소생기 • **유도등** : 피난유도선, 피난구유도등, 통로유도등, 객석유도등, 유도표지 • 비상조명등 및 휴대용비상조명등

> **개념 CHECK**
> 45. 화재 발생 시 사람이 건축물 내에서 외부로 긴급히 뛰어 내릴 때 충격을 흡수하여 안전하게 지상에 도달할 수 있도록 포지에 공기 등을 주입하는 구조로 되어 있는 것은 무엇인가? ( )
>
> 45 공기안전매트

01 피난기구 21 공채

(1) 피난기구
화재 시 거주자가 정상적인 피난로로 대피하지 못할 경우, 피난용 기구를 통해 피난층까지 안전하게 피난시킬 수 있는 기계, 기구를 말한다.

(2) 피난기구의 종류 및 정의 ★

기구명	정의
피난사다리	화재 시 긴급대피를 위해 사용하는 사다리
완강기	사용자의 몸무게에 따라 자동적으로 내려올 수 있는 기구 중 사용자가 교대하여 연속적으로 사용할 수 있는 것
간이완강기	사용자의 몸무게에 따라 자동적으로 내려올 수 있는 기구 중 사용자가 연속적으로 사용할 수 없는 것
구조대 (대피용 자루)	포지 등을 사용하여 자루형태로 만든 것으로서 화재 시 사용자가 그 내부에 들어가서 내려옴으로써 대피할 수 있는 것
공기안전매트	화재 발생 시 사람이 건축물 내에서 외부로 긴급히 뛰어 내릴 때 충격을 흡수하여 안전하게 지상에 도달할 수 있도록 포지에 공기 등을 주입하는 구조
다수인 피난장비	화재 시 2인 이상의 피난자가 동시에 해당 층에서 지상 또는 피난층으로 하강하는 피난기구
승강식 피난기	사용자의 몸무게에 의하여 자동으로 하강하고 내려서면 스스로 상승하여 연속적으로 사용할 수 있는 무동력 승강식 피난기
하향식 피난구용 내림식 사다리	하향식 피난구 해치에 격납하여 보관하고 사용 시에는 사다리 등이 소방대상물과 접촉되지 아니하는 내림식 사다리
피난용 트랩	건축물의 지하층, 3층~10층에서 피난을 위해 개구부에 설치하는 피난기구로서 도난을 방지하기 위해서 옥외에 설치 시 피난용 트랩을 위로 접어 올려두고 있음

(3) 피난기구의 적응성 ★ 심화

설치장소별 \ 층별	1층	2층	3층	4층 이상 ~ 10층 이하
노유자시설	미끄럼**대**·**구**조대·**다**수인 피난장비·**승**강식 피난기 + 피난**교**			3층 기구 – 미끄럼**대** "**구다승교**"
다중이용업소로서 영업장의 위치 4층 이하	–		노유자시설(1~3층, "**대구다승**") + 피난**사**다리 + 완강**기**	
의료시설·근린생활시설 중 입원실이 있는 의원·접골원·조산원	–	–	노유자시설(**대구다승교**) + 피난용 트랩	3층 기구 – 미끄럼**대** "**구다승교용**"
그 밖의 **것**	–	–	노유자시설(**대구다승교**) + 피난**사**다리, 피난용 트랩·**공**기안전매트·완강**기**·간이완강기	3층 기구 – 미끄럼**대**, 피난용 트랩 "**구다승교 사기공간**"

> **불꽃암기**
> 피난기구 설치
> • 노 : 대구다승교
> • 다 : 대구다승 사기
> • 의 : 대구다승교용
> • 것 : 대구다승교용 사기공간

(4) 피난기구 설치위치 심화

① 적당한 거리에 있는 안전한 구조로 된 피난 또는 소화활동상 유효한 개구부에 고정하여 설치하거나 필요한 때에 신속하고 유효하게 설치할 수 있는 상태에 둘 것
② 개구부 기준
    ㉠ 크기 : 가로 0.5m 이상 세로 1m 이상
    ㉡ 높이 : 개구부 하단이 바닥에서 1.2m 이상이면 발판 등을 설치
    ㉢ 개폐 : 밀폐된 창문은 쉽게 파괴할 수 있는 파괴 장치를 비치
    ㉣ 위치 : 서로 동일직선상이 아닌 위치에 있을 것[피난교·피난용 트랩·간이완강기·아파트에 설치되는 피난기구(다수인 피난장비 제외), 기타 피난상 지장 없을 경우 예외]

02 인명구조기구 21 공채

(1) 개요

인명구조기구는 소방대상물의 화재 발생뿐만 아니라 유독성, 유해성 가스, 위험물질 등으로부터 인명을 보호하거나 구조하는 데 사용되는 기구로서, 당해 기구로 인하여 인명에 피해를 주거나 취급 및 조작기술 부족으로 인하여 위해가 발생되지 않도록 평상시 충분한 조작 및 사용, 취급에 대한 안전관리가 요구되는 기구이다.

(2) 인명구조기구 설치대상 ★

특정소방대상물	인명구조기구	설치수량

• 지하층을 포함하는 층수가
  - 7층 이상인 관광호텔
  - 5층 이상인 병원
	방열복 또는 방화복(안전헬멧, 보호장갑, 안전화), 인공소생기, 공기호흡기	• 각 2개 이상 비치할 것
		• 단, 병원의 경우 인공소생기 면제

• 문화 및 집회시설 중 수용인원 100명 이상의 영화상영관 • 판매시설 중 대규모점포 • 운수시설 중 지하역사 • 지하가 중 지하상가	공기호흡기	• 층마다 2개 이상 비치할 것 • 단, 각 층마다 갖추어 두어야 할 공기호흡기 중 일부를 직원이 상주하는 인근 사무실에 갖추어 둘 수 있다.
이산화탄소 소화설비 대상물(호스릴 제외)	공기호흡기	이산화탄소 소화설비가 설치된 장소의 출입구 외부 인근에 1대 이상 비치할 것

(3) 인명구조기구 종류

방열복 또는 방화복(안전헬멧, 보호장갑, 안전화), 인공소생기, 공기호흡기가 있다.

개념 CHECK

46. 지하층을 포함하는 층수가 7층 이상인 관광호텔에 설치하는 인명구조기구는 방열복 또는 방화복(안전헬멧, 보호장갑, 안전화), 인공소생기, 공기호흡기가 있다. ( )
47. 피난구조설비 중 인명구조기구는 방열복, 방화복(안전헬멧, 보호장갑, 안전화 포함), 공기호흡기, 인공소생기가 있다. ( )

46 ○ 47 ○

방열복	고온의 복사열에 가까이 접근하여 소방활동을 수행할 수 있는 내열피복
공기호흡기	소화활동 시에 화재로 인하여 발생하는 각종 유독가스 중에서 일정시간 사용할 수 있도록 제조된 압축공기식 개인호흡장비(보조마스크를 포함)
인공소생기	호흡 부전 상태인 사람에게 인공호흡을 시켜 환자를 보호하거나 구급하는 기구
방화복	화재진압 등의 소방활동을 수행할 수 있는 피복

03 유도등·유도표지 21 공채

(1) 개요

① 화재 시에 피난을 유도하기 위한 등으로서 정상상태에서는 상용전원에 따라 켜지고 상용전원이 정전되는 경우에는 비상전원으로 자동전환되어 켜지는 등을 말한다.

② 화재 및 재난 시에 건축물 내부에서 거주자가 한계시간 이전에 안전한 장소로 대피할 수 있도록 피난구 또는 피난방향을 안내해주는 장치를 말하며 피난안전을 위해서는 유도표지보다는 유도등이, 유도등보다는 피난유도선이 피난안정성이 높다.

(2) 유도등 종류 ★

구분	내용
피난구 유도등	• 피난구 또는 피난경로로 사용되는 출입구를 표시하는 것 • 비상문, 비상탈출구, EXIT, Fire Exit 또는 화살표 등을 함께 표시 • 녹색바탕에 백색문자
통로 유도등	• 복도통로유도등 : 피난통로가 되는 복도에 설치하는 통로유도등으로 피난구의 방향 명시 • 거실통로유도등 : 거실, 주차장 등 개방된 통로에 설치하는 유도등으로 피난의 방향을 명시 • 계단통로유도등 : 피난통로가 되는 계단이나 경사로에 설치하는 통로유도등으로 바닥면 및 디딤 바닥면을 비추는 것 • 백색바탕에 녹색문자 • 그림문자와 함께 피난방향을 지시하는 화살표를 표시
객석 유도등	• 객석의 통로, 바닥 또는 벽에 설치하는 유도등 • 형식승인 : 객석용 의자 등에 견고하게 부착할 것
유도표지	• 피난구 또는 피난경로로 사용되는 출입구를 표시하여 피난을 유도하는 표지 • 피난통로가 되는 복도, 계단 등에 설치하는 것으로 피난구의 방향을 표시하는 유도표지
피난 유도선	햇빛이나 전등불에 따라 축광("축광방식")하거나 전류에 따라 빛을 발하는("광원점등방식") 유도체로서 어두운 상태에서 피난을 유도할 수 있도록 띠 형태로 설치되는 피난유도시설
입체형	유도등 표시면을 2면 이상으로 하고 각 면마다 피난유도표시가 있는 것

심화 이론 | 설치장소별 유도등 종류

설치장소	종류(유도등)
1. 공연장, 집회장(종교집회장 포함), 관람장, 운동시설 2. 유흥주점영업시설(카바레, 나이트클럽 등)	대형피난구, 통로·객석
3. 위락시설, 판매시설, 운수시설, 관광숙박업, 의료시설, 장례식장, 방송통신시설, 전시장, 지하상가, 지하철역사	대형피난구, 통로
4. 숙박시설(관광숙박업 외), 오피스텔 5. 1.~2.까지 외 건축물로서 지하층, 무창층 및 층수가 11층 이상	중형피난구, 통로
6. 1.~5.까지 외 건축물로 　근린생활시설, 노유자시설, 업무시설, 발전시설, 종교시설, 교육연구시설, 수련시설, 공장, 교정 및 군사시설(국방, 군사시설 제외), 기숙사, 자동차정비공장, 운전학원 및 정비학원, 다중이용업소, 복합건축물, 아파트	소형피난구, 통로
7. 그 밖의 것	피난구유도표지, 통로유도표지

(3) 유도등의 특징 및 기준

① **피난구유도등**
　㉠ 피난구의 바닥부터 높이 1.5m 이상으로서 출입구에 인접하도록 설치
　㉡ 피난구유도등은 직선거리 30m의 위치에서, 비상전원으로 등을 켜는 경우에는 직선거리 20m의 위치에서 각기 보통시력(시력 1.0~1.2 범위 내)으로 피난유도표시에 대한 식별이 가능하여야 한다.
　㉢ 표시면 색상은 피난구유도등인 경우 **녹색바탕에 백색문자**로 사용

② **통로유도등**
　㉠ 구부러진 모퉁이 및 통로유도등을 기점으로 보행거리 20m마다 설치할 것

$$설치개수 = \frac{통로직선길이}{20} - 1 [개]$$

　㉡ **복도통로** : 바닥으로부터 높이 1m 이하 통로의 위치에 설치할 것
　㉢ **거실통로** : 바닥으로부터 높이 1.5m 이상의 위치에 설치할 것
　㉣ **계단통로** : 바닥으로부터 높이 1m 이하의 위치에 설치할 것
　㉤ 통로유도등인 경우는 **백색바탕에 녹색문자**를 사용하여야 한다.

③ **객석유도등**
　㉠ 객석유도등은 객석의 통로, 바닥 또는 벽에 설치
　㉡ 객석유도등은 아래 산출 수의 유도등을 설치

$$설치개수 = \frac{객석통로직선길이}{4} - 1 [개]$$

④ 유도표지
  ㉠ 피난구유도표지는 출입구 상단에 설치하고, 통로유도표지는 바닥으로부터 높이 1m 이하의 위치에 설치
  ㉡ 계단에 설치하는 것을 제외하고는 각 층마다 복도 및 통로의 각 부분으로부터 하나의 유도표지까지의 보행거리가 15m 이하가 되는 곳과 구부러진 모퉁이의 벽에 설치

$$설치개수 = \frac{통로직선길이}{15} - 1[개]$$

⑤ 피난유도선
  ㉠ 구획된 각 실로부터 주출입구 또는 비상구까지 설치할 것
  ㉡ 축광방식
    ⓐ 바닥으로부터 높이 50cm 이하의 위치 또는 바닥면에 설치할 것
    ⓑ 피난유도 표시부는 50cm 이내의 간격으로 연속되도록 설치
  ㉢ 광원점등식
    ⓐ 피난유도 표시부는 바닥으로부터 높이 1m 이하의 위치 또는 바닥면에 설치할 것
    ⓑ 피난유도 표시부는 50cm 이내의 간격으로 연속되도록 설치하되 실내장식물 등으로 설치가 곤란할 경우 1m 이내로 설치할 것

요약 정리 | 유도등의 수치

표시면 색상	• 녹색바탕, 백색문자 : 피난구유도등 • 백색바탕, 녹색문자 : 통로유도등
설치 위치	• 바닥 1.5m↑ : 피난구유도등, 거실통로유도등 • 바닥 1.5m↓ : 거실통로유도등(기둥 설치) • 바닥 1.0m↓ : 복도통로유도등, 계단통로유도등, 통로유도표지, 피난유도선(광원점등) • 바닥 0.5m↓ : 피난유도선(축광식)
설치 거리	• 보행거리 20m마다 : 복도통로유도등 • 보행거리 15m마다 : 거실통로유도등, 유도표지

04 비상조명등 및 휴대용비상조명등

(1) **비상조명등**

① 화재발생 등에 따른 정전 시에 안전하고 원활한 피난을 할 수 있도록 거실 및 피난통로 등에 설치되어 자동 점등되는 조명등을 말한다.

개념 CHECK

48. (　　　)이란 햇빛이나 전등불에 따라 축광방식으로 하거나 전류에 따라 빛을 발하는(광원점등방식) 유도체로서 어두운 상태에서 피난을 유도할 수 있도록 띠 형태로 설치되는 피난유도시설을 말한다.

48 피난유도선

② 비상조명등 설치대상

구분	용도
설치대상	• 지하층을 포함한 층수가 5층 이상인 건축물로서 연면적 3,000m² 이상 • 지하층 또는 무창층의 바닥면적이 450m² 이상에는 그 지하층 또는 무창층 • 터널 길이가 500m 이상 • [제외] 가스시설 또는 창고와 하역장, 동식물관련 시설
제외대상	• 거실의 각 부분부터 하나의 출입구까지 보행거리가 15m 이내인 부분 • 의원·경기장·공동주택·의료시설·학교의 거실

(2) 휴대용비상조명등

① 화재발생 등으로 정전 시 안전하고 원활한 피난을 위하여 피난자가 휴대할 수 있는 조명등을 말한다.

② 휴대용비상조명등 설치대상

설치대상	설치조건	설치개수
숙박시설, 다중이용업소 : 구획된 실	객실, 영업장 내의 구획실마다 잘 보이는 곳 (외부 설치 : 출입문 손잡이 1m 이내)	1개 이상
지하상가 및 지하역사	보행거리 25m 이내마다	3개 이상
대규모점포, 영화상영관(수 100명 이상)	보행거리 50m 이내마다	3개 이상

③ 휴대용비상조명등 설치기준

　㉠ 설치높이는 바닥으로부터 0.8m 이상 1.5m 이하의 높이에 설치할 것
　㉡ 어둠 속에서 위치를 확인할 수 있도록 하고 사용 시 자동점등되는 구조일 것
　㉢ 외함은 난연성능이 있을 것

5 소화활동설비 23 공채

학습 나침반

소화활동설비	화재를 진압하거나 인명구조활동을 위하여 사용하는 설비 • 연결송수관설비, 연결살수설비, 연소방지설비 • 무선통신보조설비, 제연설비, 비상콘센트설비

개념 CHECK

49. 휴대용비상조명등은 바닥으로부터 0.8m 이상 1.5m 이하의 높이에 설치하고 어둠 속에서 위치를 확인할 수 있도록 하고 사용 시 자동점등되는 구조로 설치한다. ( )

01 연결송수관설비

(1) 개요

① 고층소방대상물, 지하소방대상물, 복합소방대상물 등에 설치하여 화재 발생 시 초동진압(옥내소화전, 스프링클러 등)에 지연 또는 실패할 경우 전문

소방대가 소화활동을 원활하게 하기 위해서 설치하는 설비로서, 보통 소방대상물 외부의 송수구와 소방펌프차를 연결하여 화재를 진압에 사용한다.
② 최상층 방수구가 70m 이상의 고층건축물은 건물 내부에 가압송수장치를 설치하여 고층부분의 소화에 활용한다.

(2) 구성

송수구(단구형, 쌍구형), 배관, 방수구, 방수기구함(소방용호스, 방사용노즐), 가압송수장치 등으로 구성되어 있다.

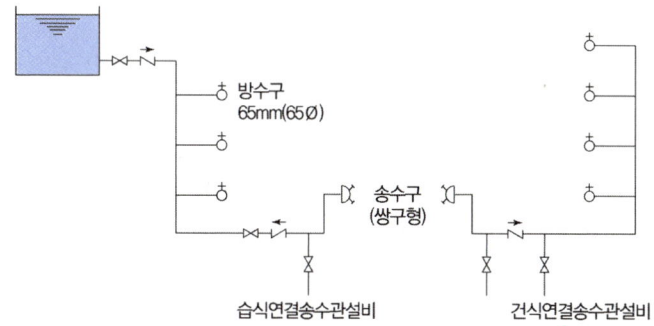

[연결송수관설비의 계통도]

(3) 연결송수관설비 설치기준 심화

송수구	소방차 접근이 쉽고 지면으로부터 높이가 0.5m 이상 1m 이하의 위치에 설치할 것
방수구	• 층마다 설치하되, 아파트는 1F, 2F 등을 제외한다. • 11층 이상의 방수구는 쌍구형으로 할 것
방수기구함	피난층과 가까운 층을 기준으로 3개층마다 설치하되 방수구에서 5m 이내에 설치할 것(내부구성 : 호스 65mm 3본, 노즐)
가압송수장치	지표면에서 최상층 방수구의 높이가 70m 이상의 특정소방대상물에 설치할 것
방수성능	노즐선단에서 0.35MPa 이상의 압력이 되도록 할 것

02 연결살수설비

(1) 개요

판매시설 및 지하가 또는 건축물 지하층의 연면적이 150m² 이상, 노출 가스탱크 등인 곳에 설치하고 옥내소화전 배관에 연결하여 사용하는 방식과 소방대상물 1층 외벽에 설치된 연결살수설비 송수구를 통해 수원을 공급받아 소화를 하는 소화활동설비를 말한다.

(2) 연결살수설비의 특징

① 자체 수원이 없어도 외부 소방차 등에서 수원을 공급받아 화재를 소화할 수 있다.

개념 CHECK

50. 연결송수관설비는 송수구(단구형, 쌍구형), 배관, 방수구, 방수기구함(소방용호스, 방사용노즐), 가압송수장치 등으로 구성되어 있다. ( )

② 송수구역마다 선택밸브(자동, 수동)를 설치하여 물을 화재가 발생한 구역(송수구역)으로 방사할 수 있다.
③ 건식 연결살수설비의 경우 소방대 수원으로 소화하는 시스템이므로 소방대의 지연 도착은 화재피해가 더욱 커질 수 있다.

(3) 구성

송수구, 배관, 선택밸브, 살수헤드, 수원(습식) 등으로 구성되어 있다.

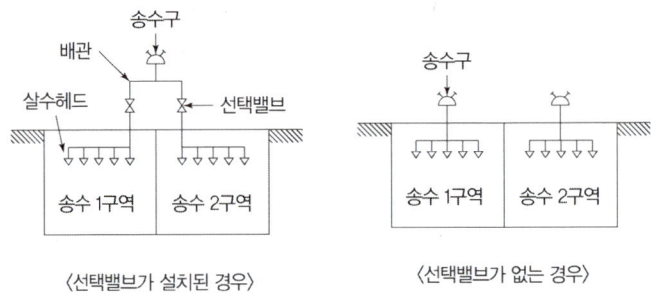

[연결살수설비 계통도]

03 연소방지설비

(1) 개요

① 전력, 통신용의 전선이나 가스, 냉·난방용의 배관 또는 이와 비슷한 것을 집합수용하기 위하여 설치한 지하 인공구조물을 지하구라고 하는데, 지하구에서 화재가 발생하였을 때 피해를 최소화하기 위해서 설치하는 설비를 말한다. (기준 : 지하구 기준)
② 지하층에 설치하는 연결살수설비와 유사하며, 소화약제인 물의 냉각소화작용 및 질식소화작용에 의해 지하구에 설치된 공작물 및 물건의 피해가 확대되지 않도록 소화한다.

(2) 구성

송수구(단구형, 쌍구형), 배관, 방수헤드, 자동배수밸브 등으로 구성되어 있다.

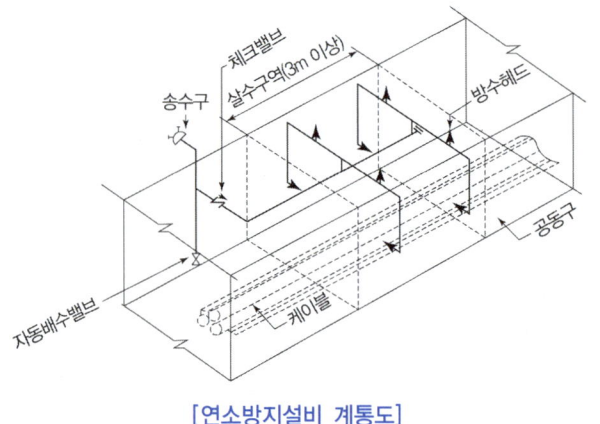

[연소방지설비 계통도]

(3) 지하구 화재안전기준의 소방시설 등
① 소화기구, 자동소화장치
② 연소방지설비, 방수헤드, 송수구
③ 자동화재탐지설비, 통합감시시설
④ 유도등
⑤ 무선통신보조설비
⑥ 연소방지재, 방화벽

04 비상콘센트설비

(1) 개요

고층건물 또는 심층건물 화재 시에 소방대가 사용하는 장비 중 전원이 필요한 장비(조명설비 및 소화활동장비 등)를 사용할 경우 해당 장비(설비)에 비상전원을 공급해 주는 설비를 말한다.

(2) 구성

배선, 배관, 비상콘센트, 적색표시등, 표지 등으로 구성되어 있다.

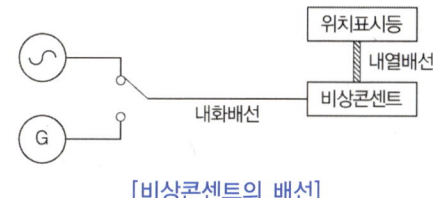

[비상콘센트의 배선]

(3) 비상콘센트설비 설치기준 심화

① 설치위치 : 바닥으로부터 0.8m 이상 1.5m 이하의 위치
② 배치
   ㉠ 아파트 또는 바닥면적이 1,000m^2 미만인 층 : 계단의 출입구에서 5m 이내
   ㉡ 바닥면적이 1,000m^2 이상인 층(아파트 제외) : 각 계단·계단부속실의 출입구에서 5m 이내
③ 수평거리
   ㉠ 지하상가는 25m 또는 지하층의 바닥면적의 합계가 3,000m^2 이상이면 25m
   ㉡ 그 밖의 것 : 50m
④ 전원회로 기준
   ㉠ 비상콘센트설비의 전원회로는 단상교류 220V인 것으로서, 그 공급용량은 1.5kVA 이상인 것으로 할 것
   ㉡ 전원회로는 각 층에 2 이상이 되도록 설치할 것. 다만, 설치하여야 할 층의 비상콘센트가 1개인 때에는 하나의 회로로 할 수 있다.

ⓒ 하나의 전용회로에 설치하는 비상콘센트는 10개 이하로 할 것. 이 경우 전선의 용량은 각 비상콘센트(비상콘센트가 3개 이상인 경우에는 3개)의 공급용량을 합한 용량 이상의 것으로 하여야 한다.

⑤ 플러그접속기
ⓐ 접지형 2극 플러그접속기(KS C 8305)를 사용하여야 한다.
ⓑ 칼받이의 접지극에는 접지공사를 하여야 한다.

05 무선통신보조설비

(1) 개요

① 고층건축물 또는 지하층, 지하상가 등에 화재발생시 화재현장에서 소방활동을 하는 소방대와 지상 소방대원(방재실 등) 사이에 원활한 무선통신을 하기 위해 설치하는 설비를 말한다.
② 과거 지하층에 한정적으로 설치하다 최근 고층건물(30층 이상)의 확대 및 지상의 무선통신 신뢰 향상을 위해 16층 이상에 추가 설치되도록 기준화되었다.

(2) 구성

무전기, 누설동축케이블, 동축케이블, 안테나, 분배기, 분파기, 증폭기, 무반사 종단저항 등으로 구성되어 있다.

[무선통신보조설비 – 무선식]

(3) 무선통신보조설비의 종류

① 누설동축케이블(LCX) 방식
ⓐ 동축케이블 + 누설동축케이블
ⓑ 터널 등 폭이 좁고 긴 지하가나 건축물 내부에 적합

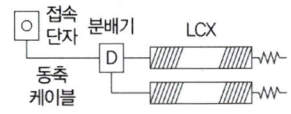

② 안테나 방식
  ㉠ 동축케이블 + 안테나
  ㉡ 장애물이 적은 대강당, 극장에 적합
③ 누설동축케이블 및 안테나 방식
  ㉠ 누설동축케이블 + 안테나
  ㉡ 두 방식의 장점을 혼용

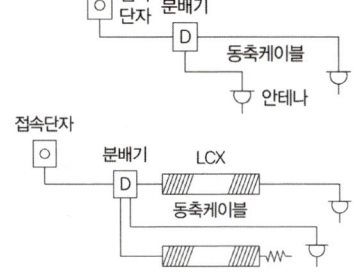

(4) 누설동축케이블의 설치기준 심화

누설동축케이블이란 동축케이블의 외부도체에 가느다란 홈을 만들어서 전파가 외부로 새어나갈 수 있도록 한 케이블을 말한다.

① 소방전용주파수대에서 전파의 전송 또는 복사에 적합한 것으로서 소방전용의 것으로 할 것. 다만, 소방대 상호 간의 무선연락에 지장이 없는 경우에는 다른 용도와 겸용할 수 있다.
② 누설동축케이블과 이에 접속하는 안테나 또는 동축케이블과 이에 접속하는 안테나로 구성할 것
③ 누설동축케이블 및 동축케이블은 불연 또는 난연성의 것으로서 습기에 따라 전기의 특성이 변질되지 아니하는 것으로 하고, 노출하여 설치한 경우에는 피난 및 통행에 장애가 없도록 할 것
④ 누설동축케이블 및 동축케이블은 화재에 따라 해당 케이블의 피복이 소실된 경우에 케이블 본체가 떨어지지 아니하도록 4m 이내마다 금속제 또는 자기제 등의 지지금구로 벽·천장·기둥 등에 견고하게 고정시킬 것. 다만, 불연재료로 구획된 반자 안에 설치하는 경우에는 그러하지 아니하다.
⑤ 누설동축케이블 및 안테나는 금속판 등에 따라 전파의 복사 또는 특성이 현저하게 저하되지 아니하는 위치에 설치할 것
⑥ 누설동축케이블 및 안테나는 고압의 전로로부터 1.5m 이상 떨어진 위치에 설치할 것. 다만, 해당 전로에 정전기 차폐장치를 유효하게 설치한 경우에는 그러하지 아니하다.
⑦ 누설동축케이블의 끝부분에는 무반사 종단저항을 견고하게 설치할 것

06 제연설비

(1) 개요

① 제연설비는 건축물 내 화재 발생 시 연기의 피해를 최소화하기 위해 제연구역을 설정하고 연기를 가두거나, 제어 및 배출, 차단 등의 방법을 통하여 피난통로로 연기가 침투하는 것을 방지하고 재실자의 안전한 피난을 돕기 위해 설치하는 설비를 말한다.
② 자연적 또는 기계적 방법(송풍기, 배풍기)으로 연기의 이동, 확산을 막기 위해 사용되는 설비로 단순하게 연기를 배출하는 배연설비와 송풍기로 가압하여 연기가 들어오지 못하도록 하고(방연) 및 배출기로 화재실 연기를 배출하는(배연) 설비로 구분할 수 있다.

개념 CHECK
53. 무선통신보조설비의 종류에는 누설동축케이블 방식, 안테나 방식, 누설동축케이블 및 안테나 방식이 있다. (   )

(2) 제연방식 분류

① **밀폐제연방식** : 연기의 유동을 방지하고, 안전공간(구역)에 침투하는 것을 방지하는 제어방식(방연)

② **자연제연방식** : 연기를 일정장소로 유인하여 창, 발코니 등의 개구부를 통해 옥외로 배출하거나(자연제연방식), 지붕에 설치된 스모크타워를 이용하여 신속하게 배출하는 방식(스모크타워 제연방식)

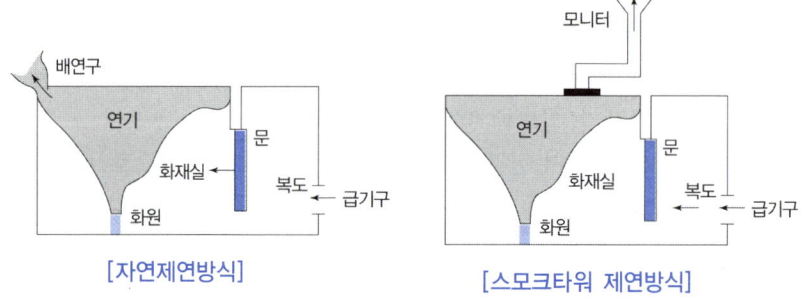

[자연제연방식]　　　　　　　　[스모크타워 제연방식]

(3) 기계제연방식

제1종	급기(송풍기) + 배기(배풍기)
제2종	급기(송풍기) + 배기(자연배기)
제3종	급기(자연급기) + 배기(배풍기)

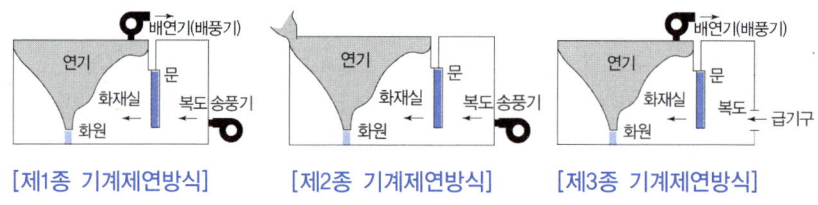

[제1종 기계제연방식]　　[제2종 기계제연방식]　　[제3종 기계제연방식]

(4) 제연설비의 종류

① **거실제연설비** : 화재실(거실)에서는 연기를 배출하고, 거실 또는 인접실에서 급기(청정공기)를 하여 청결층을 확보하는 설비를 말한다.

② **부속실제연설비** : 특별피난계단의 계단실 또는 부속실(비상용 승강기 승강장 등 포함)을 급기가압하여 거실 또는 복도의 연기가 침투하지 못하게 하여 수직피난을 돕는 설비를 말한다.

제연구분	대상	제연방식
거실	• Fire Area(화재실), 거실 • 적극적 대책	급기, 배기 동시
부속실	• Escape Route(피난로) • 일시적 피난, 소방대 대기 • 소극적 대책	급기 가압만

개념 CHECK

54. 기계제연방식 중 제2종 기계제연방식은 급기는 송풍기, 배기는 자연배기를 하는 방식을 말한다. (　)

55. 제연구역의 구획기준 중 하나의 제연구역은 2개 이상 층에 미치지 아니하도록 하여야 한다. 다만, 층의 구분이 불분명한 부분은 그 부분을 다른 부분과 통합하여 제연구획하여야 한다. (　)

54 ○　55 ×

(5) 제연구역(거실제연) 심화

① 개념
  ㉠ 거실제연 : 제연경계(제연설비의 일부인 천장을 포함)에 의해 구획된 건물 내의 공간을 말한다.
  ㉡ 부속실제연 : 제연하고자 하는 계단실, 부속실 또는 비상용승강기의 승강장을 말한다.

② 제연구역 범위(구획기준)
  ㉠ 하나의 제연구역의 면적은 1,000m² 이내로 할 것
  ㉡ 하나의 제연구역은 2개 이상 층에 미치지 아니하도록 할 것. 다만, 층의 구분이 불분명한 부분은 그 부분을 다른 부분과 별도로 제연구획하여야 한다.
  ㉢ 하나의 제연구역은 직경 60m 원 내에 들어갈 수 있을 것
  ㉣ 통로상의 제연구역은 보행중심선의 길이가 60m를 초과하지 아니할 것

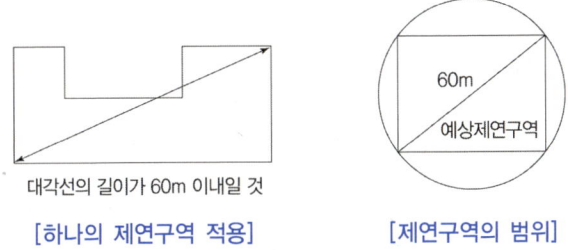

[하나의 제연구역 적용]   [제연구역의 범위]

  ㉤ 거실과 통로(복도를 포함한다)는 상호 제연구획할 것

③ 제연구역의 구획
  ㉠ 구획은 보·제연경계벽 및 벽(화재 시 자동으로 구획되는 가동벽·셔터·방화문 포함)으로 한다.
  ㉡ 제연경계는 제연경계의 폭이 0.6m 이상이고, 수직거리는 2m 이내이어야 한다. 다만, 구조상 불가피한 경우는 2m를 초과할 수 있다.

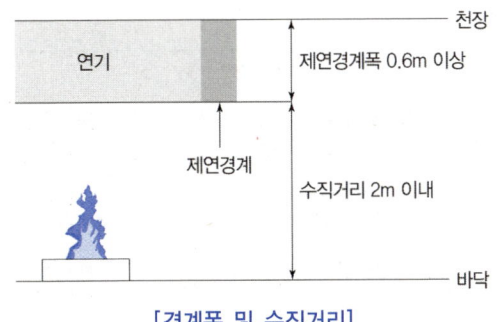

[경계폭 및 수직거리]

개념 CHECK

56. 제연경계는 제연경계의 폭이 0.6m 이상이고, 수직거리는 2m 이내이어야 한다. 다만, 구조상 불가피한 경우는 2m를 초과할 수 있다. ( )

56 ○

ⓒ 재질은 내화재료, 불연재료 또는 제연경계벽으로 성능을 인정받은 것으로서 화재 시 쉽게 변형·파괴되지 아니하고 연기가 누설되지 않는 기밀성 있는 재료로 할 것
ⓔ 제연경계벽은 배연 시 기류에 따라 그 하단이 쉽게 흔들리지 아니하여야 하며, 또한 가동식의 경우에는 급속히 하강하여 인명에 위해를 주지 아니하는 구조일 것

(6) 부속실제연

① 용어의 정의
  ㉠ 제연구역 : 제연하고자 하는 계단실, 부속실
  ㉡ 급기량 : 제연구역에 공급해야 할 공기의 양(누설량 + 보충량)
  ㉢ 방연풍속 : 옥내로부터 제연구역 내로 연기의 유입을 유효하게 방지할 수 있는 풍속

② 제연구역의 선정
  ㉠ 계단실 및 그 부속실을 동시에 제연하는 것
  ㉡ 부속실만을 단독으로 제연하는 것
  ㉢ 계단실을 단독으로 제연하는 것

③ 제연설비 성능 ★
  ㉠ 제연구역과 옥내와의 사이에 유지하여야 하는 최소차압은 40Pa(옥내에 스프링클러설비가 설치된 경우 12.5Pa) 이상으로 하여야 한다.
  ㉡ 제연설비가 가동되었을 경우 출입문의 개방에 필요한 힘은 110N 이하로 하여야 한다.
  ㉢ 출입문이 일시적으로 개방되는 경우 개방되지 아니하는 제연구역과 옥내와의 차압은 ㉠ 기준에 따른 차압의 70% 미만이 되어서는 아니 된다.
  ㉣ 계단실과 부속실을 동시에 제연하는 경우 부속실의 기압은 계단실과 같게 하거나 계단실의 기압보다 낮게 할 경우에는 부속실과 계단실의 압력차이는 5Pa 이하가 되도록 하여야 한다.
  ㉤ 방연풍속

제연구역		방연풍속
계단실 및 부속실 동시제연 또는 계단실 단독제연		0.5m/s
부속실만 또는 승강장만 단독제연	면하는 옥내가 거실	0.7m/s
	면하는 옥내가 복도로 방화구조(내화시간 30분 이상)	0.5m/s

6 소화용수설비

학습 나침반

정의	화재를 진압하는 데 필요한 물을 공급하거나 저장하는 설비
종류	상수도소화용수설비, 소화수조·저수조, 그 밖의 소화용수설비

01 상수도소화용수설비

(1) 정의

소방대가 화재를 진압하는 과정에 소화수가 부족한 상황이 될 경우 특정소방대상물 구역 내 설치된 상수도소화전에서 소화수를 공급받아서 진압을 계속하게 된다. 이처럼 구역 내에 급수배관에 설치되어 소화수 공급용으로 사용되는 설비를 말한다.

(2) 구성과 설치기준

① 구성: 소화배관, 상수도소화전, 개폐도구 등
② 상수도소화용수설비 설치기준
  ㉠ 호칭지름 75mm 이상의 수도배관에 호칭지름 100mm 이상의 소화전을 접속할 것
  ㉡ 소화전은 소방자동차 등의 진입이 쉬운 도로변 또는 공지에 설치할 것
  ㉢ 소화전은 특정소방대상물의 수평투영면의 각 부분으로부터 140m 이하가 되도록 설치할 것
  ㉣ 지상식 소화전의 호스접결구는 지면으로부터 높이가 0.5m 이상 1m 이하가 되도록 설치할 것

02 소화수조 또는 저수조 [18 간부]

(1) 정의

① 상수도소화전설비 대상 소방대상물에서 대지경계선 180m 이내 지름 75mm 상수도용 배관이 설치되지 않은 지역에서는 소화수조 또는 저수조를 설치하고 항시 물을 채워두어야 한다. 진압 중인 소방대에 소화용수가 부족할 경우 수조에 채수 또는 흡수를 통해 충수하는 소화용수설비를 말한다.
② 수조의 용도는 상수도소화용수설비와 같다.

(2) 구성과 용어의 정의

① 구성: 소화수조 또는 저수조, 채수구[22] 또는 흡수관투입구, 가압송수장치 등
② 용어의 정의
  ㉠ 소화수조 또는 저수조: 수조를 설치하고 여기에 소화에 필요한 물을 항시 채워두는 것을 말한다.
  ㉡ 채수구: 소방차의 소방호스와 접결되는 흡입구를 말한다.
  ㉢ 흡수관투입구: 소방차의 흡수관이 투입될 수 있도록 소화수조 또는 저수조에 설치된 원형 또는 사각형의 투입구

22) 채수구

개념 CHECK

57. 소화용수설비는 화재를 진압하는 데 필요한 물을 공급하거나 저장하는 설비이다. 상수도소화용수설비, 소화수조·저수조, 그 밖의 연결송수관설비 등이 있다. ( )

소방학 개론 — 소화이론 복습만이 살길이다!!!

▶ 다시보자 복습 문제 05

01. 차동식스포트형과 정온식스포트형 감지기의 성능을 겸한 것으로서 둘 중 어느 한 기능이 작동되면 화재 신호를 발하는 감지지를 보상식스포트형 감지기라고 한다.

02. "차동식 스포트형"이란 주위 온도가 일정 상승률 이상이 되는 경우에 작동하는 것으로서 넓은 범위 내에서의 열 효과의 누적에 의하여 작동되는 것을 말한다.

03. 고층건축물(35층)의 2층 이상의 층에서 화재가 발생하였을 경우 자동화재탐지설비 및 비상방송설비 등의 음향장치 및 경종의 경보가 발해야 하는 범위에는 발화층 및 그 직상 1개층에 경보를 발할 것

04. 시각경보기 기준에서 설치 높이는 바닥으로부터 2m 이상 2.5m 이하의 장소에 설치할 것. 다만, 천장의 높이가 2m 이하인 경우에는 천장으로부터 0.1m 이내의 장소에 설치해야 한다.

05. 하나의 경계구역의 면적은 600m² 이하로 하고 한 변의 길이는 50m 이하로 할 것. 다만, 해당 특정소방대상물의 주된 출입구에서 그 내부 전체가 보이는 것에 있어서는 한 변의 길이가 60m의 범위 내에서 1,000m² 이하로 할 수 있다.

06. "간이완강기"란 사용자의 몸무게에 의하여 자동으로 하강하고 내려서면 스스로 상승하여 연속적으로 사용할 수 있는 무동력 승강식피난기를 말한다.

07. 휴대용비상조명등을 지하상가 및 지하역사에 설치하는 경우 보행거리 25m 이내마다 3개 이상 설치해야 한다.

08. 연기의 제연방식에서 자연제연방식은 연기의 부력을 이용하여 천장, 벽에 설치된 개구부를 통해 연기를 배출하는 방식이다.

09. 화재로 인하여 발생된 연기를 방의 상부로부터 배연기에 의하여 흡입시켜 옥외로 배출하는 방식은 어떤 제연방식은 제3종 기계제연방식이다.

10. 주위 온도가 일정 상승률 이상되는 경우에 작동하는 감지기로서 넓은 범위 내에서 열효과 누적에 의해 작동하는 것은?
① 차동식 분포형 감지기
② 차동식 스포트형 감지기
③ 정온식 스포트형 감지기
④ 정온식 감지선형 감지기

11. 소방시설 중 경보설비에 관한 설명으로 옳지 않은 것은?
① 시각경보기는 청각장애인에게 점멸 형태로 시각경보를 하는 장치이다.
② R형 수신기는 감지기 또는 발신기에서 1:1 접점방식으로 전송된 신호를 수신한다.
③ 비상방송설비는 수신기에 화재신호가 도달하면 방송으로 화재 사실을 알리는 설비이다.
④ 이온화식 감지기와 광전식 감지기는 연기를 감지하여 화재신호를 발하는 장치이다.

🔒 1 ○ 2 ×(분포형) 3 ×(4개층) 4 ×(0.1) 5 ×(50m) 6 ×(완강기) 7 ○ 8 ○ 9 ○ 10 ① 11 ②(1 : 다, P형)

소방공무원 기본서
소방학개론

소방공무원 기본서
소방학개론

PART

소방조직론

제1장 **소방조직**
제2장 **소방기능**

01 소방조직

1 소방조직관리의 기초이론

01 개요

(1) 소방의 개념

① 소방의 목적(소방기본법) : 화재를 예방·경계하거나 진압하고 화재, 재난·재해, 그 밖의 위급한 상황에서의 구조·구급 활동 등을 통하여 국민의 생명·신체 및 재산을 보호함으로써 공공의 안녕 및 질서 유지와 복리증진에 이바지함을 목적으로 한다.

② 소방의 의미
   ㉠ 협의의 소방 : 「소방기본법」 제1조에서 말하는 일상적인 업무로서 화재를 예방·경계하거나 진압하고 교육·훈련·홍보, 민원 업무 등의 소극적 좁은 기능이다.
   ㉡ 광의의 소방 : 일반적으로 사회의 기본조직과 기능이 무너져 지역사회가 스스로 극복할 수 없는 상태에 이르렀을 때의 사회의 간접시설 및 그 생활수단의 피해까지 해결하는 것과 구조·구급 활동 등을 통하여 국민의 생명·신체 및 재산을 보호하는 등의 소방 활동, 방재업무, 사회복지 활동 및 봉사활동 지원 등의 넓은 기능을 말한다.
   ㉢ 실질적 의미의 소방 : 일반적으로 협의와 광의의 소방 활동(학설)
   ㉣ 형식적 의미의 소방 : 소방기관의 대부분인 작용으로 입법·사법적인 제도적 입장에서의 행정

요약 정리 | 소방의 의미

실질적 의미	• 소방 목적(기본법) • 화재의 예방, 경계, 진압을 위한 모든 활동과정
형식적 의미	소방기관

③ 소방의 의무
  ㉠ 소방의 기본적 임무는 「소방기본법」의 본래 목적으로, 소방의 파생적 임무는 기본적 임무에서 파생된 봉사와 구조대·구급대 운영으로 생각할 수 있다.
  ㉡ 기본적 의무
    ⓐ 소방기본법의 의무(임무)
    ⓑ 정부의 기능 중 질서 기능에 속하며 보안 기능을 담당
  ㉢ 파생적 의무
    ⓐ 정부의 기능 중 봉사 기능에 속하며, 권력이 없는 직접적 서비스 기능이다.
    ⓑ 구조대 및 구급대 등의 서비스를 통하여 국민의 건강을 지키고 안전한 생활을 보장한다.

참고 물질별 상징성

구분	상징성
물	유연성, 윤리성, 포용성, 필수성
불	정의성, 광명성(조명성), 창의성, 화합성
태극	자주성, 주인성(국민성)
월계수	경쟁성, 모범성(방향성)
새매	경계, 예방, 용맹

(2) 소방조직의 정의
① 조직이란 공동의 목표를 달성하기 위해 일정한 환경의 구성원들이 협동하여 노력하는 집단 및 분업체제를 말한다.
② 소방조직은 인간의 생명이나 재산과 직결되는 업무를 수행해야 하기 때문에 협동체계 구축이 매우 필요하다.
③ 화재를 비롯한 각종 재난과 사고로부터 국민의 생명과 재산을 보호하고 국민 복리의 향상과 삶의 질을 높이기 위한 공익조직이다.

(3) 소방조직의 일반적 특징
① 반드시 공동의 목표가 있다.
② 체계화된 구조에 따라 구성원들이 상호작용한다.
③ 경계를 가진다.
④ 주변 환경에 적응할 수 있는 유기체여야 한다.
⑤ 사회적 집단이다.

(4) 소방조직 업무의 특징 25 공채 / 25 경채

현장성	화재 현장에 직접 임하여 화재를 진압해야 하는 현장중심의 업무 특성을 가진다.
결과성	과정보다 상대적으로 결과를 중요시한다. 인명과 재산 피해가 커지면 관계자의 책임이 강조된다.
신속 정확성, 긴급성	인명구조 및 수습에 있어서 신속하고 정확한 대처를 해야 실효를 거둘 수 있는 업무의 특성
전문성	화재에 대한 지식과 다양한 분야(전기, 가스, 물리, 화공, 위험물, 건축 등)의 전문성이 요구되는 전문기술의 업무
위험성	화재 등 재난은 신고접수 → 출동 → 처리 → 마무리 단계, 즉 전 과정에 돌발적 위험이 있다(위해성 ×).
일체성	효과적 대처를 위해 강력한 지휘 및 명령권과 기동성이 확립된 일사불란한 지휘체계가 요구된다.
가외성 (잉여성)	재난은 규모와 양상을 예측할 수 없으니 현재 필요한 소방력보다 더 많은 여유 자원이 있어야 한다(↔ 효율성). 즉, 재난사고 없이 대기상태로 있어도 남아 도는 자원으로 간주하지 않는다.
대기성	재난은 예측이 불가능하고 지연이 될 경우 대형재난으로 이어지니 상시 대응태세를 갖추어야 하는 특성을 말한다.
계층성	준군사적 형식의 조직
규제성	화재발생 시 안전확보, 구조구급 등 각종 서비스의 제공을 위해 인허가 업무 처리 등 규제의 기능

02 소방조직의 유형(학자별) 분류 심화

학자	내용
Etzioni	복종관계를 기준으로 강제적, 보수적, 규범적 조직으로 분류 참고 소방조직은 규범적 권한을 사용하여 통제, 복종의 형태를 띠는 조직이다.
Mintzberg	단순구조, 기계적 관료제, 전문적 관료제, 사업부제, 임시 특별조직으로 분류 (5가지)
Blau와 Scott	수익자를 기준으로 호혜적 조직, 사업조직, 서비스 조직, 공익조직으로 분류 참고 소방조직은 국민이 수혜자로 민주적 통제가 중요하게 취급되는 조직이다.
Daft	기계적 조직, 기능적 조직, 사업조직, 매트릭스 조직, 수평조직, 네트워크 조직, 유기적 조직으로 분류

03 소방조직의 기본원리 ★ 21 공채

(1) 계층제(hierarchy)의 원리

업무 권한 및 책임에 따라 구성원을 상하로 등급·계층화하고 지휘·명령, 복종 관계를 확립하는 원리를 말한다.

(2) 통솔범위의 원리

한 사람의 상관이 효과적으로 직접 감독할 수 있는 부하의 수(한계)를 말한다 (보통 6명, 비상시 3~4명).

> **참고** 계층 수가 적으면 통솔범위는 넓어진다(계층의 수는 통솔범위와 반대).

(3) 명령통일의 원리

오직 한 사람의 상관으로부터 지시·명령받고 보고해야 한다는 원리를 말한다.

(4) 조정의 원리

조직의 공동목표 달성을 위해 구성원들의 행동을 통일하고, 집단 노력을 질서 있게 배열하는 과정을 말한다.

(5) 분업화(전문화)의 원리

업무를 성질별로 구별하여 조직원에서 가능한 한 가지의 주된 업무를 분담시키는 원리를 말한다(↔ 통합).

(6) 계선의 원리

특정 사안에 대한 결정에 있어 의사결정과정에서 개인의 의견이 참여되지만, 결정은 소속기관의 장이 한다는 원리를 말한다.

2 소방의 발전과정 ★★★

학습 나침반

삼국시대	금화의식 시작
통일신라시대	
고려시대	• 소방 대신 '소재' 용어 사용 • 금화제도 시작 • 화통도감 신설(1377)
조선시대	조선 전기	• 금화도감, 수성금화도감 설치(1426) • 금화군 편성(1431)
	조선 후기	• '소방' 용어 최초 사용(「경무청 처무세칙」 1895) • 경무청 설치(1894) • 화재보험회사의 설립(1908) • 소화전 설치(1909)
일제강점기	• 「소방조 규칙」 제정(1915) • 상비소방수 제도 확립 • 경성소방서 설치(1925)

> **개념 CHECK**
>
> 1. 업무 권한 및 책임에 따라 구성원을 상하로 등급·계층화하고 지휘·명령, 복종관계를 확립하는 원리를 명령통일의 원리라고 한다. ( )
>
> 2. 특정 사안에 대한 결정에 있어 의사결정과정에서 개인의 의견이 참여되지만, 결정은 소속기관의 장이 한다는 원리를 계선의 원리라고 한다. ( )
>
> 1 × 2 ○

불꽃암기

소방의 발전과정
- 금화 이유(26)
- 금군 베라(31)
- 소방구요?(95)
- 전 909
- 경성 구이요(925)
- 자치(45), 국가(48), 이원(70), 광(92)

미군정시대	자치소방 체제 (1945~)	• 중앙소방위원회 설치(1946) • 소방서 체제 확립(1946) • 소방청 설치(1947)
대한민국 정부수립 이후	국가소방 체제 (1948~)	• 「소방법」 제정(1958) • 소방공무원의 경우 별정직 경찰공무원 신분으로 대우
	이원적 소방 체제 (1970~)	• 소방본부 설치(서울·부산 1972) • 「소방공무원법」(1977) : 소방공무원으로서의 신분 단일화 • 소방학교 설립(1978)
	광역 자치소방 체제 (1992~)	전국 시·도 소방본부 설치(1992)

01 소방의 유래 – 일제강점기 이전

(1) 삼국시대 이전

① 인류의 불 이용 : 인간의 생활방식을 편리하게 변화. 그러나 화재의 위험성 발생
② 약 100만 년 전 불을 사용한 흔적 발견(소방활동은 인류가 불을 사용하면서 부터 시작됨)

(2) 삼국시대

① 262년(신라 미추왕, 13대) : 금성 서문 화재로 민가 100여 동 소실, 『삼국사기』
② 596년(진평왕 18년) : 영흥사 화재에 왕이 이재민을 위문·구제, 『삼국사기』
③ 화재를 사회적 재앙으로 인식, 국가적 관심사(금화의식 싹틈)

(3) 통일신라시대(676~935)

① 화재에 대한 예방의식 고조
② 880년(헌강왕 6년) : 초옥형태 → 기와지붕의 집, 숯으로 밥을 지음, 『삼국사기』

(4) 고려시대(918~1392) 21 공채

① 전 시대보다 화재 발생 빈도 증가 : 인구증가, 대형건물, 병란
② 소방을 소재(消災 : 사라질 소, 화재 재)라고 부름
③ 금화제도 시작

  참고 금화조직은 없음

  ㉠ 실화, 방화자 처벌 : 관리는 면직, 민간인은 태 50, 장 50형, 방화한 자 징역 3년 등
  – 방화에 소홀한 관리에 대한 책임을 물어 현임 박탈[1051년(문종 5년), 『고려사』]
  ㉡ 금화관리자 배치 : 운여창(창고) 화재 이후
  ㉢ 건축시설 개선 : 기와지붕 장려, 지하창고 쌓음
  ㉣ 화통도감(1377) 신설 : 화약 제조, 관리

개념 CHECK

3. 조선시대 병조 소속으로 방화 업무를 담당하였던 최초의 소방관서(행정기관)는 금화도감이다. ( )

3 ○

(5) 조선시대 전기 18하, 20, 21 공채

① 1417년(태종 17년) : 금화령[1] 공포(최초 소방규정)
  ㉠ 호조에서 실화자 처벌을 제정·공포
  ㉡ 1423년(세종 5년) : 궁궐에서 화재발생 시 금화방법을 13조항으로 구체적으로 규정
② 1426년 2월(세종 8년) : 병조에 **금화**도감 설치[최초 소방관서(행정기관)]
  병조 소속의 방화업무 담당
③ 1426년 8월(세종 8년) : 수성금화도감
  공조 소속으로 성 수리, 하천 정비, 화재 진압 업무
④ 1428년(세종 10년) : 오가작통법 건의 → ×(1457년 처음 실시)
⑤ 14**31**년(세종) : **금화군** 편성(최초의 소방대, 상설조직 ×)
  ㉠ 의금부, 육조, 한성부, 금화도감 제조 등이 논의하여 노비 등을 충원하여 금화군 편성
  ㉡ 1460년(세조13년) 금화도감이 한성부에 합병(34년만에 폐지)
⑥ 1467년(세조) : 멸화군 편성(상시 50명)

(6) 조선시대 후기(임진왜란 후~갑오개혁)

경성에 소방펌프 1대를 비치하고 소방조를 설치하여 한국 내 일본인 소방의 효시가 되었다(1889).

① 1894년 7월~1895년 7월 : 갑오개혁
② 18**95**년 4월 29일 : 경무청 설치, 경무청 처무세칙(5월)
  경무청 처무세칙 : 수화(水火), **소방**(消防)은 난파선 및 출화(出火), 홍수 등에 관계하는 구호에 관한 사항
  참고 소방이라는 용어가 최초 사용 – 소방(消防) : 消(사라질 소), 防(막을 방)
③ 1900년 무렵 : 상비소방수 임명(일본인들의 재산 보호)
  각 개항지에 영사관 규칙으로 소방조 규칙 제정 및 시행, 관민으로부터 갹출하여 소방조원에게 출동수당 지급(상비소방수)
④ 1908년 : 최초 화재보험회사 설립(일본 통감부)
⑤ 1**909**년 : 소화**전** 설치

(7) 일제강점기(1910~1945) 18하, 20, 21 공채

① 19**12**년 : **가**솔린 펌프(**스**웨덴) 구입 – 기존 증기펌프(1910)
② 1915년 : 소방조(소방기본조직) 규칙 제정
  상비소방수 제도 확립 – 처음 실시된 소방직 공무원
  1922년 : 경성소방조 상비대를 경성소방소로 개편
③ 1**925**년 : 최초 소방서인 **경성**소방서 설치(현 종로소방서)

---

1) 금화령
조선시대에 화재예방을 목적으로 실화자(失火者)의 처벌을 규정한 법령

불꽃암기
- 금화 이유(26)
- 금군 베라(31)

불꽃암기
- 소방구요?(95)
- 전 909

불꽃암기
- 12가스
- 경성 구이요(925)

개념 CHECK
4. 1925년 최초의 소방서인 경성소방서가 설치(현 종로소방서)되었다. ( )
5. 정부수립 이후 소방법이 제정되었고, 화재, 풍수해, 설해를 예방, 경계, 진압 또는 방어의 목적을 가지고 있었다(1958). ( )

4○ 5○

불꽃암기
- 자치(45), 국가(48), 이원(70), 광(92)

02 소방의 발전 – 일제강점기 이후 23, 24 공채

(1) 미군정시대(과도기 1945~1948) : 자치소방제도 실시
19, 20, 21, 24 공채 / 18 간부

① 1946년 4월 10일 소방부 및 중앙소방위원회가 설치(토목국)
　소방행정기구가 경찰에서 분리 자치화(최초 자치소방)
② 1947년 중앙위원회 집행기구로 소방청 설치(하부 : 총무과, 소방과, 예방과)
③ 도소방위원회, 시·읍·면 소방부, 소방서의 체제

(2) 정부수립 이후(초창기 1948~1970) : 국가소방체제로 전환
18하, 19, 20, 24 공채 / 18 간부

① 1948년 정부수립 후 소방행정은 다시 경찰행정체제로 포함
② 1958년 3월 「소방법」 제정
　→ 화재, 풍수해, 설해를 예방, 경계, 진압 또는 방어의 목적
③ 1969년 경찰공무원법 제정
　참고 소방에 적용(별정직 경찰공무원 신분)

(3) 발전시기(1970~1992) : 국가·자치 이원적 소방체제

① 1970년 8월 내무부의 소방업무 삭제
② 1972년 6월 서울·부산 소방본부 설치
　→ 서울·부산 본부가 소방사무 관장, 타 시·도는 경찰기구에서 관장
　참고 자치소방과 국가소방으로 이원화
③ 1973년 2월 지방소방공무원법 제정
　→ 서울·부산 적용, 기타 지역은 경찰공무원법 적용
④ 1975년 7월 「민방위법」 제정
　치안본부 소방과 → 민방위본부 소방국
⑤ 1977년 12월 「소방공무원법」 제정
　국가·지방 모두 소방공무원법 적용(별정직) : 단일신분
⑥ 1978년
　㉠ 「소방공무원법」 제정 : 소방공무원의 신분 보장(국가공무원, 지방소방공무원 모두 별정직 소방공무원이 됨)
　㉡ 7월 소방학교(1995년 중앙소방학교 개칭) 설치(수원)
⑦ 1981년 「국가공무원법」 개정(경력직 특정직)
⑧ 1983년 119구급대 설치(1989년 구조대)

불꽃암기
- 서부 지리(72)
- 지삼(3), 민오(5), 공침(7)
- 학교 칠판(78)
- 국가팔이(81)

(4) 광역자치시기(1992~현재) : 시·도 중심의 광역자치소방체제

① 1992년 4월 전국 시·도 소방본부 설치
   참고 소방사무 책임이 시·도책임으로 감
② 1995년 7월 「재난관리법」 제정, 중앙119구조대 직제 공포
   참고 1995년 삼풍백화점 붕괴
③ 2003년 5월 소방 4분법 제정[소방법(1958) 폐지]
   참고 2003년 대구지하철 참사
④ 2004년 3월 「재난 및 안전관리기본법」 제정[재난관리법(1995) 폐지]
⑤ 2004년 6월 소방방재청 신설
   참고 소방, 민방위 재난, 재해업무 관장하는 재난통합관리체제
⑥ 2014년 11월 국민안전처 신설
   참고 2014년 세월호 참사 / 소방방재청, 해양 경찰 등 업무
⑦ 2017년 7월 소방청 신설
⑧ 2020년 4월 소방공무원 국가직 전환
⑨ 2021년 6월 「소방의 화재조사에 관한 법률」 제정
⑩ 2021년 11월 소방관련법 4분법 → 5분법화

불꽃암기
- 광(92)
- 전국이(2)
- 재난구호(95)
- 방청소(4)
- 일사천리(14)
- 방청(17)

광복 이후 소방법 제정 전까지 소방의 주 업무는 화재진압

- **1950** 소방시설의 설치를 강화하기 위해 '소방법 초안' 작성
- **1952** 내무부령으로 '소방조사규정' 만들어 화재예방활동 시작 (미온적 소방규제활동)
- **1953** '소방법 초안' 국회 제출 (폐기 → 재상정)
- **1958** 소방법 최초로 단행 법률로 제정 전문 54개 조문과 부칙

1950년대 후반부터는 화재 발생요인 사전 제거 및 화재 경각심 고취 (화재예방활동)

- **2004** 소방관련 4분법
  - 소방기본법
  - 소방시설설치 유지 및 안전관리에 관한 법률
  - 소방시설 공사업법
  - 위험물안전관리법
- **2022** 소방관련 5분법
  - 소방기본법, 소방시설공사업법, 위험물안전관리법 : 유지
  - 소방시설설치 유지 및 안전관리에 관한 법률
    → 소방시설 설치 및 관리에 관한 법률, 화재의 예방 및 안전관리에 관한 법률

개념 CHECK

6. 발전시기(1970~1992)에 전국 시·도에 소방본부 설치가 설치되었다. (   )

요약 정리 | 소방의 역사 및 발전과정 정리 25 공채 / 25 경채

과정	시기	내용
삼국시대		• 화재에 대한 최초 기록(문무왕 2년) • 사회적 재앙 인식
통일신라		예방의식 : 기와지붕, 숯
고려		• 소재라 부름, 금화제도 시작 • 금화관리자 배치(조직 ×), 실화 및 방화자 처벌 • 화통도감 신설 : 화약 및 화기담당 관청
조선	1417	금화령(최초 소방법)
	1426.2.	금화도감(세종 8년 2월) – 병조 소속
	1426.6.	수성금화도감(성문 + 금화)(세종 8년 6월) – 공조소속
	1431	금화군(비상설, 세종 13년) → 멸화군(세조13년, 1467)
	1481	수성금화사(성종 12년)
	1723	수총기(최초 수입)
갑오개혁 (1894)	1894	• 경무청 신설(7.14.)(고종 31년) • 경무청 총무국 설치(95.4.29.), 경무청 처무세칙 　(95.5.3.) – 수재 + 소방 업무(최초)
	1908	화재보험회사(최초 설립)
	1909	소화전 설치
일제(강점기) – 경찰 (1910~)		경무국 방호과 등
	1912	휘발유(가솔린) 펌프 구입(스웨덴)
	1915	• 소방조 규칙 제정 – 상비소방수 제도 : "상비소방" 　일본용어, 상설제도 • 경성소방조 → 경성소방소(1922)
	1925	경성소방서(현, 종로소방서) 개서(4.1.)
미군정. 자치 (1945~1948)		최초의 자치소방 : 경찰에서 분리
	1947	최초의 소방청 설치(중앙소방위원회)
정부수립, 국가 (1948~1970)	1958.3.	소방법 제정 : 화재, 풍수재 또는 설해를 예방, 경계, 진압 또는 방어
	1967	• 소방법 : 화재를 예방·경계·진압 　– 소방법에서 풍수해, 설해 삭제 • 풍수해대책법 제정
발전기, 이원적 (1970~1992)	1972	소방본부 설치(서울, 부산) : 별정직 경찰공무원
	1973	• 지방소방공무원법 제정 　– 서울, 부산 : 소방공무원법(지방소방공무원), 　　그외 : 경찰공무원법(경찰공무원 소방직)
	1975	• 민방위기본법 제정, 민방위제도 실시 　: 내무부 소속 민방위본부 소방국 설치(8.26) • 소방조직이 경찰에서 분리

발전기, 이원적 (1970~1992)	1977	• 소방공무원법(77.12.31. 제정, 78.3.1. 시행) - 국가와 지방 모두 소방공무원법 적용 - 임용권자는 국가직, 지방직으로 신분의 이원화 유지됨
	1978	• 수원 중앙소방학교 설치(7.27. 직제, 9.4. 개교) → 중앙소방학교(95.5.16.)
	1981 등	• 국가, 지방공무원법 개정(81.4.20. 개정, 5.31. 시행) : 별정직 → 경력직 중 특정직 공무원 • 소방공무원법 개정(82.12.31. 개정, 83.1.1. 시행) : 신분보장등 공무원법 준용명시
	1983	• 소방법 개정 - 구급대 편성(83.12.30. 개정) - 구조대 편성(89.12.30. 개정)
	1987	• 119특별구조대 설치 운영 계획이 수립 : 인명구조활동 시작(1988년)
광역자치 (1992~현재)	1992	• 모든 시·도에 소방본부 설치(3.28.) - 체제 : 시·도책임으로 일원화
	1994	성수대교 붕괴(10.21.) → 방재국 설치(1994.12.)
	1995	삼풍백화점 붕괴(6.29.) → 재난관리법 제정(1995.7.), 중앙119구조대(10.19.) • 소방국 직원, 시·도 본부장 및 학교장을 제외한 시·도공무원은 지방직으로 전환
	1997	• 중앙 119구조대 분리(소속 변경) - 97.5.27. 내무부 → 98.2.28. 행정자치부 → 04.6.1. 소방방재청 → 11.1.28. 구조단 → 13.9.17. 구조본부 → 14.11.19. 국민안전처 → 17.7.26. 소방청
	1999	• 소방법 개정(2.5. 개정, 8.6. 시행) - 목적 : 화재를 예방·경계·진압하고 재난·재해, 그 밖에 위급한 상황에서 구조·구급
	2003	대구지하철 참사(2.18.) → 소방 4분법 제정(5.29.)
	2004	• 재난 및 안전관리 기본법(3.11.) → 재난관리법 폐지(1995) - 목적 : 각종 재난으로부터 국토를 보존하고 국민의 생명·신체 및 재산을 보호~ • 소방방재청 신설(6.1.)
	2014	세월호 참사(4.16.) → 국민안전처 신설(11.19.) → 폐지(2017.7.26.)
	2017	소방청 신설(7.26.)
	2020	소방공무원 국가직화(4.1.)
	2022	소방 6법(12.1.)(기본, 시설, 예방, 공사, 위험물, 조사법)
	2024 현재	신분 : 국가직

요약 정리 | 소방행정체제의 변화

구분(연도)	시기	소방행정체제
1945~1948	미군정시대	자치소방제도
1948~1970	정부수립 이후	국가소방체제
1970~1992	발전시기	국가·자치 2원적 소방체제
1992~현재	광역자치시기	시·도 중심의 광역자치소방체제

요약 정리 | 소방법상 업무 사항

1958	• 소방법 제정(3.11. 제정, 6.10. 시행) ☞ 최초의 독립 소방법 – 목적 : 화재, 풍수재 또는 설해를 예방, 경계, 진압 또는 방어
1967	• 소방법(4.14. 개정, 10.15. 시행) – 목적 : 화재를 예방·경계 또는 진압 • 풍수해대책법 제정(2.28. 제정, 6.1. 시행) : 소방법에서 **풍수해, 설해는 삭제**
1983	• 소방법 추가 제정 ─ 구급대 편성(83.12.30. 개정, 84.7.1. 시행) ─ 구조대 편성(89.12.30. 개정, 90.7.1. 시행)
1999	• 소방법 개정(2.5. 개정, 8.6. 시행) – 목적 : 화재를 예방·경계·진압하고 재난·재해, 그 밖에 위급한 상황에서 **구조·구급**

심화 이론 | 공무원의 신분변화

시대별	소방조직 및 신분의 변화	
조선 구한말	• 1426 : 금화도감, 수성금화도감 • 1481 : 수성금화사 • 1925 : 경성소방서(현 종로소방서)	
미군정시대 (1946~1948년)	• 중앙 : 소방위원회(소방청 설치 – 위원회 집행기구) • 지방 : 도 소방위원회(지방소방청), 시·읍·면 : 소방부	
정부수립 이후 (1948~1975년)	• 내무부(치안국) : 경찰기구(49년) – 중앙 : 내무부 치안국 소방과 – 지방 : 경찰국 소방과, 소방서 • 1958.3. 소방법 제정	• 경찰관의 계급과 명칭 그대로 적용 • 국가공무원법 제정(1949) 소방직 공무원의 신분을 일반직으로 함 • 경찰공무원법 제정(1969) 일반직에서 분리되어 별정직 경찰공무원의 소방직으로 함 • 지방소방공무원법 제정(1973) – 국가직은 경찰공무원의 소방직 – 지방직은 지방소방공무원

구분	내용	

1975~1992년	• 내무부(소방국)
	  − 체제 : 서울·부산 자치소방
	  − 기구 : 1975.8. 내무부 소방국 설치
	  − 신분 : 1978.3. 소방공무원법 제정
	• 1978.7. 소방학교 설치
		• 소방공무원법 제정(1977) 및 시행(1978) : 독자적 소방공무원 신분으로 단일화
		• 소방공무원법 개정(1983) : 임용권자에 따라 국가직, 지방직 나뉨

1992년 이후	• 내무부·행정자치부(소방국)
	  − 체제 : 시·도 책임으로 일원화
	  − 기구 : 1992.4. 시·도 소방본부 설치
	  − 신분 : 시·도 지방직으로 전환(1995.1.)	

2004.6.1. 이후	• 소방방재청
	  − 체제 : 소방방재청
	  − 기구 : 2 국, 7 과, 2 소속기관, 18 시·도 소방본부
	  − 신분 : 소방방재청 : 국가직 / 시·도 : 지방직	

2014.11.19. 이후	• 국민안전처(중앙소방본부)
	  − 2014.11.7. 정부조직법 개정안 통과
	  − 기구 : 1 본부, 2 국, 8 과, 2 소속기관, 18 시·도 소방본부
	  − 신분 : 중앙소방본부 : 국가직 / 시·도 : 지방직	

소방청
(2017.7.26.)
	• 소방청
	  − 2017.7.26. 정부조직법 개정안(소방청 신설 내용) 통과
	  − 기구 : 1 관 2 국, 14 담당관·과 / 2 소속기관, 18 시·도 소방본부
	  − 신분 : 소방청 : 국가직 / 시·도 : 지방직	

국가소방공무원
(2020.4.1.)
	• 2020.4.1. 소방공무원 국가직 전환
	• 2019.11.19. 소방공무원법 개정안 통과
	  − 기구 : 1 관 2 국 15 과, 3 소속기관, 18개 시·도소방본부
	  − 신분 : 국가직	

참고 민간 소방조직 변천과정 : 소방조(1910) → 수방단(1935) → 경방단 통합(1939.7.3.) → 소방대(1947) → 방공단(1952.8.) → 청원소방원 제도(1983.1.1.)

3 소방행정체제의 기능 및 책임 ★★

학습 나침반

공공소방조직		민간소방조직
중앙(국가)소방행정조직	지방소방행정조직	
〈직접적 행정조직〉 • 소방청 • 중앙소방학교 • 중앙119구조본부 • 국립소방연구원 • 국립소방병원(예정) 〈간접적 행정조직〉 • 한국소방안전원 • 한국소방산업기술원 • 소방산업공제조합 • 대한소방공제회	• 소방본부 • 소방서 • 119안전센터 • 구조대, 구급대 • 소방정대, 소방항공대 • 지방소방학교(8개) • 서울종합방재센터 • 소방체험관 • 의무소방대	• 의용소방대 • 자위소방대, 소방안전관리자 등) • 자체소방대, 위험물안전관리자, 탱크성능시험자 등 • 소방관련 업체등 • 위험물안전관리대행기관 • 안전원, 기술원 등 • 소방관련 협회 등

01 중앙소방행정조직

(1) 소방청

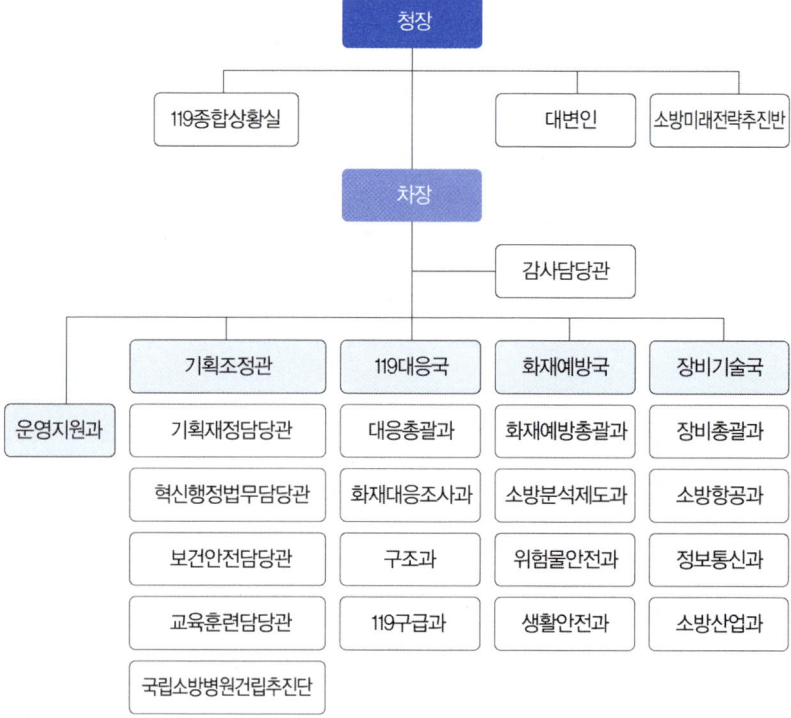

〈소속기관〉 중앙소방학교, 중앙 119구조본부, 국립소방연구원

① 재난관리 시스템의 필요성으로 인해, 재난 관련 업무를 전담하기 위해 설립된 중앙행정기관이다. 국민이 안심하고 신뢰할 수 있는 국가 재난관리 정보시스템의 구축과, 재난 방지를 위한 환경 조성, 국민의 안전 의식 함양을 목적으로 한다.
② 소방청에 청장 1명(소방총감), 차장 1명(소방정감)을 둔다.
③ 소속기관 : 중앙소방학교, 중앙119구조본부, 국립소방연구원

(2) 중앙소방학교
① 교장 1명(소방감)을 둔다.
② 소방공무원, 소방간부후보생, 의무소방원 및 소방관서에서 근무하는 사회복무요원의 교육훈련에 관한 사항
③ 학생, 의용소방대원, 민간자원봉사자 등에 대한 소방안전체험교육 등 대국민 안전교육훈련에 관한 사항

(3) 중앙119구조본부
① 본부장 1명(소방감)을 둔다.
② 각종 대형·특수재난사고의 구조·현장지휘 및 지원
③ 재난유형별 구조기술의 연구·보급 및 구조대원의 교육훈련(긴급구조기관과 긴급구조지원기관 및 외국의 긴급구조기관으로부터 요청을 받은 인명구조훈련을 포함)
④ 특별시장·광역시장·특별자치시장·도지사 및 특별자치도지사의 요청 시 중앙119구조본부장이 필요하다고 판단하는 재난사고의 구조 및 지원
⑤ 위성중계차량 운영에 관한 사항 등

(4) 국립소방연구원

기관	개념 및 업무
국립소방연구원	• 원장 1명(임기제 공무원) • 소방정책의 연구와 소방안전기술의 연구·개발 및 보급에 관한 사항 • 화재원인 및 위험성 화학물질에 대한 과학적 조사·연구·분석 및 감정에 관한 사항 • 화재진압·구조·구급 등 재난 대응기술 연구·개발 및 실용화 지원에 관한 사항 • 소방공무원의 소방활동재해 방지 및 보건안전·복지 증진에 관한 사항 등 • 화재에 대한 과학적 조사·감식·감정, 위험물 판정·시험
한국소방안전원	• 소방기술과 안전관리기술의 향상 및 홍보, 그 밖에 교육·훈련 등 행정기관이 위탁하는 업무의 수행과 소방 관계 종사자의 기술 향상 • 소방기술과 안전관리에 관한 교육 및 조사·연구 • 소방기술과 안전관리에 관한 각종 간행물 발간 • 화재 예방과 안전관리의식 고취를 위한 대국민 홍보 • 소방업무에 관하여 행정기관이 위탁하는 업무 • 소방안전에 관한 국제협력 등

> **개념 CHECK**
> 7. 소방행정체제에서 간접적 행정조직에는 소방체험관, 한국소방안전원, 한국소방산업기술원 등이 있다. ( )
> 8. 소방청의 소속기관에는 중앙소방학교, 중앙119구조본부, 국립소방연구원 등이 있다. ( )
>
> 7× 8○

화재소방산업 기술원	• 소방산업의 진흥·발전을 효율적으로 지원 • 소방산업의 육성과 소방산업 기술진흥을 위한 정책·제도의 조사·연구 • 소방산업 발전을 위한 소방장비 보급의 확대와 마케팅 지원 • 소방장비의 품질 확보, 품질 인증 및 신기술·신제품에 관한 인증 업무 • 소방용 기계·기구, 소방시설 및 위험물 안전에 관한 조사·연구·기술개발 및 지원 • 소방산업의 발전을 위한 국제협력 및 해외진출의 지원 등
대한소방 공제회	• 소방공무원에 대한 효율적인 공제제도를 확립·운영하고, 직무수행 중 사망하거나 상이(傷痍)[2]를 입은 사람에 대한 지원사업을 함으로써 이들의 생활 안정과 복지 증진에 이바지
소방산업 공제조합	• 상호협동과 자율적인 경제활동을 도모하고 소방산업의 건전한 발전을 위하여 소방청장의 인가를 받아 각종 자금대여와 보증 등(소방사업자 설립)

[2] 상이(傷痍): 부상을 당하는 것

02 지방소방행정조직 18 간부

(1) 소방본부
① 시·도에서 소방업무를 수행하기 위하여 시·도지사 직속으로 소방본부를 둔다(소방기본법).
② 소방본부장은 특별시·광역시·특별자치시·도 또는 특별자치도(이하 "시·도")에서 화재의 예방·경계·진압·조사 및 구조·구급 등의 업무를 담당하는 부서의 장을 말한다.
③ 소방업무를 수행하는 소방본부장 또는 소방서장은 그 소재지를 관할하는 시·도지사의 지휘와 감독을 받는다.

(2) 소방서
시·도는 그 관할 구역의 소방업무를 담당하게 하기 위하여 해당 시·도의 조례로 정하는 바에 따라 소방서를 설치한다.

(3) 지방소방학교
① 특별시·광역시 또는 도는 그 관할 구역 소방공무원의 교육·훈련하기 위해 설치한다.
② 교장 1명을 둔다.
③ 전국 총 8개소(서울, 경기, 인천, 광주, 강원, 충청, 강북, 경북, 부산)

(4) 의무소방대: 소방업무의 보조를 위하여 의무소방원이 배치된 소방기관

(5) 소방박물관과 소방체험관 등

개념 CHECK
9. 시·도에서 소방업무를 수행하기 위하여 시·도지사 직속으로 소방본부를 둔다. ( )

03 민간 소방조직 18하 공채 / 18, 19, 21 간부

(1) 의용소방대

① 의용소방대의 설치 등
  ㉠ 특별시장·광역시장·특별자치시장·도지사·특별자치도지사(이하 "시·도지사") 또는 소방서장은 재난현장에서 화재진압, 구조·구급 등의 활동과 화재예방활동에 관한 업무(이하 "소방업무")를 보조하기 위하여 의용소방대를 설치할 수 있다.
  ㉡ 의용소방대는 특별시·광역시·특별자치시·도·특별자치도(이하 "시·도"), 시·읍 또는 면에 둔다.
  ㉢ 시·도지사 또는 소방서장은 필요한 경우 관할 구역을 따로 정하여 그 지역에 의용소방대를 설치할 수 있다.

② 의용소방대의 임명 등 : 시·도지사 또는 소방서장은 그 지역에 거주 또는 상주하는 주민 가운데 희망하는 사람을 의용소방대원으로 임명한다.

③ 의용소방대의 해임 : 시·도지사 또는 소방서장

④ 의용소방대원의 정년은 65세로 한다.

⑤ 조직
  ㉠ 대장 및 부대장은 의용소방대원 중 관할 소방서장의 추천에 따라 시·도지사가 임명한다.
  ㉡ 그 밖에 의용소방대의 조직 등에 필요한 사항은 행정안전부령으로 정한다.

⑥ 임무
  ㉠ 화재의 경계와 진압업무, 구조·구급 업무의 보조
  ㉡ 화재 등 재난 발생 시 대피 및 구호업무의 보조
  ㉢ 화재예방업무의 보조 등

⑦ 근무
  ㉠ 의용소방대원은 비상근으로 한다.
  ㉡ 소방본부장 또는 소방서장은 소방업무를 보조하게 하기 위하여 필요한 때에는 의용소방대원을 소집할 수 있다.

⑧ 재난현장 출동 등 : 의용소방대원은 소집명령에 따라 화재, 구조·구급 등 재난현장에 출동하여 소방본부장 또는 소방서장의 지휘와 감독을 받아 소방업무를 보조한다.

⑨ 경비 및 재해보상 등
  ㉠ 의용소방대의 운영과 활동 등에 필요한 경비는 해당 시·도지사가 부담한다.
  ㉡ 시·도지사는 의용소방대원이 임무를 수행하는 때에는 예산의 범위에서 수당을 지급할 수 있다.
  ㉢ 시장·군수·구청장(자치구의 구청장)은 관할 구역에서 의용소방대원이 임무를 수행하는 경우 그 임무 수행에 필요한 비용의 전부 또는 일부를 지원할 수 있다.

개념 CHECK

10. 시·도지사 또는 소방청장은 재난현장에서 화재진압, 구조·구급 등의 활동과 화재예방활동에 관한 업무를 보조하기 위하여 의용소방대를 설치할 수 있다. (　)

11. 시·도지사 또는 소방서장은 그 지역에 거주 또는 상주하는 주민 가운데 희망하는 사람을 의용소방대원으로 임명한다. (　)

12. 의용소방대원은 비상근으로 한다. (　)

10 × 11 ○ 12 ○

ⓔ 소방본부장 또는 소방서장은 의용소방대 및 의용소방대원별로 활동실적을 평가·관리하고, 이를 토대로 성과중심의 포상 등을 실시할 수 있다.
ⓜ 시·도지사는 의용소방대원이 임무의 수행 또는 교육·훈련으로 인하여 질병에 걸리거나 부상을 입거나 사망한 때에는 행정안전부령으로 정하는 범위에서 시·도의 조례로 정하는 바에 따라 보상금을 지급하여야 한다.

(2) 소방안전관리자 및 위험물안전관리자 ★

구분	소방안전관리자	위험물안전관리자
대상	소방안전관리대상물	• 제조소등 마다 • 제외 : 무허가, 이동탱크저장소 제외
관계인 역할	소방안전관리자 및 소방안전관리보조자 선임	• 위험물안전관리자 선임 • 대리자 지정 및 직무대행(30일간)
선임신고	선임 날부터 14일 이내 소방본부장 또는 소방서장에게 신고	좌동
해임신고	소방본부장이나 소방서장에 사실 알림	좌동
재선임	해고한 날부터 30일 이내	해임·퇴직한 날부터 30일 이내
처벌	• 미선임 : 300만 벌금	• 미선임 : 1,500만 벌금 • 대리자 미지정 : 1,500만 벌금
자격	• 교육이수 + 해당 자격증 취득	• 모든 위험물 : 기능장, 산업기사, 기능사 • 제4류 위험물 : 교육이수자, 3년 경력 소방관
업무	• 소방계획서 작성 및 시행 • 자위소방대 및 초기대응체계의 구성·운영·교육 • 소방훈련 및 교육 • 소방시설이나 그 밖의 소방 관련시설, 피난시설, 방화구획 등 유지관리 등	• 취급작업이 기준에 적합하도록 지시 및 감독 • 재난 발생시 응급조치, 연락업무 • 위험물의 취급에 관한 일지의 작성·기록 • 응급조치에 관하여 인접제조소 관계자와 협조

(3) 자체소방대 ★

다량의 위험물을 저장·취급하는 제조소등의 관계인은 사업소에 자체소방대를 설치

사업소 구분(제4류 위험물 최대수량의 합)		화학자동차	소방대원
제조소, 일반취급소	지정수량의 3천배 이상 12만배 미만	1대	5인
	지정수량의 12만배 이상 24만배 미만	2대	10인
	지정수량의 24만배 이상 48만배 미만	3대	15인
	지정수량의 48만배 이상	4대	20인
옥외탱크저장소	지정수량의 50만배 이상	2대	10인

> **개념 CHECK**
>
> 13. 관계인은 위험물안전관리자를 해임 또는 퇴직한 경우 해당 날부터 30일 이내에 안전관리자를 선임하여야 한다. ( )
> 14. 지정수량의 24만배 이상의 제4류 위험물을 저장·취급하는 제조소는 화학소방자동차 3대, 자체소방대원 15인을 자체소방대로 설치해야 한다. ( )
>
> 13 ○ 14 ○

(4) 소방시설 설계·시공·감리·점검
① **소방시설설계업** : 소방시설공사에 기본이 되는 공사계획, 설계도면, 설계 설명서, 기술계산서 및 이와 관련된 서류(설계도서)를 작성(설계)하는 영업
② **소방시설공사업** : 설계도서에 따라 소방시설을 신설, 증설, 개설, 이전 및 정비(시공)하는 영업
③ **방염처리업** : 방염대상물품에 대하여 방염처리(방염)하는 영업
④ **소방공사감리업** : 소방시설공사에 관한 발주자의 권한을 대행하여 소방시설공사가 설계도서와 관계 법령에 따라 적법하게 시공되는지를 확인하고, 품질·시공 관리에 대한 기술지도를 하는(감리[3]) 영업
⑤ **소방시설관리업** : 소방안전관리 업무의 대행 또는 소방시설등의 점검 및 유지·관리의 업을 하려는 자는 시·도지사에게 소방시설관리업(관리업)의 등록을 하여야 한다.

[3] 감리원
소방공사감리업자에 소속된 소방기술자로서 해당 소방시설공사를 감리하는 사람

4 소방자원관리(인적·물적·재정적 자원관리 개요) ★

01 소방의 인적 자원관리 20 공채 / 18, 22 간부

(1) **소방공무원의 신분** ★★
① 소방공무원은 경력직 중 특정직 공무원이다.
② **경력직 공무원** : 실적과 자격에 따라 임용되고 그 신분이 보장되며 평생 동안(근무기간 동안) 공무원으로 근무할 것이 예정되는 공무원이다.

> 「국가공무원법」 제2조(공무원의 구분)
> ① 국가공무원(이하 "공무원"이라 한다)은 경력직 공무원과 특수경력직 공무원으로 구분한다.
> ② "경력직 공무원"이란 실적과 자격에 따라 임용되고 그 신분이 보장되며 평생 동안(근무기간을 정하여 임용하는 공무원의 경우에는 그 기간 동안을 말한다) 공무원으로 근무할 것이 예정되는 공무원을 말하며, 그 종류는 다음 각 호와 같다.
>   1. 일반직 공무원 : 기술·연구 또는 행정 일반에 대한 업무를 담당하는 공무원
>   2. 특정직 공무원 : 법관, 검사, 외무공무원, 경찰공무원, 소방공무원, 교육공무원, 군인, 군무원, 헌법재판소 헌법연구관, 국가정보원의 직원, 경호공무원과 특수 분야의 업무를 담당하는 공무원으로서 다른 법률에서 특정직 공무원으로 지정하는 공무원

심화 이론 | 공직의 분류

분류		내용
경력직 공무원	개념	실적과 자격에 따라 임용되고 그 신분이 보장되며, 평생(근무기간 동안) 공무원으로 근무할 것이 예정되는 공무원
	일반직 공무원	기술·연구 또는 행정 일반에 대한 업무를 담당하는 공무원
	특정직 공무원	법관, 검사, 외무공무원, 경찰공무원, 소방공무원, 교육공무원, 군인, 군무원, 헌법재판소 헌법연구관, 국가정보원의 직원, 경호공무원과 특수 분야의 업무를 담당하는 공무원으로서 다른 법률에서 특정직 공무원으로 지정하는 공무원
특수 경력직 공무원	개념	경력직 공무원 외의 공무원
	정무직 공무원	• 선거로 취임하거나 임명할 때 국회의 동의가 필요한 공무원 • 고도의 정책결정 업무를 담당하거나 이러한 업무를 보조하는 공무원으로서 법률이나 대통령령(대통령비서실 및 국가안보실의 조직에 관한 대통령령만 해당)에서 정무직으로 지정하는 공무원
	별정직 공무원	비서관·비서 등 보좌업무 등을 수행하거나 특정한 업무 수행을 위하여 법령에서 별정직으로 지정하는 공무원

(2) 용어의 정의

용어	정의
직위	1명의 공무원에게 부여할 수 있는 직무와 책임
임명	특정인에게 공무원 신분 부여
임용	• 특정인에게 일정한 공무원 직위 부여 • 신규채용, 승진, 전보, 파견, 강임, 휴직, 복직 / **직위해제, 면직**, 정직, 강등, 해임, 파면 참고 직위해제 : 파면·해임·강등 또는 정직에 해당하는 징계 의결이 요구 중인 자 (공무원법)
강임	동종의 직무 내에서 **하위의 직위에 임명**
전보	소방공무원의 같은 계급 및 자격 내에서의 근무기관이나 부서를 달리하는 임용
복직	휴직·직위해제 또는 정직(강등에 따른 정직 포함) 중에 있는 소방공무원을 직위에 복귀
전직	직렬을 달리하는 임명
직렬	직무 종류가 유사하고 그 책임과 곤란성의 정도가 서로 다른 직급의 군
면직	공무원 관계 소멸

개념 CHECK

15. 소방공무원은 경력직 중 특정직 공무원이다. ( )
16. 소방공무원의 같은 계급 및 자격 내에서의 근무기관이나 부서를 달리하는 임용을 강임이라고 한다. ( )

15 ○ 16 ×

(3) 계급의 구분

계급	계급장[4]	직위 등	승진최저 근무연수	근속승진
소방사시보		• 소방사 임용 전 견습 계급 • 기간 6개월 (정식 공무원 아님)		
소방사		• 소방대원 • 센터서무 등	1	4
소방교		소방서 반장 등	1	5
소방장		소방서 부장 등	1	6.6 (6년 6월)
소방위		• 119안전센터 팀장 • 소방서 주임 등	1	8
소방경		• 119안전센터 센터장 • 소방서 계장 등	2	계급정년
소방령		소방서 과장 등	2	14
소방정		지방소방학교장 등 총 400명 내외	3	11
소방준감		• 소방청대변인 • 119종합상황실장 • 각 시·도본부장 등 총 40명		6
소방감		• 소방청 기획조정관 • 119구조구급국장 • 중앙소방학교장 등 총 12명		4
소방정감		• 소방청 차장 • 서울소방재난본부장 • 경기도소방재난본부장 • 부산소방재난본부장		
소방총감		소방청장		

4) 계급장의 구분

	육각수(육각수 모양 밑에 방수되는 관창 및 호스 형태)
	육각수에 태극모양(태극문양 1개, 육각수 6개)
	태극 육각수(육각수 5개가 모인 형태)

🔥암기

계급의 구분 : 사교장(에서) 위경련(이) 정준(이는) 감(?) 정초(에 있었던 일)

(4) 소방공무원 인사위원회

① 소방공무원의 인사에 관한 중요사항에 대하여 소방청장의 자문에 응하게 하기 위하여 소방청에 소방공무원인사위원회(이하 "인사위원회")를 둔다. 다만, 시·도지사가 임용권을 행사하는 경우에는 시·도에 인사위원회를 둔다.
② 위원장을 포함한 5명 이상 7명 이하의 위원으로 구성
③ 소방청에 설치된 인사위원회의 위원장은 소방청차장이, 시·도에 설치된 인사위원회의 위원장은 지방자치단체의 부단체장(행정부시장·행정부지사)이 되고, 위원은 인사위원회가 설치된 기관의 장이 소속 소방정 이상의 소방공무원 중에서 임명한다.
④ 인사위원회의 기능
  ㉠ 소방공무원의 인사행정에 관한 방침과 기준 및 기본계획
  ㉡ 소방공무원의 인사에 관한 법령의 제정·개정 또는 폐지에 관한 사항
  ㉢ 그 밖에 소방청장과 시·도지사가 해당 인사위원회의 회의에 부치는 사항

(5) 임용권자 ★

① 소방령 이상의 소방공무원은 소방청장의 제청으로 국무총리를 거쳐 대통령이 임용한다. 다만, 소방총감은 대통령이 임명하고, 소방령 이상 소방준감 이하의 소방공무원에 대한 전보, 휴직, 직위해제, 강등, 정직 및 복직은 소방청장이 한다.
② 소방경 이하의 소방공무원은 소방청장이 임용한다.
③ 대통령은 ①에 따른 임용권의 일부를 대통령령으로 정하는 바에 따라 소방청장 또는 시·도지사에게 위임할 수 있다.
④ 소방청장은 ① 및 ②에 따른 임용권의 일부를 대통령령으로 정하는 바에 따라 시·도지사 및 소방청 소속기관의 장에게 위임할 수 있다.
⑤ 시·도지사는 ③ 및 ④에 따라 위임받은 임용권의 일부를 대통령령으로 정하는 바에 따라 그 소속기관의 장에게 다시 위임할 수 있다.
⑥ 임용권자(임용권을 위임받은 사람을 포함)는 대통령령으로 정하는 바에 따라 소속 소방공무원의 인사기록을 작성·보관하여야 한다.

(6) 시보임용

① 소방공무원을 신규채용할 때 소방장 이하는 6개월간 시보로 임용하고, 소방위 이상은 1년간 시보로 임용하며, 그 기간이 만료된 다음 날에 정규 소방공무원으로 임용한다. 다만, 대통령령으로 정하는 경우 시보임용을 면제하거나 그 기간을 단축할 수 있다.
② 휴직기간, 직위해제기간 및 징계에 의한 정직처분 또는 감봉처분을 받은 기간은 시보임용 기간에 포함하지 아니한다.
③ 소방공무원으로 임용되기 전에 그 임용과 관련하여 소방공무원 교육훈련기관에서 교육훈련을 받은 기간은 시보임용 기간에 포함한다.
④ 시보임용 기간 중에 있는 소방공무원이 근무성적 또는 교육훈련성적이 불량할 때에는 면직시키거나 면직을 제청할 수 있다.

(7) 근속승진
① 소방사 → 소방교 : 4년 이상 근속자
② 소방교 → 소방장 : 5년 이상 근속자
③ 소방장 → 소방위 : 6년 6월 이상 근속자
④ 소방위 → 소방경 : 8년 이상 근속자

(8) 정년
① 연령정년 : 60세
② 계급정년 : 소방령은 14년, 소방정은 11년, 소방준감은 6년, 소방감은 4년

(9) 징계위원회
① 소방준감 이상의 소방공무원에 대한 징계의결은 「국가공무원법」에 따라 국무총리 소속으로 설치된 징계위원회에서 한다.
② 소방정 이하의 소방공무원에 대한 징계의결을 하기 위하여 소방청 및 대통령령으로 정하는 소방기관에 소방공무원 징계위원회를 둔다.
  ㉠ 소방청 소속 소방정 이하의 소방공무원
  ㉡ 소방청 소속기관의 소방정 또는 소방령인 소방공무원. 다만, 국립소방연구원의 경우 소방정인 소방공무원
  ㉢ 소방정인 지방소방학교장
③ 시·도지사가 임용권을 행사하는 소방공무원에 대한 징계의결을 하기 위하여 시·도 및 대통령령으로 정하는 소방기관에 징계위원회를 둔다.
④ 소방공무원 징계위원회의 구성·관할·운영, 징계의결의 요구 절차, 징계대상자의 진술권, 그 밖에 필요한 사항은 대통령령으로 정한다.

(10) 징계절차
① 소방공무원의 징계는 관할 징계위원회의 의결을 거쳐 그 징계위원회가 설치된 기관의 장이 하되, 「국가공무원법」에 따라 국무총리 소속으로 설치된 징계위원회에서 의결한 징계는 소방청장이 한다. 다만, 파면과 해임은 관할 징계위원회의 의결을 거쳐 그 소방공무원의 임용권자(임용권을 위임받은 사람은 제외)가 한다.
② 시·도지사가 임용권을 행사하는 소방공무원의 징계는 관할 징계위원회의 의결을 거쳐 임용권자가 한다. 다만, 시·도 소속 소방기관에 설치된 소방공무원 징계위원회에서 의결한 정직·감봉 및 견책은 그 징계위원회가 설치된 기관의 장이 한다.

개념 CHECK

20. 근속승진의 기간은 소방장에서 소방위가 되는 경우 6년 6월 이상 근속자가 대상이 된다. ( )

21. 소방공무원 징계위원회의 구성·관할·운영, 징계의결의 요구 절차, 징계 대상자의 진술권, 그 밖에 필요한 사항은 대통령령으로 정한다. ( )

22. 소방공무원 징계에는 경징계와 중징계가 있고, 경징계에는 견책 또는 감봉이 있다. ( )

20 ○ 21 ○ 22 ○

이중희 소방공무원

불꽃암기
징계 구분: 견감 정강해(씨) 파면

(11) 소방공무원 징계

① 경징계 : 견책 또는 감봉
② 중징계 : 정직, 강등, 해임 또는 파면
③ 징계 비교표

징계	구분	종류	직급 및 신분	임용 등	보수(금액)
경징계	교정 징계	견책	훈계·회개하고, 인사기록 기재	승진제한 : 6월	-
		감봉	직급 유지, 직무유지	승진제한 : 12월	1/3 삭감(1~3월)
중징계		정직	직급 유지, 직무불가 (1~3월)	승진제한 : 18월	전액 삭감
		강등	직급 강등(1단계), 직무불가(3월)	승진제한 : 18월	전액 삭감
	배제 징계	해임	신분 상실	임용제한(3년)	-
		파면	신분 상실	임용제한(5년)	퇴직급여 1/2 삭감

요약 정리 | 계급 관련 승진과 임용

구분(소방)	사	교	장	위	경	령	정	준감	감	정감	총감
근속(년)	1	1	1	1	2	2	3				
계급정년						14	11	6	4		
근속승진	4	5	6.6	8							
시보기간	6개월			1년							
임용권자	소방청장 임용			• 대통령 : 소방청장 제청 → 국무총리 거쳐 • 소방청장 : 소방령~소방준감 → 복직 정전 휴강						대통령 (임명)	
청, 소속기관 (임용권 위임) 심화				• 대통령 → 소방청장 - 소방정 및 소방령 - 소방정(지방학교장)							
	• 소방청장 → 중앙소방학교장 - 학교소속 소방령(복직 정전 휴), 소방경 이하 • 소방청장 → 중앙119구조본부장 구조본부소속 소방령(복직 정전 휴), 소방경 이하 • 중앙119구조본부장 → 119특수구조대장 구조대 소속 소방경 이하(전보)									공무원 정년 60세	

시·도소속 (임용권 위임) **심화**	• 소방청장 → 시·도지사 위임 - 소방경 이하 임용권	• 대통령 → 시·도지사 위임 - 영 이상(소방본부장, 지방학교장 제외)
		• 소방청장 → 시·도지사 위임 - 영~준감(소방본부장, 지방학교장 제외) → 복직 정전 휴강 - 소방정(지방소방학교장) → 휴직 정복
	• 시·도지사 → 지방소방학교장, 서울종합방재센터장, 소방서장 지방소방학교, 서울종합방재센터, 소방서 소속 - 소방경 이하(서울, 경기는 소방령 이하)[전보권] - 소방위 이하(→ 휴직 정복)	*용어 휴직, 전보, 정직, 복직, 직위해제, 강등

참고 근속승진 : 해당 계급에서 근속자 승진

02 물적 소방자원 관리 19 간부

(1) 소방용수시설
시·도지사는 소방활동에 필요한 소화전, 급수탑, 저주소(소방용수시설)를 설치하고, 유지·관리하여야 한다(소방기본법 제10조 참조).

(2) 소방장비(소방장비관리법)
① 화재진압장비 : 화재진압활동에 사용되는 장비

구분	품목
소화용수장비	소방호스류, 결합금속구, 소방관창류 등
간이소화장비	소화기, 휴대용 소화장비 등
소화보조장비	소방용 사다리, 소화 보조기구, 소방용 펌프 등
배연장비	이동식 송·배풍기 등
소화약제	분말 소화약제, 액체형 소화약제, 기체형 소화약제 등
원격장비	소방용 원격장비 등

② 구조장비 : 구조활동에 사용되는 장비

구분	품목
일반 구조장비	개방장비, 조명기구, 총포류 등
산악 구조장비	등하강 및 확보장비, 산악용 안전벨트, 고리 등
수난 구조장비	급류 구조장비 세트, 잠수장비 등
화생방 및 대테러 구조장비	경계구역 설정라인, 제독·소독장비, 누출물 수거장비 등

개념 CHECK

23. 시·도지사는 소방활동에 필요한 소화전, 급수탑, 저주소(소방용수시설)를 설치하고, 유지·관리하여야 한다(「소방기본법」제10조). ( )

절단 구조장비	절단기, 톱, 드릴 등
중량물 작업장비	중량물 유압장비, 휴대용 윈치[5], 다목적 구조 삼각대 등
탐색 구조장비	적외선 야간 투시경, 매몰자 탐지기, 영상송수신장비 세트 등
파괴장비	도끼, 방화문 파괴기, 해머 드릴 등

> 5) 윈치(winch)
> 밧줄이나 쇠사슬로 무거운 물건을 들어 올리거나 내리는 장비를 말한다.

③ 구급장비 : 구급활동에 사용되는 장비

구분	품목
환자평가장비	신체검진기구 등
응급처치장비	기도확보유지기구, 호흡유지기구, 심장박동회복기구 등
환자이송장비	환자운반기구 등
구급의약품	의약품, 소독제 등
감염방지장비	감염방지기구, 장비소독기구 등
활동보조장비	기록장비, 대원보호장비, 일반보조장비 등
재난대응장비	환자분류표 등
교육실습장비	구급대원 교육실습장비 등

④ 보호장비 : 소방현장에서 소방대원의 신체를 보호하는 장비

구분	품목
호흡장비	공기호흡기, 공기공급기, 마스크류 등
보호장구	방화복, 안전모, 보호장갑, 안전화, 방화두건 등
안전장구	인명구조 경보기, 대원 위치추적장치, 대원 탈출장비 등

> 「소방기본법」 제9조(소방장비 등에 대한 국고보조)
> ① 국가는 소방장비의 구입 등 시·도의 소방업무에 필요한 경비의 **일부를 보조**한다.
> ② 제1항에 따른 **보조 대상사업의 범위와 기준보조율**은 대통령령으로 정한다.
>
> 「소방기본법 시행령」 제2조(국고보조 대상사업의 범위와 기준보조율)
> ① 법 제9조 제2항에 따른 **국고보조 대상사업의 범위**는 다음 각 호와 같다.
>   1. 다음 각 목의 소방활동장비와 설비의 구입 및 설치
>   가. **소방자동차**
>   나. **소방헬리콥터 및 소방정**
>   다. **소방전용통신설비 및 전산설비**
>   라. 그 밖에 **방화복 등** 소방활동에 필요한 소방장비
>   2. 소방관서용 **청사**의 건축(「건축법」 제2조 제1항 제8호에 따른 건축을 말한다)

(3) 재정적 자원관리

소방예산은 광역자치단체의 일반재정으로 편성된 소방예산과 중앙정부의 소방업무 관련 예산 및 지방정부에 이전하는 소방관련 재정을 모두 포함하여 편성한다.

> **심화 이론 | 소방재정지원 및 시·도소방특별회계의 설치**
>
> 「소방재정지원 및 시·도 소방특별회계 설치법」
> 1. 설치 및 운용(제3조)
>   ① 소속 소방공무원의 인건비를 충당하고, 소방사무를 안정적으로 수행하기 위하여 시·도 소방특별 회계를 설치·운용함
>   ② 소방특별회계에 관한 사무는 해당 시·도 소방본부장이 담당함
> 2. 계정의 구분(제4조)
>   인건비계정, 소방정책사업비계정으로 구분함
> 3. 인건비계정의 세입과 세출(제5조)
>   ① 인건비계정의 세입 : 소방안전교부세, 전입금, 지역자원시설세 등
>   ② 인건비계정의 세출 : 소방공무원의 인건비로 함
> 4. 소방정책사업비계정의 세입과 세출(제6조)
>   ① 소방정책사업비계정의 세입 : 소방안전교부세(인건비계정의 세입을 제외한 금액에서 소방분야에 해당하는 금액), 전입금, 지역자원시설세, 소방사무 관련 국고보조금과 다른 특별회계 및 기금으로부터의 전입금, 소방사무 관련 법령 및 조례 위반자로부터 징수한 과태료, 과징금 및 이행강제금, 소방사무 관련 법령 및 조례 이행에 따른 각종 수수료 수입, 그 밖의 수입금 등
>   ② 소방정책사업비계정의 세출 : 소방사무 수행에 필요한 경비, 소방시설 확충에 필요한 경비, 그 밖에 소방특별회계의 설치 목적에 부합하여 시·도지사가 필요하다고 인정하는 사업 관련 경비

소방학개론 — 소방조직론 복습만이 살길이다!!!

▶ 다시보자 복습 문제 01

01. '특정사안에 대한 결정에 있어 의사결정과정에서는 개인의 의견이 참여되지만, 결정을 내리는 것은 개인이 아니라 그 소속기관의 장이다.'의 의미는 계층제의 원리를 설명하는 것이다.

02. 1915년에 우리나라 최초 소방본부인 경성소방서를 설치하였다.

03. 대한민국 정부 수립 이후인 1948년 「소방법」이 제정, 공포되었다.

04. 내무부 치안국 소방과(1948~1975) – 내무부 소방국(1975~1992) – 소방방재청(2004.6.1.) – 국민안전처 중앙소방본부(2014.11.19.) – 소방청(2017.7.26.)

05. 소방공무원의 계급 구분이 순서대로 본다면 '소방총감 – 소방정감 – 소방감 – 소방준감 – 소방정' 순이다.

06. 소방령 이상 소방공무원을 임명할 수 있는 사람과 그를 제청할수 있는 사람, 소방준감 이하의 전보·휴직·강등·정직·복직·직위해제를 행할 수 있는 사람의 순서대로 한다면 대통령 – 소방청장 – 소방청장이다.

07. 중징계에는 정직, 강임, 해면, 파면 등이 있다.

08. 소방공무원은 공무원 분류상 경력직 공무원 중 특수경력직 공무원에 해당한다.

09. 임용에는 신규채용·승진·전보·파견·강임·휴직·직위해제·정직·강등·복직·면직·해임 및 파면을 말한다.

10. 우리나라 소방의 변천 과정에 대한 설명으로 옳지 않은 것은?
① 고려 시대 : 소방을 소재(消災)라 하였고, 우리나라 소방행정의 근원이라 볼 수 있는 금화원 제도를 시행하였다.
② 조선 시대 : 5가를 1통으로 묶어 우물을 파고 물통을 준비하도록 하는 5가 작통제를 시행하였다. 아울러 세종 8년(1426년) 2월에 금화도감을 설치하였고, 6월에는 수성금화도감으로 개편하였다.
③ 일제 강점기 : 1925년 최초의 소방서인 경성소방서가 설치되었다. 이후 1938년 부산 및 평양에 소방서가 개소되었으며, 1944년 용산·인천·함흥에 소방서가 증설되었다.
④ 미군정 시대 : 1946년 소방부 및 소방위원회를 설치하고, 소방조직 및 업무를 경찰로부터 독립하여 자치소방 체제로 전환하였다. 1947년 중앙소방위원회의 집행기구로 소방청이 설치되었다.

11. 소방 조직의 설치가 시기순으로 옳게 나열된 것은?
① 내무부 소방과 – 내무부 소방국 – 도 소방위원회 – 시·도 소방본부
② 도 소방위원회 – 내무부 소방국 – 시·도 소방본부 – 소방방재청
③ 중앙소방위원회 – 내무부 소방국 – 도 소방위원회 – 소방방재청
④ 내무부 소방국 – 중앙소방위원회 – 소방방재청 – 소방청
[풀이] 도 소방위원회((1946~1948) : 지방소방청) – 내무부 소방국(1975.8.) – 시·도 소방본부(1992.4.) – 소방방재청(2004.6.1. 이후)

🔒 1 ×(계선) 2 ×(1925) 3 ×(1958) 4 ○ 5 ○ 6 ○ 7 ×(강등) 8 ×(특정직) 9 ○ 10 ③(44년 → 45년) 11 ②

02 소방기능

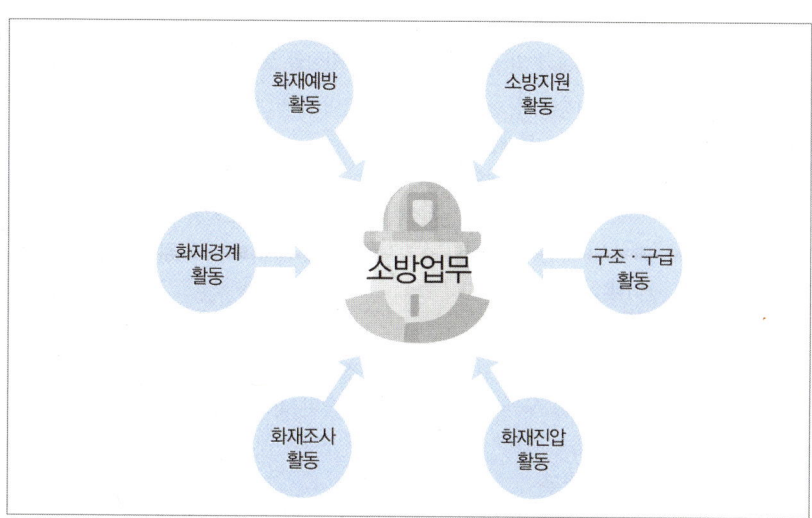

1 화재의 예방·경계·진압·조사활동

01 화재의 예방조치 등[1]

구분	내용
대상	• 누구든지
장소	• 화재예방강화지구, 제조소등, 저장소(고압가스), LPG 저장소·판매소, 수소 연료공급시설 및 사용시설, 화약류 저장 장소
금지행위	• 모닥불, 흡연 등 화기 취급 • 위험물 방치 행위 • 용접·용단 등 불꽃 발생 행위 • 풍등 등 소형열기구 날리기 불꽃암기 모방용품(풍) : 행위 300만 과
예외	• 흡연실 등 법령에 따라 지정된 장소에서 화기 등을 취급하는 경우 • 소화기 등 소방시설을 비치 또는 설치한 장소에서 화기 등을 취급하는 경우 • 화재감시자 등 안전요원이 배치된 장소에서 화기 등을 취급하는 경우 • 소방관서장과 사전 협의하여 안전조치를 한 경우
사전 협의	• 소방관서장과 사전 협의 사항 – 화재예방 안전조치 협의 신청서 작성 : 소방관서장 제출 → 적절성 검토 : 5일 이내에 협의 결과 통보서를 협의를 신청한 자에게 통보

[1] 「화재의 예방 및 안전관리에 관한 법률」 제17조

2) 「화재의 예방 및 안전관리에 관한 법률」 제18조

02 화재예방강화지구의 지정 등[2]

구분	기준
지정	• 시·도지사 • 소방청장은 해당 시·도지사에게 해당 지역의 화재예방강화지구 지정을 요청가능
대상	• 물류단지, 산업단지, 시장지역, 석유화학제품을 생산하는 공장이 있는 지역 • 목조건물, 공장·창고, 노후·불량건축물, 위험물의 저장 및 처리 시설이 밀집한 지역 • 소방시설·소방용수시설 또는 소방출동로가 없는 지역 • 소방관서장이 화재예방강화지구로 지정할 필요가 있다고 인정하는 지역
안전조사	• 소방관서장은 화재예방강화지구 안의 소방대상물의 위치·구조 및 설비 등에 대하여 **화재안전조사** • 소방관서장은 화재안전조사를 한 결과 화재의 예방강화를 위하여 필요하다고 인정할 때에는 관계인에게 소화기구, 소방용수시설 또는 그 밖에 소방에 필요한 설비("소방설비등")의 설치(보수, 보강을 포함)를 명령 [이행 × 200만 과]

관리
[영 제20조]
	• 소방관서장
	  - 화재예방강화지구 안 화재안전조사를 **연 1회 이상** 실시
	  - 관계인에 대하여 소방에 필요한 **훈련 및 교육**을 **연 1회 이상** 실시
	  - 훈련 및 교육을 실시하려는 경우 관계인에게 **훈련 또는 교육 10일 전 사실 통보**
	• 시·도지사 - 관리대장에 작성하고 관리[매년]
	  - 화재예방강화지구의 **지정 현황**
	  - 화재안전조사의 결과
	  - 소화기구, 소방용수시설 또는 소방에 필요한 설비(소방설비등)의 설치(보수, 보강 포함) 명령 현황
	  - 소방훈련 및 교육의 실시 현황
	  - 화재예방 강화를 위하여 필요한 사항

03 소방신호 ★ 18하, 23 공채

신호 종류	• [목적] : 화재예방, 소방활동 또는 소방훈련 • 경계신호 : 화재예방상 필요하다고 인정되거나 화재위험경보시 발령 • 발화신호 : 화재가 발생한 때 발령 • 훈련신호 : 훈련상 필요하다고 인정되는 때 발령 • 해제신호 : 소화활동이 필요없다고 인정되는 때 발령

신호방법 종별	타종신호	사이렌신호
경계신호	1타와 연2타 반복	5초 간격을 두고 30초씩 3회
발화신호	난타	5초 간격을 두고 5초씩 3회
훈련신호	연3타 반복	10초 간격을 두고 1분씩 3회
해제신호	상당한 간격을 두고 1타씩 반복	1분간 1회
그 밖의 신호	[통풍대] 적색/백색	[게시판] 화재경보발령중 적색/백색
비고	• 소방신호의 방법은 그 전부 또는 일부를 함께 사용할 수 있다. • 게시판을 철거하거나 통풍대 또는 기를 내리는 것으로 소방활동이 해제되었음을 알린다. • 소방대의 비상소집을 하는 경우에는 훈련신호를 사용할 수 있다.	

04 소방활동 등[3]

[3] 「소방기본법」 제16조~제16조의3

(1) 소방활동

소방청장, 소방본부장 또는 소방서장은 화재, 재난·재해, 그 밖의 위급한 상황이 발생하였을 때에는 소방대를 현장에 신속하게 출동시켜 화재진압과 인명구조·구급 등 소방에 필요한 소방활동을 하게 해야 한다.

(2) 소방지원활동와 생활안전활동

구분	소방지원활동(제16조의2) 24 기출	생활안전활동(제16조의3)
권한자	소방청장, 소방본부장, 소방서장	
목표	공공 안녕질서 유지 또는 복리증진	• 생활안전 및 위험제거 활동 • 소방활동(제16조) 사항 제외
계획 내용	• 자연재해의 급수, 배수 및 제설 • 산불에 대한 예방, 진압 • 집회, 공연 등 각종 행사 사고대비 • 화재, 재난재해 피해복구 • 방송제작 또는 촬영관련 • 유관기관 훈련 • 오작동 신고	• 붕괴, 낙하 등 고드름,나무, 구조물 제거 • 위해동물, 벌 등 포획 및 퇴치 • 끼임, 고립 등 위험제거 및 구출 • 단전사고시 비상전원 또는 조명 공급 • 방치시 위험
위반	• 소방활동 수행에 지장을 주지 아니하는 범위에서 가능	• 정당한 사유없이 방해 → 不 100만 벌 • 손실 입은 자 보상(청장, 시·도지사)

4) 「소방기본법」제24조~제27조

05 소방활동 관련 명령 및 처분 등[4]

구분	내용
소방활동 종사명령 (제24조)	• 소방활동 필요시 – 관할구역에 사는 사람, 현장에 있는 사람 → 사람 구출, **불끄기**, 불 번지지 않도록 하는 일(不 5년 징역, 5천 벌) • 비용지급 : 시·도지사 • 예외 : 비용지급 不 – 소방대상물에 화재, 재난·재해, 그 밖의 위급한 상황이 **발생한 경우** 그 관계인 – 고의 또는 과실로 화재 또는 구조·구급 활동이 필요한 상황을 발생시킨 사람 – 화재 또는 구조·구급 현장에서 **물건을 가져간 사람**
강제처분 (제25조)	<table><tr><th>시기</th><th>강제처분대상</th><th>강제처분</th></tr><tr><td>필요할 때</td><td>소방대상물·토지(不 3년, 3천 벌)</td><td rowspan="2">일시적 사용, 제한, 처분</td></tr><tr><td>긴급할 때</td><td>위 대상 외 소방대상물·토지(不 300 벌)</td></tr><tr><td>긴급출동 할 때</td><td>방해되는 주차·정차된 차량·물건(不 300 벌)</td><td>제거 또는 이동</td></tr></table> • 비용지급 : 시·도지사 → 견인차량과 인력 등 지원자
피난명령 (제26조)	• 위험할 것 인정할 때 – 일정 구역 지정 → 구역 밖으로 피난명령(不 100 벌)
위험시설 등 긴급조치 (제27조)	• 필요한 때(不 100 벌) – 소방용수 외에 댐·저수지 또는 수영장 등 물을 사용 또는 수도 개폐장치 등 조작 • 화재 확대방지 위해(不 100 벌) – 가스·전기 또는 유류 등 시설 → 공급차단 등 조치

06 화재진압

(1) 단계

화재 인지 → 화재 출동 → 현장 도착 → 상황 판단 → 인명 구조 → 수관연장 → 노즐(관창) 배치 → 파괴활동 → 방수 활동 → 진입 활동 → 잔화 처리 → 소방시설 활용

(2) 화재 진압전술 분류

① **공**격전술 : 관창을 화점에 진입 배치하는 전술형태로, 출동 1시간 이내 진압이 가능한 소규모 화재에 적합
② **포**위전술 : 관창을 화점에 포위배치하여 진압하는 전술형태(공격적 개념)로, 관할 소방본부 소방력으로 대응이 어려운 대규모 화재 또는 초기화재에 적합
③ **블럭**(Block)전술 : 주로 인접건물로의 화재확대 방지를 위해 적용하는 전술형태로, 블록의 4방면 중 확대가능한 면을 동시에 방어하는 전술(방어적 개념)
④ **중점**전술 : 화세(또는 화재범위)에 비해 소방력이 부족하여 전체 화재현장을 모두 커버할 수 없는 경우 **사회적·경제적 혹은 소방상 중요한 시설 또는 대상물**을 중점적으로 대응 또는 진압하는 전술형태

불꽃암기
화재 진압전술 : 블럭 공포 집중

⑤ **집중**전술 : 부대가 일시에 집중적으로 진화하는 작전으로, 예를 들면 위험물 옥외저장 탱크 화재 등에 사용

(3) 도착 순서별 중점 활동사항

① 선착대 활동 원칙
  ㉠ 인명검색·구조활동 우선
  ㉡ 연소위험이 가장 큰 방면을 포위 부서
  ㉢ 화점 직근의 소방용수시설을 점유
  ㉣ 사전 대응매뉴얼을 충분히 고려하여 행동
  ㉤ 신속한 상황보고 및 정보제공
    • 재해실태, 인명위험, 소방활동상 위험요인, 확대위험 등

② 후착대 활동 원칙
  ㉠ 선착대와 적극적으로 연계하여 인명구조 활동 등 중요임무의 수행을 지원한다.
  ㉡ 화재의 방어는 선착대가 진입하지 않은 담당면, 연소건물 또는 연소건물의 인접건물을 우선한다.
  ㉢ 방어 필요가 없는 경우는 지휘자의 명령에 의해 급수중계, 비화경계, 수손 방지 등의 특정임무를 적극적으로 수행한다.
  ㉣ 화재 및 화재진압상황을 정확하게 파악하고 과잉파괴 행동 등 불필요한 활동은 하지 않는다.

2 소방시설의 설치·유지 및 안전관리 ★★

01 특정소방대상물의 안전관리[5] 업무

구별		소방업무	비고
소방안전관리자		• 피난계획에 관한 사항과 대통령령 사항이 포함된 소방계획서 작성 및 시행 • 자위소방대 및 초기대응체계의 구성, 운영 및 교육 • 소방훈련 및 교육 • 행정안전부령 소방안전관리에 관한 업무수행에 관한 기록·유지(제3호·제4호, 제6호 업무) - 피난시설, 방화구획 및 방화시설의 관리(제3호), 소방시설이나 그 밖의 소방 관련 시설의 관리(제4호) - 화기 취급의 감독(제6호)	
	관계인	• 피난시설, 방화구획 및 방화시설의 관리 • 소방시설이나 그 밖의 소방 관련 시설의 관리	대행 대상
		• 화기 취급의 감독 • 화재발생 시 초기대응 • 소방안전관리에 필요한 업무	
비고		• 업무×300 관	

[5] 「화재의 예방 및 안전관리에 관한 법률」 제24조

개념 CHECK

1. 선착대 활동 원칙은 인명검색·구조활동 우선으로 해야 한다. ( )

2. 특정소방대상물(소방안전관리대상물은 제외)의 관계인과 소방안전관리대상물의 소방안전관리자는 피난시설, 방화구획 및 방화시설의 관리를 해야 한다. ( )

1 ○ 2 ○

02 건설현장 소방안전관리

대상	• 신축·증축·개축·재축·이전·용도변경, 대수선 + – 연면적 1만5천m² 이상 – 연면적 5천m² 이상 + 지하 2층 이상이거나 지상 11층 이상 – 연면적 5천m² 이상 + 냉동, 냉장 또는 냉동·냉장 창고
업무 [× 300 과]	• 건설현장의 소방계획서의 작성 • 초기대응체계의 구성·운영 및 교육 • 건설현장의 작업자에 대한 소방안전 교육 및 훈련 • 건설현장의 소방안전관리와 관련하여 소방청장이 고시하는 업무 • 임시소방시설의 설치 및 관리에 대한 감독 • 화기취급의 감독, 화재위험작업의 허가 및 관리 • 공사진행 단계별 피난안전구역, 피난로 등의 확보와 관리
비고	• 미신고 200 과, 미선임 300 벌

03 소방시설의 내진설계기준 19 간부

① 지진이 발생할 경우 소방시설이 정상적으로 작동될 수 있도록 소방청장이 정하는 내진설계기준에 맞게 소방시설을 설치
② 대상 : 옥내소화전설비, 스프링클러설비, 물분무등소화설비

04 성능위주설계

① 연면적·높이·층수 등이 일정 규모 이상인 대통령령으로 정하는 특정소방대상물(신축하는 것만 해당)에 소방시설을 설치하려는 자는 성능위주설계를 해야 한다.
② 성능위주설계 대상

성능위주설계 대상물(신축)
• 연면적 20만m² 이상인 특정소방대상물. 다만, 공동주택 중 주택으로 쓰이는 층수가 5층 이상인 주택(아파트 등)은 제외 • 50층 이상(지하층은 제외)이거나 지상으로부터 높이가 200m 이상인 아파트 등 • 30층 이상(지하층을 포함)이거나 지상으로부터 높이가 120m 이상인 특정소방대상물(아파트 등은 제외) • 연면적 3만m² 이상인 특정소방대상물로서 다음 특정소방대상물 – 철도 및 도시철도 시설, 공항시설 • 창고시설 중 연면적 10만m² 이상인 것 또는 지하층의 층수가 2개 층 이상이고 지하층의 바닥면적의 합계가 3만m² 이상인 것 • 하나의 건축물에 영화상영관이 10개 이상인 특정소방대상물 • 「초고층 특별법」 지하연계 복합건축물에 해당하는 특정소방대상물 • 터널 중 수저(水底)터널 또는 길이가 5천m 이상인 것

이중희 소방공무원

6) 「화재의 예방 및 안전관리에 관한 법률」 제29조

7) 「소방시설 설치 및 관리에 관한 법률」 제7조

8) 「소방시설 설치 및 관리에 관한 법률」 제8조

불꽃암기
성능위주설계를 해야 하는 특정소방대상물 "5321, 531지"
• 연20 특정
• 50, 200 아파트
• 30, 120 특정
• 연3 철도, 공항
• 연10 지2 바닥 3만
• 영화관 10
• 지하연계
• 수저 5천

개념 CHECK
3. 건설현장 소방안전관리대상물의 소방안전관리자는 임시소방시설의 설치 및 관리에 대한 감독을 해야 한다. ( )
4. 소방시설의 내진설계기준을 적용하는 대상에는 옥내소화전설비, 스프링클러설비, 물분무등소화설비가 있다. ( )
5. 성능위주설계 대상에는 30층 이상(지하층 포함)이거나 지상으로부터 높이가 120m 이상인 특정소방대상물(아파트 등은 제외)이 있다. ( )

3 ○ 4 ○ 5 ○

05 건설현장의 임시소방시설 설치 및 관리[9]

구분	내용
대상자	• 공사시공자는 특정소방대상물의 신축·증축·개축·재축·이전·용도변경·대수선 또는 설비 설치 등을 위한 공사 현장에서 인화성 물품을 취급하는 작업 등 화재위험작업을 하기 전에 설치 및 철거가 쉬운 임시소방시설을 설치하고 관리
화재위험작업 (대통령령)	• 인화성·가연성·폭발성 물질을 취급하거나 가연성 가스를 발생시키는 작업 • 용접·용단 등 불꽃을 발생시키거나 화기를 취급하는 작업 • 전열기구, 가열전선 등 열을 발생시키는 기구를 취급하는 작업 • 알루미늄, 마그네슘 등 폭발성 부유분진을 발생시킬 수 있는 작업 • 준하는 작업으로 소방청장이 정하여 고시하는 작업
임시소방시설 성능 (소방청장이 정하는 성능 이상)	• 소화기 : 소화약제를 압력에 따라 방사하는 기구로 사람이 수동으로 조작하여 소화하는 것 • 간이소화장치 : 물을 방사하여 화재를 진화할 수 있는 장치 • 비상경보장치 : 화재가 발생한 경우 주변에 있는 작업자에게 화재사실을 알릴 수 있는 장치 • 간이피난유도선 : 화재가 발생한 경우 피난구 방향을 안내할 수 있는 장치 • 가스누설경보기 : 가연성 가스가 누설되거나 발생된 경우 이를 탐지하여 경보하는 장치. 형식승인 및 제품검사를 받은 것 • 비상조명등 : 화재가 발생한 경우 안전하고 원활한 피난활동을 할 수 있도록 자동 점등되는 조명장치 • 방화포 : 용접·용단 등의 작업 시 발생하는 불티로부터 가연물이 점화되는 것을 방지해 주는 천 또는 불연성 물품

[9] 「소방시설 설치 및 관리에 관한 법률」 제5조

06 화재안전조사(구 소방특별조사)[10] 22 간부

구분	내용
실시자	• 소방관서장 / 화재안전조사 실시 • 개인 주거(실제 주거용도) : 관계인 승낙 or 화재발생 우려 뚜렷, 긴급한 필요 있는 때 한정 • 정당 × 거·방·기 300만 (벌)
대상	• 자체점검 불성실, 불완전하다고 인정 • 화재예방강화지구 등 법령에서 화재안전조사 규정 • 화재예방안전진단 불성실, 불완전하다고 인정 • 국가적 행사 등 주요 행사가 개최되는 장소 및 주변 관계 지역에 소방안전관리 실태 조사 필요 • 화재가 자주 발생하였거나 발생할 우려가 뚜렷한 곳에 대한 조사가 필요 • 재난예측정보, 기상예보 등을 분석한 결과 소방대상물에 화재 발생 위험 크다 판단 • 화재, 그 밖의 긴급한 상황이 발생할 경우 인명 또는 재산 피해 우려 현저하다 판단

[10] 「화재의 예방 및 안전관리에 관한 법률」 제7조

11) 「소방시설 설치 및 관리에 관한 법률」 제6조

07 건축허가등의 동의[11] 관련 업무

구분	내용
동의	• 건축물 등의 신축·증축·개축·재축·이전·용도변경 또는 대수선의 허가·협의 및 사용승인(주택법 승인, 사용검사, 학교관련법 승인 사용승인 포함) [건축허가등] • 권한이 있는 행정기관은 건축허가등을 할 때 미리 건축물 등의 시공지, 소재지 관할 소방본부장이나 소방서장의 동의를 받아야 함
신고 수리	• 건축물 등의 증축·개축·재축·용도변경 또는 대수선의 신고를 수리 • 권한이 있는 행정기관은 신고 수리하면 건축물 등의 시공지, 소재지 관할 소방본부장, 소방서장에게 지체 없이 사실 알림
본부장, 서장 업무 (예상)	• 따르고 있는지 검토 사항(제4항) 　- 이 법 또는 명령, 소방자동차 전용구역의 설치 • 소방활동 및 건축물 등의 화재안전성능을 확보하기 위해 필요한 사항(제5항) : 자료, 의견서 첨부 　- 피난시설, 방화구획 　- 방화벽, 마감재료 등(이하 "방화시설") 　- 소방관 진입창, 승강기의 설치 　- 소방자동차의 접근이 가능한 통로의 설치, 주택단지 안 도로의 설치 　- 옥상광장, 비상문 자동개폐장치 또는 헬리포트의 설치 　- 본부장 또는 서장이 소화, 피난에 필요하다 인정하는 사항

12) 「소방시설 설치 및 관리에 관한 법률」 제20조

불꽃암기

방염대상: 공종체의 조산 문종운 합의 11 다수 노숙(인) 방송, 촬영, 치한

방염대상물품 :
- 커카벽의 막판쇼
- 종합 목공 간음

08 특정소방대상물의 방염 등[12]

구분	기준
방염대상	• 근린생활시설 중 **공**연장 및 **종**교집회장, **체**력단련장, **의**원·**치**과의원, **한**의원, **조**산원, **산**후조리원 • 건축물 옥내에 있는 시설로 **운**동시설(수영장 제외), **종**교시설, **문**화 및 집회시설 • 교육연구시설 중 **합**숙소, 숙박이 가능한 **수**련시설, **숙**박시설 • 층수가 **11**층 이상인 것(아파트등 제외) • **노**유자시설, **다**중이용업소, **의**료시설, **방송**통신시설 중 방송국 및 **촬영**소
방염대상 물품	〈제조 또는 가공 공정에서 방염처리를 한 물품〉 • 창문에 설치하는 **커**튼류(블라인드 포함) • **카**펫, **벽**지류(두께 2mm 미만 종이벽지 제외) • 전시용 **합판**·목재또는 섬유판, 무대용 합판·목재 또는 섬유판 • 암**막**·무대막(영화상영관의 스크린, **가상체험** 체육시설업의 스크린 포함) • 섬유류 또는 합성수지류 등을 원료로 하여 제작된 **쇼**파, **의**자 　☞ 단란주점영업, 유흥주점영업 및 노래연습장업의 영업장에 설치하는 것 한정 〈건축물 내부의 천장이나 벽에 부착하거나 설치하는 것〉 • **종**이류(두께 2mm 이상), **합**성수지류 또는 섬유류를 주원료로 한 물품 • 합판 또는 **목**재 • **공**간을 구획용 **간**이칸막이(접이식등 이동벽체, 천장 또는 반자까지 구획되지 않은 벽체) • **흡음** 및 방음을 위하여 설치하는 흡음제 또는 방음제(흡음, 방음용 커튼 포함) • 제외 : 가구류와 너비 10cm 이하인 반자돌림대 등과 내부마감재료

개념 CHECK

6. 소방본부장 또는 소방서장은 건축허가등의 동의 여부를 알릴 경우에는 원활한 소방활동 및 건축물 등의 화재안전성능을 확보하기 위하여 피난시설, 방화구획, 소방관 진입창 등 사항에 대한 검토 자료 또는 의견서를 첨부할 수 있다.　　　　(　)

구분	내용
방염성능 기준	• 잔염시간 : 버너 불꽃 제거 때부터 **불꽃** 올리며 연소 상태가 그칠 때까지 시간 **20초** 이내 • 잔신시간 : 버너 불꽃 제거 때부터 **불꽃** 올리지 않고 연소 상태가 그칠 때까지 시간 **30초** 이내 • 탄화면적 : 50cm² 이내, 탄화길이 : 20cm 이내 • 접염횟수 : 3회 이상(불꽃에 의하여 완전히 녹을 때까지 불꽃의 접촉 횟수) • 발연량 : 최대연기밀도 400 이하

불꽃암기
방염기준 :
염신 적길 수도 235234

09 소방자동차 전용구역[13]   20 간부

[13] 「소방기본법」 제21조의2

구분	내용
설치자 및 설치대상 (예외)	• 공동주택의 건축주 　- 세대수가 100세대 이상인 아파트 　- 기숙사 중 3층 이상의 기숙사 • 하나의 대지에 하나의 동으로 구성되고 「도로교통법」에 따라 정차 또는 주차가 금지된 편도 2차선 이상의 도로에 직접 접하여 소방자동차가 도로에서 직접 소방활동이 가능한 공동주택은 제외
설치방법	• 소방자동차가 접근하기 쉽고 소방활동이 원활하게 수행될 수 있도록 각 동별 전면 또는 후면에 소방자동차 전용구역을 1개소 이상 설치 • 하나의 전용구역에서 여러 동에 접근하여 소방활동이 가능한 경우 소방청장이 정하는 경우 각 동별로 설치 예외 • 전용구역 노면표지의 외곽선은 빗금무늬로 표시하되, 빗금 두께 30cm, 50cm 간격 표시 • 전용구역 노면표지 도료는 황색, 문자(P, 소방차 전용)는 백색으로 표시
방해행위	• 전용구역에 물건 등을 쌓거나 주차하는 행위 • 전용구역의 앞면, 뒷면 또는 양 측면에 물건 등을 쌓거나 주차하는 행위(부설 주차장 주차구획내 주차시 제외) • 전용구역 진입로에 물건 등을 쌓거나 주차하여 전용구역으로의 진입을 가로막는 행위 • 전용구역 노면표지를 지우거나 훼손하는 행위 • 그 밖의 방법으로 소방자동차가 전용구역에 주차하는 것을 방해하거나 전용구역으로 진입하는 것을 방해하는 행위

10 소방시설기준 적용의 특례[14]   20 간부

[14] 「소방시설 설치 및 관리에 관한 법률」 제13조

구분	내용	
불소급 원칙	대통령령 또는 화재안전기준이 변경되어 그 기준이 강화되는 경우 기존의 특정소방대상물(건축물의 신축·개축·재축·이전 및 대수선 중인 특정소방대상물을 포함)의 소방시설에 대하여는 변경 전의 대통령령 또는 화재안전기준을 적용	
강화된 기준 적용	소방시설	• 소화기구, 비상경보설비, 자동화재탐지설비, 자동화재속보설비, 피난구조설비
	특정소방대상물에 설치하는 소방시설	• 공동구 : 전기·가스·수도 등의 공급설비, 통신시설, 하수도시설 등 지하매설물을 공동 수용함으로써 미관의 개선, 도로구조의 보전 및 교통의 원활한 소통을 위하여 지하에 설치하는 시설물

불꽃암기
소방시설 적용 특례 :
노(No) 의지, 피자경기속공 /
노간자단, 의속한자속, 자연유통장소

강화된 기준 적용	특정소방대상물에 설치하는 소방시설	• 전력 또는 통신사업용 **지**하구 • **노**유자 시설 • **의**료시설
강화된 소방시설		• **노**유자 시설 : **간**이스프링클러, **자**동화재탐지설비 및 **단**독경보형 감지기 • **의**료시설 : **스**프링클러, **간**이스프링클러, **자**동화재탐지설비 및 자동화재**속**보설비 • **공**동구, **지**하구 : **소**화기, **자**동소화장치, **자**동화재탐지설비, **통**합감시시설, **유**도등 및 **연**소방지설비

3 위험물 안전관리[15]

15) 「위험물안전관리법」

01 위험물 저장·취급 등

구분		기준
지정수량	미만 (제4조)	• 시·도 조례[위반시 200만 **과**]
	이상 (제5조)	• 저장소 아닌 장소에서 **저장**하거나 제조소등 아닌 장소에서 **취급** 금지. [위반 3년 **징**, 3천만 **벌**] • 예외 : 제조소등 아닌 장소에서 지정수량 이상 위험물 취급할 수 있음. 임시로 저장 또는 취급하는 장소에서 저장 또는 취급의 기준과 임시로 저장 또는 취급하는 장소의 위치·구조 및 설비의 기준은 시·도 조례[후단위반시 200만 **과**] - 시·도의 조례 정하는 바에 따라 관할 소방서장 승인 받아 **지정수량** 이상 위험물을 90일 이내 기간 동안 임시로 저장 또는 취급하는 경우[위반시 500만 **과**] - 군부대가 지정수량 이상 위험물을 군사목적으로 **임시로** 저장 또는 취급하는 경우

02 위험물시설의 설치 및 변경 등

구분		기준 : 시·도지사 권한
설치 및 변경 (제6조)	허가 (제1항)	• 제조소등을 설치하고자 하는 자는 대통령령이 정하는 바에 따라 **설치장소 관할 시·도지사에 허가**[위반시 5년 **징** / 1억 **벌**] • 제조소등 위치·구조, 설비 중 행정안전부령이 정하는 사항[별표 1의2] 변경하고자 하는 때는 시·도지사에 허가[위반시 1500 **벌**]
	신고 (제2항)	• 제조소등의 위치·구조, 설비 변경없이 당해 **제조소등에서 저장, 취급**하는 위험물 품명·수량, 지정수량 배수를 변경하고자 하는 자는 변경하고자 하는 날 1일 전까지 행정안전부령이 정하는 바에 따라 시·도지사에 신고[위반시 500만 **과**]
	예외	• 예외 : 허가 받지 않고 제조소등 설치하거나 위치·구조, 설비 변경 가능, 신고하지 않고 위험물 품명·수량, 지정수량 배수 변경 가능 - **주택 난방시설**(공동주택 중앙난방시설 제외)을 위한 **저장소** 또는 **취급소** - **농예용·축산용, 수산용** 필요한 난방시설, 건조시설 위한 **지정수량 20배 이하 저장소**

개념 CHECK

7. 지정수량 미만인 위험물의 저장 또는 취급에 관한 기술상의 기준은 특별시·광역시·특별자치시·도(이하 "시·도") 및 특별자치도의 조례로 정한다. ( )

03 예방규정

구분	내용

절차	• 관계인 → 시·도지사 제출[위반 1,500 벌]
	  – 변경 제출[위반 1천 별]
	  – 변경명령 위반[1,500 별]
	• 시기 : 사용 시작 전(변경 동일)
	• 3년 보관

대상	• 이송취급소, 암반탱크저장소 • 지정수량 10배 이상 : 일반취급소, 제조소 • 지정수량 100배 이상 : 옥외저장소 • 지정수량 150배 이상 : 옥내저장소 • 지정수량 200배 이상 : 옥외탱크저장소

예외
(일반취급소)
	• 제4류 : 특수인화물 제외
	제1석유류, 알코올류 : 지수 10배 이하, 그 외 : 지수 50배 이하
	  – 보일러·버너 등으로 위험물 소비하는 장치
	  – 위험물을 용기에 담거나 차량에 고정된 탱크에 주입

04 위험물의 운송 기준[16] 19 간부

구분	내용
운송자 요건	• 위험물운송자 : 이동탱크저장소에 의하여 위험물을 운송하는 자(운송책임자 및 이동탱크저장소운전자) • 요건 : 위험물 분야 자격 취득 또는 안전교육 수료 • 요건위반 : 1천만 벌 • 주의 : 위험물운송자는 위험물 운송하는 때 **행정안전부령 기준을 준수**하는 등 당해 위험물의 안전확보를 위하여 세심한 주의[위반시 500만 과]
운송 책임자	• 대통령령으로 정하는 위험물 운송에 있어서 **운송책임자**(위험물 운송의 감독 또는 지원하는 자)의 감독 또는 지원받아 운송 – 대상 : 알킬알루미늄, 알킬리튬, 이를 함유한 위험물 • 기준 및 위반 : 행정안전부령, 1천만 벌

[16] 「위험물안전관리법」 제21조

4 구조·구급 행정관리와 구조·구급 활동[17]

01 구조·구급 계획 등

① 소방청장은 업무를 수행하기 위하여 관계 중앙행정기관의 장과 협의하여 대통령령으로 정하는 바에 따라 **구조·구급 기본계획**(기본계획)을 5년마다 전년도 8월 31일까지 수립·시행하여야 한다.

[17] 「119구조·구급에 관한 법률」

② 소방청장은 기본계획에 따라 매년 연도별 구조·구급 집행계획(집행계획)을 전년도 10월 31일까지 수립·시행하여야 한다.
③ 소방본부장은 기본계획 및 집행계획에 따라 관할 지역에서 신속하고 원활한 구조·구급활동을 위하여 매년 시·도 구조·구급 집행계획(시·도 집행계획)을 전년도 12월 31일까지 수립하여 소방청장에게 제출하여야 한다.

02 119구조대

(1) 119구조대의 편성과 운영 21 간부

소방청장·소방본부장 또는 소방서장(이하 "소방청장등")은 위급상황에서 요구조자의 생명 등을 신속하고 안전하게 구조하는 업무를 수행하기 위하여 대통령령으로 정하는 바에 따라 119구조대(이하 "구조대")를 편성하여 운영하여야 한다.

(2) 구조대의 종류 및 자격

종류	내용
일반구조대	• 시·도의 규칙으로 정하는 바에 따라 **소방서마다 1개 대 이상 설치** • 소방서가 없는 시·군·구(자치구)의 경우 해당 시·군·구 지역의 중심지에 있는 119안전센터에 설치
특수구조대	• 소방대상물, 지역 특성, 재난 발생 유형 및 빈도 등을 고려하여 시·도의 규칙으로 정하는 바에 따라 아래 특수구조대의 종류 구분에 따른 지역을 관할하는 소방서의 구분에 따라 설치한다. • 다만, 고속국도구조대는 직할구조대에 설치할 수 있다. • 특수구조대 종류 - **화**학구조대 : 화학공장 밀집지역 - **수**난구조대 : 내수면지역 - **산**악구조대 : 자연공원 등 산악지역 - **고**속국도구조대 : 고속국도 - **지**하철구조대 : 도시철도의 역사 및 역 시설
직할구조대	• 대형·특수 재난사고의 구조, 현장 지휘 및 테러현장 등의 지원 등을 위하여 **소방청 또는 시·도 소방본부에 설치** • 시·도 소방본부에 설치하는 경우 시·도의 규칙 준수
테러대응구조대	• 테러 및 특수재난에 전문적으로 대응하기 위하여 **소방청과 시·도 소방본부에 각각 설치** • 시·도 소방본부에 설치하는 경우 시·도의 규칙 준수
국제구조대	• 소방청장은 국외에서 대형재난 등이 발생한 경우 재외국민의 보호 또는 재난발생국의 국민에 대한 인도주의적 구조 활동을 위하여 국제구조대를 편성하여 운영할 수 있다. • 인명 탐색 및 구조, 응급의료, 안전평가, 시설관리, 공보연락 등의 임무를 수행
구조대원 자격기준	• 소방청장의 인명구조사 교육 이수자 or 인명구조사 시험 합격자 • 국가·지방자치단체 및 공공기관 구조관련분야 근무 **경력 2년 이상** 사람 • 응급구조사 자격자 + 소방청장의 구조업무 교육 받은 사람

불꽃암기
특수구조대의 종류 : 화산고수지

03 119구급대

(1) 119구급대의 편성과 운영
소방청장등은 위급상황에서 발생한 응급환자를 응급처치하거나 의료기관에 긴급히 이송하는 등의 구급업무를 수행하기 위하여 대통령령으로 정하는 바에 따라 119구급대(이하 "구급대")를 편성하여 운영하여야 한다.

(2) 구급대의 종류 및 자격

종류	내용
일반구급대	• 시·도의 규칙으로 정하는 바에 따라 소방서마다 1개 대 이상 설치 • 소방서가 설치되지 아니한 시·군·구의 경우 해당 시·군·구 지역의 중심지에 소재한 119안전센터에 설치
고속국도 구급대	• 교통사고 발생 빈도 등을 고려하여 소방청, 시·도 소방본부 또는 고속국도를 관할하는 소방서에 설치 • 시·도 소방본부 또는 소방서에 설치하는 경우에는 시·도의 규칙으로 정하는 바에 따른다.
구급대원 자격기준	• 의료인, 1급 응급구조사 자격자, 2급 응급구조사 자격 • 소방청장의 구급업무 관한 교육 이수자

04 119항공대

(1) 119항공대의 편성과 운영
소방청장 또는 소방본부장은 초고층 건축물 등에서 요구조자의 생명을 안전하게 구조하거나 도서·벽지에서 발생한 응급환자를 의료기관에 긴급히 이송하기 위하여 119항공대(이하 "항공대")를 편성하여 운영한다.

(2) 항공대 업무
① 인명구조 및 응급환자의 이송(의사가 동승한 응급환자의 병원 간 이송을 포함)
② 화재 진압
③ 장기이식환자 및 장기의 이송
④ 항공 수색 및 구조 활동
⑤ 공중 소방 지휘통제 및 소방에 필요한 인력·장비 등의 운반
⑥ 방역 또는 방재 업무의 지원
⑦ 그 밖에 재난관리를 위하여 필요한 업무

(3) 항공대원의 자격기준
구조대원의 자격기준 또는 구급대원의 자격기준을 갖추고, 소방청장이 실시하는 항공 구조·구급과 관련된 교육을 마친 사람

요약 정리 | 119항공대 정리

구분	내용
소방청장 또는 소방본부장	• 초고층 건축물 등에서 요구조자의 생명을 안전하게 구조하거나 도서·벽지에서 발생한 응급환자를 의료기관에 긴급히 이송하기 위하여 **119항공대를 편성하여 운영** • 소방청장은 119항공대를 규정에 따라 소방청에 설치하는 직할구조대에 설치 가능
항공대 업무	• 인명구조 및 응급환자의 이송(의사가 동승한 응급환자의 병원 간 이송 포함) • 화재 진압 • 장기이식환자 및 장기의 이송 • 항공 수색 및 구조 활동 • 방역 또는 방재 업무의 지원 • 공중 소방 지휘통제 및 소방에 필요한 인력·장비 등의 운반 • 그 밖에 재난관리를 위하여 필요한 업무
자격기준	구조대원 또는 구급대원 자격 + 소방청장이 실시하는 항공 구조·구급과 관련된 교육을 마친 사람

05 구조·구급활동 19 간부

① 소방청장등은 위급상황이 발생한 때에는 구조·구급대를 현장에 신속하게 출동시켜 인명구조, 응급처치 및 구급차등의 이송, 그 밖에 필요한 활동을 하게 하여야 한다.

② 누구든지 ①에 따른 구조·구급활동을 방해하여서는 아니 된다.

③ 소방청장등은 대통령령으로 정하는 위급하지 아니한 경우에는 구조·구급대를 출동시키지 아니할 수 있다.

심화 이론 | 구조·구급 거절사유

구조활동 거절 사유	구급활동 거절 사유 ★
• **단순 문 개방**의 요청을 받은 경우 • 시설물에 대한 **단순 안전조치 및 장애물 단순** 제거의 요청을 받은 경우 • 동물의 **단순 처리·포획·구조** 요청을 받은 경우 • 그 밖에 주민생활 불편해소 차원의 **단순 민원 등 구조활동의 필요성이 없다고** 인정되는 경우	• 단순 치통환자 • 혈압 등 생체징후가 안정된 타박상 환자 • 단순 열상 또는 찰과상으로 지속적인 출혈이 없는 외상환자 • 단순 감기환자. 다만, **38°C 이상 고열 또는 호흡곤란**이 있는 경우 제외 • 술에 취한 사람. 다만, **강한 자극에도 의식이 회복되지 아니하거나 외상이 있는 경우** 제외 • 만성질환자로 검진 또는 입원 목적의 이송 요청자 • 병원 간 이송 또는 자택으로의 이송 요청자. 다만, **의사가 동승한 응급환자의 병원 간 이송은 제외**
다른 수단으로 조치하는 것이 불가능한 경우 예외	이 경우 구급대원은 구급대상자의 병력·증상 및 주변 상황을 종합적으로 평가하여 구급대상자의 응급 여부를 판단

④ 구조활동 우선순위

구명 → 신체구출 → 고통경감(정신적, 육체적) → 피해 최소화(재산 등)

개념 CHECK

8. 술에 취한 사람이 강한 자극에도 의식이 회복되지 아니하거나 외상이 있는 경우에는 구급 출동 요청을 거절할 수 없다. ( )

8 ○

⑤ 구조활동 순서
  ㉠ 현장활동에 방해되는 각종 장해요인을 제거한다.
  ㉡ 2차 재해의 발생위험을 제거한다.
  ㉢ 요구조자의 구명에 필요한 조치를 취한다.
  ㉣ 요구조자의 상태 악화 방지에 필요한 조치를 취한다.
  ㉤ 구출활동을 개시한다.

심화 이론 | 구조·구급 기본계획 등

기본계획	집행계획	시·도 구조·구급 집행계획
• 소방청장 구조·구급업무 수행 위해 중앙행정기관의 장과 협의 수립·시행 • 중앙 구조·구급정책협의회(중앙 정책협의회)의 협의를 거쳐 5년마다 시행 전년도 8.31.까지 수립	• 소방청장 – 기본계획에 따라 **매년 연도별 구조·구급 집행계획을 수립·시행** • 중앙 정책협의회의 협의를 거쳐 계획 시행 전년도 10.31.까지 수립	• 소방본부장 기본계획 및 집행계획에 따라 관할 지역에서 신속하고 원활한 구조·구급활동을 위하여 매년 시·도 구조·구급 집행계획을 수립하여 소방청장에게 제출
• 서비스의 질 향상을 위한 정책의 기본방향에 관한 사항 • 필요한 체계의 구축, 기술의 연구개발 및 보급에 관한 사항 • 필요한 장비의 구비에 관한 사항 • 전문인력 양성에 관한 사항 • 활동에 필요한 기반조성에 관한 사항 • 교육과 홍보에 관한 사항 • 효율적 수행을 위하여 필요한 사항	• 기본계획 집행을 위하여 필요한 사항 • 구조·구급대원의 안전사고 방지, 감염 방지 및 건강관리를 위하여 필요한 사항 • 그 밖에 구조·구급활동과 관련하여 중앙 정책협의회에서 필요하다고 결정한 사항	• 기본계획 및 집행계획에 대한 시·도의 세부 집행계획 • 구조·구급대원의 안전사고 방지, 감염 방지 및 건강관리를 위하여 필요한 세부 집행계획 • 소방청장의 종합평가 결과에 따른 조치계획 • 그 밖에 구조·구급활동과 관련하여 시·도 정책협의회에서 필요하다고 결정한 사항

06 응급의료 18 간부

(1) 용어의 정의

응급환자	질병, 분만, 각종 사고 및 재해로 인한 부상이나 그 밖의 위급한 상태로 인하여 즉시 필요한 응급처치를 받지 아니하면 생명을 보존할 수 없거나 심신에 중대한 위해가 발생할 가능성이 있는 환자 또는 이에 준하는 사람으로서 보건복지부령으로 정하는 사람
응급의료	응급환자가 발생한 때부터 생명의 위험에서 회복되거나 심신상의 중대한 위해가 제거되기까지의 과정에서 응급환자를 위하여 하는 상담·구조(救助)·이송·응급처치 및 진료 등의 조치
응급처치	응급의료행위의 하나로서 응급환자의 기도를 확보하고 심장박동의 회복, 그 밖에 생명의 위험이나 증상의 현저한 악화를 방지하기 위하여 긴급히 필요로 하는 처치
응급의료종사자	관계 법령에서 정하는 바에 따라 취득한 면허 또는 자격의 범위에서 응급환자에 대한 응급의료를 제공하는 의료인과 응급구조사

(2) 선의의 응급의료에 대한 면책

생명이 위급한 응급환자에게 다음의 어느 하나에 해당하는 응급의료 또는 응급처치를 제공하여 발생한 재산상 손해와 사상에 대하여 고의 또는 중대한 과실이 없는 경우 그 행위자는 민사책임과 상해에 대한 형사책임을 지지 아니하며 사망에 대한 형사책임은 감면한다.

① 다음에 해당하지 않는 자가 한 응급처치
  ㉠ 응급의료종사자
  ㉡ 선박의 응급처치 담당자, 구급대 등 다른 법령에 따라 응급처치 제공의무를 가진 자
② 응급의료종사자가 업무수행 중이 아닌 때 본인이 받은 면허 또는 자격의 범위에서 한 응급의료
③ 응급처치 제공의무를 가진 자가 업무수행 중이 아닌 때에 한 응급처치

(3) 응급구조사의 자격

구분	자격사항
1급 응급구조사	• 대학 또는 전문대학에서 응급구조학을 전공하고 졸업한 사람 • 보건복지부장관이 정하여 고시하는 기준에 해당하는 외국의 응급구조사 자격인정을 받은 사람 • 2급 응급구조사로서 응급구조사의 업무에 3년 이상 종사한 사람
2급 응급구조사	• 보건복지부장관이 지정하는 응급구조사 양성기관에서 대통령령으로 정하는 양성과정을 마친 사람 • 보건복지부장관이 정하여 고시하는 기준에 해당하는 외국의 응급구조사 자격인정을 받은 사람

(4) 응급구조사의 업무범위

자격	업무범위
1급 응급구조사	• 심폐소생술의 시행을 위한 기도유지[기도기(airway)의 삽입, 기도삽관(intubation), 후두마스크 삽관 등을 포함] • 정맥로의 확보 • 인공호흡기를 이용한 호흡의 유지 • 약물투여 : 저혈당성 혼수 시 포도당의 주입, 흉통 시 나이트로글리세린의 혀아래(설하) 투여, 쇼크 시 일정량의 수액투여, 천식발작 시 기관지확장제 흡입 • 심정지 시 에피네프린 투여 • 아나필락시스 쇼크 시 자동주입펜을 이용한 에피네프린 투여 • 정맥로의 확보 시 정맥혈 채혈 • 심전도 측정 및 전송(의료기관 안에서는 응급실 내에 한함) • 응급 분만 시 탯줄 결찰 및 절단(현장 및 이송 중에 한하며, 지도의사의 실시간 영상의료지도 하에서만 수행) • 2급 응급구조사의 업무

개념 CHECK

9. 인공호흡기를 이용한 호흡의 유지의 업무는 1급 응급구조사의 업무 범위이다. ( )

9 ○

2급 응급구조사	• 구강 내 이물질의 제거 • 기도기(airway)를 이용한 기도유지 • 기본 심폐소생술 • 산소투여 • 부목·척추고정기·공기 등을 이용한 사지 및 척추 등의 고정 • 외부출혈의 지혈 및 창상의 응급처치 • 심박·체온 및 혈압 등의 측정 • 쇼크방지용 하의 등을 이용한 혈압의 유지 • 자동심장충격기를 이용한 규칙적 심박동의 유도 • 흉통 시 나이트로글리세린의 혀아래(설하) 투여 및 천식발작 시 기관지확장제 흡입(환자가 해당 약물을 휴대하고 있는 경우에 한함)

(5) 중증도 분류표(Triage)

환자분류	치료(이송) 순서	색상	심볼	증상
긴급 (Critical)	1	적색(R)	토끼	• 대량출혈, 기도화상 동반 중증, 경추 손상 의심 • 수분, 수시간 내 응급처치 필요
응급 (Urgent)	2	황색(Y)	거북이	• 중증출혈, 중증화상, 척추골절(경추 제외) • 수시간 내 응급처치 필요
비응급 (Minor)	3	녹색(G)	구급차에 ×표시	• 소량출혈, 경증화상, 단순골절 • 수시간, 수일 후 치료해도 생명에 지장 없음
지연 (Dead)	4	흑색(B)	십자가	• 사망, 생존가능성이 없는 환자

(6) 중증도 분류상 우선순위

긴급환자 → 응급환자 → 비응급환자 → 지연환자

> **심화 이론 | 환자 평가**
>
> | 1차 평가 | 2차 평가 |
> |---|---|
> | • 응급처치 순서 : **ABCDE**
　기도유지(**A**irway) → 호흡(**B**reathing) → 순환(**C**irculation) → 기능장애평가(**D**isability) → 노출(**E**xposure)
• 환자 의식상태 평가(기능장애평가) : **AVPU(아퍼)**
　- **A**(Alert, 명료) : 질문에 반응, 대답
　- **V**(Verbal Stimuli, 언어지시에 반응) : 소리나 고함에 반응
　- **P**(Pain Stimuli, 자극에 반응) : 통증자극에 반응
　- **U**(Unresponse, 무반응) : 반응 없음 | • 환자 병력 수집
　- S(signs) : 징후 및 손상
　- A(Allergies) : 알레르기
　- M(Medications) : 복용한 약물
　- P(Past Illnesses) : 관련 있는 과거력
　- L(Last Oral Intake) : 마지막 구강 섭취
　- E(Events Prior) : 질병이나 손상을 야기한 사건 |

> **참고** 인명구조활동 순서 : 피난유도 → 인명검색 → 인명구출 → 환응급처치 → 환자의료기관 이송

개념 CHECK

10. 중증도 분류표에서 녹색은 비응급환자를 말한다. ( )

11. 사망 또는 생존가능성이 희박한 경우에는 적색의 색깔로 표시한다. ( )

10 ○ 11 ×

요약 정리 | 응급구조사(응급의료에 관한 법률)

구분	1급 응급구조사	2급 응급구조사
자격 (시험 합격자)	• 대학 또는 전문대학에서 응급구조학을 전공하고 졸업한 사람 • 보건복지부장관이 정하여 고시하는 기준에 해당하는 외국의 응급구조사 자격인정을 받은 사람 • 2급 응급구조사로서 응급구조사의 업무에 3년 이상 종사한 사람	• 보건복지부장관이 지정하는 응급구조사 양성기관에서 대통령령으로 정하는 양성과정을 마친 사람 • 보건복지부장관이 정하여 고시하는 기준에 해당하는 외국의 응급구조사 자격인정을 받은 사람
업무범위 [별표 14]	• 2급 응급구조사의 업무 • 심폐소생술의 시행을 위한 기도유지[기도기(airway)의 삽입, 기도삽관(intubation), 후두마스크 삽관 등 포함] • **인공호흡기를 이용한 호흡의 유지** • **정맥로의 확보** • **약물투여** : 저혈당성 혼수 시 포도당의 주입, 쇼크 시 일정량의 수액 투여, **흉통 시 나이트로글리세린의 혀아래(설하) 투여, 천식발작 시 기관지확장제 흡입** • 심정지 시 에피네프린 투여 • 아나필락시스 쇼크 시 자동주입펜을 이용한 에피네프린 투여 • 정맥로의 확보 시 정맥혈 채혈 • 심전도 측정 및 전송(의료기관 안에서는 응급실 내에 한함) • 응급 분만 시 탯줄 결찰 및 절단(현장 및 이송 중에 한하며, 지도의사의 실시간 영상의료 지도하에서만 수행) • 2급 응급구조사의 업무	• 기도기(airway)를 이용한 기도유지 • 기본 심폐소생술 • 산소투여 • 구강 내 이물질의 제거 • 부목·척추고정기·공기 등을 이용한 사지 및 척추 등의 고정 • 외부출혈의 지혈 및 창상의 응급처치 • 심박·체온 및 혈압 등의 측정 • 자동심장충격기를 이용한 규칙적 심박동의 유도 • 쇼크방지용 하의 등을 이용한 혈압의 유지 • **흉통 시 나이트로글리세린의 혀아래(설하) 투여 및 천식발작 시 기관지확장제 흡입**(환자가 해당 약물을 휴대하고 있는 경우 한함)

(7) 응급처리(119구급대원 현장응급처리 표준지침)

1차 평가 및 처치	• 목적 – 치명적인 병변이나 손상을 빨리 발견하고 치료하는 것으로서 동시다발적으로 평가가 이루어져야 하며 발견된 심각한 이상은 발견즉시 처치 – 현장에서 별도 처치가 불필요한 경우 일차평가는 2분 이내에 종결함이 원칙 　참고　1차 평가 순서 : 전체적 초기평가(15~30초) → 의식상태(AVPU 분류법) → 기도(Airway) 확인 → 호흡(Breathing) → 순환(Circulation) → 신경학적 장애(Disability) • 평가 순서 – 의식상태 평가 : AVPU 분류법[18] – 기도유지 평가 : 기도유지 적당, 환자가 숨을 쉬는지 확인 – 호흡확인 : 호흡의 적절성 확인 – 순환 평가 : 맥박수와 강도 확인 – 신경학적 장애 평가 : 질문, 동공 모양 크기 확인, 사지의 운동성 확인 – 응급, 비응급 평가 : 응급환자, 비응급 환자 구분 – 이송 준비와 이송 : 이송의 우선순위 결정
2차 평가 및 처치	• 목적 : 모든 징후를 재평가하면서 머리에서 발끝까지 모든 신체 부위를 관찰하고 이학적 검사를 시행하는 것이다. 따라서 1차평가에서 발견하지 못했던 중요한 손상이나 이상을 발견하거나 진단하여 처치함으로써 환자상태가 다시 악화되는 것을 방지한다. • 관련 평가 및 처치 사항 – 주소(Chief Complaint) : OPQRST 조사 방법[19] – 병력 : SAMPLE 조사 방법[20] – 신체검진 : DCAP-BTLS 조사 방법[21] – 활력징후 측정

18) AVPU 분류법
- A(명료) : 환자가 스스로 눈을 뜨고 질문에 분명한 답변을 한다.
- V(언어지시에 반응) : 환자가 스스로 눈을 뜰 수 없고 시간, 장소, 사람을 알아보지 못하지만 구급대원의 구두 지시에 반응한다.
- P(통증자극에 반응) : 언어 지시에는 반응이 없지만 신체에 통증을 주면 움직이거나 고함치는 반응을 보인다.
- U(무반응) : 환자가 통증에 대해서 반응하지 않는다.

19) OPQRST 조사방법
- O(Onset) : 발병일
- P(Provocation) : 유발요인
- Q(Quality) : 증상의 특성
- R(Region) : 방사
- S(Severity) : 증상의 심한 정도
- T(Time) : 증상의 지속시간

20) SAMPLE 조사방법
- S(Signs & Symptoms) : 징후와 증상
- A(Allergies) : 알르레기
- M(Medications) : 약물 복용력
- P(Past Illnesses) : 과거병력
- L(Last Oral Intake) : 마지막 식이 섭취
- E(Event Prior) : 응급상황 발생 경위

21) DCAP-BTLS 조사방법
- D(Deformities) : 변형
- C(Contusions) : 좌상
- A(Abrasions) : 찰과상
- P(Penetrations) : 관통상
- B(Burns) : 화상
- T(Tenderness) : 압통
- L(Lacerations) : 열상
- S(Swelling) : 부종

소방학개론 — 소방조직론 복습만이 살길이다!!!

▶ 다시보자 복습 문제 02

01. 소방용수시설이 녹지지역에 설치하는 경우는 소방대상물과의 수평거리를 100m 이하가 되도록 설치해야 한다.

02. "화재예방강화지구"란 시·도지사가 화재발생 우려가 크거나 화재가 발생할 경우 피해가 클 것으로 예상되는 지역에 대하여 화재의 예방 및 안전관리를 강화하기 위해 지정·관리하는 지역을 말한다.

03. 건설현장 임시소방시설에는 비상경보설비, 간이소화장치, 가스누설경보기, 방화포 등이 있다.

04. 창고시설 중 연면적 10만㎡ 이상인 것 또는 지하층의 층수가 2개 층 이상이고 지하층의 바닥면적의 합계가 3만㎡ 이상인 것은 성능위주설계를 해야 한다.

05. 누구든지 전용구역에 차를 주차하거나 전용구역에의 진입을 가로막는 등의 방해행위를 하여서는 아니 된다. 방해시 200만원 이하의 과태료를 부과한다.

06. 고체에어로졸 소화설비, 스프링클러 소화설비, 미분무 소화설비는 내진설계 대상이다.

07. 구조 또는 구급 요청을 거절할 수 있는 경우 섭씨 38도 이상의 고열 감기환자 등이 있다.

08. 인명구조를 위한 응급처치의 기본단계는 기도유지 – 호흡 – 순환 – 약물투여 – 병원이송 순이다.

09. 운송책임자의 감독 또는 지원을 받아 운송하여야 하는 위험물에는 알킬알루미늄, 알킬리튬등이 있다.

10. 소방신호의 방법 중 옳지 않은 것은?
① 경계신호 중 사이렌신호는 5초 간격을 두고 30초씩 3회를 한다.
② 발화신호는 화재가 발생한 때 발령한다.
③ 훈련신호 중 사이렌신호는 10초 간격을 두고 1분씩 1회를 한다.
④ 경계신호 중 타종신호는 1타와 연2타를 반복한다.

11. 위험물시설의 설치 및 변경에 관한 설명으로 옳지 못한 것은?
① 지정수량의 배수를 변경하고자 하는 자는 변경하고자 하는 날의 1일 전까지 행정안전부령이 정하는 바에 따라 시·도지사에게 신고해야 한다.
② 제조소등을 설치하고자 하는 자는 대통령령이 정하는 바에 따라 그 설치장소를 관할하는 특별시장·광역시장·특별자치시장·도지사 또는 특별자치도지사(이하 "시·도지사")의 허가를 받아야 한다.
③ 제조소등의 위치·구조 또는 설비 가운데 그 설치장소를 관할하는 시·도지사에게 신고하여야 한다.
④ 농예용·축산용 또는 수산용으로 필요한 난방시설을 위한 지정수량 20배 이하의 저장소는 허가를 받지 아니하고 설치할 수 있다.

🔒 1 ×(140m) 2 ○ 3 ×(경보장치) 4 ○ 5 ×(100과) 6 ○ 7 ×(거절 제외) 8 ○ 9 ○ 10 ③(3회) 11 ③(허가)

소방공무원 기본서
소방학개론

소방공무원 기본서
소방학개론

PART 5

재난관리론

제1장 **재난 및 재난관리**
제2장 **우리나라의 재난관리(재난 및 안전관리 기본법)**
  법[시행 2025.11.28. / 2025.5.27. 일부개정]
  시행령[시행 2025.8.28. / 2025.7.1. 일부개정]
  시행규칙[시행 2025.7.8. / 2025.7.1. 일부개정]

01 재난 및 재난관리

1 재난의 이해

01 재난의 개념

(1) 재난(災難, disaster)[1]

① 별의 불길한(불일치한) 모습을 상징하는 라틴어에서 유래한 것으로 "하늘로부터 비롯된 인간의 통제가 불가능한 해로운 영향"을 의미한다.
② "재난"은 원인이나 규모와 상관없이 자연재해가 아닌 인간의 행위가 원인이 되어 발생된 사고로 생활환경이 불리한 방향으로 급작스럽게 변화하거나 막대한 인명과 재산 피해로 기존의 질서와 기능이 상실되고, 사회적 파급효과가 큰 현상으로 이해할 수 있다. 다만, 범죄·소요·테러·전쟁 등의 목적으로 발생되는 피해는 제외한다(각 시·도 사항).

(2) 국내법의 정의

국민의 생명·신체·재산과 국가에 피해를 주거나 줄 수 있는 것으로 자연재난과 사회재난을 말한다(재난 및 안전관리 기본법). ★

① **자연재난**[2] : 태풍, 홍수, 호우(豪雨), 강풍, 풍랑, 해일(海溢), 대설, 한파, 낙뢰, 가뭄, 폭염, 지진, 황사(黃砂), 조류(藻類) 대발생, 조수(潮水), 화산활동, 「우주개발 진흥법」에 따른 자연우주물체의 추락·충돌, 그 밖에 이에 준하는 **자연현상**으로 인하여 발생하는 재해
② **사회재난**[3] : 화재·붕괴·폭발·교통사고(항공사고 및 해상사고를 포함한다)·화생방사고·환경오염사고·다중운집인파사고 등으로 인하여 발생하는 대통령령으로 정하는 규모 이상의 피해와 국가핵심기반의 마비, 「감염병의 예방 및 관리에 관한 법률」에 따른 **감염병** 또는 「가축전염병예방법」에 따른 **가축전염병의 확산**, 「미세먼지 저감 및 관리에 관한 특별법」에 따른 **미세먼지**, 「우주개발 진흥법」에 따른 인공우주물체의 추락·충돌 등으로 인한 피해

---

1) 재난(disaster)
- dis : 불일치, 파괴
- aster : astrum 또는 star(별)

2) 자연재난
「자연재해대책법」 및 「농어업재해대책법」, 개별법 사항

3) 사회재난(인적재난)
개별법 사항

개념 CHECK

1. 재난은 국민의 생명·신체·재산과 국가에 피해를 주거나 줄 수 있는 것으로 자연재난과 사회재난을 말한다. (　)
2. 자연우주물체의 추락·충돌은 사회재난에 속한다. (　)

1 ○　2 ×

(3) 미국의 연방재난관리청(FEMA)의 정의

통상적으로 사망과 상해, 재산 피해를 가져오고 일상적인 절차나 정부의 자원으로는 관리할 수 없는 심각하고 규모가 큰 사건으로, 보통 돌발적으로 일어나기 때문에 정부와 민간조직이 인간의 기본적 수요를 충족시키고 복구를 신속하게 하고자 할 때 즉각적, 체계적, 효과적인 대처를 하여야 하는 사건을 말한다.

02 재난의 특징 ★

누적성	재난은 오랫동안 누적되어 온 위험요인들이 특정 시기에 표출된 결과이다.
인지성	인지적인 차이를 말하며 위험의 정량적(객관적)·정성적(주관적) 시각의 불일치를 말한다(즉, 동일한 재난에 대해 재난관리자는 단순 기술적 사고로, 피해자들은 대재앙으로 인식).
복잡성	재난의 상호작용성으로 인한 최초 사건과 다른 재난의 발생을 말한다(즉, 지진의 발생으로 전염병이 발생).
불확실성	• 누적성·복잡성과 달리 재난관리의 전 과정에서 나타난다. • 재난은 선형적·기계적인 과정 외 비선형적·유기적 또는 진화적인 과정이 나타난다.
기타	• 발생과정은 돌발적이며 큰 충격을 가지나, 같은 유형의 재난피해라도 형태나 규모, 영향 범위가 모두 다르다. • 시간과 기술·산업발전에 따라 발생빈도나 피해규모가 다르다. • 재난발생 가능성과 상황변화를 예측하기 어렵다. • 본인과 가족의 직접적인 재난피해 외에는 무관심하고 실질적인 위험이 크더라도 방심한다.

03 재난의 분류 ★★ 19, 23 공채

(1) 존스(Jones)의 재해분류

재난의 발생원인과 재해현상에 따라 **자**연재해, **준**자연재해, 인**위**(사회)재해로 분류하고, 자연재해는 생**물**학적 재해와 지구**물**리학적 재해(**지**질학적, 지**형**학적, 기**상**학적 재해)로 구분하였다.

> **불꽃암기**
> 존스의 재해분류 :
> 존자준위, 물물, 지형상

(2) 아네스(Anesth)의 재해분류

재해를 **자**연재해와 **인**위재해로 이분하고, 자연재해를 기**후**성 재해와 지**진**성 재해로 분류하였으며, 인위재해(고의성 유무)는 **사**고성 재해와 **계**획적 재해로 구분하였다.

> **불꽃암기**
> 아네스의 재해분류 :
> 아네자인, 후진사계

> **개념 CHECK**
> 3. 존스(Jones)의 재해분류는 재난의 발생원인과 재해현상에 따라 자연재해, 준자연재해, 인위(사회)재해로 분류했다. ( )

(3) 재난의 분류

	자연				준자연	인적
존스	지구물리학적			생물학적	• 온난화·사막화·염수화현상 • 눈사태 • 산성화 • 홍수	• 공해, 광화학연무 • 폭동 • 사고 : 교통·폭발 • 전쟁
	지질학적	지형학적	기상학적			
	• 지진 • 화산 • 쓰나미	• 산사태, 염수, 토양	안개, 눈, 해일, 번개, 폭풍, 가뭄, 태풍	세균질병, 유독 식물·동물		

	자연		인위		
아네스	지진성	기후성	사고성		계획적
	• 지진, 화산, 해일	• 태풍	• 생물학적	• 공해, 광화학연무, 방사능 • 사고 : 화재, 폭발, 교통, 산업	• 폭동, 전쟁, 테러

	자연재난	사회재난
재난안전법	• 태풍, 홍수, 호우, 강풍, 풍랑, 해일, 대설, 한파, 낙뢰, 가뭄, 폭염, 지진, 황사, 조류 대발생, 조수, 화산활동, **자연우주물체의 추락·충돌 등** • 자연현상으로 인하여 발생하는 재해	• 화재·붕괴·폭발·교통사고(항공·해상사고 포함)·화생방사고·환경오염사고·다중운집인파사고 – 대통령령으로 정하는 규모 이상의 피해 – 국가 또는 지방자치단체 차원의 대처가 필요 – 행정안전부장관이 재난관리를 위하여 필요 • 국가핵심기반의 마비 • 감염병 또는 가축전염병 확산, 미세먼지, 인공우주물체 추락·충돌 등으로 인한 피해

(4) 자연재난과 사회재난 비교

구분	자연재난	사회재난(인위재난)
예측	어느 정도 예측 및 경고 가능	• 예측 불가능 • 피난 여지가 거의 없음
영향범위	보통 재해의 희생자에 국한	직접적 피해 받지 않은 사람에게도 영향
영향지속	비교적 단기간 지속	• 단기간 또는 장기적 지속 • 화학사고의 경우 장기적
피해	가시적으로 환경 손상	가시적으로 피해가 나타나지 않는 경우 존재
Low point (상황 전환점)	• 식별 가능한 상황의 전환점이 존재 • 이 시점 이후 개선되는 경향	분명한 상황 전환점이 존재할 수 있으나, 유독물질 사고의 경우 상황악화 가능
통제인식	통제 불가능으로 인식	통제가능으로 인식

04 재난(재해)의 발생이론 24 공채 / 21 간부

(1) 하인리히 5단계 이론(고전 도미노 이론)

① 어느 하나에 문제가 발생하면 연쇄적 영향을 발생한다는 이론으로, "3단계 불안전한 상태 또는 행동"을 제거하면 사고는 일어나지 않는다고 보는데 재해는 사소한 것들을 방치하면 발생한다는 뜻이다.

② 또한 재해발생비율에 대해 "1 : 29 : 300의 법칙"으로 제시하고, 1건의 사망 또는 중상이 발생하기 전 29건의 경상, 300건 무상해사고(고장 포함)가 발생하였다는 것을 말한다.

③ 도미노 이론 ★

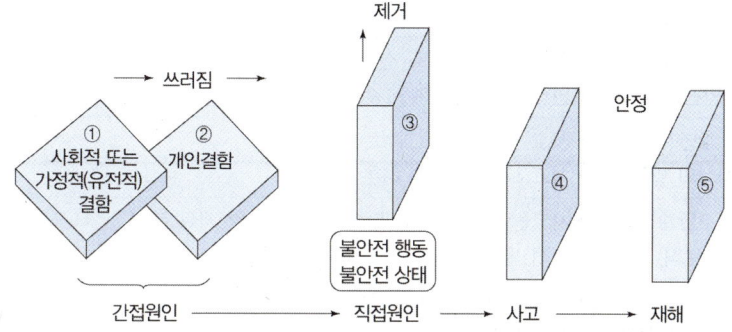

1단계	• 사회적 환경 또는 가정적(유전적 요인) 결함 • 인명경시 풍조, 공중도덕 및 준법정신의 결여
2단계	• 개인적 결함 • 안전에 대한 인식 미흡, 기능의 부족
3단계	• 불안전한 상태 또는 행동(직접원인) • 불안전한 상태 : 위험물 방치, 위험한 장소, 안전장치 미구비 상태 • 불안전한 행동 : 안전수칙 미준수, 기계 오작동
4단계	사고
5단계	재해

(2) 프랭크버드 이론(최신, 수정 도미노 이론) ★

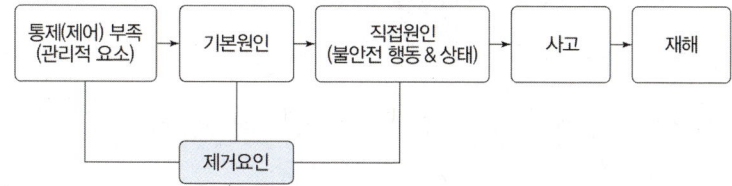

개념 CHECK

4. 하인리히는 "1 : 29 : 300의 법칙"으로 제시하고, 이것은 1건의 사망 또는 중상이 발생하기 전 29건의 경상, 300건 무상해사고(고장 포함)가 발생하였다는 것을 말한다. (   )

5. 프랭크 버드는 최신 도미노 이론에서 재해방지를 위해서는 반드시 기본원인을 제거해야 한다고 주장하였다. (   )

4 ○ 5 ○

① 5단계까지 이론을 제시하고 제1단계는 제어의 부족으로 관리이며, 제2단계는 기본원인인 기원, 제3단계는 직접원인인 징후, 제4단계는 사고로 접촉, 그리고 제5단계는 상해인 손실을 말한다.
② 재해방지를 위해서는 반드시 **기본원인(2단계)**을 제거해야 한다고 주장하였다.
③ 재해 발생비는 1(중상) : 10(경상 : 인적, 물적 손실) : 30(무상해 사고 : 물적 손실) : 600(무상해, 무사고 고정 : 위험순간)을 제시하고 있다.

05 재난(재해)의 예방

(1) 사고 예방대책의 기본원리(5단계)

단계	내용
1단계 (안전조직)	• 경영자의 안전목표 설정, 안전관리자 선임 • 안전조직 구성, 계획 수립
2단계 (사실의 발견)	• 사고 및 활동기록 검토, 작업 분석 • 사고조사, 제안 및 여론 조사
3단계 (분석)	• 사고원인 및 경향성 분석, 사고기록 및 자료 분석 • 인적, 물적, 환경적 조건 분석
4단계 (시정방법 선정)	• 기술적 개선, 배치 조정, 교육훈련 • 제도개선, 안전운동
5단계 (시정책 운용)	교육적 대책, 기술적 대책

(2) 재해 예방의 4원칙

원칙	내용
예방가능의 원칙	천재지변을 제외한 모든 인재는 예방가능하다.
손실우연의 원칙	사고 결과, 손실의 유무 또는 대소는 사고 당시 조건에 따라 우연적으로 발생한다.
원인연계의 원칙	사고에는 반드시 원인이 있고, 원인은 복합적 연계 원인이다.

대책선정의 원칙	• 사고의 원인, 불안전 요소가 발견되면 반드시 대책을 선정해야 한다.
	• 대책의 3원칙
	  – 기술 : 공학적 대책
	  – 교육 : 안전교육 및 훈련
	  – 규제 : 관리적 대책

개념 CHECK

6. 재해 예방의 4원칙 중 원인연계의 원칙은 사고에는 반드시 원인이 있고, 원인은 복합적 연계 원인으로 되어 있다는 것을 말한다. ( )

2. 재난관리의 개념, 종류와 단계별 관리사항 ★★★

01 재난관리의 개념

자연재난 또는 사회재난 등의 재난을 관리하는 것으로 재난으로 인해 발생되는 피해를 최소화하기 위해 재해의 예방, 대비, 대응, 복구에 관한 정책의 개발 및 시행 등 일련의 과정을 말한다.

02 재난관리의 종류 22 공채

(1) 광의의 재난관리와 협의의 재난관리
① 광의의 재난관리
  ㉠ 인간에게 피해를 줄 수 있는 사건의 위험을 통제하는 것을 말한다.
  ㉡ 사전에 재난을 예방하고, 재난에 대비하며, 재난 발생 후 피해를 최소화하고, 본래 상태로 복구하기 위한 모든 측면의 관리를 포함한다.
② 협의의 재난관리
  ㉠ 재난관리 중 긴급관리가 필요한 대응단계의 재난관리를 말한다.
  ㉡ 재난발생 시 피해를 최소화하기 위해 재난상황에 질서를 부여하는 대응과정 및 복구과정으로 대응기관들의 자원을 관리하고, 조직 상호 소통을 위해 사고지휘체계를 구성하고, 피해를 최소화하기 위한 과정을 말한다.

(2) 분산관리방식과 통합관리방식 ★
① 분산관리방식 : 전통적 재난관리제도로 재난의 유형별 특징을 강조하고, 재난의 종류에 따라 대응방식에 차이가 있다는 특징 때문에 재난계획과 대응책임기관도 각각 다르게 배정되어 관리하는 방식이다.
② 통합관리방식 : 모든 재난은 피해범위, 대응자원, 대응방식에 있어 유사하고 기존재난유형별 계획(분산관리)이 실제 재난에 효과적이지 않다는 결과에 따라 재난대응에 적용하는 비상대응기관 및 단체들을 통합 관리함으로써 효과적 대응이 가능하다는 방식이다.
③ 분산관리방식과 통합관리방식의 비교 ★★

구분	분산관리방식	통합관리방식
관리	유형별 관리(재난 차이 강조)	통합적 관리(재난 유사성 강조)
대응범위	• 특정 재난 • 독자 활동	• 모든 재난 • 종합 관리와 독자 활동 병행
책임기관 (관계기관)	• 다수 기관(부처) • 재난유형별 소관부처 • 중복 우려	소수 기관(부처)
지휘통제 (정보전달)	다양화, 다원화	단일화, 일원화 - 지휘통제 용이

개념 CHECK

7. 분산관리방식은 업무의 전문성이 향상되나, 부처 간 업무의 중복 및 연계가 미흡한 단점이 있다. ( )

관리체계	복잡	간편
책임성	책임의 분산	과도한 책임(부담)
효율성	낮음	높음
신속성	낮음	높음
장점	• 업무의 완결성, 업무의 전문성 향상 • 업무 과다 방지(적정수준) • 구체적 관리계획 수립	• 총괄적 자원동원과 신속한 대응 • 가용자원의 효율적 활용 • 재원마련·배분 간소함
단점	• 부처간 **업무의 중복** 및 연계미흡 • 재원 마련과 배분 복잡 • 재난 대처에 한계	• 시스템 구축이 어려움 • 부처 이기주의 및 기존 조직의 반발 • 유사한 자원동원체계와 자원유형 필요

④ 최근 재난현장에서는 복구 중심의 현장관리방식에서 대응 중심의 전문화된 현장관리방식으로 변화되고 있는 추세이다.
  ㉠ 소방환경은 변화하고 있고, 소방서비스의 수요는 증가하고 있다.
  ㉡ 산업화, 도시화, 지식정보화 단계를 거쳐 변화하는 사회 구조에 따라 재난의 유형과 피해 규모도 함께 변화
  ㉢ 자연재난 중심 → 인적재난의 빈도와 규모 증가
  ㉣ 산업화, 도시화, 개방화, 국제화 → 사회구성원들 간의 대립 증가 → 운송노조 파업 등 사회재난의 빈도 증가

03 재난관리의 단계별 관리사항 ★★★ 18, 21, 22, 23 공채 / 21 간부

(1) 예방 및 완화단계
예방 및 완화단계는 미래에 발생할 가능성이 있는 재난을 사전에 예방하고, 또한 **재난발생 가능성을 감**소시키며, 발생 가능한 재난의 피해를 최소화시키기 위한 활동을 말한다(재난의 위험을 경감시키기 위한 **방법**을 계획하는 활동이다).

(2) 대비(준비)단계
예방단계 활동에도 불구하고 재난발생 확률이 높아진 경우, 재난발생 후에 효과적으로 대응할 수 있도록 사전에 대응활동을 위한 기구 및 장치를 구성하는 단계이다.

(3) 대응단계
재난이 발생한 경우 신속한 대응활동을 통하여 재난으로 인한 **인명 및 재산피해**를 최소화하고, 재난의 **확산**을 **방지**하며, 순조롭게 복구가 이루어질 수 있도록 활동하는 단계이다.

(4) 복구단계
재난상황이 어느 정도 안정된 후 취하는 활동단계로 재난으로 인한 피해지역을 재난 이전의 상태(정상상태)로 회복시키는 활동을 포함한다.

개념 CHECK
8. 재난관리는 예방, 대비, 대응, 복구의 4단계로 되어 있다. (   )

(5) 재난관리의 단계별 관리사항 ★★★

단계		활동 사항
예방(완화) - 평상시	이론	• 재난관리를 위한 장기계획의 마련, 화재방지 • 재난피해 축소를 위한 규정 제정 및 정비 - 건축법규, 재난 관련법 등 • 토지이용관리, 위험요인과 지역을 조사하여 위험성 분석 및 위험요인 제거 • **위험지도의 제작**, 수해상습지구의 설정과 수해방지시설의 공사, 안전기준의 설정 • 공공교육, 재난보험, 소송(기소), 조세유도 등
	법규	• 재난관리 책임기관의 장의 재난예방조치 등 • 국가핵심기반, 특정관리대상지역의 **지정 및 관리** 등 • 지방자치단체에 대한 **지원** 등 • 재난방지시설의 관리 및 재난관리 실태 공시 등 • 긴급안전점검, **합동 점검** • 안전취약계층 환경 지원 • 재난안전분야 종사자 교육
대비(준비) - 재난발생 전	이론	• 재난방송 및 공공정보자료, 긴급대응계획의 수립 • 재난위험성 분석, 지역 간 상호원조협정 체결 • **자원동원관리체계 구축**, 대응요원들의 훈련 및 교육 • **비상방송시스템 구축**, 비상경보체계 구축 • 통합대응체계 구축, 비상통신망 구축 • 대응자원준비(대응조직관리) 등
	법규	• 재난관리자원의 **비**축·관리 • 재난현장 긴급**통**신수단의 마련, 재난안전통신망 구축·운영 • 국가재난관리**기**준의 제정·운용 등 • 기능별 재난대응 활동계획의 작성·활용 • 다중이용시설 등 재난분야 위기관리 **매**뉴얼 작성·운용 • 안전기준의 등록 및 심의 등 • 재난대비훈련 기본**계**획 수립 및 훈련 실시
대응 - 재난발생 후	이론	• 각종 재난관리계획 실행, 대책본부의 활동 개시 • 긴급대피계획의 실천 • 긴급의약품 조달, 생필품 공급, 피난처 제공 • 이재민 수용 및 보호, 후송, 탐색 및 구조 등 • 경보시스템 가동, 긴급대피 및 은신, 대국민 경계경보 • 재난대응계획의 적용, 재해의 진압, 구조·구난 • 응급의료체계의 운영, 대책본부의 가동 • 환자수용, 간호, 보호 및 후송 등
	법규	• 재난사태 선포, 응급조치, 위기경보 발령 등 • 재난 예보·경보체계 구축·운영 등 • 동원명령, 대피명령, 위험구역 설정, 강제대피 조치, 통행제한, 응원 등 • 긴급구조, 긴급구조활동 계획 수립, 평가 등 • 긴급구조대응계획의 수립
복구 - 재난발생 후	이론	• 잔해물 제거, 전염예방 • 이재민 지원, 임시주거지 마련, 시설복구, 위기상담 • 피해평가, 보험금 지급, 보조금 지급 • 재난관련 공공정보 제공 • 대응계획 평가, 대응계획 수정·배포 등이 필요
	법규	• 피해조사 및 복구계획 • 재난복구계획의 수립·시행 • 특별재난지역 선포 및 지원 • 재정 및 보상 등

불꽃암기
대비 : 비통(한) 계기(다)

개념 CHECK
9. 재난현장 긴급통신수단의 마련, 재난안전통신망 구축·운영, 국가재난관리기준의 제정·운용 등은 예방단계의 사항이다. ( )

9 ×(대비)

재난관리론 복습만이 살길이다!!!

소방학개론

▶ **다시보자 복습 문제 01**　　　　　　　　　　　　　　　　　　　　　　　　　　　　Check

01. 태풍, 홍수, 호우, 강풍, 풍랑, 해일, 대설, 한파, 낙뢰, 가뭄, 폭염, 지진, 황사, 조류 대발생, 조수, 화산활동, 자연우주물체의 추락·충돌 등은 자연재난에 해당한다.

02. 화재·붕괴·폭발·교통사고(항공·해상사고 포함)·화생방사고·환경오염사고·다중운집인파사고는 사회재난에 해당한다.

03. 프랭크 버드의 1 : 10 : 30 : 600 이론에서 경상은 10을 말한다.

04. 존스(Jones)의 재해분류에서 자연재해는 생물학적 재해와 지구물리학적 재해(지질학적, 지형학적, 기후적 재해)로 구분한다.

05. 존스(Jones)의 재해분류 중 기상학적 재해에는 번개, 폭풍, 쓰나미, 토네이도 등이 있다.

06. 하인리히 "1 : 29 : 300의 법칙"으로 제시하고, 1건의 사망 또는 중상이 발생하기 전 29건의 경상, 300건 무상해 사고(고장포함)가 발생한다.

07. 하인리히의 안전사고 연쇄성이론의 5단계 사회적 환경 및 유전적 요소 – 개인적 결함 – 불안전 행동 및 상태 – 사고 – 상해이다.

08. 재난관리 방식 중 분산관리는 재난의 종류에 따라 대응방식의 차이와 대응계획 및 책임기관이 각각 다르게 배정된다.

09. 재난관리단계에서 대비는 재난을 효율적으로 관리하기 위하여 안전기준의 등록 및 심의 등을 한다.

10. 재난관리의 단계별 주요활동 중 '재난안전통신망 구축운영'이 해당되는 단계로 옳은 것은?
    ① 대응단계
    ② 대비단계
    ③ 예방단계
    ④ 복구단계

11. 다음은 재해 발생 과정에 관한 이론이다. 각 이론에서 재해 발생을 방지하기 위해 제거해야 하는 단계가 옳게 나열된 것은?

    > ㄱ. 하인리히(H. W. Heinrich)의 도미노 이론 : 사회적 환경 및 유전적 요소 → 개인적 결함 → 불안전한 행동 및 상태 → 사고 → 재해
    > ㄴ. 버드(F. Bird)의 수정 도미노 이론 : 제어의 부족 → 기본원인 → 직접원인 → 사고 → 재해

    ① 개인적 결함, 직접원인
    ② 개인적 결함, 기본원인
    ③ 불안전한 행동 및 상태, 직접원인
    ④ 불안전한 행동 및 상태, 기본원인

🔒 1 ○　2 ○　3 ○　4 ×(기상학적)　5 ×(쓰나미 – 지질)　6 ○　7 ○　8 ○　9 ○　10 ②　11 ④

02 우리나라의 재난관리
(재난 및 안전관리 기본법)

1 총칙

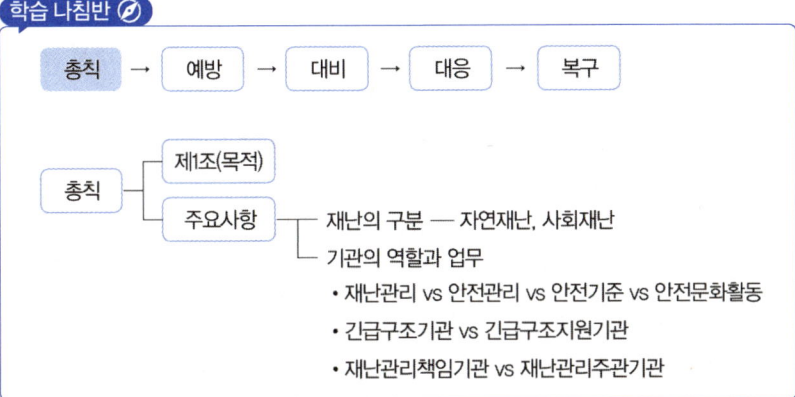

제1조(목적)

이 법은 각종 재난으로부터 국토를 보존하고 국민의 생명·신체 및 재산을 보호하기 위하여 국가와 지방자치단체의 재난 및 안전관리체제를 확립하고, 재난의 예방·대비·대응·복구와 안전문화활동, 그 밖에 재난 및 안전관리에 필요한 사항을 규정함을 목적으로 한다.

> **시행령** 제1조(목적)
> 이 영은 「재난 및 안전관리 기본법」에서 위임된 사항과 그 시행에 필요한 사항을 규정함을 목적으로 한다.
>
> **시행규칙** 제1조(목적)
> 이 규칙은 「재난 및 안전관리 기본법」 및 같은 법 시행령에서 위임된 사항과 그 시행에 필요한 사항을 규정함을 목적으로 한다.

제2조(기본이념)

이 법은 재난을 예방하고 재난이 발생한 경우 그 피해를 최소화하여 일상으로 회복할 수 있도록 지원하는 것이 국가와 지방자치단체의 기본적 의무임을 확인하고, 모든 국민과 국가·지방자치단체가 국민의 생명 및 신체의 안전과 재산보호에 관련된 행위를 할 때에는 안전을 우선적으로 고려함으로써 국민이 재난으로부터 안전한 사회에서 생활할 수 있도록 함을 기본이념으로 한다. 〈개정 2023.5.16.〉

제3조(정의) 〈개정 2024.1.16.〉 [2024.7.17. 시행] 20 공채 / 19, 20, 21, 22 간부

이 법에서 사용하는 용어의 뜻은 다음과 같다. ★★

1. "재난"이란 국민의 생명·신체·재산과 국가에 피해를 주거나 줄 수 있는 것으로서 다음 각 목의 것을 말한다.
    가. 자연재난 : 태풍, 홍수, 호우(豪雨), 강풍, 풍랑, 해일(海溢), 대설, 한파, 낙뢰, 가뭄, 폭염, 지진, 황사(黃砂), 조류(藻類) 대발생, 조수(潮水), 화산활동, 「우주개발 진흥법」에 따른 자연우주물체의 추락·충돌, 그 밖에 이에 준하는 자연현상으로 인하여 발생하는 재해
    나. 사회재난 : 화재·붕괴·폭발·교통사고(항공사고 및 해상사고를 포함한다)·화생방사고·환경오염사고·다중운집인파사고 등으로 인하여 발생하는 대통령령으로 정하는 규모 이상의 피해와 국가핵심기반의 마비, 「감염병의 예방 및 관리에 관한 법률」에 따른 감염병 또는 「가축전염병예방법」에 따른 가축전염병의 확산, 「미세먼지 저감 및 관리에 관한 특별법」에 따른 미세먼지, 「우주개발 진흥법」에 따른 인공우주물체의 추락·충돌 등으로 인한 피해
    다. 삭제 〈2013.8.6.〉

> **시행령** 제2조(재난의 범위)
> 「재난 및 안전관리 기본법」(이하 "법") 제3조 제1호 나목에서 "**대통령령으로 정하는 규모 이상의 피해**"란 다음 각 호의 어느 하나에 해당하는 것을 말한다.
> 1. 국가 또는 지방자치단체 차원의 대처가 필요한 인명 또는 재산의 피해
> 2. 그 밖에 제1호의 피해에 준하는 것으로서 행정안전부장관이 재난관리를 위하여 필요하다고 인정하는 피해

2. "해외재난"이란 대한민국의 영역 밖에서 대한민국 국민의 생명·신체 및 재산에 피해를 주거나 줄 수 있는 재난으로서 정부차원에서 대처할 필요가 있는 재난을 말한다.
3. "재난관리"란 재난의 예방·대비·대응 및 복구를 위하여 하는 모든 활동을 말한다.
4. "안전관리"란 재난이나 그 밖의 각종 사고로부터 사람의 생명·신체 및 재산의 안전을 확보하기 위하여 하는 모든 활동을 말한다.

4의2. "안전기준"이란 각종 시설 및 물질 등의 제작, 유지관리 과정에서 안전을 확보할 수 있도록 적용해야 할 기술적 기준을 체계화한 것을 말하며, 안전기준의 분야, 범위 등에 관하여는 대통령령으로 정한다.

> **시행령** 제2조의2(안전기준의 분야 및 범위)
> 법 제3조 제4호의2에 따른 안전기준의 분야 및 범위는 별표 1과 같다.
>
> [별표 1] 안전기준의 분야 및 범위(제2조의2 관련)
>
> | 안전기준의 분야 | 안전기준의 범위 |
> |---|---|
> | 1. 건축 시설 분야 | 다중이용업소, 국가유산 시설, 유해물질 제작·공급시설 등 관련 구조나 설비의 유지·관리 및 소방 관련 안전기준 |
> | 2. 생활 및 여가 분야 | 생활이나 여가활동에서 사용하는 기구, 놀이시설 및 각종 외부활동과 관련된 안전기준 |
> | 3. 환경 및 에너지 분야 | 대기환경·토양환경·수질환경·인체에 위험을 유발하는 유해성 물질과 시설, 발전시설 운영과 관련된 안전기준 |
> | 4. 교통 및 교통시설 분야 | 육상교통·해상교통·항공교통 등과 관련된 시설 및 안전 부대시설, 시설의 이용자 및 운영자 등과 관련된 안전기준 |
> | 5. 산업 및 공사장 분야 | 각종 공사장 및 산업현장에서의 주변 시설물과 그 시설의 사용자 또는 관리자 등의 안전부주의 등과 관련된 안전기준(공장시설을 포함) |
> | 6. 정보통신 분야(사이버 안전 분야는 제외) | 정보통신매체 및 관련 시설과 정보보호에 관련된 안전기준 |
> | 7. 보건·식품 분야 | 의료·감염, 보건복지, 축산·수산·식품 위생 관련 시설 및 물질 관련 안전기준 |
> | 8. 그 밖의 분야 | 제1호부터 제7호까지에서 정한 사항 외에 제43조의9에 따른 안전기준심의회에서 안전관리를 위하여 필요하다고 정한 사항과 관련된 안전기준 |
>
> 비고 : 위 표에서 규정한 안전기준의 분야, 범위 등에 관한 세부적인 사항은 행정안전부장관이 정한다.

5. "재난관리책임기관"이란 재난관리업무를 하는 다음 각 목의 기관을 말한다.
   가. 중앙행정기관 및 지방자치단체(제주특별자치도 행정시를 포함)
   나. 지방행정기관·공공기관·공공단체(공공기관 및 공공단체의 지부 등 지방조직을 포함) 및 재난관리의 대상이 되는 중요시설의 관리기관 등으로서 대통령령으로 정하는 기관

> **시행령** 제3조(중앙행정기관 및 지방자치단체 외의 재난관리책임기관)
> ① 법 제3조제5호나목에서 "대통령령으로 정하는 기관"이란 다음 각 호의 기관·단체·법인을 말한다.
>   1. 재난관리주관기관 소속의 다음 각 목의 기관
>   가. 지방행정기관
>   나. 재난관리주관기관의 장이 재난관리책임기관으로 지정하는 부속기관
>   다. 가목 및 나목에 따른 기관의 소속기관으로서 재난관리주관기관의 장이 재난관리책임기관으로 지정하는 기관

개념 CHECK
3. 화재·위험물 사고, 다중 밀집시설 대형화재의 재난이 발생하였을 때 재난관리 주관기관은 소방청이 된다. ( )

2. 위기대응 실무매뉴얼을 작성하는 중앙행정기관(재난관리주관기관은 제외, 이하 "실무매뉴얼작성기관") 소속의 다음 각 목의 기관
   가. 지방행정기관
   나. 실무매뉴얼작성기관의 장이 재난관리책임기관으로 지정하는 부속기관
   다. 가목 및 나목에 따른 기관의 소속기관으로서 실무매뉴얼작성기관의 장이 재난관리책임기관으로 지정하는 기관
3. 시·도의 교육청 및 「지방교육자치에 관한 법률」 제34조에 따른 **교육지원청**
4. 재난관리주관기관의 장 및 **실무매뉴얼작성기관**의 장이 재난관리책임기관으로 지정하는 소관 공공기관 및 공공단체(지부·지사 등에 해당하는 기관·단체·법인을 포함)
5. **지방자치단체**의 장이 재난관리책임기관으로 지정하는 소속기관(소속기관을 포함) 및 소관 공공기관·공공단체(지부·지사 등에 해당하는 기관·단체·법인을 포함)
6. 그 밖에 **재난관리**의 대상이 되는 중요시설을 관리하거나 **재난관리업무**를 하는 기관·단체·법인으로서 재난관리주관기관의 장, 실무매뉴얼작성기관의 장 및 지방자치단체의 장이 재난관리책임기관으로 지정하는 기관·단체·법인

② 재난관리주관기관의 장, 실무매뉴얼작성기관의 장 및 지방자치단체의 장은 제1항 제1호나목·다목, 같은 항 제2호나목·다목 및 같은 항 제4호부터 제6호까지의 규정에 따라 재난관리책임기관을 지정하는 경우에는 그 사실을 고시하고 지정된 재난관리책임기관의 장 및 행정안전부장관에게 통보해야 한다.

③ 재난관리주관기관의 장, 실무매뉴얼작성기관의 장 및 지방자치단체의 장은 제1항 제6호에 따라 민간 기관·단체·법인을 재난관리책임기관으로 지정하려는 경우에는 미리 해당 민간 기관·단체·법인 및 행정안전부장관과 협의를 거쳐야 한다.

④ 행정안전부장관은 재난관리를 위하여 재난관리책임기관으로 지정할 필요가 있다고 인정하는 기관·단체·법인에 대하여 소관 재난관리주관기관의 장, 실무매뉴얼작성기관의 장 및 지방자치단체의 장에게 해당 기관·단체·법인을 재난관리책임기관으로 지정·고시할 것을 요청할 수 있다. 이 경우 요청을 받은 기관의 장은 특별한 사유가 없으면 요청에 따라야 한다.

5의2. "**재난관리주관기관**"이란 재난이나 그 밖의 각종 사고에 대하여 그 유형별로 예방·대비·대응 및 복구 등의 업무를 주관하여 수행하도록 **대통령령**으로 정하는 관계 중앙행정기관을 말한다.

> **시행령** 제3조의2(재난관리주관기관)
> 법 제3조제5호의2에서 "대통령령으로 정하는 관계 중앙행정기관"이란 별표 1의3에 따른 재난 및 그 밖의 각종 사고 유형별 재난관리주관기관을 말한다.

6. "**긴급구조**"란 재난이 발생할 우려가 현저하거나 재난이 발생하였을 때에 국민의 생명·신체 및 재산을 보호하기 위하여 긴급구조기관과 긴급구조지원기관이 하는 인명구조, 응급처치, 그 밖에 필요한 모든 긴급한 조치를 말한다.

7. "**긴급구조기관**"이란 소방청·소방본부 및 소방서를 말한다. 다만, 해양에서 발생한 재난의 경우에는 해양경찰청·지방해양경찰청 및 해양경찰서를 말한다. ★★★

8. "**긴급구조지원기관**"이란 긴급구조에 필요한 인력·시설 및 장비, 운영체계 등 긴급구조능력을 보유한 기관이나 단체로서 대통령령으로 정하는 기관과 단체를 말한다.

개념 CHECK

4. 내륙에서 발생한 유도선 등의 수난 사고는 해양수산부가 재난관리 주관기관이 된다. ( )

4 ×

시행령 **제4조(긴급구조지원기관)**

법 제3조 제8호에서 "**대통령령으로 정하는 기관과 단체**"란 다음 각 호의 기관과 단체를 말한다. 〈개정 2023.6.27.〉 ★

1. 교육부, 과학기술정보통신부, 국방부, 산업통상자원부, 보건복지부, 환경부, 국토교통부, 해양수산부, **방송통신위원회, 경찰청, 산림청, 질병관리청 및 기상청**
2. 국방부장관이 법 제57조 제3항 제2호에 따른 탐색구조부대로 지정하는 군부대와 그 밖에 긴급구조지원을 위하여 국방부장관이 지정하는 군부대
3. 대한적십자사
4. 종합병원

4의2. 「응급의료에 관한 법률」 제2조제5호에 따른 응급의료기관, 같은 법 제25조에 따른 중앙응급의료센터, 같은 법 제27조에 따른 응급의료지원센터 및 같은 법 제44조제1항 제1호·제2호에 따른 구급차등의 운용자

5. 전국재해구호협회
6. 법 제3조 제7호에 따른 긴급구조기관과 긴급구조활동에 관한 응원협정을 체결한 기관 및 단체
7. 그 밖에 긴급구조에 필요한 인력과 장비를 갖춘 기관 및 단체로서 **행정안전부령으로 정하는 기관 및 단체**

시행규칙 **시행규칙 제2조(긴급구조지원기관)**

시행령 (이하 "영") 제4조 제7호에서 "**행정안전부령으로 정하는 기관 및 단체**"란 별표 1에 규정된 기관 및 단체를 말한다.

[별표 1] 긴급구조지원기관(제2조 관련)

1. 유역환경청 또는 지방환경청, 지방국토관리청, 지방항공청
2. 지하철공사 및 도시철도공사, 한국가스공사, 한국가스안전공사, 한국농어촌공사, 한국전기안전공사, 한국전력공사, 대한석탄공사, 한국광물자원공사, 한국수자원공사, 한국도로공사, 한국공항공사, 항만공사
3. 한국원자력안전기술원 및 **한국원자력의학원**, 보건소
4. **국립공원관리공단**(국립공원공단)
5. 기간통신사업자로서 소방청장이 정하여 고시하는 기간통신사업자

9. "**국가재난관리기준**"이란 모든 유형의 재난에 공통적으로 활용할 수 있도록 재난관리의 전 과정을 통일적으로 단순화·체계화한 것으로서 **행정안전부장관이 고시한 것**[1]을 말한다.

9의2. "**안전문화활동**"이란 안전교육, 안전훈련, 홍보, 사고 예방 신고 장려 등을 통하여 안전에 관한 가치와 인식을 높이고 안전을 생활화하도록 하는 등 재난이나 그 밖의 각종 사고로부터 안전한 사회를 만들어가기 위한 활동을 말한다.

9의3. "**안전취약계층**"이란 어린이, 노인, 장애인, 저소득층 등 신체적·사회적·경제적 요인으로 인하여 재난에 취약한 사람을 말한다.

10. "**재난관리정보**"란 재난관리를 위하여 필요한 **재**난상황정보, 동원가능 **자**원정보, **시**설물정보, **지**리정보를 말한다.

10의2. "**재난안전의무보험**"이란 재난이나 그 밖의 각종 사고로 사람의 생명·신체 또는 재산에 피해가 발생한 경우 그 피해를 보상하기 위한 보험 또는 공제로서 이 법 또는 다른 법률에 따라 일정한 자에 대하여 가입을 강제하는 보험 또는 공제를 말한다.

1) 행정안전부장관이 고시한 것
재난관리기준

불꽃암기
재난관리정보 : 재자지시

개념 CHECK
5. "긴급구조기관"이란 소방청·소방본부 및 소방서를 말한다. 다만, 해양에서 발생한 재난의 경우에는 해양경찰청·지방해양경찰청 및 해양경찰본부를 말한다. ( )

11. "재난안전통신망"이란 재난관리책임기관·긴급구조기관 및 긴급구조지원기관이 재난 및 안전관리업무에 이용하거나 재난현장에서의 통합지휘에 활용하기 위하여 구축·운영하는 통신망을 말한다.
12. "국가핵심기반"이란 에너지, 정보통신, 교통수송, 보건의료 등 국가경제, 국민의 안전·건강 및 정부의 핵심기능에 중대한 영향을 미칠 수 있는 시설, 정보기술시스템 및 자산 등을 말한다.
13. "재난안전데이터"란 정보처리능력을 갖춘 장치를 통하여 생성 또는 처리가 가능한 형태로 존재하는 재난 및 안전관리에 관한 정형 또는 비정형의 모든 자료를 말한다. 〈개정 2023.5.16.〉

제4조(국가 등의 책무)

① 국가와 지방자치단체는 재난이나 그 밖의 각종 사고로부터 국민의 생명·신체 및 재산을 보호할 책무를 지고, 재난이나 그 밖의 각종 사고를 예방하고 피해를 줄이기 위하여 노력해야 하며, 발생한 피해를 신속히 대응·복구하여 일상으로 회복할 수 있도록 지원하기 위한 계획을 수립·시행하여야 한다. 〈개정 2023.5.16.〉

② 국가와 지방자치단체는 안전에 관한 정보를 적극적으로 공개해야 하며, 누구든지 이를 편리하게 이용할 수 있도록 해야 한다.

③ 국가와 지방자치단체는 재난이나 그 밖의 각종 사고를 수습하는 과정에서 피해자의 인권이 침해받지 아니하도록 노력하여야 한다. 〈신설 2024.1.16.〉

④ 제3조 제5호 나목에 따른 재난관리책임기관의 장은 소관 업무와 관련된 안전관리에 관한 계획을 수립하고 시행하여야 하며, 그 소재지를 관할하는 특별시·광역시·특별자치시·도·특별자치도(이하 "시·도"라 한다)와 시(「제주특별자치도 설치 및 국제자유도시 조성을 위한 특별법」 제10조 제2항에 따른 행정시를 포함한다. 이하 같다)·군·구(자치구를 말한다. 이하 같다)의 재난 및 안전관리업무에 협조하여야 한다. 〈신설 2024.1.16.〉

제5조(국민의 책무)

국민은 국가와 지방자치단체가 재난 및 안전관리업무를 수행할 때 최대한 협조해야 하고, 자기가 소유하거나 사용하는 건물·시설 등으로부터 재난이나 그 밖의 각종 사고가 발생하지 아니하도록 노력해야 한다.

제6조(재난 및 안전관리 업무의 총괄·조정)

행정안전부장관은 국가 및 지방자치단체가 행하는 재난 및 안전관리 업무를 총괄·조정한다.

제7조 삭제 〈2013.8.6.〉

개념 CHECK

6. "재난관리정보"란 재난관리를 위하여 필요한 재난상황정보, 동원가능 자원정보, 시설물정보, 지리정보를 말한다. (　)

제8조(다른 법률과의 관계 등)

① 재난 및 안전관리에 관하여 다른 법률을 제정하거나 개정하는 경우에는 이 법의 목적과 기본이념에 맞도록 해야 한다.

② 재난 및 안전관리에 관하여 「자연재해대책법」 등 다른 법률에 특별한 규정이 있는 경우를 제외하고는 이 법에서 정하는 바에 따른다.

2 안전관리기구 및 기능

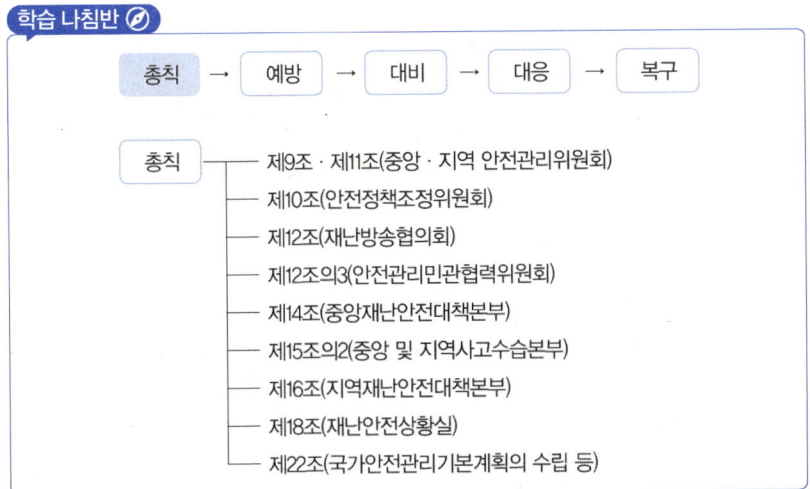

01 중앙안전관리위원회 등

제9조(중앙안전관리위원회) ★★★ 19, 22 공채

① 재난 및 안전관리에 관한 다음 각 호의 사항을 심의하기 위하여 국무총리 소속으로 중앙안전관리위원회(이하 "중앙위원회")를 둔다.

  1. 재난 및 안전관리에 관한 중요 정책에 관한 사항
  2. 제22조에 따른 국가안전관리기본계획에 관한 사항
  2의2. 제10조의2에 따른 재난 및 안전관리 사업 관련 **중기사업계획서**, 투자우선순위 의견 및 예산요구서에 관한 사항
  3. 중앙행정기관의 장이 수립·시행하는 계획, 점검·검사, 교육·훈련, 평가 등 재난 및 안전관리업무의 조정에 관한 사항
  3의2. 안전기준관리에 관한 사항
  4. 제36조에 따른 재난사태의 선포에 관한 사항
  5. 제60조에 따른 **특별재난지역의 선포**에 관한 사항
  6. 재난이나 그 밖의 각종 사고가 발생하거나 발생할 우려가 있는 경우 이를 수습하기 위한 관계 기관 간 협력에 관한 중요 사항

개념 CHECK

7. 행정안전부장관은 국가 및 지방자치단체가 행하는 재난 및 안전관리 업무를 총괄·조정한다.
( )

8. 재난 및 안전관리에 관한 재난 및 안전관리에 관한 중요 정책에 관한 사항 등을 심의하기 위하여 국무총리 소속으로 중앙안전관리위원회(이하 "중앙위원회")를 둔다. ( )

7 ○ 8 ○

6의2. 재난안전의무보험의 관리·운용 등에 관한 사항
7. 중앙행정기관의 장이 시행하는 **대통령령으로 정하는 재난 및 사고의 예방 사업 추진에 관한 사항**
8. 「재난안전산업 진흥법」 제5조에 따른 기본계획에 관한 사항
9. 그 밖에 위원장이 회의에 부치는 사항

② 중앙위원회의 위원장은 **국무총리**가 되고, 위원은 대통령령으로 정하는 중앙행정기관 또는 관계 기관·단체의 장이 된다.

> **시행령** 제6조(중앙안전관리위원회의 위원)
> ① 법 제9조 제2항에서 "**대통령령으로 정하는 중앙행정기관 또는 관계 기관·단체의 장**"이란 다음 각 호의 사람을 말한다.
>   1. 기획재정부장관, 교육부장관, 과학기술정보통신부장관, 외교부장관, 통일부장관, 법무부장관, 국방부장관, 행정안전부장관, 문화체육관광부장관, 농림축산식품부장관, 산업통상자원부장관, 보건복지부장관, 환경부장관, 고용노동부장관, 여성가족부장관, 국토교통부장관, 해양수산부장관 및 중소벤처기업부장관
>   2. 국가정보원장, 방송통신위원회위원장, 국무조정실장, 식품의약품안전처장, 금융위원회위원장 및 원자력안전위원회위원장
>   3. 경찰청장, 소방청장, **국가유산청장**, 산림청장, 질병관리청장, 기상청장 및 해양경찰청장
>   4. 삭제 〈2015.6.30.〉
>   5. 그 밖에 법 제9조 제1항에 따른 중앙안전관리위원회(이하 "중앙위원회")의 위원장이 지정하는 기관 및 단체의 장
> ② 법 **제9조 제5항**에서 "**대통령령으로 정하는 중앙행정기관의 장 순**"이란 제1항 제1호에 따른 중앙행정기관의 장의 순서를 말한다.

③ 중앙위원회의 위원장은 중앙위원회를 대표하며, 중앙위원회의 업무를 총괄한다.
④ **중앙위원회에 간사 1명**을 두며, 간사는 행정안전부장관이 된다.
⑤ 중앙위원회의 위원장이 **사고 또는 부득이한 사유**로 직무를 수행할 수 없을 때에는 **행정안전부장관, 대통령령으로 정하는 중앙행정기관의 장 순**으로 위원장의 직무를 대행한다.
⑥ 제5항에 따라 행정안전부장관 등이 중앙위원회 위원장의 직무를 대행할 때에는 행정안전부의 재난안전관리사무를 담당하는 본부장이 중앙위원회 간사의 직무를 대행한다.
⑦ 중앙위원회는 **제1항 각 호의 사무가 국가안전보장과 관련된 경우**에는 국가안전보장회의와 협의해야 한다.
⑧ 중앙위원회의 위원장은 그 소관 사무에 관하여 재난관리책임기관의 장이나 관계인에게 자료의 제출, 의견 진술, 그 밖에 필요한 사항에 대하여 협조를 요청할 수 있다. 이 경우 요청을 받은 사람은 특별한 사유가 없으면 요청에 따라야 한다.
⑨ 중앙위원회의 구성과 운영 등에 필요한 사항은 **대통령령**으로 정한다.

개념 CHECK
9. 중앙위원회의 구성과 운영 등에 필요한 사항은 대통령령으로 정한다. ( )

시행령 **제8조(중앙위원회의 운영)**
① 중앙위원회의 회의는 위원의 요청이 있거나 위원장이 필요하다고 인정하는 경우에 위원장이 소집한다.
② 중앙위원회의 회의는 재적위원 과반수의 출석으로 개의하고, 출석위원 과반수의 찬성으로 의결한다.
③ 위원장은 회의 안건과 관련하여 필요하다고 인정하는 경우에는 관계 공무원과 민간 전문가 등을 회의에 참석하게 하거나 관계 기관의 장에게 자료 제출을 요청할 수 있다. 이 경우 요청을 받은 관계 공무원과 관계 기관의 장은 특별한 사유가 없으면 요청에 따라야 한다.
④ 제1항부터 제3항까지에서 규정한 사항 외에 중앙위원회의 운영에 필요한 사항은 중앙위원회 의결을 거쳐 위원장이 정한다.

시행령 **제12조(중앙위원회 등의 수당 및 임기 등)**
① 중앙위원회, 조정위원회, 실무위원회 및 중앙재난방송협의회의 회의에 출석한 위원에게는 예산의 범위에서 수당과 여비, 그 밖의 실비를 지급할 수 있다. 다만, 공무원인 위원이 그 업무와 직접 관련하여 회의에 출석하는 경우에는 그러하지 아니하다.
② 중앙위원회, 조정위원회 및 중앙재난방송협의회의 위원 중 공무원인 위원의 임기는 해당 직위에 재임하는 기간으로 하고, 그 외의 위원의 임기는 2년으로 한다. 다만, 보궐위원의 임기는 전임자 임기의 남은 기간으로 한다.

요약 정리 | 중앙안전관리위원회

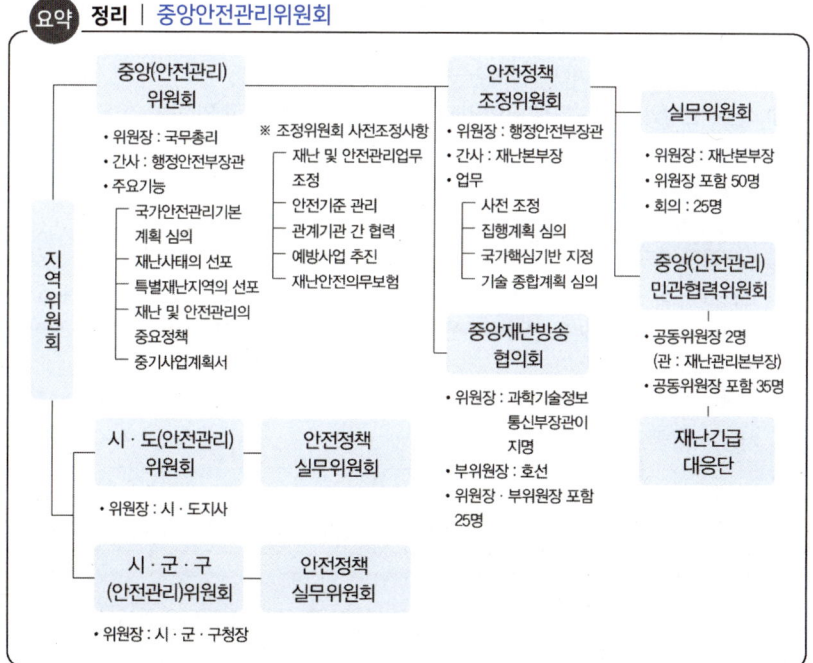

제10조(안전정책조정위원회) 19 공채

① 중앙위원회에 상정될 안건을 사전에 검토하고 다음 각 호의 사무를 수행하기 위하여 중앙위원회에 안전정책조정위원회(이하 "조정위원회")를 둔다.
　1. 제9조 제1항 제3호, 제3호의2, 제6호, 제6호의2 및 제7호[2]의 사항에 대한 사전 조정

2) 중앙안전관리위원회(제9조)
3. 중앙행정기관의 장이 수립·시행하는 계획, 점검·검사, 교육·훈련, 평가 등 재난 및 안전관리업무의 조정에 관한 사항
3의2. 안전기준관리에 관한 사항
6. 재난이나 그 밖의 각종 사고가 발생하거나 발생할 우려가 있는 경우 이를 수습하기 위한 관계 기관 간 협력에 관한 중요 사항
6의2. 재난안전의무보험의 관리·운용 등에 관한 사항
7. 중앙행정기관의 장이 시행하는 대통령령으로 정하는 재난 및 사고의 예방사업 추진에 관한 사항

2. 제23조에 따른 집행계획의 심의
3. 제26조에 따른 국가핵심기반의 지정에 관한 사항의 심의
4. 제71조의2에 따른 재난 및 안전관리기술 종합계획의 심의
5. 그 밖에 중앙위원회가 위임한 사항

② 조정위원회의 위원장은 행정안전부장관이 되고, 위원은 대통령령으로 정하는 중앙행정기관의 차관 또는 차관급 공무원과 재난 및 안전관리에 관한 지식과 경험이 풍부한 사람 중에서 위원장이 임명하거나 위촉하는 사람이 된다.

> **시행령** 제9조(안전정책조정위원회의 구성·운영 등)
> ① 법 제10조 제1항에 따라 중앙위원회에 두는 안전정책조정위원회(이하 "조정위원회")의 위원은 다음 각 호의 사람이 된다.
>   1. 기획재정부차관, 교육부차관, 과학기술정보통신부차관, 외교부차관, 통일부차관, 법무부차관, 국방부차관, 행정안전부의 재난안전관리사무를 담당하는 본부장, 문화체육관광부차관, 농림축산식품부차관, 산업통상자원부차관, 보건복지부차관, 환경부차관, 고용노동부차관, 여성가족부차관, 국토교통부차관, 해양수산부차관 및 중소벤처기업부차관. 이 경우 복수차관이 있는 기관은 재난 및 안전관리 업무를 관장하는 차관으로 한다.
>   2. 국가정보원의 재난 및 안전관리 업무를 관장하는 차장, 방송통신위원회 상임위원, 국무조정실의 재난 및 안전관리 업무를 관장하는 차장 및 금융위원회 부위원장
>   3. 그 밖에 재난 및 안전관리에 관한 지식과 경험이 풍부한 사람 중에서 조정위원회 위원장이 임명하거나 위촉하는 사람
> ② 조정위원회의 회의는 위원이 요청하거나 위원장이 필요하다고 인정하는 경우에 위원장이 소집한다.
> ③ 조정위원회의 회의는 재적위원 과반수의 출석으로 개의하고, 출석위원 과반수의 찬성으로 의결한다.
> ④ 위원장은 회의 안건과 관련하여 필요하다고 인정하는 경우에는 관계 공무원과 민간전문가 등을 회의에 참석하게 하거나 관계 기관의 장에게 자료 제출을 요청할 수 있다. 이 경우 요청을 받은 관계 공무원과 관계 기관의 장은 특별한 사유가 없으면 요청에 따라야 한다.
> ⑤ 제1항부터 제4항까지에서 규정한 사항 외에 조정위원회의 구성 및 운영 등에 필요한 사항은 위원장이 정한다.

③ 조정위원회에 간사위원 1명을 두며, 간사위원은 행정안전부의 재난안전관리사무를 담당하는 본부장이 된다.
④ 조정위원회의 업무를 효율적으로 처리하기 위하여 **조정위원회에 실무위원회**를 둘 수 있다.
⑤ 조정위원회의 위원장은 제1항에 따라 조정위원회에서 심의·조정된 사항 중 **대통령령으로 정하는 중요 사항**에 대해서는 조정위원회의 심의·조정 결과를 중앙위원회의 위원장에게 보고해야 한다.

> **시행령** 제9조의2(조정위원회 심의 결과의 중앙위원회 보고)
> 법 제10조 제5항에서 "대통령령으로 정하는 중요 사항"이란 다음 각 호의 어느 하나에 해당하는 사항을 말한다.
> 1. 집행계획의 심의(법 제10조 제1항 제2호)
> 2. 국가핵심기반의 지정에 관한 사항의 심의(법 제10조 제1항 제3호)
> 3. 그 밖에 중앙위원회로부터 위임받아 심의한 사항 중 조정위원회 위원장이 필요하다고 인정하는 사항

⑥ 조정위원회의 위원장은 중앙위원회 또는 조정위원회에서 심의·조정된 사항에 대한 이행상황을 점검하고, 그 결과를 중앙위원회에 보고할 수 있다.
⑦ 조정위원회 및 제4항에 따른 실무위원회의 구성 및 운영 등에 필요한 사항은 대통령령으로 정한다.

> **시행령** 제10조(실무위원회의 구성·운영 등)
> ① 법 제10조 제4항에 따른 실무위원회(이하 "실무위원회")는 위원장 1명을 포함하여 50명 내외의 위원으로 구성한다.
> ② 실무위원회는 다음 각 호의 사항을 심의한다.
>   1. 재난 및 안전관리를 위하여 관계 중앙행정기관의 장이 수립하는 대책에 관하여 협의·조정이 필요한 사항
>   2. 재난 발생 시 관계 중앙행정기관의 장이 수행하는 재난의 수습에 관하여 협의·조정이 필요한 사항
>   3. 그 밖에 실무위원회의 위원장(이하 "실무위원장")이 회의에 부치는 사항
> ③ **실무위원장**은 행정안전부의 **재난안전관리사무를 담당하는 본부장**이 된다.
> ④ 실무위원회의 위원은 다음 각 호의 어느 하나에 해당하는 사람 중에서 성별을 고려하여 행정안전부장관이 임명하거나 위촉하는 사람으로 한다.
>   1. 관계 중앙행정기관의 고위공무원단에 속하는 공무원 또는 3급 상당 이상에 해당하는 공무원 중에서 해당 중앙행정기관의 장이 추천하는 공무원
>   2. 재난 및 안전관리에 관한 지식과 경험이 풍부한 사람
>   3. 그 밖에 실무위원장이 필요하다고 인정하는 분야의 전문지식과 경력이 충분한 사람
> ⑤ 실무위원회의 회의(이하 "실무회의")는 위원 **5명 이상의 요청**이 있거나 **실무위원장**이 필요하다고 인정하는 경우에 실무위원장이 소집한다.
> ⑥ 실무회의는 실무위원장과 실무위원장이 회의마다 지정하는 **25명 내외**의 위원으로 구성한다.
> ⑦ 실무회의는 제6항에 따른 구성원 **과반수의 출석**으로 개의하고, 출석위원 **과반수의 찬성**으로 의결한다.

제10조의2(재난 및 안전관리 사업예산의 사전협의 등)
〈생략〉

제10조의3(재난 및 안전관리 사업에 대한 평가)
① 행정안전부장관은 매년 재난 및 안전관리 사업의 효과성 및 효율성을 평가하고, 그 결과를 관계 중앙행정기관의 장에게 통보해야 한다.
 〈이하 생략〉

제10조의4(지방자치단체의 재난 및 안전관리 사업예산의 사전검토 등)

① 지방자치단체의 장은 「지방재정법」 제36조에 따라 예산을 편성하기 전에 다음 각 호에 해당하는 재난 및 안전관리 사업에 대하여 **사업의 집행 실적 및 성과, 향후 사업 추진 필요성 등 행정안전부령으로 정하는 사항을** 고려하여 투자우선순위를 검토하고, 제11조에 따른 시·도 안전관리위원회 또는 시·군·구 안전관리위원회의 심의를 거쳐야 한다.
  1. 재난 및 안전관리 체계의 구축 및 운영
  2. 재난 및 안전관리를 목적으로 하는 시설의 구축 및 기능 강화
  3. 재난취약 지역·시설 등의 위험요소 제거 및 기능 회복
  4. 재난안전 관련 교육·훈련 및 홍보
  5. 그 밖에 재난 및 안전관리와 관련된 사업 중 **행정안전부령으로 정하는 사업**
〈이하 생략〉

제11조(지역위원회)

① 지역별 재난 및 안전관리에 관한 다음 각 호의 사항을 심의·조정하기 위하여 특별시장·광역시장·특별자치시장·도지사·특별자치도지사(이하 "시·도지사) 소속으로 시·도 안전관리위원회(이하 "시·도위원회)를 두고, 시장·군수·구청장 소속으로 시·군·구 안전관리위원회(이하 "시·군·구위원회)를 둔다.
  1. 해당 지역에 대한 **재난 및 안전관리정책**에 관한 사항
  2. 제24조 또는 제25조에 따른 **안전관리계획**에 관한 사항
  2의2. 제36조에 따른 재난사태의 선포에 관한 사항(시·군·구위원회는 제외한다)〈개정 2024.1.16.〉[2024.7.17. 시행]
  3. 해당 지역을 관할하는 재난관리책임기관(중앙행정기관과 상급 지방자치단체는 제외)이 수행하는 재난 및 안전관리업무의 추진에 관한 사항
  4. 재난이나 그 밖의 각종 사고가 발생하거나 발생할 우려가 있는 경우 이를 수습하기 위한 관계 기관 간 협력에 관한 사항
  5. 다른 법령이나 조례에 따라 해당 위원회의 권한에 속하는 사항
  6. 그 밖에 해당 위원회의 위원장이 회의에 부치는 사항
② 시·도위원회의 위원장은 시·도지사가 되고, 시·군·구위원회의 위원장은 시장·군수·구청장이 된다.
③ 시·도위원회와 시·군·구위원회(이하 "지역위원회)의 회의에 부칠 의안을 검토하고, 재난 및 안전관리에 관한 관계 기관 간의 협의·조정 등을 위하여 **지역위원회에 안전정책실무조정위원회를 둘 수 있다.**
④ 삭제〈2013.8.6.〉
⑤ 지역위원회 및 제3항에 따른 안전정책실무조정위원회의 구성과 운영에 필요한 사항은 해당 지방자치단체의 **조례**[3]로 정한다.

---

[3] 조례 : 시 안전관리위원회 조례

제12조(재난방송협의회) [2024.7.17. 시행]

① 재난에 관한 예보·경보·통지나 응급조치 및 재난관리를 위한 재난방송이 원활히 수행될 수 있도록 **중앙위원회에 중앙재난방송협의회를 두어야 한다.** 〈개정 2024.1.16.〉

② 지역 차원에서 재난에 대한 예보·경보·통지나 응급조치 및 재난방송이 원활히 수행될 수 있도록 시·도위원회에 시·도 재난방송협의회를 두어야 하고, 필요한 경우 시·군·구위원회에 시·군·구 재난방송협의회를 둘 수 있다. 〈개정 2024.1.16.〉

③ 중앙재난방송협의회의 구성 및 운영에 필요한 사항은 **대통령령**으로 정하고, 시·도 재난방송협의회와 시·군·구 재난방송협의회의 구성 및 운영에 필요한 사항은 해당 지방자치단체의 **조례**로 정한다. 〈개정 2024.1.16.〉

> **시행령** 제10조의3(중앙재난방송협의회의 구성과 운영)
> ① 법 제12조 제1항에 따라 중앙위원회에 두는 중앙재난방송협의회는 위원장 1명과 부위원장 1명을 포함한 **25명 이내의 위원으로 구성**한다.
> ② 중앙재난방송협의회는 다음 각 호의 사항을 심의한다.
>   1. 재난에 관한 예보·경보·통지나 응급조치 및 재난관리를 위한 재난방송 내용의 효율적 전파 방안
>   2. 재난방송과 관련하여 중앙행정기관, **시·도** 및 방송사업자 간의 역할분담 및 협력체제 구축에 관한 사항
>   3. 언론에 공개할 재난 관련 정보의 결정에 관한 사항
>   4. 재난방송 관련 법령과 제도의 개선 사항
>   5. 그 밖에 재난방송이 원활히 수행되도록 하기 위하여 필요한 사항으로서 방송통신위원회위원장과 과학기술정보통신부장관이 요청하거나 중앙재난방송협의회 위원장이 필요하다고 인정하는 사항
> ③ **중앙재난방송협의회의 위원장**은 제4항에 따른 위원 중에서 **과학기술정보통신부장관이 지명하는 사람**이 되고, 부위원장은 중앙재난방송협의회의 위원 중에서 호선한다. 〈이하 생략〉

제12조의2(안전관리민관협력위원회)

① 조정위원회의 위원장은 재난 및 안전관리에 관한 민관 협력관계를 원활히 하기 위하여 **중앙안전관리민관협력위원회**(이하 "중앙민관협력위원회")를 구성·운영할 수 있다.

② 지역위원회의 위원장은 재난 및 안전관리에 관한 지역 차원의 민관 협력관계를 원활히 하기 위하여 시·도 또는 시·군·구 안전관리민관협력위원회(이하 이 조에서 "지역민관협력위원회")를 구성·운영할 수 있다.

③ 중앙민관협력위원회의 구성 및 운영에 필요한 사항은 **대통령령**으로 정하고, 지역민관협력위원회의 구성 및 운영에 필요한 사항은 해당 지방자치단체의 **조례**로 정한다.

개념 CHECK

11. 조정위원회의 위원장(국무총리)은 재난 및 안전관리에 관한 민관 협력관계를 원활히 하기 위하여 중앙안전관리민관협력위원회(이하 "중앙민관협력위원회")를 구성·운영할 수 있다. ( )

12. 중앙재난방송협의회의 구성 및 운영에 필요한 사항은 대통령령으로 정하고, 시·도 재난방송협의회와 시·군·구 재난방송협의회의 구성 및 운영에 필요한 사항은 해당 지방자치단체의 조례로 정한다. ( )

11 × 12 ○

> **시행령** 제12조의3(중앙민관협력위원회의 구성·운영)
> ① 법 제12조의2 제1항에 따른 중앙안전관리민관협력위원회(이하 "중앙민관협력위원회")는 공동위원장 2명을 포함하여 35명 이내의 위원으로 구성한다.
> ② 중앙민관협력위원회의 공동위원장은 행정안전부의 재난안전관리사무를 담당하는 본부장과 제4항에 따라 위촉된 민간위원 중에서 중앙민관협력위원회의 의결을 거쳐 행정안전부장관이 지명하는 사람이 된다.
> ③ 중앙민관협력위원회의 공동위원장은 중앙민관협력위원회를 대표하고, 중앙민관협력위원회의 운영 및 사무에 관한 사항을 총괄한다.
> 〈이하 생략〉

> **시행령** 제12조의4(중앙민관협력위원회의 회의 등)
> ① 중앙민관협력위원회의 회의는 재적위원 과반수의 출석으로 개의하고, 출석위원 과반수의 찬성으로 의결한다.
> ② 중앙민관협력위원회의 회의 등에 참석하는 위원 등에게는 예산의 범위에서 수당 등을 지급할 수 있다. 다만, 공무원이 그 소관 업무와 관련하여 참석하는 경우에는 그러하지 아니하다.

제12조의3(중앙민관협력위원회의 기능 등) [2024.1.18. 시행]

① 중앙민관협력위원회의 기능은 다음 각 호와 같다. 〈개정 2023.1.17.〉
  1. 재난 및 안전관리 민관협력활동에 관한 협의
  2. 재난 및 안전관리 민관협력활동사업의 효율적 운영방안의 협의
  3. 평상시 재난 및 안전관리 위험요소 및 취약시설의 모니터링·제보
  4. 재난 발생 시 제34조에 따른 재난관리자원의 동원, 인명구조·피해복구 활동 참여, 피해주민 지원서비스 제공 등에 관한 협의
② 중앙민관협력위원회의 회의는 다음 각 호의 어느 하나에 해당하는 경우에 공동위원장이 소집할 수 있다.
  1. 제14조 제1항에 따른 대규모 재난의 발생으로 민관협력 대응이 필요한 경우
  2. 재적위원 4분의 1 이상이 회의 소집을 요청하는 경우
  3. 그 밖에 공동위원장이 회의 소집이 필요하다고 인정하는 경우
③ 재난 발생 시 신속한 재난대응 활동 참여 등 중앙민관협력위원회의 기능을 지원하기 위하여 중앙민관협력위원회에 **대통령령**으로 정하는 바에 따라 **재난긴급대응단**을 둘 수 있다.

> **시행령** 제12조의5(재난긴급대응단의 구성 및 임무 등)
> ① 법 제12조의3 제3항에 따른 재난긴급대응단(이하 "재난긴급대응단")은 중앙민관협력위원회에 참여하는 유관기관, 단체·협회 또는 기업에서 파견된 인력으로 구성한다.
> ② 재난긴급대응단은 다음 각 호의 임무를 수행한다.
>   1. 재난 발생 시 인명구조 및 피해복구 활동 참여
>   2. 평상시 재난예방을 위한 활동 참여
>   3. 그 밖에 신속한 재난대응을 위하여 필요한 활동
> ③ 재난긴급대응단은 재난현장에서 제2항에 따른 임무의 수행에 관하여 법 제16조 제3항에 따른 **통합지원본부의 장** 또는 법 제52조 제5항에 따라 현장지휘를 하는 **긴급구조통제단장**(이하 "각급통제단장")의 지휘·통제를 따른다.
> ④ 제1항부터 제3항까지에서 규정한 사항 외에 재난긴급대응단의 구성·운영에 필요한 사항은 행정안전부장관이 정하여 고시한다.

제13조(지역위원회 등에 대한 지원 및 지도)

행정안전부장관은 시·도위원회의 운영과 지방자치단체의 재난 및 안전관리업무에 대하여 필요한 지원과 지도를 할 수 있으며, 시·도지사는 관할 구역의 시·군·구위원회의 운영과 시·군·구의 재난 및 안전관리업무에 대하여 필요한 지원과 지도를 할 수 있다.

02 중앙재난안전대책본부 등

제14조(중앙재난안전대책본부 등) 20 공채 / 22 간부

① 대통령령으로 정하는 대규모 재난(이하 "대규모재난")의 대응·복구(이하 "수습") 등에 관한 사항을 총괄·조정하고 필요한 조치를 하기 위하여 행정안전부에 중앙재난안전대책본부(이하 "중앙대책본부")를 둔다.

> **시행령 제13조(대규모 재난의 범위)**
> 법 제14조 제1항에서 "대통령령으로 정하는 대규모 재난"이란 다음 각 호의 어느 하나에 해당하는 재난을 말한다.
> 1. 재난 중 인명 또는 재산의 피해 정도가 매우 크거나 재난의 영향이 사회적·경제적으로 광범위하여 주무부처의 장 또는 법 제16조 제2항에 따른 지역재난안전대책본부(이하 "지역대책본부")의 본부장(이하 "지역대책본부장")의 건의를 받아 법 제14조 제2항에 따른 중앙재난안전대책본부의 본부장(이하 "중앙대책본부장")이 인정하는 재난
> 2. 제1호에 따른 재난에 준하는 것으로서 중앙대책본부장이 재난관리를 위하여 법 제14조 제1항에 따른 중앙재난안전대책본부(이하 "중앙대책본부")의 설치가 필요하다고 판단하는 재난

② 중앙대책본부에 본부장과 차장을 둔다.
③ 중앙대책본부의 본부장(이하 "중앙대책본부장")은 행정안전부장관이 되며, 중앙대책본부장은 중앙대책본부의 업무를 총괄하고 필요하다고 인정하면 중앙재난안전대책본부회의를 소집할 수 있다. 다만, 해외재난의 경우에는 외교부장관이, 「원자력시설 등의 방호 및 방사능 방재 대책법」 제2조 제1항 제8호에 따른 방사능재난의 경우에는 같은 법 제25조에 따른 중앙방사능방재대책본부의 장이 각각 중앙대책본부장의 권한을 행사한다.
④ 제3항에도 불구하고 재난의 효과적인 수습을 위하여 다음 각 호의 어느 하나에 해당하는 경우에는 **국무총리가 중앙대책본부장의 권한을 행사**할 수 있다. 이 경우 행정안전부장관, 외교부장관(해외재난의 경우에 한정) 또는 원자력안전위원회 위원장(방사능 재난의 경우에 한정)이 차장이 된다.
  1. 국무총리가 범정부적 차원의 통합 대응이 필요하다고 인정하는 경우
  2. 행정안전부장관이 국무총리에게 건의하거나 제15조의2 제3항에 따른 수습본부장의 요청을 받아 행정안전부장관이 국무총리에게 건의하는 경우 〈개정 2023.12.26.〉 [2024.6.27. 시행]
⑤ 제4항에도 불구하고 국무총리가 필요하다고 인정하여 지명하는 중앙행정기관의 장은 행정안전부장관, 외교부장관(해외재난의 경우에 한정) 또는 원자력안전위원회 위원장(방사능 재난의 경우에 한정한다)과 공동으로 차장이 된다.

개념 CHECK

13. 대통령령으로 정하는 대규모 재난의 대응·복구(이하 "수습") 등에 관한 사항을 총괄·조정하고 필요한 조치를 하기 위하여 행정안전부에 중앙재난안전대책본부(이하 "중앙대책본부")를 둔다. ( )

13 ○

⑥ 중앙대책본부장은 대규모재난이 발생하거나 발생할 우려가 있는 경우에는 **대통령령**으로 정하는 바에 따라 실무반을 편성하고, 중앙재난안전대책본부 상황실을 설치하는 등 해당 대규모재난에 대하여 효율적으로 대응하기 위한 체계를 갖추어야 한다. 이 경우 제18조 제1항 제1호에 따른 중앙재난안전상황실과 인력, 장비, 시설 등을 통합·운영할 수 있다.

> **시행령** 제15조(중앙대책본부의 구성 등)
> ① 중앙대책본부(법 제14조 제3항 단서에 따라 방사능재난의 경우 중앙대책본부가 되는 「원자력시설 등의 방호 및 방사능 방재 대책법」 제25조에 따른 중앙방사능방재대책본부는 제외)에는 차장·총괄조정관·대변인·통제관·부대변인 및 담당관을 둔다.
> ② 법 제14조 제3항 본문에 따라 행정안전부장관이 중앙대책본부장이 되는 경우에는 다음 각 호의 사람이 차장·총괄조정관·대변인·통제관·부대변인 및 담당관이 된다.
>   1. 차장·총괄조정관·대변인·통제관 및 담당관 : 행정안전부 소속 공무원 중에서 행정안전부장관이 지명하는 사람
>   2. 부대변인 : 재난관리주관기관 소속 공무원 중에서 소속 기관의 장이 추천하여 행정안전부장관이 지명하는 사람
> 〈이하 생략〉
>
> **시행규칙** 제3조(중앙재난안전대책본부의 구성 및 운영 등)
> ① 법 제14조 제1항에 따른 중앙재난안전대책본부(이하 "중앙대책본부")의 본부장은 다음 각 호의 사항이 포함된 중앙대책본부의 구성 및 운영기준을 정하여 시행할 수 있다.
>   1. 중앙대책본부의 구성 및 구성원의 임무와 역할에 관한 사항
>   2. 재난 및 안전사고에 대한 중앙대책본부의 단계별 운영체계 및 실무반 편성에 관한 사항
>   3. 법 제14조의2 제1항에 따른 수습지원단의 파견 등에 관한 사항
>   4. 법 제14조의2 제2항에 따른 특수기동구조대의 편성 및 파견 등에 관한 사항
>   5. 법 제18조 제1항 제1호에 따른 중앙재난안전상황실의 운영에 관한 사항
>   6. 중앙대책본부의 회의 운영에 관한 사항
>   7. 그 밖에 중앙대책본부의 본부장(이하 "중앙대책본부장")이 필요하다고 인정하는 사항
> ② 중앙대책본부장은 재난이 발생하거나 재난이 발생할 우려가 있는 경우에 상황에 따른 적절한 판단을 내리기 위하여 필요할 때에는 행정안전부 및 재난과 관련된 중앙행정기관의 고위공무원단에 속하는 공무원 등으로 구성된 상황판단회의를 구성·운영할 수 있다.
> ③ 제2항에 따른 상황판단회의의 구성·운영에 관한 사항은 중앙대책본부장이 정한다.

⑦ 제1항에 따른 중앙대책본부, 제3항에 따른 중앙재난안전대책본부회의의 구성과 운영에 필요한 사항은 **대통령령**으로 정한다.

> **시행령** 제17조(중앙대책본부회의의 심의·협의 사항)
> 중앙대책본부회의는 재난복구계획에 관한 사항을 심의·확정하는 외에 다음 각 호의 사항을 협의한다.
> 1. 재난예방대책에 관한 사항
> 2. 재난응급대책에 관한 사항
> 3. 국고지원 및 예비비 사용에 관한 사항
> 4. 그 밖에 중앙대책본부장이 회의에 부치는 사항

> **요약 정리** | 중앙재난안전대책본부

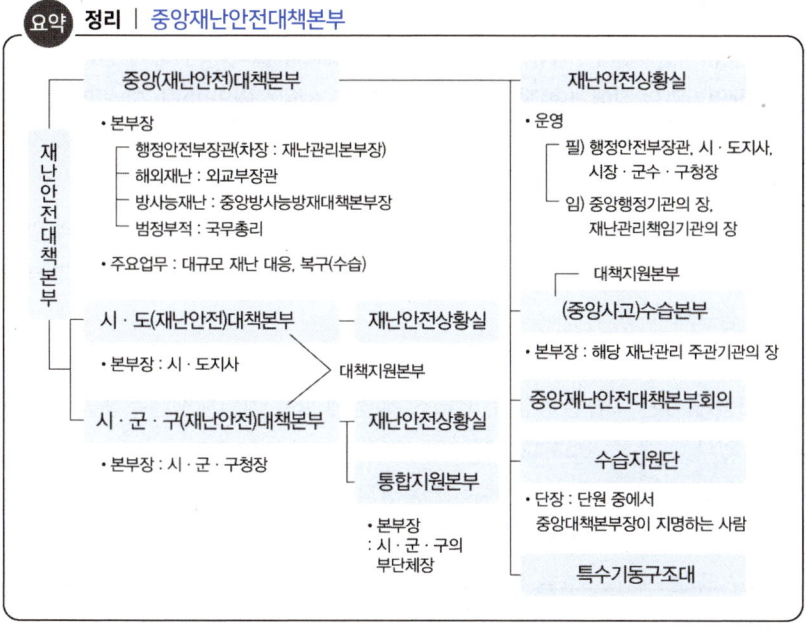

제14조의2(수습지원단 파견 등)

① 중앙대책본부장은 국내 또는 해외에서 발생하였거나 발생할 우려가 있는 대규모재난의 수습을 지원하기 위하여 관계 중앙행정기관 및 관계 기관·단체의 재난관리에 관한 전문가 등으로 수습지원단을 구성하여 현지에 파견할 수 있다.
② 중앙대책본부장은 구조·구급·수색 등의 활동을 신속하게 지원하기 위하여 행정안전부·소방청 또는 해양경찰청 소속의 전문 인력으로 구성된 **특수기동구조대**를 편성하여 재난현장에 파견할 수 있다.
③ 수습지원단의 구성과 운영 및 특수기동구조대의 편성과 파견 등에 필요한 사항은 **대통령령**으로 정한다.

> **시행령 제18조(수습지원단의 구성 및 임무 등)**
> ① 법 제14조의2 제1항에 따른 수습지원단(이하 "수습지원단")은 재난 유형별로 관계 재난관리책임기관의 전문가 및 민간 전문가로 구성한다. 다만, 해외재난의 경우에는 따로 수습지원단을 구성하지 아니하고 **국제구조대로 갈음**할 수 있다.
> ② 수습지원단의 단장은 수습지원단원 중에서 중앙대책본부장이 지명하는 사람이 되고, 단장은 수습지원단원을 지휘·통솔하며 운영을 총괄한다.
> ③ 수습지원단은 다음 각 호의 업무를 수행한다.
>   1. 지역대책본부장 등 재난 발생지역의 책임자에 대하여 사태수습에 필요한 기술자문·권고 또는 조언
>   2. 중앙대책본부장에 대하여 재난수습을 위한 재난현장 상황, 재난발생의 원인, 행정적·재정적으로 조치할 사항 및 진행 상황 등에 관한 보고
> ④ 중앙대책본부장은 신속한 재난상황의 파악, 현장 지도·관리 등을 위하여 수습지원단을 현지에 파견하기 전에 중앙대책본부 소속 직원을 재난현장에 파견할 수 있다.
> ⑤ 제1항부터 제4항까지에서 규정한 사항 외에 수습지원단의 구성 및 운영에 필요한 사항은 중앙대책본부장이 정한다.

개념 CHECK

14. 중앙대책본부장은 국내 또는 해외에서 발생하였거나 발생할 우려가 있는 대규모 재난의 수습을 지원하기 위하여 관계 중앙행정기관 및 관계 기관·단체의 재난관리에 관한 전문가 등으로 수습지원단을 구성하여 현지에 파견할 수 있다. (   )

제15조(중앙대책본부장의 권한 등)

① 중앙대책본부장은 대규모재난을 효율적으로 수습하기 위하여 관계 재난관리책임기관의 장에게 행정 및 재정상의 조치, 소속 직원의 파견, 그 밖에 필요한 지원을 요청할 수 있다. 이 경우 요청을 받은 관계 재난관리책임기관의 장은 특별한 사유가 없으면 요청에 따라야 한다.

② 제1항에 따라 파견된 직원은 대규모재난의 수습에 필요한 소속 기관의 업무를 성실히 수행해야 하며, 대규모재난의 수습이 끝날 때까지 중앙대책본부에서 상근해야 한다.

③ 중앙대책본부장은 해당 대규모재난의 수습에 필요한 범위에서 제15조의2 제3항에 따른 수습본부장 및 제16조 제2항에 따른 지역대책본부장을 지휘할 수 있다. 〈개정 2023.12.26.〉

④ 중앙대책본부장(중앙대책본부가 운영되지 아니하는 재난의 경우에는 행정안전부장관을 말한다)은 제16조제2항에 따른 지역대책본부장이 요청하는 경우 또는 재난을 효율적으로 수습하기 위하여 필요하다고 인정하는 경우에는 관계 재난관리책임기관의 장 및 재난 피해에 대한 지원을 실시하는 기관으로서 대통령령으로 정하는 기관(이하 "지원실시기관"이라 한다)의 장에게 소속 직원을 제16조제2항에 따른 지역대책본부에 파견하도록 요청할 수 있다. 이 경우 요청을 받은 관계 재난관리책임기관의 장은 특별한 사유가 없으면 그 요청에 따라야 하고, 지원실시기관의 장은 특별한 사유가 없으면 협조하여야 한다.

⑤~⑦ 삭제 〈2013.8.6.〉

제15조의2(중앙 및 지역사고수습본부)

① 재난관리주관기관의 장은 재난이 발생하거나 발생할 우려가 있는 경우에는 대통령령으로 정하는 바에 따라 재난상황을 효율적으로 관리하고 재난을 수습하기 위한 **중앙사고수습본부**(이하 "수습본부"라 한다)를 신속하게 설치·운영하여야 한다. 〈개정 2023.12.26.〉

② 행정안전부장관은 재난이나 그 밖의 각종 사고로 인한 피해의 심각성, 사회적 파급효과 등을 고려하여 필요하다고 인정하는 경우에는 재난관리주관기관의 장에게 수습본부의 설치·운영을 요청할 수 있다. 이 경우 요청을 받은 재난관리주관기관의 장은 특별한 사유가 없으면 요청에 따라야 한다. 〈신설 2023.12.26.〉

③ 수습본부의 장(이하 "수습본부장"이라 한다)은 해당 재난관리주관기관의 장이 된다. 〈개정 2023.12.26.〉

④ 수습본부장은 재난정보의 수집·전파, 상황관리, 재난발생 시 초동조치 및 지휘 등을 위한 수습본부상황실을 설치·운영하여야 한다. 이 경우 **제18조 제3항에 따른 재난안전상황실**[4]과 인력, 장비, 시설 등을 통합·운영할 수 있다. 〈개정 2023.12.26.〉

---

4) **재난안전상황실**
중앙행정기관의 장은 소관 업무 분야의 재난상황을 관리하기 위하여 재난안전상황실을 설치·운영하거나 재난상황을 관리할 수 있는 체계를 갖추어야 한다(제18조 제3항).

개념 CHECK
15. 중앙대책본부장은 대규모재난을 효율적으로 수습하기 위하여 관계 재난관리책임기관의 장에게 행정 및 재정상의 조치, 소속 직원의 파견, 그 밖에 필요한 지원을 요청할 수 있다. 이 경우 요청을 받은 관계 재난관리책임기관의 장은 특별한 사유가 없으면 요청에 따라야 한다. (   )

15 ○

⑤ 수습본부장은 재난을 수습하기 위하여 필요하면 관계 재난관리책임기관의 장에게 행정상 및 재정상의 조치, 소속 직원의 파견, 그 밖에 필요한 지원을 요청할 수 있다. 이 경우 요청을 받은 관계 재난관리책임기관의 장은 특별한 사유가 없으면 요청에 따라야 한다. 〈개정 2023.12.26.〉

⑥ 수습본부장은 지역사고수습본부를 운영할 수 있으며, 지역사고수습본부의 장(이하 "지역사고수습본부장"이라 한다)은 수습본부장이 지명한다. 〈신설 2023.12.26.〉

⑦ 수습본부장은 해당 재난의 수습에 필요한 범위에서 시·도지사 및 시장·군수·구청장(제16조 제1항에 따른 시·도대책본부 및 시·군·구대책본부가 운영되는 경우에는 해당 본부장을 말한다)을 지휘할 수 있다. 〈개정 2023.12.26.〉

⑧ 수습본부장은 재난을 수습하기 위하여 필요하면 대통령령으로 정하는 바에 따라 제14조의2 제1항에 따른 수습지원단을 구성·운영할 것을 중앙대책본부장에게 요청할 수 있다. 〈개정 2023.12.26.〉

⑨ 수습본부의 구성·운영 등에 필요한 사항은 **대통령령**으로 정한다. 〈개정 2023.12.26.〉

제16조(지역재난안전대책본부)

① 해당 관할 구역에서 재난의 수습 등에 관한 사항을 총괄·조정하고 필요한 조치를 하기 위하여 시·도지사는 시·도재난안전대책본부(이하 "시·도대책본부")를 두고, 시장·군수·구청장은 시·군·구재난안전대책본부(이하 "시·군·구대책본부)를 둔다.

② 시·도대책본부 또는 시·군·구대책본부(이하 "지역대책본부")의 본부장(이하 "지역대책본부장")은 시·도지사 또는 시장·군수·구청장이 되며, 지역대책본부장은 지역대책본부의 업무를 총괄하고 필요하다고 인정하면 **대통령령으로 정하는 바**[5]에 따라 지역재난안전대책본부회의를 소집할 수 있다.

③ 시·군·구대책본부의 장은 재난현장의 총괄·조정 및 지원을 위하여 **재난현장 통합지원본부**(이하 "통합지원본부")를 설치·운영할 수 있다. 이 경우 통합지원본부의 장은 긴급구조에 대해서는 제52조에 따른 시·군·구긴급구조통제단장의 현장지휘에 협력해야 한다.

④ 통합지원본부의 장은 관할 시·군·구의 부단체장이 되며, 실무반을 편성하여 운영할 수 있다.

⑤ 지역대책본부 및 통합지원본부의 구성과 운영에 필요한 사항은 해당 지방자치단체의 **조례**[6]로 정한다.

제16조의2(지방자치단체의 장의 재난안전관리교육)

① 지방자치단체의 장은 대통령령으로 정하는 바에 따라 행정안전부장관이 실시하는 재난 및 안전관리에 관한 교육을 받아야 한다.

---

5) 대통령령으로 정하는 바
하위법령 없음

6) 조례
재난안전대책본부 구성 및 운영 등에 관한 조례

개념 CHECK

16. 해당 관할 구역에서 재난의 수습 등에 관한 사항을 총괄·조정하고 필요한 조치를 하기 위하여 소방청장은 시·도재난안전대책본부(이하 "시·도대책본부")를 두고, 소방본부장은 시·군·구재난안전대책본부(이하 "시·군·구대책본부")를 둔다. (   )

16. ×

② 행정안전부장관은 필요하다고 인정하면 대통령령으로 정하는 전문인력 및 시설기준을 갖춘 교육기관으로 하여금 제1항에 따른 교육을 대행하게 할 수 있다.

[본조신설 2023.12.26.]

제17조(지역대책본부장의 권한 등)

① **지역대책본부장**은 재난의 수습을 효율적으로 하기 위하여 해당 시·도 또는 시·군·구를 관할 구역으로 하는 **제3조 제5호 나목**에 따른 **재난관리책임기관의 장**에게 행정 및 재정상의 조치나 그 밖에 필요한 **업무협조를 요청**할 수 있다. 이 경우 요청을 받은 재난관리책임기관의 장은 특별한 사유가 없으면 요청에 따라야 한다.[7]

② 지역대책본부장은 재난의 수습을 위하여 필요하다고 인정하면 해당 시·도 또는 시·군·구의 전부 또는 일부를 관할 구역으로 하는 **제3조 제5호 나목**에 따른 재난관리책임기관의 장에게 소속 직원의 파견을 요청할 수 있다. 이 경우 요청을 받은 재난관리책임기관의 장은 특별한 사유가 없으면 즉시 요청에 따라야 한다.

③ 지역대책본부장은 재난으로 인하여 생명·신체 및 재산에 대한 피해를 입은 사람과 그 가족에게 지원되는 정보를 신속하게 제공·안내하기 위하여 필요한 경우에는 관할 구역의 긴급구조기관의 장 및 지원실시기관의 장에게 소속 직원의 파견을 요청할 수 있다. 이 경우 요청을 받은 긴급구조기관의 장은 수색·구조에 지장을 주지 아니하는 범위에서 소속 직원을 파견하여야 하고, 지원실시기관의 장은 특별한 사유가 없으면 협조하여야 한다.

④ 제15조제4항, 이 조 제2항 및 제3항에 따라 지역대책본부에 따라 파견된 직원은 지역대책본부장의 지휘에 따라 재난의 수습에 필요한 소속 기관의 업무를 성실히 수행해야 하며, 재난의 수습이 끝날 때까지 지역대책본부에서 상근해야 한다.

제17조의2(재난현장 통합자원봉사지원단의 설치 등)

① **지역대책본부장**은 재난의 효율적 수습을 위하여 **지역대책본부에 통합자원봉사지원단**을 설치·운영할 수 있다.

② 통합자원봉사지원단은 다음 각 호의 업무를 수행한다.
1. 자원봉사자의 모집·등록
2. 자원봉사자의 배치 및 운영
3. 자원봉사자에 대한 교육훈련
4. 자원봉사자에 대한 안전조치
5. 자원봉사 관련 정보의 수집 및 제공
6. 그 밖에 자원봉사 활동의 지원에 관한 사항

---

[7] 해당 관할 구역에서 재난의 수습 등에 관한 사항을 총괄·조정하고 필요한 조치를 하기 위하여 시·도지사는 시·도재난안전대책본부(이하 "시·도대책본부")를 두고, 시장·군수·구청장은 시·군·구재난안전대책본부(이하 "시·군·구대책본부")를 둔다(제16조제1항).

③ 행정안전부장관은 통합자원봉사지원단의 원활한 운영을 위하여 필요한 경우 지방자치단체에 대하여 행정 및 재정적 지원을 할 수 있다.
④ 행정안전부장관, 시·도지사 및 시장·군수·구청장은 통합자원봉사지원단의 원활한 운영을 위하여 필요한 경우 자원봉사 관련 업무 종사자에 대한 교육훈련을 실시할 수 있다.
⑤ 제1항부터 제4항까지에서 규정한 사항 외에 통합자원봉사지원단의 구성·운영에 관하여 필요한 사항은 해당 지방자치단체의 **조례**[8]로 정한다.

> 8) 조례
> 통합자원봉사지원단 구성 및 운영 등에 관한 조례

제17조의3(대책지원본부)

① 행정안전부장관은 수습본부 또는 지역대책본부의 재난상황의 관리와 재난수습 등을 효율적으로 지원하기 위하여 필요한 경우에는 **대책지원본부**를 둘 수 있다.
② 대책지원본부의 장(이하 "대책지원본부장")은 행정안전부 소속 공무원 중에서 행정안전부장관이 지명하는 사람이 된다.
③ 대책지원본부장은 재난 수습 등을 효율적으로 지원하기 위하여 필요하면 관계 재난관리책임기관의 장에게 행정상 및 재정상의 조치, 소속 직원의 파견, 그 밖에 필요한 지원을 요청할 수 있다.
④ 대책지원본부의 구성과 운영 등에 필요한 사항은 **대통령령**으로 정한다.

> **시행령** 제22조의2(대책지원본부의 구성 및 운영)
> ① 법 제17조의3 제1항에 따른 대책지원본부(이하 "대책지원본부")는 행정안전부 소속 공무원, 관계 재난관리책임기관에서 파견된 공무원·직원 및 민간 전문가 등으로 구성한다.
> ② 대책지원본부의 장은 재난현장 지원 등 재난상황의 관리와 재난 수습을 효율적으로 지원하기 위하여 대책지원본부에 실무반을 설치·운영할 수 있다.
> ③ 제1항 및 제2항에서 규정한 사항 외에 대책지원본부의 구성 및 운영 등에 필요한 사항은 행정안전부장관이 정한다.

03 재난안전상황실 등

제18조(재난안전상황실)

① 행정안전부장관, 시·도지사 및 시장·군수·구청장은 재난정보의 수집·전파, 상황관리, 재난발생 시 초동조치 및 지휘 등의 업무를 수행하기 위하여 다음 각 호의 구분에 따른 상시 재난안전상황실을 설치·운영해야 한다.
  1. 행정안전부장관 : 중앙재난안전상황실
  2. 시·도지사 및 시장·군수·구청장 : 시·도별 및 시·군·구별 재난안전상황실
② 삭제 〈2014.12.30.〉

> **개념 CHECK**
> 17. 행정안전부장관, 시·도지사 및 시장·군수·구청장은 재난정보의 수집·전파, 상황관리, 재난발생 시 초동조치 및 지휘 등의 업무를 수행하기 위하여 상시 재난안전상황실을 설치·운영해야 한다. ( )

③ 중앙행정기관의 장은 소관 업무분야의 재난상황을 관리하기 위하여 **재난안전상황실**을 설치·운영하거나 재난상황을 관리할 수 있는 체계를 갖추어야 한다.

④ 제3조 제5호 나목에 따른 재난관리책임기관의 장은 재난에 관한 상황관리를 위하여 재난안전상황실을 설치·운영할 수 있다.

⑤ 제1항 제2호, 제3항 및 제4항에 따른 재난안전상황실은 제1항 제1호에 따른 중앙재난안전상황실 및 다른 기관의 재난안전상황실과 유기적인 협조체제를 유지하고, 재난관리정보를 공유해야 한다.

> **시행령** 제23조(재난안전상황실의 설치·운영)
> ① 법 제18조에 따라 설치하는 재난안전상황실(이하 "재난안전상황실"이라 한다)은 다음 각 호의 요건을 모두 갖추어야 한다.
>   1. 신속한 재난정보의 수집·전파와 재난대비 자원의 관리·지원을 위한 재난방송 및 정보통신체계
>   2. 재난상황의 효율적 관리를 위한 각종 장비의 운영·관리체계
>   3. 재난안전상황실 운영을 위한 전담인력과 운영규정
>   4. 그 밖에 행정안전부장관이 정하여 고시하는 사항
> ② 행정안전부장관, 특별시장·광역시장·특별자치시장·도지사·특별자치도지사(이하 "시·도지사"라 한다), 시장·군수·구청장(자치구의 구청장을 말한다. 이하 같다) 및 소방서장은 재난으로 인하여 재난안전상황실이 그 기능의 전부 또는 일부를 수행할 수 없는 경우를 대비하여 대체상황실을 운영할 수 있다.

제19조(재난 신고 등)

① 누구든지 재난의 발생이나 재난이 발생할 징후를 발견하였을 때에는 즉시 그 사실을 시장·군수·구청장·긴급구조기관, 그 밖의 관계 행정기관에 신고해야 한다.

② 경찰관서의 장은 업무수행 중 재난의 발생이나 재난이 발생할 징후를 발견하였을 때에는 즉시 그 사실을 그 소재지 관할 시장·군수·구청장과 관할 긴급구조기관의 장에게 알려야 한다. 〈신설 2023.12.26.〉

③ 제1항 또는 제2항에 따른 신고 등을 받은 경우 시장·군수·구청장과 그 밖의 관계 행정기관의 장은 관할 긴급구조기관의 장에게, 긴급구조기관의 장은 그 소재지 관할 시장·군수·구청장 및 재난관리주관기관의 장에게 통보하여 응급대처방안을 마련할 수 있도록 조치하여야 한다. 〈개정 2023.12.26.〉

제20조(재난상황의 보고)

① 시장·군수·구청장, 소방서장, 해양경찰서장, 제3조 제5호 나목에 따른 재난관리책임기관의 장 또는 제26조 제1항에 따른 국가핵심기반을 관리하는 기관·단체의 장(이하 "관리기관의 장")은 그 관할구역, 소관 업무 또는 시설에서 재난이 발생하거나 발생할 우려가 있으면 **대통령령**으로 정하는 바에 따라 재난상황에 대해서는 즉시, 응급조치 및 수습현황에 대해서는 지체 없이 각각 행

정안전부장관, 관계 재난관리주관기관의 장 및 시·도지사에게 보고하거나 통보해야 한다. 이 경우 관계 재난관리주관기관의 장 및 시·도지사는 보고받은 사항을 확인·종합하여 행정안전부장관에게 통보해야 한다.

> **시행령** 제24조(재난상황의 보고)
> ① 법 제20조에 따른 재난상황의 보고 및 통보에는 다음 각 호의 사항이 포함되어야 한다.
>   1. 재난 발생의 일시·장소와 재난의 원인
>   2. 재난으로 인한 피해내용
>   3. 응급조치 사항
>   4. 대응 및 복구활동 사항
>   5. 향후 조치계획
>   6. 그 밖에 해당 재난을 수습할 책임이 있는 중앙행정기관의 장이 정하는 사항
> ② 법 제20조 제1항에 따라 시장·군수·구청장, 소방서장, 해양경찰서장, 제3조에 따른 재난관리책임기관의 장 또는 법 제26조 제1항에 따른 국가핵심기반의 장이 보고해야 하는 재난의 구체적인 종류, 규모 및 보고방법 등은 **행정안전부령**으로 정한다.

> **시행규칙** 제5조(재난상황의 보고 등)
> ① 법 제20조 제1항에 따라 시장(「제주특별자치도 설치 및 국제자유도시 조성을 위한 특별법」 제11조 제1항에 따른 행정시장을 포함)·군수·구청장(자치구의 구청장), 소방서장, 해양경찰서장, 법 **제3조 제5호 나목**에 따른 재난관리책임기관의 장 또는 법 **제26조 제1항**에 따른 국가핵심기반의 장(이하 "재난상황의 보고자")은 다음 각 호의 구분에 따라 재난상황을 보고해야 한다. 〈개정 2023.6.28.〉
>   1. 최초 보고 : 인명피해 등 주요 재난 발생 시 지체 없이 서면(전자문서를 포함), 팩스, 전화, 법 제34조의8 제1항에 따른 재난안전통신망 중 가장 빠른 방법으로 하는 보고
>   2. 중간 보고 : 별지 제1호서식(법 **제3조 제1호 가목**에 따른 재난[9])의 경우에는 별지 제2호서식)에 따라 전산시스템 등을 활용하여 재난 수습기간 중에 수시로 하는 보고
>   3. 최종 보고 : 재난 수습이 끝나거나 재난이 소멸된 후 영 제24조 제1항에 따른 사항을 종합하여 하는 보고
> ② 법 제20조 제1항에 따라 재난상황의 보고자는 응급조치 내용을 별지 제3호서식의 응급복구조치 상황 및 별지 제4호서식의 응급구호조치 상황으로 구분하여 재난기간 중 1일 2회 이상 보고해야 한다.
> ③ 삭제 〈2020.1.7.〉

> **시행규칙** 제5조의2(재난상황의 보고 대상)
> 영 제24조 제2항에 따라 재난상황의 보고자가 보고해야 하는 재난의 종류와 규모는 다음 각 호와 같다.
> 1. 신고 및 보고된 산불
> 2. 국가핵심기반에서 발생한 화재·붕괴·폭발
> 3. 국가기관, 지방자치단체, 공공기관, 지방공사 및 지방공단, 유치원, 중·고등학교에서 발생한 화재, 붕괴, 폭발
> 4. 접경지역에 있는 하천의 급격한 수량 증가나 제방의 붕괴 등을 일으켜 인명 또는 재산에 피해를 줄 수 있는 댐의 방류
> 5. 감염병의 확산 또는 해외 신종감염병의 국내 유입으로 인한 재난
> 6. 단일 사고로서 사망 3명 이상(화재 또는 교통사고의 경우에는 5명 이상을 말한다) 또는 부상 20명 이상의 재난

---

9) 자연재난
태풍, 홍수, 호우(豪雨), 강풍, 풍랑, 해일(海溢), 대설, 한파, 낙뢰, 가뭄, 폭염, 지진, 황사(黃砂), 조류(藻類) 대발생, 조수(潮水), 화산활동, 「우주개발 진흥법」에 따른 자연우주물체의 추락·충돌, 그 밖에 이에 준하는 자연현상으로 인하여 발생하는 재해

> 7. 가축의 발견
> 8. 지정문화재의 화재 등 관련 사고
> 9. 상수원보호구역의 수질오염 사고
> 10. 수질오염 사고
> 11. 유선·도선의 충돌, 좌초, 그 밖의 사고
> 12. 화학사고
> 13. 지진재해의 발생
> 14. 그 밖에 행정안전부장관이 정하여 고시하는 재난
>
> ③ 삭제 〈2017.1.6.〉
> ④ 시·도지사는 법 제20조 제1항에 따라 보고받은 사항이 다음 각 호의 어느 하나에 해당되는 경우에는 이를 종합하여 **행정안전부장관 및 재난관리주관기관의 장에게 통보**해야 한다.
>   1. **재난이 2개 이상의 시·군·구에 걸쳐 발생**한 경우
>   2. 그 밖에 재난의 **신속한 수습**을 위하여 중앙대책본부장 또는 재난관리주관기관의 장의 지휘·통제나 다른 시·도의 협력이 필요하다고 인정되는 재난
> ⑤ 제3조에 따른 재난관리책임기관 중 시·도의 전부 또는 일부를 관할구역으로 하는 재난관리책임기관의 장은 해당 지역에서 소관 업무에 관계되는 재난이 발생하였을 때에는 즉시 그 사실을 재난이 발생한 지역의 관할 시·도지사 및 시장·군수·구청장에게 통보해야 한다.

② 삭제 〈2014.11.19.〉
③ 삭제 〈2016.1.7.〉
④ 시장·군수·구청장, 소방서장, 해양경찰서장, 제3조 제5호 나목에 따른 재난관리책임기관의 장 또는 관리기관의 장은 재난이 발생한 경우 또는 재난 발생을 신고받거나 통보받은 경우에는 즉시 관계 재난관리책임기관의 장에게 통보해야 한다.
⑤ 삭제 〈2016.1.7.〉

요약 정리 | 대규모재난 등에 대한 보고

```
        시장·군수·구청장
긴급구조기관의 장(소방방재청·소방본부 및 소방서)
                │        • 직접보고
                ▼        • 긴급구조활동 관련 사항 우선보고
            소방방재청장
            행정안전부장관
```

요약 정리 | 재난발생 등의 경우

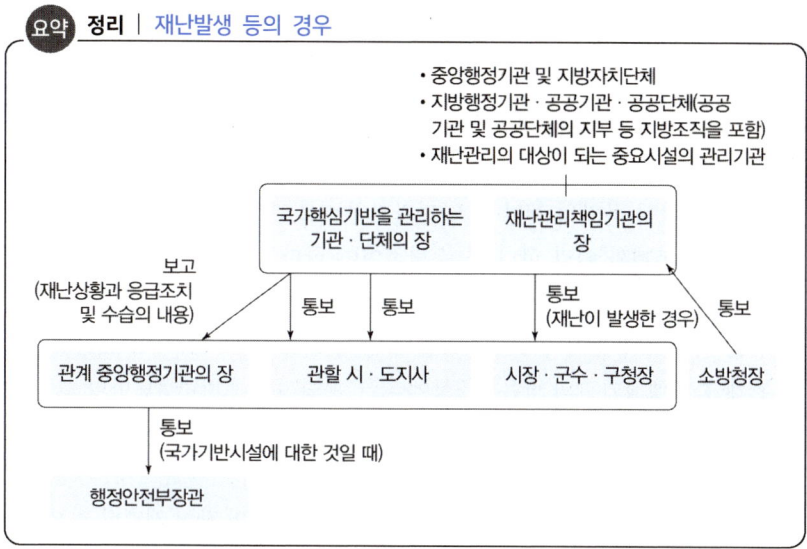

제21조(해외재난상황의 보고 및 관리)

① 재외공관의 장은 관할 구역에서 해외재난이 발생하거나 발생할 우려가 있으면 즉시 그 상황을 **외교부장관**에게 보고해야 한다.
② 제1항의 보고를 받은 외교부장관은 지체 없이 해외재난 발생 또는 발생 우려 지역에 거주하거나 체류하는 대한민국 국민(이하 이 조에서 "해외재난국민")의 생사확인 등 안전 여부를 확인하고, 행정안전부장관 및 관계 중앙행정기관의 장과 협의하여 해외재난국민의 보호를 위한 방안을 마련하여 시행해야 한다.
③ 해외재난국민의 가족 등은 외교부장관에게 해외재난국민의 생사확인 등 안전 여부 확인을 요청할 수 있다. 이 경우 외교부장관은 특별한 사유가 없으면 그 요청에 따라야 한다.
④ 제2항 및 제3항에 따른 안전 여부 확인과 가족 등의 범위는 **대통령령**으로 정한다.

> **시행령** 제25조(해외재난상황의 보고 등)
> ① 외공관의 장은 관할 구역에서 해외재난이 발생하거나 발생할 우려가 있으면 **제24조 제1항**[10] 각 호의 사항을 외교부장관에게 보고해야 한다.
> ② 법 제21조 제3항에 따라 **안전 여부 확인**을 요청할 수 있는 가족의 범위는 「민법」 제779조에 따른다.

10) 재난상황의 보고(제24조 제1항)
1. 재난 발생의 일시·장소와 재난의 원인
2. 재난으로 인한 피해내용
3. 응급조치 사항
4. 대응 및 복구활동 사항
5. 향후 조치계획
6. 그 밖에 해당 재난을 수습할 책임이 있는 중앙행정기관의 장이 정하는 사항

개념 CHECK

18. 재외공관의 장은 관할 구역에서 해외재난이 발생하거나 발생할 우려가 있으면 즉시 그 상황을 행정안전부장관에게 보고해야 한다. ( )

3 안전관리계획

제22조(국가안전관리기본계획의 수립 등) [2024.7.17. 시행] 20, 22 간부

① 국무총리는 재난 및 사고로부터 국민의 생명·신체 및 재산을 보호하기 위하여 5년마다 국가의 재난 및 안전관리업무에 관한 기본계획(이하 "국가안전관리기본계획"이라 한다)을 수립하여야 한다.

② 국무총리는 행정안전부장관으로 하여금 국가안전관리기본계획의 수립지침을 작성하여 관계 중앙행정기관의 장에게 통보하도록 하여야 한다.

③ 관계 중앙행정기관의 장은 제2항에 따른 수립지침에 따라 5년마다 그 소관에 속하는 재난 및 안전관리업무에 관한 기본계획을 작성한 후 행정안전부장관에게 제출하여야 한다.

④ 행정안전부장관은 제3항에 따라 관계 중앙행정기관의 장이 제출한 기본계획을 종합하여 국가안전관리기본계획안을 작성한 후 국무총리에게 제출하고, 국무총리는 중앙위원회의 심의를 거쳐 국가안전관리기본계획을 확정한다.

⑤ 행정안전부장관은 제4항에 따라 확정된 국가안전관리기본계획을 지체 없이 관계 중앙행정기관의 장에게 통보하여야 한다.

⑥ 관계 중앙행정기관의 장은 제5항에 따라 통보받은 국가안전관리기본계획 중 그 소관 사항을 관계 재난관리책임기관(중앙행정기관과 지방자치단체는 제외한다)의 장에게 통보하여야 한다.

⑦ 국무총리는 사회적·경제적 여건의 변화 등으로 인하여 국가안전관리기본계획을 변경할 필요가 있다고 인정하거나 관계 중앙행정기관의 장이 그 변경을 요청하는 경우에는 이를 변경할 수 있다. 이 경우 변경되는 사항을 소관하는 관계 중앙행정기관의 장으로 하여금 국가안전관리기본계획의 변경안을 작성하여 행정안전부장관에게 제출하도록 하여야 한다.

⑧ 제7항에 따른 국가안전관리기본계획의 변경에 관하여는 제4항부터 제6항까지를 준용한다. 다만, 대통령령으로 정하는 경미한 사항을 변경하는 경우에는 중앙위원회의 심의를 거치지 아니한다.

⑨ 국가안전관리기본계획과 제23조의 집행계획, 제24조의 시·도안전관리계획 및 제25조의 시·군·구안전관리계획은 「민방위기본법」 제10조에 따른 민방위 계획 중 재난관리분야의 계획으로 본다.

> **시행령** 제26조(국가안전관리기본계획 수립)
> ① 국무총리는 법 제22조에 따라 국가의 재난 및 안전관리업무에 관한 기본계획(이하 "국가안전관리기본계획"이라 한다)을 수립하기 위하여 필요한 경우 관계 기관 및 전문가 등의 의견을 들을 수 있다.
> ② 관계 중앙행정기관의 장은 국가안전관리기본계획을 이행하기 위하여 필요한 예산을 반영하는 등의 조치를 해야 한다.
> ③ 행정안전부장관은 법 제22조제4항에 따라 통보받은 국가안전관리기본계획을 행정안전부의 인터넷 홈페이지에 공개해야 한다.

> **요약 정리 | 국가안전관리기본계획의 수립 등**
>
> 수립지침 작성 → 중앙행정기관에 통보 → 관련사무 기본계획 작성 및 제출 → 기본계획 작성 → 심의 후 기본계획 확정 → 중앙행정기관에 통보
>
> 실행주체: 국무총리 / 실행주체: 국무총리 / 실행주체: 중앙행정기관의 장 / 실행주체: 국무총리 / 실행주체: 중앙위원회 / 실행주체: 국무총리

제22조의2(국가안전관리기본계획의 내용)

국가안전관리기본계획에는 다음 각 호의 사항이 포함되어야 한다.
1. 재난 및 안전관리의 중장기 목표 및 기본방향
2. 재난 및 안전관리 현황 및 여건 변화, 전망에 관한 사항
3. 재난 및 안전관리를 위한 법령·제도의 마련 등 재난 및 안전관리체계 확립에 관한 사항
4. 재난의 예방·대비·대응 및 복구에 필요한 기반 조성에 관한 사항
5. 그 밖에 재난 및 안전관리에 관한 사항으로서 대통령령으로 정하는 사항

제23조(집행계획) [2025.10.2. 시행]

① 관계 중앙행정기관의 장은 제22조 제5항에 따라 통보받은 국가안전관리기본계획에 따라 매년 그 소관 업무에 관한 집행계획을 작성하여 조정위원회의 심의를 거쳐 확정한다.
② 관계 중앙행정기관의 장은 확정된 집행계획을 행정안전부장관, 시·도지사 및 제3조 제5호 나목에 따른 재난관리책임기관의 장에게 각각 통보해야 한다.
③ 제3조 제5호 나목에 따른 재난관리책임기관의 장은 제2항에 따라 통보받은 집행계획에 따라 매년 세부집행계획을 작성하여 관할 시·도지사와 협의한 후 소속 중앙행정기관의 장의 승인을 받아 이를 확정해야 한다. 이 경우 그 재난관리책임기관의 장이 공공기관이나 공공단체의 장인 경우에는 그 내용을 지부 등 지방조직에 통보해야 한다. 〈개정 2014.1.16.〉

> **시행령 제27조(집행계획의 작성 및 제출 등)**
> ① 관계 중앙행정기관의 장은 매년 10월 31일까지 다음 연도의 법 제23조 제1항에 따른 집행계획(이하 "집행계획")을 작성하여 **행정안전부장관에게 통보**하여야 한다.
> ② 행정안전부장관은 집행계획을 효율적으로 수립하기 위하여 필요한 경우에는 집행계획의 작성지침을 마련하여 관계 중앙행정기관의 장에게 통보할 수 있다.
> ③ 관계 중앙행정기관의 장은 집행계획을 작성하는 경우에 필요하면 제28조에 따라 세부집행계획을 작성하여야 하는 재난관리책임기관의 장에게 집행계획의 작성에 필요한 자료의 제출을 요청할 수 있다.
> ④ 삭제 〈2014.2.5.〉
> ⑤ 중앙행정기관의 장은 법 제23조 제1항에 따라 확정된 집행계획에 변경 사항이 있을 때에는 그 변경 사항을 행정안전부장관과 협의한 후 국무총리에게 보고하여야 한다. 다만, 다음 각 호의 어느 하나에 해당하는 경미한 사항은 보고를 생략할 수 있다.
> 1. 집행계획 중 재난 및 안전관리에 소요되는 비용 등의 단순 증감에 관한 사항
> 2. 다른 관계 중앙행정기관의 재난 및 안전관리에 영향을 미치지 않는 사항
> 3. 그 밖에 행정안전부장관이 집행계획의 기본방향에 영향을 미치지 않는 것으로 인정하는 사항

개념 CHECK

19. 관계 중앙행정기관의 장은 제22조 제4항에 따라 통보받은 국가안전관리기본계획에 따라 매년 그 소관 업무에 관한 집행계획을 작성하여 조정위원회의 심의를 거쳐 국무총리의 승인을 받아 확정한다. ( )

> **요약 정리 | 집행계획**
>
> 집행계획 작성 → 심의 → 승인 → 확정
>
> 실행주체 : 　　　　실행주체 : 　　　실행주체 :
> 각 중앙행정기관의 장　조정위원회　　국무총리

제23조의2(국가안전관리기본계획 등과의 연계)

① 관계 중앙행정기관의 장은 소관 개별 법령에 따른 재난 및 안전과 관련된 계획을 수립하는 때에는 국가안전관리기본계획 및 제23조에 따른 집행계획과 연계하여 작성해야 한다. 이 경우 재난관리주관기관으로서 재난 및 사고의 예방·대비·대응 및 복구 등의 업무 수행에 필요한 계획 등 대통령령으로 정하는 재난 및 안전과 관련된 계획을 수립하는 경우에는 해당 계획을 확정하기 전에 행정안전부장관과 협의하여야 한다.

② 행정안전부장관은 제1항 후단에 따라 협의하는 경우 관계 중앙행정기관의 장이 수립하려는 재난 및 안전과 관련된 계획에 대하여 국가안전관리기본계획과의 부합성 및 연계성 등을 검토하여 필요한 경우 그 계획의 수정을 요청할 수 있다. 이 경우 관계 중앙행정기관의 장은 특별한 사유가 없으면 그 요청에 따라야 한다.

제24조(시·도안전관리계획의 수립) [2024.7.17. 시행]

① 시·도지사는 재난 및 사고로부터 관할 구역 주민의 생명·신체 및 재산을 보호하기 위하여 국가안전관리기본계획에 따라 지역 여건을 고려하여 매년 시·도의 재난 및 안전관리업무에 관한 계획(이하 "시·도안전관리계획"이라 한다)을 수립하여야 한다.

② **행정안전부장관은 국가안전관리기본계획과 제23조 제1항에 따른 집행계획에 따라 매년 시·도안전관리계획의 수립지침을 작성하여 시·도지사에게 통보해야 한다.** 〈개정 2024.1.16.〉

③ 시·도의 전부 또는 일부를 관할 구역으로 하는 **제3조 제5호 나목에 따른 재난관리책임기관의 장은 매년 그 소관 재난 및 안전관리업무에 관한 계획을 작성하여 관할 시·도지사에게 제출해야 한다.** 〈개정 2024.1.16.〉

④ 시·도지사는 제2항에 따라 통보받은 수립지침과 제3항에 따라 제출받은 재난 및 안전관리업무에 관한 계획을 종합하여 시·도안전관리계획을 작성하고 시·도위원회의 심의를 거쳐 확정한다.

⑤ 시·도지사는 제4항에 따라 확정된 시·도안전관리계획을 행정안전부장관에게 보고하고, 제3항에 따른 재난관리책임기관의 장에게 통보해야 한다.

요약 정리 | 시·도안전관리계획의 수립

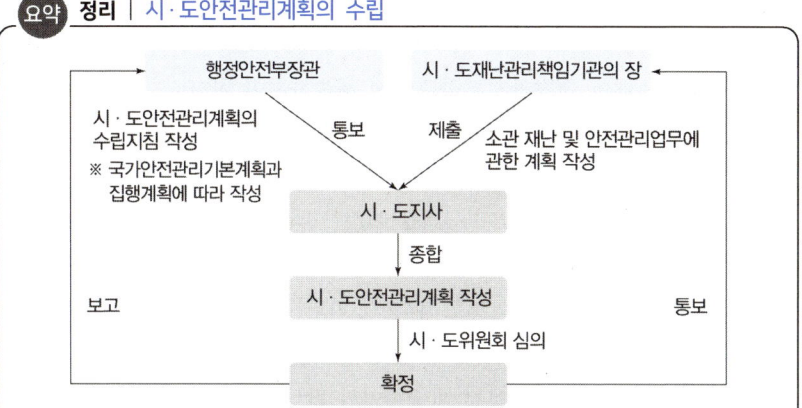

제25조(시·군·구안전관리계획의 수립) [2024.7.17. 시행]

① 시장·군수·구청장은 재난 및 사고로부터 관할 구역 주민의 생명·신체 및 재산을 보호하기 위하여 시·도안전관리계획에 따라 지역 여건을 고려하여 매년 시·군·구의 재난 및 안전관리업무에 관한 계획(이하 "시·군·구안전관리계획"이라 한다)을 수립하여야 한다.
② 시·도지사는 시·도안전관리계획에 따라 매년 시·군·구안전관리계획의 수립지침을 작성하여 시장·군수·구청장에게 통보해야 한다. 〈개정 2024.1.16.〉
③ 시·군·구의 전부 또는 일부를 관할 구역으로 하는 **제3조 제5호 나목**에 따른 재난관리책임기관의 장은 매년 그 소관 재난 및 안전관리업무에 관한 계획을 작성하여 관할 시장·군수·구청장에게 제출해야 한다.
④ 시장·군수·구청장은 제2항에 따라 통보받은 수립지침과 제3항에 따라 제출받은 재난 및 안전관리업무에 관한 계획을 종합하여 시·군·구안전관리계획을 작성하고 시·군·구위원회의 심의를 거쳐 확정한다.
⑤ 시장·군수·구청장은 제4항에 따라 확정된 시·군·구안전관리계획을 시·도지사에게 보고하고, 제3항에 따른 재난관리책임기관의 장에게 통보해야 한다.

요약 정리 | 시·군·구안전관리계획의 수립

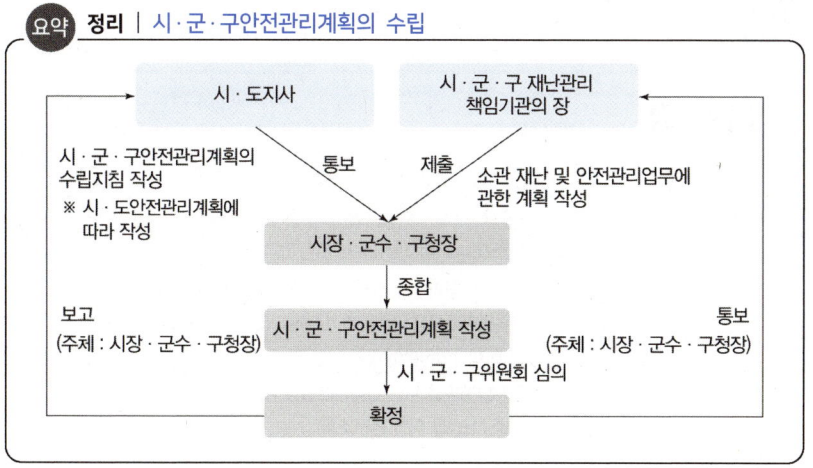

제25조의2(집행계획 등 추진실적의 제출 및 보고) [2024.10.2. 시행]

① 관계 중앙행정기관의 장은 제23조 제1항에 따라 확정된 전년도 집행계획의 추진실적을 매년 행정안전부장관에게 제출하여야 한다.

② **제23조제3항에 따른 재난관리책임기관의 장**은 전년도 세부집행계획의 추진실적을 매년 소속 중앙행정기관의 장에게 제출하여야 하고, 이를 제출받은 소속 중앙행정기관의 장은 해당 추진실적을 행정안전부장관에게 제출하여야 한다.

③ 시·군·구의 전부 또는 일부를 관할 구역으로 하는 제3조 제5호 나목에 따른 재난관리책임기관은 **제25조 제4항**에 따라 확정된 전년도 시·군·구안전관리계획에 따른 그 소관 재난 및 안전관리업무에 관한 계획의 추진실적을 매년 시장·군수·구청장에게 제출하여야 한다.

④ 시장·군수·구청장은 **제25조 제4항**에 따라 확정된 전년도 시·군·구안전관리계획의 추진실적 및 제3항에 따라 제출받은 추진실적을 매년 시·도지사에게 제출하여야 한다.

⑤ 시·도의 전부 또는 일부를 관할 구역으로 하는 제3조 제5호 나목에 따른 재난관리책임기관은 **제24조 제4항**에 따라 확정된 전년도 시·도안전관리계획에 따른 그 소관 재난 및 안전관리업무에 관한 계획의 추진실적을 매년 시·도지사에게 제출하여야 한다.

⑥ 시·도지사는 **제24조 제4항**에 따라 확정된 전년도 시·도안전관리계획의 추진실적 및 제4항과 제5항에 따라 제출받은 추진실적을 매년 행정안전부장관에게 제출하여야 한다.

⑦ 행정안전부장관은 제1항·제2항·제6항에 따라 제출받은 추진실적을 점검하고 종합 분석·평가한 보고서를 작성하여 매년 국무총리에게 제출하여야 한다.

⑧ 그 밖에 제1항부터 제7항까지에 따른 추진실적 및 보고서 등의 작성·제출 시기와 절차 등에 필요한 사항은 대통령령으로 정한다.

[본조신설 2024.1.16.]

4 재난의 예방

학습 나침반

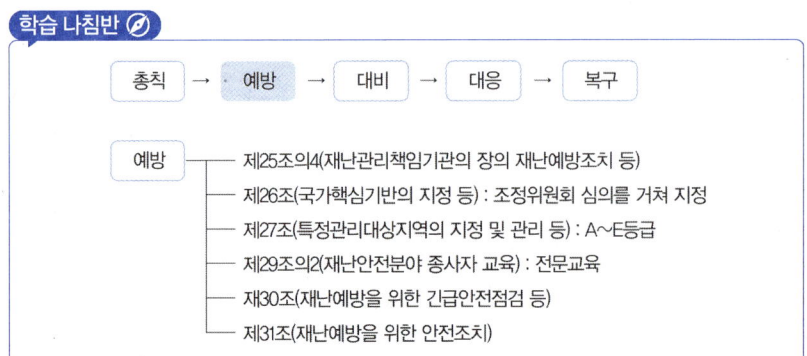

제25조의3 삭제 〈2013.8.6.〉

제25조의4(재난관리책임기관의 장의 재난예방조치 등) [2024.7.17. 시행]
① 재난관리책임기관의 장은 소관 관리대상 업무의 분야에서 재난 발생을 사전에 방지하기 위하여 다음 각 호의 조치를 하여야 한다. 〈개정 2023.1.17.〉
 1. 재난에 대응할 조직의 구성 및 정비
 2. 재난의 예측 및 예측정보 등의 제공·이용에 관한 체계의 구축
 3. 재난 발생에 대비한 교육·훈련과 재난관리예방에 관한 홍보
 4. 재난이 발생할 위험이 높은 분야에 대한 안전관리체계의 구축 및 안전관리규정의 제정
 5. 제26조에 따라 지정된 국가핵심기반의 관리
 6. 제27조 제2항에 따른 특정관리대상지역에 관한 조치
 7. 제29조에 따른 재난방지시설의 점검·관리
 7의2. 제34조에 따른 재난관리자원의 관리
 7의3. 재난 및 안전관리에 필요한 영상정보처리기기(「개인정보 보호법」 제2조 제7호에 따른 고정형 영상정보처리기기 및 같은 조 제7호의2에 따른 이동형 영상정보처리기기를 말한다. 이하 같다)의 설치·운영
 8. 그 밖에 재난을 예방하기 위하여 필요하다고 인정되는 사항
② 재난관리책임기관의 장은 제1항에 따른 재난예방조치를 효율적으로 시행하기 위하여 필요한 사업비를 확보하여야 한다.
③ 재난관리책임기관의 장은 다른 재난관리책임기관의 장에게 재난을 예방하기 위하여 필요한 협조를 요청할 수 있다. 이 경우 요청을 받은 다른 재난관리책임기관의 장은 특별한 사유가 없으면 요청에 따라야 한다.
④ 재난관리책임기관의 장은 재난관리의 실효성을 확보할 수 있도록 제1항 제4호에 따른 안전관리체계 및 안전관리규정을 정비·보완하여야 한다.
⑤ 재난관리책임기관의 장 및 국회·법원·헌법재판소·중앙선거관리위원회의 행정사무를 처리하는 기관의 장은 재난상황에서 해당 기관의 핵심기능을 유지하는 데 필요한 계획(이하 "기능연속성계획"이라 한다)을 수립·시행하여야 한다. 〈신설 2022.1.4.〉
⑥ 행정안전부장관이 재난상황에서 해당 기관·단체의 핵심 기능을 유지하는 것이 특별히 필요하다고 인정하여 고시하는 기관·단체(민간단체를 포함한다) 및 민간업체는 기능연속성계획을 수립·시행하여야 한다. 이 경우 민간단체 및 민간업체에 대해서는 해당 단체 및 업체와 협의를 거쳐야 한다. 〈신설 2022.1.4.〉
⑦ 행정안전부장관은 재난관리책임기관과 제6항에 따른 기관·단체 및 민간업체의 기능연속성계획 이행실태를 정기적으로 점검하고, 재난관리책임기관에 대해서는 그 결과를 제33조의2에 따른 재난관리체계 등에 대한 평가에 반영할 수 있다. 〈신설 2022.1.4.〉

⑧ 기능연속성계획에 포함되어야 할 사항 및 계획수립의 절차 등은 국회규칙, 대법원규칙, 헌법재판소규칙, 중앙선거관리위원회규칙 및 **대통령령**으로 정한다. 〈신설 2022.1.4.〉

시행령 제29조의2(집행계획 등 추진실적의 제출 및 분석·평가)

① 관계 중앙행정기관의 장 및 시·도지사는 법 제25조의2제1항·제2항 및 제6항에 따라 다음 각 호의 구분에 따른 추진실적을 매년 1월 31일까지 행정안전부장관에게 제출해야 한다.
  1. 관계 중앙행정기관의 장 : 다음 각 목의 추진실적
     가. 법 제25조의2제1항에 따른 전년도 집행계획 추진실적
     나. 법 제25조의2제2항에 따라 재난관리책임기관의 장으로부터 제출받은 추진실적
  2. 시·도지사장 : 다음 각 목의 추진실적
     가. 법 제25조의2제4항에 따라 시장·군수·구청장으로부터 제출받은 추진실적
     나. 법 제25조의2제5항에 따라 재난관리책임기관의 장으로부터 제출받은 추진실적
     다. 법 제25조의2제6항에 따른 전년도 시·도안전관리계획 추진실적
② 관계 중앙행정기관의 장 및 시·도지사는 다음 각 호의 구분에 따른 추진실적을 제6항에 따른 분석·평가 지침에 따라 분석·평가한 후 그 결과를 매년 4월 30일까지 행정안전부장관에게 제출해야 한다.
  1. 관계 중앙행정기관의 장 : 제1항제1호나목의 추진실적
  2. 시·도지사 : 제1항제2호가목 및 나목의 추진실적
③ 행정안전부장관은 제1항제1호가목 및 제1항제2호다목의 추진실적을 매년 4월 30일까지 분석·평가해야 한다.
④ 행정안전부장관은 제2항에 따라 제출받은 분석·평가 결과와 제3항에 따른 분석·평가 결과를 종합한 분석·평가 보고서를 작성하여 매년 6월 30일까지 국무총리에게 제출한 후, 관계 중앙행정기관의 장 및 시·도지사에게 통보해야 한다.
⑤ 관계 중앙행정기관의 장 및 시·도지사는 제4항에 따라 통보받은 종합 분석·평가 보고서를 각각 다음 연도 집행계획 및 시·도안전관리계획에 반영해야 한다.
⑥ 행정안전부장관은 집행계획 등 추진실적에 대한 다음 연도의 분석·평가를 위한 지침을 수립하여 매년 12월 31일까지 관계 중앙행정기관의 장 및 시·도지사에게 통보해야 한다.

시행령 제29조의3(재난 사전 방지조치)

① 행정안전부장관은 법 제25조의4 제1항에 따라 재난 발생을 사전에 방지하기 위하여 다음 각 호의 사항이 포함된 재난발생 징후 정보(이하 "재난징후정보"라 한다)를 수집·분석하여 관계 재난관리책임기관의 장에게 미리 필요한 조치를 하도록 요청할 수 있다.
  1. 재난 발생 징후가 포착된 위치
  2. 위험요인 발생 원인 및 상황
  3. 위험요인 제거 및 조치 사항
  4. 그 밖에 재난 발생의 사전 방지를 위하여 필요한 사항
② 행정안전부장관은 재난징후정보의 수집·분석을 위하여 필요한 경우 국가정보원 등 국가안전보장과 관련된 기관의 장(이하 "국가안전보장 관련기관의 장"이라 한다)에게 국가안전보장과 관련된 정보의 제공을 요청할 수 있다. 다만, 국가안전보장 관련기관의 장은 행정안전부장관의 요청이 없어도 국가안전보장과 관련된 정보를 행정안전부장관에게 수시로 제공할 수 있다. 〈신설 2023.12.12.〉
③ 행정안전부장관은 재난징후정보의 수집·분석을 위하여 필요한 경우 재난관리주관기관의 장에게 재난 및 안전관리와 관련된 정보의 제공을 요청할 수 있다. 〈신설 2023.12.12.〉
④ 행정안전부장관은 재난징후정보의 효율적 조사·분석 및 관리를 위하여 재난징후정보 관리시스템을 운영할 수 있다. 〈개정 2023.12.12.〉

> **시행령** **제29조의4(기능연속성계획의 수립 등)**

① 행정안전부장관은 법 제25조의4 제5항에 따른 계획(이하 "기능연속성계획")의 수립에 관한 지침을 작성하여 다음 각 호의 기관·단체 등(이하 "기능연속성계획수립기관")의 장에게 통보해야 한다.
  1. 재난관리책임기관
  2. 법 제25조의4 제6항에 따라 행정안전부장관이 고시하는 기관·단체(민간단체를 포함) 및 민간업체
② 제1항에 따른 지침을 통보받은 관계 중앙행정기관의 장 및 시·도지사는 소관 업무 또는 관할 지역의 특수성을 반영한 지침을 작성하여 관계 재난관리책임기관의 장 및 관할 지역의 재난관리책임기관의 장에게 각각 통보할 수 있다.
③ 기능연속성계획에는 다음 각 호의 사항이 포함되어야 한다.
  1. 기능연속성계획수립기관의 핵심기능의 선정과 우선순위에 관한 사항
  2. 재난상황에서 핵심기능을 유지하기 위한 의사결정권자 지정 및 그 권한의 대행에 관한 사항
  3. 핵심기능의 유지를 위한 대체시설, 장비 등의 확보에 관한 사항
  4. 재난상황에서의 소속 직원의 활동계획 등 기능연속성계획의 구체적인 시행절차에 관한 사항
  5. 소속 직원 등에 대한 기능연속성계획의 교육·훈련에 관한 사항
  6. 그 밖에 기능연속성계획수립기관의 장이 재난상황에서 해당 기관의 핵심기능을 유지하는 데 필요하다고 인정하는 사항
④ 기능연속성계획수립기관의 장은 기능연속성계획을 수립하거나 변경한 경우에는 수립 또는 변경 후 1개월 이내에 행정안전부장관에게 통보해야 한다. 이 경우 시장·군수·구청장은 시·도지사를 거쳐 통보하고, **제3조**에 따른 재난관리책임기관의 장은 관계 중앙행정기관의 장이나 시·도지사를 거쳐 통보한다.
⑤ 행정안전부장관은 법 제25조의4 제7항에 따라 기능연속성계획의 이행실태를 점검(이하 이 조에서 "이행실태점검")하는 경우에는 기능연속성계획수립기관의 장에게 미리 이행실태점검 계획을 통보해야 한다.
⑥ 행정안전부장관은 이행실태점검을 하는 경우에는 다음 각 호의 구분에 따라 해당 호에서 정하는 행정기관과 합동으로 점검을 할 수 있다.
  1. **제3조**에 따른 재난관리책임기관과 법 제25조의4 제6항에 따라 행정안전부장관이 고시하는 기관·단체 및 민간업체 : 관계 중앙행정기관의 장 또는 소관 지방자치단체의 장
  2. 시·군·구 : 시·도지사
⑦ 행정안전부장관은 이행실태점검 결과에 따라 기능연속성계획수립기관의 장에게 시정이나 보완 등을 요청할 수 있으며, 재난관리책임기관에 대해서는 시정이나 보완 등을 요청한 사항이 적정하게 반영되었는지를 법 제33조의2에 따른 재난관리체계 등에 대한 평가에 반영할 수 있다.
⑧ 제1항부터 제7항까지에서 규정한 사항 외에 기능연속성계획의 수립 및 이행실태점검에 필요한 사항은 행정안전부장관이 정한다.

제26조(국가핵심기반의 지정 등)

① 관계 중앙행정기관의 장은 소관 분야의 **국가핵심기반**을 다음 각 호의 기준에 따라 **조정위원회의 심의**를 거쳐 지정할 수 있다.
  1. 다른 국가핵심기반 등에 미치는 연쇄효과
  2. 둘 이상의 중앙행정기관의 공동대응 필요성

3. 재난이 발생하는 경우 국가안전보장과 경제·사회에 미치는 피해 규모 및 범위
4. 재난의 발생 가능성 또는 그 복구의 용이성

② 관계 중앙행정기관의 장은 제1항에 따른 지정 여부를 결정하기 위하여 필요한 자료의 제출을 소관 재난관리책임기관의 장에게 요청할 수 있다.

③ 관계 중앙행정기관의 장은 소관 재난관리책임기관이 해당 업무를 폐지·정지 또는 변경하는 경우에는 조정위원회의 심의를 거쳐 국가핵심기반의 지정을 취소할 수 있다.

④ 삭제〈2017.1.17.〉

⑤ 국가핵심기반의 지정 및 지정취소 등에 필요한 사항은 **대통령령**으로 정한다.

〈시행령 제30조 생략〉

제26조의2(국가핵심기반의 관리 등)

① 관계 중앙행정기관의 장은 제26조 제1항에 따라 국가핵심기반을 지정한 경우에는 **대통령령**으로 정하는 바에 따라 소관 분야 국가핵심기반 보호계획을 수립하여 해당 관리기관의 장에게 통보해야 한다.

> **시행령** 제30조의2(국가핵심기반의 관리 등)
> ① 행정안전부장관은 법 **제26조의2 제1항**에 따른 국가핵심기반 보호계획의 수립을 위한 지침을 작성하여 관계 중앙행정기관의 장에게 통보해야 한다.
> ② 행정안전부장관 또는 관계 중앙행정기관의 장은 법 **제26조의2 제3항**에 따라 국가핵심기반의 보호 및 관리 실태를 확인·점검(이하 이 조에서 "관리실태점검")하는 경우에는 국가핵심기반을 관리하는 기관·단체 등의 장(이하 이 조에서 "관리기관의 장")에게 미리 관리실태점검 계획을 통보해야 한다. 다만, 긴급한 사유가 있는 경우에는 관리실태점검 계획의 통보를 생략할 수 있다.
> ③ 행정안전부장관 또는 관계 중앙행정기관의 장은 관리실태점검을 위하여 필요한 경우 국가정보원장에게 협조를 요청할 수 있다. 〈신설 2023.12.12.〉
> ④ 관계 중앙행정기관의 장은 관리실태점검을 실시한 경우에는 그 결과를 행정안전부장관에게 통보하여야 한다. 〈개정 2023.12.12.〉
> ⑤ 행정안전부장관 또는 관계 중앙행정기관의 장은 관리실태점검 결과 시정 등이 필요한 사항에 대하여 해당 관리기관의 장에게 시정 등을 권고할 수 있다. 〈개정 2023.12.12.〉

② 관리기관의 장은 제1항에 따라 통보받은 국가핵심기반 보호계획에 따라 소관 국가핵심기반에 대한 보호계획을 수립·시행해야 한다.

③ 행정안전부장관 또는 관계 중앙행정기관의 장은 **대통령령**으로 정하는 바에 따라 국가핵심기반의 보호 및 관리 실태를 확인·점검할 수 있다.

④ 행정안전부장관은 국가핵심기반에 대한 데이터베이스를 구축·운영하고, 관계 중앙행정기관의 장이 재난관리정책의 수립 등에 이용할 수 있도록 통합지원할 수 있다.

개념 CHECK

20. 관계 중앙행정기관의 장은 소관 분야의 국가핵심기반을 다른 국가핵심기반 등에 미치는 연쇄효과 등의 기준에 따라 조정위원회의 심의를 거쳐 지정할 수 있다. ( )

20 ○

제27조(특정관리대상지역의 지정 및 관리 등) 19 간부

① 중앙행정기관의 장 또는 지방자치단체의 장은 재난이 발생할 위험이 높거나 재난예방을 위하여 계속적으로 관리할 필요가 있다고 인정되는 지역을 대통령령으로 정하는 바에 따라 특정관리대상지역으로 지정할 수 있다.

> **시행령** 제31조(특정관리대상지역의 지정 등)
> ① 중앙행정기관의 장 또는 지방자치단체의 장은 법 제27조 제1항에 따른 특정관리대상지역(이하 "특정관리대상지역")을 지정하기 위하여 소관 지역의 현황을 매년 정기적으로 또는 수시로 조사해야 한다.
> ② 중앙행정기관의 장 또는 지방자치단체의 장은 다음 각 호의 어느 하나에 해당하는 지역을 제32조 제1항에 따른 특정관리대상지역의 지정·관리 등에 관한 지침에서 정하는 세부지정기준 등에 따라 특정관리대상지역으로 지정하거나 그 지정을 해제해야 한다.
>   1. 자연재난으로 인한 피해의 위험이 높거나 피해가 우려되는 지역
>   2. 재난예방을 위하여 관리할 필요가 있다고 인정되는 지역으로서 **별표 2의2**에 해당하는 지역
>
>   **[별표 2의2] 특정관리대상지역의 지정대상(제31조 제2항 제2호 관련)**
>   1. 법 제41조 제1항에 따른 위험구역
>   2. 「산업입지 및 개발에 관한 법률」 제26조에 따른 공공시설이 설치된 지역
>   3. 「산업집적활성화 및 공장설립에 관한 법률」 제33조 제6항에 따른 산업시설구역
>
>   3. 그 밖에 재난관리책임기관의 장이 재난의 예방을 위하여 특별히 관리할 필요가 있다고 인정하는 지역
> ③ 중앙행정기관의 장 또는 지방자치단체의 장은 제2항에 따라 특정관리대상지역을 지정하거나 해제할 때에는 **행정안전부령**으로 정하는 바에 따라 그 사실을 특정관리대상지역의 소유자·관리자 또는 점유자(이하 "관계인")에게 알려주어야 한다.

② 재난관리책임기관의 장은 제1항에 따라 지정된 특정관리대상지역에 대하여 **대통령령**으로 정하는 바에 따라 재난 발생의 위험성을 제거하기 위한 조치 등 특정관리대상지역의 관리·정비에 필요한 조치를 해야 한다.

③ 중앙행정기관의 장, 지방자치단체의 장 및 재난관리책임기관의 장은 제1항 및 제2항에 따른 지정 및 조치 결과를 **대통령령**으로 정하는 바에 따라 행정안전부장관에게 보고하거나 통보해야 한다.

④ 행정안전부장관은 제3항에 따라 보고받거나 통보받은 사항을 **대통령령**으로 정하는 바에 따라 정기적으로 또는 수시로 국무총리에게 보고해야 한다.

⑤ 국무총리는 제4항에 따라 보고받은 사항 중 재난을 예방하기 위하여 필요하다고 인정하는 사항에 대해서는 중앙행정기관의 장, 지방자치단체의 장 또는 재난관리책임기관의 장에게 시정조치나 보완을 요구할 수 있다.

⑥ 제1항부터 제5항까지에서 규정한 사항 외에 특정관리대상지역의 지정, 관리 및 정비에 필요한 사항은 **대통령령**으로 정한다.

개념 CHECK

21. 중앙행정기관의 장 또는 지방자치단체의 장은 재난이 발생할 위험이 높거나 재난예방을 위하여 계속적으로 관리할 필요가 있다고 인정되는 지역을 대통령령으로 정하는 바에 따라 특정관리대상지역으로 지정할 수 있다. ( )

21 ○

시행령 **제32조(특정관리대상지역의 지정·관리 등에 관한 지침)**

① 관계 중앙행정기관의 장(재난관리책임기관이 지방자치단체인 경우에는 행정안전부장관을 말한다. 이하 이 조 및 제33조에서 같다)은 특정관리대상지역의 지정·관리 등에 관한 지침을 제정하여 관계 재난관리책임기관의 장에게 통보하여야 한다.

② 제1항에 따른 지침은 특정관리대상지역의 지정·관리 등에 필요한 다음 각 호의 사항을 포함하여야 한다.
   1. 특정관리대상지역의 지정을 위한 세부기준에 관한 사항
   2. 특정관리대상지역에 대한 조사 방법 및 특정관리대상지역의 지정·해제 절차 등에 관한 사항
   3. 특정관리대상지역의 안전등급의 평가기준에 관한 사항
   4. 특정관리대상지역의 안전점검과 유지·관리의 방법에 관한 사항
   5. 그 밖에 관계 중앙행정기관의 장이 특정관리대상지역의 지정·관리 등에 필요하다고 인정하는 사항

시행령 **제34조(국고보조)**

지방자치단체의 장이 제33조에 따라 **특정관리대상지역**(지방자치단체가 관리하는 특정관리대상지역 중 민간 소유 지역은 제외)의 위험성을 제거하기 위한 장·단기 계획을 수립하여 시행하는 경우 정부는 그 비용의 전부 또는 일부를 보조할 수 있다.

시행령 **제34조의2(특정관리대상지역의 안전등급 및 안전점검 등)**

① **재난관리책임기관의 장은** 제31조 제2항에 따라 지정된 특정관리대상지역을 제32조 제1항에 따른 특정관리대상지역의 지정·관리 등에 관한 지침에서 정하는 **안전등급의 평가기준에 따라** 다음 각 호의 어느 하나에 해당하는 **등급으로 구분하여 관리**해야 한다.
   1. A등급 : 안전도가 우수한 경우
   2. B등급 : 안전도가 양호한 경우
   3. C등급 : 안전도가 보통인 경우
   4. D등급 : 안전도가 미흡한 경우
   5. E등급 : 안전도가 불량한 경우

② 재난관리책임기관의 장은 D등급 또는 E등급에 해당하거나 D등급 또는 E등급에서 상위 등급으로 조정되는 특정관리대상지역에 관한 다음 각 호의 사항을 해당 기관에서 발행하거나 관리하는 공보 또는 홈페이지 등에 공고하고, 이를 행정안전부장관에게 통보해야 한다. D등급 또는 E등급에 해당하는 특정관리대상지역의 지정이 해제되는 경우에도 또한 같다.
   1. 특정관리대상지역의 명칭 및 위치
   2. 특정관리대상지역의 관계인의 인적사항
   3. 해당 등급의 평가 사유(D등급 또는 E등급에 해당하는 특정관리대상지역의 지정이 해제되는 경우에는 그 사유를 말한다)

③ 재난관리책임기관의 장은 다음 각 호의 구분에 따라 특정관리대상지역에 대한 안전점검을 실시해야 한다.
   1. 정기안전점검
      가. A등급, B등급 또는 C등급에 해당하는 특정관리대상지역 : 반기별 1회 이상
      나. D등급에 해당하는 특정관리대상지역 : 월 1회 이상
      다. E등급에 해당하는 특정관리대상지역 : 월 2회 이상
   2. 수시안전점검 : 재난관리책임기관의 장이 필요하다고 인정하는 경우

④ 행정안전부장관은 특정관리대상지역을 체계적으로 관리하기 위하여 정보화시스템을 구축·운영할 수 있다.

⑤ 재난관리책임기관의 장은 제4항에 따라 운영되는 정보화시스템을 이용하여 특정관리대상지역을 관리해야 한다.

개념 CHECK

22. 재난관리책임기관의 장은 제31조 제2항에 따라 지정된 특정관리대상지역을 제32조 제1항에 따른 특정관리대상지역의 지정·관리 등에 관한 지침에서 정하는 안전등급의 평가기준에 따라 등급으로 구분하여 관리해야 한다(예 E등급 : 안전도가 우수한 경우). ( )

제28조(지방자치단체에 대한 지원 등)

행정안전부장관은 제27조 제2항에 따른 지방자치단체의 조치 등에 필요한 지원 및 지도를 할 수 있고, 관계 중앙행정기관의 장에게 협조를 요청할 수 있다.

제29조(재난방지시설의 관리)

① 재난관리책임기관의 장은 관계 법령 또는 제3장의 안전관리계획에서 정하는 바에 따라 **대통령령**으로 정하는 **재난방지시설**을 점검·관리해야 한다.

② 행정안전부장관은 재난방지시설의 관리 실태를 점검하고 필요한 경우 보수·보강 등의 조치를 재난관리책임기관의 장에게 요청할 수 있다. 이 경우 요청을 받은 재난관리책임기관의 장은 신속하게 조치를 이행해야 한다.

제29조의2(재난안전분야 종사자 교육)

① 재난관리책임기관에서 재난 및 안전관리업무를 담당하는 공무원이나 직원은 행정안전부장관이 실시하는 **전문교육**(이하 "전문교육")을 행정안전부령으로 정하는 바에 따라 정기적으로 또는 수시로 받아야 한다.

> **시행규칙 제6조의2(재난안전분야 종사자 교육 종류 등)**
> ① 법 제29조의2에 따른 재난안전분야 종사자 전문교육(이하 이 조에서 "전문교육")은 관리자 전문교육과 실무자 전문교육으로 구분하며, 그 교육 대상자는 다음 각 호와 같다.
>   1. 관리자 전문교육 : 다음 각 목에 해당하는 사람
>   가. 재난관리책임기관에서 재난 및 안전관리 업무를 담당하는 부서의 장
>   나. 시(「제주특별자치도 설치 및 국제자유도시 조성을 위한 특별법」 제10조 제2항에 따른 행정시를 포함)·군·구(자치구)의 부단체장(부단체장이 2명 이상인 경우에는 재난 및 안전관리 업무를 관할하는 부단체장을 말한다)
>   다. 법 제75조의2에 따른 안전책임관
>   2. 실무자 전문교육 : 재난관리책임기관에서 재난 및 안전관리 업무를 담당하는 부서의 공무원 또는 직원으로서 제1호에 해당하지 아니하는 사람
> ② **전문교육의 대상자는 해당 업무를 맡은 후 6개월 이내에 신규교육**을 받아야 하며, **신규교육을 받은 후 매 2년마다 정기교육**을 받아야 한다.
> ③ 전문교육의 이수시간은 다음 각 호와 같다.
>   1. 관리자 전문교육 : 7시간 이상
>   2. 실무자 전문교육 : 14시간 이상
> ④ 제1항부터 제3항까지에서 규정한 사항 외에 전문교육의 교육과정 운영 등에 관하여 필요한 사항은 행정안전부장관이 정한다.

② 행정안전부장관은 필요하다고 인정하면 **대통령령**으로 정하는 전문인력 및 시설기준을 갖춘 교육기관으로 하여금 전문교육을 대행하게 할 수 있다.

③ 행정안전부장관은 정당한 사유 없이 전문교육을 받지 아니한 자에 대하여 소속 재난관리책임기관의 장에게 징계할 것을 요구할 수 있다.

④ 전문교육의 종류 및 대상, 그 밖에 전문교육의 실시에 필요한 사항은 **행정안전부령**으로 정한다.

개념 CHECK

23. 재난안전분야 종사자로 전문교육의 대상자는 해당 업무를 맡은 후 6개월 이내에 신규교육을 받아야 하며, 신규교육을 받은 후 매 2년마다 정기교육을 받아야 한다. ( )

제30조(재난예방을 위한 긴급안전점검 등)

① 행정안전부장관 또는 재난관리책임기관(행정기관)의 장은 **대통령령**으로 정하는 시설 및 지역에 재난이 발생할 우려가 있는 등 **대통령령**으로 정하는 긴급한 사유가 있으면 소속 공무원으로 하여금 긴급안전점검을 하게 하고, 행정안전부장관은 다른 재난관리책임기관의 장에게 긴급안전점검을 하도록 요구할 수 있다. 이 경우 요구를 받은 재난관리책임기관의 장은 특별한 사유가 없으면 요구에 따라야 한다.

> **시행령** 제38조 긴급안전점검 대상 시설 등
> ① 법 제30조 제1항에 따른 긴급안전점검(이하 "긴급안전점검"이라 한다)의 대상이 되는 시설 및 지역은 특정관리대상지역과 그 밖에 행정안전부장관, 시·도지사 또는 시장·군수·구청장이 긴급안전점검이 필요하다고 인정하는 시설 및 지역(이하 "긴급안전점검 대상 시설 및 지역"이라 한다)으로 한다. 〈개정 2023.12.12.〉
> ② 법 제30조 제1항에 따라 긴급안전점검이 필요한 긴급한 사유는 다음 각 호와 같다.
>   1. 사회적으로 피해가 큰 재난이 발생하여 피해시설의 긴급한 안전점검이 필요하거나 이와 유사한 시설의 재난예방을 위하여 점검이 필요한 경우
>   2. 계절적으로 재난 발생이 우려되는 취약시설에 대한 안전대책이 필요한 경우
> ③ 행정안전부장관 또는 재난관리책임기관(행정기관만을 말한다. 이하 이 조에서 같다)의 장은 긴급안전점검을 실시할 때에는 미리 긴급안전점검 대상 시설 및 지역의 관계인에게 긴급안전점검의 목적·날짜 등을 서면으로 통지하여야 한다. 다만, 서면 통지로는 긴급안전점검의 목적을 달성할 수 없는 경우에는 말로 통지할 수 있다. 〈개정 2023.12.12.〉
> ④ 행정안전부장관 또는 재난관리책임기관의 장은 긴급안전점검 대상 시설 및 지역이 국가안전보장과 관련된 경우 국가정보원장에게 긴급안전점검의 실시와 관련하여 협조를 요청할 수 있다. 〈신설 2023.12.12.〉
> ⑤ 행정안전부장관 또는 재난관리책임기관의 장은 긴급안전점검을 실시하였을 때에는 행정안전부령으로 정하는 긴급안전점검 대상 시설 및 지역의 관리에 관한 카드에 긴급안전점검 결과 및 안전조치 사항 등을 기록·유지하여야 한다. 〈개정 2023.12.12.〉

② 제1항에 따라 긴급안전점검을 하는 공무원은 관계인에게 필요한 질문을 하거나 관계 서류 등을 열람할 수 있다.
③ 제1항에 따른 긴급안전점검의 절차 및 방법, 긴급안전점검결과의 기록·유지 등에 필요한 사항은 **대통령령**으로 정한다.
④ 제1항에 따라 긴급안전점검을 하는 공무원은 그 권한을 표시하는 증표를 지니고 이를 관계인에게 보여주어야 한다.
⑤ 행정안전부장관은 제1항에 따라 긴급안전점검을 하면 그 결과를 해당 재난관리책임기관의 장에게 통보해야 한다.

제31조(재난예방을 위한 안전조치)

① 행정안전부장관 또는 재난관리책임기관(행정기관)의 장은 제30조에 따른 긴급안전점검 결과 재난 발생의 위험이 높다고 인정되는 시설 또는 지역에 대하여는 대통령령으로 정하는 바에 따라 그 소유자·관리자 또는 점유자에게 다음 각 호의 안전조치를 할 것을 명할 수 있다.

1. 정밀안전진단(시설만 해당). 이 경우 다른 법령에 시설의 정밀안전진단에 관한 기준이 있는 경우에는 그 기준에 따르고, 다른 법령의 적용을 받지 아니하는 시설에 대하여는 행정안전부령으로 정하는 기준에 따른다.
2. 보수 또는 보강 등 정비
3. 재난을 발생시킬 위험요인의 제거

② 제1항에 따른 안전조치명령을 받은 소유자·관리자 또는 점유자는 이행계획서를 작성하여 행정안전부장관 또는 재난관리책임기관의 장에게 제출한 후 안전조치를 하고, **행정안전부령으로 정하는 바**에 따라 그 결과를 행정안전부장관 또는 재난관리책임기관의 장에게 통보해야 한다.

③ 행정안전부장관 또는 재난관리책임기관의 장은 제1항에 따른 안전조치명령을 받은 자가 그 명령을 이행하지 아니하거나 이행할 수 없는 상태에 있고, 안전조치를 이행하지 아니할 경우 공중의 안전에 위해를 끼칠 수 있어 재난의 예방을 위하여 긴급하다고 판단하면 그 시설 또는 지역에 대하여 사용을 제한하거나 금지시킬 수 있다. 이 경우 그 제한하거나 금지하는 내용을 보기 쉬운 곳에 게시해야 한다.

④ 행정안전부장관 또는 재난관리책임기관의 장은 **제1항 제2호 또는 제3호**에 따른 안전조치명령을 받아 이를 이행해야 하는 자가 그 명령을 이행하지 아니하거나 이행할 수 없는 상태에 있고, 재난예방을 위하여 긴급하다고 판단하면 그 명령을 받아 이를 이행해야 할 자를 갈음하여 필요한 안전조치를 할 수 있다. 이 경우 「행정대집행법」을 준용한다.

⑤ 행정안전부장관 또는 재난관리책임기관의 장은 제3항에 따른 안전조치를 할 때에는 미리 해당 소유자·관리자 또는 점유자에게 서면으로 이를 알려주어야 한다. 다만, 긴급한 경우에는 구두로 알리되, 미리 구두로 알리는 것이 불가능하거나 상당한 시간이 걸려 공중의 안전에 위해를 끼칠 수 있는 경우에는 안전조치를 한 후 그 결과를 통보할 수 있다.

제31조의2(안전취약계층에 대한 안전 환경 지원)

① 제3조 제5호 가목에 따른 재난관리책임기관의 장은 안전취약계층이 재난이나 그 밖의 각종 사고로부터 안전을 확보할 수 있는 생활환경을 조성하기 위하여 안전용품의 제공 및 시설 개선 등 필요한 사항을 지원하기 위하여 노력해야 한다.

② 제1항에 따른 지원의 대상, 범위, 방법 및 절차 등에 필요한 사항은 **대통령령** 또는 해당 지방자치단체의 **조례**로 정한다.

개념 CHECK

24. 행정안전부장관 또는 재난관리책임기관(행정기관)의 장은 제30조에 따른 긴급안전점검 결과 재난 발생의 위험이 높다고 인정되는 시설 또는 지역에 대하여는 행정안전부령으로 정하는 바에 따라 그 소유자·관리자 또는 점유자에게 안전조치를 할 것을 명할 수 있다. (   )

24. ×

> **시행령** 제39조의2(안전취약계층에 대한 안전 환경 지원)
> ① 중앙행정기관의 장이 법 제31조의2 제1항에 따라 **안전취약계층**으로 지원하는 대상은 다음 각 호와 같다.
>   1. 13세 미만의 어린이
>   2. 65세 이상의 노인
>   3. 「장애인복지법」제2조에 따른 장애인
>   4. 그 밖에 재난이나 그 밖의 각종 사고에 취약하다고 인정되는 사람
> ② 중앙행정기관의 장은 제1항 각 호에 따른 안전취약계층에게 다음 각 호의 사항을 지원할 수 있다.
>   1. 안전관리를 위하여 필요한 소방·가스·전기 등의 안전점검 및 시설 개선
>   2. 어린이 보호구역 등 취약지역의 안전 확보를 위한 환경 개선
>   3. 재난 및 사고 예방을 위하여 필요한 안전장비 및 용품의 제공
>   4. 그 밖에 안전취약계층의 안전한 생활환경을 조성하기 위하여 필요하다고 인정되는 사항
> ③ 제1항 및 제2항에서 규정한 사항 외에 안전취약계층에 대한 안전 환경 지원에 필요한 사항은 중앙행정기관의 장이 정한다.

③ 행정안전부장관은 **제3조 제5호 가목**에 따른 재난관리책임기관의 장에게 제1항에 따른 지원이 원활히 수행되는 데 필요한 사항을 요청할 수 있다. 이 경우 요청을 받은 재난관리책임기관의 장은 특별한 사유가 없으면 요청에 따라야 한다.

④ 행정안전부장관은 제1항에 따른 지원과 관련하여 지방자치단체에 필요한 지원 및 지도를 할 수 있다.

제31조의3(재난안전분야 제도개선)

① 행정안전부장관은 재난 예방 및 국민 안전 확보를 위하여 재난안전분야 제도개선 과제(이하 "개선과제"라 한다)를 선정하여 재난관리주관기관의 장에게 개선과제의 이행을 요청할 수 있다.

② 행정안전부장관은 개선과제의 선정을 위하여 일반 국민, 지방자치단체 또는 민간단체 등으로부터 의견을 수렴할 수 있으며, 관련 분야 전문가에게 자문할 수 있다.

③ 제1항에 따른 요청을 받은 재난관리주관기관의 장은 행정안전부령으로 정하는 바에 따라 개선과제의 이행 요청에 대한 수용 여부를 행정안전부장관에게 통보하여야 한다.

④ 재난관리주관기관의 장은 제3항에 따라 개선과제의 이행 요청을 수용하기로 한 경우 해당 개선과제의 이행상황을 분기별로 점검하고 그 결과를 행정안전부장관에게 통보하여야 한다.

[본조신설 2023.12.26.]

제32조(정부합동 안전 점검)

① 행정안전부장관은 재난관리책임기관의 재난 및 안전관리 실태를 점검하기 위하여 **대통령령**으로 정하는 바에 따라 정부합동안전점검단(이하 "정부합동점검단")을 편성하여 안전 점검을 실시할 수 있다.

> **시행령** 제39조의3(정부합동안전점검단의 구성 및 점검 방법 등)
> ① 법 제32조 제1항에 따른 정부합동안전점검단(이하 이 조에서 "정부합동점검단"은 행정안전부장관이 소속 공무원과 관계 재난관리책임기관에서 파견된 공무원 또는 직원으로 구성한다.
> ② 정부합동점검단의 단장은 행정안전부장관이 지명한다.
> ③ 정부합동 안전 점검은 다음 각 호의 구분에 따라 실시할 수 있다.
>   1. **정기점검** : 계절적 요인 등을 고려하여 정기적으로 실시하는 점검
>   2. **수시점검** : 사회적 쟁점, 유사한 사고의 방지 등을 위하여 수시로 실시하는 점검
> ④ 행정안전부장관은 제3항에 따른 정부합동 안전 점검의 대상이 국가안전보장과 관련된 시설 등인 경우 국가정보원장에게 국가정보원 직원의 정부합동 안전 점검 참여를 요청할 수 있다. 〈신설 2013.12.12.〉
> ⑤ 제3항에 따라 정부합동 안전 점검을 실시할 때에는 점검을 받는 재난관리책임기관의 장에게 미리 점검계획을 통보하여야 한다. 다만, 긴급한 수시점검의 경우에는 점검계획의 통보를 생략할 수 있다. 〈개정 2013.12.12.〉
> ⑥ 정부합동 안전 점검을 효율적으로 실시하기 위하여 필요한 경우에는 재난관리책임기관의 장에게 미리 점검에 필요한 자료를 제출하도록 요청하거나 점검 대상 시설 등의 관계인 또는 전문가의 의견을 들을 수 있다. 〈개정 2013.12.12.〉
> ⑦ 제6항에 따라 전문가의 의견을 들은 경우에는 예산의 범위에서 그 전문가에게 수당 등을 지급할 수 있다. 〈개정 2013.12.12.〉
> ⑧ 행정안전부장관은 정부합동 안전 점검의 효율성 제고와 업무의 중복 등을 방지하기 위하여 필요한 경우에는 관계 중앙행정기관으로부터 재난 및 안전관리 분야 점검계획을 제출받아 점검시기, 대상 및 분야 등을 조정할 수 있다. 〈개정 2013.12.12.〉

② 행정안전부장관은 정부합동점검단을 편성하기 위하여 필요하면 관계 재난관리책임기관의 장에게 관련 공무원 또는 직원의 파견을 요청할 수 있다. 이 경우 요청을 받은 관계 재난관리책임기관의 장은 특별한 사유가 없으면 요청에 따라야 한다.

③ 행정안전부장관은 제1항에 따른 점검을 실시하면 점검결과를 관계 재난관리책임기관의 장에게 통보하고, 보완이나 개선이 필요한 사항에 대한 조치를 관계 재난관리책임기관의 장에게 요구할 수 있다.

④ 제3항에 따라 점검결과 및 조치 요구사항을 통보받은 관계 재난관리책임기관의 장은 보완이나 개선이 필요한 사항에 대한 조치계획을 수립하여 필요한 조치를 한 후 그 결과를 행정안전부장관에게 통보해야 한다.

⑤ 행정안전부장관은 제4항에 따른 조치 결과를 점검할 수 있다.

⑥ 행정안전부장관은 제1항에 따른 안전 점검 결과와 제4항에 따른 조치 결과를 제66조의9 제2항에 따른 안전정보통합관리시스템을 통하여 공개할 수 있다. 다만, 「공공기관의 정보공개에 관한 법률」 제9조 제1항 각 호의 어느 하나에 해당하는 정보에 대해서는 공개하지 아니할 수 있다.

제32조의2(사법경찰권)
〈생략〉

제32조의3(집중 안전점검 기간 운영 등)
① 행정안전부장관은 재난을 예방하고 국민의 안전의식을 높이기 위하여 재난관리책임기관의 장의 의견을 들어 매년 집중 안전점검 기간을 설정하고 그 운영에 필요한 계획을 수립해야 한다.
② 행정안전부장관 및 재난관리책임기관의 장은 제1항에 따른 집중 안전점검 기간 동안에 재난이나 그 밖의 각종 사고의 발생이 우려되는 시설 등에 대하여 집중적으로 안전점검을 실시할 수 있다.
③ 행정안전부장관은 제2항에 따른 집중 안전점검 기간에 실시한 안전점검 결과로서 재난관리책임기관의 장이 관계 법령에 따라 공개하는 정보를 제66조의9 제2항에 따른 안전정보통합관리시스템을 통하여 공개할 수 있다.
④ 제1항부터 제3항까지에서 규정한 사항 외에 집중 안전점검 기간의 설정 및 운영 등에 필요한 사항은 **대통령령**으로 정한다.

> **시행령** 제39조의4(집중 안전점검 기간의 운영 등)
> ① 행정안전부장관은 법 **제32조의3 제1항**에 따라 집중 안전점검 기간 운영에 필요한 계획(이하 이 조에서 "집중안전점검기간운영계획")을 수립하고 관계 중앙행정기관의 장 및 시·도지사에게 통보해야 한다.
> ② 집중안전점검기간운영계획에는 다음 각 호의 사항이 포함되어야 한다.
>   1. 집중 안전점검 기간, 추진 일정, 점검 대상 및 방법에 관한 사항
>   2. 재난예방 및 국민의 안전의식 개선에 관한 사항
>   3. 집중 안전점검 기간 운영 실적 평가에 관한 사항
>   4. 집중 안전점검 결과에 대한 이력관리 및 후속조치 등에 관한 사항
>   5. 그 밖에 집중 안전점검 기간 운영에 필요한 사항
> ③ 제1항에 따라 집중안전점검기간운영계획을 통보받은 관계 중앙행정기관의 장은 소관 분야의 집중 안전점검 기간 실행계획 수립을 위한 지침(이하 이 조에서 "실행계획 수립지침")을 작성하여 시·도지사 및 소관 분야의 **제3조**에 따른 재난관리책임기관의 장에게 통보할 수 있다. 〈이하 생략〉

제33조(안전관리전문기관에 대한 자료요구 등)
① 행정안전부장관은 재난 예방을 효율적으로 추진하기 위하여 **대통령령**으로 정하는 안전관리전문기관에 안전점검결과, 주요시설물의 설계도서 등 대통령령으로 정하는 안전관리에 필요한 자료를 요구할 수 있다.

개념 CHECK
25. 행정안전부장관은 재난을 예방하고 국민의 안전의식을 높이기 위하여 재난관리주관기관의 장의 의견을 들어 매년 집중 안전점검 기간을 설정하고 그 운영에 필요한 계획을 수립해야 한다. ( )

> **시행령** 제40조(안전관리전문기관)

법 제33조 제1항에 따른 안전관리전문기관은 다음 각 호와 같다.
1. 한국소방산업기술원, 한국소방안전원, 국토안전관리원, 한국방재협회
2. 한국농어촌공사, 한국가스안전공사, 한국전기안전공사
3. 한국에너지공단, 한국산업안전보건공단, 한국교통안전공단, 도로교통공단, 한국승강기안전공단
4. 그 밖에 행정안전부장관이 안전관리에 관한 자료를 요구할 필요가 있다고 인정하여 고시하는 기관

> **시행령** 제41조(안전관리전문기관에 요구할 수 있는 자료)

법 제33조 제1항에 따라 행정안전부장관이 안전관리전문기관에 요구할 수 있는 안전관리에 필요한 자료는 다음 각 호와 같다.
1. 안전관리 대상 시설물 현황 및 주요 시설물의 설계도서
2. 안전관리점검 실시계획서
3. 안전관리점검 결과 및 조치의견
4. 정밀안전진단 결과 및 조치의견
5. 그 밖에 안전점검 위반자에 대한 처리사항 등 안전관리에 관련된 사항

② 제1항에 따라 자료를 요구받은 안전관리전문기관의 장은 특별한 사유가 없으면 요구에 따라야 한다.

제33조의2(재난관리체계 등에 대한 평가 등) [2024.7.17. 시행]

① 행정안전부장관은 재난관리책임기관에 대하여 **대통령령**으로 정하는 바에 따라 다음 각 호의 사항을 **정기적으로 평가**할 수 있다. 〈개정 2024.1.16.〉
  1. 대규모재난의 발생에 대비한 단계별 예방·대응 및 복구과정
  2. 제25조의4 제1항 제1호에 따른 재난에 대응할 조직의 구성 및 정비 실태
  3. 제25조의4 제4항에 따른 안전관리체계 및 안전관리규정
  4. 제68조에 따른 재난관리기금의 운용 현황

> **시행령** 제42조(재난관리체계 등의 평가)

① 행정안전부장관은 법 제33조의2 제1항 제1호에 따라 대규모의 재난 발생에 대비한 단계별 예방·대응 및 복구과정을 평가하는 경우에는 다음 각 호의 사항을 평가할 수 있다.
  1. 집행계획, 세부집행계획, 시·도안전관리계획 및 시·군·구안전관리계획의 평가
  2. 재난예방을 위한 교육·홍보 실태
  2의2. 재난 및 안전관리 분야 종사자의 전문교육 이수 실태
  3. 특정관리대상지역과 국가핵심기반의 관리 실태
  3의2. 법 제34조의5 제1항에 따른 재난유형별 위기관리 매뉴얼의 작성·운용 및 관리 실태
  4. 응급대책을 위한 자재·물자·장비·이재민수용시설 등의 지정 및 관리 실태
  5. 재난상황 관리의 운용 실태
  6. 법 제59조 제1항에 따른 자체복구계획 또는 같은 조 제4항에 따른 재난복구계획에 따라 시행하는 사업의 추진 사항 등

> ② 행정안전부장관은 법 제33조의2에 따른 재난관리체계 등의 평가를 위하여 재난관리체계 등의 평가에 관한 지침을 마련하여 재난관리책임기관의 장에게 알려야 한다.
> ③ 재난관리체계 등의 평가는 서면조사 또는 현지조사의 방법으로 한다.
> ④ 행정안전부장관은 재난관리체계 등의 평가를 위하여 필요하다고 인정하는 경우에는 관계 중앙행정기관의 장과 소관 재난관리책임기관의 장에게 각각 재난 및 안전관리체계의 구축, 안전관리규정의 제정 및 그 정비·보완에 관한 자료 제출을 요청할 수 있다.

② 제1항에도 불구하고 공공기관에 대하여는 관할 중앙행정기관의 장이 평가를 하고, 시·군·구에 대하여는 시·도지사가 평가를 한다.

③ 행정안전부장관은 다음 각 호의 어느 하나에 해당하는 경우에는 제2항에 따른 평가에 대한 확인평가를 할 수 있다.
  1. 제5항에 따른 우수한 기관을 선정하기 위하여 필요한 경우
  2. 그 밖에 행정안전부장관이 재난 및 안전관리를 위하여 필요하다고 인정하는 경우

④ 행정안전부장관은 제1항과 제3항에 따른 평가 결과를 중앙위원회에 종합 보고한다.

⑤ 행정안전부장관은 필요하다고 인정하면 해당 재난관리책임기관의 장에게 시정조치나 보완을 요구할 수 있으며, 우수한 기관에 대하여는 예산지원 및 포상 등 필요한 조치를 할 수 있다. 다만, 공공기관의 장 및 시장·군수·구청장에게 시정조치나 보완 요구를 하려는 경우에는 관할 중앙행정기관의 장 및 시·도지사에게 한다.

⑥ 행정안전부장관은 제2항에 따른 공공기관에 대한 평가 결과를 「공공기관의 운영에 관한 법률」 제48조에 따른 공공기관 경영실적 평가에 반영하도록 기획재정부장관에게 요구할 수 있다.

제33조의3(재난관리 실태 공시 등) [2024.7.17. 시행]

① **시장·군수·구청장**(제3호의 경우에는 시·도지사를 포함)은 다음 각 호의 사항이 포함된 **재난관리 실태를 매년 1회 이상 관할 지역 주민에게 공시해야 한다.** 〈개정 2024.1.16.〉
  1. 전년도 재난의 발생 및 수습 현황
  2. **제25조의4 제1항**에 따른 재난예방조치 실적
  3. 제67조에 따른 재난관리기금의 적립 및 집행 현황
  4. **제34조의5**에 따른 현장조치 행동매뉴얼의 작성·운용 현황
  5. 그 밖에 **대통령령**으로 정하는 재난관리에 관한 중요 사항

> **시행령** 제42조의2(재난관리실태 공시방법 및 시기 등)
> ① 법 제33조의3 제1항 제5호에서 "대통령령으로 정하는 재난관리에 관한 중요 사항"이란 다음 각 호의 사항을 말한다.
>   1. 「자연재해대책법」 제75조의2에 따른 지역안전도 진단 결과
>   2. 그 밖에 재난관리를 위하여 시장·군수·구청장이 지역주민에게 알릴 필요가 있다고 인정하는 사항
> ② 시장·군수·구청장은 매년 3월 31일까지 **법 제33조의3 제1항**에 따른 재난관리 실태를 해당 지방자치단체의 인터넷 홈페이지 또는 공보에 공고해야 한다.
> ③ **법 제33조의3 제2항**에 따라 공개하는 평가 결과에는 다음 각 호의 사항이 포함되어야 한다.
>   1. 평가시기 및 대상기관
>   2. 평가 결과 우수기관으로 선정된 기관

② 행정안전부장관 또는 시·도지사는 제33조의2에 따른 평가 결과를 공개할 수 있다.

③ 제1항 및 제2항에 따른 공시 방법 및 시기 등 필요한 사항은 **대통령령**으로 정한다.

5 재난의 대비

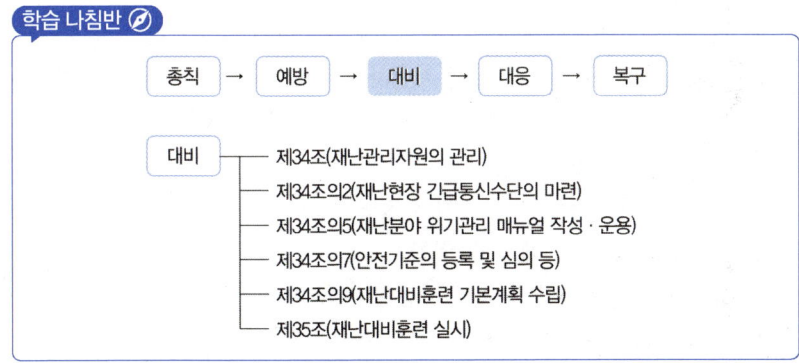

제34조(재난관리자원의 관리) [2024.1.18. 시행]

① 재난관리책임기관의 장은 재난관리를 위하여 필요한 물품, 재산 및 인력 등의 물적·인적자원(이하 "재난관리자원")을 비축하거나 지정하는 등 체계적이고 효율적으로 관리하여야 한다.

② 재난관리자원의 관리에 관하여는 따로 법률로 정한다.

[전문개정 2023.1.17.]

> **개념 CHECK**
> 26. 시장·군수·구청장(제3호의 경우에는 시·도지사를 포함)은 재난관리 실태를 매년 1회 이상 관할 지역 주민에게 공시해야 한다. ( )

제34조의2(재난현장 긴급통신수단의 마련)

① 재난관리책임기관의 장은 재난의 발생으로 인하여 통신이 끊기는 상황에 대비하여 미리 유선이나 무선 또는 위성통신망을 활용할 수 있도록 긴급통신수단을 마련해야 한다.
② 행정안전부장관은 재난현장에서 제1항에 따른 긴급통신수단(이하 "긴급통신수단")이 공동 활용될 수 있도록 하기 위하여 재난관리책임기관, 긴급구조기관 및 긴급구조지원기관에서 보유하고 있는 긴급통신수단의 보유 현황 등을 조사하고, 긴급통신수단을 관리하기 위한 체계를 구축·운영할 수 있다.
③ 행정안전부장관은 제2항에 따른 조사를 위하여 필요한 자료의 제출을 재난관리책임기관, 긴급구조기관 및 긴급구조지원기관의 장에게 요청할 수 있다. 이 경우 요청을 받은 관계 기관의 장은 특별한 사유가 없으면 요청에 따라야 한다.
④ 긴급통신수단을 관리하기 위한 체계를 구축·운영하는 데 필요한 사항은 대통령령으로 정한다.

> **시행령** 제43조의3(재난현장 긴급통신 수단의 마련)
> ① 행정안전부장관은 법 제34조의2 제1항에 따른 긴급통신수단이 효율적으로 활용될 수 있도록 긴급통신수단 관리지침을 마련하여 재난관리책임기관, 긴급구조기관 및 긴급구조지원기관의 장에게 통보해야 한다.
> ② 재난관리책임기관의 장은 제1항에 따른 긴급통신수단 관리지침에 따라 보유 중인 긴급통신수단이 효과적으로 연계되도록 수시로 점검해야 한다.

제34조의3(국가재난관리기준의 제정·운용 등) [2024.1.18. 시행]

① 행정안전부장관은 재난관리를 효율적으로 수행하기 위하여 다음 각 호의 사항이 포함된 **국가재난관리기준**을 제정하여 운용해야 한다. 다만, 「산업표준화법」 제12조에 따른 한국산업표준을 적용할 수 있는 사항에 대하여는 한국산업표준을 반영할 수 있다. 〈개정 2023.1.17.〉
   1. 재난분야 용어정의 및 표준체계 정립
   2. 국가재난 대응체계에 대한 원칙
   3. 재난경감·상황관리·유지관리 등에 관한 일반적 기준
   4. 그 밖의 **대통령령**으로 정하는 사항

> **시행령** 제43조의4(국가재난관리기준에 포함될 사항)
> 법 제34조의3 제1항 제4호에서 "대통령령으로 정하는 사항"이란 다음 각 호의 사항을 말한다. 〈개정 2024.3.26.〉
> 1. 재난에 관한 예보·경보의 발령 기준
> 2. 재난상황의 전파
> 3. 재난 발생 시 효과적인 지휘·통제 체제 마련
> 4. 재난관리를 효과적으로 수행하기 위한 관계 기관 간 상호협력 방안
> 5. 재난관리체계에 대한 평가 기준이나 방법
> 6. 그 밖에 재난관리를 효율적으로 수행하기 위하여 **행정안전부장관이 필요하다고 인정하는 사항**[11]

---

11) 행정안전부장관이 필요하다고 인정하는 사항
재난관리기준

개념 CHECK

27. 재난관리책임기관의 장은 재난의 발생으로 인하여 통신이 끊기는 상황에 대비하여 미리 유선이나 무선 또는 위성통신망을 활용할 수 있도록 긴급통신수단을 마련해야 한다. ( )

27. ○

② 제1항의 기준을 제정 또는 개정할 때에는 미리 관계 중앙행정기관의 장의 의견을 들어야 한다.
③ 행정안전부장관은 재난관리책임기관의 장이 재난관리업무를 수행함에 있어 제1항의 국가재난관리기준을 적용하도록 권고할 수 있다.

제34조의4(기능별 재난대응 활동계획의 작성·활용)
① 재난관리책임기관의 장은 재난관리가 효율적으로 이루어질 수 있도록 대통령령으로 정하는 바에 따라 기능별 재난대응 활동계획(이하 "재난대응활동계획")을 작성하여 활용해야 한다.
② 행정안전부장관은 재난대응활동계획의 작성에 필요한 작성지침을 재난관리책임기관의 장에게 통보할 수 있다.
③ 행정안전부장관은 재난관리책임기관의 장이 작성한 재난대응활동계획을 확인·점검하고, 필요하면 관계 재난관리책임기관의 장에게 시정을 요청할 수 있다. 이 경우 시정 요청을 받은 재난관리책임기관의 장은 특별한 사유가 없으면 요청에 따라야 한다.
④ 제1항부터 제3항까지에서 규정한 사항 외에 재난대응활동계획의 작성·운용·관리 등에 필요한 사항은 대통령령으로 정한다.

제34조의5(재난분야 위기관리 매뉴얼 작성·운용) 22 공채 / 21 간부
① 재난관리책임기관의 장은 재난을 효율적으로 관리하기 위하여 재난유형에 따라 다음 각 호의 위기관리 매뉴얼을 작성·운용해야 하고, 이를 준수하도록 노력하여야 한다. 이 경우 재난대응활동계획과 위기관리 매뉴얼이 서로 연계되도록 해야 한다. 〈개정 2023.12.26.〉
  1. 위기관리 표준매뉴얼 : 국가적 차원에서 관리가 필요한 재난에 대하여 재난관리 체계와 관계 기관의 임무와 역할을 규정한 문서로 위기대응 실무매뉴얼의 작성 기준이 되며, 재난관리주관기관의 장이 작성한다. 다만, 다수의 재난관리주관기관이 관련되는 재난에 대해서는 관계 재난관리주관기관의 장과 협의하여 행정안전부장관이 위기관리 표준매뉴얼을 작성할 수 있다.
  2. 위기대응 실무매뉴얼 : 위기관리 표준매뉴얼에서 규정하는 기능과 역할에 따라 실제 재난대응에 필요한 조치사항 및 절차를 규정한 문서로 재난관리주관기관의 장과 관계 기관의 장이 작성한다. 이 경우 재난관리주관기관의 장은 위기대응 실무매뉴얼과 제1호에 따른 위기관리 표준매뉴얼을 통합하여 작성할 수 있다.
  3. 현장조치 행동매뉴얼 : 재난현장에서 임무를 직접 수행하는 기관의 행동조치 절차를 구체적으로 수록한 문서로 위기대응 실무매뉴얼을 작성한 기관의 장이 지정한 기관의 장이 작성하되, 시장·군수·구청장은 재난유형별 현장조치 행동매뉴얼을 통합하여 작성할 수 있다. 다만, 현장조치 행동매뉴얼 작성 기관의 장이 다른 법령에 따라 작성한 계획·매뉴얼 등에 재난유형별 현장조치 행동매뉴얼에 포함될 사항이 모두 포함되어 있는 경우 해당 재난유형에 대해서는 현장조치 행동매뉴얼이 작성된 것으로 본다.

개념 CHECK

28. 행정안전부장관은 재난관리를 효율적으로 수행하기 위하여 「산업표준화법」 제12조에 따른 한국산업표준을 적용할 수 있는 사항에 대하여는 한국산업표준을 반영할 수 있다. ( )

29. 재난관리주관기관의 장은 재난관리가 효율적으로 이루어질 수 있도록 대통령령으로 정하는 바에 따라 기능별 재난대응 활동계획(이하 "재난대응활동계획")을 작성하여 활용해야 한다. ( )

28 ○ 29 ×

② 행정안전부장관은 재난유형별 위기관리 매뉴얼의 작성 및 운용기준을 정하여 재난관리책임기관의 장에게 통보할 수 있다.
③ 재난관리주관기관의 장이 작성한 위기관리 표준매뉴얼은 행정안전부장관의 승인을 받아 이를 확정하고, 위기대응 실무매뉴얼과 연계하여 운용해야 한다.
④ 재난관리주관기관의 장은 위기관리 표준매뉴얼 및 위기대응 실무매뉴얼을 정기적으로 점검하고 그 결과를 행정안전부장관에게 통보하여야 한다. 이 경우 매뉴얼의 점검을 위하여 필요한 때에는 관계 전문가의 의견을 들을 수 있다. 〈신설 2023.12.26.〉
⑤ 행정안전부장관은 재난유형별 위기관리 매뉴얼의 표준화 및 실효성 제고를 위하여 **대통령령**으로 정하는 위기관리 매뉴얼협의회를 구성·운영할 수 있다.

> **시행령** 제43조의6(위기관리 매뉴얼협의회의 구성·운영)
> ① 법 제34조의5 제5항에 따른 위기관리 매뉴얼협의회(이하 이 조에서 "협의회")는 위원장 1명을 포함하여 200명 이내의 위원으로 구성한다.
> ② 협의회는 다음 각 호의 사항을 심의한다.
>   1. 위기관리 표준매뉴얼 및 위기대응 실무매뉴얼의 검토에 관한 사항
>   2. 위기관리 매뉴얼의 작성방법 및 운용기준 등에 관한 사항
>   3. 위기관리 매뉴얼의 개선에 관한 사항
>   4. 그 밖에 행정안전부장관이 위기관리 매뉴얼의 표준화 및 실효성 제고를 위하여 필요하다고 인정하는 사항
> ③ 협의회의 위원은 다음 각 호의 사람 중에서 행정안전부장관이 임명하거나 위촉한다.
>   1. 재난관리주관기관에서 재난 및 안전관리 업무를 담당하는 부서의 과장급 이상 공무원
>   2. 재난관리책임기관에서 위기관리 매뉴얼에 관한 업무를 담당하는 공무원 또는 직원
>   3. 재난 및 안전관리 또는 위기관리 매뉴얼에 관한 학식과 경험이 풍부한 사람
> ④ 협의회의 위원장은 위원 중에서 행정안전부장관이 지명한다.
> ⑤ 위촉위원의 임기는 2년으로 하며, 위원의 사임 등으로 새로 위촉된 위원의 임기는 전임위원 임기의 남은 기간으로 한다.
> ⑥ 협의회의 회의에 출석하는 위원에게는 예산의 범위에서 수당과 여비 등을 지급할 수 있다. 다만, 공무원인 위원이 그 업무와 관련하여 회의에 참석하는 경우에는 그러하지 아니하다.
> ⑦ 제1항부터 제6항까지에서 규정한 사항 외에 협의회 운영에 필요한 사항은 행정안전부장관이 정한다.

⑥ 재난관리주관기관의 장은 소관 분야 재난유형의 위기대응 실무매뉴얼 및 현장조치 행동매뉴얼을 조정·승인하고 지도·관리를 해야 하며, 소관분야 위기관리 매뉴얼을 새로이 작성하거나 변경한 때에는 이를 행정안전부장관에게 통보해야 한다.
⑦ 시장·군수·구청장이 작성한 현장조치 행동매뉴얼에 대하여는 시·도지사의 승인을 받아야 한다. 시·도지사는 현장조치 행동매뉴얼을 승인하는 때에는 재난관리주관기관의 장이 작성한 위기대응 실무매뉴얼과 연계되도록 해야 하며, 승인 결과를 재난관리주관기관의 장 및 행정안전부장관에게 보고해야 한다.

개념 CHECK

30. 현장조치 매뉴얼은 국가적 차원에서 관리가 필요한 재난에 대하여 재난관리 체계와 관계 기관의 임무와 역할을 규정한 문서로 위기대응 실무매뉴얼의 작성기준이 되며, 재난관리주관기관의 장이 작성한다. 다만, 다수의 재난관리주관기관이 관련되는 재난에 대해서는 관계 재난관리주관기관의 장과 협의하여 행정안전부장관이 위기관리 표준매뉴얼을 작성할 수 있다. ( )

30 ×

⑧ 행정안전부장관은 위기관리 매뉴얼의 체계적인 운용을 위하여 관리시스템을 구축·운영할 수 있으며, 제3항부터 제7항까지의 규정에 따른 위기관리 매뉴얼의 작성·운용 등 필요한 사항은 **대통령령**으로 정한다.
⑨ 행정안전부장관은 재난관리업무를 효율적으로 하기 위하여 **대통령령**으로 정하는 바에 따라 위기관리에 필요한 매뉴얼 표준안을 연구·개발하여 보급할 수 있다. 이 경우 다음 각 호의 사항을 고려해야 한다.
  1. 재난유형에 따른 국민행동요령의 표준화
  2. 재난유형에 따른 예방·대비·대응·복구 단계별 조치사항에 관한 연구 및 표준화
  3. 재난현장에서의 대응과 상호협력 절차에 관한 연구 및 표준화
  4. 안전취약계층의 특성을 반영한 연구·개발
  5. 그 밖에 위기관리에 관한 매뉴얼의 개선·보완에 필요한 사항
⑩ 행정안전부장관은 위기관리 매뉴얼의 작성·운용 실태를 반기별로 점검하여야 하며, 필요한 경우 수시로 점검할 수 있고, 그 결과에 따라 이를 시정 또는 보완하기 위하여 위기관리 매뉴얼을 작성·운용하는 기관의 장에게 필요한 조치를 하도록 권고할 수 있다. 이 경우 권고를 받은 기관의 장은 특별한 사유가 없으면 이에 따라야 한다. 〈개정 2023.12.26.〉

제34조의6(다중이용시설 등의 위기상황 매뉴얼 작성·관리 및 훈련)
① **대통령령**으로 정하는 다중이용시설 등의 소유자·관리자 또는 점유자는 **대통령령**으로 정하는 바에 따라 위기상황에 대비한 매뉴얼(이하 "위기상황 매뉴얼")을 작성·관리해야 한다. 다만, 다른 법령에서 위기상황에 대비한 대응계획 등의 작성·관리에 관하여 규정하고 있는 경우에는 그 법령에서 정하는 바에 따른다.

> **시행령** 제43조의8(위기상황 매뉴얼 작성·관리 대상)
> 법 제34조의6 제1항 본문에서 "대통령령으로 정하는 다중이용시설 등의 소유자·관리자 또는 점유자"란 다음 각 호의 어느 하나에 해당하는 건축물 또는 시설(이하 "다중이용시설등")의 관계인을 말한다.
> 1. 다중이용 건축물
> 2. 그 밖에 제1호에 따른 건축물에 준하는 건축물 또는 시설로서 행정안전부장관이 법 제34조의6 제1항 본문에 따른 위기상황에 대비한 매뉴얼(이하 "위기상황 매뉴얼")의 작성·관리가 필요하다고 인정하여 고시하는 건축물 또는 시설
>
> **시행령** 제43조의9(위기상황 매뉴얼의 작성·관리 방법 등)
> ① 법 제34조의6 제1항에 따라 다중이용시설등의 관계인이 작성·관리해야 하는 위기상황 매뉴얼에는 다음 각 호의 사항이 포함되어야 한다.
>   1. 위기상황 대응조직의 체계
>   2. 위기상황 발생 시 구성원의 역할에 관한 사항
>   3. 위기상황별·단계별 대처방법에 관한 사항
>   4. 응급조치 및 피해복구에 관한 사항
>   5. 그 밖에 행정안전부장관이 위기상황의 효율적인 극복을 위하여 필요하다고 인정하여 고시하는 사항

> ② 위기상황 매뉴얼을 작성·관리하는 관계인은 법 제34조의6 제2항에 따라 매년 1회 이상 위기상황 매뉴얼에 따른 훈련을 실시해야 한다.
> ③ 위기상황 매뉴얼을 작성·관리하는 관계인은 제2항에 따른 훈련 결과를 반영하여 위기상황 매뉴얼이 실제 위기상황에서 무리 없이 작동하도록 지속적으로 보완·발전시켜야 한다.
> ④ 행정안전부장관은 관계 중앙행정기관의 장 또는 지방자치단체의 장에게 소관 분야의 위기상황에 대비한 위기상황 매뉴얼의 표준안을 작성·보급할 것을 요청할 수 있다.
> ⑤ 제1항부터 제4항까지에서 규정한 사항 외에 위기상황 매뉴얼의 작성 방법 및 기준 등에 관하여 필요한 사항은 행정안전부장관이 정하여 고시한다.

② 제1항에 따른 소유자·관리자 또는 점유자는 **대통령령**으로 정하는 바에 따라 위기상황 매뉴얼에 따른 훈련을 주기적으로 실시해야 한다. 다만, 다른 법령에서 위기상황에 대비한 대응계획 등의 훈련에 관하여 규정하고 있는 경우에는 그 법령에서 정하는 바에 따른다.

③ 행정안전부장관, 관계 중앙행정기관의 장 또는 지방자치단체의 장은 위기상황 매뉴얼(제1항 단서 및 제2항 단서에 따른 위기상황에 대비한 대응계획 등을 포함)의 작성·관리 및 훈련실태를 점검하고 필요한 경우에는 개선명령을 할 수 있다.

제34조의7(안전기준의 등록 및 심의 등)

① 행정안전부장관은 안전기준을 체계적으로 관리·운용하기 위하여 안전기준을 통합적으로 관리할 수 있는 체계를 갖추어야 한다.

② 중앙행정기관의 장은 관계 법률에서 정하는 바에 따라 안전기준을 신설 또는 변경하는 때에는 행정안전부장관에게 안전기준의 등록을 요청해야 한다

③ 행정안전부장관은 제2항에 따라 안전기준의 등록을 요청받은 때에는 안전기준심의회의 심의를 거쳐 이를 확정한 후 관계 중앙행정기관의 장에게 통보해야 한다.

④ 중앙행정기관의 장이 신설 또는 변경하는 안전기준은 제34조의3에 따른 국가재난관리기준에 어긋나지 아니해야 한다.

⑤ 안전기준의 등록 방법 및 절차와 안전기준심의회 구성 및 운영에 관하여는 **대통령령**으로 정한다.

> **시행령** 제43조의10(안전기준의 등록 방법 등)
> ① 행정안전부장관은 법 제34조의7 제1항에 따른 통합적 관리체계를 갖추기 위하여 법 제34조의7 제2항에 따라 등록대상이 되는 안전기준을 조사하여 관계 중앙행정기관의 장에게 통보할 수 있으며, 관계 중앙행정기관의 장은 안전기준을 등록하는 등 필요한 조치를 해야 한다.
> ② 행정안전부장관은 안전기준이 법 제34조의7 제3항에 따라 안전기준심의회를 거쳐 확정되었을 때에는 관보에 고시해야 한다.
> ③ 제1항과 제2항에서 규정한 사항 외에 안전기준의 등록 및 고시 등에 필요한 사항은 행정안전부장관이 정한다.

> [시행령] **제43조의11(안전기준심의회의 구성 및 운영 등)**
> ① 법 제34조의7 제3항에 따른 안전기준심의회(이하 이 조에서 "심의회")는 의장을 포함한 20명 이내의 위원으로 구성한다.
> ② 심의회는 다음 각 호의 사항을 심의·의결한다.
>   1. 안전기준의 등록에 관한 사항
>   2. 안전기준의 신설, 조정 및 보완에 관한 사항
>   3. 그 밖에 의장이 회의에 부치는 사항
> ③ 심의회의 의장은 행정안전부의 재난안전관리사무를 담당하는 본부장이 된다.
> ④ 심의회의 위원은 다음 각 호의 사람 중에서 성별을 고려하여 행정안전부장관이 임명하거나 위촉한다.
>   1. 관계 중앙행정기관의 고위공무원단에 속하는 일반직공무원 또는 이에 상당하는 공무원
>   2. 안전기준에 관한 학식과 경험이 풍부한 사람
> ⑤ 위촉위원의 임기는 2년으로 하며, 두 차례만 연임할 수 있다.
> ⑥ 위원의 사임 등으로 새로 위촉된 위원의 임기는 전임위원 임기의 남은 기간으로 한다.
> ⑦ 행정안전부장관은 심의회 위원이 다음 각 호의 어느 하나에 해당하는 경우에는 해당 위원을 해임 또는 해촉할 수 있다.
>   1. 심신장애로 인하여 직무를 수행할 수 없게 된 경우
>   2. 직무와 관련된 비위사실이 있는 경우
>   3. 직무태만, 품위손상이나 그 밖의 사유로 인하여 위원으로 적합하지 아니하다고 인정되는 경우
>   4. 위원 스스로 직무를 수행하는 것이 곤란하다고 의사를 밝히는 경우
> ⑧ 심의회는 재적위원 과반수의 출석으로 개의하고, 출석위원 과반수의 찬성으로 의결한다.
> ⑨ 심의회의 사무를 처리하기 위하여 간사 1명을 두며, 간사는 행정안전부 소속 공무원 중에서 의장이 지명한다.
> ⑩ 심의회는 심의의 전문성을 확보하기 위하여 필요한 경우에는 안전기준 분과위원회를 둘 수 있다.
> ⑪ 심의회의 회의에 출석한 위원에게는 예산의 범위에서 수당과 여비 등을 지급할 수 있다. 다만, 공무원인 위원이 그 업무와 관련하여 회의에 참석하는 경우에는 그러하지 아니하다.
> ⑫ 제1항부터 제11항까지에서 규정한 사항 외에 심의회의 운영과 안전기준 분과위원회의 구성·운영 등에 필요한 사항은 행정안전부장관이 정한다.

제34조의8(재난안전통신망의 구축·운영)

① 행정안전부장관은 체계적인 재난관리를 위하여 재난안전통신망을 구축·운영해야 하며, 재난관리책임기관·긴급구조기관 및 긴급구조지원기관(이하 이 조에서 "재난관련기관")은 재난관리에 재난안전통신망을 사용해야 한다.
② 삭제 〈2021.6.8.〉
③ 재난안전통신망의 운영, 사용 등에 필요한 사항은 다른 법률로 정한다.

제34조의9(재난대비훈련 기본계획 수립)

① 행정안전부장관은 매년 재난대비훈련 기본계획을 수립하고 재난관리책임기관의 장에게 통보해야 한다.

② 재난관리책임기관의 장은 제1항의 재난대비훈련 기본계획에 따라 소관분야별로 자체계획을 수립해야 한다.
③ 행정안전부장관은 제1항에 따라 수립한 재난대비훈련 기본계획을 국회 소관상임위원회에 보고해야 한다.

제35조(재난대비훈련 실시) 20 간부

① 행정안전부장관, 중앙행정기관의 장, 시·도지사, 시장·군수·구청장 및 긴급구조기관(이하 이 조에서 "훈련주관기관")의 장은 **대통령령으로 정하는 바**에 따라 매년 정기적으로 또는 수시로 재난관리책임기관, 긴급구조지원기관 및 군부대 등 관계 기관(이하 이 조에서 "훈련참여기관")과 합동으로 재난대비훈련(제34조의5에 따른 위기관리 매뉴얼의 숙달훈련을 포함)을 실시해야 한다.
② 훈련주관기관의 장은 제1항에 따른 재난대비훈련을 실시하려면 **제34조의9 제2항**에 따른 자체계획을 토대로 재난대비훈련 실시계획을 수립하여 훈련참여기관의 장에게 통보해야 한다.
③ 훈련참여기관의 장은 제1항에 따른 재난대비훈련을 실시하면 훈련상황을 점검하고, 그 결과를 **대통령령으로 정하는 바**에 따라 훈련주관기관의 장에게 제출해야 한다.

> **시행령** 제43조의14(재난대비훈련 등)
> ① 행정안전부장관, 중앙행정기관의 장, 시·도지사, 시장·군수·구청장 및 긴급구조기관의 장(이하 "훈련주관기관의 장")은 법 제35조 제1항에 따라 관계 기관과 합동으로 참여하는 재난대비훈련을 각각 소관 분야별로 주관하여 **연 1회 이상 실시**해야 한다.
> ② 제1항에 따라 재난대비훈련에 참여하는 기관은 자체 훈련을 수시로 실시할 수 있다.
> ③ 훈련주관기관의 장은 법 제35조 제1항에 따라 재난대비훈련을 실시하는 경우에는 **훈련일 15일 전까지** 훈련일시, 훈련장소, 훈련내용, 훈련방법, 훈련참여 인력 및 장비, 그 밖에 훈련에 필요한 사항을 재난관리책임기관, 긴급구조지원기관 및 군부대 등 관계 기관(이하 "훈련참여기관")의 장에게 **통보**해야 한다.
> ④ 삭제 〈2017.1.6.〉
> ⑤ 훈련주관기관의 장은 재난대비훈련 수행에 필요한 능력을 기르기 위하여 제1항에 따른 재난대비훈련 참석자에게 재난대비훈련을 실시하기 전에 사전교육을 해야 한다. 다만, 다른 법령에 따라 해당 분야의 재난대비훈련 교육을 받은 경우에는 이 영에 따른 교육을 받은 것으로 본다.
> ⑥ 훈련참여기관의 장은 법 **제35조 제3항**에 따라 재난대비훈련 실시 후 10일 이내에 그 결과를 훈련주관기관의 장에게 제출해야 한다.
> ⑦ 제1항에 따른 재난대비훈련에 참여하는 데에 필요한 비용은 참여 기관이 부담한다. 다만, 민간 긴급구조지원기관에 대해서는 훈련주관기관의 장이 부담할 수 있다.
> ⑧ 제1항부터 제7항까지에서 규정한 사항 외에 재난대비훈련 및 지원에 필요한 사항은 행정안전부장관이 정한다.

④ 훈련주관기관의 장은 **대통령령으로 정하는 바**에 따라 다음 각 호의 조치를 해야 한다.
  1. 훈련참여기관의 훈련과정 및 훈련결과에 대한 점검·평가

개념 CHECK
31. 행정안전부장관은 체계적인 재난관리를 위하여 재난안전통신망을 구축·운영해야 하며, 재난관리책임기관·긴급구조기관 및 긴급구조지원기관(이하 "재난관련기관")은 재난관리에 재난안전통신망을 사용해야 한다. ( )

2. 훈련참여기관의 장에게 훈련과정에서 나타난 미비사항이나 개선·보완이 필요한 사항에 대한 보완조치 요구
3. 훈련과정에서 나타난 제34조의5 제1항 각 호의 위기관리 매뉴얼의 미비점에 대한 개선·보완 및 개선·보완조치 요구

⑤ 재난대비훈련의 효율적인 추진을 위한 절차·방법 등에 필요한 사항은 대통령령으로 정한다.

6 재난의 대응

01 응급조치 등

제36조(재난사태 선포) [2024.7.17. 시행] 21 공채 / 19 간부

① 행정안전부장관은 대통령령으로 정하는 재난이 발생하거나 발생할 우려가 있는 경우 사람의 생명·신체 및 재산에 미치는 중대한 영향이나 피해를 줄이기 위하여 긴급한 조치가 필요하다고 인정하면 중앙위원회의 심의를 거쳐 재난사태를 선포할 수 있다. 다만, 행정안전부장관은 재난상황이 긴급하여 중앙위원회의 심의를 거칠 시간적 여유가 없다고 인정하는 경우에는 중앙위원회의 심의를 거치지 아니하고 재난사태를 선포할 수 있다.

> **개념 CHECK**
>
> 32. 행정안전부장관은 대통령령으로 정하는 재난이 발생하거나 발생할 우려가 있는 경우 사람의 생명·신체 및 재산에 미치는 중대한 영향이나 피해를 줄이기 위하여 긴급한 조치가 필요하다고 인정하면 중앙위원회의 심의를 거쳐 재난사태를 선포할 수 있다. 다만, 행정안전부장관은 재난상황이 긴급하여 중앙위원회의 심의를 거칠 시간적 여유가 없다고 인정하는 경우에는 중앙위원회의 심의를 거치지 아니하고 재난사태를 선포할 수 있다. (   )
>
> 32. ○

> **시행령** 제44조(재난사태의 선포대상 재난)
> ① 법 제36조 제1항 본문에서 "대통령령으로 정하는 재난"이란 재난 중 극심한 인명 또는 재산의 피해가 발생하거나 발생할 것으로 예상되어 시·도지사가 행정안전부장관에게 재난사태의 선포를 건의하거나 행정안전부장관이 재난사태의 선포가 필요하다고 인정하는 재난(「노동조합 및 노동관계조정법」 제4장에 따른 쟁의행위로 인한 국가핵심기반의 일시 정지는 제외)을 말한다. 〈개정 2024.6.18.〉
> ② 법 제36조제3항 전단에서 "관할 구역에서 재난이 발생하거나 발생할 우려가 있는 등 대통령령으로 정하는 경우"란 관할 구역에서 극심한 인명 또는 재산의 피해가 발생하거나 발생할 것으로 예상되어 시장·군수·구청장이 시·도지사에게 재난사태의 선포를 건의하거나 시·도지사가 재난사태의 선포가 필요하다고 인정하는 경우를 말한다. 〈신설 2024.6.18.〉

1~2. 삭제 〈2014.12.30.〉

② 행정안전부장관은 제1항 단서에 따라 재난사태를 선포한 경우에는 지체 없이 중앙위원회의 승인을 받아야 하고, 승인을 받지 못하면 선포된 재난사태를 즉시 해제해야 한다.

③ 제1항에도 불구하고 시·도지사는 관할 구역에서 재난이 발생하거나 발생할 우려가 있는 등 대통령령으로 정하는 경우 사람의 생명·신체 및 재산에 미치는 중대한 영향이나 피해를 줄이기 위하여 긴급한 조치가 필요하다고 인정하면 시·도위원회의 심의를 거쳐 재난사태를 선포할 수 있다. 이 경우 시·도지사는 지체 없이 그 사실을 행정안전부장관에게 통보하여야 한다. 〈신설 2024.1.16.〉

④ 제3항에 따른 재난사태 선포에 대한 시·도위원회 심의의 생략 및 승인 등에 관하여는 제1항 단서 및 제2항을 준용한다. 이 경우 "행정안전부장관"은 "시·도지사"로, "중앙위원회"는 "시·도위원회"로 본다. 〈신설 2024.1.16.〉

⑤ 행정안전부장관 및 지방자치단체의 장은 제1항 또는 제3항에 따라 재난사태가 선포된 지역에 대하여 다음 각 호의 조치를 할 수 있다. 〈개정 2024.1.16.〉
  1. 재난경보의 발령, 재난관리자원의 동원, 위험구역 설정, 대피명령, 응급지원 등 이 법에 따른 응급조치
  2. 해당 지역에 소재하는 행정기관 소속 공무원의 비상소집
  3. 해당 지역에 대한 여행 등 이동 자제 권고
  4. 「유아교육법」 제31조, 「초·중등교육법」 제64조 및 「고등교육법」 제61조에 따른 휴업명령 및 휴원·휴교 처분의 요청
  5. 그 밖에 재난예방에 필요한 조치

⑥ 행정안전부장관 또는 시·도지사는 재난으로 인한 위험이 해소되었다고 인정하는 경우 또는 재난이 추가적으로 발생할 우려가 없어진 경우에는 선포된 재난사태를 즉시 해제하여야 한다. 〈개정 2024.1.6.〉

제37조(응급조치) [2024.1.18. 시행] 25 공채 / 25 경채 / 19 간부

① 제50조 제2항에 따른 시·도긴급구조통제단 및 시·군·구긴급구조통제단의 단장(이하 "지역통제단장")과 시장·군수·구청장은 재난이 발생할 우려가 있거나 재난이 발생하였을 때에는 즉시 관계 법령이나 재난대응활동계획 및 위기관리 매뉴얼에서 정하는 바에 따라 수방·진화·구조 및 구난, 그 밖에 재난 발생을 예방하거나 피해를 줄이기 위하여 필요한 다음 각 호의 응급조치를 해야 한다. 다만, 지역통제단장의 경우에는 제2호 중 진화에 관한 응급조치와 제4호 및 제6호의 응급조치만 해야 한다. 〈개정 2023.1.17.〉
  1. 경보의 발령 또는 전달이나 피난의 권고 또는 지시
  1의2. 제31조에 따른 안전조치
  2. 진화·수방·지진방재, 그 밖의 응급조치와 구호
  3. 피해시설의 응급복구 및 방역과 방범, 그 밖의 질서 유지
  4. 긴급수송 및 구조 수단의 확보
  5. 급수 수단의 확보, 긴급피난처 및 구호품 등 재난관리자원의 확보
  6. 현장지휘통신체계의 확보
  7. 그 밖에 재난 발생을 예방하거나 줄이기 위하여 필요한 사항으로서 대통령령으로 정하는 사항

② 시·군·구의 관할 구역에 소재하는 재난관리책임기관의 장은 시장·군수·구청장이나 지역통제단장이 요청하면 관계 법령이나 시·군·구안전관리계획에서 정하는 바에 따라 시장·군수·구청장이나 지역통제단장의 지휘 또는 조정하에 그 소관 업무에 관계되는 응급조치를 실시하거나 시장·군수·구청장이나 지역통제단장이 실시하는 응급조치에 협력해야 한다.

제38조(위기경보의 발령 등)

① 재난관리주관기관의 장은 대통령령으로 정하는 재난에 대한 징후를 식별하거나 재난발생이 예상되는 경우에는 그 위험 수준, 발생 가능성 등을 판단하여 그에 부합되는 조치를 할 수 있도록 위기경보를 발령할 수 있다. 다만, 제34조의5 제1항 제1호[12] 단서의 상황인 경우에는 행정안전부장관이 위기경보를 발령할 수 있다.

> **시행령 제46조(위기경보의 발령대상 재난)**
> 법 제38조 제1항 본문에서 "대통령령으로 정하는 재난"이란 다음 각 호의 어느 하나에 해당하는 재난을 말한다.
> 1. 자연재난 및 사회재난
> 2. 그 밖에 인명 또는 재산의 피해 정도가 매우 크고 그 영향이 광범위할 것으로 예상되어 재난관리주관기관의 장이 위기경보의 발령이 필요하다고 인정하는 재난

② 제1항에 따른 위기경보는 재난 피해의 전개 속도, 확대 가능성 등 재난상황의 심각성을 종합적으로 고려하여 관심·주의·경계·심각으로 구분할 수 있다. 다만, 다른 법령에서 재난 위기경보의 발령 기준을 따로 정하고 있는 경우에는 그 기준을 따른다.

---

12) 제34조의5(재난분야 위기관리 매뉴얼 작성·운용)

① 재난관리책임기관의 장은 재난을 효율적으로 관리하기 위하여 재난유형에 따라 다음 각 호의 위기관리 매뉴얼을 작성·운용하고, 이를 준수하도록 노력하여야 한다. 이 경우 재난대응활동계획과 위기관리 매뉴얼이 서로 연계되도록 하여야 한다.
  1. 위기관리 표준매뉴얼 : 국가적 차원에서 관리가 필요한 재난에 대하여 재난관리 체계와 관계 기관의 임무와 역할을 규정한 문서로 위기대응 실무매뉴얼의 작성 기준이 되며, 재난관리주관기관의 장이 작성한다. 다만, 다수의 재난관리주관기관이 관련되는 재난에 대해서는 관계 재난관리주관기관의 장과 협의하여 행정안전부장관이 위기관리 표준매뉴얼을 작성할 수 있다.

개념 CHECK

33. 지역통제단장의 경우에는 진화에 관한 응급조치와 긴급수송 및 구조 수단의 확보 및 현장지휘통신체계의 확보의 응급조치만 해야 한다. ( )

③ 재난관리주관기관의 장은 심각 경보를 발령 또는 해제할 경우에는 행정안전부장관과 사전에 협의해야 한다. 다만, 긴급한 경우에 재난관리주관기관의 장은 우선 조치한 후 지체 없이 행정안전부장관과 협의해야 한다.
④ 재난관리책임기관의 장은 제1항에 따른 위기경보가 신속하게 발령될 수 있도록 재난과 관련한 위험정보를 얻으면 즉시 행정안전부장관, 재난관리주관기관의 장, 시·도지사 및 시장·군수·구청장에게 통보해야 한다.

제38조의2(재난 예보·경보체계 구축·운영 등)[13]

① 재난관리책임기관의 장은 사람의 생명·신체 및 재산에 대한 피해가 예상되면 그 피해를 예방하거나 줄이기 위하여 **재난에 관한 예보 또는 경보 체계를 구축·운영할 수 있다.**
② 재난관리책임기관의 장은 재난에 관한 예보 또는 경보가 신속하게 실시될 수 있도록 재난과 관련한 위험정보를 얻으면 즉시 행정안전부장관, 재난관리주관기관의 장, 시·도지사 및 시장·군수·구청장에게 통보해야 한다.
③ 행정안전부장관, 시·도지사 또는 시장·군수·구청장은 재난에 관한 예보·경보·통지나 응급조치를 실시하기 위하여 필요하면 다음 각 호의 조치를 요청할 수 있다. 다만, 다른 법령에 특별한 규정이 있을 때에는 그러하지 아니하다.
  1. 전기통신시설의 소유자 또는 관리자에 대한 전기통신시설의 우선 사용
  2. 전기통신사업자 중 **대통령령**으로 정하는 주요 전기통신사업자에 대한 필요한 정보의 문자나 음성 송신 또는 인터넷 홈페이지 게시
  3. 방송사업자에 대한 필요한 정보의 신속한 방송
  4. 신문사업자 및 인터넷신문사업자 중 **대통령령**으로 정하는 주요 신문사업자 및 인터넷신문사업자에 대한 필요한 정보의 게재
  5. 디지털광고물의 관리자에 대한 필요한 정보의 게재

> **시행규칙** 제11조의4(재난문자방송에 대한 기준·운영 등)
> ① 영 제46조의2 제3항에 따른 재난문자방송(이하 "재난문자방송")에는 태풍·호우·대설·산불 등의 재난이 발생할 경우에 대비한 행동요령 등이 포함되어야 한다.
> ② 재난문자방송과 관계되는 재난관리책임기관의 장은 재난이 발생하거나 발생할 우려가 있을 때에는 재난정보를 중앙대책본부장에게 제공해야 하며, 중앙대책본부장은 **영 제46조의2 제1항 제5호**의 전기통신사업자에게 재난정보를 재난문자방송으로 송출하도록 요청할 수 있다.
> ③ 제1항과 제2항에서 규정한 사항 외에 재난문자방송의 기준 및 운영에 필요한 세부 사항은 행정안전부장관이 정한다. 다만, 지진·지진해일·화산에 대한 재난문자방송의 기준 및 운영에 필요한 세부 사항은 기상청장이 정한다.

④ 제3항에 따른 재난에 관한 예보·경보·통지 중 다음 각 호의 어느 하나에 해당하는 재난에 대해서는 기상청장이 예보·경보·통지를 실시한다. 이 경우 기상청장은 제3항 각 호의 조치를 요청할 수 있다. 〈개정 2023.12.26.〉

---

13) 재난 예보·경보체계 구축·운영 등은 예방단계가 아닌 대응단계에 해당한다.

개념 CHECK
34. 위기경보는 재난 피해의 전개 속도, 확대 가능성 등 재난상황의 심각성을 종합적으로 고려하여 관심·주의·경계·심각으로 구분할 수 있다. 다만, 다른 법령에서 재난 위기경보의 발령 기준을 따로 정하고 있는 경우에는 그 기준을 따른다. ( )

1. 「지진·지진해일·화산의 관측 및 경보에 관한 법률」 제2조 제1호부터 제3호까지에 따른 지진·지진해일·화산
2. 대통령령으로 정하는 규모 이상의 호우 또는 태풍
3. 그 밖에 대통령령으로 정하는 자연재난

⑤ 제3항 및 제4항에 따른 요청을 받은 전기통신시설의 소유자 또는 관리자, 전기통신사업자, 방송사업자, 신문사업자, 인터넷신문사업자 및 디지털광고물 관리자는 정당한 사유가 없으면 요청에 따라야 한다.

⑥ 전기통신사업자나 방송사업자, 휴대전화 또는 내비게이션 제조업자는 제3항 및 제4항에 따른 재난의 예보·경보 실시 사항이 사용자의 휴대전화 등의 수신기 화면에 반드시 표시될 수 있도록 소프트웨어나 기계적 장치를 갖추어야 한다.

⑦ 시장·군수·구청장은 **제41조**에 따른 위험구역 및 「자연재해대책법」 제12조에 따른 자연재해위험개선지구 등 재난으로 인하여 사람의 생명·신체 및 재산에 대한 피해가 예상되는 지역에 대하여 그 피해를 예방하기 위하여 시·군·구 재난 예보·경보체계 구축 종합계획(이하 이 조에서 "시·군·구종합계획")을 5년 단위로 수립하여 시·도지사에게 제출해야 한다.

⑧ 시·도지사는 제7항에 따른 시·군·구종합계획을 기초로 시·도 재난 예보·경보체계 구축 종합계획(이하 이 조에서 "시·도종합계획")을 수립하여 행정안전부장관에게 제출해야 하며, 행정안전부장관은 필요한 경우 시·도지사에게 시·도종합계획의 보완을 요청할 수 있다.

⑨ 시·도종합계획과 시·군·구종합계획에는 다음 각 호의 사항이 포함되어야 한다.
1. 재난 예보·경보체계의 구축에 관한 기본방침
2. 재난 예보·경보체계 구축 종합계획 수립 대상지역의 선정에 관한 사항
3. 종합적인 재난 예보·경보체계의 구축과 운영에 관한 사항
4. 그 밖에 재난으로부터 인명 피해와 재산 피해를 예방하기 위하여 필요한 사항

⑩ 시·도지사와 시장·군수·구청장은 각각 시·도종합계획과 시·군·구종합계획에 대한 사업시행계획을 매년 수립하여 행정안전부장관에게 제출해야 한다.

⑪ 시·도지사와 시장·군수·구청장이 각각 시·도종합계획과 시·군·구종합계획을 변경하려는 경우에는 제7항과 제8항을 준용한다.

⑫ 제3항 및 제4항에 따른 요청의 절차, 시·도종합계획, 시·군·구종합계획 및 사업시행계획의 수립 등에 필요한 사항은 **대통령령**으로 정한다.

> **시행령** **제47조(방송요청사항)**
>
> 중앙대책본부장 및 지역대책본부장은 법 제38조의2 제3항 제3호에 따라 「방송법」 제2조 제3호에 따른 방송사업자에게 방송을 요청하는 경우에는 다음 각 호의 사항을 분명하게 밝혀야 한다.
> 1. 기상상황
> 2. 재난 예보·경보 및 재난 상황
> 3. 피해를 줄이기 위하여 조치해야 하는 사항
> 4. 국민 또는 주민의 협조 사항
> 5. 재난유형별 국민행동 요령
> 6. 그 밖에 피해를 예방하거나 경감하기 위하여 필요한 사항

제39조(동원명령 등) [2024.1.18. 시행]

① 중앙대책본부장과 시장·군수·구청장(시·군·구대책본부가 운영되는 경우에는 해당 본부장을 말한다. 이하 제40조부터 제45조까지에서 같다)은 재난이 발생하거나 발생할 우려가 있다고 인정하면 다음 각 호의 조치를 할 수 있다. 〈개정 2023.1.17.〉

1. 「민방위기본법」 제26조에 따른 민방위대의 동원
2. 응급조치를 위하여 재난관리책임기관의 장에 대한 관계 직원의 출동 또는 재난관리자원의 동원 등 필요한 조치의 요청
3. 동원 가능한 재난관리자원 등이 부족한 경우에는 국방부장관에 대한 군부대의 지원 요청

② 제1항에 따라 필요한 조치의 요청을 받은 기관의 장은 특별한 사유가 없으면 요청에 따라야 한다.

제40조(대피명령)

① 시장·군수·구청장과 지역통제단장[대통령령으로 정하는 권한(긴급구조에 관한 권한)을 행사하는 경우에만 해당]은 재난이 발생하거나 발생할 우려가 있는 경우에 사람의 생명 또는 신체나 재산에 대한 위해를 방지하기 위하여 필요하면 해당 지역 주민이나 그 지역 안에 있는 사람에게 대피하도록 명하거나 선박·자동차 등을 그 소유자·관리자 또는 점유자에게 대피시킬 것을 명할 수 있다. 이 경우 미리 대피장소를 지정할 수 있다.

② 제1항에 따른 대피명령을 받은 경우에는 즉시 명령에 따라야 한다.

제41조(위험구역의 설정)

① 시장·군수·구청장과 지역통제단장[대통령령으로 정하는 권한(긴급구조에 관한 권한)을 행사하는 경우에만 해당한다. 이하 이 조에서 같다]은 재난이 발생하거나 발생할 우려가 있는 경우에 사람의 생명 또는 신체에 대한 위해 방지나 질서의 유지를 위하여 필요하면 위험구역을 설정하고, 응급조치에 종사하지 아니하는 사람에게 다음 각 호의 조치를 명할 수 있다.

1. 위험구역에 출입하는 행위나 그 밖의 행위의 금지 또는 제한
2. 위험구역에서의 퇴거 또는 대피

② 시장·군수·구청장과 지역통제단장은 제1항에 따라 위험구역을 설정할 때에는 그 구역의 범위와 제1항 제1호에 따라 금지되거나 제한되는 행위의 내용, 그 밖에 필요한 사항을 보기 쉬운 곳에 게시해야 한다.

③ 관계 중앙행정기관의 장은 재난이 발생하거나 발생할 우려가 있는 경우로서 사람의 생명 또는 신체에 대한 위해 방지나 질서의 유지를 위하여 필요하다고 인정되는 경우에는 시장·군수·구청장과 지역통제단장에게 위험구역의 설정을 요청할 수 있다.

제42조(강제대피조치)

① 시장·군수·구청장과 지역통제단장[대통령령으로 정하는 권한(긴급구조에 관한 권한)을 행사하는 경우]은 제40조 제1항에 따른 대피명령을 받은 사람 또는 제41조 제1항 제2호에 따른 위험구역에서의 퇴거나 대피명령을 받은 사람이 그 명령을 이행하지 아니하여 위급하다고 판단되면 그 지역 또는 위험구역 안의 주민이나 그 안에 있는 사람을 강제로 대피 또는 퇴거시키거나 선박·자동차 등을 견인시킬 수 있다.

② 시장·군수·구청장 및 지역통제단장은 제1항에 따라 주민 등을 강제로 대피 또는 퇴거시키기 위하여 필요하다고 인정하면 관할 경찰관서의 장에게 필요한 인력 및 장비의 지원을 요청할 수 있다.

③ 제2항에 따른 요청을 받은 경찰관서의 장은 특별한 사유가 없는 한 이에 응해야 한다.

제43조(통행제한 등)

① 시장·군수·구청장과 지역통제단장[대통령령으로 정하는 권한(긴급구조에 관한 권한)을 행사하는 경우]은 응급조치에 필요한 물자를 긴급히 수송하거나 진화·구조 등을 하기 위하여 필요하면 대통령령으로 정하는 바에 따라 경찰관서의 장에게 도로의 구간을 지정하여 해당 긴급수송 등을 하는 차량 외의 차량의 통행을 금지하거나 제한하도록 요청할 수 있다.

② 제1항에 따른 요청을 받은 경찰관서의 장은 특별한 사유가 없으면 요청에 따라야 한다.

제44조(응원) [2024.1.18. 시행]

① 시장·군수·구청장은 응급조치를 하기 위하여 필요하면 다른 시·군·구나 관할 구역에 있는 군부대 및 관계 행정기관의 장, 그 밖의 민간기관·단체의 장에게 재난관리자원의 지원 등 필요한 응원을 요청할 수 있다. 이 경우 응원을 요청받은 군부대의 장과 관계 행정기관의 장은 특별한 사유가 없으면 요청에 따라야 한다. 〈개정 2023.1.17.〉

> **개념 CHECK**
> 35. 시장·군수·구청장과 지역통제단장[대통령령으로 정하는 권한(긴급구조에 관한 권한)을 행사하는 경우]은 대피명령을 받은 사람 또는 위험구역에서의 퇴거나 대피명령을 받은 사람이 그 명령을 이행하지 아니하여 위급하다고 판단되면 그 지역 또는 위험구역 안의 주민이나 그 안에 있는 사람을 강제로 대피 또는 퇴거시키거나 선박·자동차 등을 견인시킬 수 있다. ( )

② 제1항에 따라 응원에 종사하는 사람은 그 응원을 요청한 시장·군수·구청장의 지휘에 따라 응급조치에 종사해야 한다.

제45조(응급부담)

시장·군수·구청장과 지역통제단장[대통령령으로 정하는 권한(긴급구조에 관한 권한)을 행사하는 경우]은 그 관할 구역에서 재난이 발생하거나 발생할 우려가 있어 응급조치를 해야 할 급박한 사정이 있으면 해당 재난현장에 있는 사람이나 인근에 거주하는 사람에게 응급조치에 종사하게 하거나 대통령령으로 정하는 바에 따라 다른 사람의 토지·건축물·인공구조물, 그 밖의 소유물을 일시 사용할 수 있으며, 장애물을 변경하거나 제거할 수 있다.

제46조(시·도지사가 실시하는 응급조치 등) [2024.1.18. 시행]

① 시·도지사는 다음 각 호의 경우에는 제37조 제1항 및 제39조부터 제45조까지의 규정에 따른 응급조치를 할 수 있다. 〈개정 2023.12.26.〉
  1. 관할 구역에서 재난이 발생하거나 발생할 우려가 있는 경우로서 대통령령으로 정하는 경우

> **시행령** 제53조(시·도지사가 응급조치를 할 수 있는 경우)
> 법 제46조 제1항 제1호에서 "대통령령으로 정하는 경우"란 인명 또는 재산의 피해정도가 매우 크고 그 영향이 광범위하거나 광범위할 것으로 예상되어 시·도지사가 응급조치가 필요하다고 인정하는 경우를 말한다.

  2. 둘 이상의 시·군·구에 걸쳐 재난이 발생하거나 발생할 우려가 있는 경우
② 시·도지사는 제1항에 따른 응급조치를 하기 위하여 필요하면 이 절에 따라 응급조치를 해야 할 시장·군수·구청장에게 필요한 지시를 하거나 다른 시·도지사 및 시장·군수·구청장에게 응원을 요청할 수 있다. 〈개정 2023.1.17.〉

제47조(재난관리책임기관의 장의 응급조치)

제3조 제5호 나목에 따른 재난관리책임기관의 장은 재난이 발생하거나 발생할 우려가 있으면 즉시 그 소관 업무에 관하여 필요한 응급조치를 하고, 이 절에 따라 시·도지사, 시장·군수·구청장 또는 지역통제단장이 실시하는 응급조치가 원활히 수행될 수 있도록 필요한 협조를 해야 한다.

제48조(지역통제단장의 응급조치 등)

① 지역통제단장은 긴급구조를 위하여 필요하면 중앙대책본부장, 시·도지사(시·도대책본부가 운영되는 경우에는 해당 본부장) 또는 시장·군수·구청장(시·군·구대책본부가 운영되는 경우에는 해당 본부장)에게 제37조, 제38조의2, 제39조 및 제44조에 따른 응급대책을 요청할 수 있고, 중앙대책본부장, 시·도지사 또는 시장·군수·구청장은 특별한 사유가 없으면 요청에 따라야 한다.

② 지역통제단장은 제37조에 따른 응급조치 및 제40조부터 제43조까지와 제45조에 따른 응급대책을 실시하였을 때에는 이를 즉시 해당 시장·군수·구청장에게 통보해야 한다. 다만, 인명구조 및 응급조치 등 긴급한 대응이 필요한 경우에는 우선 조치한 후에 통보할 수 있다.

02 긴급구조

제49조(중앙긴급구조통제단) 19 공채 / 18 간부

① 긴급구조에 관한 사항의 총괄·조정, 긴급구조기관 및 긴급구조지원기관이 하는 긴급구조활동의 역할 분담과 지휘·통제를 위하여 소방청에 중앙긴급구조통제단(이하 "중앙통제단")을 둔다.
② 중앙통제단의 단장은 소방청장이 된다.
③ **중앙통제단장은** 긴급구조를 위하여 필요하면 긴급구조지원기관 간의 공조체제를 유지하기 위하여 관계 기관·단체의 장에게 소속 직원의 파견을 요청할 수 있다. 이 경우 요청을 받은 기관·단체의 장은 특별한 사유가 없으면 요청에 따라야 한다.
④ 중앙통제단의 구성·기능 및 운영에 필요한 사항은 **대통령령으로** 정한다.

시행령 **제54조(중앙통제단의 기능)**
중앙통제단은 법 제49조 제4항에 따라 다음 각 호의 기능을 수행한다.
1. 국가 긴급구조대책의 총괄·조정
2. 긴급구조활동의 지휘·통제(긴급구조활동에 필요한 긴급구조기관의 인력과 장비 등의 동원을 포함)
3. 긴급구조지원기관간의 역할분담 등 긴급구조를 위한 현장활동계획의 수립
4. 긴급구조대응계획의 집행
5. 그 밖에 중앙통제단의 장(이하 "중앙통제단장")이 필요하다고 인정[14]하는 사항

시행령 **제55조(중앙통제단의 구성 및 운영)**
① 중앙통제단장은 중앙통제단을 대표하고, 그 업무를 총괄한다.
② 중앙통제단에는 부단장을 두고 부단장은 중앙통제단장을 보좌하며 중앙통제단장이 부득이한 사유로 직무를 수행할 수 없을 경우에는 그 직무를 대행한다.
③ 제2항에 따른 부단장은 소방청 차장이 되며, **중앙통제단에는 대응계획부·현장지휘부 및 자원지원부를 둔다.**
④ 제1항부터 제3항까지에서 규정한 사항 외에 중앙통제단의 구성 및 운영에 필요한 사항은 **행정안전부령으로** 정한다.

긴급구조대응활동 및 현장지휘에 관한 규칙
제12조(중앙통제단의 구성)
① 영 제55조 제4항에 따라 법 제49조 제1항의 중앙긴급구조통제단(이하 "중앙통제단")을 구성하는 경우에는 **별표 3**에 따른다.
② 긴급구조지원기관의 장은 중앙통제단장이 법 제49조 제3항에 따라 파견을 요청하는 경우에는 중앙통제단 대응계획부에 상시연락관을 파견해야 한다. 〈개정 2024.1.22.〉
③ 제1항 및 제2항에서 규정한 사항 외에 중앙통제단의 구성 및 운영에 관한 세부사항은 긴급구조대응계획이 정하는 바에 따른다.

---

14) 중앙통제단장이 필요하다고 인정
중앙긴급구조통제단 구성 및 운영에 관한 규정

개념 CHECK

36. 긴급구조에 관한 사항의 총괄·조정, 긴급구조기관 및 긴급구조지원기관이 하는 긴급구조활동의 역할 분담과 지휘·통제를 위하여 소방청에 중앙긴급구조통제단(이하 "중앙통제단")을 둔다. ( )

제15조(통제단의 구성 및 운영기준)

통제단장은 다음 각 호의 어느 하나에 해당하는 경우에는 영 제55조 제4항 또는 영 제57조에 따라 중앙통제단 또는 지역통제단(이하 "통제단"이라 한다)을 구성하여 운영해야 한다.
1. 영 제63조 제1항 제2호 각 목의 어느 하나에 해당하는 기능의 수행이 필요한 경우
2. 긴급구조관련기관의 인력 및 장비의 동원이 필요하고, 동원된 자원 및 그 활동을 통합하여 지휘·조정·통제할 필요가 있는 경우
3. 그 밖에 통제단장이 재난의 종류·규모 및 피해상황 등을 종합적으로 고려하여 통제단의 운영이 필요하다고 인정하는 경우

[전문개정 2023.8.18.]

요약 정리 | 중앙통제단의 구성

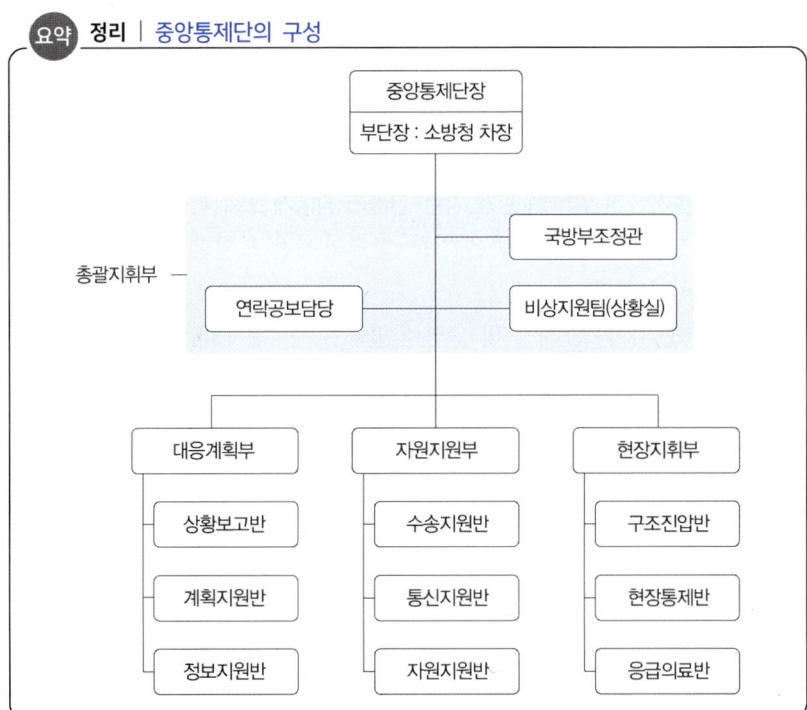

제50조(지역긴급구조통제단) 19, 20 공채 / 18 간부

① 지역별 긴급구조에 관한 사항의 총괄·조정, 해당 지역에 소재하는 긴급구조기관 및 긴급구조지원기관 간의 역할분담과 재난현장에서의 지휘·통제를 위하여 시·도의 소방본부에 시·도긴급구조통제단을 두고, 시·군·구의 소방서에 시·군·구긴급구조통제단을 둔다.

② 시·도긴급구조통제단과 시·군·구긴급구조통제단(이하 "지역통제단")에는 각각 단장 1명을 두되, 시·도긴급구조통제단의 단장은 소방본부장이 되고 시·군·구긴급구조통제단의 단장은 소방서장이 된다.

③ 지역통제단장은 긴급구조를 위하여 필요하면 긴급구조지원기관 간의 공조체제를 유지하기 위하여 관계 기관·단체의 장에게 소속 직원의 파견을 요청할 수 있다. 이 경우 요청을 받은 기관·단체의 장은 특별한 사유가 없으면 요청에 따라야 한다.

개념 CHECK

37. 중앙통제단의 단장은 소방청장이 되고, 중앙통제단의 구성·기능 및 운영에 필요한 사항은 행정안전부령으로 정한다. ( )

38. 중앙통제단의 부단장은 소방청 차장이 되며, 중앙통제단에는 대응계획부·현장지휘부 및 자원지원부를 둔다. ( )

39. 중앙통제단장은 중앙통제단을 대표하고, 그 업무를 총괄한다. ( )

37. ✕ 38. ○ 39. ○

④ 지역통제단의 기능과 운영에 관한 사항은 대통령령으로 정한다.

> **시행령** 제57조(지역긴급구조통제단의 기능 등)
> 법 제50조에 따른 시·도긴급구조통제단 및 시·군·구긴급구조통제단(이하 "지역통제단")의 기능, 구성 및 운영에 대해서는 제54조 및 제55조를 준용한다.

요약 정리 | 지역통제단의 구성

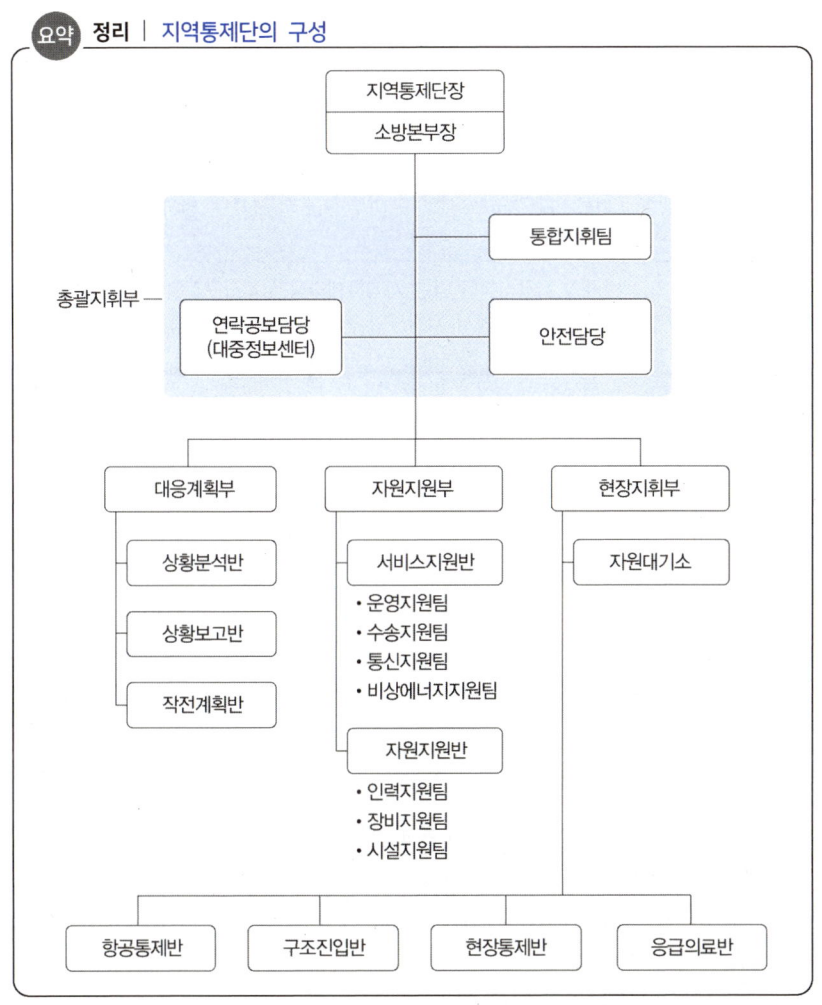

제51조(긴급구조) [2024.1.18. 시행]

① 지역통제단장은 재난이 발생하면 소속 긴급구조요원을 재난현장에 신속히 출동시켜 필요한 긴급구조활동을 하게 해야 한다.

② 지역통제단장은 긴급구조를 위하여 필요하면 긴급구조지원기관의 장에게 소속 긴급구조지원요원을 현장에 출동시키거나 긴급구조에 필요한 재난관리자원을 지원하는 등 긴급구조활동을 지원할 것을 요청할 수 있다. 이 경우 요청을 받은 기관의 장은 특별한 사유가 없으면 즉시 요청에 따라야 한다. 〈개정 2023.1.17〉

개념 CHECK

40. 시·도긴급구조통제단과 시·군·구긴급구조통제단(이하 "지역통제단")에는 각각 단장 1명을 두되, 시·도긴급구조통제단의 단장은 소방본부장이 되고 시·군·구긴급구조통제단의 단장은 소방서장이 된다. (   )

③ 제2항에 따른 요청에 따라 긴급구조활동에 참여한 민간 긴급구조지원기관에 대하여는 **대통령령**으로 정하는 바에 따라 그 경비의 전부 또는 일부를 지원할 수 있다.

> **시행령** 제58조(민간 긴급구조지원기관에 대한 지원 등)
> ① 법 제51조 제3항에 따라 긴급구조활동에 참여한 민간 긴급구조지원기관에 지원하는 경비는 긴급구조 참여자의 수, 동원장비 및 사용물품 등 긴급구조활동에 필요한 인적·물적 요소를 기준으로 지역통제단장이 정한다.
> ② 법 제51조 제3항에 따라 경비 지원을 받으려는 민간 긴급구조지원기관은 **행정안전부령**으로 정하는 바에 따라 지역통제단장에게 지원금의 지급신청을 해야 한다.
>
>> **시행규칙** 제14조(지원금의 지급신청)
>> 영 제58조 제2항에 따른 민간긴급구조지원기관의 지원금 지급신청은 **별지 제18호**서식에 따른다.
>
> ③ 제2항에 따라 지원금의 지급신청을 받은 지역통제단장은 긴급구조활동에 대한 지원 사실을 확인한 후 예산의 범위에서 지원금의 전부 또는 일부를 지원한다.
> ④ 지역통제단장은 긴급구조활동에 참여하는 민간 긴급구조지원기관에 대하여 다음 각 호의 어느 하나에 해당하는 지원을 할 수 있다.
>   1. 긴급구조활동에 필요한 인력 및 장비의 지원
>   2. 긴급구조활동의 전문성 향상을 위한 교육 및 훈련 장소의 지원
>   3. 그 밖에 긴급구조능력 향상을 위한 홍보·세미나 등의 행사지원

④ 긴급구조활동을 하기 위하여 회전익항공기(이하 이 항에서 "헬기")를 운항할 필요가 있으면 긴급구조기관의 장이 헬기의 운항과 관련되는 사항을 헬기운항통제기관에 통보하고 헬기를 운항할 수 있다. 이 경우 관계 법령에 따라 해당 헬기의 운항이 승인된 것으로 본다.

제52조(긴급구조 현장지휘) [2024.1.18. 시행] 19, 21 공채 / 18 간부

① 재난현장에서는 **시·군·구긴급구조통제단장**이 긴급구조활동을 지휘한다. 다만, 치안활동과 관련된 사항은 관할 경찰관서의 장과 협의해야 한다.
② 제1항에 따른 현장지휘는 다음 각 호의 사항에 관하여 한다. 〈개정 2023. 1. 17.〉
  1. 재난현장에서 인명의 탐색·구조
  2. 긴급구조기관 및 긴급구조지원기관의 긴급구조요원·긴급구조지원요원 및 재난관리자원의 배치와 운용
  3. 추가 재난의 방지를 위한 응급조치
  4. 긴급구조지원기관 및 자원봉사자 등에 대한 임무의 부여
  5. 사상자의 응급처치 및 의료기관으로의 이송
  6. 긴급구조에 필요한 재난관리자원의 관리
  7. 현장접근 통제, 현장 주변의 교통정리, 그 밖에 긴급구조활동을 효율적으로 하기 위하여 필요한 사항
③ 시·도긴급구조통제단장은 필요하다고 인정하면 제1항에도 불구하고 직접 현장지휘를 할 수 있다.

개념 CHECK

41. 재난현장에서는 시·군·구긴급구조통제단장이 긴급구조활동을 지휘한다. 다만, 치안활동과 관련된 사항은 관할 경찰관서의 장과 협의하여야 한다. ( )

④ 중앙통제단장은 대통령령으로 정하는 대규모 재난이 발생하거나 그 밖에 필요하다고 인정하면 제1항 및 제3항에도 불구하고 직접 현장지휘를 할 수 있다.

> **시행령** 제60조(중앙통제단장이 현장지휘를 할 수 있는 재난)
> 법 제52조 제4항에서 "대통령령으로 정하는 대규모 재난"[15]이란 제13조 각 호의 어느 하나에 해당하는 재난을 말한다.

⑤ 재난현장에서 긴급구조활동을 하는 긴급구조요원과 긴급구조지원기관의 긴급구조지원요원 및 재난관리자원에 대한 운용은 제1항·제3항 및 제4항에 따라 현장지휘를 하는 긴급구조통제단장(이하 "각급통제단장")의 지휘·통제에 따라야 한다. 〈개정 2023.1.17.〉

⑥ 제16조 제2항에 따른 지역대책본부장은 각급통제단장이 수행하는 긴급구조활동에 적극 협력해야 한다.

⑦ 시·군·구긴급구조통제단장은 제16조 제3항에 따라 설치·운영하는 통합지원본부의 장에게 긴급구조에 필요한 인력이나 물자 등의 지원을 요청할 수 있다. 이 경우 요청받은 기관의 장은 최대한 협조해야 한다.

⑧ 재난현장의 구조활동 등 초동 조치상황에 대한 언론 발표 등은 각급통제단장이 지명하는 자가 한다.

⑨ 각급통제단장은 재난현장의 긴급구조 등 현장지휘를 효과적으로 하기 위하여 재난현장에 현장지휘소를 설치·운영할 수 있다. 이 경우 긴급구조활동에 참여하는 긴급구조지원기관의 현장지휘자는 현장지휘소에 대통령령으로 정하는 바에 따라 연락관을 파견해야 한다.

> **시행령** 제61조(현장지휘소에 파견하는 연락관)
> 법 제52조 제9항 후단에 따라 현장지휘소에 파견하는 연락관은 긴급구조지원기관의 공무원 또는 직원으로서 재난 관련 업무 실무책임자로 한다.

⑩ 각급통제단장은 긴급구조 활동을 종료하려는 때에는 재난현장에 참여한 지역사고수습본부장, 통합지원본부의 장 등과 협의를 거쳐 결정해야 한다. 이 경우 각급통제단장은 긴급구조 활동 종료 사실을 지역대책본부장 및 제5항에 따른 긴급구조지원기관의 장에게 통보해야 한다.

⑪ 해양에서 발생한 재난의 긴급구조활동에 관하여는 제1항부터 제10항까지의 규정을 준용한다. 이 경우 시·군·구긴급구조통제단장, 시·도긴급구조통제단장, 중앙긴급구조통제단장은 「수상에서의 수색·구조 등에 관한 법률」 제5조에 따른 지역구조본부의 장, 광역구조본부의 장, 중앙구조본부의 장으로 각각 본다.

제52조의2(긴급대응협력관) [2024.1.18. 시행]

긴급구조기관의 장은 긴급구조지원기관의 장에게 다음 각 호의 업무를 수행하는 긴급대응협력관을 대통령령으로 정하는 바에 따라 지정·운영하게 할 수 있다. 〈개정 2023.1.17.〉

---

15) 대규모 재난
1. 재난 중 인명 또는 재산의 피해 정도가 매우 크거나 재난의 영향이 사회적·경제적으로 광범위하여 주무부처의 장 또는 법 제16조 제2항에 따른 지역재난안전대책본부(이하 "지역대책본부")의 본부장(이하 "지역대책본부장")의 건의를 받아 법 제14조 제2항에 따른 중앙재난안전대책본부의 본부장(이하 "중앙대책본부장")이 인정하는 재난
2. 제1호에 따른 재난에 준하는 것으로서 중앙대책본부장이 재난관리를 위하여 법 제14조 제1항에 따른 중앙재난안전대책본부(이하 "중앙대책본부")의 설치가 필요하다고 판단하는 재난

1. 평상시 해당 긴급구조지원기관의 긴급구조대응계획 수립 및 재난관리자원의 관리
2. 재난대응업무의 상호 협조 및 재난현장 지원업무 총괄

> **시행령** 제61조의2(긴급대응협력관의 지정·운영)
> ① 긴급구조기관의 장은 **법 제52조의2**에 따라 긴급구조지원기관의 장으로 하여금 같은 조에 따른 긴급대응협력관(이하 "긴급대응협력관")을 지정·운영하게 하려는 경우에는 긴급구조지원기관의 장에게 사전에 문서로 요청해야 한다.
> ② 제1항에 따른 요청을 받은 긴급구조지원기관의 장은 **법 제52조의2** 각 호의 업무와 관련된 부서의 실무책임자를 긴급대응협력관으로 지정해야 한다.
> ③ 긴급구조지원기관의 장은 긴급대응협력관을 지정하였거나 지정 변경 또는 해제하였을 때에는 그 사실이 있는 날부터 30일 이내에 해당 긴급구조기관의 장에게 통보해야 한다.
> ④ 제1항부터 제3항까지에서 규정한 사항 외에 긴급대응협력관의 지정·운영에 필요한 사항은 **소방청장 및 해양경찰청장**이 정하여 고시한다.

제53조(긴급구조활동에 대한 평가)

① 중앙통제단장과 지역통제단장은 재난상황이 끝난 후 대통령령으로 정하는 바에 따라 긴급구조지원기관의 활동에 대하여 종합평가를 해야 한다.

> **시행령** 제62조(긴급구조활동에 대한 평가)
> ① 법 제53조 제1항에 따른 긴급구조지원기관의 활동에 대한 종합평가에는 다음 각 호의 사항이 포함되어야 한다.
>   1. 긴급구조 활동에 참여한 인력 및 장비
>   2. 제63조에 따른 긴급구조대응계획의 이행 실태
>   3. 긴급구조요원의 전문성
>   4. 통합 현장 대응을 위한 통신의 적절성
>   5. 법 제55조 제3항에 따른 긴급구조교육 수료자 현황
>   6. 긴급구조 대응상의 문제점 및 개선이 필요한 사항
> ② 제1항에 따른 종합평가 결과를 통보받은 긴급구조지원기관의 장은 평가 결과에 따라 보완 등 적절한 조치를 해야 한다.
> ③ 제1항 및 제2항에서 규정한 사항 외에 긴급구조활동 평가에 대한 사항은 **행정안전부령**으로 정한다.

② 제1항에 따른 종합평가결과는 시·군·구긴급구조통제단장은 시·도긴급구조통제단장 및 시장·군수·구청장에게, 시·도긴급구조통제단장은 소방청장에게 보고하거나 통보해야 한다.

③ 제1항 및 제2항에도 불구하고 해양에서 발생하는 재난의 경우에는 「수상에서의 수색·구조 등에 관한 법률」 제5조에 따른 중앙구조본부의 장, 광역구조본부의 장 및 지역구조본부의 장이 재난상황이 끝난 후 대통령령으로 정하는 바에 따라 긴급구조지원기관의 활동에 대하여 종합평가를 하여야 한다. 이 경우 「수상에서의 수색·구조 등에 관한 법률」 제5조에 따른 지역구조본부의 장은 같은 조에 따른 광역구조본부의 장에게, 광역구조본부의 장은 해양경찰청장에게 종합평가결과를 보고하여야 한다.

제54조(긴급구조대응계획의 수립) 20 간부

긴급구조기관의 장은 재난이 발생하는 경우 긴급구조기관과 긴급구조지원기관이 신속하고 효율적으로 긴급구조를 수행할 수 있도록 **대통령령으로 정하는 바**에 따라 재난의 규모와 유형에 따른 긴급구조대응계획을 수립·시행해야 한다.

> **시행령** 제63조(긴급구조대응계획의 수립)
> ① 법 제54조에 따라 긴급구조기관의 장이 수립하는 긴급구조대응계획은 기본계획, 기능별 긴급구조대응계획, 재난유형별 긴급구조대응계획으로 구분하되, 구분된 계획에 포함되어야 하는 사항은 다음 각 호와 같다.
> 1. **기본계획**
>   가. 긴급구조대응계획의 목적 및 적용범위
>   나. 긴급구조대응계획의 기본방침과 절차
>   다. 긴급구조대응계획의 운영책임에 관한 사항
> 2. **기능별 긴급구조대응계획**
>   가. **지휘통제** : 긴급구조체제 및 중앙통제단과 지역통제단의 운영체계 등에 관한 사항
>   나. **비상경고** : 긴급대피, 상황 전파, 비상연락 등에 관한 사항
>   다. **대중정보** : 주민보호를 위한 비상방송시스템 가동 등 긴급 공공정보 제공에 관한 사항 및 재난상황 등에 관한 정보 통제에 관한 사항
>   라. **피해상황분석** : 재난현장상황 및 피해정보의 수집·분석·보고에 관한 사항
>   마. **구조·진압** : 인명 수색 및 구조, 화재진압 등에 관한 사항
>   바. **응급의료** : 대량 사상자 발생 시 응급의료서비스 제공에 관한 사항
>   사. **긴급오염통제** : 오염 노출 통제, 긴급 감염병 방제 등 재난현장 공중보건에 관한 사항
>   아. **현장통제** : 재난현장 접근 통제 및 치안 유지 등에 관한 사항
>   자. **긴급복구** : 긴급구조활동을 원활하게 하기 위한 긴급구조차량 접근 도로 복구 등에 관한 사항
>   차. **긴급구호** : 긴급구조요원 및 긴급대피 수용주민에 대한 위기 상담, 임시 의식주 제공 등에 관한 사항
>   카. **재난통신** : 긴급구조기관 및 긴급구조지원기관 간 정보통신체계 운영 등에 관한 사항
> 3. **재난유형별 긴급구조대응계획**
>   가. 재난 발생 단계별 주요 긴급구조 대응활동 사항
>   나. 주요 재난유형별 대응 매뉴얼에 관한 사항
>   다. 비상경고 방송메시지 작성 등에 관한 사항
> ② 긴급구조기관의 장은 긴급구조대응계획을 수립하기 위하여 필요한 경우에는 긴급구조지원기관의 장에게 소관별 긴급구조세부대응계획을 수립하여 제출하도록 요청할 수 있다. 이 경우 긴급구조기관의 장은 긴급구조세부대응계획의 작성에 필요한 긴급구조세부대응계획의 수립에 관한 지침을 작성하여 배포해야 한다.
>
> **시행령** 제64조(긴급구조대응계획의 수립절차)
> ① 소방청장은 매년 법 제54조에 따라 시·도긴급구조대응계획의 수립에 관한 지침을 작성하여 시·도긴급구조기관의 장에게 전달해야 한다.
> ② 시·도긴급구조기관의 장은 제1항에 따른 지침에 따라 시·도긴급구조대응계획을 작성하여 소방청장에게 보고하고 시·군·구긴급구조대응계획의 수립에 관한 지침을 작성하여 시·군·구긴급구조기관에 통보해야 한다.

개념 CHECK

42. 긴급구조기관의 장은 재난이 발생하는 경우 긴급구조기관과 긴급구조지원기관이 신속하고 효율적으로 긴급구조를 수행할 수 있도록 대통령령으로 정하는 바에 따라 재난의 규모와 유형에 따른 긴급구조대응계획을 수립·시행해야 한다. (   )

43. 소방청장은 매년 법 제54조에 따라 시·도긴급구조대응계획의 수립에 관한 지침을 작성하여 시·도 긴급구조기관의 장에게 전달해야 한다. (   )

42 ○ 43 ○

③ 시·군·구긴급구조기관의 장은 제2항에 따른 시·군·구긴급구조대응계획의 수립에 관한 지침에 따라 시·군·구긴급구조대응계획을 작성하여 시·도긴급구조기관의 장에게 보고해야 한다.
④ 긴급구조대응계획을 변경하는 경우에는 제1항부터 제3항까지의 규정을 준용한다.
⑤ 제1항부터 제4항까지에서 규정한 사항 외에 긴급구조대응계획의 수립 및 시행에 필요한 사항은 **행정안전부령**으로 정한다.

제54조의2(긴급구조 관련 특수번호 전화서비스의 통합·연계)

① 행정안전부장관은 긴급구조 요청에 대한 신속한 대응을 위하여 **대통령령**으로 정하는 긴급구조 관련 특수번호 전화서비스(이하 "특수번호 전화서비스)의 통합·연계 체계를 구축·운영해야 한다.
② 행정안전부장관은 제1항에 따라 통합·연계되는 특수번호 전화서비스의 운영실태를 조사·분석하여 그 결과를 특수번호 전화서비스의 통합·연계 체계의 운영 개선에 활용할 수 있다.
③ 행정안전부장관은 필요한 경우 관계 중앙행정기관의 장 또는 **대통령령**으로 정하는 공공기관의 장에게 특수번호 전화서비스의 통합·연계 및 조사·분석 결과의 활용 등에 관한 협조를 요청할 수 있다. 이 경우 요청을 받은 해당 기관의 장은 특별한 사유가 없으면 협조해야 한다.
④ 제1항부터 제3항까지에서 규정한 사항 외에 특수번호 전화서비스의 통합·연계 체계의 구축·운영 등에 필요한 사항은 **대통령령**으로 정한다.

제55조(재난대비능력 보강) [2024.1.18. 시행] 20, 22 간부

① 국가와 지방자치단체는 재난관리에 필요한 재난관리자원의 확보·확충, 통신망의 설치·정비 등 긴급구조능력을 보강하기 위하여 노력하고, 필요한 재정상의 조치를 마련해야 한다. 〈개정 2023.1.17.〉
② 긴급구조기관의 장은 긴급구조활동을 신속하고 효과적으로 할 수 있도록 **긴급구조현장지휘대** 등 긴급구조체제를 구축하고, 상시 소속 긴급구조요원 및 장비의 **출동태세를 유지**해야 한다.
③ 긴급구조업무와 재난관리책임기관(행정기관 외의 기관)의 재난관리업무에 종사하는 사람은 **대통령령**으로 정하는 바에 따라 긴급구조에 관한 교육을 받아야 한다. 다만, 다른 법령에 따라 긴급구조에 관한 교육을 받은 경우에는 이 법에 따른 교육을 받은 것으로 본다.
④ **소방청장, 해양경찰청장 및과 시·도지사**는 제3항에 따른 교육을 담당할 교육기관을 지정할 수 있다.
⑤ 긴급구조기관의 장은 재난이 발생한 경우 사상자의 신속한 분류·응급처치 및 이송을 위하여 「의료법」 제3조에 따른 의료기관 및 「응급의료에 관한 법률」 제2조에 따른 응급의료기관등에 현장 응급의료에 필요한 재난관리자원 등에 관한 자료를 요청할 수 있다. 이 경우 자료의 요청을 받은 관계 기관의 장은 정당한 사유가 없으면 이에 따라야 한다. 〈개정 2023.1.17.〉

⑥ 제5항에 따라 긴급구조기관의 장이 요청할 수 있는 자료의 종류는 대통령령으로 정한다.

> **시행령** 제65조(긴급구조지휘대 구성·운영) 〈개정 2023.8.8.〉
> ① 법 제55조 제2항에 따른 긴급구조지휘대는 다음 각 호의 사람으로 구성하여야 한다.
>   1. 현장지휘요원
>   2. 자원지원요원
>   3. 통신지원요원
>   4. 안전관리요원
>   5. 상황조사요원
>   6. 구급지휘요원
> ② 법 제55조 제2항에 따른 긴급구조지휘대는 소방서현장지휘대, 방면현장지휘대, 소방본부현장지휘대 및 권역현장지휘대로 구분하되, 구분된 긴급구조지휘대의 설치기준은 다음 각 호와 같다.
>   1. 소방서현장지휘대 : 소방서별로 설치·운영
>   2. 방면현장지휘대 : 2개 이상 4개 이하의 소방서별로 소방본부장이 1개를 설치·운영
>   3. 소방본부현장지휘대 : 소방본부별로 현장지휘대 설치·운영
>   4. 권역현장지휘대 : 2개 이상 4개 이하의 소방본부별로 소방청장이 1개를 설치·운영
> ③ 제1항 및 제2항에서 규정한 사항 외에 긴급구조지휘대의 세부 운영기준은 행정안전부령으로 정한다

> **긴급구조대응활동 및 현장지휘에 관한 규칙**
>
> **제16조(긴급구조지휘대의 구성 및 기능)**
> ① 영 제65조 제3항의 규정에 의하여 긴급구조지휘대는 별표 5의 규정에 따라 구성·운영하되, 소방본부 및 소방서의 긴급구조지휘대는 상시 구성·운영하여야 한다.
> ② 영 제65조 제3항의 규정에 의하여 긴급구조지휘대는 다음 각 호의 기능을 수행한다.
>   1. 통제단이 가동되기 전 재난초기시 현장지휘
>   2. 주요 긴급구조지원기관과의 합동으로 현장지휘의 조정·통제
>   3. 광범위한 지역에 걸친 재난발생시 전진지휘
>   4. 화재 등 일상적 사고의 발생시 현장지휘
> ③ 영 제65조 제1항에 따라 긴급구조지휘대를 구성하는 사람은 통제단이 설치·운영되는 경우 다음 각 호의 구분에 따라 통제단의 해당부서에 배치된다. 〈개정 2024.1.22.〉
>   1. 현장지휘요원 : 현장지휘부
>   2. 자원지원요원 : 자원지원부
>   3. 통신지원요원 : 현장지휘부
>   4. 안전관리요원 : 현장지휘부
>   5. 상황조사요원 : 대응계획부
>   6. 구급지휘요원 : 현장지휘부

> **시행령** 제66조(긴급구조에 관한 교육)
> ① 긴급구조지원기관에서 긴급구조업무와 재난관리업무를 담당하는 부서의 담당자 및 관리자는 법 제55조 제3항에 따라 다음 각 호의 구분에 따른 긴급구조에 관한 교육(이하 "긴급구조교육")을 받아야 한다.
>   1. 신규교육 : 해당 업무를 맡은 후 1년 이내에 받는 긴급구조교육
>   2. 정기교육 : 신규교육을 받은 후 2년마다 받는 긴급구조교육
> ② 제1항에서 규정한 사항 외에 재난관리업무에 종사하는 사람의 교육에 필요한 세부 사항은 행정안전부령으로 정한다.

개념 CHECK

44. 긴급구조지휘대는 소방서현장지휘대, 방면현장지휘대, 소방본부현장지휘대 및 권역현장지휘대로 구분하되, 구분된 긴급구조지휘대의 설치기준 중 권역현장지휘대는 2개 이상 4개 이하의 소방본부별로 소방청장이 1개를 설치·운영한다. ( )

> **시행규칙** 제16조(긴급구조의 교육)
>
> ① 영 제66조 제2항에 따른 재난관리업무에 종사하는 사람에 대한 긴급구조에 관한 교육 내용은 다음 각 호와 같다.
>   1. 긴급구조대응계획 및 긴급구조세부대응계획의 수립·집행 및 운용방법
>   2. 재난 대응 행정실무
>   3. 긴급재난 대응 이론 및 기술
>   4. 긴급구조활동에 필요한 인명구조, 응급처치, 건축물구조 안전조치, 특수재난 대응방법 및 **법** 제49조 제1항에 따른 중앙긴급구조통제단의 단장(이하 "중앙통제단장")이 필요하다고 인정하는 사항
> ② 제1항에 따른 교육은 다음 각 호의 과정으로 구분하여 시행해야 한다.
>   1. 긴급구조 대응활동 실무자과정
>   2. 긴급구조 대응 행정실무자과정
>   3. 긴급구조 대응 현장지휘자과정
>   4. 중앙통제단장이 필요하다고 인정하는 교육과정
>   5. 그 밖에 **법** 제16조 제2항에 따른 시·도재난안전대책본부의 본부장 및 시·군·구재난안전대책본부의 본부장과 **법** 제50조 제2항에 따른 시·도긴급구조통제단의 단장 및 시·군·구긴급구조통제단의 단장이 필요하다고 인정하는 교육과정
> ③ **법** 제55조 제4항에 따라 소방청장 또는 특별시장·광역시장·특별자치시장·도지사·특별자치도지사(이하 "시·도지사")는 긴급구조에 관한 교육을 담당할 교육기관을 지정하려는 경우에는 해당 기관의 장으로 하여금 긴급구조교육과정 운영계획을 제출하도록 할 수 있다.
> ④ 제1항부터 제3항까지에서 규정한 사항 외에 긴급구조에 관한 교육의 운영 등에 필요한 세부 사항은 소방청장이 정하여 고시한다.

요약 정리 | 긴급구조지휘대

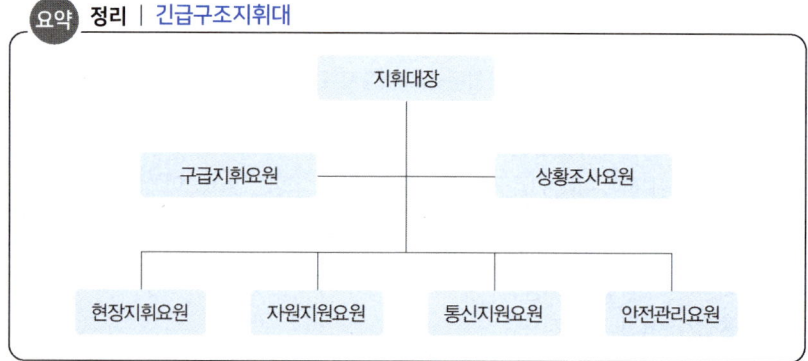

제55조의2(긴급구조지원기관의 능력에 대한 평가)

① 긴급구조지원기관은 대통령령으로 정하는 바에 따라 긴급구조에 필요한 능력을 유지해야 한다.

> **시행령** 제66조의3(긴급구조지원기관의 능력에 대한 평가)
>
> ① 긴급구조지원기관이 법 제55조의2 제1항에 따라 유지해야 하는 긴급구조에 필요한 능력의 구성요소는 다음 각 호와 같다.
>   1. 다음 각 목의 어느 하나에 해당하는 전문인력
>   가. 긴급구조에 관한 교육을 14시간 이상 이수한 사람
>   나. 긴급구조 관련 업무에 3년 이상 종사한 경력이 있는 사람
>   다. 해당 기관의 긴급구조 분야와 관련되는 국가자격 또는 민간자격을 보유한 사람
>   2. 긴급구조활동에 필요한 다음 각 목의 시설이나 장비
>   가. 긴급구조기관으로부터 재난발생 상황 및 긴급구조 지원 요청을 접수하고 처리할 수 있는 상시 운영 시설
>   나. 재난이 발생할 우려가 현저하거나 재난이 발생하였을 때 긴급구조기관과 연락할 수 있는 정보통신 시설이나 장비
>   다. 긴급구조지원기관의 해당 분야별 긴급구조활동을 수행하는 데에 필요한 시설이나 장비
>   라. 제1호에 따른 전문인력과 나목 및 다목의 시설·장비를 재난 현장으로 수송할 수 있는 장비
>   3. 재난 현장에서 긴급구조활동을 지속적으로 수행하는 데에 필요한 다음 각 목의 물자
>   가. 제1호에 따른 전문인력의 안전 확보 및 휴식·대기 등을 위한 물자
>   나. 제2호 각 목의 시설 및 장비의 운영과 유지·보수 및 정비에 필요한 물자
>   4. 재난 현장에서 제1호부터 제3호까지의 전문인력, 시설·장비 및 물자를 긴급구조기관과 연계하여 운영하기 위한 다음 각 목의 운영체계
>   가. 재난 현장에서의 의사전달 및 조정 체계
>   나. 재난 현장에 투입된 인력, 시설·장비, 물자 등의 상황을 신속하게 파악하고, 효율적으로 배치·관리할 수 있는 자원관리체계
>   다. 긴급구조기관과의 협조체제를 유지하기 위한 현장지휘체계
> ② 긴급구조기관의 장은 법 **제55조의2 제2항** 본문에 따라 제1항에 따른 긴급구조에 필요한 능력의 구성요소를 평가대상으로 하여 매년 긴급구조지원기관의 능력을 평가할 수 있다.
> ③ 긴급구조기관의 장은 법 **제55조의2 제3항**에 따라 긴급구조지원기관의 능력 평가 결과를 긴급구조지원기관의 장에게 통보할 때에는 해당 기관의 긴급구조에 필요한 능력의 개선 및 보완에 필요한 사항을 포함할 수 있다.
> ④ 긴급구조지원기관의 장은 제3항에 따라 개선 및 보완 사항을 통보받은 때에는 그에 따라 긴급구조에 필요한 능력을 개선·보완하여 긴급구조에 필요한 능력을 유지해야 한다.
> ⑤ 제1항에 따른 긴급구조에 필요한 능력의 구성요소에 대한 세부 사항에 관하여는 긴급구조지원기관의 특성 등을 고려하여 **소방청장 및 해양경찰청장이 정한다.**[16]

② 긴급구조기관의 장은 긴급구조지원기관의 능력을 평가할 수 있다. 다만, 상시 출동체계 및 자체 평가제도를 갖춘 기관과 민간 긴급구조지원기관에 대하여는 **대통령령**으로 정하는 바에 따라 평가를 하지 아니할 수 있다.

③ 긴급구조기관의 장은 제2항에 따른 평가 결과를 해당 긴급구조지원기관의 장에게 통보해야 한다.

④ 제1항부터 제3항까지에서 규정한 사항 외에 긴급구조지원기관의 능력 평가에 필요한 사항은 **대통령령**으로 정한다.

---

16) 소방청장이 정한다
긴급구조지원기관 능력평가에 관한 규정

> **시행령** 제66조의4(긴급구조지원기관 능력에 대한 평가 절차)
> ① 소방청장 및 해양경찰청장은 소관 긴급구조기관이 긴급구조지원기관에 대한 능력을 평가하는 데에 필요한 평가지침을 매년 수립하여 각각 소관 긴급구조기관의 장에게 통보해야 한다. 이 경우 소방청장은 해양경찰청장에게, 해양경찰청장은 소방청장에게 각기 수립한 평가지침을 통보해야 한다.
> ② 제1항에 따른 평가지침에는 다음 각 호의 사항이 포함되어야 한다.
>   1. 긴급구조기관별로 평가해야 하는 긴급구조지원기관
>   2. 긴급구조지원기관에 대한 평가방법 및 평가 기준
>   3. 그 밖에 긴급구조지원기관에 대한 능력 평가와 관련하여 **소방청장 및 해양경찰청장**이 필요하다고 인정하는 사항
> ③ 긴급구조기관의 장은 제1항에 따른 평가지침에 따라 긴급구조지원기관에 대한 능력 평가 계획을 수립하고, 미리 평가 대상이 되는 긴급구조지원기관의 장에게 통보해야 한다.

제56조(해상에서의 긴급구조)

해상에서 발생한 선박이나 항공기 등의 조난사고의 긴급구조활동에 관하여는 「수상에서의 수색·구조 등에 관한 법률」 등 관계 법령에 따른다.

제57조(항공기 등 조난사고 시의 긴급구조 등)

① **소방청장**은 항공기 조난사고가 발생한 경우 항공기 수색과 인명구조를 위하여 항공기 수색·구조계획을 수립·시행해야 한다. 다만, 다른 법령에 항공기의 수색·구조에 관한 특별한 규정이 있는 경우에는 그 법령에 따른다.
② 항공기의 수색·구조에 필요한 사항은 **대통령령**으로 정한다.

> **시행령** 제66조의6(항공기 수색·구조계획에 포함될 사항)
> ① 법 제57조 제1항 본문에 따른 항공기 수색·구조계획에는 다음 각 호의 사항이 포함되어야 한다.
>   1. 항공기 수색·구조 체계의 구성 및 운영
>   2. 항공기 수색·구조와 관련하여 다른 기관과의 협조체제 구축
>   3. 항공기 수색·구조에 필요한 교육 및 훈련
>   4. 항공기 수색·구조에 필요한 장비 및 시설의 확보 및 유지·관리
>   5. 그 밖에 항공기 수색과 인명구조를 위하여 **소방청장이 필요하다고 인정**[17]하는 사항
> ② 소방청장은 법 제57조 제1항 본문에 따라 항공기 수색·구조계획을 수립하려는 때에는 미리 관계 행정기관의 의견을 들어야 한다.

③ 국방부장관은 항공기나 선박의 조난사고가 발생하면 관계 법령에 따라 긴급구조업무에 책임이 있는 기관의 긴급구조활동에 대한 군의 지원을 신속하게 할 수 있도록 다음 각 호의 조치를 취해야 한다.
  1. 탐색구조본부의 설치·운영
  2. **탐색구조부대의 지정 및 출동대기태세의 유지**
  3. 조난 항공기에 관한 정보 제공
④ 제3항 제1호에 따른 탐색구조본부의 구성과 운영에 필요한 사항은 국방부령으로 정한다.

---

17) 소방청장이 필요하다고 인정
항공기 사고에 따른 수색·구조 운영 규정

개념 CHECK
45. 행정안전부장관은 항공기 조난사고가 발생한 경우 항공기 수색과 인명구조를 위하여 항공기 수색·구조계획을 수립·시행해야 한다. 다만, 다른 법령에 항공기의 수색·구조에 관한 특별한 규정이 있는 경우에는 그 법령에 따른다. ( )

7 재난의 복구

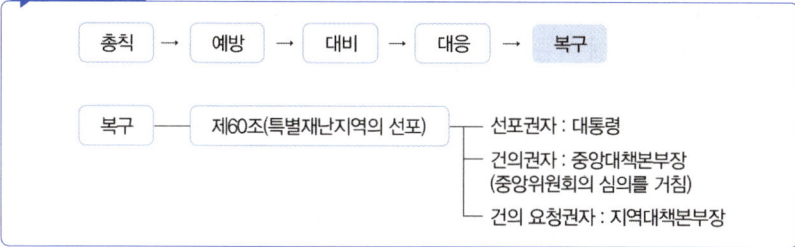

01 피해조사 및 복구계획

제58조(재난피해 신고 및 조사)

① 재난으로 피해를 입은 사람은 피해상황을 행정안전부령으로 정하는 바[18]에 따라 시장·군수·구청장(시·군·구대책본부가 운영되는 경우에는 해당 본부장)에게 신고할 수 있으며, 피해 신고를 받은 시장·군수·구청장은 피해상황을 조사한 후 **중앙대책본부장에게 보고해야 한다.**

② 재난관리책임기관의 장은 재난으로 인하여 피해가 발생한 경우에는 피해상황을 신속하게 조사한 후 그 결과를 **중앙대책본부장에게 통보해야 한다.**

③ 중앙대책본부장은 재난피해의 조사를 위하여 필요한 경우에는 대통령령으로 정하는 바에 따라 관계 중앙행정기관 및 관계 재난관리책임기관의 장과 합동으로 중앙재난피해합동조사단을 편성하여 재난피해 상황을 조사할 수 있다.

[18] 행정안전부령으로 정하는 바 하위법령 없음

> **시행령** 제67조(중앙재난피해합동조사단의 구성·운영)
> ① 법 제58조 제3항에 따른 **중앙재난피해합동조사단**(이하 "재난피해조사단")의 단장은 **행정안전부 소속 공무원**으로 한다.
> ② 재난피해조사단의 단장은 중앙대책본부장의 명을 받아 재난피해조사단에 관한 사무를 총괄하고 재난피해조사단에 소속된 직원을 지휘·감독한다.
> ③ 중앙대책본부장은 재난 피해의 유형·규모에 따라 전문조사가 필요한 경우 전문조사단을 구성·운영할 수 있다.
> ④ 제1항부터 제3항까지에서 규정한 사항 외에 재난피해조사단의 편성 및 운영 등에 필요한 사항은 **행정안전부령으로 정한다.**

> **시행규칙** 제17조(재난합동조사단의 편성 및 운영 등)
> ① 영 제67조 제4항에 따라 법 제58조 제3항에 따른 중앙재난피해합동조사단(이하 "재난피해조사단")을 편성하는 경우에는 관계 부처 공무원 및 민간전문가를 포함시킬 수 있다.
> ② 재난피해조사단은 현지조사에 필요한 정보를 사전에 확보하기 위하여 관계 재난관리책임기관의 장에게 관련 자료를 요청할 수 있다.
> ③ 재난피해조사단의 조사 시기 및 기간 등은 재난의 유형, 피해 규모 및 현지 여건에 따라 달리 정할 수 있다.
> ④ 제1항부터 제3항까지에서 규정한 사항 외에 재난피해조사단의 운영에 필요한 세부 사항은 중앙대책본부장이 정한다.

④ 중앙대책본부장은 제3항에 따른 중앙재난피해합동조사단을 편성하기 위하여 관계 재난관리책임기관의 장에게 소속 공무원이나 직원의 파견을 요청할 수 있다. 이 경우 요청을 받은 관계 재난관리책임기관의 장은 특별한 사유가 없으면 요청에 따라야 한다.

⑤ 제1항 및 제2항에 따른 피해상황 조사의 방법 및 기준 등 필요한 사항은 중앙대책본부장이 정한다.

제59조(재난복구계획의 수립·시행) [2025.10.2. 시행]

① 재난관리책임기관의 장은 사회재난으로 인한 피해[사회재난 중 제60조 제4항에 따라 **특별재난지역으로 선포된 지역의 사회재난으로 인한 피해**(이하 이 조에서 "특별재난지역 피해")는 제외]에 대하여 제58조 제2항에 따른 피해조사를 마치면 지체 없이 자체복구계획을 수립·시행해야 한다. 〈개정 2024. 1. 16.〉

② 시·도지사 또는 시장·군수·구청장은 특별재난지역 피해에 대하여 관할구역의 피해상황을 종합하는 재난복구계획을 수립한 후 수습본부장 및 관계 중앙행정기관의 장과 협의를 거쳐 중앙대책본부장에게 제출해야 한다.

③ 제2항에도 불구하고 긴급하게 복구를 실시해야 하는 등 **대통령령으로 정하는 특별한 사유가 있는 경우**에는 수습본부장이 특별재난지역 피해에 대한 재난복구계획을 직접 수립하여 중앙대책본부장에게 제출할 수 있다.

> **시행령** 제68조(자체복구계획 및 재난복구계획)
> ① 법 제59조에 따른 자체복구계획 및 재난복구계획에는 피해시설별·관리주체별 복구내용, 일정 및 복구비용 등이 포함되어야 한다.
> ② 법 제59조 제3항에서 "**대통령령으로 정하는 특별한 사유**"란 다음 각 호의 어느 하나에 해당하는 경우로서 **법 제15조의2 제2항에 따른 수습본부의 장이 직접 재난복구계획을 수립할 필요성이 있다고 판단하는 경우**를 말한다.
> 1. 사회재난 중 법 제60조 제2항에 따라 특별재난지역으로 선포된 지역의 사회재난으로 인한 피해(이하 "특별재난지역 피해")에 대하여 긴급하게 복구를 실시해야 하는 경우
> 2. 2개 이상의 시·도에 걸쳐 특별재난지역 피해가 발생한 경우
> 3. 항공사고, 해상사고, 철도사고, 화학사고, 원전사고 또는 이에 준하는 사고로 인하여 발생한 특별재난지역 피해로서 국가적 차원에서 복구할 필요성이 큰 경우

④ 중앙대책본부장은 제2항 또는 제3항에 따라 제출받은 재난복구계획을 제14조 제3항 본문에 따른 중앙재난안전대책본부회의의 심의를 거쳐 확정하고, 이를 관계 재난관리책임기관의 장에게 통보해야 한다.

⑤ 재난관리책임기관의 장은 제4항에 따라 재난복구계획을 통보받으면 그 재난복구계획에 따라 지체 없이 재난복구를 시행해야 한다. 이 경우 지방자치단체의 장은 재난복구를 위하여 필요한 경비를 지방자치단체의 예산에 계상[19]해야 한다.

---

19) 계상(計上) : 계산하여 올리는 것

제59조의2(재난복구계획에 따라 시행하는 사업의 관리)

① 재난관리책임기관의 장은 제59조 제1항에 따른 자체복구계획 또는 같은 조 제4항에 따른 재난복구계획에 따라 시행하는 사업이 체계적으로 관리되도록 해야 한다.
② 중앙대책본부장은 제59조 제4항에 따른 재난복구계획에 따라 시행하는 사업이 효율적으로 추진될 수 있도록 **대통령령으로 정하는 사업**에 대하여 지도·점검하고, 필요하면 시정명령 또는 시정요청(현지 시정명령과 시정요청을 포함)을 할 수 있다. 이 경우 시정명령 또는 시정요청을 받은 관계 기관의 장은 정당한 사유가 없으면 이에 따라야 한다.
③ 제2항에 따른 지도·점검 등에 필요한 사항은 **대통령령으로 정한다**.

> **시행령** 제68조의2(재난복구계획에 따라 시행하는 사업의 지도·점검 대상 등)
> ① 법 제59조의2 제2항 전단에서 "대통령령으로 정하는 사업"이란 법 제59조 제4항에 따른 재난복구계획에 따라 시행하는 사업(이하 이 조에서 "재난복구사업") 중 다음 각 호의 어느 하나에 해당하는 재난관리책임기관이 관리하는 시설에 대한 재난복구사업을 말한다.
>   1. 중앙행정기관 및 지방자치단체(행정시를 포함)
>   2. 제3조제1항제1호가목 및 같은 항 제2호가목에 따른 지방행정기관
>   3. 제3조에 따른 **재난관리책임기관**(제2호에 따른 지방행정기관은 제외) 중 재난복구사업의 규모 및 파급효과 등을 고려하여 해당 재난복구사업에 대한 지도·점검이 필요하다고 행정안전부장관이 인정하는 재난관리책임기관
> ② 중앙대책본부장은 법 제59조의2 제2항 전단에 따른 재난복구사업의 지도·점검(이하 "지도·점검")을 하려는 경우에는 다음 각 호의 사항이 포함된 지도·점검 계획을 수립하여 지도·점검 5일 전까지 대상 기관에 통지해야 한다.
>   1. 지도·점검의 목적
>   2. 지도·점검의 일시 및 대상
>   3. 그 밖에 지도·점검을 위하여 중앙대책본부장이 필요하다고 인정하는 사항
> ③ 중앙대책본부장은 지도·점검의 효율적 수행을 위하여 필요한 경우 관계 중앙행정기관 및 행정안전부 소속 공무원으로 이루어진 합동점검반을 구성·운영할 수 있다.
> ④ 제2항 및 제3항에서 규정한 사항 외에 지도·점검에 필요한 사항은 행정안전부장관이 정하여 고시한다.

02 특별재난지역 선포 및 지원

제60조(특별재난지역의 선포) [2025.10.2. 시행] 18하 공채

① 중앙대책본부장은 대통령령으로 정하는 규모의 재난이 발생하여 국가의 안녕 및 사회질서의 유지에 중대한 영향을 미치거나 피해를 효과적으로 수습하기 위하여 특별한 조치가 필요하다고 인정하거나 제5항에 따른 지역대책본부장의 요청이 타당하다고 인정하는 경우에는 중앙위원회의 심의를 거쳐 해당 지역을 특별재난지역으로 선포할 것을 대통령에게 건의할 수 있다.

개념 CHECK

46. 중앙대책본부장은 대통령령으로 정하는 규모의 재난이 발생하여 국가의 안녕 및 사회질서의 유지에 중대한 영향을 미치거나 피해를 효과적으로 수습하기 위하여 특별한 조치가 필요하다고 인정하거나 제3항에 따른 지역대책본부장의 요청이 타당하다고 인정하는 경우에는 중앙위원회의 심의를 거쳐 해당 지역을 특별재난지역으로 선포할 것을 대통령에게 건의할 수 있다. 건의받은 대통령은 해당 지역을 특별재난지역으로 선포할 수 있다. ( )

② 제1항에도 불구하고 대규모 인명피해가 발생하는 등 시급하게 특별재난지역으로 선포할 필요가 있는 경우로서 중앙대책본부장의 요청(제14조제4항에 따라 국무총리가 중앙대책본부장의 권한을 행사하는 경우는 제외한다)을 받아 중앙위원회의 심의를 거칠 시간적 여유가 없다고 중앙위원회의 위원장이 인정하는 경우 중앙대책본부장은 중앙위원회의 심의를 거치지 아니하고 해당 지역을 특별재난지역으로 선포할 것을 대통령에게 건의할 수 있다.

③ 제1항에 따라 대통령령으로 재난의 규모를 정할 때에는 다음 각 호의 사항을 고려하여야 한다. 〈신설 2024.1.16.〉
1. 인명 또는 재산의 피해 정도
2. 재난지역 관할 지방자치단체의 재정 능력
3. 재난으로 피해를 입은 구역의 범위

④ 제1항 또는 제2항에 따라 **특별재난지역의 선포를 건의받은 대통령은 해당 지역을 특별재난지역으로 선포할 수 있다.** 〈개정 2024.1.16.〉

⑤ **지역대책본부장은 관할지역에서 발생한 재난으로 인하여 제1항에 따른 사유가 발생한 경우에는 중앙대책본부장에게 특별재난지역의 선포 건의를 요청할 수 있다.** 〈개정 2024.1.16.〉

> **시행령** 제69조(특별재난의 범위 및 선포 등)
> ① 법 제60조 제1항에서 "대통령령으로 정하는 규모의 재난"이란 다음 각 호의 어느 하나에 해당하는 재난을 말한다.
> 1. **자연재난으로서 국고 지원 대상 피해 기준금액의 2.5배를 초과하는 피해가 발생한 재난**
> 1의2. 자연재난으로서 국고 지원 대상에 해당하는 시·군·구의 관할 읍·면·동에 같은 항 각 호에 따른 국고 지원 대상 피해 기준금액의 4분의 1을 초과하는 피해가 발생한 재난
> 2. 사회재난의 재난 중 재난이 발생한 해당 지방자치단체의 행정능력이나 재정능력으로는 재난의 수습이 곤란하여 국가적 차원의 지원이 필요하다고 인정되는 재난
> 3. 그 밖에 재난 발생으로 인한 생활기반 상실 등 극심한 피해의 효과적인 수습 및 복구를 위하여 국가적 차원의 특별한 조치가 필요하다고 인정되는 재난
> ② 법 제60조 제2항에 따라 대통령이 특별재난지역을 선포하는 경우에 중앙대책본부장은 특별재난지역의 구체적인 범위를 정하여 공고해야 한다.

제61조(특별재난지역에 대한 지원)

국가나 지방자치단체는 제60조에 따라 특별재난지역으로 선포된 지역에 대하여는 **제66조 제3항**에 따른 지원을 하는 외에 **대통령령**으로 정하는 바에 따라 응급대책 및 재난구호와 복구에 필요한 행정상·재정상·금융상·의료상의 특별지원을 할 수 있다.

개념 CHECK

47. 자연재난으로서 국고 지원 대상 피해 기준금액의 2배를 초과하는 피해가 발생한 재난이 특별재난지역을 선포할 대통령령으로 정하는 규모의 재난에 해당된다. ( )

> **시행령** 제70조(특별재난지역에 대한 지원)
> ① 법 제61조에 따라 국가가 제69조 제1항 제1호 및 제1호의2의 재난과 관련하여 특별재난지역으로 선포한 지역에 대한 특별지원의 내용은 다음 각 호와 같다.
>   1. 「자연재난 구호 및 복구 비용 부담기준 등에 관한 규정」 제7조에 따른 국고의 추가 지원
>   2. 「자연재난 구호 및 복구 비용 부담기준 등에 관한 규정」 제4조에 따른 지원
>   3. 의료·방역·방제 및 쓰레기 수거 활동 등에 대한 지원
>   4. 「재해구호법」에 따른 의연금품의 지원
>   5. 농어업인의 영농·영어·시설·운전 자금 및 중소기업의 시설·운전 자금의 우선 융자, 상환 유예, 상환 기한 연기 및 그 이자 감면과 중소기업에 대한 특례보증 등의 지원
>   6. 그 밖에 재난응급대책의 실시와 재난의 구호 및 복구를 위한 지원
> ② 삭제 〈2005.11.30.〉
> ③ 국가가 법 제61조에 따라 이 영 제69조 제1항 제2호에 해당하는 재난 및 그에 준하는 같은 항 제3호의 재난과 관련하여 특별재난지역으로 선포한 지역에 대하여 하는 특별지원의 내용은 다음 각 호와 같다.
>   1. 「사회재난 구호 및 복구 비용 부담기준 등에 관한 규정」에 따른 지원
>   2. 삭제 〈2020.6.2.〉
>   3. 삭제 〈2020.6.2.〉
>   4. 제1항 제3호 및 제5호에 해당하는 지원
>   5. 그 밖에 중앙대책본부장이 필요하다고 인정하는 지원
> ④ 삭제 〈2020.6.2.〉
> ⑤ 중앙대책본부장은 제3항에 따른 지원을 위한 피해금액과 복구비용의 산정, 국고지원 내용 등을 관계 중앙행정기관의 장과의 협의 및 중앙대책본부회의의 심의를 거쳐 확정한다.
> ⑥ 중앙대책본부장 및 지역대책본부장은 특별재난지역이 선포되었을 때에는 재난응급대책의 실시와 재난의 구호 및 복구를 위하여 법 제59조 제2항에 따른 재난복구계획의 수립·시행 전에 재난대책을 위한 예비비, 재난관리기금·재해구호기금 및 의연금을 집행할 수 있다.

제61조의2 삭제 〈2013.8.6.〉

03 재정 및 보상 등

제62조(비용 부담의 원칙)

① 재난관리에 필요한 비용은 이 법 또는 다른 법령에 특별한 규정이 있는 경우 외에는 이 법 또는 제3장의 안전관리계획에서 정하는 바에 따라 그 시행의 책임이 있는 자(제29조 제1항에 따른 재난방지시설의 경우에는 해당 재난방지시설의 유지·관리 책임이 있는 자를 말한다)가 부담한다. 다만, 제46조에 따라 시·도지사나 시장·군수·구청장이 다른 재난관리책임기관이 시행할 재난의 응급조치를 시행한 경우 그 비용은 그 응급조치를 시행할 책임이 있는 재난관리책임기관이 부담한다.
② 제1항 단서에 따른 비용은 관계 기관이 협의하여 정산한다.

제63조(응급지원에 필요한 비용)

① 제44조 제1항, 제46조 또는 제48조 제1항에 따라 응원을 받은 자는 그 응원에 드는 비용을 부담해야 한다.
② 제1항의 경우 그 응급조치로 인하여 다른 지방자치단체가 이익을 받은 경우에는 그 수익의 범위에서 이익을 받은 해당 지방자치단체가 그 비용의 일부를 분담해야 한다.
③ 제1항과 제2항에 따른 비용은 관계 기관이 협의하여 정산한다.

제64조(손실보상)

① 국가나 지방자치단체는 제39조 및 제45조(제46조에 따라 시·도지사가 행하는 경우를 포함)에 따른 조치로 인하여 손실이 발생하면 보상해야 한다.
② 제1항에 따른 손실보상에 관하여는 손실을 입은 자와 그 조치를 한 중앙행정기관의 장, 시·도지사 또는 시장·군수·구청장이 협의해야 한다.
③ 제2항에 따른 협의가 성립되지 아니하면 **대통령령**으로 정하는 바에 따라 「공익사업을 위한 토지 등의 취득 및 보상에 관한 법률」제51조에 따른 관할 토지수용위원회에 재결을 신청할 수 있다.
④ 제3항에 따른 재결에 관하여는 「공익사업을 위한 토지 등의 취득 및 보상에 관한 법률」제83조부터 제86조까지의 규정을 준용한다.

> **시행령 제71조(재결의 신청기간)**
> ① 법 제64조 제2항에 따른 손실보상에 관한 협의는 **법 제39조 및 제45조**(법 제46조에 따라 시·도지사가 행하는 경우를 포함)에 따른 조치가 있는 날부터 60일 이내에 해야 한다.
> ② 법 제64조 제3항에 따른 재결의 신청은 법 제39조 및 **제45조**(법 제46조에 따라 시·도지사가 행하는 경우를 포함)에 따른 조치가 있는 날부터 180일 이내에 해야 한다.

제65조(치료 및 보상)

① 재난 발생 시 긴급구조활동과 응급대책·복구 등에 참여한 자원봉사자, 제45조에 따른 응급조치 종사명령을 받은 사람 및 제51조 제2항에 따라 긴급구조활동에 참여한 민간 긴급구조지원기관의 긴급구조지원요원이 응급조치나 긴급구조활동을 하다가 부상(신체적·정신적 손상을 말한다. 이하 이 조에서 같다)을 입은 경우 및 부상으로 인하여 장애를 입은 경우에는 치료(심리적 안정과 사회적응을 위한 상담지원을 포함한다)를 실시하고 보상금을 지급하며, 사망(부상으로 인하여 사망한 경우를 포함)한 경우에는 그 유족에게 보상금을 지급한다. 다만, 다른 법령에 따라 국가나 지방자치단체의 부담으로 같은 종류의 보상금을 받은 사람에게는 그 보상금에 상당하는 금액을 지급하지 아니한다. 〈2023.12.26. 개정〉
② 재난의 응급대책·복구 및 긴급구조 등에 참여한 자원봉사자의 장비 등이 응급대책·복구 또는 긴급구조와 관련하여 고장나거나 파손된 경우에는 그 자원봉사자에게 수리비용을 보상할 수 있다.

③ 제1항에 따른 치료 및 보상금은 국가나 지방자치단체가 부담하며, 그 기준과 절차 등에 관한 사항은 **대통령령**으로 정한다.

> **시행령** 제72조(치료 및 보상금의 부담 및 지급기준 등)
> ① 법 제65조 제1항 및 제2항에 따른 치료 및 보상금은 해당 재난이 국가의 업무 또는 시설과 관계되는 경우에는 국가가 부담하고, 지방자치단체의 업무 또는 시설과 관계되는 경우에는 지방자치단체가 부담한다.
> ② 법 제65조 제1항에 따라 실시하는 부상을 입은 사람 및 부상으로 장애를 입은 사람에 대한 치료는 치료에 필요한 실비를 지급하는 방법으로 할 수 있다.
> ③ 법 제65조 제1항에 따라 부상을 입은 사람, 부상으로 장애를 입은 사람, 사망(부상으로 사망한 경우를 포함)한 사람의 유족에게 지급하는 보상금의 지급기준에 관하여는 「의사상자 등 예우 및 지원에 관한 법률」 제8조와 같은 법 시행령 제12조를 준용한다.
> ④ 법 제65조 제2항에 따른 장비 등의 고장이나 파손에 대한 보상은 다음 각 호의 기준에 따라 지급액을 결정한다.
>   1. 고장나거나 파손된 장비 등의 수리가 불가능한 경우에는 참여 당시 장비 등의 교환가격
>   2. 고장나거나 파손된 장비 등의 수리가 가능한 경우에는 수리에 필요한 실비
> ⑤ 제1항에 따른 보상 중 유족에 대한 보상금은 그 배우자, 미성년자인 자녀, 부모, 조부모, 성년인 자녀, 형제자매 순으로 지급한다. 이 경우 같은 순위의 유족이 2명 이상일 경우에는 같은 금액으로 나누어 지급하되, 태아는 그 지급순위에 관하여는 이미 출생한 것으로 본다.

> **시행령** 제73조(치료 및 보상금의 지급절차)
> ① 법 제65조 제1항에 따라 부상을 입은 사람 및 부상으로 장애를 입은 사람의 치료절차에 관하여는 「민방위기본법 시행령」 제44조를 준용한다.
> ② 법 제65조 제1항 및 제2항에 따른 보상금의 지급절차에 관하여는 「민방위기본법 시행령」 제41조를 준용한다. 이 경우 "행정안전부장관"은 "주무부처의 장"으로, "제9조 제1항 제1호에 따른 민방위기획위원회"는 "법 제9조에 따른 중앙안전관리위원회"로, "법 제7조 제1항에 따른 특별시·광역시·도민방위협의회"는 "법 제11조에 따른 시·도 안전관리위원회"로, "법 제7조 제1항에 따른 시·군·구민방위협의회"는 "법 제11조에 따른 시·군·구 안전관리위원회"로 본다.

제65조의2(포상)

국가와 지방자치단체는 긴급구조 등의 활성화를 위하여 긴급구조활동과 응급대책·복구 등에 참여하여 현저한 공로가 있는 자원봉사자에게 「상훈법」에 따라 훈장 또는 포장을 수여할 수 있다.

제66조(재난지역에 대한 국고보조 등의 지원) [2025.10.2. 시행] 18 간부

① 국가는 다음 각 호의 어느 하나에 해당하는 재난의 원활한 복구를 위하여 필요하면 **대통령령**[20]으로 정하는 바에 따라 그 비용(제65조 제1항에 따른 보상금을 포함)의 전부 또는 일부를 국고에서 부담하거나 지방자치단체, 그 밖의 재난관리책임자에게 보조할 수 있다. 다만, 제39조 제1항(제46조 제1항에 따라 시·도지사가 하는 경우를 포함) 또는 제40조 제1항의 대피명령을 방해하거나 위반하여 발생한 피해에 대하여는 그러하지 아니하다. 〈개정 2024.1.16.〉

---

20) **대통령령**
자연재난 구호 및 복구 비용 부담기준 등에 관한 규정

> **개념 CHECK**
> 48. 국가는 재난의 원활한 복구를 위하여 필요하면 대통령령으로 정하는 바에 따라 그 비용(제65조 제1항에 따른 보상금을 포함)의 전부 또는 일부를 국고에서 부담하거나 지방자치단체, 그 밖의 재난관리책임자에게 보조할 수 있다. ( )

    1. 자연재난
    2. 사회재난 중 제60조 제4항에 따라 **특별재난지역으로 선포된 지역의 재난**
② 제1항에 따른 재난복구사업의 재원은 **대통령령**[21]으로 정하는 재난의 구호 및 재난의 복구비용 부담기준에 따라 국고의 부담금 또는 보조금과 지방자치단체의 부담금·의연금 등으로 충당하되, 지방자치단체의 부담금 중 시·도 및 시·군·구가 부담하는 기준은 행정안전부령으로 정한다.

[21) 대통령령
자연재난 구호 및 복구 비용 부담기준 등에 관한 규정]

> **시행규칙** 제19조의2(지방자치단체의 재난복구 비용 부담기준)
> 법 제66조 제2항에 따른 지방자치단체의 부담금 중 시·도 및 시·군·구가 부담하는 기준은 다음 각 호와 같다.
> 1. 자연재난 : 「자연재난 구호 및 복구 비용 부담기준 등에 관한 규칙」 제2조에 따른 비율에 따라 부담
> 2. 사회재난 : 시·군·구의 부담률이 50퍼센트를 넘지 아니하는 범위에서 시·도의 조례로 정하는 비율에 따라 부담

③ 국가와 지방자치단체는 재난으로 피해를 입은 시설의 복구와 피해주민의 생계 안정 및 피해기업의 경영 안정을 위하여 다음 각 호의 지원을 할 수 있다. 다만, 다른 법령에 따라 국가 또는 지방자치단체가 같은 종류의 보상금 또는 지원금을 지급하거나, 제3조 제1호 나목에 해당하는 재난으로 피해를 유발한 원인자가 보험금 등을 지급하는 경우에는 그 보상금, 지원금 또는 보험금 등에 상당하는 금액은 지급하지 아니한다. 〈개정 2023.5.16.〉
    1. 사망자·실종자·부상자 등 **피해주민에 대한 구호**
    2. **주거용 건축물의 복구비 지원**
    3. **고등학생의 학자금 면제**
    4. 자금의 융자, 보증, 상환기한의 연기, 그 이자의 감면 등 관계 법령에서 정하는 금융지원
    5. 세입자 보조 등 생계안정 지원
    5의2. 「소상공인기본법」 제2조에 따른 소상공인이 피해를 입은 경우에 해당 시설의 복구 및 경영 안정을 위한 지원 [2025.11.28. 시행]
    5의3. 「중소기업기본법」 제2조에 따른 중소기업이 피해를 입은 경우에 해당 시설의 복구 및 경영 안정을 위한 지원
    6. 관계 법령에서 정하는 바에 따라 국세·지방세, 건강보험료·연금보험료, 통신요금, 전기요금, 도시가스요금, 지역난방요금 등의 경감 또는 납부유예 등의 간접지원
    7. 농업·어업·임업·염생산업(鹽生産業)의 피해에 대한 복구 및 경영 안정을 위한 지원
    8. 공공시설 피해에 대한 복구사업비 지원
    9. 그 밖에 제14조 제3항 본문에 따른 중앙재난안전대책본부회의에서 결정한 지원 또는 제16조 제2항에 따른 지역재난안전대책본부회의에서 결정한 지원

④ 제3항에 따른 지원의 기준은 제1항 각 호의 어느 하나에 해당하는 재난에 대해서는 **대통령령**으로 정하고, 사회재난으로서 제60조 제3항에 따라 특별재난지역으로 선포되지 아니한 지역의 재난에 대해서는 해당 지방자치단체의 조례로 정한다. 〈개정 2024.1.16.〉

⑤ 국가와 지방자치단체는 재난으로 피해를 입은 사람에 대하여 심리적 안정과 사회 적응을 위한 상담 활동을 지원할 수 있다. 이 경우 구체적인 지원절차와 그 밖에 필요한 사항은 **대통령령**으로 정한다.

⑥ 국가 또는 지방자치단체는 제3항 각 호에 따른 지원의 원인이 되는 사회재난에 대하여 그 원인을 제공한 자가 따로 있는 경우에는 그 원인제공자에게 국가 또는 지방자치단체가 부담한 비용의 전부 또는 일부를 청구할 수 있다.

⑦ 제3항 각 호에 따라 **지원되는 금품 또는 이를 지급받을 권리는 양도·압류**하거나 담보로 제공할 수 없다.

제66조의2(복구비 등의 선지급)

① 지방자치단체의 장은 재난의 신속한 구호 및 복구를 위하여 필요하다고 판단되면 제66조에 따라 재난의 구호 및 복구를 위하여 지원하는 비용(이하 "복구비등") 중 **대통령령으로 정하는 항목**에 대해서는 제59조 또는 「자연재해대책법」 제46조에 따른 복구계획 수립 전에 미리 지급할 수 있다.

② 제1항에 따라 복구비등을 선지급 받으려는 자는 **대통령령**으로 정하는 바에 따라 재난으로 인한 피해 물량 등에 관하여 신고해야 한다.

③ 지방자치단체의 장은 제1항에 따라 미리 복구비등을 지급하기 위하여 피해주민의 주 생계수단을 판단하기 위한 다음 각 호의 사항에 대한 확인을 해당 각 호의 자에게 요청할 수 있다. 이 경우 확인을 요청받은 자는 특별한 사유가 없으면 요청에 따라야 한다.
  1. 근로소득 및 사업소득 수준에 관한 사항 : 국세청장 또는 관할 세무서장
  2. 국민연금 가입·납입에 관한 사항 : 「국민연금법」 제24조에 따른 국민연금공단의 이사장
  3. 국민건강보험 가입·납입에 관한 사항 : 「국민건강보험법」 제13조에 따른 국민건강보험공단의 이사장

④ 제1항에 따른 복구비등 선지급을 위하여 필요한 선지급의 비율·절차 등에 관한 사항은 **대통령령**으로 정한다.

제66조의3(복구비등의 반환)

① 국가와 지방자치단체는 복구비등을 받은 자가 다음 각 호의 어느 하나에 해당하는 경우에는 **행정안전부령**으로 정하는 바에 따라 그 받은 복구비등을 반환하도록 명해야 한다.
  1. 부정한 방법으로 복구비등을 받은 경우
  2. 복구비등을 받은 후 그 지급 사유가 소급하여 소멸된 경우
  3. 그 밖에 **대통령령으로 정하는 사유**가 발생한 경우

② 제1항에 따라 반환명령을 받은 자는 즉시 복구비등을 반환해야 한다.
③ 제2항에 따라 반환해야 할 반환금을 지정된 기한까지 반환하지 아니하면 국세 강제징수의 예 또는 「지방행정제재·부과금의 징수 등에 관한 법률」에 따라 징수한다.
④ 제3항에 따른 반환금의 징수는 국세와 지방세를 제외하고는 다른 공과금에 우선한다.

8 안전문화 진흥

제66조의4(안전문화 진흥을 위한 시책의 추진) [2024.7.17. 시행]
① 중앙행정기관의 장과 지방자치단체의 장은 소관 재난 및 안전관리업무와 관련하여 국민의 안전의식을 높이고 안전문화를 진흥시키기 위한 다음 각 호의 안전문화활동을 적극 추진해야 한다. 〈개정 2024.1.16.〉
　1. 안전교육 및 안전훈련(응급상황시의 대처요령을 포함)
　2. 안전의식을 높이기 위한 캠페인 및 홍보
　2의2. 각종 사고를 예방하기 위한 안전신고 활동 장려·지원
　3. 안전행동요령 및 기준·절차 등에 관한 지침의 개발·보급
　4. 안전문화 우수사례의 발굴 및 확산
　5. 안전 관련 통계 현황의 관리·활용 및 공개
　6. 안전에 관한 각종 조사 및 분석
　6의2. 안전취약계층의 안전관리 강화
　7. 그 밖에 안전문화를 진흥하기 위한 활동
② 행정안전부장관은 제1항에 따른 안전문화활동의 추진에 관한 총괄·조정 업무를 관장한다.
③ 지방자치단체의 장은 지역 내 안전문화활동에 주민과 관련기관·단체가 참여할 수 있는 제도를 마련하여 시행할 수 있다.
④ 국가와 지방자치단체는 국민이 안전문화를 실천하고 체험할 수 있는 안전체험시설을 설치·운영할 수 있다.
⑤ 국가와 지방자치단체는 지방자치단체 또는 그 밖의 기관·단체에서 추진하는 안전문화활동을 위하여 필요한 예산을 지원할 수 있다.

제66조의5 삭제 〈2016.5.29.〉

제66조의6 삭제 〈2016.5.29.〉

제66조의7(국민안전의 날 등) 20 간부

① 국가는 국민의 안전의식 수준을 높이기 위하여 매년 4월 16일을 국민안전의 날로 정하여 필요한 행사 등을 한다.
② 국가는 대통령령으로 정하는 바에 따라 국민의 안전의식 수준을 높이기 위하여 안전점검의 날과 방재의 날을 정하여 필요한 행사 등을 할 수 있다.

> **시행령** 제73조의6(안전점검의 날 등)
> ① 법 제66조의7에 따른 안전점검의 날은 매월 4일로 하고, 방재의 날은 매년 5월 25일로 한다.
> ② 재난관리책임기관은 안전점검의 날에는 재난취약시설에 대한 일제점검, 안전의식 고취 등 안전 관련 행사를 실시하고, 방재의 날에는 자연재난에 대한 주민의 방재의식을 고취하기 위하여 재난에 대한 교육·홍보 등의 관련 행사를 실시한다.
> ③ 제2항에서 규정한 사항 외에 안전점검의 날 및 방재의 날 행사 등에 필요한 사항은 행정안전부장관이 각각 정한다.

제66조의8(안전관리헌장)

① 국무총리는 재난을 예방하고, 재난이 발생할 경우 그 피해를 최소화하기 위하여 재난 및 안전관리업무에 종사하는 자가 지켜야 할 사항 등을 정한 안전관리헌장을 제정·고시해야 한다.
② 재난관리책임기관의 장은 제1항에 따른 안전관리헌장을 실천하는 데 노력해야 하며, 안전관리헌장을 누구나 쉽게 볼 수 있는 곳에 항상 게시해야 한다.

제66조의9(안전정보의 구축·활용)

① 행정안전부장관은 재난 및 각종 사고로부터 국민의 생명과 신체 및 재산을 보호하기 위하여 다음 각 호의 정보(이하 "안전정보")를 수집하여 체계적으로 관리해야 한다.
  1. 재난이나 그 밖의 각종 사고에 관한 통계, 지리정보 및 안전정책에 관한 정보
  1의2. 안전취약계층의 재난 및 각종 사고 피해에 관한 통계
  2. 제32조 제1항에 따른 안전 점검 결과
  3. 제32조 제4항에 따른 조치 결과
  4. 제33조의2 제1항부터 제3항까지에 따른 재난관리체계 등에 대한 평가 결과
  5. 제55조의2 제2항에 따른 긴급구조지원기관의 능력 평가 결과
  6. 제69조 제1항 및 제2항에 따른 재난원인조사 결과
  7. 제69조 제5항 후단에 따른 개선권고 등의 조치결과에 관한 정보
  8. 그 밖에 재난이나 각종 사고에 관한 정보로서 행정안전부장관이 수집·관리가 필요하다고 인정하는 정보
② 행정안전부장관은 안전정보를 체계적으로 관리하고 안전정보 및 다른 법령에 따라 재난관리책임기관의 장이 공개하는 시설 등에 대한 각종 안전점검·진단 등의 결과를 통합적으로 공개하기 위하여 안전정보통합관리시스템을 구축·운영해야 한다.

③ 행정안전부장관은 안전정보통합관리시스템을 관계 행정기관 및 국민이 안전수준을 진단하고 개선하는 데 활용할 수 있도록 해야 한다.
④ 행정안전부장관은 안전정보통합관리시스템을 구축·운영하기 위하여 관계 행정기관의 장에게 필요한 자료를 요청할 수 있다. 이 경우 요청을 받은 관계 행정기관의 장은 특별한 사유가 없으면 요청에 따라야 한다.
⑤ 안전정보 등의 수집·공개·관리, 안전정보통합관리시스템의 구축·활용 등에 필요한 사항은 **대통령령**으로 정한다.

제66조의10(안전지수의 공표) 〈2023.12.26. 개정〉 [2024.6.27. 시행]

① 행정안전부장관은 지역별 안전수준과 안전의식을 객관적으로 나타내는 지수(이하 "안전지수")를 개발·조사하여 그 결과를 공표할 수 있다.
② 행정안전부장관은 제1항에 따라 공표된 안전지수를 고려하여 안전수준 및 안전의식의 개선이 필요하다고 인정되는 지방자치단체에 대해서는 안전환경 분석 및 개선방안 마련 등 안전진단(이하 "안전진단"이라 한다)을 실시할 수 있다.
③ 행정안전부장관은 안전지수의 조사 및 안전진단의 실시를 위하여 관계 행정기관의 장에게 필요한 자료를 요청할 수 있다. 이 경우 요청을 받은 관계 행정기관의 장은 특별한 사유가 없으면 요청에 따라야 한다.
④ 행정안전부장관은 안전지수의 개발·조사 및 안전진단의 실시에 관한 업무를 효율적으로 수행하기 위하여 필요한 경우 대통령령으로 정하는 기관 또는 단체로 하여금 그 업무를 대행하게 할 수 있다.
⑤ 안전지수의 조사 항목, 방법, 공표절차 및 안전진단의 실시 방법, 절차, 기준 등 필요한 사항은 대통령령으로 정한다.

> **시행령** **제73조의8(안전지수의 조사·공표 및 안전진단 실시 등)** [2024.7.17 시행]
> ① 법 제66조의10 제1항에 따른 안전지수(이하 "안전지수"라 한다)의 조사 항목은 다음 각 호와 같다.
>   1. 지역별 재난등의 발생 현황
>   2. 재난등에 대한 국민의 안전의식
>   3. 그 밖에 행정안전부장관이 필요하다고 인정하는 사항
> ② 행정안전부장관은 지역별 안전지수를 인터넷 등을 통하여 공표할 수 있다.
> ③ 행정안전부장관은 법 제66조의10제2항에 따라 해당 지방자치단체에 대하여 안전환경 분석 및 개선방안 마련 등 안전진단(이하 "안전진단"이라 한다)을 실시할지 여부를 결정할 때에는 다음 각 호의 사항을 고려해야 한다.
>   1. 지역별 안전지수
>   2. 재난 및 안전사고 발생 현황
>   3. 그 밖에 안전지수 개선이 필요하다고 인정되는 사항
> ④ 행정안전부장관은 안전진단 실시 결과의 이행을 해당 지방자치단체의 장에게 요청할 수 있다. 이 경우 요청을 받은 지방자치단체의 장은 특별한 사유가 없으면 이에 따라야 한다.
> ⑤ 법 제66조의10 제4항에서 **"대통령령으로 정하는 기관 또는 단체"**란 다음 각 호의 기관 또는 단체를 말한다.

1. 국공립 연구기관
2. 정부출연연구기관
2의2. 「지방자치단체출연 연구원의 설립 및 운영에 관한 법률」 제2조에 따른 지방자치단체출연 연구원
3. 대학·산업대학·전문대학 및 기술대학
4. 「민법」 또는 다른 법률에 따라 설립된 법인인 연구기관

⑥ 제1항부터 **제5항**까지에서 규정한 사항 외에 안전지수의 조사방법 등에 관하여 필요한 사항은 행정안전부장관이 정한다.

제66조의11(지역축제 개최 시 안전관리조치)

① 중앙행정기관의 장 또는 지방자치단체의 장은 **대통령령으로 정하는 지역축제**를 개최하려면 해당 지역축제가 안전하게 진행될 수 있도록 지역축제 안전관리계획을 수립하고, 그 밖에 안전관리에 필요한 조치를 해야 한다. 다만, 다중의 참여가 예상되는 지역축제로서 개최자가 없거나 불분명한 경우에는 참여 예상 인원의 규모와 장소 등을 고려하여 대통령령으로 정하는 바에 따라 관할 지방자치단체의 장이 지역축제 안전관리계획을 수립하고 그 밖에 안전관리에 필요한 조치를 하여야 한다.

② 행정안전부장관 또는 시·도지사는 제1항에 따른 지역축제 안전관리계획의 이행 실태를 지도·점검할 수 있으며, 점검결과 보완이 필요한 사항에 대해서는 관계 기관의 장에게 시정을 요청할 수 있다. 이 경우 시정 요청을 받은 관계 기관의 장은 특별한 사유가 없으면 요청에 따라야 한다.

③ 중앙행정기관의 장 또는 지방자치단체의 장 외의 자가 **대통령령으로 정하는 지역축제**를 개최하려는 경우에는 해당 지역축제가 안전하게 진행될 수 있도록 지역축제 안전관리계획을 수립하여 **대통령령으로 정하는 바에 따라** 관할 시장·군수·구청장에게 사전에 통보하고, 그 밖에 안전관리에 필요한 조치를 해야 한다. 지역축제 안전관리계획을 변경하려는 때에도 또한 같다.

④ 제3항에 따른 통보를 받은 관할 시장·군수·구청장은 필요하다고 인정되는 때에는 지역축제 안전관리계획에 대하여 보완을 요구할 수 있다. 이 경우 보완을 요구받은 자는 정당한 사유가 없으면 이에 따라야 한다.

⑤ 제1항 또는 제3항에 따른 지역축제의 안전관리를 위하여 필요한 경우 중앙행정기관의 장 또는 지방자치단체의 장(제3항에 따른 지역축제의 경우에는 관할 시장·군수·구청장을 말한다. 이하 이 항 및 제6항에서 같다)은 관할 경찰서, 소방관서 및 그 밖에 관계 기관의 장에게 협조 또는 해당 기관의 소관 사항에 대한 역할 분담을 요청할 수 있다. 이 경우 요청을 받은 기관의 장은 특별한 사유가 없으면 이에 따라야 한다.

⑥ 제1항 또는 제3항에 따른 지역축제의 안전관리를 위하여 필요한 경우 중앙행정기관의 장 또는 지방자치단체의 장은 대통령령으로 정하는 바에 따라 관할 경찰관서, 소방관서 및 그 밖에 관계 기관·단체 등이 참여하는 지역안전협의회를 구성·운영할 수 있다.

⑦ 제1항부터 제4항까지의 규정에 따른 지역축제 안전관리계획의 내용, 수립 절차 및 제5항에 따른 협조 또는 역할 분담의 요청 등에 필요한 사항은 대통령령으로 정한다.

> **시행령** 제73조의9(지역축제 개최 시 안전관리조치)
>
> ① 법 제66조의11 제1항 본문 및 같은 조 제3항에서 "대통령령으로 정하는 지역축제"란 각각 다음 각 호의 어느 하나에 해당하는 지역축제를 말한다. 〈개정 2024.3.26.〉
>   1. 축제기간 중 순간 최대 관람객이 1천명 이상이 될 것으로 예상되는 지역축제
>   2. 축제장소나 축제에 사용하는 재료 등에 사고 위험이 있는 지역축제로서 다음 각 목의 어느 하나에 해당하는 지역축제
>   가. 산 또는 수면에서 개최하는 지역축제
>   나. 불, 폭죽, 석유류 또는 가연성 가스 등의 폭발성 물질을 사용하는 지역축제
> ② 법 제66조의11 제1항 및 제3항에 따른 지역축제 안전관리계획(이하 "지역축제 안전관리계획"이라 한다)에는 각각 다음 각 호의 사항이 포함되어야 한다. 〈개정 2024.3.26.〉
>   1. 지역축제의 개요
>   2. 해당 지역축제의 안전관리업무를 담당하는 사람 및 관리조직과 임무에 관한 사항
>   3. 화재예방 및 다중운집 등에 따른 인명피해 방지조치에 관한 사항
>   4. 안전관리인력의 확보 및 배치계획
>   5. 비상시 대응요령, 담당 기관과 담당자 연락처
> ③ 법 제66조의11 제1항 및 제3항에 따라 지역축제를 개최하려는 자가 지역축제 안전관리계획을 수립하려면 개최지를 관할하는 지방자치단체, 소방관서 및 경찰관서 등 안전관리 유관기관의 의견을 미리 들어야 한다. 〈개정 2024.3.26.〉
> ④ 법 제66조의11 제1항 단서에 따른 지역축제 안전관리계획은 제1항 제1호에 따른 지역축제(제1항 제1호에 따른 지역축제 외의 지역축제로서 관할 시장·군수·구청장이 참여 예상 인원의 규모와 장소 등을 고려하여 지역축제 안전관리계획의 수립이 필요하다고 인정하는 지역축제를 포함한다)로서 개최자가 없거나 불분명한 경우 관할 시장·군수·구청장이 수립한다. 〈신설 2024.3.26.〉
> ⑤ 제4항에도 불구하고 다음 각 호의 어느 하나에 해당하는 경우에는 시·도지사가 제4항에 따른 관할 시·군·구의 지역축제 안전관리계획을 받아 이를 종합하여 지역축제 안전관리계획을 수립할 수 있다. 이 경우 해당 시·도지사 및 관할 시장·군수·구청장은 지역축제 안전관리계획에 따라 안전관리에 필요한 조치를 해야 한다. 〈신설 2024.3.26.〉
>   1. 시장·군수·구청장이 해당 지역축제에 대해 시·군·구의 안전관리 역량을 넘는 규모로 판단하거나 광범위한 지역에서의 다중운집이 있을 것으로 예상하여 시·도지사에게 지역축제 안전관리계획의 수립을 요청하는 경우
>   2. 동일한 지역축제가 2개 이상의 시·군·구에서 동시에 열리는 경우
>   3. 그 밖에 지역축제의 안전한 진행을 위해 시·도지사가 지역축제 안전관리계획을 수립할 필요가 있다고 인정하는 경우
> ⑥ 법 제66조의11 제3항에 따라 지역축제를 개최하려는 자는 지역축제 안전관리계획을 수립하여 축제 개최일 3주 전까지 관할 시장·군수·구청장에게 제출해야 한다. 이 경우 지역축제 안전관리계획을 변경하려는 경우에는 해당 축제 개최일 7일 전까지 변경된 내용을 제출해야 한다. 〈신설 2024.3.26.〉
> ⑦ 행정안전부장관은 지역축제 안전관리계획이 효율적으로 수립·관리될 수 있도록 하기 위하여 지역축제 안전관리 매뉴얼을 작성하여 중앙행정기관의 장 또는 지방자치단체의 장에게 통보하고 행정안전부 인터넷 홈페이지 등을 통하여 공개할 수 있다. 〈개정 2024.3.26.〉

⑧ 중앙행정기관의 장 또는 지방자치단체의 장(법 제66조의11 제3항에 따른 지역축제의 경우에는 관할 시장·군수·구청장을 말한다. 이하 이 항에서 같다)은 법 제66조의11 제5항에 따라 관할 경찰관서, 소방관서 및 그 밖의 관계 기관의 장에게 다음 각 호의 구분에 따른 사항의 협조 또는 역할 분담을 요청할 수 있다. 다만, 법 제66조의11 제3항에 따른 지역축제의 경우에는 개최자가 시장·군수·구청장에게 신청하는 경우에만 관할 경찰관서 등의 장에게 요청할 수 있다. 〈신설 2024.3.26.〉
  1. 관할 경찰관서의 장
     가. 교통 및 보행 안전관리, 질서유지 등을 위한 경찰관 배치
     나. 범죄 예방을 위한 순찰
     다. 다중운집 위험정보 수집 및 관계기관 공유
     라. 지역축제 행사장 현장 경찰연락관 운영
     마. 그 밖에 가목부터 라목까지의 규정에 준하는 사항으로서 관할 경찰관서의 소관 업무 중 지역축제 안전관리를 위해 필요한 사항
  2. 관할 소방관서의 장
     가. 긴급자동차 대기 및 소방관 배치
     나. 소방안전점검
     다. 지역축제 행사장 현장 소방연락관 운영
     라. 그 밖에 가목부터 다목까지의 규정에 준하는 사항으로서 관할 소방관서의 소관 업무 중 지역축제 안전관리를 위해 필요한 사항
  3. 그 밖의 관계 기관의 장
     중앙행정기관의 장 또는 지방자치단체의 장이 지역축제의 안전관리를 위해 필요하다고 인정하는 사항
⑨ 법 제66조의11 제6항에 따라 지역축제의 안전관리에 관한 다음 각 호의 사항을 협의하기 위하여 시·도지사 소속으로 시·도 지역안전협의회를, 시장·군수·구청장 소속으로 시·군·구 지역안전협의회를 둔다. 〈신설 2024.3.26.〉
  1. 지역축제 안전관리계획의 수립·이행에 관한 사항
  2. 지역축제 안전관리계획 이행 및 비상시 대처를 위한 기관 간 협조체계의 구축에 관한 사항
  3. 지역축제의 안전점검에 관한 사항
  4. 그 밖에 지역축제의 안전관리를 위해 필요한 사항
⑩ 제9항에 따른 지역안전협의회의 위원장은 해당 지방자치단체의 부단체장(부단체장이 2명 이상인 경우에는 해당 지방자치단체의 장이 지명하는 사람을 말한다)이 되고, 위원은 다음 각 호의 사람이 포함돼야 한다. 〈신설 2024.3.26.〉
  1. 관할 경찰관서·소방관서 소속 공무원
  2. 전기·가스·통신·시설물 안전 관련 전문가
  3. 상인단체(「전통시장 및 상점가 육성을 위한 특별법」 제65조에 따른 상인회 등을 말한다) 관계자
⑪ 제1항부터 제7항까지의 규정에 따른 지역축제 안전관리계획에 관한 세부 사항은 행정안전부장관이 정하고, 제9항 및 제10항에 따른 시·도 지역안전협의회 및 시·군·구 지역안전협의회의 구성 및 운영에 관한 세부 사항은 해당 지방자치단체의 조례로 정한다. 〈신설 2024.3.26.〉

제66조의12(다중운집 시 재난 등 예방조치) 〈2025.10.1. 시행〉

① 지방자치단체의 장은 다중운집으로 인한 재난이나 각종 사고가 발생하는 것을 예방하기 위하여 대통령령으로 정하는 시설·장소에 대하여 다음 각 호의 사항을 포함한 실태조사를 실시하여야 한다.
 1. 다중운집의 일시 및 장소
 2. 순간 최대 인원 또는 총인원
 3. 공간의 수용 능력
 4. 인파의 밀집도 및 유동시간
 5. 그 밖에 다중운집인파사고 예방을 위하여 필요한 사항
② 지방자치단체의 장은 제1항에 따른 실태조사를 실시하기 위하여 재난관리책임기관의 장이나 제66조의11제6항에 따른 지역안전협의회 등에 협조를 요청할 수 있다.
③ 지방자치단체의 장은 제30조제1항에도 불구하고 관할 구역의 시설·장소에서 다중운집으로 인하여 재난이나 각종 사고가 발생할 우려가 있으면 소속 공무원으로 하여금 긴급안전점검을 하게 하거나 다른 재난관리책임기관의 장에게 긴급안전점검을 하도록 요청할 수 있다.
④ 지방자치단체의 장은 제3항에 따른 긴급안전점검 결과 다중운집으로 인하여 재난이나 각종 사고 발생의 위험이 크다고 인정하는 경우에는 해당 시설·장소의 소유자·관리자 또는 점유자나 다중운집 행사의 주최자에게 제31조제1항 각 호의 안전조치를 할 것을 명할 수 있다.
⑤ 제3항에 따른 긴급안전점검과 제4항에 따른 안전조치명령에 관하여는 제30조와 제31조를 각각 준용한다.
⑥ 지방자치단체의 장은 관할 구역의 시설·장소에서 다중운집으로 인하여 질서유지 및 안전의 확보가 어렵다고 판단되는 경우 해당 시설·장소의 소유자·관리자 또는 점유자나 행사의 주최자에게 그 행사를 중단할 것을 권고하거나, 다중에게 해산할 것을 권고할 수 있다. 이 경우 지방자치단체의 장은 관할 경찰관서의 장에게 협조를 요청할 수 있다.
⑦ 제1항부터 제6항까지에서 규정한 사항 외에 제1항에 따른 실태조사, 제3항에 따른 긴급안전점검, 제4항에 따른 안전조치명령 및 제6항에 따른 권고와 협조의 방법이나 절차 등에 필요한 사항은 대통령령으로 정한다.

[본조신설 2025.4.1.]

제66조의13(안전사업지구의 지정 및 지원)

① 행정안전부장관은 지역사회의 안전수준을 높이기 위하여 시·군·구를 대상으로 안전사업지구를 지정하여 필요한 지원할 수 있다.
② 제1항에 따른 안전사업지구의 지정기준, 지정절차 등 필요한 사항은 **대통령령**으로 정한다.

제66조의14(안전신고 통합정보시스템 구축·운영)
① 행정안전부장관은 누구든지 안전에 위협이 될 우려가 있는 요인이나 징후를 발견하였을 때 이를 행정기관에 안전신고를 할 수 있도록 필요한 통합정보시스템을 구축·운영할 수 있다.
② 제1항에 따른 안전신고를 받은 행정기관의 장은 위험요인 또는 위험징후가 해소될 수 있도록 신속히 처리하여야 한다.
③ 제1항에 따른 안전신고 통합정보시스템의 구축·운영 등에 필요한 사항은 대통령령으로 정한다.

9 보칙

제66조의15(재난 및 안전관리를 위한 특별교부세 교부)
「지방교부세법」 제9조제1항제2호에 따른 특별교부세는 「지방교부세법」에 따라 행정안전부장관이 교부 등을 행한다. 이 경우 특별교부세의 교부는 지방자치단체의 재난 및 안전관리 수요에 한정한다.

제67조(재난관리기금의 적립)
① 지방자치단체는 재난관리에 드는 비용에 충당하기 위하여 매년 재난관리기금을 적립해야 한다.
② 제1항에 따른 재난관리기금의 매년도 최저적립액은 최근 3년 동안의 「**지방세법**」에 의한 보통세의 수입결산액의 평균연액의 100분의 1에 해당하는 금액으로 한다.

제68조(재난관리기금의 운용 등)
① 재난관리기금에서 생기는 수입은 그 전액을 재난관리기금에 편입해야 한다.
② 제67조 제2항에 따른 매년도 최저적립액 중 **대통령령**으로 정하는 일정 비율 이상은 응급복구 또는 긴급한 조치에 우선적으로 사용해야 한다.
③ 제1항 및 제2항에 따른 재난관리기금의 용도·운용 및 관리에 필요한 사항은 **대통령령**으로 정한다.

> **시행령** 제74조(재난관리기금의 용도)
> 법 제68조에 따른 재난관리기금의 용도는 다음 각 호와 같다.
> 1. 지방자치단체가 수행하는 공공분야 재난관리 활동의 범위에서 해당 지방자치단체의 조례로 정하는 것. 다만, 다음 각 목의 어느 하나에 해당하는 것은 제외한다.
>   가. 「보조금 관리에 관한 법률」 제4조에 따라 보조금의 예산 계상을 신청하여 보조금에 관한 예산이 확정된 보조사업에 대한 지방비 부담분
>   나. 「자연재해대책법」 등 재난관련 법령에 따른 재난 및 안전관리 사업 계획에 반영되지 않은 사항에 드는 비용. 다만, 응급 복구 및 긴급한 조치에 소요되는 비용은 제외한다.

2. 지방자치단체 외의 자가 소유하거나 점유하는 시설에 대한 다음 각 목의 어느 하나에 해당하는 안전조치 비용으로서 해당 지방자치단체의 조례로 정하는 것
   가. 공중의 안전에 위해를 끼칠 수 있는 경우로서 다음의 요건을 모두 충족하는 시설에 대한 안전조치
      1) 「자연재해대책법」 등 재난관련 법령에 따라 지정된 지역 또는 지구에 위치한 시설일 것
      2) 소유자 또는 점유자의 부재나 주소·거소가 불분명한 경우 등 소유자 또는 점유자를 특정하기 어렵거나 경제적 사정 등으로 인해 소유자 또는 점유자에게 안전조치를 기대하기 어려운 경우일 것
   나. 법 제31조 제4항에 따라 지방자치단체의 장이 재난예방을 위해 실시하는 안전조치

> **시행령** 제75조(재난관리기금의 운용·관리)

① 시·도지사 및 시장·군수·구청장은 전용 계좌를 개설하여 법 제67조에 따라 매년 적립하는 재난관리기금을 관리해야 한다.
② 시·도지사 및 시장·군수·구청장은 법 제67조 제2항에 따른 매년도 최저적립액(이하 "최저적립액")의 100분의 15 이상의 금액(이하 "의무예치금액")을 금융회사 등에 예치하여 관리해야 한다. 다만, 의무예치금액의 누적 금액이 해당 연도를 기준으로 법 제67조 제2항에 따른 매년도 최저적립액의 10배를 초과한 경우에는 해당 연도의 의무예치금액을 매년도 최저적립액의 100분의 5로 낮추어 예치할 수 있다.
③ 법 제68조 제2항에서 "대통령령으로 정하는 일정 비율"이란 해당 연도의 최저적립액의 100분의 21을 말한다.
④ 제74조에 따른 용도로 사용할 수 있는 재난관리기금은 제2항에 따른 금액을 제외하고 남은 금액과 그 이자를 초과할 수 없다. 다만, 「자연재난 구호 및 복구 비용 부담기준 등에 관한 규정」 제5조 제1항에 따른 국고 지원 대상 피해기준금액의 5배를 초과하는 피해가 발생한 경우에는 의무예치금액의 일부를 사용할 수 있다.
⑤ 제1항부터 제4항까지 규정한 사항 외에 재난관리기금의 운용·관리에 필요한 사항은 해당 지방자치단체의 조례로 정한다.

> **시행령** 제75조의2(재난관리기금의 용도 및 의무예치금액 사용에 관한 특례)

시·도지사 및 시장·군수·구청장은 제74조 및 제75조 제4항에도 불구하고 코로나바이러스감염증-19로 인해 경제적 어려움을 겪고 있는 소상공인·취약계층에 대한 지원, 코로나바이러스감염증-19 재난관리, 2020년에 발생한 호우·태풍 피해 복구 및 의사 집단행동과 관련하여 「의료법」 제3조제2항제1호가목, 같은 항 제3호가목·바목에 따른 의료기관의 비상진료체계 유지를 위한 지방재원(보조사업에 대한 지방비 부담분을 포함)으로 재난관리기금 및 의무예치금액을 사용할 수 있다.

제69조(재난원인조사)

① 행정안전부장관은 재난이나 그 밖의 각종 사고의 발생 원인과 재난 발생 시 대응과정에 관한 조사·분석·평가(제34조의5 제1항에 따른 위기관리 매뉴얼의 준수 여부에 대한 평가를 포함. 이하 "재난원인조사")가 필요하다고 인정하는 경우 직접 재난원인조사를 실시하거나, 재난관리책임기관의 장으로 하여금 재난원인조사를 실시하고 그 결과를 제출하게 할 수 있다.
② 행정안전부장관은 다음 각 호의 어느 하나에 해당하는 재난의 경우에는 재난안전 분야 전문가 및 전문기관 등이 공동으로 참여하는 정부합동 재난원인조사단(이하 "재난원인조사단")을 편성하고, 이를 현지에 파견하여 재난원인조사를 실시할 수 있다.

1. 인명 또는 재산의 피해 정도가 매우 크거나 재난의 영향이 사회적·경제적으로 광범위한 재난으로서 **대통령령으로 정하는 재난**
2. 제1호에 따른 재난에 준하는 재난으로서 행정안전부장관이 체계적인 재난원인조사가 필요하다고 인정하는 재난

③ 재난원인조사단은 **대통령령**으로 정하는 바에 따라 재난원인조사 결과를 조정위원회에 보고해야 한다.

④ 행정안전부장관은 재난원인조사를 위하여 필요하면 관계 기관의 장 또는 관계인에게 소속직원의 파견(관계 기관의 장에 대한 요청의 경우로 한정한다), 관계 서류의 열람 및 자료제출 등의 요청을 할 수 있다. 이 경우 요청을 받은 관계 기관의 장 또는 관계인은 특별한 사유가 없으면 요청에 따라야 한다.

⑤ 행정안전부장관은 제1항 및 제2항에 따라 실시한 재난원인조사 결과 개선 등이 필요한 사항에 대해서는 관계 기관의 장에게 그 결과를 통보하거나 개선권고 등의 필요한 조치를 요청할 수 있다. 이 경우 요청을 받은 관계 기관의 장은 **대통령령**으로 정하는 바에 따라 개선권고 등에 따른 조치계획과 조치결과를 행정안전부장관에게 통보해야 한다.

⑥ 행정안전부장관은 재난원인조사단의 재난원인조사 결과를 신속히 국회 소관 상임위원회에 제출·보고해야 한다.

⑦ 재난원인조사단의 권한, 편성 및 운영 등에 필요한 사항은 **대통령령**으로 정한다.

시행령 제75조의3(재난원인조사 등)

① 행정안전부장관은 법 제69조 제1항 또는 제2항에 따라 재난원인조사를 실시하거나 재난관리책임기관의 장으로 하여금 재난원인조사를 실시하게 하려는 경우에는 제75조의4 제1항에 따른 국가재난원인조사협의회의 심의를 거쳐 조사 실시 여부 및 방법을 결정해야 한다. 다만, 긴급한 조사가 요구되는 경우에는 제75조의4 제1항에 따른 국가재난원인조사협의회의 심의를 생략할 수 있다. 〈신설 2023.6.27.〉

② 법 제69조 제2항 제1호에서 "대통령령으로 정하는 재난"이란 다음 각 호의 재난을 말한다. 〈개정 2023.6.27.〉
  1. 특별재난지역을 선포하게 한 재난
  2. **중앙대책본부, 지역대책본부 또는 수습본부**를 구성·운영하게 한 재난
  3. 반복적으로 발생하는 재난으로서 행정안전부장관이 재발 방지를 위하여 재난원인조사가 필요하다고 판단하는 재난

③ 법 제69조 제2항에 따른 정부합동 재난원인조사단(이하 "재난원인조사단"이라 한다)은 재난원인조사단의 단장(이하 "조사단장"이라 한다)을 포함한 50명 이내의 조사단원으로 편성한다. 〈개정 2023.6.27.〉

④ 조사단장은 제5항 제4호 및 제5호에 해당하는 조사단원 중에서 행정안전부장관이 지명한다. 〈신설 2023.6.27.〉

⑤ 행정안전부장관은 다음 각 호의 사람 중에서 조사단원을 선발한다. 이 경우 제4호 및 제5호에 해당하는 조사단원이 과반수가 되도록 해야 한다. 〈개정 2023.6.27.〉
  1. 행정안전부 소속 재난 및 안전관리 업무 담당 공무원
  2. 관계 중앙행정기관 소속 재난 및 안전관리 업무 담당 공무원 중에서 해당 중앙행정기관의 장이 추천하는 공무원

3. 국립재난안전연구원 또는 국립과학수사연구원에서 해당 재난 및 사고 분야의 업무를 담당하는 연구원
4. 발생한 재난 및 사고 분야에 대하여 학식과 경험이 풍부한 사람
5. 그 밖에 재난원인조사의 공정성 및 전문성을 확보하기 위하여 행정안전부장관이 필요하다고 인정하는 사람

⑥ 조사단장은 조사단원을 지휘하고, 재난원인조사단의 운영을 총괄한다. 〈개정 2023.6.27.〉

⑦ 재난원인조사는 행정안전부령으로 정하는 바에 따라 예비조사와 본조사로 구분하여 실시할 수 있으며, 본조사의 경우 조사단장은 재난발생지역 지방자치단체 또는 관계 기관 등에 정밀분석을 하도록 하거나 관계 기관과 합동으로 조사 또는 연구를 실시할 수 있다. 〈개정 2023.6.27.〉

⑧ 재난원인조사단은 최종적인 조사를 마쳤을 때에는 다음 각 호의 사항을 포함한 조사결과보고서를 작성하여야 하고, 조사결과의 공정성 및 신뢰성을 확보하기 위하여 지방자치단체, 관계 기관 및 관계 전문가 등을 참여시켜 그 조사결과보고서를 검토하게 할 수 있다. 〈개정 2023.6.27.〉
1. 조사목적, 피해상황 및 현장정보
2. 현장조사 내용
3. 재난원인 분석 내용
4. 재난대응과정에 대한 조사·분석·평가(법 제34조의5 제1항에 따른 위기관리 매뉴얼의 준수 여부에 대한 평가를 포함)에 대한 내용
5. 권고사항 및 개선대책 등 조치사항
6. 그 밖에 재난의 재발방지 등을 위하여 필요한 내용

⑨ 재난원인조사단은 법 제69조 제3항에 따라 이 조 제6항에 따른 조사결과보고서 작성을 완료한 날부터 3개월 이내에 그 결과를 조정위원회에 보고하여야 한다. 〈개정 2023.6.27.〉

⑩ 법 제69조 제5항에 따라 개선권고를 받은 관계 기관의 장은 1개월 이내에 다음 각 호의 내용을 포함한 조치계획을 행정안전부장관에게 서면으로 통보하여야 한다. 〈개정 2023.6.27.〉
1. 개선권고 사항별 추진계획
2. 개선권고 이행에 필요한 법령 등 제도개선 계획
3. 개선권고 이행에 필요한 업무처리 기준·방법·절차 등 업무 체계 개선 계획
4. 개선권고 이행에 필요한 교육·훈련·점검·홍보 등 안전문화 개선 계획
5. 개선권고 이행에 필요한 예산·시설·인력 등 인프라 확충 계획

⑪ 행정안전부장관은 법 제69조 제5항에 따라 관계 기관의 장에게 개선권고한 사항에 관하여 매년 그 조치결과를 점검·확인하고, **다음 각 호의 조치를 할** 수 있다. 〈개정 2023.6.27.〉
1. 점검·확인 결과 미흡한 사항의 관계 기관의 장에 대한 시정 또는 보완 등의 요구
2. 점검·확인 결과의 행정안전부 인터넷 홈페이지 등을 통한 공개

⑫ 행정안전부장관은 유사한 재난 및 사고의 재발을 방지하기 위하여 국립재난안전연구원으로 하여금 과학적인 재난원인 조사·분석을 수행하고 이와 관련한 자료를 관리하도록 할 수 있다. 〈개정 2023.6.27.〉

⑬ 행정안전부장관은 다음 각 호의 어느 하나에 해당하는 경우에는 재난원인조사를 실시하지 않을 수 있다. 〈개정 2023.6.27.〉
1. 재난이나 사고와 관련해 수사나 재판이 진행 중인 경우
2. 다른 법령에서 재난관리책임기관의 장이 해당 재난이나 사고의 원인을 조사하도록 규정하고 있는 경우

⑭ 행정안전부장관은 제13항 제2호에 해당하여 재난원인조사를 실시하지 않는 경우 해당 재난관리책임기관의 장에게 조사결과보고서의 제출을 요청할 수 있다. 이 경우 요청을 받은 재난관리책임기관의 장은 특별한 사유가 없으면 요청에 따라야 한다. 〈신설 2023.6.27.〉
⑮ 행정안전부장관은 제14항에 따라 제출받은 조사결과보고서를 검토하여 해당 재난관리책임기관의 장에게 조사기구의 편성 및 조사 방법에 대한 개선을 권고할 수 있다. 〈신설 2023.6.27.〉
⑯ 행정안전부장관이 법 제69조 제1항에 따라 직접 재난원인조사를 실시할 경우에는 행정안전부장관이 정하는 바에 따라 재난원인조사반을 편성하여 운영할 수 있다. 이 경우 재난원인조사반의 구성·운영·권한 등에 관하여는 제3항부터 제8항까지를 준용하며, "재난원인조사단"은 "재난원인조사반"으로, "조사단장"은 "조사반장"으로, "조사단원"은 "조사반원"으로 본다. 〈신설 2023.6.27.〉
⑰ 재난원인조사와 관련한 조사·연구·자문 등에 참여한 관계 전문가에게는 예산의 범위에서 수당·여비·연구비 및 그 밖에 필요한 경비를 지급할 수 있다. 다만, 공무원이 소관 업무와 직접적으로 관련되어 참여하는 경우에는 그렇지 않다. 〈신설 2023.6.27.〉
⑱ 제1항부터 제17항까지에서 규정한 사항 외에 재난원인조사의 실시 및 개선권고 등에 필요한 사항은 행정안전부령으로 정하고, 재난원인조사단의 운영에 필요한 사항은 행정안전부장관이 정한다. 〈신설 2023.6.27.〉

시행령 제75조의4(국가재난원인조사협의회)

① 행정안전부장관은 다음 각 호의 사항을 심의·조정하기 위하여 국가재난원인조사협의회(이하 "국가재난원인조사협의회")를 구성·운영할 수 있다.
  1. 법 제69조 제1항 또는 제2항에 따른 재난원인조사의 실시 여부 및 방법에 관한 사항
  2. 법 제69조 제1항 또는 제2항에 따라 실시한 재난원인조사 결과의 검토에 관한 사항
  3. 제75조의3 제11항에 따른 조치결과 점검·확인 및 미흡 사항에 대한 시정·보완에 관한 사항
  4. 그 밖에 행정안전부장관이 재난원인조사와 관련하여 심의 또는 조정이 필요하다고 인정하는 사항
② 국가재난원인조사협의회는 위원장 1명과 부위원장 1명을 포함하여 20명 이상 30명 이내의 위원으로 구성한다.
③ 국가재난원인조사협의회의 위원장은 제4항 제2호에 해당하는 위원 중에서 호선한다.
④ 국가재난원인조사협의회의 위원은 다음 각 호의 사람 중에서 행정안전부장관이 임명하거나 위촉한다. 이 경우 제2호에 해당하는 위원이 과반수가 되도록 해야 한다.
  1. 다음 각 목의 기관의 고위공무원단에 속하는 일반직공무원(경찰청의 경우에는 경무관 이상의 경찰공무원을, 소방청의 경우에는 소방감 이상의 소방공무원을 말한다) 중에서 소속 기관의 장의 추천을 받은 사람
    가. 과학기술정보통신부, 행정안전부, 농림축산식품부, 산업통상자원부, 환경부, 고용노동부, 국토교통부 및 해양수산부
    나. 경찰청, 소방청, 산림청 및 질병관리청
    다. 그 밖에 행정안전부장관이 필요하다고 인정하는 행정기관
  2. 재난원인조사 분야에 학식과 경험이 풍부한 사람
⑤ 제4항 제2호에 해당하는 위원의 임기는 2년으로 한다.
⑥ 국가재난원인조사협의회의 업무를 효율적으로 수행하는 데 필요한 경우 국가재난원인조사협의회에 국가재난원인조사협의회의 위원으로 구성되는 분과협의회(이하 "분과협의회")를 둘 수 있다. 이 경우 분과협의회의 심의는 국가재난원인조사협의회의 심의로 본다.

⑦ 국가재난원인조사협의회 및 분과협의회에서 심의할 안건을 미리 검토하고, 국가재난원인조사협의회에서 위임받은 사항을 처리하기 위하여 국가재난원인조사협의회에 제4항 제1호 각 목의 기관 소속 공무원 및 관계 전문가로 구성되는 실무협의회(이하 "실무협의회")를 둘 수 있다.

⑧ 국가재난원인조사협의회, 분과협의회 및 실무협의회의 회의에 출석하는 위원에게는 예산의 범위에서 수당과 여비 등을 지급할 수 있다. 다만, 공무원인 위원이 그 업무와 관련하여 회의에 참석하는 경우에는 그렇지 않다.

⑨ 제1항부터 제8항까지에서 규정한 사항 외에 국가재난원인조사협의회, 분과협의회 및 실무협의회의 구성 및 운영에 필요한 사항은 행정안전부장관이 정한다.

[본조신설 2023.6.27.]

시행규칙 제19조의5(재난원인조사 등)

① 영 제75조의3 제7항에 따른 재난원인조사의 구분은 다음 각 호와 같다. 〈개정 2023.6.28.〉
  1. 예비조사 : 재난·사고 발생 시 상황파악, 본조사의 필요성 판단 및 본조사를 위한 자료 수집
  2. 본조사 : 재난·사고의 발생원인, 대응과정, 위험요인, 피해확대요인 등의 조사·분석, 재발방지를 위한 개선권고 도출

② 재난관리책임기관의 장은 **법 제69조 제1항**에 따라 재난원인조사를 실시한 경우에는 조사결과보고서 작성을 완료한 날부터 10일 이내에 그 조사결과보고서를 행정안전부장관에게 제출해야 한다.

③ **행정안전부장관은 법 제69조 제1항**에 따라 직접 재난원인조사를 실시하거나 **법 제69조 제2항**에 따라 정부합동 재난원인조사단을 편성하여 재난원인조사를 실시하는 경우에는 다음 각 호의 사항을 포함해 재난원인조사 실시 계획을 작성해야 한다. 〈개정 2023.6.28.〉
  1. 재난원인조사의 필요성
  2. 조사 기간, 조사 방법 및 절차에 관한 사항
  3. 조사단장 및 조사단 편성안(**영 제75조의3 제16항**에 따라 재난원인조사반을 편성하는 경우 조사반장 및 조사반 편성안을 말한다)
  4. 과거 유사사고 발생현황

④ 행정안전부장관은 영 제75조의3 제10항 및 제11항에 따른 개선권고에 따른 조치계획 및 조치결과를 별지 제20호의4서식에 따른 재난원인조사 후속조치 이행관리카드로 작성하여 체계적으로 관리해야 한다. 〈개정 2023.6.28〉

⑤ **영 제75조의3 제16항**에 따른 재난원인조사반은 **법 제69조 제1항**에 따라 실시한 재난원인조사의 결과와 **영 제75조의3 제10항 및 제11항**에 따른 개선권고에 따른 조치계획 및 조치결과를 **법 제10조 제1항**에 따른 안전정책조정위원회에 보고할 수 있다. 〈개정 2023.6.28〉

⑥ 제1항부터 제5항까지에서 규정한 사항 외에 재난원인조사에 필요한 사항은 행정안전부장관이 정한다.

제70조(재난상황의 기록 관리)

① 재난관리책임기관의 장은 다음 각 호의 사항을 기록하고, 이를 보관해야 한다. 이 경우 시장·군수·구청장을 제외한 재난관리책임기관의 장은 그 기록사항을 시장·군수·구청장에게 통보해야 한다.

1. 소관 시설·재산 등에 관한 피해상황을 포함한 재난상황
1의2. 재난 발생 시 대응과정 및 조치사항
2. **제69조 제1항**에 따른 재난원인조사(재난관리책임기관의 장이 실시한 재난원인조사에 한정한다) 결과
3. **제69조 제5항** 후단에 따른 개선권고 등의 조치결과
4. 그 밖에 재난관리책임기관의 장이 기록·보관이 필요하다고 인정하는 사항

② 행정안전부장관은 매년 재난상황 등을 기록한 재해연보 또는 재난연감을 작성해야 한다.

③ 행정안전부장관은 제2항에 따른 재해연보 또는 재난연감을 작성하기 위하여 필요한 경우 재난관리책임기관의 장에게 관련 자료의 제출을 요청할 수 있다. 이 경우 요청을 받은 재난관리책임기관의 장은 요청에 적극 협조해야 한다.

④ 재난관리주관기관의 장은 **제14조**에 따른 대규모 재난과 **제60조**에 따라 특별재난지역으로 선포된 사회재난 또는 재난상황 등을 기록하여 관리할 특별한 필요성이 인정되는 재난에 관하여 재난수습 완료 후 수습상황과 재난예방 및 피해를 줄이기 위한 제도 개선의견 등을 기록한 재난백서를 작성해야 한다. 이 경우 관계 기관의 장이 재난대응에 참고할 수 있도록 재난백서를 통보해야 한다.

⑤ 재난관리주관기관의 장은 **제4항**에 따른 재난백서를 신속히 국회 소관 상임위원회에 제출·보고해야 한다.

⑥ 재난상황의 작성·보관 및 관리에 필요한 사항은 **대통령령**으로 정한다.

시행령 제76조(재난상황의 기록 관리)

① 법 제70조 제1항에 따라 재난관리책임기관의 장은 피해시설물별로 다음 각 호의 사항이 포함된 재난상황의 기록을 작성·보관 및 관리해야 한다.
  1. 피해상황 및 대응 등
    가. 피해일시 및 피해지역
    나. 피해원인, 피해물량 및 피해금액
    다. 동원 인력·장비 등 응급조치 내용
    라. 피해지역 사진, 영상, 도면 및 위치 정보
    마. 인명피해 상황 및 피해주민 대처 상황
    바. 자원봉사자 등의 활동 사항
  2. 복구상황
    가. **법 제59조 제1항**에 따른 자체복구계획 또는 같은 조 제4항에 따른 재난복구계획에 따라 시행하는 사업의 종류별 복구물량 및 복구금액의 산출내용
    나. 복구공사의 명칭·위치, 공사발주 및 복구추진 현황
  3. 그 밖에 미담·모범사례 등 기록으로 작성하여 보관·관리할 필요가 있는 사항

② 시·도지사 및 시장·군수·구청장은 제1항에 따라 작성된 재난상황의 기록을 재난복구가 끝난 해의 다음 해부터 5년간 보관해야 한다.

③ 법 제70조 제2항에 따라 작성하는 재해연보 및 재난연감은 책자 형태 또는 전자적 형태의 기록물로 발행할 수 있으며, 발행한 재해연보 및 재난연감은 관계 재난관리책임기관의 장에게 송부하거나 전자적 방법으로 게시하여 열람할 수 있도록 해야 한다.

제71조(재난 및 안전관리에 필요한 과학기술의 진흥 등)

① 정부는 재난 및 안전관리에 필요한 연구·실험·조사·기술개발(이하 "연구개발사업") 및 전문인력 양성 등 재난 및 안전관리 분야의 과학기술 진흥시책을 마련하여 추진해야 한다.

② 행정안전부장관은 연구개발사업을 하는 데에 드는 비용의 전부 또는 일부를 예산의 범위에서 출연금으로 지원할 수 있다.

③ 행정안전부장관은 연구개발사업을 효율적으로 추진하기 위하여 다음 각 호의 어느 하나에 해당하는 기관·단체 또는 사업자와 협약을 맺어 연구개발사업을 실시하게 할 수 있다.
  1. 국공립 연구기관
  2. 「특정연구기관 육성법」에 따른 특정연구기관
  3. 「과학기술분야 정부출연연구기관 등의 설립·운영 및 육성에 관한 법률」에 따라 설립된 과학기술분야 정부출연연구기관
  4. 「고등교육법」에 따른 대학·산업대학·전문대학 및 기술대학
  5. 「민법」 또는 다른 법률에 따라 설립된 법인으로서 재난 또는 안전 분야의 연구기관
  6. 「기업부설연구소등의 연구개발 지원에 관한 법률」 제7조제1항에 따라 인정받은 기업부설연구소 또는 연구개발전담부서 〈개정 2025.1.31.〉[시행 2026.2.1.]

④ 행정안전부장관은 연구개발사업을 효율적으로 추진하기 위하여 행정안전부 소속 연구기관이나 그 밖에 **대통령령으로 정하는 기관**·단체 또는 사업자 중에서 연구개발사업의 총괄기관을 지정하여 그 총괄기관에게 연구개발사업의 기획·관리·평가, 제3항에 따른 협약의 체결, 개발된 기술의 보급·진흥 등에 관한 업무를 하도록 할 수 있다.

⑤ 제4항에 따른 업무에 종사하거나 종사하였던 총괄기관의 임직원은 업무상 알게 된 연구개발사업 관련 자료 또는 정보를 누설하거나 권한 없이 다른 사람이 이용하도록 제공하는 등 부당한 목적으로 사용하여서는 아니 된다. 〈신설 2025.1.7.〉

⑥ 제2항에 따른 출연금의 지급·사용 및 관리와 제3항에 따른 협약의 체결방법 등 연구개발사업의 실시에 필요한 사항은 **대통령령**으로 정한다. 〈개정 2025.1.7.〉

제71조의2(재난 및 안전관리기술개발 종합계획의 수립 등)

① 행정안전부장관은 **제71조 제1항**의 재난 및 안전관리에 관한 과학기술의 진흥을 위하여 5년마다 관계 중앙행정기관의 재난 및 안전관리기술개발에 관한 계획을 종합하여 조정위원회의 심의와 「국가과학기술자문회의법」에 따른 국가과학기술자문회의의 심의를 거쳐 재난 및 안전관리기술개발 종합계획(이하 "개발계획")을 수립해야 한다.

② 관계 중앙행정기관의 장은 개발계획에 따라 소관 업무에 관한 해당 연도 시행계획을 수립하고 추진해야 한다.
③ 개발계획 및 시행계획에 포함해야 할 사항 및 계획수립의 절차 등에 관하여는 대통령령으로 정한다.

> **시행령** 제79조의5(연구기관 협의체의 구성 및 운영)
> ① 행정안전부장관은 재난 및 안전관리 관련 연구기관(이하 이 조에서 "연구기관"이라 한다) 간 교류·협력 활성화를 위하여 연구기관 협의체(이하 이 조에서 "협의체"라 한다)를 구성·운영할 수 있다.
> ② 협의체는 다음 각 호의 사항을 협의한다.
>   1. 연구기관 간 연구성과 공유에 관한 사항
>   2. 연구기관 간 공동연구에 관한 사항
>   3. 재난등의 발생 시 자문 및 협력에 관한 사항
>   4. 그 밖에 연구기관 간 교류·협력 활성화를 위하여 필요한 사항
> ③ 행정안전부장관은 협의체의 구성·운영에 필요한 행정적 지원을 할 수 있다.
> ④ 제1항부터 제3항까지에서 규정한 사항 외에 협의체의 구성·운영에 필요한 사항은 행정안전부장관이 정한다.

> **시행령** 제79조의6(재난 및 안전기술개발 종합계획의 수립)
> ① 법 제71조의2 제1항에 따라 수립하는 재난 및 안전관리기술개발 종합계획(이하 "개발계획")에는 다음 각 호의 사항이 포함되어야 한다.
>   1. 국가안전관리기본계획에 기초한 재난·안전기술 수준의 현황과 장기 전망
>   2. 재난·안전기술의 단계별 개발목표와 이를 달성하기 위한 대책
>   3. 재난·안전기술의 경쟁력 강화 등 재난·안전산업의 활성화 방안
>   4. 정부가 추진하는 재난·안전기술 개발에 관한 사업의 연도별 투자 및 추진 계획
>   5. 학교·학술단체·연구기관 등에 대한 재난·안전기술의 연구 지원
>   6. 재난·안전기술정보의 수집·분류·가공 및 보급
>   7. 산·학·연·정 협동연구 및 국제 재난·안전기술 협력을 촉진할 수 있는 방안
>   8. 그 밖에 재난·안전기술의 개발과 재난·안전산업의 육성
> ② 행정안전부장관은 개발계획의 수립을 위하여 관계 중앙행정기관의 장에게 소관 분야의 재난·안전기술 현황 및 예측 자료를 요청하거나 재난·안전기술 개발에 관한 계획의 수립 등을 요청할 수 있다.
> ③ 행정안전부장관은 제2항에 따라 제공받은 자료 또는 계획 등을 종합하여 개발계획을 작성한 후 「국가과학기술자문회의법」에 따른 국가과학기술자문회의의 심의를 거쳐 확정한다.

> **시행령** 제79조의7(재난 및 안전기술개발 시행계획의 수립)
> ① 법 제71조의2 제2항에 따라 관계 중앙행정기관의 장이 수립하는 시행계획에는 다음 각 호의 사항이 포함되어야 한다.
>   1. 개발계획에 따른 연구개발사업의 구체적인 추진계획
>   2. 전년도 연구개발사업의 추진 실적 및 성과
>   3. 해당 연도 연구개발사업의 추진 과제 및 계획
> ② 관계 중앙행정기관의 장은 매년 12월 31일까지 **법 제71조의2 제2항**에 따른 시행계획을 수립하여 행정안전부장관에게 통보해야 한다.
> ③ 행정안전부장관은 제2항에 따라 통보받은 관계 중앙행정기관의 시행계획을 종합하여 「국가과학기술자문회의법」에 따른 국가과학기술자문회의에 보고해야 한다.

제72조(연구개발사업 성과의 사업화 지원)

① 행정안전부장관은 연구개발사업의 성과를 사업화하는 「중소기업기본법」 제2조에 따른 중소기업(이하 "중소기업")이나 그 밖의 법인 또는 사업자 등에 대하여 다음 각 호의 지원을 할 수 있다. 이 경우 중소기업에 대한 지원을 우선적으로 실시할 수 있다.
 1. 시제품의 개발·제작 및 설비투자에 필요한 비용의 지원
 2. 연구개발사업의 성과로 발생한 특허권 등 지식재산권의 전용실시권 또는 통상실시권의 설정·허락 또는 그 알선
 3. 사업화로 생산된 재난 및 안전 관련 제품 등의 우선 구매
 4. 연구개발사업에 사용되거나 생산된 기기·설비 및 시제품 등의 사용권 부여 또는 그 알선
 5. 그 밖에 사업화를 위하여 필요한 사항으로서 **행정안전부령**으로 정하는 사항
② 제1항에 따른 지원의 방법 및 절차 등에 관하여 필요한 사항은 **대통령령**으로 정한다.

제73조(기술료 등의 사용)

행정안전부장관은 「국가연구개발혁신법」 제18조제2항에 따라 납부받은 기술료의 일부 또는 연구개발성과로 인한 수익의 일부를 다음 각 호의 사업에 사용할 수 있다.
1. 재난 및 안전관리 연구개발사업
2. 그 밖에 재난 및 안전관리와 관련된 기술의 육성을 위한 사업으로서 대통령령으로 정하는 사업

제73조의2(재난안전기술의 사업화 지원 등) 삭제 〈2022.1.4.〉

제73조의3(전문기관 지정의 취소) 삭제 〈2022.1.4.〉

제73조의4(재난안전제품의 인증) 삭제 〈2022.1.4〉

제74조(재난관리정보통신체계의 구축·운영)

① 행정안전부장관과 재난관리책임기관·긴급구조기관 및 긴급구조지원기관의 장은 재난관리업무를 효율적으로 추진하기 위하여 **대통령령**으로 정하는 바에 따라 재난관리정보통신체계를 구축·운영할 수 있다.

> **시행령** 제82조(재난관리정보통신체계의 구축·운영)
> ① 법 제74조 제1항에 따라 행정안전부장관과 재난관리책임기관·긴급구조기관 및 긴급구조지원기관의 장이 구축·운영하는 재난관리정보통신체계는 다음 각 호의 사항을 갖추어야 한다.
>   1. 재난 및 안전관리업무를 수행하기 위한 표준화된 정보시스템과 정보통신망 및 운영·관리 체계
>   2. 법 제18조에 따른 재난안전상황실의 효율적인 운영을 위하여 필요한 정보시스템과 정보통신망
>   3. 그 밖에 행정안전부장관이 재난관리정보통신체계 구축·운영을 위하여 필요하다고 인정하는 사항
> ② 행정안전부장관은 법 제74조 제3항에 따라 종합적인 재난관리정보통신체계를 구축·운영하기 위하여 다음 각 호의 업무를 수행할 수 있다.
>   1. 재난관리책임기관, 긴급구조기관 및 긴급구조지원기관이 구축·운영하는 재난관리정보통신체계에 대한 현황 조사
>   2. 제1호에 따른 재난관리정보통신체계를 상호 연결하기 위하여 필요한 범정부 공용의 표준화된 프로그램 개발·보급 및 연계 시스템의 구축·운영
>   3. 재난관리책임기관, 긴급구조기관 및 긴급구조지원기관의 정보시스템과 정보통신망 상호연계, 공동이용, 중복성 검토를 위한 예산확보 및 개발 전단계에서의 사전 협의 및 조정
>   4. 재난관리정보통신체계의 중복 개발 및 운영 방지에 대한 대책 수립 및 시행
>   5. 재난관리정보통신체계가 유사하거나 중복되는 경우에 해당 기관에 대한 개선 권고
>   6. 다른 법령에 따른 재난관리정보통신체계 간의 연계
> ③ 삭제 〈2013.3.23.〉

② 재난관리책임기관·긴급구조기관 및 긴급구조지원기관의 장은 제1항에 따른 재난관리정보통신체계의 구축에 필요한 자료를 관계 재난관리책임기관·긴급구조기관 및 긴급구조지원기관의 장에게 요청할 수 있다. 이 경우 요청을 받은 기관의 장은 특별한 사유가 없으면 요청에 따라야 한다.

③ 행정안전부장관은 재난관리책임기관·긴급구조기관 및 긴급구조지원기관의 장이 제1항에 따라 구축하는 재난관리정보통신체계가 연계 운영되거나 표준화가 이루어지도록 종합적인 재난관리정보통신체계를 구축·운영할 수 있으며, 재난관리책임기관·긴급구조기관 및 긴급구조지원기관의 장은 특별한 사유가 없으면 이에 협조해야 한다.

제74조의2(재난관리정보의 공동이용)

① 재난관리책임기관·긴급구조기관 및 긴급구조지원기관은 재난관리업무를 효율적으로 처리하기 위하여 수집·보유하고 있는 재난관리정보를 다른 재난관리책임기관·긴급구조기관 및 긴급구조지원기관과 공동이용해야 한다.

② 제1항에 따라 공동이용되는 재난관리정보를 제공하는 기관은 해당 정보의 정확성을 유지하도록 노력해야 한다.

③ 재난관리정보의 처리를 하는 재난관리책임기관·긴급구조기관·긴급구조지원기관 또는 재난관리업무를 위탁받아 그 업무에 종사하거나 종사하였던 자는 직무상 알게 된 재난관리정보를 누설하거나 권한 없이 다른 사람이 이용하도록 제공하는 등 부당한 목적으로 사용하여서는 아니 된다.
④ 제1항에 따른 공유 대상 재난관리정보의 범위, 재난관리정보의 공동이용절차 등에 관하여 필요한 사항은 **대통령령**으로 정한다.

제74조의3(정보 제공 요청 등)

① 행정안전부장관(제14조 제1항에 따른 중앙대책본부가 운영되는 경우에는 해당 본부장을 말한다. 이하 이 조에서 같다), 시·도지사 또는 시장·군수·구청장(제16조 제1항에 따른 시·도대책본부 또는 시·군·구대책본부가 운영되는 경우에는 해당 본부장을 말한다. 이하 이 조에서 같다)은 재난의 예방·대비와 신속한 재난 대응을 위하여 필요한 경우 재난으로 인하여 생명·신체에 대한 피해를 입은 사람과 생명·신체에 대한 피해 발생이 우려되는 사람(이하 "재난피해자등")에 대한 다음 각 호에 해당하는 정보의 제공을 관계 중앙행정기관(그 소속기관 및 책임운영기관을 포함)의 장, 지방자치단체의 장, 「공공기관의 운영에 관한 법률」 제4조에 따른 공공기관의 장, 「전기통신사업법」 제2조 제8호에 따른 전기통신사업자, 그 밖의 법인·단체 또는 개인에게 요청할 수 있으며, 요청을 받은 자는 정당한 사유가 없으면 이에 따라야 한다. 〈개정 2023.12.26.〉
1. 성명, 주민등록번호, 주소 및 전화번호(휴대전화번호를 포함)
2. 재난피해자등의 이동경로 파악 및 수색·구조를 위한 다음 각 목의 정보
    가. 영상정보처리기기를 통하여 수집된 정보 〈개정 2025.1.7.〉
    나. 「대중교통의 육성 및 이용촉진에 관한 법률」 제2조 제6호에 따른 교통카드의 사용명세
    다. 「여신전문금융업법」 제2조 제3호·제6호 및 제8호에 따른 신용카드·직불카드·선불카드의 사용일시, 사용장소(재난 발생 지역 및 그 주변 지역에서 사용한 내역으로 한정한다)
    라. 「의료법」 제17조에 따른 처방전의 의료기관 명칭, 전화번호 및 같은 법 제22조에 따른 진료기록부상의 진료일시
② 행정안전부장관, 시·도지사 또는 시장·군수·구청장은 재난피해자등의 「위치정보의 보호 및 이용 등에 관한 법률」 제2조 제2호에 따른 개인위치정보의 제공을 「전기통신사업법」 제2조 제8호에 따른 전기통신사업자와 「위치정보의 보호 및 이용 등에 관한 법률」 제2조 제6호에 따른 위치정보사업을 하는 자에게 요청할 수 있고, 요청을 받은 자는 「통신비밀보호법」 제3조에도 불구하고 정당한 사유가 없으면 이에 따라야 한다. 〈개정 2023.12.26.〉
③ 행정안전부장관, 시·도지사 또는 시장·군수·구청장은 제1항 및 제2항에 따라 수집된 정보를 관계 재난관리책임기관·긴급구조기관·긴급구조지원기관, 그 밖에 재난 대응 관련 업무를 수행하는 기관에 제공할 수 있다. 〈개정 2023.12.26.〉

④ 행정안전부장관, 시·도지사 또는 시장·군수·구청장은 제1항 및 제2항에 따라 수집된 정보의 주체에게 다음 각 호의 사실을 통지해야 한다. 〈개정 2023.12.26.〉
   1. 재난 예방·대비·대응을 위하여 필요한 정보가 수집되었다는 사실
   2. 제1호의 정보가 다른 기관에 제공되었을 경우 그 사실
   3. 수집된 정보는 이 법에 따른 재난 예방·대비·대응 관련 업무 이외의 목적으로 사용할 수 없으며, 업무 종료 시 지체 없이 파기된다는 사실
⑤ 누구든지 제1항 및 제2항에 따라 수집된 정보를 이 법에 따른 재난 예방·대비·대응 이외의 목적으로 사용할 수 없으며, 업무 종료 시 지체 없이 해당 정보를 파기해야 한다. 〈개정 2023.12.26.〉
⑥ 제1항 및 제2항에 따라 수집된 정보의 보호 및 관리에 관한 사항은 이 법에서 정한 것을 제외하고는 「개인정보 보호법」에 따른다.
⑦ 행정안전부장관 또는 지방자치단체의 장은 특정 지역에서 다중운집으로 인하여 재난이나 각종 사고가 발생하거나 발생할 우려가 있는 경우 해당 지역에 있는 불특정 다수인의 기지국(「전파법」 제2조 제1항 제6호에 따른 무선국 중 기지국을 말한다) 접속 정보의 제공을 제2항에 따른 전기통신사업자 또는 위치정보사업을 하는 자에게 요청할 수 있고, 요청을 받은 자는 정당한 사유가 없으면 이에 따라야 한다. 〈신설 2023.5.16.〉
⑧ 행정안전부장관 또는 지방자치단체의 장은 제7항에 따라 수집된 정보를 관계 재난관리책임기관·긴급구조기관·긴급구조지원기관, 그 밖에 재난 대응 관련 업무를 수행하는 기관에 제공할 수 있다. 다만, 재난 대응 관련 업무를 수행하는 데 필요하여 해당 기관의 장이 제7항에 따라 수집된 정보의 제공을 요청하는 경우 행정안전부장관 또는 지방자치단체의 장은 특별한 사유가 없으면 그 요청에 따라야 한다. 〈신설 2023.5.16.〉
⑨ 제2항에 따른 개인위치정보 및 제7항에 따른 기지국 접속 정보의 제공을 요청하는 방법 및 절차, 제3항 및 제8항에 따른 정보 제공의 대상·범위 및 제4항에 따른 통지의 방법 등에 필요한 사항은 대통령령으로 정한다. 〈개정 2023.5.16.〉
⑩ 제1항 및 제2항의 경우 재난의 예방·대비를 위한 정보 등의 제공 요청은 재난이 발생할 우려가 현저하여 긴급하다고 판단되는 **때로서 대통령령으로 정하는 사유에 해당하는 때**로 한정하며, 시·도지사 또는 시장·군수·구청장은 행정안전부장관을 거쳐 해당 정보 등의 제공을 요청할 수 있다. 〈개정 2025.1.7.〉

제74조의4(재난안전데이터의 수집 등)
① 행정안전부장관은 데이터에 기반한 재난 및 안전관리를 위하여 재난안전데이터의 수집·연계·분석·활용·공유·공개(이하 "수집등")를 하여야 한다.
② 행정안전부장관은 효율적인 재난안전데이터의 수집등을 위하여 재난안전데이터통합관리시스템을 구축·운영할 수 있다.

③ 행정안전부장관은 재난안전데이터의 수집등을 위하여 재난관리책임기관의 장에게 필요한 데이터의 제공을 요청할 수 있다. 이 경우 요청을 받은 재난관리책임기관의 장은 특별한 사유가 없으면 이에 따라야 한다.
④ 행정안전부장관은 재난안전데이터의 수집등 및 관련 전문인력의 양성, 재난안전데이터통합관리시스템의 구축·운영 등을 위하여 재난안전데이터센터를 설치·운영할 수 있다.
⑤ 제1항부터 제4항까지에 따른 재난안전데이터의 수집등, 재난안전데이터통합관리시스템의 구축·운영, 데이터 제공의 대상·범위 및 재난안전데이터센터의 설치·운영 등에 필요한 사항은 대통령령으로 정한다.

> **시행령** 제83조의4(재난안전데이터센터)
> ① 행정안전부장관은 법 제74조의4 제4항에 따라 재난안전데이터센터(이하 "재난안전데이터센터"라 한다)를 설치·운영하는 경우에는 데이터 전문인력을 배치해야 한다.
> ② 재난안전데이터센터는 다음 각 호의 업무를 수행한다.
>   1. 재난안전데이터의 수집·연계·분석·활용·공유·공개(이하 "수집등"이라 한다)에 관한 계획의 수립 및 시행
>   2. 재난안전데이터 수집등에 관한 실태조사 및 개선
>   3. 재난안전데이터통합관리시스템의 운영
>   4. 재난안전데이터 활용기술의 개발
>   5. 재난안전데이터 관련 연구개발과제 발굴 및 수행
>   6. 재난안전데이터 관련 교육 및 민간과의 협력
>   7. 그 밖에 재난안전데이터의 수집등에 필요한 사항
> ③ 행정안전부장관은 재난안전데이터센터 내에 수집·저장된 재난안전데이터 및 그 분석 결과에 대한 안전성 확보 조치를 해야 한다.
> [본조신설 2023.8.8.]

제74조의5(영상정보처리기기 통합관제센터) [2025.7.8. 시행]
① 지방자치단체의 장은 재난이나 그 밖의 각종 사고의 예방·대비·대응을 위하여 영상정보처리기기 통합관제센터(이하 "통합관제센터"라 한다)를 설치·운영할 수 있다. 이 경우 통합관제센터는 통합관제의 목적에 필요한 범위에서 최소한의 개인정보만을 처리하여야 하며, 그 목적 외의 용도로 활용하여서는 아니 된다.
② 지방자치단체의 장은 효율적인 통합관제를 위하여 인공지능 기술 등을 활용하여 영상정보처리기기에서 수집된 정보를 분석할 수 있다.
③ 지방자치단체의 장은 관할지역 내 공공기관(「공공기관의 정보공개에 관한 법률」 제2조제3호에 따른 공공기관을 말한다)이 개별적으로 설치·운영하고 있는 영상정보처리기기를 재난 및 각종 사고의 예방·대비·대응을 위하여 연계·통합하여 관제할 수 있다.
④ 통합관제센터는 제18조제1항에 따른 재난안전상황실과 유기적인 협조체계를 유지하고, 재난관리정보를 공유하여야 한다.

⑤ 지방자치단체의 장은 영상정보처리기기의 연계, 관제시스템의 도입·개선 등에 필요한 재정 확보를 위하여 노력한다.
⑥ 제1항부터 제5항까지에서 규정한 사항 외에 통합관제센터의 설치·운영 등에 필요한 사항은 대통령령으로 정한다.
[본조신설 2025.1.7.]

제75조(안전관리자문단의 구성·운영)

① 지방자치단체의 장은 재난 및 안전관리업무의 기술적 자문을 위하여 민간 전문가로 구성된 안전관리자문단을 구성·운영할 수 있다.
② 제1항에 따른 안전관리자문단의 구성과 운영에 관하여는 해당 지방자치단체의 조례로 정한다.

제75조의2(안전책임관) [2025.3.20. 시행]

① 재난관리책임기관의 장은 해당 기관의 재난 및 안전관리업무를 총괄하는 안전책임관 및 담당직원을 소속 공무원 또는 임직원 중에서 임명할 수 있다. 〈개정 2024.3.19.〉
② 안전책임관은 해당 기관의 재난 및 안전관리업무와 관련하여 다음 각 호의 사항을 담당한다.
  1. 재난이나 그 밖의 각종 사고가 발생하거나 발생할 우려가 있는 경우 초기 대응 및 보고에 관한 사항
  2. 위기관리 매뉴얼의 작성·관리에 관한 사항
  3. 재난 및 안전관리와 관련된 교육·훈련에 관한 사항
  4. 그 밖에 해당 중앙행정기관의 장이 재난 및 안전관리업무를 위하여 필요하다고 인정하는 사항
③ 제1항에 따른 안전책임관의 임명 및 운영에 필요한 사항은 **대통령령**으로 정한다.

> **시행령** 제83조의6(안전책임관의 임명 및 운영)
> ① 법 제75조의2 제1항에 따른 **안전책임관**(이하 "안전책임관"이라 한다)은 해당 기관에서 재난 및 안전관리 업무를 실질적으로 총괄·관리하는 직위에 있는 사람으로 임명하며, 필요한 경우에는 여러 명을 임명할 수 있다.
> ② 안전책임관은 다음 각 호의 업무를 수행한다.
>   1. 재난 및 안전관리 연간 활동계획의 수립 및 평가에 관한 사항
>   2. 재난·안전사고 모니터링 및 경보시스템 구축·운영 지원에 관한 사항
>   3. 재난·안전사고 예방을 위한 안전성 진단에 관한 사항
>   4. 재난 및 안전관리 유관기관, 민간 등과의 협력체제 구축에 관한 사항
>   5. 재난 및 안전관리 관련 정보의 공개·활용 등에 관한 사항
>   6. 재난·안전사고 통계의 기록 및 관리에 관한 사항
> ③ 해당 기관의 장이 안전책임관을 임명 또는 변경하였을 때에는 그 사실을 행정안전부장관에게 통보해야 한다.

④ 국가기관과 지방자치단체의 장은 법 제75조의2제1항에 따라 안전책임관 및 담당직원을 임명하려는 경우에는 법 제75조의3에 따른 공인재난관리사의 자격을 취득한 사람을 우선적으로 고려해야 한다.
⑤ 제1항부터 제4항까지에서 규정한 사항 외에 안전책임관의 운영에 필요한 사항은 행정안전부장관이 정한다.
[제83조의3에서 이동 〈2023.8.8.〉]

제75조의3(공인재난관리사 자격증 교부 등) [2025.3.20. 시행]

① 행정안전부장관은 재난의 예방·대비·대응·복구 등의 업무수행 역량을 검정하는 자격시험(이하 "공인재난관리사 자격시험"이라 한다)에 합격하고 행정안전부령으로 정하는 연수과정을 수료한 사람에게 공인재난관리사의 자격증을 교부할 수 있다.
② 다음 각 호의 어느 하나에 해당하는 사람은 공인재난관리사가 될 수 없다.
  1. 피성년후견인
  2. 금고 이상의 실형을 선고받고 그 집행이 끝나거나 집행을 받지 아니하기로 확정된 후 2년이 지나지 아니한 사람
  3. 금고 이상의 형의 집행유예를 선고받고 그 유예기간 중에 있는 사람
③ 공인재난관리사 자격시험은 제1차 시험과 제2차 시험으로 구분하여 실시하되「국가기술자격법」또는 다른 법률에 따른 재난 및 안전관리와 관련된 자격을 보유한 사람 등 대통령령으로 정하는 사람에 대하여는 제1차 시험을 면제할 수 있다.
④ 공인재난관리사 자격의 취득과 관련된 다음 각 호의 사항을 심의하기 위하여 행정안전부에 공인재난관리사자격심의위원회를 둘 수 있다.
  1. 공인재난관리사 자격시험 과목 등 시험에 관한 사항
  2. 공인재난관리사 자격시험 선발 인원의 결정에 관한 사항
  3. 공인재난관리사 자격시험의 일부면제 대상자의 요건에 관한 사항
  4. 그 밖에 공인재난관리사 자격의 취득과 관련한 주요 사항
⑤ 부정한 방법으로 공인재난관리사 자격시험에 응시한 사람 또는 공인재난관리사 자격시험에서 부정행위를 한 사람에 대해서는 그 시험을 정지시키거나 합격을 무효로 한다. 이 경우 공인재난관리사 자격시험이 정지되거나 합격이 무효처리된 사람은 그 처분일부터 3년간 공인재난관리사 자격시험에 응시할 수 없다.
⑥ 행정안전부장관은 공인재난관리사가 다음 각 호의 어느 하나에 해당하는 경우 그 자격을 취소하여야 한다.
  1. 거짓이나 그 밖의 부정한 방법으로 자격을 취득한 경우
  2. 제2항 각 호의 어느 하나에 해당하게 된 경우
  3. 자격증을 다른 사람에게 빌려주거나 양도한 경우
⑦ 누구든지 제1항에 따라 교부받은 자격증을 다른 사람에게 빌려주거나 빌려서는 아니 되며, 이를 알선하여서도 아니 된다.

⑧ 행정안전부장관은 제6항에 따라 자격을 취소하려면 청문을 하여야 한다.
⑨ 공인재난관리사 자격시험의 시험과목, 시험방법, 응시자격, 공인재난관리사자격심의위원회의 구성 및 운영, 그 밖에 시험에 관하여 필요한 사항은 대통령령으로 정한다.
[본조신설 2024.3.19.]

제75조의4(재난관리 전문인력의 배치 등) [2025.3.20. 시행]

① 재난관리책임기관의 장은 재난 및 안전관리 업무의 전문성 및 효율성을 위하여 공인재난관리사 자격을 가진 사람 등 대통령령으로 정하는 재난관리 전문인력을 해당 업무에 배치하도록 노력하여야 한다.
② 행정안전부장관은 제1항에 따른 재난관리 전문인력 배치의 이행실태를 확인·점검할 수 있고, 그 결과에 따라 필요한 경우 재난관리책임기관에 행정적·재정적 지원을 할 수 있다.
[본조신설 2024.3.19.]

제76조(재난안전 관련 보험·공제의 개발·보급 등)

① 국가는 국민과 지방자치단체가 자기의 책임과 노력으로 재난이나 그 밖의 각종 사고에 대비할 수 있도록 재난안전 관련 보험 또는 공제를 개발·보급하기 위하여 노력해야 한다.
② 국가는 **대통령령**으로 정하는 바에 따라 예산의 범위에서 보험료·공제회비의 일부 및 보험·공제의 운영과 관리 등에 필요한 비용의 일부를 지원할 수 있다.

제76조의2(재난안전의무보험에 관한 법령이 갖추어야 할 기준 등)

① 재난안전의무보험에 관한 법령을 주관하는 중앙행정기관의 장은 재난안전의무보험에 관한 법령을 제정·개정하는 경우에는 해당 법령에 다음 각 호의 기준이 적정하게 반영되도록 노력해야 한다.
  1. 재난이나 그 밖의 각종 사고로 인한 사람의 생명·신체에 대한 손해를 적절히 보상하도록 **대통령령으로** 정하는 수준의 보상 한도를 정할 것
  2. 법률에 따른 재난안전의무보험의 가입의무자를 신속히 확인하고 관리할 수 있는 체계를 갖출 것
  3. 법률에 따른 재난안전의무보험의 가입의무자에 해당함에도 가입을 게을리 한 자 또는 가입하지 아니한 자 등에 대하여 가입을 독려하거나 제재할 수 있는 방안을 마련할 것
  4. 보험회사, 공제회 등 재난안전의무보험에 관한 법령에 따라 재난안전의무보험 관련 사업을 하는 자(이하 "보험사업자")가 **대통령령**으로 정하는 정당한 사유 없이 재난안전의무보험에 대한 가입 요청 또는 계약 체결을 거부하거나 보험계약 등을 해제·해지하는 것을 제한하도록 할 것

5. 재난이나 그 밖의 각종 사고의 발생 위험이 높은 가입의무자에 대하여 다수의 보험사업자가 공동으로 재난안전의무보험 계약을 체결할 수 있는 방안을 마련할 것
6. 재난이나 그 밖의 각종 사고로 피해를 입은 자가 최소한의 생활을 유지할 수 있도록 보험금 청구권에 대한 압류금지 등 피해자를 보호하는 조치를 마련할 것
7. 그 밖에 재난안전의무보험의 적절한 운용을 위하여 **대통령령으로 정하는 기준**을 갖출 것

② 행정안전부장관은 재난안전의무보험의 관리·운용 등에 공통적으로 적용될 수 있는 업무기준을 마련할 수 있다.

제76조의3(재난안전의무보험의 평가 및 개선권고 등)

① 행정안전부장관은 재난안전의무보험에 관한 법령과 재난안전의무보험의 관리·운용 등이 **제76조의2 제1항**에 따른 기준에 적합한지 등을 분석·평가하기 위하여 필요한 경우에는 재난안전의무보험 관련 법령을 주관하거나 재난안전의무보험의 운용을 주관하는 중앙행정기관의 장 등에게 관련 자료의 제출을 요청할 수 있다. 이 경우 자료의 제출을 요청받은 중앙행정기관의 장 등은 특별한 사유가 없으면 이에 따라야 한다.

② 행정안전부장관은 제1항에 따른 재난안전의무보험 등의 분석·평가 결과 해당 재난안전의무보험 등이 **제76조의2 제1항**에 따른 기준에 적합하지 아니하다고 인정하는 경우에는 재난안전의무보험 관련 법령을 주관하거나 재난안전의무보험의 운용을 주관하는 중앙행정기관의 장 등에게 관련 법령의 개정권고, 재난안전의무보험의 관리·운용에 대한 개선권고 등을 할 수 있다.

③ 행정안전부장관은 제2항에 따른 관련 법령의 개정권고 및 재난안전의무보험의 관리·운용에 대한 개선권고에 관한 사항이 효과적으로 추진될 수 있도록 재난안전의무보험에 관한 법령을 주관하는 중앙행정기관의 장으로부터 재난안전의무보험 제도개선에 관한 계획을 제출받아 이를 종합한 정비계획(이하 "정비계획")을 수립할 수 있다.

④ 제1항부터 제3항까지에서 규정한 사항 외에 재난안전의무보험의 분석·평가, 개선권고의 절차·방법 및 정비계획의 수립 절차·방법 등에 관하여 필요한 사항은 **대통령령으로 정한다**.

제76조의4(재난안전의무보험 종합정보시스템의 구축·운영 등)

① 행정안전부장관은 재난안전의무보험 관리·운용의 효율성을 높이고, 재난안전의무보험 관련 자료 또는 정보를 체계적으로 수집하여 종합적으로 관리할 수 있도록 재난안전의무보험 종합정보시스템을 구축·운영할 수 있다.

② 행정안전부장관은 제1항에 따른 재난안전의무보험 종합정보시스템의 구축·운영을 위하여 필요한 경우에는 관계 중앙행정기관의 장, 지방자치단체의 장, 공공기관, 보험사업자 또는 「보험업법」에 따른 보험 관계 단체의 장 등

에게 관련 자료 또는 정보의 제공을 요청하거나 그가 관리·운영하는 재난안전의무보험 관련 전산시스템과 연계하여 자료 또는 정보를 수집할 수 있다. 이 경우 관련 자료 또는 정보의 제공을 요청받거나 전산시스템과의 연계 요청을 받은 자는 「개인정보 보호법」 제18조 제1항에도 불구하고 특별한 사유가 없으면 이에 따라야 한다.
③ 행정안전부장관은 「개인정보 보호법」 제18조 제1항에도 불구하고 이 조 제1항에 따른 재난안전의무보험 종합정보시스템에 수집된 자료 또는 정보를 다른 재난관리책임기관과 공동이용할 수 있고, 보험사업자 또는 「보험업법」에 따른 보험 관계 단체 등이 재난안전의무보험 관련 업무의 수행을 위하여 자료 또는 정보의 제공을 요청하는 경우 그 사용 목적에 해당하는 범위에서 관련 자료 또는 정보를 제공할 수 있다.
④ 제3항에 따라 재난안전의무보험 관련 자료 또는 정보를 공동이용하거나 제공받은 자(관련 업무를 위탁받아 그 업무에 종사하거나 종사하였던 자를 포함)은 업무상 알게 된 재난안전의무보험 관련 자료 또는 정보를 누설하거나 권한 없이 다른 사람이 이용하도록 제공하는 등 부당한 목적으로 사용해서는 아니 된다.
⑤ 제1항부터 제4항까지에서 규정한 사항 외에 재난안전의무보험 종합정보시스템의 구축·운영, 재난안전의무보험 관련 자료 또는 정보의 공동이용 및 제공 등에 필요한 사항은 **대통령령**으로 정한다.

제76조의5(재난취약시설 보험·공제의 가입 등)

① 삭제 〈2020.6.9.〉
② 다음 각 호에 해당하는 시설 중 **대통령령으로 정하는 시설**(이하 "재난취약시설"이라 한다)을 소유·관리 또는 점유하는 자는 해당 시설에서 발생하는 화재, 붕괴, 폭발 등으로 인한 타인의 생명·신체나 재산상의 손해를 보상하기 위하여 보험 또는 공제에 가입해야 한다. 이 경우 다른 법률에 따라 그 손해의 보상내용을 충족하는 보험 또는 공제에 가입한 경우에는 이 법에 따른 보험 또는 공제에 가입한 것으로 본다. 〈개정 2023.12.26.〉
1. 「시설물의 안전 및 유지관리에 관한 특별법」 제2조에 따른 시설물
2. 삭제 〈2017.1.17.〉
3. 그 밖에 재난이 발생할 경우 타인에게 중대한 피해를 입힐 우려가 있는 시설

> **시행령** 제84조의5(재난취약시설 보험·공제의 가입대상 시설)
> 법 제76조의5 제2항 각 호 외의 부분 전단에서 "대통령령으로 정하는 시설"이란 별표 3에 따른 시설(이하 이 조, 제84조의6, 제84조의7 및 제88조의3에서 "가입대상시설")을 말한다.

③ 제2항에 따른 보험 또는 공제의 종류, 보상한도액 및 그 밖에 필요한 사항은 **대통령령**으로 정한다.

④ 행정안전부장관은 제2항에 따른 보험 또는 공제의 가입관리 업무를 위하여 필요한 경우 **대통령령**으로 정하는 바에 따라 중앙행정기관의 장 또는 지방자치단체의 장에게 행정적 조치를 하도록 요청하거나 관계 행정기관, 보험회사 및 보험 관련 단체에 보험 또는 공제의 가입관리 업무에 필요한 자료를 요청할 수 있다. 이 경우 요청을 받은 자는 정당한 사유가 없으면 이에 따라야 한다.

⑤ 보험사업자는 재난취약시설을 소유·관리 또는 점유하는 자(이하 "재난취약시설소유자등"이라 한다)가 제2항 전단에 따른 보험 또는 공제(이하 "재난취약시설보험등"이라 한다)에 가입하려는 때에는 계약의 체결을 거부할 수 없다. 다만, 재난취약시설소유자등이 영업정지 처분을 받아 재난취약시설을 본래의 사용 목적으로 더 이상 사용할 수 없게 된 경우 등 대통령령으로 정하는 경우에는 그러하지 아니하다. 〈신설 2023.12.26.〉

⑥ 재난취약시설에서 화재가 발생할 개연성이 높은 경우 등 대통령령으로 정하는 사유가 있는 경우에는 다수의 보험사업자가 공동으로 재난취약시설보험등의 계약을 체결할 수 있다. 이 경우 보험사업자는 해당 재난취약시설소유자등에게 공동계약체결의 절차 및 보험료·공제회비 등에 대한 안내를 하여야 한다. 〈신설 2023.12.26.〉

⑦ 재난취약시설보험등의 보험금지급청구권 또는 공제급여청구권은 양도·압류하거나 담보로 제공할 수 없다. 〈신설 2023.12.26.〉

제77조(재난관리 의무 위반에 대한 징계 요구 등)

① 국무총리 또는 행정안전부장관은 재난관리책임기관의 장이 이 법에 따른 조치를 하지 아니한 경우에는 **대통령령**으로 정하는 바에 따라 기관경고 등 필요한 조치를 할 수 있다.

> **시행령** 제86조(징계 요구 통보 등)
> ① 법 제77조 제1항에 따른 기관경고는 해당 기관에 대하여 기관경고장을 교부하는 방법으로 한다.
> ② 제1항에 따른 기관경고장을 교부받은 기관의 장은 해당 기관의 인터넷 홈페이지에 30일 이상 그 내용을 공개해야 한다. 다만, 해당 기관의 장이 정당한 사유 없이 공개하지 아니하는 경우에는 행정안전부장관이 인터넷 홈페이지 등을 통하여 직접 공개할 수 있다.
> ③ **법 제77조 제2항 및 제3항**에 따른 통보는 서면으로 해야 한다.
> ④ **법 제77조 제2항 및 제3항**에 따라 징계 등의 요구를 통보받은 기관의 장은 자체조사를 실시하여 징계 등 적절한 조치를 하고, 그 조치내용을 60일 이내에 징계 등을 요구한 기관의 장에게 알려야 한다. 다만, 자체조사가 완료되지 아니하는 등 특별한 사유가 있는 경우에는 30일을 넘지 아니하는 범위에서 그 기간을 연장할 수 있다.
> ⑤ **법 제77조 제5항**에 따라 사실 입증에 필요한 조사를 하는 공무원은 관련 자료의 제출 및 관련 공무원 또는 직원과의 면담을 요구할 수 있다. 이 경우 사실 입증을 위하여 확인서, 질문서, 문답서 등의 자료를 작성할 수 있다.
> ⑥ 제1항부터 제5항까지에서 규정한 사항 외에 징계 요구의 통보 등에 필요한 사항은 **행정안전부령**으로 정한다.

> **시행규칙** **제20조(기관경고의 방법 등)**
> ① 영 제86조 제1항에 따른 기관경고장은 별지 제21호서식에 따른다.
> ② 제1항에 따른 기관경고장을 교부받은 기관의 장은 특별한 사유가 없는 한 교부받은 날부터 10일 이내에 해당 기관의 인터넷 홈페이지에 그 내용을 게재해야 한다.
> ③ 영 제86조 제3항에 따른 서면에는 징계 등 요구의 대상자, 대상 행위 및 이유 등을 구체적으로 명시해야 한다.
> ④ 제1항부터 제3항까지에서 규정한 사항 외에 기관경고 및 징계 등 요구의 통보에 필요한 사항은 행정안전부장관이 정하여 고시하고, **법 제77조 제2항**에 따라 시·도지사 또는 시장·군수·구청장이 하는 통보 및 징계 등에 필요한 사항은 지방자치단체의 규칙으로 정한다.

② 행정안전부장관, 시·도지사 또는 시장·군수·구청장은 이 법에 따른 재난 예방조치·재난응급조치·안전점검·재난상황관리·재난복구 등의 업무를 수행할 때 지시를 위반하거나 부과된 임무를 게을리한 재난관리책임기관의 공무원 또는 직원의 명단을 해당 공무원 또는 직원의 소속 기관의 장 또는 단체의 장에게 통보하고, 그 소속 기관의 장 또는 단체의 장에게 해당 공무원 또는 직원에 대한 징계 등을 요구할 수 있다. 이 경우 그 사실을 입증할 수 있는 관계 자료를 그 소속 기관 또는 단체의 장에게 함께 통보해야 한다.

③ 중앙통제단장 또는 지역통제단장은 **제52조 제5항**에 따른 현장지휘에 따르지 아니하거나 부과된 임무를 게을리한 긴급구조요원의 명단을 해당 긴급구조요원의 소속 기관 또는 단체의 장에게 통보하고, 그 소속 기관의 장 또는 단체의 장에게 해당 긴급구조요원에 대한 징계를 요구할 수 있다. 이 경우 그 사실을 입증할 수 있는 관계 자료를 그 소속 기관 또는 단체의 장에게 함께 통보해야 한다.

④ 제2항과 제3항에 따라 통보를 받은 소속 기관의 장 또는 단체의 장은 해당 공무원 또는 직원에 대한 징계 등 적절한 조치를 하고, 그 결과를 해당 기관의 장에게 통보해야 한다.

⑤ 행정안전부장관, 시·도지사, 시장·군수·구청장, 중앙통제단장 및 지역통제단장은 제2항 및 제3항에 따른 사실 입증을 위한 전담기구를 편성하는 등 소속 공무원으로 하여금 필요한 조사를 하게 할 수 있다. 이 경우 조사공무원은 그 권한을 표시하는 증표를 제시해야 한다.

⑥ 행정안전부장관은 제5항에 따른 조사의 실효성 제고를 위하여 **대통령령**으로 정하는 전담기구 협의회를 구성·운영할 수 있다.

> **시행령** **제86조의2(전담기구 협의회의 구성·운영 등)**
> ① 법 제77조 제6항에 따른 전담기구 협의회(이하 "전담기구협의회")는 다음 각 호의 사항을 협의한다.
>   1. 법 제77조 제5항에 따른 전담기구 간 조사계획·활동 등의 협조
>   2. 조사활동 개선에 관한 사항
>   3. 조사 및 처분기준 등에 관한 사항
>   4. 그 밖에 전담기구 운영 및 중복조사 방지 등 효율적인 조사활동을 위하여 전담기구협의회의 위원장이 필요하다고 인정하는 사항

> ② 전담기구협의회는 위원장 1명을 포함하여 80명 이내의 위원으로 구성한다.
> ③ 전담기구협의회의 위원장은 행정안전부 재난안전관리본부장이 된다.
> ④ 전담기구협의회의 위원은 재난관리책임기관에서 **법 제77조 제5항**에 따른 조사업무를 담당하는 국장급 이상의 공무원 또는 이에 준하는 직원이 된다.
> ⑤ 전담기구의 조사활동에 관하여 전문적이고 다양한 의견을 수렴하기 위하여 전담기구협의회에 자문위원회를 둘 수 있다.
> ⑥ 전담기구협의회를 지원하기 위하여 시·도에 지역 전담기구 협의회를 둘 수 있으며, 지역 전담기구 협의회의 구성·운영에 필요한 사항은 해당 지방자치단체의 조례로 정한다.
> ⑦ 제1항부터 제6항까지에서 규정한 사항 외에 전담기구협의회의 운영에 필요한 사항은 행정안전부장관이 정한다.

⑦ 제2항·제3항에 따른 통보 및 제5항에 따른 조사에 필요한 사항은 **대통령령**으로 정한다.

제77조의2(적극행정에 대한 면책)

① 제77조 제2항 및 제3항에 따른 재난관리책임기관의 공무원, 직원 및 긴급구조요원이 재난안전 사고를 예방하고 피해를 최소화하기 위하여 업무를 적극적으로 추진한 결과에 대하여 그의 행위에 고의 또는 중대한 과실이 없는 경우에는 같은 조 제2항 및 제3항에 따른 명단 통보 및 징계 등 요구를 하지 아니하거나 같은 조 제4항에 따른 징계 등의 책임을 묻지 아니한다.

② 다음 각 호의 사람이 **제61조 또는 제66조 제3항**에 따른 지원 업무를 적극적으로 처리한 결과에 대하여 그의 행위에 고의나 중대한 과실이 없는 경우에는 관계 법령에 따른 징계 또는 제재 등 책임을 묻지 아니한다.
  1. 「감사원법」제22조부터 제24조까지에 따른 회계검사와 감찰 대상 공무원 및 임직원
  2. 「금융위원회의 설치 등에 관한 법률」제38조에 따른 검사 대상 기관 소속 임직원

③ 제1항에 따른 면책의 구체적인 기준, 운영절차 및 그 밖에 필요한 사항은 **대통령령**으로 정한다. 다만, 제2항 제1호 및 제2호의 사람에 관한 사항은 감사원과 금융위원회의 규칙을 각각 따른다.

제78조(권한의 위임 및 위탁) [2025.3.20. 시행]

① 이 법에 따른 행정안전부장관의 권한은 그 일부를 **대통령령**[22]으로 정하는 바에 따라 시·도지사에게 위임할 수 있다.

② 행정안전부장관은 제66조의10에 따른 안전지수의 개발·조사 및 안전진단의 실시에 관한 권한의 일부를 대통령령으로 정하는 바에 따라 그 소속 연구기관의 장에게 위임할 수 있다. 〈신설 2023.12.26.〉

③ 행정안전부장관은 **제33조의2**에 따른 평가 등의 업무의 일부, 제72조에 따른 연구개발사업 성과의 사업화 지원, 제73조에 따른 **기술료 등의 사용**, 제75조의3 제1항에 따른 자격시험·연수 실시 및 자격증 교부에 관한 업무를 대통령령으로 정하는 바에 따라 전문기관 등에 위탁할 수 있다.

---

22) 대통령령
하위법령 없음

④ 행정안전부장관은 제76조의4 제1항에 따른 재난안전의무보험 종합정보시스템의 구축·운영에 관한 업무를 대통령령으로 정하는 바에 따라 「보험업법」 제176조에 따른 보험요율 산출기관에 위탁할 수 있다. 〈신설 2023.12.26.〉

제78조의2(벌칙 적용 시의 공무원 의제)
① 제71조 제3항에 따라 협약을 체결한 기관·단체 및 제78조 제3항에 따라 행정안전부장관이 위탁한 업무에 종사하는 전문기관 등의 임직원은 「형법」 제127조 및 제129조부터 제132조까지의 벌칙 적용 시 공무원으로 본다. 〈개정 2025.1.7.〉
② 다음 각 호의 어느 하나에 해당하는 사람은 「형법」 제129조부터 제132조까지를 적용할 때에는 공무원으로 본다.
  1. 제71조제4항에 따른 업무에 종사하는 총괄기관의 임직원
  2. 제78조제3항에 따라 행정안전부장관이 위탁한 업무 중 제75조의3제1항에 따른 자격시험·연수 실시 및 자격증 교부업무에 종사하는 전문기관 등의 임직원
  3. 제78조제4항에 따라 행정안전부장관이 위탁한 업무에 종사하는 보험요율 산출기관의 임직원

10 벌칙

제78조의3(벌칙)
제31조제1항 또는 제66조의12제4항에 따른 안전조치명령을 이행하지 아니한 자는 3년 이하의 징역 또는 3천만원 이하의 벌금에 처한다.

제78조의4(벌칙) 〈개정 2025.1.7.〉
다음 각 호의 어느 하나에 해당하는 자는 2년 이하의 징역 또는 2천만원 이하의 벌금에 처한다.
1. 제71조제5항을 위반하여 업무상 알게 된 연구개발사업 관련 자료 또는 정보를 누설하거나 권한 없이 다른 사람이 이용하도록 제공하는 등 부당한 목적으로 사용한 자
2. 제74조의3제5항을 위반하여 재난 예방·대비·대응 이외의 목적으로 정보를 사용하거나 업무가 종료되었음에도 해당 정보를 파기하지 아니한 자

제79조(벌칙) [2025.3.20. 시행]
다음 각 호의 어느 하나에 해당하는 자는 1년 이하의 징역 또는 1천만원 이하의 벌금에 처한다. 〈개정 2024.3.19.〉
1. 삭제 〈2017.1.17.〉

2. 정당한 사유 없이 제30조 제1항에 따른 긴급안전점검을 거부 또는 기피하거나 방해한 자
3. 삭제 〈2016.1.7.〉
4. 정당한 사유 없이 제41조 제1항 제1호(제46조 제1항에 따른 경우를 포함)에 따른 위험구역에 출입하는 행위나 그 밖의 행위의 금지명령 또는 제한명령을 위반한 자
5. 정당한 사유 없이 제74조의3 제1항에 따른 행정안전부장관, 시·도지사 또는 시장·군수·구청장의 요청에 따르지 아니한 자
6. 정당한 사유 없이 제74조의3 제2항에 따른 행정안전부장관, 시·도지사 또는 시장·군수·구청장의 요청에 따르지 아니한 자
6의2. 제75조의3 제7항을 위반하여 다른 사람에게 자격증을 빌려주거나 빌린 자 또는 이를 알선한 자
7. 제76조의4 제4항을 위반하여 업무상 알게 된 재난안전의무보험 관련 자료 또는 정보를 누설하거나 권한 없이 다른 사람이 이용하도록 제공하는 등 부당한 목적으로 사용한 자

제80조(벌칙) 〈개정 2023.5.16.〉

다음 각 호의 어느 하나에 해당하는 자는 500만원 이하의 벌금에 처한다.
1. 정당한 사유 없이 제45조(제46조 제1항에 따른 경우를 포함)에 따른 토지·건축물·인공구조물, 그 밖의 소유물의 일시 사용 또는 장애물의 변경이나 제거를 거부 또는 방해한 자
2. 제74조의2 제3항을 위반하여 직무상 알게 된 재난관리정보를 누설하거나 권한 없이 다른 사람이 이용하도록 제공하는 등 부당한 목적으로 사용한 자
3. 정당한 사유 없이 제74조의3 제7항에 따른 행정안전부장관 또는 지방자치단체의 장의 요청에 따르지 아니한 자

제81조(양벌규정)

법인의 대표자나 법인 또는 개인의 대리인, 사용인, 그 밖의 종업원이 그 법인 또는 개인의 업무에 관하여 제78조의3, 제79조 또는 제80조의 위반행위를 하면 그 행위자를 벌하는 외에 그 법인 또는 개인에게도 해당 조문의 벌금형을 과한다. 다만, 법인 또는 개인이 그 위반행위를 방지하기 위하여 해당 업무에 관하여 상당한 주의와 감독을 게을리하지 아니한 경우에는 그러하지 아니하다.

제82조(과태료)

① 다음 각 호의 어느 하나에 해당하는 사람에게는 200만원 이하의 과태료를 부과한다.
1. 제34조의6 제1항 본문에 따른 위기상황 매뉴얼을 작성·관리하지 아니한 소유자·관리자 또는 점유자
1의2. 제34조의6 제2항 본문에 따른 훈련을 실시하지 아니한 소유자·관리자 또는 점유자

1의3. 제34조의6 제3항에 따른 개선명령을 이행하지 아니한 소유자·관리자 또는 점유자
2. 제40조 제1항(제46조 제1항에 따른 경우를 포함)에 따른 대피명령을 위반한 사람
3. 제41조 제1항 제2호(제46조 제1항에 따른 경우를 포함)에 따른 위험구역에서의 퇴거명령 또는 대피명령을 위반한 사람

② 다음 각 호의 어느 하나에 해당하는 자에게는 300만원 이하의 과태료를 부과한다. 〈개정 2023.12.26.〉
1. 제76조의5 제2항을 위반하여 보험 또는 공제에 가입하지 아니한 자
2. 제76조의5 제5항을 위반하여 재난취약시설보험등의 가입에 관한 계약의 체결을 거부한 보험사업자

③ 제1항 및 제2항에 따른 과태료는 **대통령령**으로 정하는 바에 따라 다음 각 호의 자가 부과·징수한다.
1. 시·도지사 또는 시장·군수·구청장 : 제1항에 따른 과태료
2. 보험 또는 공제의 가입 대상 시설의 허가·인가·등록·신고 등의 업무를 처리한 관계 행정기관의 장 : 제2항에 따른 과태료

시행령 시행령 제89조(과태료의 부과기준)

법 제82조 제1항 및 제2항에 따른 과태료의 부과기준은 **별표 5**와 같다.

[별표 5] 과태료의 부과기준(제89조 관련)

1. 일반기준
   가. 위반행위의 횟수에 따른 과태료의 가중된 부과기준은 최근 3년간 같은 위반행위로 과태료 부과처분을 받은 경우에 적용한다. 이 경우 기간의 계산은 위반행위에 대하여 과태료 부과처분을 받은 날과 그 처분 후 다시 같은 위반행위를 하여 적발된 날을 기준으로 한다.
   나. 가목에 따라 가중된 부과처분을 하는 경우 가중처분의 적용 차수는 그 위반행위 전 부과처분 차수(가목에 따른 기간 내에 과태료 부과처분이 둘 이상 있었던 경우에는 높은 차수를 말한다)의 다음 차수로 한다.
   다. 부과권자는 위반행위자가 다음의 어느 하나에 해당하는 경우에는 제2호의 개별기준에 따른 과태료 금액의 2분의 1 범위에서 그 금액을 줄여 부과할 수 있다. 다만, 과태료를 체납하고 있는 위반행위자에 대해서는 그렇지 않다.
      1) 위반행위자가 「질서위반행위규제법 시행령」 제2조의2 제1항 각 호의 어느 하나에 해당하는 경우
      2) 위반행위가 사소한 부주의나 오류로 인한 것으로 인정되는 경우
      3) 위반행위자가 위반행위로 인한 결과를 시정하거나 해소한 경우
      4) 그 밖에 위반행위의 정도, 위반행위의 동기와 그 결과 등을 고려하여 과태료를 줄일 필요가 있다고 인정되는 경우
   라. 부과권자는 위반행위자가 다음의 어느 하나에 해당하는 경우에는 제2호에 따른 과태료 금액의 2분의 1 범위에서 그 금액을 늘릴 수 있다. 다만, 늘리는 경우에도 법 제82조 제1항 및 제2항에 따른 과태료 금액의 상한을 넘을 수 없다.
      1) 위반의 내용·정도가 중대하여 이용자 등에게 미치는 피해가 크다고 인정되는 경우
      2) 법 위반상태의 기간이 3개월 이상인 경우
      3) 그 밖에 위반행위의 정도, 위반행위의 동기와 그 결과 등을 고려하여 가중할 필요가 있다고 인정되는 경우

2. 개별기준

위반행위	근거 법조문	과태료 금액 (단위 : 만원)		
		1회 위반	2회 위반	3회 이상 위반
가. 다중이용시설 등의 소유자·관리자 또는 점유자가 **법 제34조의6 제1항** 본문에 따른 위기상황 매뉴얼을 작성·관리하지 않은 경우	법 제82조 제1항 제1호	30	50	100
나. 다중이용시설 등의 소유자·관리자 또는 점유자가 **법 제34조의6 제2항** 본문에 따른 훈련을 주기적으로 실시하지 않은 경우	법 제82조 제1항 제1호의2	30	50	100
다. 다중이용시설 등의 소유자·관리자 또는 점유자가 **법 제34조의6 제3항**에 따른 개선명령을 이행하지 않은 경우	법 제82조 제1항 제1호의3	50	100	200
라. **법 제40조 제1항**에 따른 대피명령을 따르지 않거나 방해한 경우	법 제82조 제1항제2호			
1) 대피명령을 따르지 않은 경우		30	50	100
2) 대피명령을 방해한 경우		50	100	200
마. **법 제41조 제1항 제2호**에 따른 대피 또는 퇴거명령을 따르지 않거나 방해한 경우	법 제82조 제1항제3호			
1) 위험구역 내에서 대피명령을 따르지 않은 경우		30	50	100
2) 위험구역 내에서 퇴거명령을 따르지 않은 경우		50	100	150
3) 위험구역 내에서 대피 또는 퇴거 명령을 방해한 경우		50	100	200
바. **법 제76조의5 제2항**을 위반하여 보험 또는 공제에 가입하지 않은 경우	법 제82조 제2항			
1) 가입하지 않은 기간이 10일 이하인 경우		10		
2) 가입하지 않은 기간이 10일 초과 30일 이하인 경우		10만원에 11일째부터 계산하여 1일마다 1만원을 더한 금액		
3) 가입하지 않은 기간이 30일 초과 60일 이하인 경우		30만원에 31일째부터 계산하여 1일마다 3만원을 더한 금액		
4) 가입하지 않은 기간이 60일 초과인 경우		120만원에 61일째부터 계산하여 1일마다 6만원을 더한 금액. 다만, 과태료의 총액은 300만원을 넘지 못한다.		
사. 보험사업자가 법 제76조의5제5항을 위반하여 법 제76조의5제2항 전단에 따른 보험 또는 공제의 가입에 관한 계약의 체결을 거부한 경우	법 제82조 제2항제2호	300		

소방학 개론 - 재난관리론 복습만이 살길이다!!!

▶ 다시보자 복습 문제 02 　　　　　　　　　　　　　　　　　　　　　　　　　　　　　Check

01. 재난관리란 재난이나 그 밖의 각종 사고로부터 사람의 생명·신체 및 재산의 안전을 확보하기 위하여 하는 모든 활동을 말한다.

02. 중앙안전관리위원회는 재난사태의 선포에 관한 사항을 심의하고, 안전정책조정위원회는 특별재난지역의 선포에 관한 사항을 심의한다.

03. 중앙대책본부의 본부장(이하 "중앙대책본부장")은 행정안전부장관이 되며, 중앙대책본부장은 중앙대책본부의 업무를 총괄하고 필요하다고 인정하면 중앙재난안전대책본부회의를 소집할 수 있다.

04. 위기관리 표준매뉴얼은 국가적 차원에서 관리가 필요한 재난에 대하여 재난관리 체계와 관계 기관의 임무와 역할을 규정한 문서를 말하고, 위기대응 실무매뉴얼은 실제 재난대응에 필요한 조치사항 및 절차를 규정한 문서를 말한다.

05. 재난사태 대상지역이 발생하였을 경우 심의와 선포는 중앙안전관리위원회 심의를 거쳐 행정안전부장관이 선포한다.

06. 중앙통제단의 단장은 소방청장이 되고, 시·도긴급구조통제단에는 단장 1명을 두되, 시·도긴급구조통제단의 단장은 소방본부장이 된다.

07. 긴급구조 통제단장이 될 수 있는 사람에는 소방청장, 소방본부장, 소방서장이 있다.

08. 지역통제단장은 재난이 발생하면 소속 긴급구조요원을 재난현장에 신속히 출동시켜 필요한 긴급구조활동을 하게 해야 한다.

09. 중앙대책본부장은 대통령령으로 정하는 규모의 재난이 발생하여 국가의 안녕 및 사회질서의 유지에 중대한 영향을 미치거나 피해를 효과적으로 수습하기 위하여 특별한 조치가 필요하다고 인정하거나 지역대책본부장의 요청이 타당하다고 인정하는 경우에는 중앙위원회의 심의를 거쳐 해당 지역을 특별재난지역으로 선포할 수 있다.

10. 자연재난 및 사회재난 유형별 재난관리 주관기관의 연결이 옳지 <u>않은</u> 것은?
① 농업생산기반시설 중 저수지의 붕괴·파손 등으로 인해 발생하는 대규모 피해 – 국토교통부
② 자연우주물체의 추락·충돌 등으로 인해 발생하는 재해 – 과학기술정보통신부 및 우주항공청
③ 공동구의 화재등으로 인해 발생하는 대규모 피해 – 국토교통부
④ 방사능재난 – 원자력안전위원회

11. 재난의 대응 단계에서 지역통제단장과 시장·군수·구청장은 재난이 발생할 우려가 있거나 재난이 발생하였을 때에는 즉시 관계 법령 등이 정하는 바에 따라 수방(水防) 및 그 밖에 재난 발생을 예방하거나 피해를 줄이기 위하여 필요한 응급조치를 하여야 한다. 이때 지역통제단장이 하여야 하는 응급조치로 옳지 <u>않은</u> 것은?
① 진화에 관한 응급조치
② 현장지휘통신체계의 확보
③ 재난을 발생시킬 요인의 제거
④ 긴급수송 및 구조 수단의 확보

🔒 1 ✕(안전관리)　2 ✕(둘다 중앙)　3 ○　4 ○　5 ○　6 ○　7 ○　8 ✕(지역통제~)　9 ○(대통령 건의)　10 ①(농림축산부)　11 ③

소방공무원 기본서
소방학개론

부록
재난 및 안전관리 기본법 등 핵심이론

재난 및 안전관리 기본법 등 핵심이론

1 재난의 이해

구분			내용
재난			국민의 생명·신체·재산과 국가에 피해를 주거나 줄 수 있는 것
특징	누적성		• 오랫동안 누적되어온 위험요인들이 특정시기에 표출된 결과
	인지성		• 인지적인 차이를 말하며 위험의 정량적(객관적), 정성적(주관적) 시각의 불일치 • 동일한 재난을 재난관리자는 단순 기술적 사고로, 피해자들은 대재앙으로 인식
	복잡성		• 재난의 상호작용성으로 인한 최초 사건과 다른 재난의 발생
	불확실성		• 누적성, 복잡성과 달리 재난관리 전 과정에서 나타남 • 선형적·기계적인 과정 외 비선형적·유기적 또는 진화적인 과정이 나타남

재난의 분류 ★★★	존스	자연			준자연	인적
		지구물리학적			생물학적	• 현상 : 온난화, 사막화, 염수화 • 눈사태 • 산성화 • 홍수	• 공해, 광화학연무 • 폭동 • 사고 : 교통, 폭발 • 전쟁
		지질학적	지형학적	기상학적			
		• 지진 • 화산 • 쓰나미	산사태, 염수토양	안개, 눈, 해일, 번개, 폭풍, 가뭄, 태풍	• 세균질병 • 유독 식물, 동물		
	아네스	자연		인위	
		지진성	기후성	사고성	계획적
		• 지진, 화산, 해일	• 태풍	• 생물학적	• 공해, 광화학연무, 방사능 • 사고 : 교통, 폭발, 산업, 화재	• 폭동, 전쟁, 테러
	재난 안전법	자연재난				사회재난
		• 태풍, 홍수, 호우, 강풍, 풍랑, 해일, 대설, 한파, 낙뢰, 가뭄, 폭염, 지진, 황사, 조류 대발생, 조수, 화산활동, <u>자연우주물체의 추락·충돌</u> 등 • 자연현상으로 인하여 발생하는 재해				• 화재·붕괴·폭발·교통사고(항공 및 해상사고 포함)·화생방사고·환경오염사고·**다중운집인파사고** 등으로 인하여 발생하는 **대통령령으로 정하는 규모 이상의** 피해 - 국가 또는 지방자치단체 차원의 대처가 필요 - 행정안전부장관이 재난관리를 위하여 필요 • 국가핵심기반의 마비 • <u>감염병 또는 가축전염병 확산, 미세먼지, 인공우주물체 추락·충돌</u> 등으로 인한 피해

구분	하인리히(도미노 이론)			프랭크버드 이론(최신, 수정 도미노 이론)	
단계	내용		대책	내용	대책
1단계	사회적 또는 가정적(유전자적) 결함			통제(제어) 부족	
2단계	개인적 결함			기본원인	제거!!!
3단계	불안전한 상태 또는 행동(직접원인)			직접원인(불안전 행동, 상태)	
4단계	사고		제거!!!	사고	
5단계	재해			재해	
기타 (사고비)	1(중상) : 29(경상) : 300(무사고)의 법칙			1(중상) : 10(경상 : 손실) : 30(무상해 사고 : 물적 손실) : 600(무상해, 무사고 고정 : 위험순간)	

재난 발생이론 ★

사고 예방대책의 기본원리(5단계)		재해 예방의 4원칙	
단계	내용	원칙	내용
1단계 (안전조직)	• 경영자 안전목표 설정, 안전관리자 선임 • 안전조직 구성, 계획 수립	예방가능	• 천재지변을 제외한 모든 인재는 예방가능하다.
2단계 (사실의 발견)	• 사고 및 활동기록 검토, 작업 분석 • 사고조사, 제안 및 여론조사	손실우연	• 사고 결과 손실의 유무 또는 대소는 사고 당시 조건에 따라 우연적으로 발생한다.
3단계 (분석)	• 사고원인 및 경향성 분석, 사고기록 및 자료 분석 • 인적, 물적, 환경적 조건 분석	원인 연계	• 사고에는 반드시 원인이 있고, 원인은 복합적 연계 원인이다.
4단계 (시정방법 선정)	• 기술적 개선, 배치 조정, 교육훈련 • 제도개선, 안전운동	대책 선정	• 사고의 원인, 불안전 요소가 발견되면 반드시 대책을 선정해야 한다.
5단계 (시정책 운용)	• 교육적 대책, 기술적 대책		• 대책의 3원칙 : 기술(공학적), 교육(교육 및 훈련), 규제(관리적)

재난(해)의 예방 ★★

구분	분산관리방식	통합관리방식
개념	재난의 유형별 특징과 종류에 따라 대응방식에 차이가 있다는 특징 때문에 재난계획과 대응 책임기관도 각각 다르게 배정되어 관리하는 방식	재난대응에 적용하는 비상대응기관 및 단체들을 통합 관리
관리	유형별 관리(재난 차이 강조)	통합적 관리(재난 유사성 강조)
대응범위	• 특정 재난(관리활동) • 독자 활동 - 종류에 따라 대응방식 차이	• 모든 재난, 종합 관리와 독자 활동 병행 • 유사한 자원 동원 체계와 자원유형 필요
책임기관 (관계기관)	• 다수 기관(부처) • 재난유형별 소관부처	• 소수 기관(부처)
지휘통제 (정보전달)	다양화, 다원화	단일화, 일원화
관리 체계	복잡	간편
책임성	책임의 분산	과도한 책임(부담)
효율성	낮음	높음

분산과 통합 구분 ★

구분		신속성	낮음	높음
분산과 통합 구분 ★		자원배분	재난계획과 대응 책임기관을 다르게 정하여 관리	총괄적 자원동원 재원 마련과 배분의 간소화
		장점	• 업무의 전문성 향상 • 한 사항에 업무 과다 방지	• **총괄적 자원동원**과 신속한 대응 • 가용자원의 효율적 활용 • 실효성 있는 현장대응 가능
		단점	• 부처 간 **업무의 중복 및 연계미흡** • 재원 마련과 배분 복잡 • 재난 대처에 한계	• 시스템 구축이 어려움 • 부처 이기주의 및 기존 조직의 반발 • **유사한 자원동원체계와 자원유형 필요**
재난관리 단계별 관리 ★★★		예방(완화) - 평상시	• 재난관리책임기관의 장의 재난예방조치 등 • 국가핵심기반, 특정관리대상지역의 지정 및 관리 등 • 지방자치단체에 대한 지원 등 • 재난방지시설의 관리 및 재난관리 실태 공시 등 • 긴급안전점검, 합동 점검 • 안전취약계층 환경 지원 • 재난안전분야 종사자 교육	
		대비(준비) - 발생 전	• 재난관리자원의 비축·관리 • 재난현장 긴급통신수단의 마련, 재난안전통신망 구축운영 • 국가재난관리기준의 제정·운용 등 • 기능별 재난대응 활동계획의 작성·활용 • 재난분야 위기관리 매뉴얼 작성·운용 • 안전기준의 등록 및 심의 등 • 재난대비훈련 기본계획 수립 및 훈련 실시	
		대응 - 발생 후	• 재난사태 선포, 응급조치, 위기경보 발령 등 • 재난 예보·경보체계 구축·운영 등 • 동원명령, 대피명령, 위험구역 설정, 강제대피조치, 통행제한, 응원 등 • 긴급구조, 긴급구조활동 계획 수립, 평가 등 • 긴급구조대응계획의 수립 • 응급부담	
		복구 - 발생 후	• 피해조사 및 복구계획 • 재난복구계획의 수립·시행 • 특별재난지역 선포 및 지원 • 재정 및 보상 등	

2 재난 및 안전관리 기본법

01 용어

구분		내용
기본이념		재난을 예방하고 재난이 발생한 경우 피해를 최소화하여 일상을 회복할 수 있도록 지원하는 것이 국가와 지방자치단의 기본적 의무임을 확인, 모든 국민과 국가·지방자치단체가 국민의 생명 및 신체의 안전과 재산보호에 관련된 행위를 할 때는 안전을 우선적으로 고려함으로 국민이 재난으로부터 안전한 사회에서 생활할 수 있도록 함
재난 종류	정의	• 국민의 생명·신체·재산과 국가에 피해를 주거나 줄 수 있는 것. 자연재난, 사회재난
	자연	• 태풍, 홍수, 호우, 강풍, 풍랑, 해일, 대설, 한파, 낙뢰, 가뭄, 폭염, 지진, 황사, 조류 대발생, 조수, 화산활동, 자연우주물체 추락·충돌, 자연현상
	사회	• 화재·붕괴·폭발·교통사고(항공 및 해상사고 포함)·화생방사고·환경오염사고·다중운집인파사고, 감염병, 가축전염병 확산, 미세먼지, 인공우주물체 추락·충돌, 국가핵심기반 마비
	해외	• 대한민국의 영역 밖에서 대한민국 국민의 생명·신체 및 재산에 피해를 주거나 줄 수 있는 재난으로 정부차원 대처할 필요가 있는 재난
관리	재난	• 재난의 예방·대비·대응 및 복구를 위한 모든 활동
	안전	• 재난이나 각종 사고로부터 사람의 생명·신체 및 재산의 안전을 확보하기 위한 모든 활동
기준	안전	• 각종 시설 및 물질 등의 제작, 유지관리 과정에서 안전을 확보할 수 있도록 적용해야 할 기술적 기준을 체계화한 것. 안전기준 분야, 범위 등에 관해 대통령령으로 정함
	국가재난관리	• 모든 유형의 재난에 공통적으로 활용할 수 있도록 재난관리의 전 과정을 통일적으로 단순화·체계화한 것. 행정안전부장관 고시한 것

기관	재난관리책임 (예상)	• 재난관리업무 하는 기관 : 중앙행정기관 및 지방자치단체(제주특별자치도 행정시 포함) 등
		• 대통령령으로 정하는 기관
		  1. 재난관리주관기관 소속의 다음 각 목의 기관
		    가. 지방행정기관
		    나. 재난관리주관기관의 장이 재난관리책임기관으로 지정하는 부속기관
		    다. 가목 및 나목에 따른 기관의 소속기관으로서 재난관리주관기관의 장이 재난관리책임기관으로 지정하는 기관
		  2. 위기대응 실무매뉴얼을 작성하는 중앙행정기관(재난관리주관기관은 제외, 이하 "실무매뉴얼작성기관") 소속의 다음 각 목의 기관
		    가. 지방행정기관
		    나. 실무매뉴얼작성기관의 장이 재난관리책임기관으로 지정하는 부속기관
		    다. 가목 및 나목에 따른 기관의 소속기관으로서 실무매뉴얼작성기관의 장이 재난관리책임기관으로 지정하는 기관
		  3. 시·도의 교육청 및 「지방교육자치에 관한 법률」 제34조에 따른 교육지원청
		  4. 재난관리주관기관의 장 및 실무매뉴얼작성기관의 장이 재난관리책임기관으로 지정하는 소관 공공기관 및 공공단체(지부·지사 등에 해당하는 기관·단체·법인을 포함)
		  5. 지방자치단체의 장이 재난관리책임기관으로 지정하는 소속기관(소속기관을 포함) 및 소관 공공기관·공공단체(지부·지사 등에 해당하는 기관·단체·법인을 포함)
		  6. 그 밖에 재난관리의 대상이 되는 중요시설을 관리하거나 재난관리업무를 하는 기관·단체·법인으로서 재난관리주관기관의 장, 실무매뉴얼작성기관의 장 및 지방자치단체의 장이 재난관리책임기관으로 지정하는 기관·단체·법인

	재난관리주관	• 재난이나 각종 사고에 대하여 유형별로 예방·대비·대응 및 복구 등 업무를 주관하여 수행하도록 대통령령으로 정하는 관계 중앙행정기관

긴급구조		• 재난이 발생할 우려가 현저하거나 재난이 발생하였을 때 국민의 생명·신체 및 재산을 보호하기 위하여 긴급구조기관과 긴급구조지원기관이 하는 인명구조, 응급처치, 그 밖에 필요한 모든 긴급한 조치
기관	긴급구조	• 소방청·소방본부 및 소방서 • 해양에서 발생한 재난의 경우 해양경찰청·지방해양경찰청 및 해양경찰서
	긴급구조 지원	• 긴급구조에 필요한 인력·시설 및 장비, 운영체계 등 긴급구조능력을 보유한 기관이나 단체로서 대통령령으로 정하는 기관과 단체
재난	관리정보	• 재난관리를 위하여 필요한 재난상황정보, 동원가능 자원정보, 시설물정보, 지리정보
	안전 데이터	• 정보처리능력을 갖춘 장치를 통하여 생성 또는 처리가 가능한 형태로 존재하는 재난 및 안전관리에 관한 정형 또는 비정형의 모든 자료
재난안전통신망		• 재난관리책임기관·긴급구조기관 및 긴급구조지원기관이 재난 및 안전관리업무에 이용하거나 재난현장에서의 통합지휘에 활용하기 위하여 구축·운영하는 통신망
국가핵심기반		• 에너지, 정보통신, 교통수송, 보건의료 등 국가경제, 국민의 안전·건강 및 정부의 핵심기능에 중대한 영향을 미칠 수 있는 시설, 정보기술시스템 및 자산 등

02 재난 및 그 밖의 각종 사고 유형별 재난관리주관기관 ★★ 예상

구분	재난관리주관기관	재난 및 사고의 유형 24 간부
자연재난 유형별	과학기술정보통신부 및 우주항공청	• 우주전파재난 • 자연우주물체 추락·충돌 등
	행정안전부	• 자연재해로 낙뢰, 가뭄, 폭염 및 한파 • 풍수해(조수 제외) • 지진재해, 화산재해
	환경부	• 황사 • 하천·호소 등의 조류 대발생
	산림청	• 산사태
	해양수산부	• 어업재해 중 적조현상 및 해파리의 대량발생으로 인해 발생하는 수산양식물 및 어업용 시설의 피해 • 풍수해 중 조수
	① 재난사무 관장기관 ~ 해양수산부까지 자연재난 유형 외 자연재난	
	② 시설사무 관장기관 ~ ①까지 자연재난 유형 재해로 각종 시설 및 장소("시설등")에서 발생하는 재해	
	비 고	1. 재난사무관장기관 및 시설사무관장기관이 불분명한 경우 행정안전부장관이 조정하여 재난관리주관기관 정함 2. ~ ②까지의 규정에 따른 자연재난 유형이 복합적으로 발생하는 경우 각 자연재난 유형별 재난사무관장기관 또는 시설사무관장기관이 각각 재난관리주관기관이 된다. 3. 제2호에도 불구하고 자연재난 유형이 복합적으로 발생하는 경우로 특별히 신속하고 긴급한 예방·대비·대응 또는 복구 등(이하 "신속대응등")이 필요한 경우 신속대응등이 필요한 사무를 주관하는 재난관리주관기관이 신속대응등을 우선적으로 수행 4. 제3호에 불구, 신속대응등의 필요 여부 및 신속대응등을 우선적으로 수행하는 재난관리주관기관("신속대응주관기관")이 불분명한 경우 행정안전부장관이 조정하여 신속대응등의 필요 여부 및 신속대응주관기관 정함

	국방부	국방·군사시설 화재등 + 대
	원자력안전위원회	• 방사능재난　　　　　　　　　　• 인접 국가의 방사능 누출
	국가유산청	• 문화유산·보호구역·보호물과 시설, 자연유산·보호물·보호구역의 화재 등
	산림청	• 사방시설의 붕괴·파손 등[☞ 사방 : 돌, 모래 이동(산사태등) 방지]　• 산불
	고용노동부	산업재해 및 중대산업사고
	중소벤처기업부	전통시장의 화재등
	여성가족부	청소년복지시설·청소년수련시설의 화재등
	금융위원회	금융기관 중 정보통신기반시설을 관리하는 금융기관의 화재등
	과학기술정보통신부	• 방송통신재난(자연재난 제외)　　　• 연구실사고 + 대 • 전파의 혼신(주파수분배에 따른 위성항법시스템 관련 전파 혼신 한정) + 대
	과학기술정보통신부 및 우주항공청	인공우주물체의 추락·충돌 등　주의!!
	외교부	• 해외재난
	법무부	• 교정시설, 보호관찰소 및 갱생보호시설, 소년원 및 소년분류심사원, 치료감호시설 + 대 • 난민신청자의 주거시설 및 난민지원시설, 외국인보호실 및 외국인보호소 + 대
	보건복지부 + 대	• 노인복지시설, 아동복지시설, 장애인복지시설(요양병원의 장애인 의료재활시설 제외) • 병원급 의료기관의 화재등
사회재난 유형별	보건복지부 및 질병관리청	감염병의 확산으로 인한 피해
	행정안전부 + 대	• 승강기의 사고 또는 고장 • 유선 및 도선 사고 • 정보시스템(행정안전부장관이 구축·운영하는 정보시스템 한정)의 장애 • ㉠ 정보시스템(행정안전부장관이 구축·운영하는 정보시스템 제외)의 장애 • ㉡ 행정안전부장관이 관리하지 않는 청사의 화재등 • 청사[㉡ 청사 제외]의 화재등 ☞ ㉠ 및 ㉡의 경우 각각 관계 법령에 따라 해당 정보시스템의 구축·운영에 관한 사무 및 해당 청사의 관리에 관한 사무를 관장하는 중앙행정기관
	행정안전부 및 경찰청	일반인이 자유로이 모이거나 통행하는 도로, 광장 및 공원의 다중운집인파사고 + 대
	행정안전부 및 소방청	• 소방대상물의 화재 + 대　　　　　• 위험물의 누출·화재·폭발 등 + 대
	문화체육관광부 + 대	• 야영장업의 등록을 한 자가 관리하는 야영장의 화재등 • 유기시설 또는 유기기구의 중대한 사고 [☞ 공원 놀이기구] • 공연장의 화재등 • 전문체육시설 및 생활체육시설의 화재등
	농림축산식품부 + 대	• 가축전염병의 확산 • 농업생산기반시설 중 저수지의 붕괴·파손 등 + 대 • 농수산물도매시장(축산물도매시장 포함, 수산물도매시장 제외) 및 　농수산물종합유통센터(수산물종합유통센터 제외)의 화재등 + 대
	산업통상자원부 + 대	• 가스사고로 인해 발생　　　• 석유의 정제시설·비축시설 및 주유소의 화재등 • 에너지의 중대한 수급 차질　• 대규모점포의 화재등　　• 전기사고 • 제품사고(안전관리대상어린이제품 및 안전관리대상제품 사고한정)

사회재난 유형별	환경부 + 대	• 댐[산업통상자원부 소관의 발전용 댐 제외]의 붕괴·파손 등 • 미세먼지로 인한 피해 • 수도의 화재등 • 먹는물의 수질오염 • 화학사고 • 안전확인대상생활화학제품 및 **살생물제** 관련 사고(제품사고로 한정) • 오염물질등으로 인한 환경오염(먹는물의 수질오염 제외)으로 인해 발생하는 대규모 피해
	국토교통부 + 대	• 건축물 붕괴·전도 등 • 공항 화재등 • 도로 화재등 • 국토교통부장관에게 등록한 복합물류터미널사업자 및 물류창고업자가 관리하는 물류시설(다른 중앙행정기관 소관의 시설 제외)의 화재등 • 철도사고 • 항공기사고, 경량항공기사고 및 초경량비행장치사고 • ㉠ 공동구 화재등 ☞ ㉠의 경우 공동구에 공동 수용되는 공급설비 및 통신시설 등으로 화재등의 원인이 되는 설비·시설 등의 관리에 관한 사무를 관장하는 중앙행정기관을 포함
	해양수산부 및 해양경찰청	해양오염
	해양수산부 + 대	• 농수산물도매시장(수산물도매시장 한정) 및 **농수산물종합유통센터**(수산물종합유통센터 한정)의 화재등 • 항만 화재등 • 해수욕장의 안전사고 • 해양사고(해양에서 발생한 사고 한정, 해양오염 제외)
	교육부	• 교육시설(연구실 제외)의 화재·붕괴·폭발·다중운집인파사고 등("화재등")으로 인해 발생하는 국가 또는 지방자치단체 차원의 대처가 필요한 인명 또는 재산의 피해 등 피해 (이하 "대규모 피해", 대) • 어린이집의 화재등 + 대
	국가핵심기반을 지정하는 중앙행정기관	국가핵심기반의 마비(쟁의행위, 준하는 행위로 인한 마비 포함)로 인한 피해
	행사 주최·주관 중앙행정기관	중앙행정기관이 주최·주관하는 각종 행사가 개최되는 시설등 + 대 ☞ 주최·주관하는 중앙행정기관이 다수인 경우 주최·주관의 주된 역할을 담당하는 중앙행정기관
	① 시설사무관장기관	~ 행사 주최 중앙행정기관 중 규정에 따른 사회재난 유형란의 시설등 외의 시설등 + 대
	② 재난사무관장기관	~ ①까지 사회재난 유형 외의 사회재난
	비고	1. 시설사무관장기관 및 재난사무관장기관이 불분명한 경우 행정안전부장관이 조정하여 재난관리주관기관을 정함 2. ~ ②까지의 규정에 따른 사회재난 유형이 복합적으로 발생하는 경우 각 사회재난 유형별 시설사무관장기관 또는 재난사무관장기관이 각각 재난관리주관기관이 된다. 3. 제2호에도 불구하고 사회재난 유형이 복합적으로 발생하는 경우로 신속대응등이 필요한 경우 신속대응등이 필요한 사무를 주관하는 재난관리주관기관이 신속대응등을 우선적으로 수행 4. 제3호에도 불구하고 신속대응등의 필요 여부 및 신속대응주관기관이 불분명한 경우 행정안전부장관이 조정하여 신속대응등의 필요 여부 및 신속대응주관기관을 정함
그 밖	사회재난 유형별 중앙행정기관	사회재난 유형으로 인해 발생하거나 해당 시설등에서 발생하는 인명 또는 재산의 피해로서 사회재난에 해당하지 않는 피해
비고		1. 사고 유형에 따른 재난관리주관기관 등이 불분명한 경우 제2호 준용 2. 사고 유형에 따른 재난관리주관기관은 필요한 범위에서 사고의 예방·대비·대응 및 복구 등 사무를 적극적 수행 참고 대 : 시설의 화재등으로 인해 발생하는 대규모 피해

03 위원회의 비교(중앙, 조정, 실무 등) ★★★

구분	중앙안전관리위원회(중앙위원회) (제9조)	안전정책조정위원회(조정위원회) (제10조)	실무위원회 (영 제10조)
위원장	국무총리(위치 국무총리 소속)	행정안전부장관	재난안전관리사무를 담당하는 본부장
간사	행정안전부장관	재난안전관리사무를 담당하는 본부장	
위원	중앙행정기관 또는 관계 기관·단체의 장	중앙행정기관의 차관 또는 차관급 공무원과 재난 및 안전관리에 관한 지식과 경험이 풍부한 사람 중에서 위원장이 임명하거나 위촉	위원장 1명 포함, 50명 내외의 위원
목적	재난 및 안전관리에 관한 사항을 심의	중앙위원회에 상정될 안건을 사전에 검토	
심의 대상	• 안전기준관리에 관한 사항 • 중앙행정기관의 장이 수립·시행하는 계획, 점검·검사, 교육·훈련, 평가 등 재난 및 안전관리업무의 조정에 관한 사항 • 재난이나 그 밖의 각종 사고가 발생하거나 발생할 우려가 있는 경우 이를 수습하기 위한 관계 기관 간 협력에 관한 중요 사항 • 재난안전의무보험의 관리·운용 등에 관한 사항 • 중앙행정기관의 장이 시행하는 **대통령으로 정하는 재난 및 사고의 예방사업** 추진에 관한 사항 • **재난 및 안전관리에 관한 중요 정책**에 관한 사항 • 국가안전관리기본계획에 관한 사항(제22조) • 재난 및 안전관리 사업 관련 **중기사업계획서, 투자우선순위 의견 및 예산요구서**에 관한 사항(제10조의2) • **재난사태의 선포**에 관한 사항(제36조) • **특별재난지역의 선포**에 관한 사항(제60조) • 「재난안전산업 진흥법」 기본계획에 관한 사항 • 그 밖에 위원장이 회의에 부치는 사항	좌동 • 집행계획의 심의(제23조) • 국가핵심기반의 지정에 관한 사항의 심의(제26조) • 재난 및 안전관리기술 종합계획의 심의(제71조의2) • 그 밖에 중앙위원회가 위임한 사항 → 조정위원회의 심의·조정 결과를 중앙위원회의 위원장에게 보고	• 재난 및 안전관리를 위하여 관계 중앙행정기관의 장이 수립하는 대책에 관해 협의·조정이 필요한 사항 • 재난 발생 시 관계 중앙행정기관의 장이 수행하는 재난의 수습에 관하여 협의·조정이 필요한 사항 • 그 밖에 실무위원회의 위원장(실무위원장)이 회의에 부치는 사항
업무	• 직무대행 : 위원장이 **사고 또는 부득이한** 사유로 직무를 수행할 수 없을 때 **국무총리 → 행정안전부장관 → 중앙행정기관**	• 업무의 효율적 처리 위해 **실무위원회를 둠** • 회의는 위원이 요청하거나 위원장이 필요하다고 인정하는 경우에 위원장이 소집	• 실무회의는 위원 5명 이상의 요청이 있거나 **실무위원장이 필요하다고 인정하는 경우 실무위원장 소집** • 회의마다 지정하는 **25명 내외의 위원**

업무	• 직무대행 : 간사 행정안전부장관 → 재난안전관리사무를 담당하는 본부장	• 재적위원 과반수의 출석으로 개의하고, 출석위원 과반수의 찬성으로 의결	• 과반수의 출석으로 개의하고, 출석위원 과반수의 찬성으로 의결
사항	중앙위원회의 구성과 운영 등에 필요 사항 : 대통령령	조정위원회 및 **실무위원회의 구성 및 운영** 등에 필요한 사항 : 대통령령	규정 외에 실무위원회의 구성 및 운영에 필요한 사항 : 행정안전부장관

구분	지역위원회 (제11조)	재난방송협의회 (제12조)	안전관리민관협력위원회(중앙) (제12조의2)
담당	시·도지사, 시장·군수·구청장		위촉된 민간위원 중 중앙민관협력위원회의 의결을 거쳐 행정안전부장관이 지명하는 사람
위치	지역	중앙위원회	조정위원회
위원구성		• 위원장 1명과 부위원장 1명 포함, 25명 이내 위원 • 위원장은 위원 중 과학기술정보통신부장관이 지명하는 사람이 되고, 부위원장은 중앙재난방송협의회의 위원 중에서 호선	• 공동위원장 2명 포함, 35명 이내의 위원 구성 • 공동위원장 – 행정안전부의 재난안전관리사무를 담당하는 본부장 – 위촉된 민간위원 중에서 중앙민관협력위원회의 의결을 거쳐 행정안전부장관이 지명하는 사람
목적	지역별 재난 및 안전관리에 관한 다음 각 호의 사항을 심의·조정	재난에 관한 예보·경보·통지나 응급조치 및 재난관리를 위한 재난방송이 원활히 수행	재난 및 안전관리에 관한 민관 협력 관계를 원활히 수행
심의대상	• 해당 지역에 대한 **재난 및 안전관리 정책**에 관한 사항 • 안전관리계획에 관한 사항(제24조, 제25조) • **재난사태의 선포에 관한 사항**(시·군·구위원회 제외) • 해당 지역을 관할하는 재난관리책임기관(중앙행정기관과 상급 지방자치단체는 제외)이 수행하는 재난 및 안전관리업무의 추진에 관한 사항 • 재난이나 그 밖의 각종 사고가 발생하거나 발생할 우려가 있는 경우 이를 수습하기 위한 관계 기관 간 협력에 관한 사항 • 다른 법령이나 조례에 따라 해당 위원회의 권한에 속하는 사항 • 그 밖에 해당 위원회의 위원장이 회의에 부치는 사항	• 재난에 관한 예보·경보·통지나 응급조치 및 재난관리를 위한 재난방송 내용의 효율적 전파 방안 • 재난방송과 관련하여 중앙행정기관, 시·도 및 방송사업자 간의 역할분담 및 협력체제 구축에 관한 사항 • 언론에 공개할 재난 관련 정보의 결정에 관한 사항 • 재난방송 관련 법령과 제도의 개선 사항 • 그 밖에 재난방송이 원활히 수행되도록 하기 위하여 필요한 사항으로서 방송통신위원회위원장과 과학기술정보통신부장관이 요청하거나 중앙재난방송협의회 위원장이 필요하다고 인정하는 사항	• 재난 및 안전관리 민관협력활동에 관한 협의 • 재난 및 안전관리 민관협력활동사업의 효율적 운영방안의 협의 • 평상시 재난 및 안전관리 위험요소 및 취약시설의 모니터링·제보 • 재난 발생 시 **재난관리자원**의 동원, 인명구조·피해복구 활동 참여, 피해주민 지원서비스 제공 등에 관한 협의

구분			

업무 등	• 안전정책실무조정위원회
	  - 의안을 검토하고, 재난 및 안전관리에 관한 관계 기관 간의 협의·조정
		• 지역 차원에서 재난에 대한 예보·경보·통지나 응급조치 및 재난방송이 원활히 수행
		  - 시·도위원회에 시·도 재난방송협의회
		  - 필요한 경우 시·군·구위원회에 시·군·구 재난방송협의회
			• 회의는 재적위원 과반수의 출석으로 개의하고, 출석위원 과반수의 찬성

사항	• 지역위원회 및 제3항에 따른 안전정책실무조정위원회의 구성과 운영에 필요한 사항: 해당 지방자치단체의 조례	• 중앙재난방송협의회의 구성 및 운영에 필요한 사항: 대통령령 • 시·도 재난방송협의회와 시·군·구 재난방송협의회의 구성 및 운영에 필요한 사항: 해당 지방자치단체의 조례	• 중앙민관협력위원회의 구성 및 운영에 필요한 사항: 대통령령 • 지역민관협력위원회의 구성 및 운영에 필요한 사항: 해당 지방자치단체의 조례

04 중앙재난안전대책본부 등(제14조~)

구분		기준

중앙
재난안전
대책본부
(제14조)
	목적	• 대통령령으로 정하는 대규모 재난의 대응·복구("수습") 등에 관한 사항을 총괄·조정하고 필요한 조치
		• 대통령령으로 정하는 대규모 재난
		  - 재난 중 인명 또는 재산의 피해 정도가 매우 크거나 재난의 영향이 사회적·경제적으로 광범위하여 주무부처의 장 또는 지역대책본부장 건의 → 중앙대책본부장이 인정하는 재난
		  - 중앙대책본부장이 필요하다고 판단하는 재난

	구성	• 본부장: 행정안전부장관 • 차장: 행정안전부 소속 공무원 중에서 행정안전부장관이 지명하는 사람
	권한 행사	해외재난 경우 외교부장관, 방사능재난 경우 중앙방사능방재대책본부의 장
		국무총리 • 범정부적 차원의 통합 대응이 필요하다고 인정 • 행정안전부장관이 국무총리에게 건의 • 수습본부장의 요청을 받아 행정안전부장관이 국무총리에게 건의
	협의	• 재난예방대책에 관한 사항 • 재난응급대책에 관한 사항 • 국고지원 및 예비비 사용에 관한 사항 • 그 밖에 중앙대책본부장이 회의에 부치는 사항
중앙대책 본부장	파견 (제14조의2)	• 국내 또는 해외에서 발생하였거나 발생할 우려가 있는 대규모재난의 수습을 지원하기 위하여 관계 중앙행정기관 및 관계 기관·단체의 재난관리에 관한 전문가 등으로 수습지원단을 구성, 현지 파견 • 구조·구급·수색 등의 활동을 신속하게 지원하기 위하여 행정안전부·소방청 또는 해양경찰청 소속의 전문 인력으로 구성된 특수기동구조대를 편성하여 재난현장에 파견 • 수습지원단의 구성과 운영 및 특수기동구조대의 편성과 파견 등에 필요한 사항: 대통령령 • 수습지원단을 현지에 파견하기 전 중앙대책본부 소속 직원을 재난현장 파견가능

중앙대책본부장	수습지원단 (영 제18조)	구성	재난 유형별로 관계 재난관리책임기관의 전문가 및 민간 전문가(다만, 해외재난의 경우 국제구조대로 갈음)
		단장	수습지원단원 중 중앙대책본부장이 지명, 수습지원단원을 지휘·통솔, 운영 총괄
		업무	• 지역대책본부장 등 재난 발생지역의 책임자에게 사태수습에 필요한 기술자문·권고 또는 조언 • 중앙대책본부장에게 재난수습을 위한 재난현장 상황, 재난발생의 원인, 행정적·재정적으로 조치할 사항 및 진행 상황 등에 관한 보고
		필요사항	중앙대책본부장 : 구성 및 운영에 필요한 사항
	권한 (제15조)		• 대규모재난을 효율적으로 수습 위해 요청 → 관계 재난관리책임기관의 장에게 행정 및 재정상의 조치, 소속 직원의 파견, 필요한 지원 요청 • 파견된 직원 : 대규모재난 수습에 필요 업무를 성실히 수행, **수습이 끝날 때까지 중앙대책본부에서 상근** • 대규모재난의 수습에 필요한 범위에서 수습본부장 및 지역대책본부장을 지휘
중앙사고수습본부	설치 운영 (제15조의2)		• 수습본부장 : 재난관리주관기관의 장 • 사유 : 재난이 발생하거나 발생할 우려가 있는 경우 재난상황을 효율적으로 관리하고 재난 수습 • 재난정보의 수집·전파, 상황관리, 재난발생 시 초동조치 및 지휘 등을 위한 수습본부상황실 • 재난안전상황실과 인력, 장비, 시설 등을 통합·운영 가능 • 수습본부의 구성·운영 등에 필요한 사항은 **대통령령**
	목적		• 해당 관할 구역에서 재난의 수습 등에 관한 사항을 총괄·조정하고 필요한 조치
지역 재난안전 대책본부 (제16조)	구성		• 시·도재난안전대책본부(시·도대책본부), 시·군·구재난안전대책본부(시·군·구대책본부) • 본부장 : 시·도지사 또는 시장·군수·구청장
	설치 운영		• 시·군·구대책본부의 장 • 목적 : 재난현장의 총괄·조정 및 지원 • 재난현장 통합지원본부를 설치·운영 • 통합지원본부의 장은 관할 시·군·구의 부단체장이 되며, 실무반을 편성하여 운영 • 지역대책본부 및 통합지원본부의 구성과 운영에 필요한 사항은 해당 지방자치단체의 **조례**
	본부장		• 권한 – 재난관리책임기관의 장에게 행정 및 재정상의 조치나 그 밖에 필요한 업무협조를 요청 – 지역대책본부에 통합자원봉사지원단을 설치·운영
대책지원본부	설치 운영 (제17조의3)		• 설치자 : 행정안전부장관 • 사유 : 수습본부 또는 지역대책본부의 재난상황의 관리와 재난 수습 등을 효율적으로 지원 필요시 • 본부장 : 행정안전부 소속 공무원 중에서 행정안전부장관이 지명하는 사람 • 구성과 운영 등에 필요한 사항은 **대통령령**

05 재난안전상황실(제18조)

구분		기준
재난안전 상황실	설치 운영	• 행정안전부장관 : 중앙재난안전상황실 • 시·도지사 및 시장·군수·구청장 : 시·도별 및 시·군·구별 재난안전상황실
	목적	• 재난정보의 수집·전파, 상황관리, 재난발생 시 초동조치 및 지휘 등의 업무를 수행
	기타 설치 등	• 재난에 관한 상황관리를 위하여 　- 중앙행정기관의 장 : 재난상황을 관리할 수 있는 체계 갖춤 　- 재난관리책임기관의 장
	설치 요건	• 신속한 재난정보의 수집·전파와 재난대비 자원의 관리·지원을 위한 재난방송 및 정보통신체계 • 재난상황의 효율적 관리를 위한 각종 장비의 운영·관리체계 • 재난안전상황실 운영을 위한 전담인력과 운영규정 • 그 밖에 행정안전부장관이 정하여 고시하는 사항
	예외	• 운영자 : 행정안전부장관, 시·도지사, 시장·군수·구청장(자치구의 구청장) 및 소방서장 • 재난으로 인하여 재난안전상황실이 그 기능의 전부 또는 일부를 수행할 수 없는 경우를 대비하여 대체상황실을 운영할 수 있다.

06 재난 신고 등(제19조, 제20조)

구분		기준
재난 신고	대상	• 누구든지 재난의 발생이나 재난이 발생할 징후를 발견하였을 때
	신고	• 시장·군수·구청장·긴급구조기관, 그 밖의 관계 행정기관에 신고
	통보	• 경찰관서의 장은 업무수행 중 재난의 발생이나 재난이 발생할 징후 발견 시 즉시 그 사실을 그 소재지 관할 시장·군수·구청장과 관할 긴급구조기관의 장에게 알림
재난상황 보고	대상	• 시장·군수·구청장, 소방서장, 해양경찰서장, 재난관리책임기관의 장 또는 국가핵심기반을 관리하는 기관·단체의 장(이하 "관리기관의 장") • 관할구역, 소관 업무 또는 시설에서 재난이 발생하거나 발생할 우려
	통보	• 재난상황에 대해서는 즉시, 응급조치 및 수습현황에 대해서는 지체 없이 각각 행정안전부장관, 관계 재난관리주관기관의 장 및 시·도지사에게 보고하거나 통보 • 재난관리주관기관의 장 및 시·도지사는 보고받은 사항을 확인·종합하여 행정안전부장관에게 통보
	보고	• 최초 보고 : 인명피해 등 주요 재난 발생 시 지체 없이 서면(전자문서를 포함), 팩스, 전화, 재난안전통신망 중 가장 빠른 방법으로 하는 보고 • 중간 보고 : 전산시스템 등을 활용하여 재난 수습기간 중에 수시로 하는 보고 • 최종 보고 : 재난 수습이 끝나거나 재난이 소멸된 후 사항을 종합하여 하는 보고
		• 시·도지사 → 행정안전부장관 및 재난관리주관기관의 장에게 통보 　- 재난이 2개 이상의 시·군·구에 걸쳐 발생한 경우 　- 재난의 신속한 수습을 위하여 중앙대책본부장 또는 재난관리주관기관의 장의 지휘·통제나 다른 시·도의 협력이 필요하다고 인정되는 재난

07 안전관리계획 등

계획		국가안전관리기본계획(제22조) ★★	집행계획(제23조)	시·도, 시·군·구안전관리계획 (제24조, 제25조)
내용	담당	국무총리	관계 중앙행정기관의 장	시·도지사, 시장·군수·구청장

	수립지침, 수립 ★	• 국가의 재난 및 안전관리업무에 관한 기본계획(국가안전관리기본계획)의 수립(5년)
		• 행안부장관에 수립지지침작성 → 관계 중앙행정기관의 장에 통보 지시
		• 행정기관장은 지침따라 5년마다 기본계획 작성 → 행안부장관에게 제출
		• 행안부장관은 제출한 기본계획 종합, 기본계획안 작성 → 국무총리에 제출, 국무총리는 중앙위원회 심의거쳐 확정
		• 행안부장관은 확정 기본계획을 행정기관장에게 통보
		• 행정기관장은 통보 기본계획을 재난관리책임기관장에 통보
		• 국가안전관리기본계획을 수립위해[시행령 제26조]
		  – 필요한 경우 관계 기관 및 전문가 등의 의견 청취
		  – 관계 중앙행정기관의 장 : 국가안전관리기본계획을 이행 위해 필요 예산을 반영 등 조치
		  – 행정안전부장관 : 통보받은 국가안전관리기본계획을 행정안전부의 인터넷 홈페이지에 공개
			• 행정안전부장관은 집행계획을 효율적으로 수립하기 위하여 필요한 경우 집행계획의 작성지침을 마련 관계 중앙행정기관의 장에 통보
			• 중앙행정기관의 장은 확정된 집행계획에 변경 사항이 있을 때 변경 사항을 행정안전부장관과 협의한 후 국무총리에 보고
			• 소관 개별 법령에 따른 재난 및 안전과 관련된 계획을 수립하는 때 국가안전관리기본계획 및 집행계획과 연계하여 작성
			• 재난관리주관기관으로서 재난 및 사고의 예방·대비·대응 및 복구 등의 업무 수행에 필요한 계획 등 대통령령으로 정하는 재난 및 안전과 관련된 계획을 수립하는 경우 해당 계획을 확정하기 전에 행정안전부장관과 협의
				• 행정안전부장관은 국가안전관리기본계획과 집행계획에 따라 매년 시·도안전관리계획의 수립지침을 작성하여 시·도지사에 통보
				• 시·도지사는 확정된 시·도안전관리계획에 따라 시·군·구안전관리계획의 수립지침을 작성하여 시장·군수·구청장에 통보

내용	절차 ★	국무총리 지시 〈5년마다, 수립절차〉 행안부장관 수립지침작성 ↓ 통보 중앙행정 기본계획 작성 기관장 ↓ 제출 행안부장관 종합 및 계획안 작성 ↓ 제출 국무총리 · 중앙위원회 심의, 확정 행안부장관 지체없이 ↓ 통보 중앙행정 기관장 ↓ 통보 소관사항 재난관리책임 기관장	관계 중앙행정 기관장 ↓ 통보 행정안전부 장관, 시· 도지사, 재난관리 책임 기관 장 ↓ 재난관리 책임 기관의 장	· 통보받은 기본계획 따라 · 집행계획을 작성 (매년) · 필요시 자료 제출요청 · 조정위원회 심의 · 국무총리 승인, 확정 매년 10월 31일까지 · 통보받은 집행계획 따라 · 세부집행계획을 작성(매년) · 시·도지사와 협의 · 중앙행정기관장 승인, 확정	재난관리책임 기관의 장 ↓ 제출 시·도지사 ↓ 보고, 통보 행정안전부장관 재난관리책임 기관의 장	재난 및 안전관리 업무에 관한 계획을 매년 작성 · 수립지침, 재난 및 안전관리업무에 관한 계획 종합 · 시·도안전관리 계획 작성 · 시·도위원회의 심의, 확정 · 시·군·구안전관리계획의 수립은 시·도지사 → 시·군·구
	포함 사항	· 재난 및 안전관리의 중장기 목표 및 기본방향 · 재난 및 안전관리 현황 및 여건 변화, 전망에 관한 사항 · 재난 및 안전관리를 위한 법령·제도의 마련 등 재난 및 안전관리 체계 확립에 관한 사항 · 재난의 예방·대비·대응 및 복구에 필요한 기반 조성에 관한 사항				

08 집행계획 등 추진실적의 제출 및 보고[제25조2] [24.1.6 개정, 7.17 시행] ★★★ 예상

구분		기준
추진실적	제출	• ① 관계 중앙행정기관 장은 확정된 전년도 집행계획의 추진실적을 **매년 행정안전부장관**에 제출 • ② **재난관리책임기관의 장**(시·도 또는 시·군·구의 전부 또는 일부를 관할 구역으로 하는 재난관리책임기관은 제외)은 확정된 전년도 세부집행계획의 추진실적을 **매년 소속 중앙행정기관의 장**에 제출, 제출받은 소속 중앙행정기관의 장은 해당 추진실적을 **행정안전부장관**에 제출 • ③ **시·도지사**는 확정된 전년도 시·도안전관리계획의 추진실적 및 제출받은 추진실적을 매년 **행정안전부장관**에 제출 • ④ 시·군·구의 전부 또는 일부를 관할 구역으로 하는 **재난관리책임기관**은 확정된 전년도 시·군·구안전관리계획에 따른 소관 재난 및 안전관리업무에 관한 계획의 추진실적을 **매년 시장·군수·구청장**에 제출 • ⑤ **시장·군수·구청장**은 확정된 전년도 시·군·구안전관리계획의 추진실적 및 ③에 따라 제출받은 추진실적을 **매년 시·도지사**에 제출 • ⑥ 시·도의 전부 또는 일부를 관할 구역으로 하는 **재난관리책임기관**은 확정된 전년도 시·도안전관리계획에 따른 소관 재난 및 안전관리업무에 관한 계획의 추진실적을 **매년 시·도지사**에게 제출 • ⑦ **행정안전부장관**은 제출받은 추진실적[①, ②, ⑥)]을 점검하고 종합 분석·평가한 보고서를 작성하여 **매년 국무총리**에 제출
	근거	• 추진실적 및 보고서 등의 작성·제출 시기와 절차 등에 필요한 사항은 대통령령

분석평가
(영 제29조의2)
★★
	분석평가	• 관계 중앙행정기관의 장 및 **시·도지사**는 추진실적을 **매년 1월 31일까지 행정안전부장관**에 제출
		• 관계 중앙행정기관의 장 : 다음 각 목의 추진실적
		  – ① 전년도 **집행계획** 추진실적
		  – ② **재난관리책임기관의 장**으로부터 제출받은 추진실적
		• 시·도지사 : 다음 각 목의 추진실적
		  – ④ **시장·군수·구청장**으로부터 제출받은 추진실적
		  – ⑤ **재난관리책임기관의 장**으로부터 제출받은 추진실적
		  – ⑥ 전년도 **시·도안전관리계획** 추진실적
		• 관계 중앙행정기관의 장 및 시·도지사는 추진실적을 분석·평가 지침에 따라 분석·평가한 후 결과를 매년 4월 30일까지 행정안전부장관에 제출
		  – 관계 중앙행정기관의 장 : ② 재난관리책임기관의 장으로부터 제출받은 추진실적
		  – 시·도지사 : ④ **시장·군수·구청장**으로부터 제출받은 추진실적, ⑤ 재난관리책임기관의 장으로부터 제출받은 추진실적
		• **행정안전부장관**은 추진실적을 **매년 4월 30일까지 분석·평가**
		  – ① 전년도 **집행계획** 추진실적
		  – ⑥ 전년도 **시·도안전관리계획** 추진실적
		• **행정안전부장관**은 제출받은 분석·평가 결과와 분석·평가 결과를 종합한 분석·평가 보고서를 작성하여 **매년 6월 30일까지 국무총리에게 제출** 후, **관계 중앙행정기관의 장 및 시·도지사에 통보**
		• 관계 중앙행정기관의 장 및 시·도지사는 통보받은 종합 분석·평가 보고서를 다음 연도 집행계획 및 시·도안전관리계획에 반영
		• 행정안전부장관은 집행계획 등 추진실적에 대한 다음 연도의 분석·평가를 위한 지침을 수립하여 **매년 12월 31일까지 관계 중앙행정기관의 장 및 시·도지사에 통보**

09 재난예방조치 등

구분			기준
재난 예방조치 (제25조의4)		담당	• 재난관리책임기관의 장
		목적	• 소관 관리대상 업무의 분야에서 재난 발생을 사전에 방지
		조치	• 재난에 대응할 조직의 구성 및 정비 • **재난관리자원의 관리**[2024.1.18. 시행] • 재난의 예측 및 예측정보 등의 제공·이용에 관한 체계의 구축 • 재난 발생에 대비한 교육·훈련과 재난관리예방에 관한 홍보 • 재난이 발생할 위험이 높은 분야에 대한 안전관리체계의 구축 및 안전관리규정의 제정 • 국가핵심기반의 관리 • 재난방지시설의 점검·관리 • 특정관리대상지역에 관한 조치 • **재난 및 안전관리에 필요한 영상정보처리기기(고정형 영상정보처리기기 및 이동형 영상정보처리기기를 말한다. 이하 같다)의 설치·운영** • 그 밖에 재난을 예방하기 위하여 필요하다고 인정되는 사항
		장의 의무	• 재난예방조치를 효율적으로 시행하기 위하여 필요한 사업비를 확보 • 다른 재난관리책임기관의 장에게 재난을 예방하기 위하여 필요한 협조를 요청. 특별한 사유가 없으면 요청에 따라야 한다. • 재난관리의 실효성을 확보할 수 있도록 안전관리체계 및 안전관리규정을 정비·보완 • 재난관리책임기관의 장 및 국회·법원·헌법재판소·중앙선거관리위원회의 행정사무를 처리하는 기관의 장은 재난상황에서 해당 기관의 핵심기능을 유지하는 데 필요한 계획(기능연속성계획)을 수립·시행

		기타
		(행안부
		장관)
			• **재난징후정보**를 수집·분석하여 관계 재난관리책임기관의 장에 미리 필요한 조치 요청
			   – 재난 발생 징후가 포착된 위치
			   – 위험요인 발생 원인 및 상황
			   – 위험요인 제거 및 조치 사항
			   – 재난 발생의 사전 방지를 위하여 필요한 사항
			• 재난징후정보의 효율적 조사·분석 및 관리를 위하여 재난징후정보 관리시스템을 운영
			• **재난징후정보의 수집·분석을 위하여 필요한 경우** 국가정보원 등 국가안전보장과 관련된 기관의 장(이하 "국가안전보장 관련기관의 장")에게 **국가안전보장과 관련된 정보의 제공 요청가능**
			   – 국가안전보장 관련기관의 장은 행정안전부장관의 요청이 없어도 **국가안전보장과 관련된 정보를 행정안전부장관에게 수시로 제공가능**
			• **재난징후정보의 수집·분석을 위하여 필요한 경우 재난관리주관기관의 장에게 재난 및 안전관리와 관련된 정보의 제공을 요청가능**
			• **재난징후정보의 효율적 조사·분석 및 관리를 위하여 재난징후정보 관리시스템을 운영가능**

	기능 연속성 계획 ★		• 행정안전부장관은 수립에 관한 지침을 작성하여 기능연속성계획수립기관의 장에게 통보 – 재난관리책임기관, 행정안전부장관이 고시하는 기관·단체(민간단체 포함) 및 민간업체
		포함 사항	– 기능연속성계획수립기관의 핵심기능의 선정과 우선순위 – 재난상황에서 핵심기능을 유지하기 위한 의사결정권자 지정 및 그 권한의 대행 – 핵심기능의 유지를 위한 대체시설, 장비 등의 확보 – 재난상황에서의 소속 직원의 활동계획 등 기능연속성계획의 구체적인 시행절차 – 소속 직원 등에 대한 기능연속성계획의 교육·훈련 – 그 밖에 수립기관의 장이 재난상황에서 해당 기관의 핵심기능을 유지하는 데 필요. 인정 사항

국가핵심기반 (제26조)	지정 절차	• 관계 중앙행정기관의 장 • 조정위원회의 심의를 거쳐 지정 • 국가핵심기반의 지정 및 지정취소 등에 필요한 사항은 **대통령령**
	지정 기준	• 다른 국가핵심기반 등에 미치는 연쇄효과 • 둘 이상의 중앙행정기관의 공동대응 필요성 • 재난이 발생하는 경우 국가안전보장과 경제·사회에 미치는 피해 규모 및 범위 • 재난의 발생 가능성 또는 그 복구의 용이성
	관리 등	• 관계 중앙행정기관의 장 – 소관 분야 국가핵심기반 보호계획을 수립하여 해당 관리기관의 장에게 통보

		(영 제30조의2)
		• 행정안전부장관
		  – 국가핵심기반 보호계획의 수립을 위한 지침을 작성하여 관계 중앙행정기관의 장에게 통보
		• 행정안전부장관 또는 관계 중앙행정기관의 장
		  – 국가핵심기반의 보호 및 관리 실태를 확인·점검(관리실태점검)하는 경우 국가핵심기반을 관리하는 기관·단체 등의 장(관리기관의 장)에게 미리 관리실태점검 계획을 통보(긴급시 생략가능)
		  – <u>관리실태점검을 위하여 필요한 경우 국가정보원장에게 협조를 요청가능</u>
		  – <u>관리실태점검 결과 시정 등이 필요한 사항에 대하여 해당 관리기관의 장에게 시정 등을 권고가능</u>
		• 관계 중앙행정기관의 장
		  – 관리실태점검을 실시한 경우 그 결과를 행정안전부장관에게 통보

특정관리대상지역 (제27조)	지정	• 중앙행정기관의 장 또는 지방자치단체의 장은 재난이 발생할 위험이 높거나 재난예방을 위하여 계속적으로 관리할 필요가 있다고 인정되는 지역을 대통령령으로 정하는 바에 따라 **특정관리대상지역**으로 지정할 수 있다.

	조사 등	• 특정관리대상지역을 지정하기 위하여 소관 지역의 현황을 매년 정기적으로 또는 수시로 조사
		• **특정관리대상지역의 지정대상**
		  – 위험구역
		  – 공공시설이 설치된 지역
		  – 산업시설구역

	조치 등	• 재난관리책임기관의 장
		  – 재난 발생의 위험성을 제거하기 위한 조치 등 특정관리대상지역의 관리·정비에 필요한 조치
		• 중앙행정기관의 장, 지방자치단체의 장 및 재난관리책임기관의 장
		  – 지정 및 조치 결과를 **대통령령**으로 정하는 바에 따라 행정안전부장관에게 보고하거나 통보
		• 행정안전부장관
		  – 보고받거나 통보받은 사항을 **대통령령**으로 정하는 바에 따라 정기적 또는 수시로 국무총리에게 보고
		• 국무총리
		  – 보고받은 사항 중 재난을 예방하기 위하여 필요하다고 인정하는 사항에 대해서는 중앙행정기관의 장, 지방자치단체의 장 또는 재난관리책임기관의 장에게 시정조치나 보완을 요구
		• 규정한 사항 외 특정관리대상지역의 지정, 관리 및 정비에 필요한 사항은 **대통령령**

구분	항목	내용
특정관리대상지역 (제27조)	안전등급 ★★	• 재난관리책임기관의 장은 지정된 특정관리대상지역을 특정관리대상지역의 지정·관리 등에 관한 지침에서 정하는 안전등급의 평가기준에 따라 등급으로 구분하여 관리

안전등급	안전도 개념	정기 점검시기	수시점검
A	우수	반기별 1회 이상	재난관리책임기관의 장이 필요하다고 인정
B	양호	반기별 1회 이상	
C	보통	반기별 1회 이상	
D	미흡	월 1회 이상	
E	불량	월 2회 이상	

- 재난관리책임기관의 장은 D등급 또는 E등급에 해당하거나 D등급, E등급에서 상위 등급으로 조정되는 특정관리대상지역에 관한 다음 각 호의 사항을 해당 기관에서 발행하거나 관리하는 공보 또는 홈페이지 등에 공고하고, 이를 행정안전부장관에게 통보(지정 해제경우 동일)
  - 특정관리대상지역의 명칭 및 위치
  - 특정관리대상지역의 관계인의 인적사항
  - 해당 등급의 평가 사유(D등급 또는 E등급 지정이 해제되는 경우 사유를 말함)
- 행정안전부장관은 특정관리대상지역을 체계적으로 관리하기 위하여 정보화시스템을 구축·운영
- 재난관리책임기관의 장은 운영되는 정보화시스템을 이용하여 특정관리대상지역을 관리

재난방지시설 관리 (제29조) - 시설 및 범위
- 재난관리책임기관의 장은 관계 법령 또는 제3장의 안전관리계획에서 정하는 바에 따라 대통령령으로 정하는 재난방지시설을 점검·관리
- 재난방지시설의 범위
  - 소하천부속물 중 제방·호안(기슭·둑 침식 방지시설)·보 및 수문
  - 하천시설 중 댐·하구둑·제방·호안·수제·보·갑문·수문·수로터널·운하 및 수문조사시설 중 홍수발생의 예보를 위한 시설
  - 방재시설, 사방시설, 항만시설, 댐
  - 하수도 중 하수관로 및 공공하수처리시설
  - 농업생산기반시설 중 저수지, 양수장, 우물 등 지하수이용시설, 배수장, 취입보(取入洑), 용수로, 배수로, 웅덩이, 방조제, 제방
  - 유람선·낚시어선·모터보트·요트 또는 윈드서핑 등의 수용을 위한 레저용 기반시설
  - 도로의 부속물 중 방설·제설시설, 토사유출·낙석 방지 시설, 공동구(共同溝), 터널·교량·지하도 및 육교
  - 재난 예보·경보시설
  - 그 밖에 행정안전부장관이 정하여 고시하는 재난을 예방하기 위하여 설치한 시설

종사자 교육 (제29조의2)

대상
- 재난관리책임기관에서 재난 및 안전관리업무를 담당하는 공무원이나 직원
- 행정안전부령으로 정하는 바에 따라 정기적으로 또는 수시

교육종류 ★

관리자 전문교육	실무자 전문교육
• 재난관리책임기관에서 재난 및 안전관리 업무 담당 부서 장 • 시·군·구(자치구)의 부단체장(부단체장 2명 이상은 재난 및 안전관리 업무를 관할하는 부단체장) • 안전책임관	• 재난관리책임기관에서 재난 및 안전관리 업무를 담당하는 부서의 공무원 또는 직원(좌측 기준 외)
• 7시간 이상	• 14시간 이상

- 전문교육의 대상자는 해당 업무를 맡은 후 6개월 이내에 신규교육, 신규교육을 받은 후 매 2년마다 정기교육
- 규정한 사항 외에 전문교육의 교육과정 운영 등에 관하여 필요한 사항은 행정안전부장관

긴급안전점검 (제30조)	담당 등	• 행정안전부장관 또는 재난관리책임기관(행정기관)의 장
		• 대통령령으로 정하는 시설 및 지역에 재난이 발생할 우려가 있는 등 **대통령령으로 정하는 긴급한 사유**
		  – 사회적으로 피해가 큰 재난이 발생하여 피해시설의 긴급한 안전점검이 필요하거나 이와 유사한 시설의 재난예방을 위하여 점검이 필요한 경우
		  – 계절적으로 재난 발생이 우려되는 취약시설에 대한 안전대책이 필요한 경우

	실시	• 소속 공무원으로 하여금 긴급안전점검을 하게 함 • 행정안전부장관은 다른 재난관리책임기관의 장에게 긴급안전점검을 하도록 요구

	대상 등	• 대상 : 특정관리대상지역과 행정안전부장관, 시·도지사 또는 시장·군수·구청장이 필요하다고 인정하는 시설 및 지역
		• 행정안전부장관 또는 재난관리책임기관(행정기관만)의 장
		  – 긴급안전점검 실시할 때는 미리 긴급안전점검 대상 시설 및 지역의 관계인에게 긴급안전점검의 **목적·날짜 등 서면 통지**. 다만, 서면 통지로 긴급안전점검의 목적을 달성할 수 **없는** 경우 말로 통지가능
		  – 긴급안전점검 대상 시설 및 지역이 **국가안전보장과 관련된 경우 국가정보원장**에게 긴급안전점검의 실시와 관련하여 **협조 요청가능**
		  – 긴급안전점검을 실시하였을 때는 행정안전부령으로 정하는 긴급안전점검 대상 시설 및 지역의 관리에 관한 카드에 **긴급안전점검 결과 및 안전조치 사항** 등을 기록·유지

안전조치 (제31조)	담당 등	• 행정안전부장관 또는 재난관리책임기관(행정기관)의 장 • 긴급안전점검 결과 재난 발생의 위험이 높다고 인정되는 시설 또는 지역

	조치	• 대통령령으로 정하는 바에 따라 그 소유자·관리자 또는 점유자에게 안전조치를 할 것을 명할 수 있음
		  – 정밀안전진단(시설만 해당) : 다른 법령에 시설의 정밀안전진단에 관한 기준이 있는 경우 그 기준에 따르고, 다른 법령의 적용을 받지 아니하는 시설에 대하여는 **행정안전부령으로 정하는 기준** 따름
		  – 보수 또는 보강 등 정비
		  – 재난을 발생시킬 위험요인의 제거

정부합동 안전점검단 (영 제39조의3) [개정]	구성 등	• 구성 : 행정안전부장관이 소속 공무원과 관계 재난관리책임기관에서 파견된 공무원 또는 직원
		• 단장 : 행정안전부장관이 지명
		• 점검 종류
		  – **정기점검** : 계절적 요인 등을 고려하여 정기적으로 실시하는 점검
		  – **수시점검** : 사회적 쟁점, 유사한 사고의 방지 등을 위하여 수시로 실시하는 점검

	방법 등	• 행정안전부장관
		  – 정부합동 안전 점검의 대상이 **국가안전보장과 관련된 시설 등인 경우 국가정보원장**에게 국가정보원 직원의 정부합동 안전 점검 참여 요청가능
		  – 정부합동 안전 점검의 **효율성 제고와 업무의 중복 등을 방지**하기 위하여 필요한 경우 관계 중앙행정기관으로부터 재난 및 안전관리 분야 **점검계획을 제출받아** 점검시기, 대상 및 분야 등을 **조정가능**
		• 정부합동 안전 점검을 실시할 때는 점검을 받는 재난관리책임기관의 장에게 미리 점검계획을 통보. 다만, **긴급한 수시점검의 경우 점검계획 통보 생략가능**
		• 정부합동 안전 점검을 효율적으로 실시하기 위하여 필요한 경우에는 재난관리책임기관의 장에게 미리 점검에 필요한 자료 제출 요청 또는 점검 대상 시설 등의 **관계인 또는 전문가의 의견 청취가능**

구분		기준
관리체계 평가 (제33조의2)	담당	• 행정안전부장관 • 정기적으로 평가
	평가 사항	• 대규모재난의 발생에 대비한 단계별 예방·대응 및 복구과정 • 재난에 대응할 조직의 구성 및 정비 실태 • 안전관리체계 및 안전관리규정 • 재난관리기금의 운용 현황
관리실태 공시 (제33조의3)	담당	• 시장·군수·구청장(제3호의 경우 시·도지사 포함) • 재난관리 실태를 매년 1회 이상 관할 지역 주민에게 공시 • 매년 3월 31일까지 재난관리 실태를 해당 지방자치단체의 인터넷 홈페이지 또는 공보에 공고
	사항	• 전년도 재난의 발생 및 수습 현황 • 재난예방조치 실적 • 재난관리기금의 적립 및 집행 현황 • 현장조치 행동매뉴얼의 작성·운용 현황 • 그 밖에 대통령령으로 정하는 재난관리에 관한 중요 사항

⑩ 재난의 대비

구분	기준
재난관리자원 관리 (제34조)	• 재난관리책임기관의 장 - 재난관리를 위하여 필요한 물품, 재산 및 인력 등의 물적·인적자원(재난관리자원)을 비축하거나 지정하는 등 체계적이고 효율적으로 관리 • 재난관리자원의 관리에 관하여는 따로 법률로 정함
긴급통신수단 마련 (제34조의2)	• 재난관리책임기관의 장 - 재난의 발생으로 인하여 통신이 끊기는 상황에 대비하여 미리 유선이나 무선 또는 위성통신망을 활용할 수 있도록 긴급통신수단을 마련 • 긴급통신수단을 관리하기 위한 체계를 구축·운영하는 데 필요한 사항은 대통령령

국가재난관리기준의 제정·운용 (제34조의3)	• 행정안전부장관
	• 재난관리를 효율적으로 수행하기 위하여 **국가재난관리기준을 제정하여 운용**
	• 포함사항
	  - 재난분야 용어정의 및 표준체계 정립
	  - 국가재난 대응체계에 대한 원칙
	  - 재난경감·상황관리·유지관리 등에 관한 일반적 기준
	  - 재난에 관한 예보·경보의 발령 기준
	  - 재난상황의 전파
	  - 재난 발생 시 효과적인 지휘·통제 체제 마련
	  - 재난관리를 효과적으로 수행하기 위한 관계 기관 간 상호협력 방안
	  - 재난관리체계에 대한 평가 기준이나 방법
	  - 그 밖에 재난관리를 효율적으로 수행하기 위하여 **행정안전부장관이 필요하다고 인정하는 사항**

기능별 재난대응 활동계획 (제34조의4)	• 재난관리책임기관의 장 - 재난관리가 효율적으로 이루어질 수 있도록 **대통령령으로 정하는 바에 따라 기능별 재난대응 활동계획(재난대응활동계획)을 작성하여 활용** • 재난대응활동계획의 작성에 필요한 작성지침을 재난관리책임기관의 장에게 통보 • 재난관리책임기관의 장이 작성한 재난대응활동계획을 확인·점검하고, 필요하면 관계 재난관리책임기관의 장에게 시정을 요청 • 규정한 사항 외에 재난대응활동계획의 작성·운용·관리 등에 필요한 사항은 **대통령령**

재난분야 위기관리 매뉴얼 (제34조의5) ★★★	\multicolumn{3}{l|}{• 재난관리책임기관의 장
	  – 재난을 효율적으로 관리 위해, 재난유형에 따라 **위기관리 매뉴얼을 작성·운용**, 준수 노력
	  – 재난대응활동계획과 위기관리 매뉴얼이 서로 연계}

	메뉴얼	내용	작성
	위기 관리 표준	• 국가적 차원에서 관리가 필요한 재난에 대하여 재난관리 체계와 관계 기관의 임무와 역할을 규정한 문서 • 위기대응 실무매뉴얼의 작성 기준	• 재난관리주관기관의 장이 작성 • 행정안전부장관 작성 : 다수의 재난관리주관기관이 관련되는 재난 → 관계 **재난관리주관기관의 장과 협의**
	위기 대응 실무	• 위기관리 표준매뉴얼에서 규정하는 기능과 역할에 따라 실제 재난대응에 필요한 조치사항 및 절차를 규정한 문서	• 재난관리주관기관의 장과 관계 기관의 장이 작성 • 재난관리주관기관의 장은 위기대응 실무매뉴얼과 위기관리 표준매뉴얼을 **통합 작성가능**
	현장 조치 행동	• 재난현장에서 임무를 직접 수행하는 기관의 행동조치 절차를 구체적으로 수록한 문서	• 위기대응 실무매뉴얼을 작성한 기관의 장이 지정한 기관의 장이 작성 • 시장·군수·구청장은 재난유형별 현장조치 행동매뉴얼을 **통합하여 작성 가능** • **현장조치 행동매뉴얼 작성 기관의 장**이 다른 법령에 따라 작성한 계획·매뉴얼 등에 재난유형별 현장조치 행동매뉴얼에 포함될 사항이 모두 포함되어 있는 경우 해당 재난유형에 대해서는 현장조치 행동매뉴얼이 작성된 것으로 본다.

	\multicolumn{3}{l|}{• 행정안전부장관
	  – 재난유형별 위기관리 매뉴얼의 작성 및 운용기준을 정하여 재난관리책임기관의 장에게 통보
	  – 재난유형별 위기관리 매뉴얼의 표준화 및 실효성 제고를 위하여 **대통령령**으로 정하는 위기관리 매뉴얼협의회를 구성·운영
	  – 재난관리업무를 효율적으로 하기 위하여 **대통령령**으로 정하는 바에 따라 위기관리에 필요한 매뉴얼 표준안을 연구·개발하여 보급
	• **재난관리주관기관의 장**이 작성한 위기관리 표준매뉴얼은 행정안전부장관의 승인을 받아 이를 확정하고, 위기대응 실무매뉴얼과 연계하여 운영
	• 재난관리주관기관의 장
	  – 위기관리 표준매뉴얼 및 위기대응 실무매뉴얼을 정기적으로 점검하고 <u>결과를 행정안전부장관에게 통보</u>
	  – 소관 분야 재난유형의 위기대응 실무매뉴얼 및 현장조치 행동매뉴얼을 조정·승인하고 지도·관리를 해야 하며, 소관분야 위기관리 매뉴얼을 새로이 작성하거나 변경한 때에는 이를 행정안전부장관에게 통보}

위기관리 매뉴얼협의회 (영 제43조의6)	구성	\multicolumn{2}{l|}{• 위원장 1명을 포함하여 200명 이내의 위원 • 위원장은 위원 중에서 행정안전부장관이 지명}
	심의	\multicolumn{2}{l|}{• 위기관리 표준매뉴얼 및 위기대응 실무매뉴얼의 검토에 관한 사항 • 위기관리 매뉴얼의 작성방법 및 운용기준 등에 관한 사항 • 위기관리 매뉴얼의 개선에 관한 사항 • 그 밖에 행정안전부장관이 위기관리 매뉴얼의 표준화 및 실효성 제고를 위하여 필요하다고 인정하는 사항}
	위원	\multicolumn{2}{l|}{• 재난관리주관기관에서 재난 및 안전관리 업무를 담당하는 부서의 과장급 이상 공무원 • 재난관리책임기관에서 위기관리 매뉴얼에 관한 업무를 담당하는 공무원 또는 직원 • 재난 및 안전관리 또는 위기관리 매뉴얼에 관한 학식과 경험이 풍부한 사람}

11 다중이용시설 등

구분	기준
다중이용시설 등의 위기상황 매뉴얼 (제34조의6)	• 대통령령으로 정하는 다중이용시설 등의 소유자·관리자 또는 점유자는 **대통령령**으로 정하는 바에 따라 위기상황에 대비한 매뉴얼(이하 "위기상황 매뉴얼")을 작성·관리 • 대상 　- 다중이용 건축물 　- 제1호에 따른 건축물에 준하는 건축물 또는 시설로 행정안전부장관이 위기상황 매뉴얼의 작성·관리가 필요하다고 인정하여 고시하는 건축물 또는 시설 • 내용 　- 위기상황 대응조직의 체계　　　- 위기상황 발생 시 구성원의 역할 　- 위기상황별·단계별 대처방법　　- 응급조치 및 피해복구에 관한 사항 등 • 관계인 　- 매년 1회 이상 위기상황 매뉴얼에 따른 훈련을 실시 　- 훈련 결과를 반영하여 위기상황 매뉴얼이 실제 위기상황에서 무리 없이 작동하도록 지속적으로 보완·발전 • 행정안전부장관은 관계 중앙행정기관의 장 또는 지방자치단체의 장에게 소관 분야의 위기상황에 대비한 위기상황 매뉴얼의 표준안을 작성·보급할 것을 요청
안전기준의 등록 및 심의 (제34조의7)	• 행정안전부장관은 안전기준을 체계적으로 관리·운용하기 위하여 **안전기준을 통합적으로 관리할 수 있는 체계를 갖추어야 한다.** • 중앙행정기관의 장은 관계 법률에서 정하는 바에 따라 안전기준을 신설 또는 변경하는 때에는 행정안전부장관에게 안전기준의 등록을 요청해야 한다 • 안전기준심의회의 구성 및 운영 　- 구성 : 의장을 포함한 20명 이내의 위원 　- 위원장 : 행정안전부의 재난안전관리사무를 담당하는 본부장 　- 위원의 임기는 2년으로 하며, 두 차례만 연임 　- 사임 등으로 새로 위촉된 위원의 임기는 전임위원 임기의 남은 기간으로 함
재난안전통신망 구축, 운영 (제34조의8) ★	• 행정안전부장관 　- 체계적인 재난관리를 위하여 **재난안전통신망을 구축·운영** • 재난관리책임기관·긴급구조기관 및 긴급구조지원기관("재난관련기관") 　- 재난관리에 재난안전통신망을 사용 • 재난안전통신망의 운영, 사용 등에 필요한 사항은 **다른 법률로 정함**
재난대비훈련 기본계획 수립 (제34조의9)	• 행정안전부장관 　- 매년, 재난대비훈련 기본계획을 수립하고 재난관리책임기관의 장에게 통보 • 재난관리책임기관의 장은 재난대비훈련 기본계획에 따라 소관분야별로 자체계획을 수립 • 행정안전부장관은 수립한 재난대비훈련 기본계획을 국회 소관상임위원회에 보고
재난대비훈련 실시 (제35조)	• 행정안전부장관, 중앙행정기관의 장, 시·도지사, 시·군·구청장 및 긴급구조기관(훈련주관기관)의 장 　- 대통령령으로 정하는 바에 따라 **매년 정기적으로 또는 수시로** 재난관리책임기관, 긴급구조지원기관 및 군부대 등 관계 기관(훈련참여기관)과 합동으로 재난대비훈련(위기관리 매뉴얼의 숙달훈련을 포함)을 실시 〈재난대비훈련 등〉 • 훈련주관기관의 장 　- 관계 기관과 합동으로 참여하는 재난대비훈련을 각각 소관 분야별로 주관하여 연 1회 이상 실시 　- 재난대비훈련을 실시하는 경우 훈련일 15일 전까지 훈련일시, 훈련장소, 훈련내용, 훈련방법, 훈련참여 인력 및 장비, 그 밖에 훈련에 필요한 사항을 훈련참여기관의 장에게 통보 　- 재난대비훈련 실시 후 10일 이내에 그 결과를 훈련주관기관의 장에게 제출 • 재난대비훈련에 참여하는 데에 필요한 비용은 참여 기관이 부담

12 재난사태 선포 등

구분		기준
재난사태 선포 (제36조)	선포, 절차	• 선포자 : 행정안전부장관, 시·도지사 • 중앙위원회의 심의를 거쳐 재난사태를 선포 • 재난상황이 긴급하여 중앙위원회의 심의를 거칠 시간적 여유가 없다고 인정하는 경우 중앙위원회의 심의를 거치지 아니하고 재난사태를 선포 • 재난사태를 선포한 경우에는 지체 없이 중앙위원회의 승인을 받아야 하고, 승인을 받지 못하면 선포된 재난사태를 즉시 해제 • 재난으로 인한 위험이 해소되었다고 인정하는 경우 또는 재난이 추가적으로 발생할 우려가 없어진 경우에는 선포된 재난사태를 즉시 해제
		• 대상 : 관할 구역에서 재난이 발생하거나 발생할 우려가 있는 등 대통령령으로 정하는 경우 사람의 생명·신체 및 재산에 미치는 중대한 영향이나 피해를 줄이기 위하여 긴급한 조치가 필요하다고 인정하면 시·도위원회의 심의를 거쳐 재난사태를 선포할 수 있다. 이 경우 시·도지사는 지체 없이 그 사실을 행정안전부장관에게 통보
	사유	• 대통령령으로 정하는 재난이 발생하거나 발생할 우려가 있는 경우 사람의 생명·신체 및 재산에 미치는 중대한 영향이나 피해를 줄이기 위하여 긴급한 조치가 필요하다고 인정

	조치	• 행정안전부장관 또는 시·도지사 및 지방자치단체의 장
		  - 재난경보의 발령, <u>재난관리자원</u>의 동원, 위험구역 설정, 대피명령, 응급지원 등 이 법에 따른 응급조치
		  - 해당 지역에 소재하는 행정기관 소속 공무원의 비상소집
		  - 해당 지역에 대한 여행 등 이동 자제 권고
		  - 휴업명령 및 휴원·휴교 처분의 요청(유치원, 초·중고등학교)
		  - 그 밖에 재난예방에 필요한 조치

응급조치 (제37조)	담당	• 지역통제단장 : 시·도긴급구조통제단 및 시·군·구긴급구조통제단의 단장 • 시장·군수·구청장
	사유	• 재난이 발생할 우려가 있거나 재난이 발생하였을 때 즉시 관계 법령이나 재난대응활동계획 및 위기관리 매뉴얼에서 정하는 바에 따라 수방·진화·구조 및 구난, 그 밖에 재난 발생을 예방, 피해감소 위해
	응급조치	• 지역통제단장의 경우 : <u>진화, 긴급수송 및 구조 수단의 확보, 현장지휘통신체계의 확보만</u>
		• 진화·수방·지진방재, 그 밖의 응급조치와 구호 • <u>긴급수송 및 구조 수단의 확보</u> • <u>현장지휘통신체계의 확보</u> • 경보의 발령 또는 전달이나 피난의 권고 또는 지시 • 안전조치 • 피해시설의 응급복구 및 방역과 방범, 그 밖의 질서 유지 • 급수 수단의 확보, 긴급피난처 및 <u>구호품등 재난관리자원의 확보</u> • 그 밖에 재난 발생을 예방하거나 줄이기 위하여 필요한 사항으로서 **대통령령으로 정하는 사항**

위기경보
발령
(제38조)
	발령,
	절차
		• 재난관리주관기관의 장
		  - 대통령령으로 정하는 재난에 대한 징후를 식별하거나 재난발생이 예상되는 경우에는 그 위험 수준, 발생 가능성 등을 판단하여 그에 부합되는 조치를 할 수 있도록 위기경보를 발령
		  - 행정안전부장관이 위기경보를 발령
		  다수의 재난관리주관기관이 관련되는 재난에 대해서는 관계 재난관리주관기관의 장과 협의하여 행정안전부장관이 위기관리 표준매뉴얼을 작성할 수 있다.

구분		기준
위기경보 발령 (제38조)	내용	• 위기경보는 재난 피해의 전개 속도, 확대 가능성 등 **재난상황의 심각성을 종합적으로 고려**하여 **관심·주의·경계·심각으로 구분** • 재난관리주관기관의 장은 심각 경보를 발령 또는 해제할 경우에는 행정안전부장관과 사전에 협의(긴급시 선조치, 후 지체없이 행정안전부장관과 협의) • 재난관리책임기관의 장은 위기경보가 신속하게 발령될 수 있도록 재난과 관련한 위험정보를 얻으면 즉시 행정안전부장관, 재난관리주관기관의 장, 시·도지사 및 시장·군수·구청장에게 통보
재난 예보· 경보체계 (제38조의2)	내용	• 재난관리책임기관의 장은 사람의 생명·신체 및 재산에 대한 피해가 예상되면 그 피해를 예방하거나 줄이기 위하여 **재난에 관한 예보 또는 경보 체계를 구축·운영 가능** • 기상청장이 예보·경보·통지 실시사항 : 지진·지진해일·화산, 호우 또는 태풍, 그 밖에 대통령령으로 정하는 자연재난 • 재난관리책임기관의 장은 재난에 관한 예보 또는 경보가 신속하게 실시될 수 있도록 재난과 관련한 위험정보를 얻으면 즉시 행정안전부장관, 재난관리주관기관의 장, 시·도지사 및 시·군·구청장에 통보 • 시장·군수·구청장은 위험구역 및 자연재해위험개선지구 등 재난으로 인하여 사람의 생명·신체 및 재산에 대한 피해가 예상되는 지역에 대하여 그 피해를 예방하기 위하여 시·군·구 재난 예보·경보체계 구축 종합계획("시·군·구종합계획")을 5년 단위로 수립하여 시·도지사에게 제출

13 동원명령 등

구분	기준
동원명령 (제39조)	• 중앙대책본부장과 시장·군수·구청장(시·군·구대책본부가 운영되는 경우 해당 본부장)은 재난이 발생하거나 발생할 우려가 있다고 인정하면 다음 각 호의 조치를 할 수 있다. – 민방위대의 동원 – 응급조치를 위하여 재난관리책임기관의 장에 대한 관계 직원의 출동 또는 **재난관리자원의 동원** 등 필요한 조치의 요청 – 동원 가능한 **재난관리자원** 등이 부족한 경우에는 국방부장관에 대한 군부대의 지원 요청
대피명령 (제40조)	• 시장·군수·**구청장과 지역통제단장**[대통령령으로 정하는 권한(긴급구조에 관한 권한)을 행사하는 경우만 해당] – 재난이 발생하거나 발생할 우려가 있는 경우에 사람의 생명 또는 신체나 재산에 대한 위해를 방지하기 위하여 필요하면 해당 지역 주민이나 그 지역 안에 있는 사람에게 대피하도록 명하거나 선박·자동차 등을 그 소유자·관리자 또는 점유자에게 대피시킬 것을 명할 수 있다. 이 경우 미리 대피장소를 지정할 수 있다.
위험구역설정 (제41조)	• 시장·군수·**구청장과 지역통제단장**[대통령령으로 정하는 권한(긴급구조에 관한 권한)을 행사하는 경우만 해당]은 재난이 발생하거나 발생할 우려가 있는 경우에 사람의 생명 또는 신체에 대한 위해 방지나 질서의 유지를 위하여 필요하면 위험구역을 설정하고, 응급조치에 종사하지 아니하는 사람에게 다음 각 호의 조치를 명할 수 있다. – 위험구역에 출입하는 행위나 그 밖의 행위의 금지 또는 제한 – 위험구역에서의 퇴거 또는 대피
강제대피조치 (제42조)	• 시장·군수·**구청장과 지역통제단장**[대통령령으로 정하는 권한(긴급구조에 관한 권한)을 행사하는 경우)] – 대피명령을 받은 사람 또는 위험구역에서의 퇴거나 대피명령을 받은 사람이 그 명령을 이행하지 아니하여 위급하다고 판단되면 그 지역 또는 위험구역 안의 주민이나 그 안에 있는 사람을 강제로 대피 또는 퇴거시키거나 선박·자동차 등을 견인시킬 수 있다.

14 중앙긴급구조통제단(제49조)

구분	중앙긴급구조통제단	지역긴급구조통제단
목적	• 긴급구조에 관한 사항의 총괄·조정, 긴급구조기관 및 긴급구조지원기관이 하는 긴급구조활동의 역할 분담과 지휘·통제	• 지역별 긴급구조에 관한 사항의 총괄·조정, 해당 지역에 소재하는 긴급구조기관 및 긴급구조지원기관 간의 역할분담과 재난현장에서의 지휘·통제
설치	• 소방청에 중앙긴급구조통제단(중앙통제단)	• 시·도의 소방본부에 시·도긴급구조통제단 • 시·군·구의 소방서에 시·군·구긴급구조통제단
구성	• 단장은 **소방청장** • 중앙통제단장은 긴급구조를 위하여 필요하면 긴급구조지원기관 간의 공조체제를 유지하기 위하여 **관계 기관·단체의 장에게 소속 직원의 파견을 요청** • 중앙통제단장은 중앙통제단을 대표하고, 업무를 총괄 • **부단장은 소방청 차장**이 되며, 직무대행 • 중앙통제단 : 대응계획부·현장지휘부 및 자원지원부 [2023.8.17. 시행]	• 단장 : 각각 단장 1명 – 시·도긴급구조통제단의 단장은 소방본부장 – 시·군·구긴급구조통제단의 단장은 소방서장 • 지역통제단장은 긴급구조를 위하여 필요하면 긴급구조지원기관 간의 공조체제를 유지하기 위하여 관계 기관·단체의 장에게 소속 직원의 파견을 요청
기능	• 국가 긴급구조대책의 총괄·조정 • 긴급구조활동의 지휘·통제(긴급구조활동에 필요한 긴급구조기관의 인력과 장비 등의 동원을 포함) • 긴급구조지원기관 간의 역할분담 등 긴급구조를 위한 현장활동계획의 수립 • 긴급구조대응계획의 집행 • **중앙통제단의 장이 필요**하다고 인정하는 사항	
근거	• 중앙통제단의 구성·기능 및 운영에 필요한 사항은 **대통령령**	• 지역통제단의 기능과 운영에 관한 사항은 **대통령령**

15 긴급구조 등

구분		기준
긴급구조 (제51조)	개념	• 지역통제단장은 재난이 발생하면 소속 긴급구조요원을 재난현장에 신속히 출동시켜 필요한 긴급구조활동을 하게 해야 한다. • 지역통제단장은 긴급구조를 위하여 필요하면 긴급구조지원기관의 장에게 소속 긴급구조지원요원을 현장에 출동시키거나 긴급구조에 필요한 <u>재난관리자원을 지원하</u>는 등 긴급구조활동을 지원할 것을 요청할 수 있다. • 요청에 따라 긴급구조활동에 참여한 민간 긴급구조지원기관에 대하여는 대통령령으로 정하는 바에 따라 그 경비의 전부 또는 일부를 지원할 수 있다.
긴급구조 현장지휘 (제52조)	지휘	• 재난현장에서는 시·군·구긴급구조통제단장이 긴급구조활동을 지휘 – 다만, 치안활동과 관련된 사항은 관할 경찰관서의 장과 협의 • 시·도긴급구조통제단장은 필요하다고 인정하면 직접 현장지휘를 할 수 있다. • 중앙통제단장은 대통령령으로 정하는 대규모 재난이 발생하거나 그 밖에 필요하다고 인정하면 직접 현장지휘를 할 수 있다.
	현장지휘 사항	• 재난현장에서 인명의 탐색·구조 • 긴급구조기관 및 긴급구조지원기관의 <u>긴급구조요원·긴급구조지원요원 및 재난관리자원</u>의 배치와 운용 • 추가 재난의 방지를 위한 응급조치 • 긴급구조지원기관 및 자원봉사자 등에 대한 임무의 부여 • 사상자의 응급처치 및 의료기관으로의 이송 • 긴급구조에 필요한 <u>재난관리자원</u>의 관리 • 현장접근 통제, 현장 주변의 교통정리, 그 밖에 긴급구조활동을 효율적으로 하기 위하여 필요한 사항
	운용 등	• 재난현장에서 긴급구조활동을 하는 긴급구조요원과 긴급구조지원기관의 <u>긴급구조지원요원 및 재난관리자원</u>에 대한 운용은 현장지휘를 하는 긴급구조통제단장(각급통제단장)의 지휘·통제에 따라야 한다. [각급통제단장 : 시·군·구, 시·도, 중앙통제단장] • 재난현장의 구조활동 등 초동 조치상황에 대한 언론 발표 등은 각급통제단장이 지명하는 자가 함 • 각급통제단장은 재난현장의 긴급구조 등 현장지휘를 효과적으로 하기 위하여 재난현장에 현장지휘소를 설치·운영할 수 있다. 이 경우 긴급구조활동에 참여하는 긴급구조지원기관의 현장지휘자는 현장지휘소에 대통령령으로 정하는 바에 따라 연락관을 파견

긴급대응
협력관
(제52조의2)
		• 긴급구조기관의 장은 긴급구조지원기관의 장에게 다음 각 업무를 수행하는 긴급대응협력관을 대통령령으로 정하는 바에 따라 지정·운영하게 할 수 있다.
		  – 평상시 해당 긴급구조지원기관의 긴급구조대응계획 수립 및 <u>재난관리자원의 관리</u>
		  – 재난대응업무의 상호 협조 및 재난현장 지원업무 총괄

긴급구조 대응계획의 수립 (제54조)	목적	• 긴급구조기관의 장은 재난이 발생하는 경우 긴급구조기관과 긴급구조지원기관이 신속하고 효율적으로 긴급구조를 수행할 수 있도록 대통령령으로 정하는 바에 따라 재난의 규모와 유형에 따른 긴급구조대응계획을 수립·시행해야 한다.

긴급구조 대응계획의 수립 (제54조)	계획수립	기본계획	• 긴급구조대응계획의 목적 및 적용범위 • 긴급구조대응계획의 기본방침과 절차 • 긴급구조대응계획의 운영책임에 관한 사항
		재난 유형별	• 재난 발생 단계별 주요 긴급구조 대응활동 사항 • 주요 재난유형별 대응 매뉴얼에 관한 사항 • 비상경고 방송메시지 작성 등에 관한 사항
		기능별	• 지휘통제 : 긴급구조체제 및 중앙통제단과 지역통제단의 운영체계 등에 관한 사항 • **비상경고** : **긴급대피, 상황 전파, 비상연락** 등에 관한 사항 • 대중정보 : 주민보호를 위한 비상방송시스템 가동 등 긴급 공공정보 제공에 관한 사항 및 재난상황 등에 관한 정보 통제에 관한 사항 • 피해상황분석 : 재난현장상황 및 피해정보의 수집·분석·보고에 관한 사항 • **구조·진압** : 인명 수색 및 구조, 화재진압 등에 관한 사항 • **응급의료** : 대량 사상자 발생 시 응급의료서비스 제공에 관한 사항 • 긴급오염통제 : 오염 노출 통제, 긴급 감염병 방제 등 재난현장 공중보건에 관한 사항 • **현장통제** : 재난현장 접근 통제 및 치안 유지 등에 관한 사항 • 긴급복구 : 긴급구조활동을 원활하게 하기 위한 긴급구조차량 접근 도로 복구 등에 관한 사항 • 긴급구호 : 긴급구조요원 및 긴급대피 수용주민에 대한 위기 상담, 임시 의식주 제공 등에 관한 사항 • 재난통신 : 긴급구조기관 및 긴급구조지원기관 간 정보통신체계 운영 등에 관한 사항
	절차		소방청장은 매년 시·도긴급구조대응계획의 수립에 관한 지침을 작성하여 시·도긴급구조기관의 장에게 전달
재난대비 능력보강 (제55조)	개념		긴급구조기관의 장은 긴급구조활동을 신속하고 효과적으로 할 수 있도록 긴급구조현장지휘대 등 긴급구조체제를 구축하고, 상시 소속 긴급구조요원 및 장비의 출동태세를 유지
	긴급구조 지휘대 [법개정] ★★	구성	부서배치(<u>긴급구조 규칙</u>)	구분 및 설치기준

구성	부서배치(<u>긴급구조 규칙</u>)	구분 및 설치기준
• 현장지휘요원 • 자원지원요원 • 통신지원요원 • 안전관리요원 • 상황조사요원 • 구급지휘요원	• 현장지휘요원 : 현장지휘부 • 자원지원요원 : **자원지원부** • 통신지원요원 : 현장지휘부 • 안전관리요원 : 현장지휘부 • 상황조사요원 : **대응계획부** • 구급지휘요원 : 현장지휘부	• **소방서현장지휘대** : 소방서별 설치·운영 • **방면현장지휘대** : 2개 이상 4개 이하 소방서별 소방본부장이 1개를 설치·운영 • **소방본부현장지휘대** : 소방본부별로 현장지휘대 설치·운영 • **권역현장지휘대** : 2개 이상 4개 이하 소방본부별 소방청장이 1개를 설치·운영

16 재난의 복구

구분		기준
재난피해 신고, 조사 (제58조)		• 재난으로 피해를 입은 사람은 피해상황을 행정안전부령으로 정하는 바에 따라 시장·군수·구청장 (시·군·구대책본부가 운영되는 경우에는 해당 본부장)에게 신고할 수 있으며, 피해 신고를 받은 시장·군수·구청장은 피해상황을 조사한 후 중앙대책본부장에게 보고 • 재난관리책임기관의 장은 재난으로 인하여 피해가 발생한 경우에는 피해상황을 신속하게 조사한 후 그 결과를 중앙대책본부장에게 통보 • 중앙대책본부장은 재난피해의 조사를 위하여 필요한 경우에는 **대통령령**으로 정하는 바에 따라 관계 중앙행정기관 및 관계 재난관리책임기관의 장과 합동으로 중앙재난피해합동조사단을 편성하여 재난피해 상황을 조사할 수 있다. – 중앙재난피해합동조사단(재난피해조사단)의 단장은 **행정안전부 소속 공무원**
재난복구계획의 수립·시행 (제59조)		• 재난관리책임기관의 장은 사회재난으로 인한 피해[사회재난 중 특별재난지역으로 선포된 지역의 사회재난으로 인한 피해(특별재난지역 피해)는 제외]에 대하여 피해조사를 마치면 지체 없이 자체 복구계획을 수립·시행 • 시·도지사 또는 시장·군수·구청장은 특별재난지역 피해에 대하여 관할구역의 피해상황을 종합하는 재난복구계획을 수립한 후 수습본부장 및 관계 중앙행정기관의 장과 협의를 거쳐 중앙대책본부장에게 제출 • 긴급하게 복구를 실시해야 하는 등 **대통령령**으로 정하는 특별한 사유가 있는 경우에는 수습본부장이 특별재난지역 피해에 대한 재난복구계획을 직접 수립하여 중앙대책본부장에게 제출가능

특별재난
지역 선포
(제60조)
★★
	건의	• 중앙대책본부장 → 대통령
		  – 대통령령으로 정하는 규모의 재난이 발생하여 국가의 안녕 및 사회질서의 유지에 중대한 영향을 미치거나 피해를 효과적으로 수습하기 위하여 특별한 조치가 필요하다고 인정하거나 지역대책본부장의 요청이 타당하다고 인정하는 경우
		  – 중앙위원회의 심의를 거쳐 해당 지역을 특별재난지역으로 선포할 것을 대통령에게 건의
		• 지역대책본부장 → 중앙대책본부장
		  – 관할지역에서 발생한 재난으로 인하여 (건의)사유가 발생한 경우 중앙대책본부장에게 특별재난지역의 선포 건의를 요청가능

	재난
	규모
	고려
		• 대통령령으로 재난의 규모를 정할 때 고려사항
		  – 인명 또는 재산의 피해 정도
		  – 재난지역 관할 지방자치단체의 재정 능력
		  – 재난으로 피해를 입은 구역의 범위

	선포	특별재난지역의 선포를 건의받은 대통령은 해당 지역을 **특별재난지역**으로 선포할 수 있다.
	규모	<table><tr><th>재난</th><th>범위(특별재난)</th></tr><tr><td>자연재난</td><td>• 국고 지원 대상 피해 기준금액의 2.5배를 초과하는 피해가 발생한 재난 – 3년간 평균 재정력지수에 따른 피해금액 • 국고 지원 대상에 해당하는 시·군·구의 관할 <u>읍·면·동</u>에 같은 항 각 호에 따른 국고 지원 대상 피해 기준금액의 4분의 1을 초과하는 피해가 발생한 재난</td></tr><tr><td>사회재난</td><td>• 재난이 발생한 해당 지방자치단체의 행정능력이나 재정능력으로는 재난의 수습이 곤란하여 국가적 차원의 지원이 필요하다고 인정되는 재난</td></tr><tr><td colspan="2">그 밖에 재난 발생으로 인한 생활기반 상실 등 극심한 피해의 효과적인 수습 및 복구를 위하여 국가적 차원의 특별한 조치가 필요하다고 인정되는 재난</td></tr></table>

특별재난지역 지원 내용 (영 제70조)		• 국고의 추가지원 : 2.5배, 1/4 • 지원 : 이재민 구호, 재난복구사업, 그 밖 • 의료·방역·방제 및 쓰레기 수거 활동 등에 대한 지원 • 의연금품의 지원 • 농어업인의 영농·영어·시설·운전 자금 및 중소기업의 시설·운전 자금의 우선 융자, 상환 유예, 상환 기한 연기 및 그 이자 감면과 중소기업에 대한 특례보증 등 지원 • 그 밖에 재난응급대책의 실시와 재난의 구호 및 복구를 위한 지원
응급지원에 필요한 비용 (제63조)		• 응원을 받은 자는 그 응원에 드는 비용을 부담 • 응급조치로 인하여 다른 지방자치단체가 이익을 받은 경우에는 그 수익의 범위에서 이익을 받은 해당 지방자치단체가 그 비용의 일부를 분담

재난지역에 대한
국고보조 지원
(제66조)
		• 국가는 다음 어느 하나에 해당하는 재난의 원활한 복구를 위하여 필요하면 **대통령령으로 정하는** 바에 따라 그 비용(보상금을 포함)의 전부 또는 일부를 국고에서 부담하거나 지방자치단체, 그 밖의 재난관리책임자에게 보조할 수 있다.
		  - **자연재난**
		  - **사회재난 중 특별재난지역으로 선포된 지역의 재난**

안전문화 진흥 (제66조의4)		• 행정안전부장관은 안전문화활동의 추진에 관한 총괄·조정 업무를 관장한다.
국민안전의 날 (제66조의7)		• 국가는 국민의 안전의식 수준을 높이기 위하여 매년 4월 16일을 국민안전의 날로 정하여 필요한 행사 등을 한다. • 안전점검의 날은 매월 4일로 하고, 방재의 날은 매년 5월 25일로 한다.
안전관리헌장 (제66조의8)		• 국무총리는 재난을 예방하고, 재난이 발생할 경우 그 피해를 최소화하기 위하여 **재난 및 안전관리 업무에 종사하는 자가 지켜야 할 사항** 등을 정한 안전관리헌장을 제정·고시해야 한다.
안전정보의 구축 (제66조의9)		• 행정안전부장관은 안전정보를 체계적으로 관리하고 안전정보 및 다른 법령에 따라 재난관리책임기관의 장이 공개하는 시설 등에 대한 각종 안전점검·진단 등의 결과를 통합적으로 공개하기 위하여 안전정보통합관리시스템을 구축·운영해야 한다.
다중운집 재난예방 조치 (제66조의12)		• 지방자치단체장
	실태 조사	• 다중운집의 일시 및 장소 • 순간 최대 인원 또는 총인원 • 공간의 수용 능력 • 인파의 밀집도 및 유동시간 • 그 밖에 다중운집인파사고 예방을 위하여 필요한 사항
	기타	• 실태조사를 실시하기 위하여 재난관리책임기관의 장이나 지역안전협의회 등에 협조를 요청 • 관할 구역의 시설·장소에서 다중운집으로 인하여 재난이나 각종 사고가 발생할 우려가 있으면 소속 공무원으로 하여금 긴급안전점검을 하게 하거나 다른 재난관리책임기관의 장에게 긴급안전점검을 하도록 요청(이하 생략)

재난안전 데이터 (제74조의4)	수집등	• <u>행정안전부장관</u>
		• 데이터에 기반한 재난 및 안전관리를 위하여 **재난안전데이터**의 수집·연계·분석·활용·공유·공개("수집등")
• 효율적인 재난안전데이터의 수집등을 위하여 **재난안전데이터통합관리시스템을 구축·운영**
• 재난안전데이터의 수집등을 위하여 **재난관리책임기관의 장에게 필요한 데이터의 제공을 요청가능.** 이 경우 요청을 받은 재난관리책임기관의 장은 특별한 사유가 없으면 이에 따라야 한다.
• 재난안전데이터의 수집등 및 관련 전문인력의 양성, 재난안전데이터통합관리시스템의 구축·운영 등을 위하여 **재난안전데이터센터를 설치·운영가능**
• 재난안전데이터의 수집등, 재난안전데이터통합관리시스템의 구축·운영, 데이터 제공의 대상·범위 및 재난안전데이터센터의 설치·운영 등에 필요한 사항 **대통령령**
	업무	• 재난안전데이터의 수집·연계·분석·활용·공유·공개("수집등")에 관한 계획의 수립 및 시행
• 재난안전데이터 수집등에 관한 실태조사 및 개선
• 재난안전데이터**통합관리시스템의 운영**
• 재난안전데이터 **활용기술의 개발**
• 재난안전데이터 **관련 연구개발과제 발굴 및 수행**
• 재난안전데이터 **관련 교육 및 민간과의 협력**
• 그 밖에 재난안전데이터의 수집등에 필요한 사항

소방공무원 기본서
소방학개론

저자 약력

저자 이중희
- (현) 독한 에듀윌 소방학개론 · 소방관계법규 대표 교수
  에듀파이어 기술학원 소방기술사, 소방설비기사 강의
- (전) 윌비스 소방학개론 · 소방관계법규 강의
  부산과학기술대학 겸임교수(소방학과)
- 부산시 사전재난영향성검토위원
- ISO/TC21(소방 및 소화기구 분야) 전문위원회 위원
- 소방청 중앙소방기술심의위원
- 소방청 성능위주설계 심의위원(부산, 대구, 울산)
- 한국소방안전원 외래강사 및 시험출제위원
- 공간안전인증 평가위원(한국안전인증원)
- (주) 한국산업안전연구원 방재분야 외래강사
- 소방실무(감리 등) 경력 20년 이상의 실무, 이론 전문가

저자 강단아
- (전) 에듀윌 소방학개론 · 소방관계법규 전임 교수
- 소방설비공학 전공
- 용산소방서 화재안전특별조사 근무
- 위험물 기능사 산업기사 자격증 보유
- 산업안전기사 자격증 보유
- 건축설비기사 자격증 보유

저자 장희재
- 소방기술사, 소방 실무(공사, 감리 등) 7년 이상
- (현) 부산, 울산광역시 성능위주설계 심의위원
  부산광역시 공동주택 품질위원
  부산광역시 소방재난본부의 화재안전조사위원회 위원
  한국소방안전원 부산지부 외래강사
  부산광역시 안전관리 자문단 위원

소방학개론

인   쇄 : 2025년 7월 28일
발   행 : 2025년 8월 1일
공편저 : 이중희 · 강단아 · 장희재
발행인 : 강명임 · 박종윤
발행처 : (주) 도서출판 미래가치
등   록 : 제2011-000049호
주   소 : 서울시 영등포구 선유로130 에이스하이테크시티3 511호
전   화 : 02-6956-1510
팩   스 : 02-6956-2265

ⓒ 이중희 · 강단아 · 장희재, 2025 / ISBN 979-11-6773-594-2 13350
- 낙장이나 파본은 교환해 드립니다.
- 이 책의 무단 전재 또는 복제 행위는 저작권법 제136조에 의거하여 처벌을 받게 됩니다.

정가 33,000원

소방공무원 기본서
소방학개론